国家汉办/孔子学院总部

Hanban/Confucius Institute Headquarters

新汉语水平考试
HSK（六级）
模拟试题（一）

注意

一、　HSK（六级）分三部分：

　　1. 听力（50题，约35分钟）

　　2. 阅读（50题，45分钟）

　　3. 书写（1题，45分钟）

二、　答案先写在试卷上，最后**10分钟**再写在答题卡上。

三、　全部考试约140分钟（含考生填写个人信息时间5分钟）。

韩国 时事中国语社　　　　　　　　　　　　常婷婷/严祥天 编著

一、听力

第一部分

第1-15题：请选出与所听内容一致的一项。

1. A 他们去了动物园
   B 他们遇到了老虎
   C 生物学家吓晕了
   D 经济学家一直在跑

2. A 男性就喜欢看美女
   B 美女喜欢被男性看
   C 看美女有助于男性的健康
   D 看美女可以运动

3. A 中国人更重视圣诞节
   B 中国人不过圣诞节
   C 圣诞节是中国人的新宠
   D 年轻人不愿接受"洋人"节

4. A 《孔子》这部电影没有意思
   B 《孔子》是一部成功的电影
   C 人们不喜欢《孔子》这部电影
   D 孔子不是春秋时期的人

5. A 删除痛苦记忆无需任何药物
   B 人们都想删除痛苦记忆
   C 吃药可以删除痛苦记忆
   D 人的记忆每6小时更新一次

6. A 扩招使中国高等教育有了飞速发展
   B 硕士研究生的人数比博士研究生多
   C 中国的扩招规模位居世界第一
   D 博士生的扩招人数是全国第一

7. A 邓丽君的歌声动听
   B 邓丽君的歌已经过时
   C 邓丽君的歌连起了两岸人的心
   D 邓丽君承担了和平的使命

8. A 年轻人更容易获得快乐
   B 赚很多的钱是快乐的事情
   C 人生最大的障碍是追求完美
   D 快乐最大的障碍是追求完美

9. A 怎样成为成功者
   B 生活中的困难很多
   C 怎样找到光明
   D 怎样利用光明

10. A《西游记》的作者是孙悟空
    B 孙悟空的缺点多于优点
    C 不听话是孙悟空的缺点
    D 敢于斗争是孙悟空的特点

11. A 口渴的时候喝水
    B 运动后要多喝水
    C 平时应该多喝水
    D 每天应该喝8杯水

12. A 李保田博学多闻
    B 李保田适合扮演反面角色
    C 李保田的文化素养不太高
    D 李保田性格纯净、洒脱

13. A "气候门"是有关气候变化的说法
　　B 人们开始关注全球变暖的可信度
　　C 黑客的名单还没有同期公布
　　D "气候门"不会影响到哥本哈根气候
　　　大会

14. A 海南岛属于温带季风气候
　　B 海南岛的夏天热得不能再热了
　　C 海南岛的冬天像春天一样暖和
　　D 海南岛的生态环境受到了污染

15. A 杨世民曾经是发明家
　　B 杨世民发明了各种花草
　　C 杨世民还没能发挥自己的能力
　　D 杨世民来敬老院后培育出奇花异草

第二部分

第16－30题：请选出正确答案。

16. A 积极主动与老师联系
    B 突出自己的学习成绩
    C 谁写推荐信很重要
    D 突出自己的个人特色

17. A 必须获得成功
    B 找难度大的课题入手
    C 尝试跨学科研究
    D 了解统计学的知识

18. A 有人嘲笑他
    B 有人偷了他的东西
    C 有人骂了他
    D 有人打了他

19. A 劳动力十分廉价
    B 了解中国互联网用户的需要
    C 了解中国互联网用户的特点
    D 他们有吃苦耐劳的精神

20. A 违背市场的原则
    B 不择手段地赚钱
    C 追求最高的利益
    D 取得用户的信任

21. A 创品牌
    B 开放创新
    C 重品质
    D 服务

22. A 售后服务体系的软硬件提升
    B 首家区域服务技术中心落成
    C 技术和配件的支持
    D 客户关系的维护

23. A 硬件升级
    B 服务升级
    C 管理升级
    D 技能升级

24. A 建立健全的体制
    B 提升客户满意度
    C 收集顾客的建议
    D 更好的提高信誉

25. A 技能的提升
    B 面临机遇和挑战
    C 完成硬件升级
    D 开发国际汽车市场

26. A 身高最重要
    B 身高和体重
    C 健康情况
    D 身高1米6以下

27. A 良好的心理素质
    B 身高有统一要求
    C 服装要符合标准
    D 身体不能有缺陷

28. A 找不到北方
    B 忘记自己的位置
    C 无法正常工作
    D 心血管停止工作

29. A 吐了出来
    B 血往下走
    C 眼睛发亮
    D 没有异常

30. A 航天员操作失误
    B 安全问题
    C 火箭是否有问题
    D 每个系统的配合问题

第三部分

第31-50题：请选出正确答案。

31. A 结的果子太少
    B 得到的果子太少
    C 果子被别人拿走了
    D 不想长成参天大树

32. A 比第一年结的果子少
    B 比第一年结的果子多
    C 比第一年的质量好
    D 从比例看今年的收获多

33. A 要保护自己
    B 在乎得与失
    C 成长最重要
    D 怎样种苹果

34. A 没有开放的花
    B 娇艳的玫瑰花
    C 一些无名小花
    D 世间唯一的花

35. A 玫瑰花死了
    B 地球上有5000朵玫瑰花
    C 他有的是一朵普通的花
    D 玫瑰花身上长了虫子

36. A 全世界都有玫瑰花
    B 他征服了这朵玫瑰
    C 要珍惜他的这朵玫瑰
    D 每一朵都是独一无二的

37. A 离事实越来越近
    B 期望变成事实
    C 与事实相距甚远
    D 远离失败

38. A 改变想法
    B 改变自我
    C 更新自我
    D 积极的态度

39. A 惧怕
    B 勇气
    C 认真
    D 学识

40. A 坚持不懈
    B 不断进取
    C 不断超越
    D 克服困难

41. A 自卑
    B 怨恨
    C 比较
    D 愤怒

42. A 妈妈抱别人的孩子
    B 妈妈称赞别人的孩子
    C 玩具被别的孩子抢走
    D 孩子自己没有玩具

43. A 生活条件越来越差
B 别人比自己做得好
C 孩子认为自己最好
D 孩子是家里的皇帝

44. A 行人违章过马路，破口大骂
B 堵车时，不停地按喇叭
C 其他车超过自己，气得说脏话
D 绿灯了前面的车不走，不心急

45. A 交通环境不良
B 人员素质太低
C 轻微的抱怨和发牢骚
D 开车压力引起的愤怒情绪

46. A "路怒症"容易引起交通事故
B "路怒症"是常见的病
C 开车爱发火可能患上"路怒症"
D 司机要学会控制自己的情绪

47. A 吃饺子
B 放鞭炮
C 吃粽子
D 看春晚

48. A 春晚就是吃一顿饭
B 虎年的春晚是最成功的
C 西方也有同样的文化形式
D 春晚是中国特有的文化形式

49. A 全球华人都关注春晚
B 老人、孩子都看春晚
C 春晚的内容形式不好
D 春晚是中国人的期待

50. A 饺子味道好
B 中国人爱吃饺子
C 有饺子吃的年更像年
D 过年不一定要吃饺子

二、阅 读

第一部分

第51-60题：请选出有语病的一项。

51. A 天气太冷了，你得穿多点儿衣服。

    B 她心烦的时候，总是来向我诉说自己的苦恼。

    C 只有信仰才让思想发出火花，只有希望才让未来发出光芒。

    D 昨天，老师破例带我们全班同学去一家很贵的餐馆吃了一顿。

52. A 聪明人自己创造的机会比他找到的多。

    B 我把白天发生的事又重新给他讲了一遍。

    C 车刚停稳，张毅正倚着窗口，隐约听到了有人呼唤他的名字。

    D 狗的视力是非常强的，它可以发现一枚在百米外大小图钉的东西。

53. A 只有经得起环境考验的人，才能算是真正的成功者。

    B 他欣然答应那位创始人的要求，从此拥有了商店的所有权。

    C 人在生活中乃至一生中，谁没有大大小小这样那样的遗憾呢！

    D 一提到去哪儿旅游的问题，办公室里顿时出现了两种完全不同的意见。

54. A 爱情是发生在两个人之间的一种共同的体验。

    B 梁小冰那么瘦弱的身体，长跑的速度竟然快得惊人。

    C 各种动物的寿命都大不相同，既然同一种动物，个体之间的寿命就有差异。

    D 虽然并没有受过专业的表演训练，但她凭借自身良好的艺术感觉受到不少大牌导
    演的青睐。

55. A 他明明不喜欢看足球比赛，你何必要去请他呢？

    B 今日以多云天气为主，气温变化不大，适宜进行运动。

    C 记忆力差的好处是对一些美好的事物，总仿佛初次遇见一样，可以享受多次。

    D 到了中老年，有些人往往感到"书到用时方恨少"，为获得知识产生了如饥似渴之感。

56. A 大家都知道长江沿岸的南京、武汉、重庆被称为"三大火炉"。

    B 七夕是中国的情人节，这一天送杯子寓意着"送你一辈子"！

    C 专家显示，青少年一旦迷上电脑游戏，就会产生逐渐强烈的上瘾及反复操作的冲动。

D 朋友有很多种，只有那种毫无嫉妒之心能衷心祝愿你幸福的人，才堪称真正的朋
友。

57. A 爱护地球、保护生态、维护环境每一个公民义不容辞的责任。
B 信念对支撑一个人是至关重要的，即便是寿命的长短也往往取决于信念。
C 今年10月8日夜里，这颗卫星离开轨道，与地面失去联系，从此下落不明。
D 香蕉是美国人最爱吃的水果之一，平均每人每年食用香蕉达15公斤，可算是香蕉
消费大国。

58. A 租赁公司为每辆车都投了高额保险，旅客租车后出现剐伤不用赔偿。
B 距今6亿年前，地球上的一天只有21小时，而当2.5亿万年前恐龙首次在地球上出现
时，一天延长到23小时。
C 如果不是急需，就不必去抢购。过一段时间，生产得多了，价格降低了，质量也
比较稳定了，再去买也不迟。
D 昨日，在开福区"新河2010年元宵喜乐会"送新春温暖活动中，新河三角洲工地
200多名外来务工人员吃上了非常热腾腾的爱心汤圆。

59. A 随着生活节奏的加快，人们在非常追求在短时间内能吃饱的东西了。
B IBM(国际商用机器公司)成为当今世界上最大的计算机制造公司的成功秘诀就是为
顾客创造良好的售后服务。
C 丹麦禁止养鸟，但鸟食市场却十分兴旺，因为几乎家家都要买上鸟食挂在庭院里
喂鸟，常年不断。
D 如今海外市场已成为新的增长点，通过国际化扩张，用出口来拉动手机产业发展
成为解决问题的重要方式。

60. A 追求理想是一个人进行自我教育的最初的动力，而没有自我教育就不会有完美的
精神生活。
B 孔子学院在美国匹兹堡大学设立，这吸引了不少学生和成年人学习汉语的兴趣，
当地逐渐搞起了一股汉语学习的热潮。
C 中国是茶的故乡。经过漫长的历史跋涉，现在茶已经在全世界50多个国家中扎下
了根，茶叶已经成为风靡世界的三大无酒精饮料之一。
D 日本毫无疑问是亚洲现代工业的代表，日本摩托车制造业的开端可以追溯到本世
纪初，但真正形成规模是在二战以后。

第二部分

第61－70题：选词填空。

61. 在20______80年代后期，美国曾使用类似的方法成功地阻击了日本经济，使日本经济
结束了20多年来______增长的趋势，______了长达10多年的经济衰退之中。

    A 世间 高度 落后   B 世上 快速 缺陷

    C 世纪 高速 陷入   D 世纪 及时 陷落

62. 噪音在我们现实生活中______不在，______学生，我们听到最多的就是上课时那刺耳
的铃声，______我们以鸟鸣的声音或优美的音乐声代替它，那将会如何呢？

    A 无比 当成 既然   B 无处 作为 倘若

    C 无非 做成 尽管   D 无所 当作 如果

63. 我来北京留学已经两年了，在北京生活已______不到有什么麻烦的了。北京人说话我
基本都能听懂，我也可以自由地______我的想法，我的朋友也说我的汉语很不错，于
是我对考试自然也有了______。

    A 感觉 表达 信心   B 感到 表现 信誉

    C 觉察 表示 信念   D 感悟 呈现 信用

64. 从中西医结合到完成新医学的______，必须是中医、西医、中西医结合三种力量同时
______，______不断使中西医结合向深度、广度发展的过程推进，______这样才能做
到真正的中西医结合。

    A 程序 发挥 然而 只要   B 历程 发散 于是 除非

    C 途中 发达 故而 尽管   D 过程 发展 从而 只有

65. 亚马逊河______于安第斯山脉东坡，是世界上流程最长，流域______最广，流量最大
的河流，亚马逊河______6400公里，流域面积700多平方公里，每年______大西洋的
水量有3800立方公里。

    A 起源 体积 长达 泄漏   B 发源 面积 全长 流入

    C 发祥 累积 距离 流入   D 来源 规模 长为 流传

66. 得到金子就______着发财，发财就意味着能过上令人______的生活。淘金人______般
涌来，这儿的金子被淘光了，淘金人不得不到更______、更危险的雪山、戈壁、沙漠
中去寻找金子。

A 意味　向往　潮水　偏远　　　　　　B 意义　憧憬　潮流　边缘

C 代表　难忘　潮汐　边际　　　　　　D 替代　满意　流浪　偏僻

67. 现代整容手术已经能够把一张脸______另一张脸，但在新脸皮下面的仍是那个______。
如果不通过镜子，人是______自己的容貌的，常常也是想不起自己的容貌的，而这并
不妨碍他做一切事情。镜子______着别人的眼光，人一照镜子，就是用别人的眼光审
视自己了。

A 变得　新人　看不着　象征　　　　　B 变化　老人　看不了　标签

C 变成　旧人　看不见　代表　　　　　D 改变　本人　看不准　意味

68. 阿里卡不愧是世界上最干旱的城镇。______世界气象组织提供的资料，在1909年到
1919年间，这里不曾下过______雨。在这个年平均降雨量只有0.8毫米的地方，有很
多人一生都没见过雨。由于气候______和沙中含盐，人们早在公元前5世纪就开始制
作木乃伊，保存2000年以上的木乃伊______。

A 按照　一场　干旱　多如牛毛　　　　B 依据　一次　潮湿　周而复始

C 凭借　一回　寒冷　层出不穷　　　　D 根据　一滴　干燥　比比皆是

69. 经济的不断发展______使得诸多服务行业得以产生并且______起来。那是因为在口袋
里有了银子以后，人们对口腹耳目享受的层次也会______。尽管人们需要享受，但
是，人们究竟需要什么样的享受，怎样来______人们接受某种特定的服务，很多时候
并非易事，而是需要提供服务的人去苦思冥想的。

A 当然　繁华　众所周知　引进　　　　B 必然　繁荣　水涨船高　吸引

C 自然　奢华　五花八门　勾引　　　　D 必须　繁殖　大相径庭　怂恿

70. 西红柿，俗称洋柿子，为一年生茄科草本植物。中医______，西红柿性味酸甘，有
生津止渴、健胃消食、清热解毒的功效。对热性病口渴、过食油腻______的消化不
良、中暑、胃热口苦、虚火上升等病症有较好的治疗______。在炎热的夏天，人们食
欲减退，常吃些糖拌西红柿、西红柿汤，可解暑热，______食欲，帮助消化。

A 认为　所致　效果　增进　　　　　　B 以为　造成　效率　增强

C 表示　导致　功效　增加　　　　　　D 分析　引起　效劳　增多

第三部分

第71－80题：选句填空。

71－75.

　　一位父亲下班回到家已经很晚了，很累并有点烦，发现他5岁的儿子在门口等他。"爸，我可以问你一个问题吗？""什么问题？""爸，你一小时可以赚多少钱？""这与你无关，你为什么问这个问题？"父亲生气地说。"我只是想知道，请告诉我，你一小时赚多少钱？"儿子哀求道。"假如你一定要知道的话，(71)__________。""哦"

儿子低下了头，接着又说，"爸，可以借我15元吗？"父亲发怒了："如果你问这个问题只是要借钱去买毫无意义的玩具的话，给我回到你的房间。(72)__________，没时间和你玩儿小孩子的游戏。"儿子安静地回到自己房间并关上门。父亲坐下来还很生气，一小时后，他平静了下来，开始想他可能对孩子太凶了，于是走进儿子的房间说："孩子，你睡了吗？""爸，还没，我还醒着。"儿子回答。"(73)__________。"父亲说，"这是你要的15元。""爸，谢谢你。"儿子欢叫着从枕头下拿出一些被弄皱的钞票，慢慢地数着。"你已经有钱了为什么还要？"父亲生气地说。"(74)__________，但现在足够了。"儿子回答，"爸，我现在有30块钱了，(75)__________？明天请早一点儿回家，我想和你一起吃晚餐。"

A　我刚刚可能对你太凶了

B　我可以向你买一个小时的时间吗

C　我每天工作很辛苦

D　因为这之前不够

E　我一小时赚30元

76－80.

　　我刚嫁到这个农场时，那块石头就在屋子拐角。石头样子挺难看的，直径约有一英尺，凸出两三英寸。

　　(76)＿＿＿＿＿＿＿＿＿＿，碰坏了刀刃。我对丈夫说："咱们把它挖出来行不行？""不行，那块石头早就埋在那儿了。"我公公也说："听说底下埋得深着哪。自从内战后你婆婆家就住在这里，(77)＿＿＿＿＿＿＿＿＿＿＿。"

　　就这样，石头留了下来。

　　我的孩子出生了，长大了，独立了。我公公去世了，后来，我丈夫也去世了。

　　现在我审视着这院子，(78)＿＿＿＿＿＿＿＿＿＿，就因为那块石头，围着一堆杂草，像是绿草地上的一块疮疤。

　　我拿出铁锹，振奋精神，打算哪怕干上一天，也要把石头挖出来。(79)＿＿＿＿＿＿＿＿，它不过埋得一尺深而已，下面比上面也就宽出去六寸左右。我用撬棍把它撬松，然后搬到手推车上。这使我惊讶不已，(80)＿＿＿＿＿＿＿＿＿＿，每个人都坚信前人曾试图挪动它，但都无可奈何。仅因为这石头貌似体大基深，人们就觉得它不可动摇。

　　A 谁也没能把它给弄出来

　　B 一次我全速开着割草机撞在那块石头上

　　C 那石头屹立在地上时间之长已超过人们的记忆

　　D 谁知我刚伸手那块石头就被我撬动了

　　E 发现院角那儿怎么也不顺眼

第四部分

第80-100题：请选出正确答案。

81-84.

　　2009年，亚洲周刊选择"起"字作为全球华人社会的年度汉字，因为它见证了全球金融危机后中国崛"起"的经济实力，从索马里打击海盗到哥本哈根会议的环保减排，都展现中国在全球必须负"起"责任，显现全球华人社会的突破。

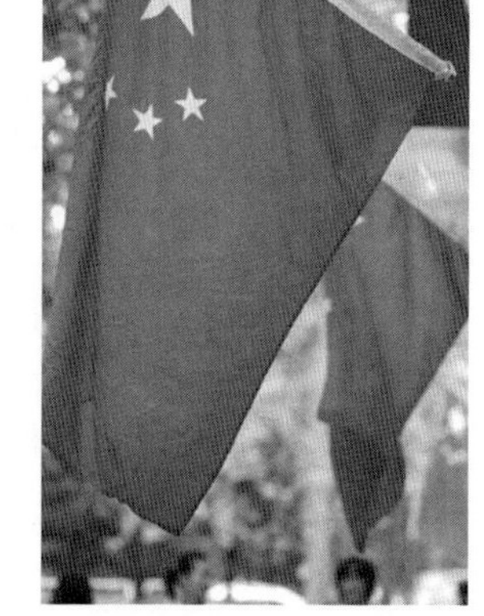

　　中国在全球金融海啸中以其改革三十年厚积的经济实力做出明快的救市措施，不但保住了自身的经济增长率，也成为全球不至于陷入更深经济危机的重要支援。中国在国际货币基金组织(IMF)出台的救市计划中贡献巨大，扮演着重要助推器角色。

　　2009年1月，中国开始派遣军舰前往亚丁湾、索马里海域对中国船只进行护航，印证中国作为国际安全力量的承诺。同年10月10日，第二次中日韩领导人会议上，日本新首相提出的与中国共建"东亚共同体"构想获中方支持后，被定为中日韩未来合作的大方向。自1990年4月首次派遣军事观察员至2009年10月底，中国已累计派出一万四千六百人次维和官兵，参与联合国全球范围内的十八项维和行动，成为联合国主导的维和行动中派兵最多的国家。

　　同年12月召开哥本哈根气候会议，中国成为协议能否达成的关键。伴随这些政治、经济、军事硬实力的崛"起"，作为无形影响力的文化软实力水涨船高，也跟着崛"起"。

81.　为什么选用"起"字作为全球华人社会的年度汉字？

　　A 见证了中国的实力

　　B 战胜了金融危机

　　C 中国人喜欢"起"

　　D 中国应该负起责任

82. 中国能在全球金融海啸中提出明快的救市措施的基础是什么？

　　A 改革三十年厚积的经济实力

　　B 国际货币基金组织的帮助

　　C 坚持人民币不贬值

　　D 中国政府决策正确

83. 第三段的主要内容是什么？

　　A 中国在履行作为国际安全力量的承诺

　　B 中国在国际社会上各方面都占有重要的地位

　　C 中日韩未来合作方向已确定

　　D 中国派出维和部队的次数最多

84. 文中最后一段出现的"水涨船高"是什么意思？

　　A 物价水平也跟着提高

　　B 军事实力也跟着提高

　　C 文化软实力也跟着提高

　　D 政治地位也跟着提高了

85－88.

地震是一种自然现象，是地壳运动的一种形式。全球每年约发生500万次地震，不过人们能够感觉到的只有不到1万次，而能够造成灾害的仅有100次左右。强烈的地震会造成山崩地裂、房倒屋塌、火车出轨、水库崩塌等给人民的生命财产带来严重损害的后果。

地壳是由大大小小的许多板块"拼合"起来的。这些地壳板块在不断地运动，它们之间的错动、挤压、分离，都会产生压力，当压力积聚到一定程度，在地壳的薄弱部分就会发生断裂，把长期积累的巨大能量急剧释放出来，以地震波的形式传播出去，引起大地强烈的颤动，就产生了地震。地震波发源的地方叫震源，地面上正对震源的地方叫震中。通常将震源深度小于70千米的叫浅源地震，深度在70至300千米的叫中源地震，深度大于300千米的叫深源地震。破坏性地震一般是浅源地震，震源距离地面越近，对地面的影响就越大。据测定，汶川大地震的震源深度约20千米。

震级是测算地震释放能量大小的一种度量。我国目前使用的震级标准是国际通用的里氏分级表，共分9个等级。目前已测知的最大震级为8.9级。两个震级仅相差一级的地震，其能量的差别可以达到30多倍。也就是说，汶川发生的8级地震的能量是7级地震的30多倍，是6级地震的约1000倍。

按照震级的大小又进一步划分为5个级别：超微震，震级小于1，只有用仪器才能测出；微震，震级大于1小于3，人们也不能感觉；小震，震级大于3小于5，人们有感觉，但一般不会造成破坏；中震，震级大于5小于7，可造成不同程度的破坏；大震，震级7级和7级以上，可造成十分严重的破坏。

85.　强烈的地震有可能会出现什么现象？
　　A 房屋倒塌
　　B 人们有感觉
　　C 泥石流
　　D 山体滑坡

86.　关于产生地震的说法中正确的一项是：
　　A 地震是由地壳挤压产生的
　　B 地震是非自然的现象
　　C 地震是由地壳运动产生的
　　D 地震必然会带来灾难

87. 地震破坏力的大小，是由哪些因素决定的?

A 震源

B 震中

C 深源地震

D 浅源地震

88. 有关震级的说法，下面哪一项是错误的:

A 震级是测算地震释放能量大小的一种度量

B 两个震级相差一级，其能量的差别达到30多倍

C 按震级大小划分可分为5个级别

D 造成十分严重破坏的震级是6级

　　第二次世界大战前，我们家是城里唯一没有汽车的人家。事实上，我们是很穷的。我母亲常常安慰家里人说："一个人有骨气，就等于有了一大笔财富。"

　　几星期后，一辆崭新的别克牌汽车在街上那家最大的百货商店橱窗里展出了。这辆车已定在今晚以抽奖的方式馈赠给得奖者。当扩音器大声叫着我父亲的名字，明白无误地表示这辆彩车已属于我们家时，我简直还不相信这是事实。

　　我几次想跳上那辆彩车。却都被父亲赶开了。最后，父亲甚至向我咆哮："滚开，让我清静清静！"

　　我回到家，委屈地向母亲诉说。母亲安慰我说："不要烦恼，你父亲正在思考一个道德问题，我们等待他找到适当的答案。"

　　"难道我们中彩得到的汽车是不道德的吗？"我迷惑不解地问。

　　"过来，孩子。"母亲温柔地说。桌上的台灯下放着两张彩票存根，上面的号码是348和349，中彩号码是348。"你看到两张彩票有什么不同吗？"母亲问。

　　我看了好几遍，终于看到一张彩票的角落上有用铅笔写的淡淡的"W"字母，"这'W'字母代表威廉(William)。"母亲说。"威廉，爸爸的老板?"我有些不解。"对。"母亲把事情一五一十地跟我讲了。

　　当初父亲对威廉说，买彩票的时候可以帮他买一张，威廉同意了，过后也没再问这件事。348那张是给威廉买的。

　　威廉是个百万富翁，拥有十几辆汽车，他不会计较这辆中彩汽车的。"汽车应该归我爸爸！"我激动地说。

　　"你爸爸知道该怎么做的。"母亲平静地说。

　　不久，我们听到父亲进门的脚步声，又听到他在拨电话，显然电话是打给威廉的。第二天下午，威廉的两个司机来到我们这儿，把别克汽车开走了，他们送给我父亲一盒雪茄。

　　直到我成年之后，我才有了一辆汽车。随着时间的流逝，我母亲的那句格言："一个人有骨气，就等于有了一大笔财富。"具有了新的含义。回顾以往的岁月，我现在才明白，父亲打电话的时候，是我们家最富的时刻。

89. 父亲正在思考什么道德问题？

A 商业道德

B 职业道德

C 做人的道德

D 伦理道德

90. 中彩票得到的汽车是谁的？

A 作者

B 父亲

C 威廉

D 不知道

91. 作者为什么认为汽车是他们家的？

A 彩票是作者爸爸的

B 威廉不需要这辆车

C 威廉已有一辆别克汽车

D 彩票是作者爸爸买的

92. 作者为什么说"父亲打电话的时候，是我们家最富的时刻"？

A 作者已经有了一辆汽车

B 作者的家摆脱了贫困

C 骨气是无形的财富

D 父亲借了威廉的钱

93－96.

　　今天人们所说的"茶马古道"，源自古代的"茶马互市"，即先有"互市"，后有"古道"。而"茶马互市"是我国历史上汉藏民族间一种传统的贸易形式，唐代文献中就已经有记载。

　　到了宋代，内地茶叶生产飞跃发展，宋朝统治者为什么如此重视"茶马互市"呢？当时契丹、西夏和女真等少数民族的崛起对两宋政权造成严重威胁，迫使朝廷同西南地区少数民族保持友好关系，以便集中力量与西北少数民族政权抗衡。在这种情况下，"茶马互市"除了为朝廷提供一笔巨额茶利收入补充军费之需外，更重要的是，既满足了国家对战马的需要，又维护了宋朝西南边境的安全。

　　那么，藏族为什么也很重视"茶马互市"呢？因为藏族非常喜欢饮茶。招待客人，首先端出来的就是茶；外出旅行，必带的也是茶；累了，饮几口热茶能立即消除疲劳；病了，饮一口浓茶能解毒去病；用煮过的茶叶喂牲畜，马吃了长膘快，牛吃了增加奶量。尤其藏族平时食用肉、乳较多，喝茶可以解油腻、助消化。对长期以自给自足的自然经济为主的藏族来说，他们并不需要外界供给很多东西，但茶叶却是绝对不可缺少的。

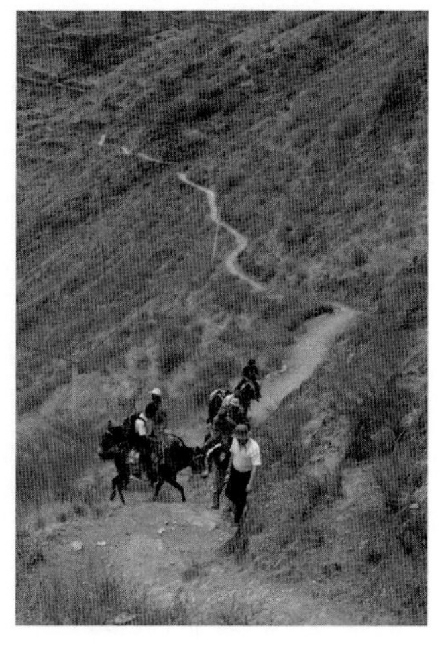

　　唐宋以后，汉藏人民之间通过"茶马互市"建立起来的友谊，一直延续到元、明、清。元代为了加强对藏区的管理，在"茶马古道"沿线推行"土官治土民"的土司制度，把以"茶马互市"为主的交通线路定为正式驿路，并设置驿站。从此，"茶马古道"既是经贸之道、文化之道，又是治藏安藏之道。

　　到了清代，"茶马互市"作为一种重要制度逐渐从历史地平线上消失，取而代之的是"边茶贸易"制度。藏族对茶叶的需求有增无减，对其他产品如丝绸、布料、铁器等的需求也开始增加；而内地对藏区马匹的需求虽然减少，却对藏区皮革、黄金，以及虫草、贝母等珍贵药材的需求大幅增加。这样，汉藏之间的贸易范围更加广泛，骡铃声声，马蹄阵阵，"茶马古道"沿线的民间贸易更加繁荣。

　　"茶马古道"作为连接内地与康藏地区的交通大动脉，历经唐、宋、元、明、清，虽然最终消失，但它对促进康藏地区经济发展、加强汉藏民族融合、维护国家统一生产的历史作用不容低估。

93. 下列关于"茶马古道"的表述，错误的一项是：

A "茶马古道"源自"茶马互市"，它是我国汉藏民族间一种传统的贸易形势

B 在宋代，"茶马古道"上的巨额茶利收入是当时全国军费的主要来源

C "茶马古道"到元代已成为一条经贸之道、文化之道和治藏安藏之道

D "茶马古道"为发展经济、团结人民和国家统一发挥了很大的历史作用

94. 关于宋朝统治者重视"茶马互市"的目的，下列表述错误的一项是：

A 与藏族等民族保持友好关系，以便同西北少数民族政权抗衡

B 可以满足国家战争中对马匹的需要

C 有利于维护宋朝西南边境的安全

D 藏族非常喜欢饮茶，"茶马互市"可以满足他们对茶叶的需求

95. 关于藏族重视"茶马互市"的原因，下列表述错误的一项是：

A 藏族人格外喜欢饮茶

B 牲畜吃了煮过的茶叶后可以促进它们的生长

C 喝茶可以解油腻、帮助消化

D 除了茶叶以外，藏族还需要其他地区的黄金、虫草和皮革

96. 下列表述不符合原文意思的一项是：

A 汉藏人民之间通过"茶马互市"建立起深厚的友谊

B 茶叶在藏区除供人饮用外、煮过的茶叶还拿来喂牲畜

C 藏族自给自足的自然经济还需要外界供给除茶叶以外的东西

D "边茶贸易"取代"茶马互市"，促使汉藏民间贸易更加繁荣兴旺

97－100.

都说婚后一年是"纸婚"，这个纸到底是什么纸？砂纸、宣纸、还是牛皮纸？叶萱的小说《纸婚》中，"80后"女生顾小影用她的亲身经历向读者们展示了婚后一年的琐碎生活。

嫁给省委办公厅秘书管桐后，顾小影发现，无论是农村公婆的生活习惯、思维方式，还是管桐作为一名政府官员的业余爱好、行为习惯，甚至两人对待事业与家庭关系的态度，都出现了越来越多的分歧……在这段充满矛盾与误会的磨合期里，顾小影伤心过、绝望过，可是好在她从来没有放弃过。一次又一次的争吵，一次又一次的和解，她渐渐学会宽容、学会理解、学会沟通……

整篇文章没有花哨的文字，到处是生活的影子，越读越感觉真实，越读越产生共鸣。这是因为《纸婚》里有作者的影子，但又不全是作者的影子，它完整地反映了"纸婚"的真相。以过来人的心态去感悟婚姻，以自己的内心去反射外部世界，让读者从中看到了自己的影子，或者展现了自己未来的生活景象，所以我们感动作者的感动，快乐作者的快乐，痛苦作者的痛苦。

如果你已婚并感悟了，读一读《纸婚》，回忆一下"纸婚"期间的点点滴滴、磕磕碰碰，回忆一下一次又一次的争吵，一次又一次的和解，我们真的会发现，婚姻不仅是一种状态，更是一种智慧。如果你正处于让人崩溃的磨合期，读一读《纸婚》，你或许就会明白酸辣苦涩也是种幸福，平淡的幸福才是真，你会学会宽容、学会理解、学会沟通、学会坚定，你们会在智慧的指导下，手牵手地走过这段难忘的岁月。

97. "纸婚"中的"纸"指的是什么？

    A 婚后一年

    B 牛皮纸

    C 婚后一年的琐碎生活

    D 砂纸

98. 关于婚后顾小影的生活，下列描述中错误的一项是：

    A 顾小影与公婆的生活习惯、思维方式不同

    B 顾小影无法忍受一次又一次的争吵而提出分居

    C 顾小影与丈夫出现了越来越多的分歧

    D 婚后的一年是充满矛盾与误会的一年

99. 《纸婚》这本书的特点是：
    A 告诉读者怎样维持婚姻
    B 让读者对婚姻充满期待
    C 能够真实地反映生活
    D 让读者理解作者的痛苦

100. 读过《纸婚》后，可能会学会什么？
    A 怎样和丈夫争吵
    B 幸福就是一定要品尝酸辣苦涩
    C 婚姻更需要一种智慧
    D 平淡的生活乏味无趣

三、书写

第101题：缩写。

（1）仔细阅读下面这篇文章，时间为10分钟，阅读时不能抄写、记录。
（2）10分钟后，监考收回阅读材料，请你将这篇文章缩写成一篇短文，时间为35分钟。
（3）标题自拟。只需复述文章内容，不需加入自己的观点。
（4）字数为400左右。
（5）请把作文直接写在答题卡上。

"在家靠父母，出门靠朋友"，这是我们信奉的格言，但我的一次亲身经历却让我对这条格言产生了怀疑。

前些日子我感到眼睛不舒服，对着镜子一看，发现眼里布满了血丝，而且还很痒。好不容易熬到下班，便急忙赶去药店。然而时候已经不早，小药店大都关门了，我那位有私家车的朋友便开车送我去了偏远一点儿的大药店。

药店店员对我说，没有大夫的诊断书，不能给我拿药。这下可麻烦了，因为眼睛患病会直接影响我的生活。药店店员对我说，他知道几家夜间有眼科的医院的电话，他可以替我打电话联系，等大夫给处方后再回来拿药。药店店员帮我联系好了后，我正要准备出发，朋友却面带难色地对我说，那地方实在太远了，不想去。我顿时惊讶得无话可说。

这时，站在我们旁边买药的一位中年妇女与我搭话："你最好今天就去医院，否则时间拖得越久，眼睛恢复得越慢。我知道那家医院，要不我送你去吧。"我还没有来得及回答，朋友竟然接上了话："太好了，太谢谢你了。"真为他的随机应变而叹服！

上了车，我有些不安，毕竟是一个陌生人，带我去一个我不曾去过的地方，会不会出现意外？一些恐怖的场面开始浮现在我的脑海里。但是，我也来不及后悔——看病是最重要的，其他的，也就暂且顾不上了。

一路上和车主聊家常。谈话间，我们对现今物价之昂贵深有同感。可不是吗，如果一个人打的去找医院的话，我想来来回回的花费肯定不菲，这可是我辛苦工作一天也挣不来的，而且对我这个处处都要精打细算过日子的穷人来说，是没有余力如此奢侈的。

顺利到达了医院。医生诊断说，可能是过于劳累，休息不足造成的，眼睛本身并没有太大的问题，又给我开了两瓶药。这下我放心了。

回去的路上，中年妇女开车送我，还叮嘱我一定要按时上药，以后也要多加注意，工作也别太拼命了。听着她娓娓的叮咛，我真的好感动，就像听妈妈的唠叨一样。在人情淡薄的今天，我是多么怀念这种唠叨啊！一股暖流涌上心头，我不知该如何感谢她才好。

她一直送我到家门口，都不曾提起自己的名字，也没有给我留下任何联系方式，收下的仅仅是我的"谢谢"而已。

就这样，偶然的相逢，又交叉而过，今后不会再谋面。可是，她给我的帮助却让我减轻了生理上的痛苦，同时也增加了我对生活的勇气。

在那种场合，一个陌生人会毫无所求地向我伸出援助之手，而那位所谓的朋友却选择了逃避。

原来朋友并不都是可以依靠的。

新汉语水平考试
HSK（六级）
模拟试题（二）

注意

一、　HSK（六级）分三部分：

　　1. 听力（50题，约35分钟）

　　2. 阅读（50题，45分钟）

　　3. 书写（1题，45分钟）

二、　答案先写在试卷上，最后**10分钟**再写在答题卡上。

三、　全部考试约140分钟（含考生填写个人信息时间5分钟）。

韩国 时事中国语社　　　　　　　　　　常婷婷/严祥天 编著

第一部分

第1–15题：请选出与所听内容一致的一项。

1. A 孩子想要两块钱
   B 妈妈批评了孩子
   C 奶奶是个可怜的人
   D 孩子把钱弄丢了

2. A 四大名著是流行的影片
   B 四大名著是金庸的作品
   C《水浒传》的重拍并没有大张旗鼓
   D 人们对四大名著重拍的期望值很高

3. A 丰田是家刚进入汽车市场的制造商
   B 因油门踏板而引起了丰田召回事件
   C 召回事件对丰田的影响不大
   D 丰田的汽车出现了8种问题

4. A 足球在人们的生活中可有可无
   B 报刊上看不到有关足球的消息
   C 这项运动深受广大观众的喜爱
   D 足球是以脚支配两个人的比赛

5. A 第一种人已经养成了读书的习惯
   B 第一种人认为读书不是重要的事
   C 第二种人总想找个获取知识的捷径
   D 第二种人为了获得知识而付出努力

6. A 大雾影响了交通
   B 大雾不影响农业
   C 大雾使温度降低
   D 所有航班都停飞了

7. A 土豆是淀粉含量最高的一种
   B 土豆的含水量高达20%
   C 膳食纤维能让人感觉到饱
   D 土豆基本上没有减肥的作用

8. A 年轻人对冷饮特别有感情
   B 冬天年轻人也喜欢喝热茶
   C 冷环境中气血才会正常运行
   D 喝冷饮有助于把体内废物排出去

9. A 人们羡慕勤劳致富的人
   B 人们很难理解古代文化
   C 人们的人生观发生改变
   D 人们开始嫉妒富有的人

10. A 空少是空中小姐的简称
    B 空少需要具备应急能力
    C 本科以上学历可以当空少
    D 空少只是负责乘客的安全

11. A 人们表现出来的能力基本相同
    B 能力是结束活动的主观条件
    C 每个人的能力都是有限的
    D 离开具体活动便不能表现人的能力

12. A 女人的性格与发色有关
    B 改变发色可以改变命运
    C 年轻女人喜欢染发
    D 专家建议女人染发

13. A 正房里有棵白丁香
    B 一家四口十分喜爱白丁香
    C 张老汉是八号院里的清洁工
    D 张老汉视白丁香为珍宝

14. A 孩子生病了
    B 老师的声音太小
    C 那个人是第一名
    D 老师很生气

15. A 后海的酒吧比较吵闹
    B 后海的酒吧不能久留
    C 后海是个适合谈恋爱的好去处
    D 秋天比较适合带女朋友去后海

第二部分

第16-30题：请选出正确答案。

16. A 最高端的一种交通形式
    B 拉动经济增长的重要力量
    C 起到国家资源互补的作用
    D 能起到提升消费层级的作用

17. A 改变现代通讯和媒体
    B 改变人们的交通方式
    C 改变人们的思想观念和生活习惯
    D 足够便利的信息传递和交通方式

18. A 推迟民航业的发展
    B 关闭一些航空支线
    C 减免航空公司一些费用
    D 减少民航的基础设施投入

19. A 合理的价格
    B 关注安全
    C 关注舒适度
    D 关注"正点"

20. A 安全理念
    B 消费理念
    C 关注民生理念
    D 持续安全理念

21. A 休闲娱乐
    B 参与体验
    C 享受生活
    D 资源整合

22. A 北京是最大的城市
    B 北京是中国的首都
    C 北京缺少时尚主题活动
    D 北京是一个文化旅游城市

23. A 景观
    B 表演
    C 主题活动
    D 娱乐设备

24. A 20
    B 100
    C 200
    D 300

25. A 游客可以自由规划路线
    B 游客了解营业时间和项目
    C 游客可以了解游乐设备
    D 游客可以了解主体活动

26. A 她是中国妇女报的总编辑
    B 首位在阿里采访的女记者
    C 她有着惊人的忍耐力
    D 第一个登上山顶的人

27. A 十分困惑
    B 崇拜自己
    C 感到惊讶
    D 痛苦不堪

43. A 成功的方法
    B 介绍日本的文化
    C 获得成功十分容易
    D 不要担心失败

44. A 不敢说话
    B 患有口吃
    C 不敢出屋
    D 不敢见人

45. A 害怕被人注意
    B 不敢与人对视
    C 说话十分兴奋
    D 紧张得出汗

46. A 钟摆法
    B 认知行为的治疗
    C 兜头一问法
    D 注意力集中法

47. A 3
    B 4
    C 5
    D 6

48. A 不吃饺子馅儿
    B 只吃饺子馅儿
    C 只吃饺子皮儿
    D 不喜欢吃饺子

49. A 他吃的是他扔掉的饺子皮
    B 他考取了官位大嫂很满足
    C 大嫂是他的亲人
    D 大嫂是他的妈妈

50. A 要学会感恩
    B 要多吃饺子皮尖
    C 不要随意浪费粮食
    D 善用资源才会成功

二、阅　读

第51－60题：请选出有语病的一项。

51. A 他的话使我想起了我的父亲。
 B 这是一家乡镇企业，主导产品是电风扇和空调。
 C 你应该知道一律丢失图书馆的书按原价的三倍赔偿。
 D 在生活中有一种情况，即有人很忌讳自身的缺陷和不足被他人提及。

52. A 时代毕竟前进了！商品供应比较丰富，群众也就有了挑选的余地。
 B 对于怎么保护人文环境这一问题，我们必须进行认真思思考考。
 C 从安全角度考虑，轿车以视认性好的颜色为佳，比如红、黄等明亮颜色。
 D 现实生活中，人们接触各种各样的事物，便常常产生这样或那样的感想。

53. A 这座大厦总建筑面积以三万九千多平方米。
 B 接吻被看成是一个有很多意义的动作，关键是看吻哪个部位。
 C 金庸一生的传奇，可谓多姿多彩之至。佛学对金庸的影响很大。
 D 近半个世纪以来，狼人无疑已经成为西方神秘文化中最热门的话题之一。

54. A 在一个小花园里面种了满奇花异草，还有一座小凉亭。
 B 岳飞一回到临安，立即陷入秦桧、张俊等人设置的陷阱。
 C 中国电子图书的销售额会达到100亿，将达到全部图书的50%。
 D 在那里，他对软件产生了兴趣，并且在13岁时，开始学习计算机编程。

55. A 开洽谈会时，职员们都来了，科长却自己迟迟没有出现。
 B 离婚对夫妻双方，特别是对孩子的心灵是一个很大的伤害。
 C 青少年崇拜影视歌星本来无可非议，但是一窝蜂盲目地追逐就显得不正常了。
 D 直立行走一直是人类的主要特征，也是我们区别于近亲人类——人猿的重要标志
  之一。

56. A“钱”这东西有时候会在人们之间引起一些矛盾。
 B 每逢中秋节，中国人都要吃月饼，表明喜悦的心情。
 C 随着社会保险和养老制度的建立和健全，养老不会成为问题。

D 我们每个人不是生来一下子就变成了大人，也不是永远不会成为老人。

57. A 优秀的文学作品都是来自生活，又高于生活。

B 中国60周年国庆，也是21世纪中国奔向世界一流国家的开始。

C 参加研讨会的职员们一致同意对这个问题进行更深入的研究研究。

D 高考的那几天，孩子进了考场，父母的紧张度绝不亚于考场里的孩子。

58. A 现在最大的问题是相当一部分的教师和领导者都是旧教育体制的牺牲品。

B 在很多家庭来说，电脑早已不是什么新鲜东西了，已经成为他们生活中不可缺少
的必需品了。

C 很多男人一旦事业成功，就比较狂。他们既想找到一些知识与温柔、自立与贤惠
皆有的女性，又在潜意识里将她们放在未来婚姻中的从属地位。

D 学校把学生当成考试机器，把大量早已过时的知识硬塞给他们，而多数"辅导教
材"则是这类教材知识的总汇。

59. A 我不是妇女解放运动的支持者，但是我极不愿在婚后失去独立的人格和内心的自
由。

B "麻婆"，"葱花"，相信诸位也都听闻大名，这两位之所以家喻户晓，其实与豆腐
不无关系。

C 世界上已有几十万人接受了准分子激光角膜板层切削术，实践证明这是一种安全
有效的手术。

D 经济迅速发展，社会不断进步，所以在这变革的时代，人类却面临着一些难题，
例如环境污染，自然资源减少，贫富差异等。

60. A 老鼠有百害而无一利，这是无可辩驳的事实，要例举它的罪状，可能不止十条，
其中最重大的，一是偷吃粮食，二是传染疾病。

B 按照统计局预测，到2010年中国65岁以上的老年人将从现在的1亿人增加到2亿
人，约占人口的10.6%。

C 这个故事与上一段老鼠逃跑的策略问题都表明，在有双方参加的竞赛或斗争中，
策略是很重要的。

D 条码是人和计算机的一种特定语言。条纹中的粗细线条，是一种编码信息，通过
一定形式的转换组合后，表示从"0"至"9"的阿拉伯数字和数组。

第二部分

第61－70题：选词填空。

61. 世界上很多人生活在一起，人不能一个人生活，_____人是社会动物，那么人与人_____的交往就_____尤其重要。

    A 不管　之内　呈现　　　　　　　　B 尽管　之后　使得

    C 既然　之间　显得　　　　　　　　D 只要　之中　搞得

62. 李教授_____，教学经验丰富，是个幽默而_____的人，因其幽默而受到了广大学生的欢迎，经常被某大学_____教授的资格请去讲课。

    A 博览群书　健谈　以　　　　　　　B 博大精深　乐观　为

    C 知识渊博　沉默　把　　　　　　　D 七嘴八舌　健全　凭

63. 科学家们在非洲新几内亚山区调查研究中_____，住在那里的一些人饮食非常简单，每天仅吃一些山芋和蔬菜，每人每天蛋白质_____仅22克，只有世界卫生组织规定的最低标准的三分之一。_____那里的男女老少身体却个个健康强壮。

    A 证明　注入量　于是　　　　　　　B 发觉　含量　从而

    C 指出　吸收量　因此　　　　　　　D 发现　摄入量　然而

64. 所谓"胎儿式"睡姿，_____蜷缩着睡觉。这些人_____让人感觉比较难相处，但内心深处却很敏感，_____善良，相识之初会发现他们很腼腆，但一旦放松心情，他们就会很开朗。这种睡姿在1000名研究者中最为普遍，占41%，_____是女性。

    A 既　经常　心情　尤其　　　　　　B 即　往往　心地　主要

    C 由　常常　心事　特别　　　　　　D 以　时而　心底　格外

65. 按照协议，这项_____要在一个月之内完成，如果延期，施工公司要_____违约金和赔偿金。为了维护商业信誉，使公司在行业竞争中立于_____，公司上上下下全都动员了起来，工人们情绪高涨，纷纷表示宁肯放弃休息日，也要_____按期完工。

    A 事业　交换　是非之地　保留　　　B 调查　付出　不毛之地　保存

    C 工作　支出　成功之地　保障　　　D 工程　支付　不败之地　保证

66. 法国教育家顾拜旦是公认的现代奥林匹克_____人，他为奥林匹克运动的诞生和发展

作出了______贡献。1889年顾拜旦代表法国参加在美国波士顿举行的国际体育训练大会，进一步了解了世界体育的动态，他认为近代体育的发展正在走向国际化，应该______古希腊体育的经验和传统影响来推进国际体育，于是产生了______奥运会的想法。为了实现这一想法，顾拜旦做了大量的工作。

A 创建　巨大　借着　复发　　　　　B 开始　相当　帮助　兴建

C 创始　卓越　借助　复兴　　　　　D 始创　越发　借鉴　推广

67. 北京烤鸭享誉海内外，历史______，距今已经160多年，号称天下第一吃，是北京风味菜。北京鸭，肉质细腻，口感良好，营养______，含有大量的不饱合脂肪酸，在人体内不______，人体吸收后能软化心脑血管。北京鸭的表皮中含有大量的胶原蛋白，是美容佳品。因此，北京烤鸭是______的保健美食！

A 长久　丰盛　储蓄　人人皆晓　　　B 悠久　丰富　积蓄　老少皆宜

C 持久　足够　累积　讨人喜欢　　　D 悠长　充足　积肥　不分男女

68. 通常雄性火蜥蜴会在多只雌性之间______且难舍难分，而雌性配偶所表现出对雄性的不满或者是______，也是为了捍卫属于自己的空间。已配的雌性火蜥蜴不会像雄性那样到处______，它们也不会对其他雄性______好感。

A 众说纷纭　罚款　似是而非　拥有　　B 实事求是　被罚　视而不见　出生

C 根深蒂固　罚则　口是心非　诞生　　D 左右为难　惩罚　惹是生非　产生

69. 新中国成立后，一大批说相声的演员逐渐转型，将相声的内容加以______，去掉了大量色情、挖苦别人生理______之类的段子。相声快速普及，成为全国性、全民性的曲艺形式。相声流行的其中一个原因是因为它是一种以声音为主的艺术，______以被普及的无线广播作为主要媒体。相声______"文艺战线上的轻骑兵"。

A 改善　缺点　合适　被尊为　　　　B 改变　陷落　适宜　称之为

C 改编　缺陷　适合　被称为　　　　D 改良　缺乏　适当　堪称

70. 目前，中国已______人均国内生产总值2500美元至3500美元的发展阶段。在这个新阶段里，中国______着一系列严峻的挑战，需要实现经济发展模式的转型。就新时期传统经济发展受到的挑战及向何处转型来说，______经济学家吴建国认为，中国应通过劳动力、科技、服务及信息四个______来实现经济发展模式的转型。

A 进去　濒临　有名　渠道　　　　　B 步入　面临　著名　途径

C 走进　面对　闻名　路途　　　　　D 加入　濒危　齐名　中途

第三部分

第71-80题：选句填空。

71-75.

　　中国有句俗话说，祸不单行，福无双至。他断腿以后，妻子无情无义，置之不理，回家卖掉了家中值钱的东西，(71)＿＿＿＿＿＿＿＿＿＿，独自离开。这犹如落井下石，使他痛苦不堪。(72)＿＿＿＿＿＿＿＿＿＿，却四处碰壁。但他没有放弃，学做皮鞋，吃尽了苦头，终于学会了制鞋的方法。于是，他向乡亲们借钱摆摊制鞋，不料由于制鞋经验不足，最终以失败告终，欠下五万多元债务。但(73)＿＿＿＿＿＿＿＿＿＿，在亲人鼓励下，他鼓起勇气，吸取教训后，再次开店做鞋，终于取得了成功。

　　世界著名科学家爱迪生说过："失败也是我需要的，它和成功一样，对我都有价值。只有在我知道(74)＿＿＿＿＿＿＿＿以后，我才能知道做好一件事情的方法是什么。"他第一次摆摊做鞋失败后，(75)＿＿＿＿＿＿＿＿＿＿，找出失败的原因在于鞋的质量不过关，于是千方百计抓质量，终于打开了销路，扭亏为盈。

　　A 他并没有灰心

　　B 丢下了年幼的孩子

　　C 一切做不好的方法

　　D 他向公司要工伤赔偿费

　　E 冷静地总结经验

76－80.

　　在动物王国里，(76)______________________。动物之间的争斗，是要讲究环境和时机的。动物学家记录了一个发生在热带丛林的惊心动魄的真实故事：一头雄狮穷追一只麋鹿，鹿逃到一条一丈宽的小溪边，求生的本能(77)______________________。雄狮本想跳过去，却跌入水中。等暴怒的狮子挣扎起来，发现小鹿已经无影无踪。而溪水中有一条如碗口粗大的蟒正虎视眈眈地望着自己。此时狮子又累又饿，原本不宜在这是非之地久留，然而自负令它忽略了眼前的危险，愤怒令它丧失理智。它发狂地冲向巨蟒，齿爪并下，巨蟒也不甘示弱。紧紧缠住了狮子。十几分钟后，巨蟒竟然卷起狮子，沉入溪水中，汩汩鲜血，顷刻染红了水面！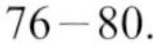

　　(78)______________________，巨蟒又浮出水面，它行动迟缓、疲惫不堪地爬上岸边，伤痕累累。不远处一条凶狠的鳄鱼正紧盯着它。这条鳄鱼见到巨蟒十分紧张，本想抽身离开，可是巨蟒躺下的地方正是它宝宝的巢穴。情急之下，鳄鱼朝巨蟒的头部发出迅速而致命的一击，竟然将巨蟒的头部咬下！巨蟒甩动尾巴抽打了几下，然后软软地滑入溪流。

　　(79)______________________。狮子本为兽中之王，却在不适当的时机和地点发动了不该发生的战争。巨蟒利用天时地利，将狮子吞入腹中。鳄鱼本来不想招惹巨蟒，然而(80)______________________，冒险一搏，结果轻易地将疲倦和刚刚吞下食物不能动弹的巨蟒咬死。

　　A 大约过了半个小时

　　B 这是一出不该发生的悲剧

　　C 谁也称不上是绝对的王者

　　D 出于保护后代的本能

　　E 令它奋不顾身地跳了过去

第四部分

第80-100题：请选出正确答案。

81-84.

　　公关人员在工作中要不断地会见老朋友，结识新的朋友，因此对他们来说，熟知并遵守相关的会面礼节是十分必要的。否则，本来想给对方留一个好印象，却因为礼仪的不周而适得其反。

　　有关会面的规范确实是不胜枚举的。在日常工作和交往中，我们经常需要和陌生人打交道，有时候还有故友重逢的情况。不管和老朋友见面，还是另结新交都需要向对方问候、致意、行礼、介绍，这样的一些细节如果你不注意就会很麻烦。

　　那天我去了一家单位，接待我的公关经理是一位小姐，通过交往我发现这位小姐是一个很有教养的人。但当时她礼数上稍有不周。她跟我握手时不正眼看我，握手时不用力，不摇动，好像一条死鱼，感觉好像是贵妇人对骑士的一种赏赐。还有人跟你握手时，手一碰到你就跑，像有电一样。这样的行为会让人有敷衍了事，冷落对方之嫌。

　　教养体现于细节，细节展示素质。公关人员在重要场合面对客户的时候，他的握手，他的自我介绍，他替别人的介绍，实际上都会给对方留下重要的印象，若你要稍有不周的话，轻则见笑于人，重则破坏双方交往的效果，甚至妨碍交往的可持续发展和进行。

81. 对公关人员来说，什么是非常重要的？

　　A 了解顾客的需要

　　B 遵守公司的规定

　　C 熟知会面礼节

　　D 满足顾客的需求

82. 作者对这位公关小姐的印象是：

　　A 十分敬业

　　B 很懂礼貌

　　C 待人真诚

　　D 待人冷淡

83. 公关人员面对客户时，应该：

A 握手时不要用力

B 面无表情

C 需要目光交流

D 提出自己的意见

84. 不注重公关礼仪，有可能会：

A 闹出笑话

B 双方产生矛盾

C 影响合作前景

D 交往顺利进行

85-88.

　　子发是战国时期楚国的一位大将军。一次，他带兵与秦国作战，前线断了粮草，派人向楚王告急。使者顺便去看望子发的老母亲。老人问使者："士兵都好吗?"使者回答："还有点豆子，但只能一粒一粒分着吃。""你们将军呢?"使者回答道："将军每餐都能吃到肉和米饭，身体很好。"

　　子发得胜归来，母亲紧闭大门不让他进家门，并派人告诉子发："你让士兵饿着肚子打仗，自己却有吃有喝，这样做将军，打了胜仗也不是你的功劳。"母亲又说："越王勾践讨伐吴国的时候，有人献给他一罐酒，越王让人把酒倒入江的上游，叫士兵们一起饮下游的水。虽然大家没尝到酒味，却鼓舞了全军的士气，提高了战斗力。而现在你却只顾自己，不顾士兵，你不是我的儿子，你不要进我的门。"

　　子发听了母亲的批评，向母亲认了错，决心改正，才得以进入家门。

　　从这个故事我们可以知道："子不教，父之过"，子女成长的好坏，长辈负有极大的责任。若要孩子成为大器之才，必须在孩子心中植下博爱之心。有了博爱之心，才有施爱于他人的可能。

85. 子发带兵作战时，军中出现了怎样的情况:

　　A 军中没有粮食

　　B 士兵身体不好

　　C 只有肉和米饭

　　D 连豆子也没有

86. 为什么母亲不让子发进门?

　　A 子发打了败仗

　　B 子发不听母亲的话

　　C 子发只顾自己吃喝

　　D 子发打了胜仗

87. "子不教，父之过" 的意思是：
   A 孩子不听话是父母的错
   B 孩子不成才是父母的错
   C 父母的责任是批评孩子
   D 孩子的好坏长辈有责任

88. 从这个故事中，我们可以知道什么：
   A 懂得尊敬自己的父母
   B 知错就改是好的行为
   C 听从长辈的教导就能成才
   D 成才的条件是拥有博爱之心

89－92.

鬼街，是北京老百姓对东城区东直门内餐饮一条街的称呼，它的周围使馆林立，造就了鬼街得天独厚的地理优势，每年仅外宾为鬼街创造的利润就高达3500万元。在这条全长1442米的东内大街上，沿街共有各种商业店铺150多家，其中餐饮服务业148家，约占东内大街全部店铺的90%以上。饭馆密度如此之大，全北京恐怕再也找不出第二条这样的街了。

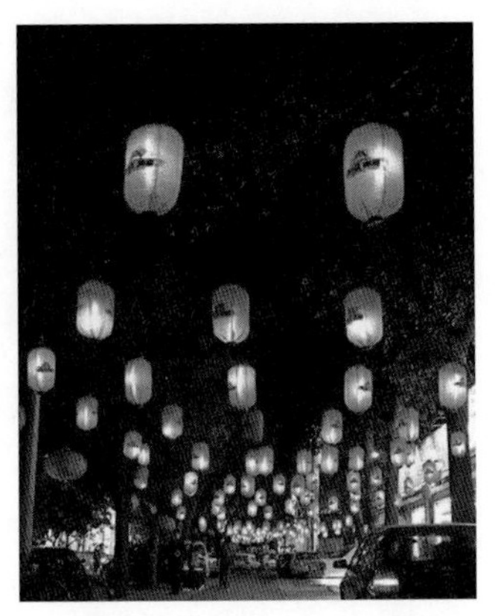

关于鬼街名字的由来，目前有很多不同的版本，但都是空穴来风或道听途说，而真正的说法只有那些东直门内原土著的居民可以解释清楚。清朝年间北京市的各个城门都有专门的用途，不得随意使用，就象朝廷出兵必须要走德胜门，而收兵要走永定门、处决罪犯必须要走宣武门一样，东直门只是专门做为往城里运送木材和往城外运送死人的城门。在城边上那些土著的50岁左右的人们至今还清楚的记得小的时候大家一起呼朋唤友的结伴到城门楼上玩耍的情景，站在城楼上看城里是一条笔直的土路，还能看到鼓楼，而城外就是一望无际的坟场。而城门内的早市，那些以贩卖杂货菜果为主的摊贩们后半夜才开市，黎明即散，摊主以煤油灯取亮，远处看上去灯影憧憧，再加上整条街上比肩相邻的棺材铺和杠房，故名"鬼市"。现在的人们发现在这条街上只有开饭馆才能做得好，而且这里的饭馆白天几乎没有人光顾，但是到了晚上却门庭若市车水马龙另有一番繁荣景象。至于是不是像当地老人们说的到了夜里鬼都要进城吃饭，而形成了如此繁荣的景象，就谁也解释不清了。

鬼街已经在北京家喻户晓，当然很多人也看到了这里巨大的商机，就连当地政府也从开始的排斥强管到了后来的扶持，区商委还把这里命名为"东内餐饮一条街"。但是，鬼字终究不雅，于是东城区委的人们就想为鬼街易名，但是老板们并不买账，因为他们怕易名坏了风水，说来也是该着，竟有人发现了字典里有这个音同字不同的"簋"并且还能和吃沾上边，于是开始大肆宣传并且还在东直门立交桥鬼街一侧的桥头做了一个"簋"的大铜塑像，于是就有了现在这个文明的"簋街"。

89. 第一段的主要内容是：

A 许多使馆在鬼街附近

B 鬼街的地理位置很好

C 鬼街是规模最大的餐饮街

D 鬼街吸引了很多中外游客

90. 谁知道"鬼街"的来历:
    A 现代的年轻人
    B 土生土长的居民
    C 使馆区的工作人员
    D 饭店的管理者

91. 关于"鬼街"的由来，下列哪项是错误的:
    A 这里曾是往城外运死人的地方
    B 这条街只适合开饭馆
    C 整条街有很多棺材铺
    D 商人大多在后半夜出来买卖

92. 为什么把"鬼街"改成了"簋街"?
    A "鬼"字不雅
    B "鬼"字不吉利
    C "簋"字发音和"鬼"一样
    D 饭店老板想挣更多的钱

93－96.

　　"茶点"这个词语，原意是饿时略为进食，后来演变为"略进食物"的意思。早于2500年前的《楚辞》中已有记载。

　　茶点的蓬勃时期则于20世纪初才真正开始，原因是当时"满清"后人不用工作，没事可做之余整天流连饮食场所，以致酒楼茶室数目剧增，在竞争激烈的情况下，各大茶室及酒楼均各自推出不同的点心、糕点，使本来已是种类繁多的点心、糕点更见多变。

　　茶点虽然不是广东人发明的，但将茶点发扬光大的必定是广东人，而且更是把它传遍世界各地。从清同治年间开始，广东一地的商人们便喜欢聚到茶楼，一边谈生意，一边品尝"一盅两件"（也就是说一进茶楼最少要来一碗茶、两样点心），所以上茶楼也被称为"饮茶"。清末时，广州的"二厘馆"（即每位二厘钱）茶楼就已存在。这种"二厘馆"，一般用石湾粗制的绿釉壶泡茶，还供应芽菜粉，松糕、大包等价廉物美的"茶点"。早上和全家人去酒楼饮茶，品尝地道的茶点已经变成了一种粤式的饮食文化。而这种文化更已传遍世界各地，所以茶点对广州人而言有着特殊的感情，就算是到大酒楼吃盛宴，最后都必会点上几种点心作为漂亮的"闭幕曲"。

　　四川人也讲究饮茶，说一句"四川茶馆甲天下"并不过份。川人尤喜"摆龙门阵"，即在熙来攘往的茶馆之中，一边品饮盖碗茶，一边海阔天空，谈笑风生，同时佐以茶点小吃和曲艺表演，实为人生至乐。但茶点不外乎就是些牛肉干、花生瓜子一类，至多再叫上份酸辣粉凉面什么的，终究上不了台面。

　　江南人也有上茶楼吃点心小聚的风俗。汪曾祺先生在散文《故人往事》中说："摆酒请客，过于隆重。吃早茶则较为简便，所费不多。朋友小聚，店铺与行客洽谈生意，大都是上茶馆。间或也有为了房地纠纷到茶馆来'说事'的，有人居中调停，两下拉拢；有人仗义执言，明辨是非，有点类似江南的'吃讲茶'。"这般看来与粤人的"饮茶"相差无几了。

93．四川人主要在茶馆做什么？

　　A 调节纠纷

　　B 品茶议事

　　C 专门吃饭

　　D 打发时光

94. 根据上文下列说法正确的是：
    A 茶点起源于广东
    B 四川人在茶馆里谈生意
    C 茶点至少有2500年历史
    D 江南人喜欢去茶馆看戏

95. 喜欢在宴席后安排点心的是：
    A 江南人
    B 满清人
    C 广东人
    D 四川人

96. 最适合上文的标题是：
    A 茶馆里的众生相
    B 茶点点缀人们的生活
    C 南方人十分钟爱茶点
    D 花样繁多的点心习俗

97－100.

　　齐白石是我国近代杰出的画家。白石老人尤以画虾而闻名。他画的虾，通体透明，富有动感。在他的笔下，一只只空灵通透的虾跃然于纸上。虽然虾只是在水中浮游的活泼玲珑的小生灵，白石老人却只用寥寥数笔赋予了它们无尽的朝气与生命力。

　　据说，齐白石一开始画的虾太重写真，形似而神不足。后来他意识到了"删繁就简三秋树"，画的虾越来越简练，以简练的笔墨表现最丰富的内容，却越发有神，以少胜多，获得了成功。这其中，将虾的后腿由开始的10只减为8只，再到后来的6只，虾眼也由原来的两点变成两横笔。关键的一点是，在对头、胸部位的处理上，淡墨表现立意又加了一笔浓墨，更显出虾躯干的透明。由此，我们看到，齐白石并不是以非常精确的手法描绘具体物象，他的观察点和绘画手法是介于似与不似之间，这就是艺术的魅力所在。

　　细细数来，我们可以发现，从旧石器时代出现的洞窟壁画、彩陶纹等以来，艺术形式往往多为纯感性的形象出现，模糊而又简单是这一时期艺术的特点。随着生产力的逐渐提高，绘画渐渐从生产劳动中分离开来，人们开始有了理性的认识，有了独立的理论，在审美标准上要求做到形似，逐渐要求描绘形象"逼真、明晰"，也就是说要"精确"不要"模糊"。古人说："狗马最难，鬼魅最易。"因为狗马是人们常见的，一定要画"像"了，不"像"就不好，而鬼魅没有形，当然最容易了，这其实反映出的是当时人们崇尚"精确"的审美观。而东晋的顾恺之也曾提出"以形写神"的理论。到了宋徽宗时代，因宋徽宗崇尚形似，追求细节的真实，所谓院体画的状形之风甚盛，如崔白的《寒雀图》、李嵩的《花篮图》等都是"精确"的审美观，体现了当时绘画创作上的一种时尚。

　　而从南宋开始，这种时尚渐渐退去，取而代之的是一种诗情画意的描绘，画幅虽小却富有诗意，如南宋四大家之一马远的作品《寒江独钓图》，把"千山鸟飞绝，万径人踪灭，孤舟蓑笠翁，独钓寒江雪"的意境描绘得淋漓尽致。一叶扁舟，一个老翁坐在小舟上垂钓，画上除了这一处笔墨，其余都是空白，这些留白不是真正的空白，而是水，或是水天相接，计白以当黑，这就是画的妙处。

97. 齐白石后期画虾的特点是：

　　A 虾的后腿减少到6只

　　B 头和胸加一道浓墨

　　C 虾的眼睛变成两横笔

　　D 虾的眼睛变成两点

98. 齐白石后期的画风：
    A 介于有形和无形之间
    B 介于透明和不透明之间
    C 介于具体与抽象之间
    D 介于生动与死板之间

99. 有关本文，下列正确的是：
    A 旧石器时代的特点是真实而复杂
    B 审美标准的要求是形象模糊
    C 狗马难画是因为要求形似
    D 鬼魅有形所以很难画

100. 关于《寒江独钓图》正确的是：
    A 没有人
    B 没有空白
    C 有诗情画意
    D 凄凉冷清

三、书写

第101题：缩写。

（1）仔细阅读下面这篇文章，时间为10分钟，阅读时不能抄写、记录。

（2）10分钟后，监考收回阅读材料，请你将这篇文章缩写成一篇短文，时间为35分钟。

（3）标题自拟。只需复述文章内容，不需加入自己的观点。

（4）字数为400左右。

（5）请把作文直接写在答题卡上。

高亮是小学五年级的学生，十二岁，是一个黑头发、白皮肤的男孩子。他的父亲是铁路上的职员，家里还有几个比高亮小的儿女，一家人过着清苦的生活。父亲年纪大了，因为一向辛苦，从脸上看显得更老。一家人的生活全压在他的肩上。他白天工作，晚上又从别处接了文件来抄写，以补贴家用，因此每天要写到很晚才睡。

一天，高亮对父亲说"爸爸，我来替您写吧，我能写得和您一样好呢！"但是，父亲就是不答应："不用，你应该用功念书。"高亮知道父亲的脾气，不再请求，只好自己想办法。他发现父亲半夜才停止工作，接着传来的就是父亲回到卧室去的脚步声。于是第二天晚上，他等父亲睡了以后，轻轻地走进父亲写字的房间，把煤油灯点着，开始仿照父亲的笔迹写起来，心里是又欢喜又害怕。他一面微笑着写着，一面侧着耳朵听有没有动静，只怕被父亲发现。

第三天吃午饭的时候，父亲很高兴，拍着高亮的肩膀，说："你爸爸还真是没有老！昨天晚上的工作比平常多做了三分之一。"高亮没说什么，心里却很快活："爸爸不知道我在替他写，还以为自己没有老呢。好！继续做下去吧！"，这样过了好几天，父亲仍没有发觉。

而后高亮因睡眠不足，早上起来觉得疲倦，晚上复习功课的时候打盹儿。一天晚上，高亮做功课的时候，竟趴在桌子上睡着了。"喂，用心！做你的功课！"父亲拍着手叫他。高亮睁开眼睛，继续复习。可是接下来的几天，情形越来越不好。虽然父亲是一向不责骂孩子的，一天早上，父亲对他说："高亮，你怎么啦？变得这么懒，你要记住一家人的希望都在你身上呢！"高亮第一次挨骂，心里很难受。他想："不能做下去了，非停止不可。"

可是这天晚饭时，父亲很高兴地说："这个月比上个月多挣了六元四角钱呢！"并从抽屉里拿出一袋糖果来，说是买来庆贺一下的。孩子们都很高兴。高亮也重新振作起来，对自己说："还是做下去的。"父亲接着说："只是这个孩子……"说到这里指着高亮，"他实在让我伤心！"高亮受着责备，心里却很欢喜。有一天吃晚饭的时候，母亲觉得高亮的

脸色比平常差，就问道："高亮，你不舒服吗？是不是生病了？""我早就不管他了！"父亲接着母亲的话说。高亮听了，心像刀割一样。

　　高亮半夜下床点着了灯，看见桌上的空白纸条，忍不住又拿起笔写了起来。忽然手一动，把一本书碰落在地上。高亮侧着脑袋，没听见什么响声，这才放心，接着工作。可不知什么时候，父亲已站在他背后，用两只发抖的手抱住了他的头，他吓坏了，而当他听出是父亲的啜泣声时，他叫着说："爸爸！原谅我！原谅我！"父亲忍住眼泪，吻着儿子的脸，说："倒是要你原谅我！我都明白了！真对不起，快来！"说着，他抱起儿子，走到母亲的床前，把儿子放到母亲的怀里。

国家汉办/孔子学院总部
Hanban/Confucius Institute Headquarters

新汉语水平考试
HSK（六级）
模拟试题（三）

注意

一、　HSK（六级）分三部分：

　　1. 听力（50题，约35分钟）

　　2. 阅读（50题，45分钟）

　　3. 书写（1题，45分钟）

二、　答案先写在试卷上，最后**10分钟**再写在答题卡上。

三、　全部考试约140分钟（含考生填写个人信息时间5分钟）。

韩国 时事中国语社　　　　　　　　　　　常婷婷/严祥天 编著

一、听力

第1-15题：请选出与所听内容一致的一项。

1. A 宋国人的家里没有水井
    B 从水井里打水很麻烦
    C 没有人帮助姓丁的打水井
    D 有了水井大家都很满意

2. A 滑冰是一种冰鞋的名字
    B 花样滑冰有三种比赛项目
    C 滑冰比赛一般在室外进行
    D 加拿大的滑冰运动不如俄罗斯

3. A 盲人走路应该拿着灯笼
    B 大家都很同情盲人看不见
    C 盲人是为给别人照路而提灯笼的
    D 盲人是为给自己照路而提灯笼的

4. A 京剧是汉字文化的传承
    B 书法是中国四大国粹之一
    C 武术体现了中华民族精神
    D 甲骨文是一门艺术

5. A 商店里工作的都是销售人员
    B 商店允许销售人员推销商品
    C 顾客自己可以了解商品详情
    D 顾客不愿听推销员的产品介绍

6. A 使用自行车是环保的生活方式
    B 西欧国家兴起了私家车热
    C 发展中国家的人们不愿骑车
    D "自行车革命"不太受欢迎

7. A 浪费水的现象越来越严重
    B 如今日常生活用水越来越少
    C 生产一公斤合成橡胶需要150升水
    D 全球对水的需要量越来越大

8. A 老人独自住在小房子里
    B 老人身边没有子女
    C 老人每天都收到养老金
    D 老人的子女都十分孝顺

9. A "我行我素"的意思就是"不听劝告"
    B "我行我素"就是不顾公共道德
    C "我行我素"就是按照自己平素的一
      套去做
    D "独断专行"需要有忍耐一切痛苦的
      勇气

10. A 人的一生主要有四个选择
    B 人们可能会在取舍的过程中退步
    C 聪明的人选择有利于自己的道路
    D 聪明的人会选择发挥自己才能的机
      会

11. A 漂亮和成功毫无关系
    B 我从不买贵的衣服
    C 漂亮的衣服让我自信
    D 身材好让我更加自信

12. A 经典笑话无疑是好笑的笑话
    B 大部分笑话的内容都没笑点
    C 广泛流传的笑话是经典笑话
    D 不广泛流传的是经典笑话

13. A 感到气愤时不该宣泄出来
    B 发脾气会影响到人际关系
    C 发脾气的人不能长寿
    D 及时发脾气有利于长寿

14. A 面试时衣着很重要
    B 面试需要3分钟
    C 面试只需要谦虚
    D 第一印象很重要

15. A 二十几岁是人生的春天
    B 聪明的农民夏天播种
    C 春天总是很长
    D 夏天播种子容易发芽

第二部分

第16-30题：请选出正确答案。

16. A 大声哭喊
    B 表情麻木
    C 声泪俱下
    D 寻找亲人

17. A 找不到亲人
    B 死亡人数增加
    C 人们十分激动
    D 见到灾难发生

18. A 找到他们的父母
    B 有善心的人领养
    C 重新建立平衡
    D 找朋友来领养

19. A 对死难者进行哀悼
    B 对伤残者进行安抚
    C 消除心理恐惧
    D 医护人员精心护理

20. A 坚定信念
    B 充满信心
    C 积极参与
    D 逃避现实

21. A 绿色奥运
    B 科技奥运
    C 人文奥运
    D 文化奥运

22. A 文化交流的作用
    B 进行体育比赛
    C 实现人文价值
    D 发扬民族精神

23. A 古希腊体育传统
    B 宣扬奥运精神
    C 发展体育竞技
    D 以人为本的奥运

24. A 忽视西方文化
    B 东方文化将影响西方文化
    C 创建世界文化中心
    D 重视西方文化

25. A 中国历史悠久
    B 奥运会在中国举行
    C 中国文化和世界文化的交流
    D 中国是奥运会的主办国

26. A 图片摄影
    B 专业摄影
    C 学校老师
    D 电影和电视广告

27. A 提高自己的知名度
    B 宣传平遥的历史文化
    C 发展地方旅游经济
    D 让世界了解平遥

28. A 用摄影作品启发学生
    B 用理论指导学生
    C 带着学生去山西
    D 白天拍摄，晚上上课

29. A 非常好
    B 不满意
    C 不及格
    D 力量不够

30. A 电影学院有图片摄影系
    B 她曾参加过平遥摄影展
    C 她从小就学习摄影
    D 觉得自己有艺术天分

第三部分

第31－50题：请选出正确答案。

31. A 会说两门语言的
    B 会说四门语言的
    C 会说八门语言的
    D 又老又丑的

32. A 会说八门语言
    B 它有特殊的能力
    C 比别的鹦鹉聪明
    D 别的鹦鹉叫它老板

33. A 怎样养鹦鹉
    B 怎样让鹦鹉说话
    C 怎样做优秀的领导
    D 怎样才能获得金钱

34. A 三个儿子很聪明
    B 三个儿子不听话
    C 三个儿子不会捕鱼
    D 三个儿子渔技不高

35. A 怎样最容易捕到鱼
    B 怎样最容易惊动鱼
    C 怎样识别潮汐
    D 怎样引鱼入网

36. A 传授给儿子技术
    B 没有听路人的话
    C 渔人没有足够的耐心
    D 渔人没告诉他们教训

37. A 反应速度变快
    B 听觉敏感性降低
    C 听觉能力变强
    D 可以提高视力

38. A 胃液
    B 尼古丁
    C 血管
    D 神经

39. A 吸烟对身体健康有极大的危害
    B 吸烟降低了工作和学习的效率
    C 吸烟使人的智力减退
    D 吸烟比戒烟要难得多

40. A 不停地询问别人的意见
    B 注意自己的言谈举止
    C 随时记下别人说的话
    D 任意改变约会的时间

41. A 看起来很有时间观念
    B 看起来很重视对方
    C 看起来有时间
    D 看起来很忙

42. A 交际的重要性
    B 多注意交际的细节
    C 交际高手的生活
    D 交际可以改变生活

43. A 增加自信心
    B 变得有耐心
    C 更理解别人
    D 学到得更多

44. A 注意别人的口气
    B 注意别人的神态
    C 注意哪些值得学习
    D 注意哪些说得不对

45. A 主动说出自己的意见
    B 不要打断别人的话
    C 让对方更有自信
    D 指出对方的错误

46. A 学会倾听别人的意见
    B 积极主动地发表意见
    C 汇集所有人的智慧
    D 学习他人的智慧

47. A 考验你的毅力
    B 锻炼你的生存能力
    C 找出对你有意义的书目
    D 找出一本你看过的书目

48. A 生存的技能
    B 如何与动物打交道
    C 环境对人类的重要性
    D 如何面对生活的挑战

49. A 身体无限地成长
    B 心智不会停止成长
    C 心智不会随着身体成长
    D 大脑不会失去思考能力

50. A 他们失去了工作
    B 他们身体状况一直不好
    C 失去了内在的心智活动
    D 失去了思考的能力

二、阅 读

第一部分

第51-60题：请选出有语病的一项。

51. A 与他的第一次接触给我留下了深刻的印象。
    B 他就是这么个人，我早就看透了他的为人。
    C 在我们的身边，有多少像他这样无私助人的好人啊！
    D 如果常常打球、散步、爬山或者游泳，就可以使肌肉发达出来。

52. A 秦始皇兵马俑家喻户晓，被誉为"世界第八大奇迹"。
    B 入夜，筑路工人仍跟着严寒在工地上紧张地工作着。
    C 据统计，北京市的大学生当中有78%的人有过打工经历。
    D 在这样的文化范围内，重农思想的产生便是顺理成章的事情。

53. A 人能爬到至高的顶点，却不能长久居住在那里。
    B 要想实现自己的理想，当然需要"三分天分，七分努力"。
    C 在文明高速发展的今天，已有越来越很多的人开始重视诚信。
    D 路是脚踩出来的，历史是人写出来的。人的每一步行动都在书写着自己的历史。

54. A 他在自己的第二个赛季就已经成长为球队的得分王。
    B 当人类欢呼对自然的胜利的时，也就是自然对人类惩罚的开始。
    C 中国的科举制度从隋朝开始，是一种封建社会提拔官吏的制度。
    D 人的大脑分为左右两部分，各自分管并对不同的信息内容进行处理。

55. A 由于震源深度不一样，对地面造成的破坏程度也不一样。
    B 我的幸福十分之九是建立在健康基础之上的，健康就是一切。
    C 在足球比赛中，天气影响比赛结果的一个重要的非技术性因素。
    D 在当今的娱乐界，他以自己的实际行动向人们展示了一个艺人的良好风貌。

56. A 成都的油画家们热衷于绘画，很重视情感与生活的关系。
    B 我们在校学习期间，除了学习知识外，会花大量时间在智力训练方面。
    C 大部分恐龙已经灭绝，但是恐龙的后代——鸟类却存活下来，并繁衍至今。
    D 蜻蜓被称为昆虫里的"飞行之王"，它好像一架飞机，而却飞行技巧远远高于飞机。

57. A 一些应聘者显然并不清楚如何制作一份合格的简历。

B 昨日，当我再次翻出家中那200多件关于雷锋的珍贵物品，心里满是激动。

C 动物的冬眠不是睡眠，而它们在漫长的冬季里减少体力消耗的一种自然现象。

D 名誉和美德是心灵的修饰，如果没有它们，那么再美的肉体也不应该认为是美的。

58. A 随着电子技术的飞速发展，电脑应用已十分广泛，越来越多人的工作已经离开了电脑。

B 泼水节是傣族最隆重的节日，也是云南少数民族节日中影响面最大，参加人数最多的节日。

C 我们二人都是属于居家派，非常乐意在家吃饭，可想而知，厨房的地位在我们家是至高无上的。

D 值得关注的是，在小学生看来，随便拿别人东西、不讲卫生和经常被老师批评的人，都会成为"最不受欢迎的人"。

59. A 如果孩子的学习成绩不好，父母最好替他报名参加一些课外活动，以导致他们的兴趣。

B 人们往往有一种错觉，以为高大威猛、性感外向的男人就是性感的男人，其实性感是一种内在的体现。

C 据营养学家研究证明，鲜花富含人体所需的22种脂类、糖类以及铁、锌等物质，它能有效地调节人体的生理功能，增强体质。

D 素食，表现出了回归自然、回归健康和保护地球生态环境的返朴归真的文化理念，它已经成为一种全新的环保、健康的生活方式。

60. A 宠物在小区里的路边"方便"，引得小区里的其他居民很不高兴，也影响了小区的卫生和环境。

B 黑木耳是中国人饭桌上的常见菜，因为它对排毒、减肥、美容能起到一定的作用，受到人们普遍欢迎，是一种老少皆宜的黑色食品。

C 所谓"沉默权"，是指犯罪嫌疑人、被告人在接受警察讯问或出庭受审时，有保持沉默而拒不回答的权利。

D 我们中华民族自古就有尊老爱幼的传统美德，但是中华民族的子孙，我们有责任发扬光大这个优良传统。

第二部分

第61-70题：选词填空。

61. 我们的连锁店管理很注重______，一个店里面______是大店还是小店，都有很多细小的事情需要去处理。这些很小的事情就可能会______你这个企业的成败。

    A 琐碎　既然　判断　　　　　　　　　B 细节　无论　决定

    C 关键　由于　抉择　　　　　　　　　D 细心　不管　决心

62. 中国考古人员在______发现了世界上最大的似鸟恐龙化石。这一发现将______国际科学界对恐龙向鸟类演化的传统理论，也是中国科学家对鸟类______研究领域的重大贡献。

    A 当地　改变　起源　　　　　　　　　B 本地　更改　来源

    C 现场　变化　来自　　　　　　　　　D 地方　变成　出自

63. 丽江古城历史______，古朴自然。城市布局错落有致，既具有山城风貌，又充满着水乡的气息。丽江民居既融和了汉、白、彝、藏各民族的______，又有纳西族的独特风采，是研究中国建筑史、文化史不可多得的重要______。

    A 长久　精髓　遗书　　　　　　　　　B 悠久　精华　遗产

    C 悠久　精粹　遗址　　　　　　　　　D 悠长　精通　财产

64. 生理学研究结果______，中老年人最容易发生体内慢性缺水，这是因为中老年人肾上腺水平呈下降趋势，心钠素分泌增加，______导致人体内钠离子不断丢失，使人对失水的反应降低，因此，中老年人体内______足量的水分，______健康长寿十分重要。

    A 显示　因此　维护　将　　　　　　 B 指出　然而　保留　因

    C 表明　从而　保持　对　　　　　　 D 发布　于是　维持　以

65. "粤菜"是由广州菜、潮州菜、东江菜组成，以广州菜为______的。广州菜是在汇集我省各地优秀民间美食的基础上不断地______我国各大菜系之精华，借鉴西方食谱之所长，融汇贯通而成一家的。广州菜用料广博，选料______，技艺精良，善于变化，品种多样。仅在1956年"广州名菜美点展览会"上______的菜品便有5447个。

    A 反映　汲取　精确　广告　　　　　 B 象征　吸收　精通　交代

    C 标志　应用　精巧　打听　　　　　 D 代表　吸取　精细　介绍

66. 市场上的冰淇淋不但品牌______而且种类也是______。从几角钱到几十元甚至上百元的，从清爽水冰型的到浓重奶油型的，香香甜甜、滑滑嫩嫩的冰淇淋不仅是人们祛暑______的甜品，而且为人们增添了许多品尝的乐趣，______是那些造型别致的冰淇淋更是孩子们四季的最爱。

  A 众多 日久天长 乘凉 重要   B 繁多 日新月异 降温 特别

  C 广大 以旧换新 消暑 的确   D 广泛 喜新厌旧 低温 确实

67. 司马迁的家族______都是史官，而______史官，他有责任来记载帝王圣贤的言行，也有责任来搜集整理天下的遗文古事，更有责任通过叙事论人为当时的统治者提供______。司马迁的父亲司马谈就______整理中华民族数千年历史，试图撰写一部规模空前的史著。

  A 世纪 当成 鉴于 有害于   B 代代 当上 借助 有利于

  C 世代 作为 参考 有志于   D 祖传 成为 鉴定 有益于

68. 琴棋书画______心，梅兰竹菊寄情。菊花是我国传统的十大名花之一，并与梅、兰、竹一起被称为"四君子"，它那______的花朵，姹紫嫣红的色彩，清秀高雅的幽香，备受世人赞赏。菊花栽培历史______。南北朝时代，开封就有种植菊花的______。

  A 贪 五花八门 驰名海外 记忆   B 送 分门别类 接二连三 回忆

  C 关 千差万别 层出不穷 记录   D 养 千姿百态 源远流长 记载

69. 中国______筷子，在人类______史上是一桩值得骄傲和推崇的科学发明。李政道论证中华民族是一个优秀种族时说："中国人早在春秋战国时代就发明了筷子。______简单的两根东西，却高妙绝伦地应用了物理学上的杠杆______。筷子是人类手指的延伸，手指能做的事，它都能做，且不怕高热，不怕寒冻，真是______极了。

  A 利用 文化 因此 道理 高潮   B 使用 文明 如此 原理 高明

  C 常用 发展 如何 理论 优秀   D 惯用 进化 从此 效应 魅力

70. "十一五"______，中国新建建筑将全面______节能50%的设计标准。有关人士指出，全国现在约有400亿平方米的建筑，经粗略估计后，目前约有三分之一需要进行节能改造。______每平方米建筑改造费用是200元钱的话，就是26000亿元。也就说明建筑的改造不仅能够节约能源，而且也可以______消费，带动产业结构的调整。

  A 时期 进行 假若 促使   B 期间 实行 如果 促进

  C 时间 实施 倘若 使得   D 时段 实现 要是 鼓励

第三部分

第71－80题：选句填空。

71－75.

　　有个老人在河边钓鱼，一个小孩走过去看他钓鱼，老人技巧纯熟，所以没多久就钓上了满篓的鱼，老人见小孩很可爱，要把整篓的鱼送给他，(71)＿＿＿＿＿＿＿＿＿＿＿＿，老人惊异的问道：

　　"你为什么不要？"

　　小孩回答："(72)＿＿＿＿＿＿＿＿＿＿＿＿。"

　　老人问："你要鱼竿做什么？"

　　小孩说："这篓鱼没多久就吃完了，要是我有鱼竿，(73)＿＿＿＿＿＿＿＿＿＿＿＿，一辈子也吃不完。"

　　我想你一定会说：好聪明的小孩。错了，他如果只要鱼竿，那他一条鱼也吃不到。因为，他不懂钓鱼的技巧，(74)＿＿＿＿＿＿＿＿＿＿＿，因为钓鱼重要的不在"鱼竿"，而在"钓技"，有太多人认为自己拥有了人生道路上的鱼竿，再也无惧于路上的风雨，如此，难免会跌倒在泥泞的地上。就如小孩看老人，(75)＿＿＿＿＿＿＿＿＿＿＿，就有吃不完的鱼，像职员看老板，以为只要坐在办公室，就能够财源广进。

　　A　我想要你手中的鱼竿

　　B　光有鱼竿是没用的

　　C　小孩摇摇头

　　D　以为只要有鱼竿

　　E　我就可以自己钓

76-80.

中国传统的清明节大约始于周代，(76)＿＿＿＿＿＿＿＿＿＿＿。公历四月五日前后为清明节，是二十四节气之一。在二十四个节气中，既是节气又是节日的只有清明。(77)＿＿＿＿＿＿＿＿＿＿＿，清明一到，气温升高，正是春耕春种的大好时节，故有"清明前后，种瓜种豆"，"植树造林，莫过清明"的农谚。

那么为什么清明又叫做寒食节呢？据历史记载，(78)＿＿＿＿＿＿＿＿＿＿＿，晋国公子重耳逃亡在外，生活艰苦，跟随他的介子推不惜从自己的腿上割下一块肉让他充饥。后来，重耳回到晋国，做了国君(即晋文公，春秋五霸之一)，大事封赏所有跟随他流亡在外的随从，惟独介子推拒绝接受封赏，他带了母亲隐居绵山，不肯出来。晋文公无计可施，只好放火烧山，他想，介子推孝顺母亲，一定会带着老母亲出来。谁知这场大火却把介子推母子烧死了。为了纪念介子推，晋文公下令每年的这一天，禁止生火，家家户户只能吃生冷的食物，这就是寒食节的来源。

(79)＿＿＿＿＿＿＿＿＿＿＿，古人常把寒食节的活动延续到清明，久而久之，人们便将寒食与清明合而为一。现在，清明节取代了寒食节，拜介子推的习俗，就变成清明扫墓的习俗。(80)＿＿＿＿＿＿＿＿＿＿＿，同时变成清明时节的一个习俗了。

A 清明最开始是一个很重要的节气

B 已有二千五百多年的历史

C 而寒食则成为清明的别称

D 在两千多年以前的春秋时代

E 由于寒食节是在清明节的前一天

第四部分

第80－100题：请选出正确答案。

81－84.

　　抬头不见低头见的圆是最简单的形状之一，它不仅是大自然的宠儿，也是现代文明所离不开的。圆，在我们周围世界的各个角落里，整个宇宙到处都有它的形迹。

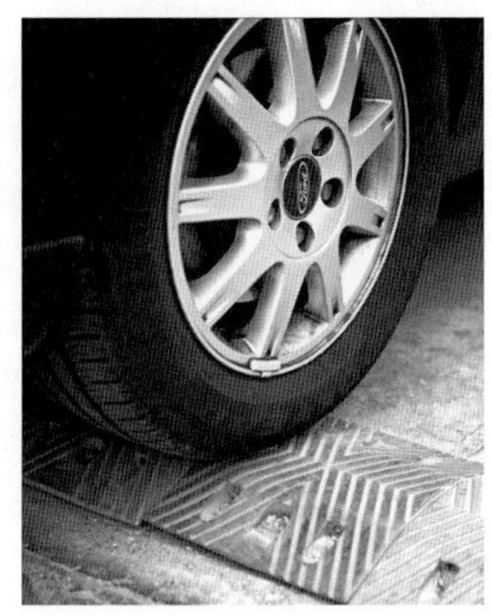

　　静态的，如锅、碗、盆、杯、碟、桶都是圆的，顺手拿出几个硬币，也是圆的；头痛脑热服几片药片吧，好几个"圆"被吞进肚子里；小到原子、电子，大到地球、太阳和宇宙天体，都与圆发生着密切的联系。动态的，如最常见的圆周运动，把整个世界活动统一在有序的和谐之中。车轮的飞转，把我们从这里运送到那里。时针的转动度量着时光的流逝。地球的公转带来了春夏秋冬。电子的运动，泄露了微观世界的奥秘。无处不见的圆，似乎成了我们生活中的主体。

　　为什么圆会有这么大的魅力，竟能博得整个宇宙和万物万灵的宠爱呢？这是因为圆的本身有着其它形状无法比拟的特性。善于思考的数学家总结：在周长一定的任意平面图形中，以圆的面积为最大。这句话反过来就成了：面积为一定的所有平面几何图形中，以圆的周长为最小。推而广之，将圆绕着它的直径旋转一周，就可以得到一个圆球。而圆所具有的特性，圆球也具有，这就是说，当体积一定时，球的表面积最小；或者说，当表面积一定时，球的体积最大。用最少的材料取得最大的收益，这不仅是大自然的宗旨，也是人类生产活动最基本的指导思想，这就是许多制品以圆为基本形状的原因。

81. 第二段讲的主要内容是：

　　A 事物不同形状的用途

　　B 到处都能见到圆

　　C 圆是我们生活的主体

　　D 圆是生活的全部

82. 有关动态的圆，下列表述正确的是：

A 可以改变我们的生活

B 把世界统一在和谐之中

C 通过圆的运动来改变生活

D 圆使人类生活更精彩

83. 面积一定的平面图形中，圆有什么特性？

A 体积一定，表面积最大

B 面积一定，周长最小

C 面积一定，周长最大

D 体积最小

84. 为什么很多制品以圆为基本形状？

A 可以充分利用空间

B 符合大自然的形状

C 材料少而取得的收益大

D 使人类生产活动更便利

85 – 88.

　　春秋战国时期，一位父亲和他的儿子出征打战。父亲
已作了将军，儿子还只是普通的士兵。又一阵号角吹响，
战鼓雷鸣了，父亲庄严地托起一个箭囊，其中插着一只箭，
郑重地对儿子说："这是祖传的宝箭，带在身边，力量无穷，
但千万不可抽出来。"

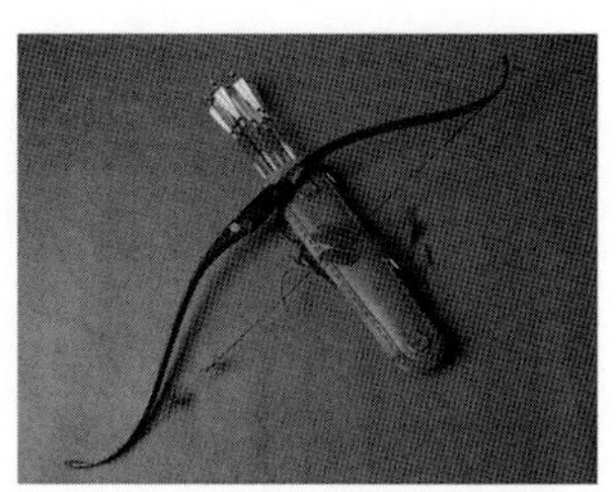

　　那是一个极其精美的箭囊，厚牛皮打制，镶着泛光的
铜边儿，再看露出的箭尾，一眼就能看出是用上等的孔雀羽毛制作。儿子十分欢喜，贪婪
地想象着箭杆、箭头的模样，耳旁仿佛能听到箭声掠过。

　　果然，配带宝箭的儿子英勇非凡。当胜利的号角吹响时，儿子再也禁不住得胜的豪气，
完全背弃了父亲的叮嘱，强烈的欲望让他呼一声地拔出宝箭，试图看个究竟。瞬间他惊呆
了。一只断箭，箭囊里装着一只折断的箭。我一直带着只断箭打仗呢！儿子吓出了一身冷
汗，仿佛顷刻间失去支柱的房子，意志猛然坍塌了。结果不言自明，儿子惨死于乱军之中。

　　战后，父亲拾起那只断箭，沉重地叹了一口气："不相信自己的意志，永远也做不成
将军。"把胜败寄托在一只宝箭上，多么愚蠢，而当一个人把生命的控制权交给别人，又
是多么危险！比如把希望寄托在儿女身上；把幸福寄托在丈夫身上；把生活保障寄托在单
位身上。

　　生活中自己才是一只箭，若要它坚韧，若要它锋利，若要它百发百中，磨练它，拯救
它的都只能是自己。

85. 儿子初次看到宝箭的心情是：

　　A 惊喜

　　B 吃惊

　　C 兴奋

　　D 紧张

86. 儿子取胜的原因是：

　　A 英勇善战

　　B 意念的力量

　　C 足智多谋

　　D 父亲的指导

87. 父亲为什么给他一只断箭？
    A 考验他的意志
    B 给他足够的勇气
    C 让他成为善战的将军
    D 让他取得胜利

88. 上文主要想告诉我们：
    A 要有战胜困难的勇气
    B 相信自己才能改变生活
    C 相信自己是最重要的
    D 怎样克服自己的弱点

89－92.

　　澳门居民非常重视节日，特别是农历新年。年晚有花市"开档"，居民吃过了"团年饭"，大都喜欢去逛花市。一般喜欢买的是：桃花、水仙、剑兰、菊花、盆桔、银柳等等。只有富户人家才买得起牡丹，蟹爪水仙塔，因为它们价格不菲，非普通人家所能承受。买花过年的俗例，既是点缀新岁的生气勃勃，也是巧借"生意发发"谐音的好兆头，希望在新的一年里能生意兴隆、万事如意。

　　年三十晚便开始拜神，一家大小共享天伦之乐，吃"团年饭"。到了子夜，家家户户燃放炮竹，正是'炮竹一声除旧，桃符万户更新'。由凌晨开始，虔诚的人便到寺庙去拜神，祈福菩萨保佑，心想事成，横财到手。特别是妈祖庙和观音堂香火鼎盛，来往的人是络绎不绝，殿堂前车水马龙，这样熙熙攘攘地直至天亮。

　　年初一早上，人们一大早就起床，所有的人都忙碌起来，换了新衣鞋袜，外出拜年，连土生葡人也学习了这一套，到亲友家里拜年去了。社团举行"团拜"，同乡会举行"团拜"，甚至私人会所也有团拜节目。

　　现在，赌博依然是澳门的一大特色，但集中在葡京酒店、凯悦酒店、东方酒店、回力球场、海上皇宫、金碧赌场等地方，和以前的赌场相比，娱乐的形式又增添了很多花样，不像以前那么单调。连平时不得上赌场的公务员，春节期间也获得批准，可以去耍乐一番。

　　春节期间，居民除了拜年、春茗，剩余的时间都去娱乐。一般商店和工厂都是年初七以后才开市，几天的假期里，满街都是人潮，特别是一些炮竹商摊，生意兴旺，连香港人也来澳门度假燃放炮竹，所以澳门的春节，是满城欢欣。

　　近年来，澳门政府旅游部门和文化部门都举行了连串的贺岁活动，有粤曲演唱、戏剧表演、音乐会、展览会、武术表演等等，配合民间的风俗，营造新年的气氛。

　　总之，农历新年在澳门是最热闹的。

89. 澳门居民过年买花，有怎样的寓意？

　　A 为了欢庆节日

　　B 只是一种传统

　　C 生意发发

　　D 走桃花运

90. 为什么人们要去庙里拜神？
    A 人们喜欢热闹
    B 去庙里还愿
    C 表示对神的尊重
    D 希望得到神的保佑

91. 有关春节期间人们的活动，描述不正确的是：
    A 与家人吃"团年饭"
    B 年初一开始拜年
    C 公务员可以出入赌场
    D 人人都去寺庙拜神

92. "开市"在文中的意思是？
    A 开建市场
    B 开始营业
    C 开放市区
    D 开始动工

93－96.

　　最近，英国的一只小羊"多利"引起了世界人民的关注，从普通百姓到专家、学者、政府官员，都在谈论有关"克隆"技术的话题。因为它是采用无性繁殖技术培育的一只"克隆羊"。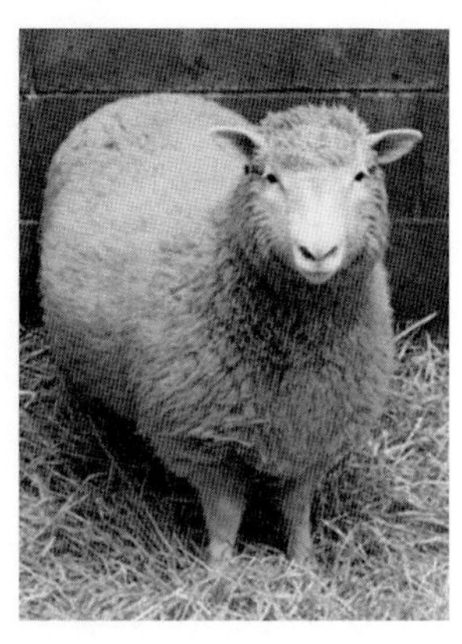

　　10亿年前，自然界就存在有性繁殖的生物，包括人在内的所有动物一直都是通过两性结合繁殖后代的。而多利没有生父，它是在英国爱丁堡罗斯林研究所里诞生的。他们从一只母羊体内提取一个卵细胞，去掉细胞核，制成具有生物活性但无遗传物质的卵"空壳"，与此同时，从另一只母羊的乳腺细胞中取出细胞核，与上述那没有遗传物质的卵细胞融合，生成一个含有新的遗传的卵细胞。当这个细胞分裂繁殖成为胚胎时，研究人员将其植入另一只母羊子宫。一段时间后，母羊产下小羊"多利"。这一科研成果向人们展示，当代生物技术已使生命所遵循的有性繁殖规律发生了突破，科学家创造了生命可以无性繁殖和"复制"的奇迹。因此，一经国际上最有权威的英国《自然》科学杂志刊文宣布，人类首次有"克隆"培育法，即用成年绵羊的体细胞繁殖绵羊获得成功，竟像哥白尼发现太阳中心说、原子裂变理论得到验证那样引起强烈反响。

　　"多利"的诞生完全采用了基因分子克隆技术，了解克隆技术的科学家指出，利用这种技术将来人们可以根据需要，像工厂流水线制造产品一样，大量"复制"优质动物，从而带来巨大的经济效益；在医学和拯救濒危动物方面，这种技术也能得到极为广泛的应用。

　　继英国科学家宣布克隆羊成功后，美国科学家也宣布，他们用类似技术成功地复制出两只猴子。实验的负责人表示，与英国羊不同的是，美国猴子是采用胚胎细胞克隆培育的，如进一步改进技术，便可从成年猴子身上提取细胞进行繁殖。有人说，这进一步表明，人类"复制"自我已不再是神话。

93. 从文章的内容看，"克隆"的含义是什么？

　　A 一种无性繁殖的方法

　　B 复制动物的方法

　　C 两性结合繁殖后代

　　D 生物的进化过程

94. "克隆羊"多利的诞生为什么会引起强烈反响？

　　A 首次用"克隆"培育法

　　B 科学家创造了生命可以无性繁殖的奇迹

　　C 无性生殖生物技术发生了改变

　　D 比太阳中心、原子裂变理论更有影响力

95. 克隆技术对人类有怎样的好处？

　　A 可以开办动物"复制"工厂

　　B 可以复制人类

　　C 挽救将要灭绝的动物

　　D 制造更多的"多利"

96. 美国科学家克隆猴子与英国科学家克隆羊，在技术上有什么不同？

　　A 动物的基因不同

　　B 动物的种类不同

　　C 采用的克隆细胞不同

　　D 采用的克隆基因不同

97－100.

中西文化的基本差异之一就是在人与自然的关系的问题上，中国文化比较重视人与自然的和谐统一，而西方文化则强调，人要征服自然、改造自然才能求得自己的生存和发展。中国文化的这种特色，有时通过"天人合一"的命题表述出来。中国古代思想家一般都反对把天与人割裂开来、对立起来，而主张天人协调、天人合一。

中国古代的天人合一思想，强调人与自然的统一，人的行为与自然的协调，道德理性与自然理性的一致，充分显示了中国古代思想家对于主客体之间、主观能动性和客观规律之间关系的辩证思考。根据这种思想，人不能违背自然规律，不能超越自然界的承受力去改造自然、征服自然、破坏自然，而只能在顺从自然规律的条件下去利用自然、调整自然，使之更符合人类的需要，也使自然界的万物都能生长发展。另一方面，自然界也不是主宰人类社会的神秘力量，而是可以认识、可以为我所用的客观对象。这种思想长期实践的结果是达到自然界与人的统一，人的精神、行为与外在自然的统一，自我身心平衡与自然环境平衡的统一，以及由于这些统一而达到的天道与人道的统一，从而实现完满和谐的精神追求。

中国文化的天人合一思想，对于解决当今世界由于工业化和无限制地征服自然而带来的自然环境被污染、生态平衡遭破坏等问题，具有重要的启迪意义；对于我们今天正在进行的社会主义现代化建设，更有着防患于未然的重大现实意义。

97. 有关中西文化差异的说法正确的是：

　　A 西方强调顺应自然，而中国则重视人与自然的统一

　　B 中西文化的差异是人与社会的关系问题

　　C 西方强调改造自然，而中国则主张天人合一

　　D 西方强调离开自然生存，而中国重视征服自然

98. 对中国"天人合一"的思想理解正确的是？

　　A 超越自然界的承受力去改造自然

　　B 顺从自然规律的条件下去利用自然

　　C 征服自然并合理利用自然

　　D 无视自然规律的条件下去改造自然

99. "天人合一"思想长期实践的结果是：

A 自然界与社会的和平统一

B 身心与自然环境平衡协调

C 内在与外在的平衡

D 实现完美和谐的精神追求

100. 根据原文提供的信息，下列推断不正确的一项是：

A 对人与自然关系的认识，中国古代天人合一思想有优于西方文化的地方

B 现代人重视和研究天人合一思想，是基于对现实及发展问题的思考

C 肯定天人合一思想的合理性，并不意味着对其思想内容的全盘接受

D 以天人合一思想为指导，可解决当今世界因工业化带来的各种社会问题

三、书写

第101题：缩写。

（1）仔细阅读下面这篇文章，时间为10分钟，阅读时不能抄写、记录。

（2）10分钟后，监考收回阅读材料，请你将这篇文章缩写成一篇短文，时间为35分钟。

（3）标题自拟。只需复述文章内容，不需加入自己的观点。

（4）字数为400左右。

（5）请把作文直接写在答题卡上。

  在上海的一家餐馆里，负责为我们上菜的是一位十分年轻的女服务员，注意她，是因为她上菜时显得笨手笨脚的，我老是担心她可能会把盘子里的汤汁转化成我的洗澡水。我的第六感居然没有"辜负"我。捧上蒸鱼时，盘子倾斜，鱼汁洒在我的皮包上！我本能地跳了起来，阴沉的脸，变成欲雨的天。这皮包，是我在意大利买的，极软的牛皮，不能洗，是我的最爱。可是，我还没有发作，我亲爱的女儿便以旋风般的速度站了起来，快步走到女服务员身旁，露出了极端温柔的笑脸，拍了拍她的肩膀，说："没关系。"女服务员如受惊的小狗，手足无措地看着我的皮包说："我，我去拿布来擦……"，万万想不到，女儿居然说道："没事，回家洗洗就干净了。你去忙吧，真的没关系，不必放在心上。"女儿的口气是那么的柔和，好像做错事的人是她。这时，女服务员原本绷得像石头一样的脸，慢慢地放松了，她细声细气地说了声"对不起"，便低着头走开了。

  我瞪着女儿，觉得自己像一只气球，气装得过满，要爆炸，却又爆不了。女儿平静地看着我，在餐馆明亮的灯火下，我清清楚楚地看到，她大大眼睛里，竟然闪着泪光。这样一来，我不但没了气，反而很惊奇。我的女儿，到底怎么啦？当天晚上，返回旅馆之后，她这才说出了真相。

  她在伦敦三年，为了训练她的独立性，我决定假期不让她回家，我要她自行策划背包旅行，也希望让她体验一下兼职打工的滋味儿。

  活泼外向的女儿，在家里十指不沾水，粗工细活都轮不到她，然而，来到人生地不熟的英国，却选择当女服务员来体验生活。第一天工作就闯祸了。她被分配到厨房去清洗酒杯，那些透亮细致的玻璃杯，一只只薄如纸，只要稍稍用一点力气，便化成一堆晶亮的碎片。女儿小心翼翼，好不容易将那一大堆好似一辈子也洗不完的酒杯洗干净了，正松了一口气时，没有想到身子一歪，撞到了杯子，杯子应声倒地，"哐啷、哐啷、哐啷、哐啷"连续不断的一串又一串清脆的响声过后，酒杯全化成了玻璃碎片。"妈妈，那一刻，我的脑子一片空白。可是，您知道领班有什么反应吗？她不慌不忙地走了过来，搂住了我，说：

'亲爱的，你没事吧？'接着，又转过头去吩咐其他员工赶快把碎片打扫干净。对我，她连一字半句责备的话都没有！"

　　还有一次，女儿在倒酒时，不小心把鲜红如血的葡萄酒倒在顾客白色的衣裙上。原以为她会大发脾气，没想到顾客反而倒过来安慰她，说："没关系，酒渍嘛，不难洗。"说着，站起来，轻轻拍拍她的肩膀，便静悄悄地走进了洗手间，不张扬，把眼前这只惊慌失措的小鸟安抚成梁上的小燕子。女儿的声音，充满了感情："妈妈，既然别人能原谅我的过失，您就把其他犯错的人当成是您的女儿，原谅她们吧！"

　　此刻，我泪眼朦胧。

新汉语水平考试
HSK（六级）
模拟试题（四）

注意

一、　HSK（六级）分三部分：

　　1. 听力（50题，约35分钟）

　　2. 阅读（50题，45分钟）

　　3. 书写（1题，45分钟）

二、　答案先写在试卷上，最后**10分钟**再写在答题卡上。

三、　全部考试约140分钟（含考生填写个人信息时间5分钟）。

韩国 时事中国语社　　　　　　　　　　　　常婷婷/ 严祥天 编著

一、听力

第一部分

第1-15题：请选出与所听内容一致的一项。

1. A 《西游记》想象力丰富
   B 《西游记》是一部短篇小说
   C 《西游记》原来是历史小说
   D 《西游记》显现出反抗社会的思想

2. A 演员们都来自北方
   B 她们都参加过奥运会
   C 表演者都是聋哑人
   D 演员们每天都要演出

3. A 挂炉烤法需要打开鸭的肚子
   B 烤鸭是北京美食的代表
   C 北京烤鸭是最传统的美食
   D 挂炉烤法是最简单的烤法

4. A 神话是人类编造出来的
   B 以前的人们很了解科学
   C 神话是人们对自然的奇特想象
   D 创造神话是人类的爱好

5. A 小鸡不喜欢翅膀
   B 母鸡教小鸡飞翔
   C 小鸡很羡慕苍鹰
   D 天上有很有虫子

6. A 人们都喜欢吃巧克力
   B 巧克力比葡萄酒好
   C 用巧克力来表达爱情
   D 人们不喜欢情人节吃巧克力

7. A 台湾人不喜欢吃火锅
   B 吃火锅可以驱走寒气
   C 年初七吃火锅另有寓意
   D 火锅的用料都是蔬菜

8. A 尧发明了围棋
   B 围棋最早是推算工具
   C 除了君王都能算卦
   D 围棋与周易毫无关系

9. A 年轻人通过眨眼来与人沟通
   B 年轻人唯有右眼能动
   C 年轻人病倒前完成了作品
   D 年轻人的四肢活动灵活

10. A 居民生活只依赖于卫星信号
    B 卫星信号可以调控手机信号
    C 航天技术和人类生活关系密切
    D 航天技术和日常生活毫无关系

11. A 通过礼仪能看出他的地位
    B 沟通是礼仪的主要内容
    C 礼仪是尊重人的表现
    D 内在修养通过礼仪能表现出来

12. A 这次活动是在冬天举行的
    B 这次活动是在春天举行的
    C 这次活动是为了欢迎美女的到来
    D 美女们只完成了两项表演活动

13. A 经纪人是一个冷门的职业
    B 这个职业不被人们看好
    C 经纪人将被市场淘汰
    D 这个职业很有发展

14. A 桂林是一个风景秀美的地方
    B 只有外国人喜欢桂林
    C 人们不喜欢跟旅行团走
    D 人们都十分熟悉桂林

15. A 他的表演不受人们的欢迎
    B 他表演时候犯了心脏病
    C 他是一个出色的小品演员
    D 人们看节目时都晕了过去

第二部分

第16-30题：请选出正确答案。

16. A 注重本质的人
    B 不在乎内在的人
    C 出色的经理
    D 优秀的企业家

17. A 优越的背景
    B 找到自己的喜好
    C 找到自己的优势
    D 能够释放自己

18. A 好吃懒做的人
    B 英勇无畏的人
    C 缺乏自信的人
    D 爱钻牛角尖的人

19. A 人生
    B 低谷
    C 下坡路
    D 挫折

20. A 他找到了创业资金
    B 他积累了工作经验
    C 他找到了新的工作
    D 他发挥了自己的优势

21. A 内地音乐人的创作
    B 征选中的一等作品
    C 澳门音乐人创作
    D 香港音乐人创作

22. A 他对这首歌曲很感兴趣
    B 他想送给澳门人一件礼物
    C 他可以借此机会出名
    D 这是一个很好的提议

23. A 闻一多的歌词
    B 来自一个母亲
    C 来自一个孩子
    D 闻一多的作品

24. A 欢快
    B 伤感
    C 忧伤
    D 悲壮

25. A 主唱是同一个人
    B 主唱是澳门人
    C 都很受欢迎
    D 音乐方式不同

26. A 每次都能得到好的机会
    B 她是一个好的出镜记者
    C 好的导演指导过她
    D 她的主持很受欢迎

27. A 找到适合自己的导演
    B 怎样让自己更漂亮
    C 找到好的节目素材
    D 什么可以配合你的现场

28. A 搞清楚现场情况
    B 打败其他媒体
    C 做好出镜前的准备工作
    D 打仗之前要准备武器

29. A 骄傲自满
    B 意外的荣誉
    C 照旧工作
    D 谦虚谨慎

30. A 复述
    B 找因果
    C 朗读
    D 演讲

第三部分

第31－50题：请选出正确答案。

31. A 长兄
    B 中兄
    C 扁鹊
    D 他们的父亲

32. A 他的医术高明
    B 他的病人很多
    C 别人看他会做手术
    D 别人都来向他学习

33. A "空降兵"能解决所有问题
    B 怎样找到弥补的方法
    C 怎样找到病因
    D 事前控制的重要性

34. A 男人很爱自己的妻子
    B 男人喜欢妻子的左手
    C 男人喜欢妻子的右手
    D 男人们有共同的感觉

35. A 左手是值得右手相信的
    B 左手和右手都是自己的
    C 左手不能与右手到老
    D 左手和右手难舍难分

36. A 妻子和丈夫关系不好
    B 妻子对丈夫没有感情
    C 妻子和丈夫的观点不同
    D 妻子和丈夫谁也离不开谁

37. A 一过节就生病
    B 过节期间没有运动
    C 因玩乐过度引起的一种病
    D 因工作劳累引起的一种病

38. A 过度放松而没有休息
    B 旅行安排十分紧张
    C 饮食没有规律
    D 紧张忙碌的工作

39. A 怎样避免"节日病"的发生
    B 假期应该合理安排时间
    C 为什么患上"节日病"
    D 怎样治疗"节日病"

40. A 非常骄傲
    B 十分满足
    C 特别满意
    D 令他们兴奋

41. A 他帮助过说话人
    B 他夸奖过说话人
    C 说话人的英语成绩差
    D 说话人的性格很随和

42. A 怎样建造一座大厦
    B 给别人留下好印象
    C 赞美他人的优点
    D 帮助你身边的人

43. A 灭火器
    B 保险绳
    C 水桶
    D 手电筒

44. A 用于火势不大的时候
    B 在3楼以下可以使用
    C 拴在固定物体上逃生
    D 通道被堵时拴在窗户上

45. A 白天失火时使用
    B 睡梦中还没清醒时使用
    C 屋内没有灯光时使用
    D 具有照明的作用

46. A 指明逃生路线
    B 防御有毒气体
    C 帮助空气进入
    D 提供足够氧气

47. A 可以得到别人的同情
    B 可以得到别人的爱情
    C 可以得到别人的友情
    D 有可能产生误解

48. A 别人发短信的时候
    B 对方很忙的时候
    C 彼此目光交会的时候
    D 对方正在工作的时候

49. A 欢迎下次光临
    B 有时间常来
    C 以后要多多保重
    D 来医院锻炼身体

50. A 自己的形象
    B 对方的表现
    C 谈论的话题
    D 天气的变化

二、阅　读

第一部分

第51-60题：请选出有语病的一项。

51.　A 斑马身上漂亮的条纹，具有适应环境的保护作用。
　　　B 经过激烈的思想斗争，他居然做出了令人吃惊的举动。
　　　C 没有吃苦耐劳的精神准备，是不可能在壮烈的竞争中获胜的。
　　　D 中国南方雨水多，温度又高，所以这种树在南方生长比在北方生长要快得多。

52.　A 手，这个词听出来极其普通，我们几乎随时随地都可以接触到。
　　　B 法律并不能使所有的人都平等，但是所有的人在法律面前都是平等的。
　　　C 尼特族依附家人而不就业，不但自身没有生存能力，而且也是家人的负担。
　　　D 租车公司会提供24小时特约救援服务，并提醒自驾车游客备全地图、药品等所需
　　　　物品。

53.　A 虽说儿童房间不大，但是装修起来也颇费脑筋。
　　　B 这家餐厅的经营理念是针对人们尝鲜的心态，不断推出新的产品，从而获得利润。
　　　C 爱是不会老的，它留着的是永恒的火焰与不灭的光辉，世界的存在，就以它为养料。
　　　D 松树是常青树，有着顽强的生命力，松树姿态优美，中国人被松树看作吉祥如意
　　　　的象征。

54.　A 他认为待在小工厂干活并不能发挥自己的充足才能，便来到了外资企业。
　　　B 家是世界上唯一隐藏人类缺点和失败的地方，它同时也蕴藏着甜蜜的爱。
　　　C 凡是有椰子树的地方，就一定看得到棕榈树，弄得很多北方人一直区别不开它们。
　　　D 理财不是一天两天的事情，也不能是三分钟热情，要持之以恒，你才能体会到理
　　　　财的乐趣。

55.　A 在生活节奏日益加快的城市里，人们所要承受的压力也越来越大。
　　　B 国际艺术节除吸引了大批艺术爱好者外，还吸引了大批游客和外国人。
　　　C 为保证高考期间运送试卷的车辆运行安全畅通，该市教育局特为这些车辆印发了
　　　　"高考通行证"。
　　　D 绿色食品有一个太阳、叶子和花朵组成的绿色商标，凡是有这种商标的食品，你
　　　　就可以放心地买来吃。

56.　A 分享是一种美德，自己的幸福与他人分享，幸福就会成倍地增长。

B 《旅游世界》强调实用性，能够广大旅游爱好者提供丰富的旅游资讯。

C 很多90后的孩子享受着优越的物质生活，但并没有享受到精神上的愉悦和快乐。

D 在人才的问题上，要特别强调一下，必须打破常规去发现、选拔和培养杰出的人才。

57. A 人不能总是停留在原地，应该努力开辟出新的发展道路。

B 局部地区的沙漠化是因为地球干燥带的移动造成的。

C 景泰蓝盛行于明代景泰年间，因其釉料颜色主要以蓝色为主，然而被称为"景泰蓝"。

D 要想成为好领导，除了需要经过严格的考验之外，更重要的是你还要有一颗乐于
助人的心。

58. A 尽管火车进藏只是短短一年多的时间，但是它给西藏发展所带来的效益已经迅速
凸显出来。

B 绿化好有利于提高空气中的氧气含量，反而充足的氧气可以使人心情舒畅，提高睡
眠质量。

C 年仅19岁的他就作为一位古典音乐人，进入《民众》杂志评出的"将改变世界的
50个年轻人"的行列。

D 一项问卷调查显示，工作压力大、个人收入多、择偶圈子小，这已经成了现代大
龄白领青年择偶难的三大原因。

59. A 为了弘扬奥运精神，奥运知识，本报将于5月下旬举办"我爱北京"征文活动。

B 在古代，驿卒传递公文急件时，在公文上插上鸡毛，意思是要它像展翅疾飞的鸟一
样迅速传递。

C 人体在睡眠状态时，体内各种脏器活动降到最低限度，各种系统处于休息状态，能
量消耗减少到基础代谢的水平。

D 让一部分人先富起来，一部分地区发展快一点，从而带动大部分地区的发展，这
是加速发展、达到共同富裕的捷径。

60. A 丽江古城历史悠久，古朴自然。城市布局错落有致，既具有山城风貌，又充满水
乡气息。

B 一项调查显示，有91.5%的人表示以后会要孩子，而且33.9%的人认为家庭中有两
个孩子比较适合。

C 人出汗是为了调节体温、使身体的温度保持在一个稳定的水平，处于较舒适的状
态，从而保持充沛的精力和健康的体魄。

D 为换来头顶的一片蓝天，我们应该尽可能地少开车，多骑自行车，多乘公交车或
以步代车，为改善环境做力所能及的事情。

第二部分

第61－70题：选词填空。

61. 随着改革开放的深入，中国人对文化节目的______需求越来越高，春晚的节目也在
    与时俱进。上世纪90年代春晚的节目更______情节，内容一改上世纪80年代单调、
    ______的布局安排，变得更欢快、更轻松。
    A 品质　看重　灵活　　　　　　　　　B 基本　注意　复杂
    C 大量　重视　灵敏　　　　　　　　　D 质量　注重　死板

62. 天津剪纸______于清朝光绪末年，在大量汲取和______中国传统剪纸艺术的基础上发
    展到今天，它在艺术风格和绘图技术上______有独到之处。大量______了年画、瓷器、
    木雕的图案设计，具有较高的艺术价值。
    A 起源　表扬　都　借助　　　　　　　B 掀起　发扬　并　吸取
    C 引起　宣扬　仍　取得　　　　　　　D 兴起　发扬　均　借鉴

63. 人们对成功要有______的眼光，不能被眼前的繁荣所迷惑，只是一味地享受现有的
    成功，要看到繁荣背后的危险，否则就容易被______的危险击倒，已有的成功也将
    ______。
    A 长远　潜伏　化为乌有　　　　　　　B 长期　埋伏　大有可为
    C 重大　潜能　一无所成　　　　　　　D 深刻　潜在　大有作为

64. 光污染______着生态。数百万年来，地球上的一切生物都是在自然光的______下生长
    繁殖的，现在的照明对自然界是一种非常______的干预。科学家发现，一只小型广告
    灯箱一年可以杀死约35万只昆虫。长此下去，很可能会严重______昆虫世界的多样性。
    A 影响　保护　严厉　危害　　　　　　B 阻碍　维护　严格　危机
    C 干扰　作用　严重　危及　　　　　　D 干涉　效果　严密　危急

65. 自古以来，喜鹊便深受中国人的喜爱，人们认为它能带来好运和福气。"喜鹊登梅"
    是中国画中最常见的______。它还经常出现在中国传统的诗歌、对联中。特别值得提
    及的是，在中国四大民间______中的"牛郎织女"：相传每年七夕，即农历七月初七，
    成千上万的喜鹊会飞上九重天，______起一座桥，使长期分离的牛郎和织女相会。
    A 题材　传说　搭　　　　　　　　　　B 材料　风俗　架
    C 体材　习惯　拉　　　　　　　　　　D 素材　习俗　撑

66. 18世纪末到19世纪中期，英、法、德等国______完成了工业革命，物质财富大量集中，人们对火灾保险的需求也更为______。这一时期火灾保险发展异常迅速，火灾保险公司的形式以股份公司为主。______19世纪，在欧洲和美洲，火灾保险公司______，承保能力有很大提高。

A 接连　压迫　到来　雨后春笋　　　　B 相继　迫切　进入　层出不穷

C 继续　切实　进去　稳如泰山　　　　D 连续　紧迫　步入　接二连三

67. 傍晚锻炼最为有益。______是：人类的体力发挥或身体的适应能力，均以下午或______黄昏时分为最佳。此时，人的味觉、视觉、听觉等感觉最______，全身协调能力最强，尤其是心律与血压都较______，最适宜锻炼。

A 因故　贴近　捷径　安稳　　　　　　B 缘故　逼近　灵活　清净

C 理由　迫近　敏捷　平息　　　　　　D 原因　接近　敏感　平稳

68. 参加讲座的代表们纷纷______，通过这次讲座，我们对环保知识有了进一步了解，还能够使公民的环保______增强，保护环境是我们每个公民应有的责任和应尽的义务，我们都应该从身边的小事入手，从______的行为做起，共同为______绿色城市家园而努力。

A 表现　意义　量力而行　创造　　　　B 表达　意思　无能为力　建立

C 表示　意识　力所能及　创建　　　　D 表明　意味　力不从心　树立

69. 科学家______，500万年后，由于气候巨变，地球上的人类和其他常见动植物将全部______，但是一部分人类已经______通过太空船到银河系中去探险，并在其他类似地球的行星上找到了新的______。记录片《狂野的未来》的开头场景正是想象人类于500万年后乘坐太空船飞回地球时看到的______。

A 警告　灭亡　提前　家庭　画面　　　B 预言　灭绝　事先　家园　场景

C 建议　灭种　首先　家乡　场面　　　D 指出　灭顶　预先　庭园　情景

70. 很多人由于早上起得晚，而工作又很______，往往把一天中的第一顿饭______了，有的人甚至对早餐不屑一顾。事实上，这些做法都对身体健康直接构成威胁。营养______合理的早餐对一个人非常重要，它是激活脑力的______，对身体的重要性不容忽视。

A 繁忙　忽略　搭配　燃料　　　　　　B 忙碌　轻视　搭档　手段

C 急忙　忘记　配合　燃烧　　　　　　D 紧张　忽视　充分　过程

第71-80题：选句填空。

71-75.

　　秦奋原来在一家银行工作，但他认为待在银行并(71)＿＿＿＿＿＿＿＿＿＿＿＿＿，便来到了宝马公司——也就是后来名扬四海的汽车公司。

　　在新的工作环境下，工作了6个月后，秦奋想(72)＿＿＿＿＿＿＿＿＿＿＿，他便给部门总经理写了一封信，在信中他问了一个重要的问题："我能否在更重要的职位从事更重要的工作？"部门的总经理作了批示："现在任命你负责新厂机器的安装，但不保证晋升或加薪。"

　　秦奋欣然接受了。但他手里只有部门总经理给的一张施工图纸，而他(73)＿＿＿＿＿＿＿＿＿＿＿。面对那么多完全陌生的困难，又要在短时间内完成任务，秦奋心里清楚，一个千载难逢的机会就在眼前，万万不能错过这么好的机会。他调整好自己的心态，认真地钻研图纸，找相关人员分析协商，终于(74)＿＿＿＿＿＿＿＿＿＿。

　　当秦奋去向部门总经理汇报时，吃惊地发现紧邻部门总经理办公室的门上竟然写着："秦奋总经理"。部门总经理对他说，他现在就是公司的总经理了，而且年薪在原来的年薪后面加了个"0"。部门总经理说："给你那些图纸时，我知道你是看不懂的，但是我要看你如何处理。结果我发现，你是个领导人才。你敢于直接向我要求更高的薪水和职位，这是很不容易的，我尤其欣赏你这一点，因为机会总是(75)＿＿＿＿＿＿＿＿＿＿。"

　　A 了解一下宝马对自己工作的评价

　　B 从来没有接受过这方面的任何教育

　　C 偏爱那些能拿出勇气主动出击的人

　　D 提前一周完成了公司交给他的任务

　　E 不能充分发挥自己的才干

76－80.

12月20日以来，新疆北部、西北地区东部的部分地区、华北大部、黄淮和江淮、湖北北部等地普遍下起了今年入冬以来最大的降雪。虽然大雪天气对交通运输带来不利的影响，但降雪滋润土壤，杀死病虫害，净化空气，(76)＿＿＿＿＿＿＿＿＿＿＿。

冬天该下雪的时候就要下雪，降雪后农业生产收益多多。(77)＿＿＿＿＿＿＿＿＿＿，意思是说冬天下几场大雪，就是来年庄稼获得丰收的预兆。

因为冬季天气冷，下的雪往往不易融化，盖在土壤上的雪是比较松软的，雪花和雪花之间留有空隙，空隙中充满空气，空气又具有不良的热传导特性，(78)＿＿＿＿＿＿＿＿＿，外面天气再冷，下面的温度也不会降得很低。等到冷空气过去以后，天气渐渐回暖，雪慢慢融化，这样既保住了庄稼不受冻害，而且雪融下去的水留在土壤里，给庄稼积蓄了很多水，(79)＿＿＿＿＿＿＿＿＿。

另外，下雪能冻死害虫，雪在融化时要从土壤中吸收许多热量，这时土壤会突然变得非常寒冷，温度降低许多，害虫就会冻死。所以说，(80)＿＿＿＿＿＿＿＿＿。

今冬，华北大部、黄淮、江淮、湖北等地出现了大雪天气，预兆明年将是一个丰收年。

A 对春耕播种以及庄稼的生长发育都很有利

B 对农业生产和人们健康有益

C 冬季下几场大雪是来年丰收的预兆

D 这样就像给庄稼盖了一条棉被

E 我国民间广为流传"瑞雪兆丰年"

第四部分

第80－100题：请选出正确答案。

81－84.

　　天上的云，真是姿态万千，变化无常。它们有的像羽毛，轻轻地飘在空中；有的像一床大棉被，严严实实地盖住了天空；还有的像峰峦、像河流、像雄狮……它们有时把天空点缀得很美丽，有时又把天空笼罩得很阴森。刚才还是白云朵朵，阳光灿烂；刹那间却又是乌云密布，大雨倾盆。云就像是天气的"招牌"：天上挂什么云，就将出现什么样的天气。

　　天空的薄云，往往是天气晴朗的象征；那些低而厚密的云层，常常是阴雨风雪的预兆。

　　那最轻盈、站得最高的云，叫卷云。这种云很薄，阳光可以透过云层照到地面，房屋和树木的光与影依然很清晰。卷云丝丝缕缕地飘浮着，有时像一片白色的羽毛，有时像一块洁白的绫纱。如果卷云成群成行地排列在空中，好像微风吹过水面引起的鳞波，这就成了卷积云。卷云和卷积云都很高，那里水分少，它们一般不会带来雨雪。还有一种像棉花团似的白云，叫积云。它们常在两千米左右的天空，一朵朵分散着，映着灿烂的阳光，云块四周散发出金黄的光辉。积云都在上午出现，午后最多，傍晚渐渐消散。在晴天，我们还会偶见一种高积云。高积云是成群的扁球状的云块，排列很匀称，云块间露出碧蓝的天

幕，远远望去，就像草原上雪白的羊群。卷云、卷积云、积云和高积云，都是很美丽的。

81. "招牌"在文中的意思是：

　　A 云的变化无常

　　B 云的各种形状

　　C 天气的变化无常

　　D 预示天气的变化

82. 有关卷云的描述不正确的是：
    A 卷云是最高的云
    B 卷云像羽毛
    C 阳光透不过来
    D 卷云很薄

83. 关于积云，我们可以知道：
    A 可以带来雨雪
    B 会在傍晚出现
    C 积云里含有水分
    D 一般在两千米的高空

84. 选出符合文章内容的一项：
    A 薄云的出现说明天要下雨
    B 高积云是最美丽的云
    C 晴天可以见到高积云
    D 卷积云的云层里没有水分

85－88.

　　在古老的西藏，有一个叫爱巴的人，每次生气和人起争执的时候，就以很快的速度跑回家去，绕着自己的房子和土地跑三圈，然后坐在田地边喘气。爱巴工作非常勤劳努力，他的房子越来越大，土地也越来越广，但不管房子和土地有多大，只要与人争论、生气，他还是会绕着房子和土地跑三圈，这是为什么呢？所有认识他的人，心里都很疑惑，但是不管怎么问他，爱巴都不愿意说。

　　爱巴已步入老年，这时的他已有了很多的房子和地产。可是，他生气的时候仍旧会拄着拐杖艰难地绕着土地和房子走三圈。一天，走完了三圈后太阳已经下山了，爱巴独自坐在田边喘气，他的孙子在身边恳求他："阿公，您年纪已经大了，这附近地区没有人的土地比你的多，您不能再像从前一样，一生气就绕着地跑啊！为什么您一生气就要绕着地跑上三圈呢？"

　　爱巴禁不起孙子恳求，终于说出了隐藏在心中多年的秘密。他说："年轻时，我一和人吵架、争论、生气，就绕着房子和土地跑三圈，边跑边想，我的房子这么小，土地这么少，我哪有时间，哪有资格去跟人家生气，一想到这里，气就消了。于是就把所有时间用来努力工作。"孙子问到："阿公，你年纪大了，变成了最富有的人，为什么还要绕着房子和土地跑？"爱巴笑着说："我现在还是会生气，生气时绕着房子和土地走三圈，边走边想：'我的房子这么大，土地这么多，我又何必跟人计较？'一想到这儿，气就消了。"

85.　爱巴生气的时候会做什么？

　　A 勤劳的工作

　　B 与人争论

　　C 绕着房子跑

　　D 在田边呼吸新鲜空气

86.　为什么爱巴的孙子会恳求他？

　　A 孙子很担心他

　　B 孙子感到吃惊

　　C 孙子很不理解他

　　D 孙子想知道真相

87. 关于爱巴，我们可以知道：

　　A 爱巴很喜欢运动

　　B 爱巴很注意健康

　　C 爱巴很理解别人

　　D 爱巴的性格很好

88. 上文主要想告诉我们什么：

　　A 运动可以长寿

　　B 钱可以解决所有问题

　　C 要懂得忍让

　　D 人应该开心地生活

89 – 92.

关于虎年的由来有一个有趣的传说：在远古时候，属相中有狮子，没有老虎。由于狮子太凶残，名声不好，于是玉皇大帝想把狮子除名，但是又必须补进一位镇管山林的动物。这时，玉帝想到殿前的虎卫士。

天宫的虎卫士从前也只是地上不出名的动物。它从猫师傅那里学得抓、扑、咬、冲、跃、折等十八般武艺后，成为山林中的勇士。凡是和它较量的，不死即伤。从此，老虎雄霸山林。后来，玉帝听说老虎勇猛无比，便传老虎上天。老虎上天之后，同玉帝的卫士较量，赢得胜利。从此，老虎便成了天宫的殿前卫士。

谁知不久之后，地上的飞禽走兽见无人看管，开始胡作非为起来，给人间造成了灾难。这事惊动了土地神，土地神连忙上报天庭，请玉帝派天神镇住百兽。玉帝便派老虎下凡，老虎要求每胜一次，便给他记一功。玉帝只求人间安宁，当然满口答应老虎的要求。

来到凡间，老虎了解到狮子、熊、马是当时最厉害的三种动物，它就专门向这三种动物挑战。老虎凭着勇猛和高超的武艺连续击败了狮子、熊、马。于是，其他恶兽闻风而逃，藏进了无人居住的森林荒野。人们欢声动地，感谢老虎为人世间的和平立了功。

回到天上，玉帝因老虎连胜三局，便在它的前额刻下了三条横线。后来，人间又受到东海龟怪的骚扰，大地一片汪洋。老虎又来到人间，咬死了龟怪。玉帝一高兴，又给老虎记了一个大功，在额头的三横之中又添了一竖。于是一个醒目的"王"字出现在老虎前额。从此，老虎变成百兽之王，总管百兽。时至今天，虎额上也还可见到威风的"王"字。

狮子的恶名传到天宫后，玉帝便决定除去狮子的属相头衔，补进了兽王虎。从此，虎成为了属相，狮子则被贬到遥远的南方去了。当然，老虎也从玉帝的殿前卫士下到凡间，永保下界安宁。

89. 玉帝为什么选择老虎做殿前卫士？

　　A 需要管理山林的动物

　　B 老虎会十八般武艺

　　C 老虎十分勇猛

　　D 玉帝想除掉狮子

90. 玉帝答应了老虎的什么要求？

    A 让老虎管理百兽

    B 给它足够的食物

    C 胜一次就记一次功

    D 让老虎称王

91. 有关老虎前额的"王"字的由来，说法正确的是：

    A 老虎是森林中最凶猛的动物

    B 老虎立下了四次大功

    C 老虎连胜了三次

    D 玉帝封它为百兽之王

92. 本文的主要内容是：

    A 老虎怎样赢得玉帝的欢心

    B 老虎怎样成为百兽之王

    C 老虎作为属相的由来

    D 玉帝怎样选拔殿前卫士

93－96.

2000年上映的纪录片《伟大的舞者：猎人故事》真实地记录了南非土著闪族的猎人是如何打猎的，我们从中可以看出人类的祖先究竟凭什么在非洲称王。

闪族人的个头很矮，力量有限，要论单打独斗，即使有了长矛也很难胜过非洲的大部分野生动物。闪族人只能依靠自身的一项绝技来对付野生动物们，那就是超常的耐力。羚羊的瞬时速度虽然快，但只能维持几分钟，否则就会被急速升高的体温烧死。一个经过训练的闪族猎人可以在炎热的中午，以每小时20公里的速度连续奔跑4至5个小时！在这部电影中可以看到，非洲猎人们采用的就是持久战的办法，直到把猎物追得完全没了力气，只能站在原地等死。这时猎人们就可以安全地接近猎物，把长矛插进猎物的心脏。

在所有的非洲哺乳动物当中，人的耐力是最好的，这和人类的身体结构密切相关。首先，人是汗腺最发达的哺乳动物。在剧烈运动的情况下，一匹马每平方米皮肤每小时大约可以排汗100克，骆驼为250克，人可以达到惊人的500克！也就是说，一个成年人在剧烈运动时每小时大约可以排出1～1.5升汗水，这些汗水可以带走相当于一个600瓦白炽灯泡所产生的热量。

为了进一步提高汗液的散热效率，人类逐渐脱掉了体毛，变成了"裸猿"。为了弥补体毛遮挡阳光的功能，人类又逐渐进化出了黑色的皮肤，用来抵抗紫外线对皮肤造成的伤害。

长时间的奔跑需要大量的氧气，这就对动物的呼吸效率提出了很高的要求。大部分四蹄哺乳动物只能依靠四肢在奔跑时的动作，带动胸腔的扩张和收缩，进行被动式呼吸。另外，大部分非洲哺乳动物都只能通过鼻孔呼吸，这就大大限制了它们的呼吸效率。

经过多年演变，人类逐渐进化出了主动式呼吸，呼吸的频率和深度完全可以自由控制。另外，人类又进化出一套用嘴呼吸的方式，这就进一步提高了人类的呼吸效率。于是，体型弱小的人类最终进化成为非洲大陆上最有耐力的哺乳动物。

93. 非洲猎人采用什么办法捕捉猎物？
    A 跑步
    B 持久战
    C 忍耐
    D 单打独斗

94. 人的耐力是最好的，这和人类哪些身体结构无关？
    A 汗腺
    B 皮肤
    C 四肢
    D 嘴

95. 非洲大陆上最有耐力的哺乳动物是？
    A 羚羊
    B 人类
    C 马
    D 骆驼

96. 最适合文章的标题是：
    A 耐力之王
    B 闪族人的生活
    C 闪族人怎样猎取食物
    D 人类的祖先的演变

　　美国一项最新研究发现，咖啡因有助提高记忆力，并且使思维敏捷。科研人员认为一天喝几杯咖啡就能有效扭转早老性痴呆症的恶化趋势。

　　众所周知，咖啡有提神功效，而这项最新发现为咖啡的神奇功效增添了新的注脚。这正是咖啡中的咖啡因具有保持记忆力的神奇功效。科学研究已经表明，大脑中贝塔淀粉样蛋白大量积聚是早老性痴呆症发病的直接原因。这种蛋白质会在患者大脑中以斑块形式聚积，损害脑组织，造成记忆丧失等症状。而科学家通过动物实验惊奇地发现咖啡因能够使大脑内这种蛋白质水平显著下降。研究人员让老鼠引用含有咖啡因的水，两个月的试验后，科研人员发现老鼠脑部这种贝塔淀粉样蛋白水平下降了50%。而且测验表明接受实验的老鼠记忆力更好，思考能力更强。

　　科研人员说，这一新发现表明咖啡因不仅可以预防早老性痴呆症，是人们提神的好饮品，还可能有助于治疗这种疾病。咖啡因广泛存在于日常饮品中，包括咖啡、茶和含咖啡因碳酸饮料中。实验中老鼠每天摄入咖啡因的剂量相当于人每天摄入500毫克咖啡因，即5杯普通咖啡。同样剂量的咖啡因还相当于2杯浓咖啡、14杯茶或20瓶可口可乐。

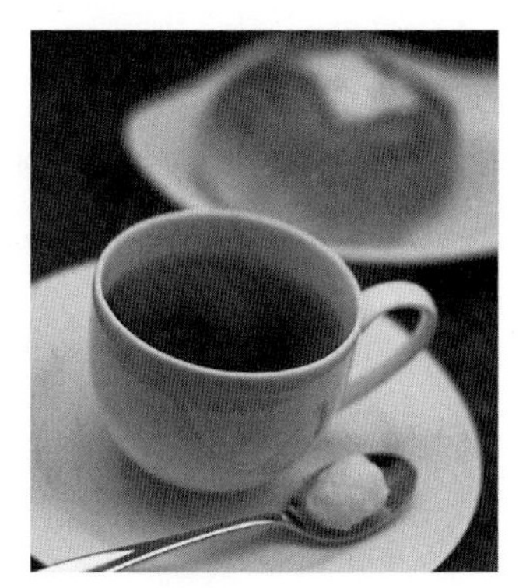

　　阿尔茨海默氏症是最常见的老年痴呆症，能打乱大脑的正常工作，损害大脑中控制思维、记忆和语言的部分，患者意识会越来越混乱，同时，情绪焦虑，记忆力衰退，渐渐无法自理生活。该病症的常见征兆有记忆力衰退，记不起眼前或短期内发生的事；语言表达产生困难；丧失时间观念与方向感，甚至会迷路；判断力与警觉性降低；情绪发生剧变，动辄发怒；个性改变；失去活动力，无法照顾自己。

97.　第2段中，"增添了新的注脚"在文中的意思是：

　　A 增加了一个文字说明

　　B 发现了一个新的功效

　　C 咖啡有了一个新品种

　　D 做了一个新的实验

98. 什么物质会让人的记忆丧失?

    A 咖啡因

    B 一种蛋白质

    C 尼古丁

    D 淀粉

99. 关于咖啡因的作用，下列哪一项不正确:

    A 防止记忆力衰退

    B 造成情绪不稳定

    C 预防老年痴呆

    D 有提神的作用

100. 有关老年痴呆症的表现，下列哪一项不正确:

    A 失去活动力

    B 可能会迷路

    C 语言表达困难

    D 记得眼前发生的事情

三、书写

第101题：缩写。

（1）仔细阅读下面这篇文章，时间为10分钟，阅读时不能抄写、记录。

（2）10分钟后，监考收回阅读材料，请你将这篇文章缩写成一篇短文，时间为35分钟。

（3）标题自拟。只需复述文章内容，不需加入自己的观点。

（4）字数为400左右。

（5）请把作文直接写在答题卡上。

一个年轻人，从小就是人见人爱的孩子。上学时是三好学生、班干部，初二那年参加全国奥数比赛，获得一等奖。

17岁不到，他就被保送到某大学深造。命运在他接到大学录取通知书那年的暑假，给他开了一个不大不小的玩笑：一次过马路时，一辆飞驰而来的车辆无情地夺去了他的双腿和左手。面对这飞来横祸，他没有被打倒，最终凭着惊人的毅力自学完全部大学课程，后来又创办了自己的公司，成为一家拥有上千万元固定资产的私企老总，并当选为市里的"十大杰出青年"。那天去采访他，问他如何克服难以想象的惨痛折磨，取得今天的成绩。

完全出乎我的意料，他最想感谢的既不是给他巨大关爱的父母，也不是一直鼓动和支持他的朋友。面对我的提问，他极快地回答："我要感谢两棵树！"

遇到车祸之后，对从小就出类拔萃、自尊心极强的他来说，好比世界末日的来临。看看自己残缺不全的身体，他痛不欲生，感到一生就这样毁了，人生再没有什么值得追求的目标和意义，曾想要自杀。即使在医院里听到从街上传来的一两声汽车喇叭声，也能引起他的烦躁和不安，情绪极不稳定。为了让他转移注意力，在他出院以后，家人特意把他送到乡下的姑妈家静养。

在那里，他遇到了决定他生命意义的两棵树。

姑妈家住在一个远离城市的小村子，宁静、安逸，甚至有些落后。他就在姑妈的小院子里，每天吃饭、睡觉，睡觉、吃饭，一天天地打发着他认为不再宝贵的时光，人也更加灰心丧气和慵懒下来。一晃半年过去了。

一天下午，姑妈一家下田种地，只有他一人在家。百无聊赖的他，自己摇动轮椅走出了那个小小的院落。

就这样，似乎是老天的安排，他与那两棵树不期而遇。

在离姑妈家五六十米的地方，有两棵显得十分怪异的榆树，像藤条一般扭曲着肢体，但却顽强地向上挺立着。两树之间，连着一根七八米长的粗粗的铁丝，铁丝的两端深深嵌

进树干里。不，简直就是直接缠绕在树里！活像一个长布袋被拦腰紧紧系了一根绳子，呈现两头粗、中间细的奇怪形状。见他好奇的样子，一旁的邻居主动告诉他，开始是为了晾晒衣服的方便，七八年前，有人在两棵小榆树之间拉了一根铁丝。时间一长，树干越长越粗，被铁丝缠绕的部分始终冲不出束缚，被勒出了深深一圈伤痕，两棵小树即将死去。就在大家都以为这两棵榆树再也难以成活的时候，没想到第二年一场冬雨过后，它们又发出了新芽，而且随着树干逐渐变粗，年复一年，竟然将自己身上的铁丝"吃"了进去！

莫名地，他的心被强烈地震撼了：面对外界施加的暴力和厄运，小树还知抗争，而作为一个人，又有什么理由放弃对生活的努力呢！面对这两棵榆树，他感到羞愧，同时也激起了深藏于内心的那份不甘——只见他用自己仅存的右手，艰难地从坐了半年多的轮椅上撑起整个身体，恭恭敬敬地给那两棵再普通不过，却又再坚强不过的榆树，深深鞠了个躬！

很快，他便主动要求回到城里，拾起了久违的课本还有信心，开始了属于自己的新的生活。

听他平静地讲完这段故事，我长久无语。

国家汉办/孔子学院总部

Hanban/Confucius Institute Headquarters

新汉语水平考试
HSK（六级）
模拟试题（五）

注意

一、　HSK（六级）分三部分：

　　1. 听力（50题，约35分钟）

　　2. 阅读（50题，45分钟）

　　3. 书写（1题，45分钟）

二、　答案先写在试卷上，最后**10分钟**再写在答题卡上。

三、　全部考试约140分钟（含考生填写个人信息时间5分钟）。

韩国 时事中国语社　　　　　　　　　　　　常婷婷/ 严祥天 编著

一、听力

第一部分

第1-15题：请选出与所听内容一致的一项。

1.　A 老师喜欢吃苹果
　　B 校长批评了老师
　　C 校长也很生气
　　D 学生们很听话

2.　A 男人的钱包是不能公开的秘密
　　B 有的女人公开自己的年龄
　　C 很多人在网上公布自己的收入
　　D 很多人在网上公布自己的年龄

3.　A 每个人都需要吃喝玩乐
　　B 人应该活得有价值
　　C 每个人都是不同的
　　D 梦想是不能实现的

4.　A 理想和梦想是相同的
　　B 理想就是玫瑰的花香
　　C 理想和梦想是分不开的
　　D 玫瑰是代表爱情的花朵

5.　A 青年人对学习很感兴趣
　　B 爱因斯坦对青年有耐心
　　C 说空话是不会成功的
　　D 这个公式是青年人说的

6.　A 适当的饮酒有利于身体
　　B 碰杯是为了照顾到耳朵
　　C 碰杯的响声很好听
　　D 碰杯增加朋友间的感情

7.　A 城里的人们非常团结
　　B 老虎喜欢吃城里的人
　　C 城里的人们比较自私
　　D 村里人不喜欢城里人

8.　A 租房有租房的好处
　　B 房租费用难以承受
　　C 不得不为房东打工
　　D 买房子有很大困难

9.　A 一元硬币有两种版本
　　B 一元硬币的图案是统一的
　　C 一元硬币是面值最小的货币
　　D 硬币是人们经常使用的货币

10.　A 年轻人没有找到工作
　　 B 年轻人学了没用的本领
　　 C 年轻人丢了所有的钱
　　 D 年轻人找龙找了3年

11.　A 她是没有经验的主持人
　　 B 每年她都是春晚主持人
　　 C 她以前是新闻播音员
　　 D 她是一个出色的主持人

12.　A 艳丽的指甲油使人分散注意力
　　 B 人们都能接受涂抹口红的女性
　　 C 透明的指甲会使人分散注意力
　　 D 要选择与服饰相配的指甲油

13. A 长城和金字塔都很重要
    B 长城是世界上最长的建筑
    C 金字塔比长城的历史悠久
    D 长城是世界的文化遗产

14. A 网络让我们的生活更便捷
    B 什么问题都能在网上解决
    C 网络解决人们的任何问题
    D 随时随地就可以免费上网

15. A 孔子嫉妒这个孩子
    B 孩子喜欢和孔子交谈
    C 孩子没有给孔子让路
    D 孩子是孔子的学生

第二部分

第16－30题：请选出正确答案。

16. A 独立自主
    B 自私自利
    C 自强自立
    D 自我为主

17. A 上大学以后
    B 初中毕业以后
    C 初中毕业以前
    D 小学毕业前

18. A 尊重
    B 信任
    C 理解
    D 宽容

19. A 一种职业
    B 兴趣爱好
    C 休闲娱乐
    D 一种任务

20. A 他学历很高
    B 有名师指导
    C 自学成才
    D 喜欢喝茶

21. A 人怎么找钱
    B 挣钱的方法
    C 花钱的好处
    D 怎么样理财

22. A 成为月光族
    B 去银行贷款
    C 攒钱
    D 买股票

23. A 绳索
    B 金钱
    C 花盆
    D 铁饼

24. A 很幸福
    B 很生气
    C 不幸福
    D 有更多的债

25. A 去赌博
    B 做好一项投资
    C 股票是好的选择
    D 有钱什么都能吃

26. A 负责新闻的保密工作
    B 只提供一些生活必备品
    C 提供突发事件所需的用品
    D 负责灾难性事件的现场报道

27. A 他一个人不能完成工作
    B 他担心不能活着回来
    C 他一个人很难完成任务
    D 他没有报道过这样的新闻

28. A 为了确保救援队员的人身安全
    B 为了让大家了解海底的地形
    C 为了确保救援工作的顺利进行
    D 为了争取到更多的救援物资

29. A 12个小时
    B 20个小时
    C 22个小时
    D 31个小时

30. A 机场没有人员指挥
    B 城市完全没有灯光
    C 求救的声音不断
    D 整个城市通讯中断

第三部分

第31－50题：请选出正确答案。

31. A 为了看望病人
    B 为了课题研究
    C 为了了解疯子的生活状态
    D 为了找到疯子发疯的原因

32. A 疯子
    B 孩子
    C 教授自己
    D 不知道

33. A 疯子是在装疯
    B 教授是一个书呆子
    C 不能用常理去看待疯子
    D 人呆处事精是一种做人姿态

34. A 不喜欢建筑行业
    B 不喜欢他的老板
    C 想和家人团聚
    D 找到了其他工作

35. A 因为房子不够坚固
    B 因为生活很复杂
    C 因为做事情不认真
    D 因为做事情太认真

36. A 生活是丰富多彩的
    B 生活是一栋"房子"
    C 生活是自己创造的
    D 生活是不能改变的

37. A 看见对方就脸红
    B 看见对方就逃走
    C 好像呼吸要停止
    D 看不见就会生病

38. A 通过心电图监测
    B 通过对大脑扫描
    C 通过对言语分析
    D 通过照片对比

39. A 大脑活动并不活跃
    B 大脑中的四个区域都不活跃
    C 大脑中的四个区域停止活动
    D 大脑的四个区域有化学变化

40. A 很感谢你
    B 很佩服你
    C 兴奋万分
    D 无比自豪

41. A 他想看电影了
    B 他是个电影迷
    C 他想换个话题
    D 他想快点离开

42. A 记住他人随意所说的话语
    B 怎样你会变得很富有
    C 怎样能让别人喜欢你
    D 如何让别人记住你

43. A 有自己的社会经验
    B 有自己的内心世界
    C 特别听从老师
    D 喜欢向父母倾吐

44. A 父母
    B 老师
    C 朋友
    D 同学

45. A 内心的孤独和苦闷
    B 内心的恐惧和不安
    C 内心的痛苦和苦闷
    D 内心的无助和害怕

46. A 需要教师的严格教导
    B 家长检查他们的日记
    C 教师和学生交朋友
    D 让他们自觉地学习

47. A 了解自己的感情世界
    B 了解自己的内心世界
    C 了解我们自己的性格
    D 了解有刺激作用的感情

48. A 情绪不能反映心态
    B 每一种情绪都和心态有关
    C 每一种情绪都和心态无关
    D 情绪可以控制心态

49. A 记录情绪的次数
    B 控制情绪的发作
    C 除去刺激情绪的因素
    D 除去情绪发作的力量

50. A 水涨船高
    B 缺一不可
    C 互相辅助
    D 密不可分

二、阅　读

第一部分

第51-60题：请选出有语病的一项。

51. A 我对我儿子所取得的优秀的成绩感到骄傲。

　　B 自然界中已被人们所知的天然毒素有1000多万种。

　　C 医生不仅给他送来了光明，同时也重新点燃了生命之光。

　　D 冯杰伦听业内人士说："如今投稿，非得有熟人不可。"

52. A 这种心理疾病不是已经一个陌生而遥远的问题了。

　　B 既然你这么死心塌地地爱他，我们就不再说什么了。

　　C 开展对外层空间的科学探索必须加大投资，否则很难达到预期目标。

　　D 为了培养和鼓励更多的文学艺人，中央电视台要举办"全国文艺作品大赛"。

53. A 欧佩克对油价疯涨猛跌持有一种非常矛盾的心理。

　　B 现实是被人们的理智和意志的无穷力量所创造的。

　　C 那个明星有很多的钱和不错的名声，但终于还是患忧郁症自杀了。

　　D 野生驼鹿才是狼群的主要食物，狼群的偶尔偷袭不足以对饲养业造成威胁。

54. A 父亲总是把自己的烦恼紧紧地隐藏在自己的心底。

　　B 老人牵着马走在山间的小路上，不时回头跟骑在马背上的旅客说话。

　　C 好方法能使我们更好地运用我们的才能，而拙劣的方法则可能阻碍才能的发挥。

　　D 土豆含有能够产生"腹满感"的"膳食纤维"，所以用它来代替主食，具有减肥效果。

55. A 我相信挫折、磨难一定是锻炼意志、增强能力的好机会。

　　B 他的爷爷用毛笔写了一些潦草得无法几乎辨认的语句。

　　C 中国文化有着数千年的悠久历史，所以其底蕴十分丰富。

　　D 茶马古道是古代中国西南民族经济文化交流的走廊，它蕴藏着开发不尽的文化遗产。

56. A 她用自己的全部爱心护理着一位患有严重心脏病的病人。

　　B 你在办公室里种上几盆花或养上几条鱼，这样可以缓解压力。

　　C 导致人类活动的全球变暖已经成为现实，未来气候环境很不乐观。

D "人非圣贤孰能无过"，我也老犯错，但是犯错我改，把自己从一个坏人变成一个
好人。

57. A 生活方式是指人们的生活水平、生活习惯、生活态度和目的。

B 我们就此事向有关部门反映过，他们虽然答应解决，却始终不见动静。

C 持续高速发展的经济和大容量的就业环境，然而造成这些地区人口的高速增长。

D 花的气味和人鼻腔内的嗅觉细胞相接触后，传输到大脑皮层，令人产生沁人心脾
的感觉。

58. A 美貌与技艺并重的她，使花样滑冰运动在韩国从不受重视到举国轰动。

B 相声起源于北京，流行于全国各地。它是以说笑话还是滑稽问答引起观众发笑的
曲艺形式。

C 使用网上汇款业务，不但可以免去频繁跑银行的麻烦，还可以节省汇款费用，可
谓一举两得。

D 金钱和时间是人生两种最沉重的负担，最不快乐的就是那些拥有很多这两种东
西，却不知怎样使用的人。

59. A 为了改善城市环境，缓解交通压力，节俭能源，同时也为了您的健康，请您"走
着去上班"。

B 人们往往有一个误解，就是以为自己使用的物品越高级、越奢华，生活的质量就
越高。

C 因为夏季地面温度高，再加上城市的热岛效应，造成地面的热力不均，冷暖空气
的交汇容易形成局部性阵雨。

D 在美国，每年大约有187亿人向心理医生诉说他们所遭受的各种压力，平均每一百
个人就拥有一位心理医生。

60. A 由于连日大雪，西藏著名的纳木错湖景区已被当地公安部封闭，禁止游客进入。

B 越来越多的人开始学习汉语，特别是匹兹堡大学孔子学院建立之后，汉语在当地
的发展更是日新月异。

C 一项研究最新表明，使用吸尘器是引起肥胖的原因之一，因为人们使用吸尘器会
减少热量消耗，助长肥胖。

D 由于各种乐曲的旋律、节奏、音色、音调的不同，每个人产生的情绪反应也有所
不同，同时影响到人体的新陈代谢。

第61-70题：选词填空。

61. 上班族的压力越来越大。工作之余要懂得用娱乐______身体的紧张状态。只是一味地
扑在工作上，不______任何娱乐活动，这是一种舍本逐末的做法，______会损害身
体健康。

    A 调节　参加　最终   B 调整　组成　终于

    C 调动　出席　最后   D 调配　组织　结果

62. 游戏机在他的一生中______了一个很重要的角色，因为他唯一的爱好是电子游戏。关
于他对电子游戏的______，一个与他结识多年的朋友告诉我，他可以彻夜玩游戏，
______为了玩游戏会和父母"打游击"，坐在电脑面前的他更像个孩子。

    A 演出　迷恋　何况   B 担任　痴狂　反而

    C 扮演　痴迷　甚至   D 担负　迷惑　乃至

63. 我国市场经济发展20多年来，市场秩序______，发展到今天已取得巨大的进步。但
是，与其他国家相比，我国市场秩序仍然______一种混乱状态，______出市场的发育
水平还比较低。

    A 从头到尾　位置　表现   B 从无到有　处于　反映

    C 从高到低　位于　显示   D 从里到外　进入　反应

64. 欧洲信鸽品种______，赛鸽活动很多。每年各国的信鸽俱乐部先______350公里以下
的短距离比赛，______是省办和国办的中距离比赛，最后是各国联合大赛，距离长达
1200公里，每年______举办五六次。

    A 优秀　举办　后来　稳定   B 优良　举行　然后　固定

    C 优美　进行　接着　确定   D 优越　开始　之后　坚定

65. 所谓"草莓族"是指80后出生的年轻人像草莓一样，尽管表面上看起来______，但却
______不了挫折，一碰即烂，不______与团队合作，主动性及积极性均较上一代差。
开始投入职场的"草莓族"的最大的特色之一，就是工作时往往没什么定性，只要
有更好玩的工作，或是较高的薪水，就会______。

    A 千姿百态　蒙受　适应　一如既往   B 光鲜亮丽　承受　善于　见异思迁

    C 五颜六色　经受　擅长　专心致志   D 绚丽多彩　克服　拿手　少见多怪

66. 一位著名的诺贝尔奖获得者，在回忆他的导师时，说过一段耐人寻味的故事：他的导师每天都有十个______，其中有九个半是错的，但他不在乎。然而，他就凭着每天半个对的新思想的______，______了巨大的成功。他说："______有两点：一是不要囿于前人的成就，二是不要怕犯错误，这两点都需要胆量。"

 A 主意 力量 得到 创造   B 建议 进步 取得 创意

 C 看法 累计 赢得 创建   D 想法 积累 获得 创新

67. 二手烟比一手烟的______性还要大，而孩子往往成为二手烟的最大受害者。在猝死的孩子当中，______有超过四分之一的孩子是由父母吸烟导致的。如果儿童在患病期间吸入烟气，会______气喘次数，______病情进一步恶化。

 A 弊害 可能 增进 以免   B 弊端 也许 增长 便于

 C 损害 大概 增多 促进   D 危害 大约 增加 致使

68. 世界卫生组织公布了一项______的报告：儿童的生长速度，在一年四季各不相同，最快是在3－5月。营养均衡、睡眠充足、加强锻炼、情绪______都有助于孩子长高。体内生长激素的______分泌，一般发生在孩子睡眠的时候，因此小学生每天要______10个小时的睡眠，中学生要睡7～8个小时。

 A 引人注目 良好 旺盛 保证   B 举足轻重 稳定 兴旺 维持

 C 令人吃惊 急躁 充沛 确定   D 难以置信 温和 正常 坚持

69. 猫头鹰称得上是凶猛残酷的猎手。______的时候，它通常会在树梢或是突出的岩石上向地面扫视寻找目标，一旦______合适的猎物，就会扑下来，翅膀扇动强劲有力却毫无声息，直向目标______。等到______攻击范围，猫头鹰向前猛伸出双爪，弯起来______弓形，一下子就将猎物紧紧抓住。

 A 逮捕 觉察 靠近 走进 组成   B 捕食 发现 逼近 进入 形成

 C 抓捕 看到 接近 加入 构成   D 猎捕 知道 贴近 位置 完成

70. 医生提醒，患上便秘之后，应该______食疗和改变不良生活习惯的方式治疗，______良好的生活习惯，如保持有______的休息，身心愉快，控制情欲及酗酒，______精神刺激等。从生活习惯、个人修身养性方面治疗预防便秘。

 A 利用 培养 规矩 避开   B 应用 做成 规范 躲开

 C 运用 养成 规律 避免   D 采用 组成 规定 以免

第三部分

第71－80题：选句填空。

71－75.

　　1911年4月，利比里亚商人哈桑在挪威买了13600吨鲜鱼，运回利比里亚首府后，往称上一称，鱼竟然一下少了59吨！哈桑回想购鱼时他是亲眼看着鱼老板过的秤，并没有缺斤短两呀，(71)＿＿＿＿＿＿＿＿＿，没有人碰过鱼。那么这59吨鱼的重量去哪儿了呢？哈桑疑惑不解。

　　后来，这桩奇案终于大白于天下。(72)＿＿＿＿＿＿＿＿＿。地球重力是指地心引力与地球离心力的合力。地球的重力值会随地球纬度的增加而增加，赤道处最小，两极最大。同一个物体若在两极重380公斤，拿到赤道，就会减少2公斤。挪威所处纬度高，靠近北极；利比里亚的纬度低，靠近赤道，(73)＿＿＿＿＿＿＿＿＿。哈桑的鱼丢失的分量，就是因不同地区的重力造成的。

　　(74)＿＿＿＿＿＿＿＿＿也为1981年墨西哥奥运会连破多项世界纪录这一奇迹找到了答案。墨西哥城在北纬不到20度、海拔2240米处，(75)＿＿＿＿＿＿＿＿＿，正是因为地心引力相对较小，运动员们奇迹般地一举打破了男子100米、200米、400米、4×400接力赛、男子跳远和三级跳远等项世界纪录，1981年也因而成为奥运会史上的最辉煌的年代之一。

　　A 地球的重力值也随之减少

　　B 地球重力的地区差异

　　C 原来这是地球重力"偷"走了鱼的重量

　　D 比一般城市远离地心1500米以上

　　E 归途上也平平安安

76-80.

(76)______________。造纸术，为文明传承带来了新的载体；印刷术，造就了文明传播的新媒介。它们对人类政治、经济、文化等诸多方面产生了重要影响，为世界文明的传播与发展做出了巨大贡献。

我国发明印刷术有着得天独厚的物质基础与技术条件。纸和墨的应用是印刷术发明的基本前提。(77)______________。秦晚期已有调制成型的墨丸；汉代已使用松烟中的炭黑制墨。南北朝时期，我国已掌握了成熟的制墨技术。作为纸的发明国，早在印刷术发明以前，我国的造纸术就经历了辉煌的发展历程。西汉时期，我国已发明了纸。东汉元兴元年蔡伦总结了前人经验，(78)______________，使用废旧麻料、树皮等作为造纸原料，开辟了后代皮纸制造技术的先河，实现了造纸技术史上的重要突破。随着造纸技术的发展，纸逐渐普及到人类生活中。魏晋南北朝时期，我国纸张的使用进入转折时期。公元404年，东晋豪族桓玄颁布"以纸带简"令，终止了简牍书写的历史，(79)______________，掀开了人类书写材料的新纪元。人们选用麻、藤、树皮、竹等作为造纸原料，并运用施胶、涂布、染色等造纸加工技术，使纸张制造变得物美价廉。

杭侃说，造纸术的发明，(80)______________，各种社会生活信息以纸为媒介而得到迅速传播；传统的书法绘画艺术也以纸为载体而得以流传和发展，散发出独特的艺术魅力。造纸术对中国文化的发展举足轻重，为世界文明的发展也做出了重要贡献。

A 带来了书写材料的根本性变革

B 造纸术和印刷术是中国古代的两项重要发明

C 我国很早就已经发现并使用墨

D 改进造纸工艺

E 纸终于成为主要的书写材料

第四部分

第80－100题：请选出正确答案。

81－84.

    水是宝贵的自然资源，是地球上一切生物赖以生存的物质之一。地球总水量约为14.1亿立方公里，但如此多的水中淡水只占3％，而且其中的87％被封闭在冰川、大气、地层中。

20世纪以来，全球人口增长了3倍，经济增长了20倍，用水量增长了10倍。同时，由于生产和生活废水急增，而且不经处理直接排入水体，更加重了水资源匮乏这一全球性危机。

    联合国教科文组织在97年把水资源定义为"可资利用或可能被利用的水源，即应当能够为满足生产生活用途而得以利用"。而《中国自然资源》将水资源定义为"能为人类生产生活直接利用的，在水循环过程中产生的地表、地下径流和由它们存留在陆地上可再生的水体"。

    我国水资源总量约2.8万亿立方米，但人均占有量只排在世界第121位，是世界人均占有量的1/4。此外，我国水资源空间分布很不均匀，南多而北少。重经济发展而轻环境保护又导致许多地区出现严重的水体污染，因此，水资源问题也成了我国社会和经济发展中的重大问题。

81. 生产和生活废水急增，会给地球带来怎样的影响?

    A 严重的水污染

    B 加重水资源匮乏

    C 地球能源危机

    D 影响空气质量

82. 哪一项不符合有关《中国自然资源》为水资源下的定义：

    A 人类生产生活可直接利用的水体

    B 水循环过程中产生的可再生水体

    C 能够满足生产生活的用途

    D 存留在陆地上的可再生水体

83. 目前我国水资源的特点下列描述不正确的是?

A 总量大而人均占有量低

B 水资源空间分布不均

C 水资源可无限利用

D 水体污染严重

84. 这段文字的主要内容是:

A 中国是缺乏水资源的国家

B 怎样保护我们的水资源

C 水资源危机产生的原因

D 水是宝贵的自然资源

85–88.

有一个男孩围着我的新车，十分赞叹地问："先生，这是你的车？"我点点头："这是我哥哥送给我的生日礼物。"男孩满脸惊讶，吱吱唔唔地说："你是说这是你哥哥送的礼物，我也好希望能……"当然我以为他是希望能有个送他车子的哥哥，但那男孩所说的却让他十分震撼。"我希望自己能成为送车给弟弟的哥哥。"男孩说道。我惊愕  地看着那男孩，脱口而出地邀请他："你要不要坐我的车去兜风？"男孩兴高采烈地坐上车，绕了一小段路之后，他兴奋地说："先生，你能不能把车子开到我家门前？"我微笑，心想那男孩必定是要向邻居炫耀，让大家知道他坐了一部大车子回家。

没想到这次我又猜错了。"你能不能把车子停在那两个阶梯前？"男孩要求。男孩跑了上去，过了一会儿我听到他回来的声音，但动作似乎有些缓慢。原来他带着跛脚的弟弟出来，将他安置在台阶上，紧紧地抱着他，指着那辆新车。只听那男孩告诉弟弟："你看，这就是我刚才在楼上告诉你的那辆新车。这是这位先生的哥哥送给他的！将来我也会送给你一辆像这样的车，到那时候你便能去看外边的风景了。"

从那个男孩身上，我真正体会到了"施比受更有福"的道理。

85.　男孩有什么愿望？
　　A 希望有一个哥哥
　　B 有一个送车给他的哥哥
　　C 收到同样的生日礼物
　　D 送一辆同样的车给弟弟

86.　男孩为什么提出要作者开车到他家门前？
　　A 想体验一下新车的性能
　　B 想向别人展示他的地位
　　C 想让弟弟看到这辆新车
　　D 想送一辆同样的车给弟弟

87. 关于男孩的弟弟，我们可以知道：

A 不能走路

B 走路很快

C 弟弟会开车

D 可以自己生活

88. 关于"施比受更有福"的理解正确的是：

A 拥有的越多越幸福

B 作者对收到的礼物很满足

C 男孩比作者幸福得多

D 施舍比接受别人施舍得到的更多

89－92.

　　茶话会是近代世界上一种时髦的集会。它既不像古代茶宴、茶会那样隆重、讲究，也不像日本"茶道"要有一套严格的礼仪和规则，而是以清茶或茶点招待客人的集会，有时也用于外交场合。

　　追根溯源，茶话会是在古代的茶宴、茶会的基础上逐渐演变而来的。随着时代的发展，过去那种费时忘业、花费很大的茶宴和茶会已成为历史，但集会品茶，互相交换意见，发表各种见解，畅谈友情的内容却被保留下来了。如今的茶话会，是在一杯香茶吸引下的一种饶有兴趣的集会。

　　由于茶的成分中咖啡碱、茶多酚和芳香油的作用，对人的神经起着温和的刺激作用，使人精神振奋，感觉愉快，机智敏捷，思路顿开。参加茶话会不但在身心上得到某种满足和慰藉，而且还能增进友谊，增长知识。因此，人们一般都喜欢参加茶话会。进入20世纪以来，茶话会有了很大发展，已成为一种世界性的习俗。

　　目前，茶话会在我国十分盛行，各种形式的茶话会让人耳目一新。小的如结婚典礼，迎宾送友、同学朋友聚会、学术讨论、文艺座谈，大的如商议国家大事、庆典活动、招待外国使节，一般都采用茶话会的形式，特别是欢庆新春佳节，采用茶话会形式的越来越多。各种类型的茶话会，既简单方便节俭，又轻松愉快高雅，是一种效果良好的聚会形式。

　　茶话会的形式，因内容、人员的不同又有所区别。如与会人员仅几人，用一张圆桌；几十人乃至几百人，每桌10人左右，或用方桌拼成长方形或其他形式；几百人、上千人的大型茶话会，多用圆桌，团团围坐。关于茶话会的饮品，香茶是必备之物，有条件的还可以增加鲜果、糕点及各色糖果。

　　茶话会的布置，可以根据会的内容和季节的不同，在席间或室内布置一些鲜花，如在夏季以叶子嫩绿、花朵洁白的茉莉为宜，使人有清幽雅洁之感，如在冬季，则以破绽吐香的腊梅和生意盎然的水仙为宜，使人感受到春天的气息。如果是婚礼茶话会，则以红艳的鲜花为好，以示新婚夫妇的幸福和美满。当然，由于条件所限，对花种的选择会有局限性，但不论选用什么花种，对颜色的选择应与会的内容相协调。在较大的茶话会上，如配以轻音乐或小型的文艺节目如小品、相声等曲艺节目，可以增添欢乐气氛。

89. 人们在茶话会上可以做什么?
    A 发表各自的见解
    B 做茶的生意
    C 介绍"茶道"的礼仪
    D 解除心理压力

90. 为什么人们喜欢参加茶话会?
    A 人们都喜欢喝茶
    B 人们的兴趣爱好相同
    C 身心能够得到满足
    D 能够找到终身伴侣

91. 第四段中"耳目一新"在文中的意思是:
    A 茶话会十分盛行
    B 茶话会的形式单一
    C 涌现出的茶话会形式繁多
    D 茶话会是一种良好的聚会形式

92. 在茶话会的布置上,对花种的选择有什么要求?
    A 春天的时候选用水仙
    B 新婚夫妇选用洁白的茉莉
    C 以新鲜、艳丽的花为主
    D 应选择和环境相适宜的花

93-96.

　　20世纪80年代初，英国皇家建筑学会主席在中国考察之后对城市规划界说："现在全世界的城市建设都面临着一个共同的危机，我们的城镇正趋向同一种模式，这是很遗憾的。希望中国的城市建设能够尊重中国文化，尊重城市原有的特色。中国历史文化的传统太珍贵了，你们要用全部智慧、决策和洞察力去抵抗那些虚假、肤浅的标准概念。"

　　20年后的今天，这个意味深长的警告不幸被言中。

　　目前，我国各地正在进行大规模的城市建设。在热火朝天的城市建设中，曾经的古城在"旧城改造"的名义下被夷为平地，作为北京民居灵魂的四合院也在减少……朱门绿廊、雕梁画栋、青砖碧瓦早已成为遥远的过去，盲目的建设和更新正在使我们的城市失去记忆。

　　当人类砍倒第一棵树的时候，文明开始了；而当人类砍倒最后一棵树的时候，文明结束了。城市是复杂的，可是往往也如此简单。蔚蓝的多瑙河，旷野平芜的圆明园废墟，烽火连绵的长城……城市的生命与性格、历史与记忆就蜿蜒在城市的每一方土地、每一片草坪……无数的城市史告诉我们，城市的记忆不是历史教科书中枯燥的数字和资料，而是活生生存留于城市空间和时间中的生命的热度、岁月的痕迹、文化的积淀。

　　城市不仅仅是单体建筑的简单集合，不仅仅是高楼大厦、立交桥、高架桥，更是一股从远古吹向未来的心灵之风，是一个民族生存发展的记忆载体。每个时代都在城市建设中留下了自己的痕迹，而保存城市的记忆，保护历史的延续性，保留人类文明发展的脉络，是人类现代文明发展的需要。

　　亡羊补牢，犹未为晚。中国城市史行进到21世纪，已经进入需要我们反思的阶段。

93. 英国皇家建筑学会主席的讲话的主要内容是什么？

　　A 全世界的城市建设都有危险

　　B 全世界的城镇建设都一样

　　C 希望中国的城市建设有自己的特色

　　D 希望中国的建筑走出传统思想的束缚

94. 为什么说我们的城市正在失去记忆?

    A 北京的四合院没有了

    B 许多古城都已经被改造了

    C 城市建设正在进行

    D 人们失去了对城市的记忆

95. 对"当人类砍倒第一棵树的时候，文明开始了。"这句话的正确理解是:

    A 文明是从砍倒树开始的

    B 人类通过劳动改造自然，创造文明

    C 人类砍倒树是为了建设家园

    D 砍倒树是文明发展的必要条件

96. 最适合上文的标题是什么?

    A 不要让城市失去记忆

    B 人类的文明需要建筑

    C 希望中国保留传统建筑

    D 城市建设需要反思

97－100.

  批评下属是一件不太轻松也不容易的事情，有时会令那些缺乏管理知识和经验的领导者感到无所适从。但是，谁都会犯错误，批评也是一种艺术。如果管理者不懂得如何批评下属，就有可能降低部门的工作效率，甚至影响整个团队的工作情绪。

  批评前应该先弄清事实，这也是正确批评的基础。有些管理者一时激动就不分青红皂白对下属进行批评，而忽略了对客观事件本身进行全方位的调查。另外，还要考虑妥当的批评方式。批评的方式有很多种，这就需要管理者根据具体的当事人和事件进行选择。比如，性格内向的人对别人的评价非常敏感，可以采用以鼓励为主、委婉的批评方式；对于生性固执或自我感觉良好的员工，可以直白地告诉他犯了什么错误，以期对他有所警醒。另外，对于严重的错误，要采取正式的、公开的批评方式；对于轻微的错误，则可以私下点到为止。

  批评时还应问清下属犯错的原因。虽然管理者可能自认为已经清楚地了解了事件的客观真相，但在批评时还是要认真地倾听下属对事件的解释。这样做有助于管理者了解下属是否已经清楚了自己的错误，也有利于管理者进行进一步的批评。有意思的是，下属往往会告诉管理者一些管理者可能并不清楚的真相。如果管理者没有办法证实这些问题，则应立即结束批评，再做进一步的调查了解。

  还要注意批评时尽量对事不对人。虽说事情都是人做的，但在批评下属时，还是要尽量对事不对人。这样做也是为了防止让下属认为你对他有成见。"对事不对人"不仅容易使下属客观地评价自己的问题，让下属心服口服；它的重要意义还在于这样可以在部门内部形成一个公平竞争的环境，使下属不会产生为了自己的利益去溜须拍马的想法。

97. 根据本文，部门工作效率的降低有可能是什么引起的？
  A 领导不知如何批评下属
  B 管理者缺乏经验
  C 团队情绪不稳定
  D 团队内部意见不统一

98. 正确批评的基础是什么？
    A 了解下属的心理
    B 理解下属的处境
    C 先了解事实真相
    D 客观地调查下属

99. 第二段中的"点到为止"的意思是：
    A 含蓄的示意
    B 深入谈论
    C 用动作提示
    D 单独交谈

100. 本文主要介绍了：
    A 批评下属不容易
    B 批评下属伤脑筋
    C 批评下属的艺术
    D 批评下属的策略

三、书写

第101题：缩写。

（1）仔细阅读下面这篇文章，时间为10分钟，阅读时不能抄写、记录。

（2）10分钟后，监考收回阅读材料，请你将这篇文章缩写成一篇短文，时间为35分钟。

（3）标题自拟。只需复述文章内容，不需加入自己的观点。

（4）字数为400左右。

（5）请把作文直接写在答题卡上。

在我们的身边常常发生着令人为之动容的故事，也许就在你的身边。

一次很偶然的机会，我听到了这样一个故事，很感动，匆忙之余将它记了下来，无论好与不好，我希望有更多的人知道，因为那的确是一个很特别、很真实的故事……

他和她的相识是在一个宴会上，那时的她年轻美丽，身边有很多的追求者，而他却是一个很普通的人。因此，当宴会结束，他邀请她一块去喝咖啡的时候，她很吃惊，然而，出于礼貌，她还是答应了。

坐在咖啡馆里，两个人之间的气氛很是尴尬，没有什么话题，她只想尽快结束，好回去。但是当小姐把咖啡端上来的时候，他却突然说："麻烦你拿点盐过来，我喝咖啡习惯放点盐"。当时，她都愣了，小姐也愣了，大家的目光都集中到了他身上，以至于他的脸都红了。

小姐把盐拿过来了，他放了点进去，慢慢地喝着。她是好奇心很重的女子，于是很好奇地问他："你为什么要加盐呢？"，他沉默了一会，很慢地几乎是一字一顿地说："小时候，我家住在海边，我老是在海里泡着，海浪打过来，海水涌进嘴里，又苦又咸。现在，很久没回家了，咖啡里加盐，就算是想家的一种表现吧，可以把距离拉近一点。"

她突然被打动了，因为，这是她第一次听到男人在她面前说想家，她认为，想家的男人必定是顾家的男人，而顾家的男人必定是爱家的男人。她忽然有一种倾诉的欲望，跟他说起了她远在千里之外的故乡，冷冰冰的气氛渐渐地变得融洽起来，两个人聊了很久，并且，她没有拒绝他送她回家。

再以后，两个人频繁地约会，她发现他实际上是一个很好的男人，大度、细心、体贴，符合她所欣赏的所有的优秀男人应该具有的特性。她暗自庆幸，幸亏当时的礼貌，才没有和他擦肩而过。她带他去遍了城里的每家咖啡馆，每次都是她说："请拿些盐来好吗？我的朋友喜欢咖啡里加盐。"再后来，就象童话书里所写的一样，"王子和公主结婚了，从此过着幸福的生活。"他们确实过得很幸福，而且一过就是四十多年，直到他前不久得病去

世。

故事似乎要结束了，如果没有那封信的话。

那封信是他临终前写的，写给她的："原谅我一直都欺骗了你，还记得第一次请你喝咖啡吗？当时气氛差极了，我很难受，也很紧张，不知怎么想的，竟然对小姐说拿些盐来，其实我是不想加盐的，当时既然说出来了，只好将错就错了。没想到竟然引起了你的好奇心，这一下，让我喝了半辈子的加盐咖啡。有好多次，我都想告诉你，可我怕你会生气，更怕你会因此离开我。

现在我终于不怕了，因为我就要死了，死人总是很容易被原谅的，对不对？今生得到你是我最大的幸福，如果有来生，我还希望能娶到你，只是，我可不想再喝加盐的咖啡了，咖啡里加盐，你不知道，那味道，有多难喝。咖啡里加盐，我当时是怎么想出来的！"信的内容让她吃惊，同时有一种被骗的感觉。然而，他不知道，她多想告诉他："她是多么高兴，有人为了她，能够做出这样的一生一世的欺骗……

KB275917

HSK

백발백중

실전모의고사
문제집

6급

HSK

백발백중
실전모의고사
독학용

常婷婷 · 엄상천 · 김은진 공저

新HSK 백발백중 실전모의고사 독학용 6급

초판발행	2011년 1월 15일
1 판 3 쇄	2017년 2월 10일

저자	常婷婷, 엄상천, 김은진
펴낸이	엄태상
책임 편집	최미진, 전유진, 가석빈, 이경민, 王鶴凝, 박은경
디자인	진지화
마케팅	이상호, 오원택, 이승욱, 전한나, 박나연
온라인	김마선, 심유미, 유근혜

펴낸곳	시사중국어사
주소	서울시 종로구 자하문로 300 시사빌딩
주문 및 교재문의	1588-1582
팩스	(02)3671-0500
홈페이지	www.sisabooks.com
이메일	sisachinabook@hanmail.net
등록일자	1988년 2월 13일
등록번호	제1 - 657호

ISBN 978-89-7364-620-3 18720
        978-89-7364-621-0(set)

Preface 머리말

新汉语水平考试(新HSK)는 중국어를 모국어로 하지 않는 학습자의 중국어 능력을 평가하기 위한 국가표준화 시험입니다. 新HSK는 듣기, 독해, 쓰기 그리고 구술의 네 개 부분으로 이루어져 있으며, 필기시험과 구술시험은 서로 독립적으로 진행되기 때문에 구술 성적이 필요한 학습자들은 별도로 원하는 등급의 구술시험을 치를 수 있습니다.

이에 본 책은 新HSK에 맞춰 쓰여진 실전모의고사 문제집으로 총 5 세트(구술시험은 제외)로 구성하였습니다.

听力部分 :

기존의 HSK와 비교하여 新HSK 6급에서는 '들은 후 이해하기'를 중점으로 테스트합니다. 그래서 본 책의 듣기 부분도 新HSK의 변화에 맞춰 출제 시에 이 점에 중점을 두었으며, 내용도 사회, 문화, 건강, 과학 등 다방면의 지식영역을 다루고 있습니다. 따라서 조금 더 높은 성적을 얻고자 하거나 고급 중국어 수준으로 한걸음 나아가고자 하는 학습자에게 적합한 교재입니다.

阅读部分 :

新HSK 6 급의 독해부분은 중국어를 모국어로 하지 않는 사람들에게는 조금 어려울 수 있는데, 틀린 부분을 찾기 어렵거나 시간이 부족한 경우의 두 가지로 크게 나눌 수 있습니다. 본 책은 이러한 부분에 초점을 맞춰 출제하여 현재 시험을 준비하고 있는 학습자가 올바르게 학습할 수 있도록 지도합니다

书写部分 :

新HSK 6 급의 쓰기부분은 기존의 HSK 고급 작문형식과는 전혀 다릅니다. 1,000 자 정도의 문장을 10 분간 읽고 난 후, 감독관이 문제지를 걷어가면 그때부터 35분간 읽었던 내용을 정리해야 합니다. 新HSK 6 급의 쓰기는 응시생의 표현능력을 위주로 평가하기 때문에 매우 어렵게 느껴질 수 있으나 적절한 훈련만 거치면 높은 점수를 받을 수 있습니다. 본 책의 쓰기는 다소 어렵게 구성되었기는 하나, 수험생들의 표현능력을 향상시키는 데 많은 도움이 될 수 있을 것입니다.

본 책은 新HSK 6 급 요강과 문제형식을 똑같이 맞추어 출제하였습니다. 추가로 내용상의 난이도를 다소 높여, 문장을 선별함에 있어 뉴스와 텔레비전, 신문, 잡지 등의 다양한 소재로 구성하였습니다.

본 책의 저자는 장기간 대외한어교학에 종사하여왔던 경험을 바탕으로 집필하였기에, 본 책이 학습자들의 응시능력을 향상시켜줄 뿐만 아니라 중국어를 모국어로 하지 않는 학습자의 중국어 실력을 높이는 데 큰 역할을 하리라 기대합니다.

마지막으로 많은 학습자들이 新HSK 6 급에서 우수한 성적을 거두기를 바랍니다.

编者

2010 年 12月

Contents 차례

이 책의 특징

 듣기

듣기 스크립트와 해석을 실어 해석을 가리고 듣기 문제를 푼 후 바로 맞추어 볼 수 있도록 구성하였다.
또한 각 문제의 답이 될 수 있는 핵심부분에 문제 번호와 함께 표시를 하여 쉽게 답을 찾아볼 수 있도록 하였다.

핵심문장을 보고도 이해가 가지 않는 경우 혹은, 학습자 스스로 문제를 풀지 못하는 경우는 자세하게 나와있는 풀이 부분을 참고하여 학습할 수 있다.

 독해

단순히 정답을 알려주는 풀이에서 그치지 않고 다른 보기들의 쓰임에 대해서도 설명하였다.

단어는 문장에서 출현된 순서대로 정리하여 학습자들이 따로 사전을 찾아야 하는 번거로움을 덜었다.

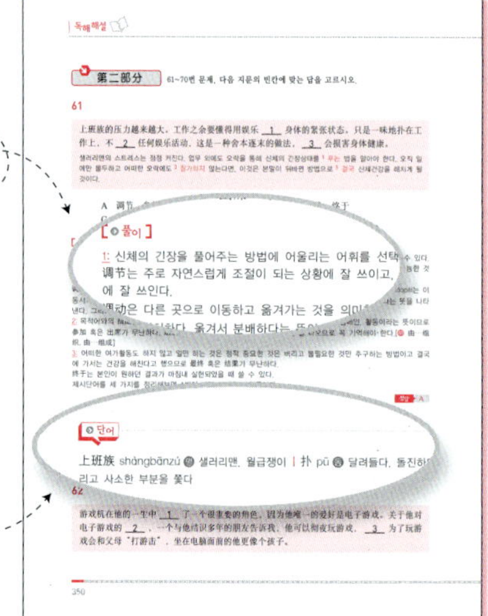

답을 추측할 수 있도록 핵심문장에 표시하여 독자들의 이해를 도왔다.

최대한 중국어 원문에 맞춰 충실히 해석하여 학습자들이 바로 이해할 수 있도록 하였다.

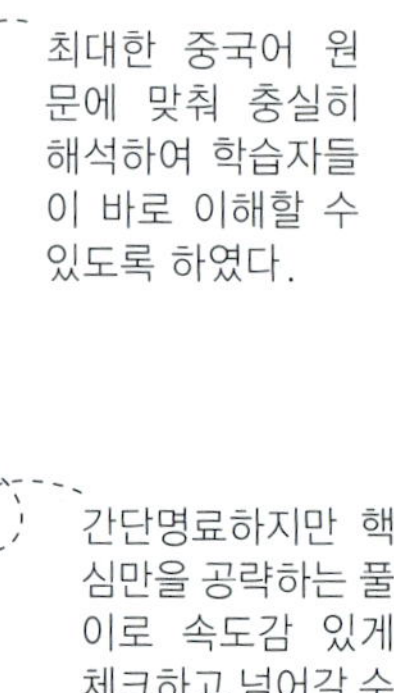

간단명료하지만 핵심만을 공략하는 풀이로 속도감 있게 체크하고 넘어갈 수 있다.

문장을 적절하게 분석하고 파악하여 효과적으로 줄여쓰기 할 수 있도록 제시된 문장을 내용상 또는 사고(思考)상 분리하여 설명하였다.

쓰기

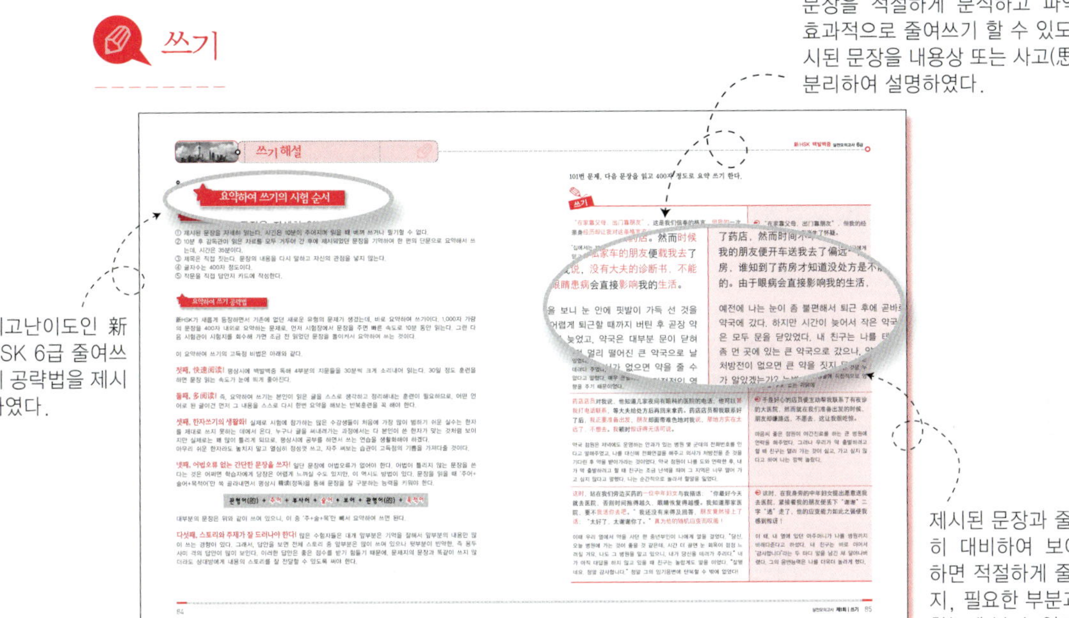

최고난이도인 新HSK 6급 줄여쓰기 공략법을 제시하였다.

제시된 문장과 줄여 쓴 문장을 나란히 대비하여 보여줌으로써 어떻게 하면 적절하게 줄여쓰기 할 수 있는지, 필요한 부분과 불필요한 부분을 한눈에 볼 수 있도록 구성하였다.

tip

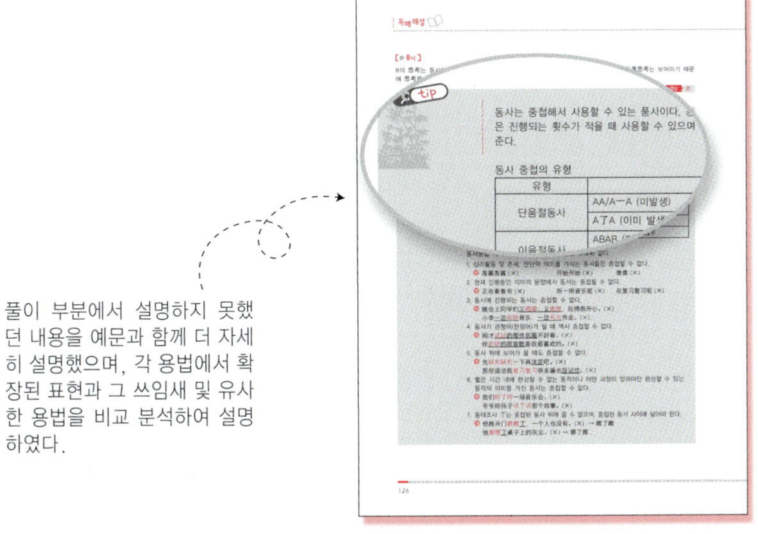

풀이 부분에서 설명하지 못했던 내용을 예문과 함께 더 자세히 설명했으며, 각 용법에서 확장된 표현과 그 쓰임새 및 유사한 용법을 비교 분석하여 설명하였다.

新HSK 소개

중국어 학습자에 대한 새로운 요구를 더욱 만족시키기 위해서, 중국국가한반(汉办)조직의 중외 한어교육, 언어학, 심리학과 교육통계학 등 영역의 전문가들이 충분한 조사와 해외 실제 중국어 교육상황 이해의 기초 위에, 기존 HSK(한어수평고시)의 장점을 취하고 아울러 국제언어시험연구의 최신 성과를 빌려, 新HSK를 출시하게 되었다.

ⅠⅠ 시험 구성

국제중국어 능력 표준화시험인 新HSK는 중국어가 모국어가 아닌 학생들이 생활, 학습, 업무 면에서 중국어로 교류하는 능력을 중점적으로 테스트한다.

新HSK는 필기시험과 구술시험의 두 가지 부분으로 나뉘고, 필기시험과 구술시험은 서로 독립적이다. 필기시험은 1급, 2급, 3급, 4급, 5급과 6급 시험으로 나뉘고, 구술시험은 초급, 중급, 고급으로 나뉘며 구술시험은 녹음의 형식으로 이루어진다.

필기시험	구술시험
HSK(6급)	HSK(고급)
HSK(5급)	HSK(고급)
HSK(4급)	HSK(중급)
HSK(3급)	HSK(중급)
HSK(2급)	HSK(초급)
HSK(1급)	HSK(초급)

② 시험 등급

新HSK의 각 등급이 〈국제중국어능력기준〉과 〈유럽언어 공통참고치(CEF)〉의 대응관계는 아래의 표와 같다.

필기시험	단어 수	국제중국어 능력기준	유럽언어 규격 (CEF)
HSK(6급)	5,000이상	5급	C2
HSK(5급)	2,500	5급	C1
HSK(4급)	1,200	4급	B2
HSK(3급)	600	3급	B1
HSK(2급)	300	2급	A2
HSK(1급)	150	1급	A1

[HSK (1급)] 매우 간단한 중국어 단어와 구문을 이해하고 사용할 수 있고, 구체적인 의사소통 요구를 만족시키며, 한 걸음 더 나아간 중국어 능력을 구비한다.

[HSK (2급)] 익숙한 일상생활을 주제로 하여 중국어로 간단하게 바로 의사소통할 수 있으며, 초급 중국어의 우수한 수준에 준한다.

[HSK (3급)] 중국어로 생활, 학습, 비즈니스 등의 방면에서 기본적인 의사소통 임무를 수행할 수 있으며, 중국을 여행할 때도 대부분의 의사소통을 할 수 있다.

[HSK (4급)] 중국어로 비교적 넓은 영역의 주제로 토론을 할 수 있고, 비교적 유창하게 원어민과 대화할 수 있다.

[HSK (5급)] 중국어로 신문과 잡지를 읽고, 영화와 텔레비전을 감상할 수 있으며, 중국어로 비교적 높은 수준의 강연을 할 수 있다.

[HSK (6급)] 중국어로 된 소식을 가볍게 듣고 이해할 수 있고, 구어체나 문어체의 형식으로 자신의 견해를 자유롭게 표현할 수 있다.

③ 시험 원칙

新HSK는 '시험과 교육을 연계한다'는 원칙을 준수하며, 시험 설계와 현재 국제 중국어교육 현황 및 교재 사용과 긴밀하게 결합하여, '시험으로 교육을 촉진시키고, 시험으로 배움을 촉진시킨다'는 목적을 가지고 있다.

新HSK는 평가의 객관성, 정확성에 관심을 가지고, 응시생의 중국어 활용능력을 발전시키는 것을 더 중요시 한다.

新HSK는 명확한 시험목표를 설정해서, 응시생이 계획성 있고도 효과적으로 중국어 활용능력을 향상시키기 쉽다.

④ 시험 용도

新HSK는 기존의 HSK 중국어 능력시험이 가졌던 지위를 이어가며, 성인 중국어 학습자를 대상으로 하여, 新HSK 성적은 다방면의 요구를 만족시킬 수 있다.

① 대학교 신입생 모집, 분반, 수업면제, 학점 부여 등에 참고 기준을 제공한다.
② 직장에서의 인재채용, 교육, 승진 등에 참고 기준을 제공한다.
③ 중국어 학습자의 이해를 돕고 본인의 중국어 응용능력을 높이기 위해서 참고 기준을 제공한다.
④ 중국어 교육기관과 관련기구에서 교육성과를 평가하는 참고 기준을 제공한다.

⑤ 성적 발표

시험 종료 후 3주 내에 응시생은 인터넷을 통해서 본인의 중국어시험 성적을 확인할 수 있고, '국가한반(汉办)'에서 수여하는 新HSK 성적보고서를 취득할 수 있다.

新HSK 6급 소개 및 문제유형

新HSK 6급은 응시자의 중국어 응용능력을 평가하는 시험이다. 이 시험의 수준은《국제중국어 능력기준》5급과,《유럽언어 공통참고치(CEF)》C2급에 해당한다. 新HSK 6급에 합격한 응시자 는 중국어 정보를 듣거나 읽는 데 있어 쉽게 이해할 수 있으며, 중국어로 구두상 또는 서면상의 형식으로 자신의 견해를 유창하고 적절하게 전달할 수 있다.

① 시험 대상

新HSK 6급은 5,000개 또는 5,000개 이상의 상용어휘와 관련 어법지식을 마스터한 학습자를 대상으로 한 다.

② 시험 내용(시험시간 125분)

新HSK 6급은 총 101문제로 듣기, 독해, 쓰기 세 영역으로 나뉜다. 총 시험시간은 약 140분이다.(응시자 개 인정보 작성시간 5분, 답안지 작성 시간 10분 포함)

시험내용		문항 수		시험시간(분)
1. 듣기	제1부분	15	50문항	약 35분
	제2부분	15		
	제3부분	20		
듣기 영역에 대한 답안 작성시간				5분
2. 독해	제1부분	10	50문항	50분
	제2부분	10		
	제3부분	10		
	제4부분	20		
3. 쓰기	작문	1		45분
합계	/	101문항		약 135분

전체 시험시간은 수험생 개인인적사항 기재시간을 포함하여 약 140분입니다.

① 듣기

제1부분

총 15문항이다. 모든 문제는 한 번씩 들려준다. 듣기 지문은 하나의 단문으로 구성되며, 응시자는 시험 지에 제시된 4개의 선택항목 중에서 단문의 내용과 일치하는 것을 고른다.

제2부분

총 15문항이다. 모든 문제는 한 번씩 들려준다. 이 부분은 3개의 인터뷰(취재내용)로 구성되며, 각각의 인터뷰에 대해 5개의 질문이 주어진 응시자는 주어진 4개의 선택항목 중에서 정답을 고른다.

제3부분

총 20문항이다. 모든 문제는 한 번씩 들려준다. 모든 문제는 여러 편의 단문으로 구성되며, 각각의 내용에 대해 여러 개의 질문이 주어진다. 응시자는 주어진 4개의 선택항목 중에서 정답을 고른다.

② 독해

제1부분

총 10문항이다. 모든 문제는 4개의 문장이 제시되며, 응시자는 주어진 4개의 문장 중, 어폐가 있는 하나의 문장을 고른다.

제2부분

총 10문항이다. 모든 문제는 3~5개의 빈칸이 있는 단문으로 구성된다. 응시자는 앞뒤 문장을 근거로 주어진 4개의 선택항목 중, 빈칸에 들어갈 가장 적합한 답안을 고른다.

제3부분

총 10문항이다. 모든 문제는 1개의 단문이 제시되고, 각 단문에는 5개의 빈칸이 있다. 응시자는 앞뒤의 문장을 근거로 주어진 5개의 선택항목 중, 빈칸에 들어갈 가장 적합한 답안을 고른다.

제4부분

총 20문항이다. 모든 문제는 여러 편의 단문이 제시되며, 각각의 단문에는 여러 개의 질문이 제시된다. 응시자는 주어진 4개의 선택항목 중, 정답을 고른다.

③ 쓰기

줄여쓰기

응시자는 주어진 10분 동안 1,000字로 구성된 한 편의 서사문을 읽고 난 후 감독관이 문제지를 걷어가면 그때부터 35분 동안 읽은 내용을 400字 정도로 간략하게 요약하여 원고지에 작성한다. 제목은 어울리는 제목을 붙일 수 있으나, 요약내용은 반드시 원문의 내용을 중복 서술해야 하며, 자신의 관점이 들어가서는 안 된다.

1회
모의고사

해설 | 듣기 | 독해 | 쓰기

 1~15번 문제, 단문을 듣고 들은 내용과 일치하는 답을 고르시오.

01

♪ 生物学家和经济学家在树林中散步，突然碰到一头大黑熊，经济学家扭头就跑，生物学家说："别跑了，我们是跑不过黑熊的。" 而经济学家一边狂跑，一边回头说："我虽然跑不过黑熊，但我跑得过你！"

생물학자와 경제학자가 숲 속에서 산책을 하던 중 갑자기 큰 흑곰 한 마리를 만나게 되었다. 경제학자는 고개를 돌려 뛰기 시작했다. 생물학자는 "뛰지 마시오. 우리는 흑곰을 따라잡을 수 없어요."라고 말했지만, 경제학자는 미친 듯이 달리며 말하길 "비록 내가 흑곰을 뛰어서 이길 순 없지만 당신은 이길 수 있어요!"라고 했다.

A　他们去了动物园
　　그들은 동물원에 갔다

B　他们遇到了老虎
　　그들은 호랑이를 만났다

C　生物学家吓晕了
　　생물학자는 놀라 기절했다

D　经济学家一直在跑
　　경제학자는 계속해서 뛰었다

[▶ 풀이]

新HSK에서 새롭게 등장한 유머러스한 소재를 다룬 문장이다. 본문의 '一边…, 一边…' 용법은 동시에 두 가지 동작을 계속하고 있음을 나타낸다. 一边狂跑, 一边回头说를 보면, 뛰면서 말을 한 것이므로 경제학자는 계속 뛰고 있음을 알 수 있다.

정답 D

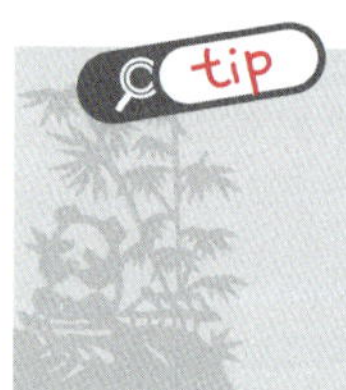

동사+不过 : 동사의 동작을 해서는 상대방을 이길 수 없다는 뜻을 나타낸다.
예 踢不过 공을 차서 상대방을 이길 수 없다
　　打不过 싸워서 이길 수 없다
　　比不过 비교 할 수도 없다, 상대가 되지 않는다

▶ 단어

生物学家 shēngwùxuéjiā 명 생물학자 | 经济学家 jīngjìxuéjiā 명 경제학자 | 碰到 pèngdào 동 우연히 만나다 | 扭头 niǔtóu 동 머리를 돌리다 | 跑不过 pǎobuguo 달려서 이길 수가 없다 | 吓晕 xiàyūn 동 놀라서 기절하다

02

♪ 男性喜欢看美女，除了出于男性的本能反应外，其实还有一个好处。根据英国一份医学杂志报道，男性每天看漂亮女性几分钟，有助于身心健康，其效果相当于做了30分钟的有氧运动，还可以延长平均寿命4至5年。

남성은 미녀를 보기를 좋아하는데, 남성의 본능적 반응 외에도 실제로 또 다른 장점이 있다. 영국의 한 의학잡지의 기사에 따르면 남성이 매일 예쁜 여성을 몇 분 동안 보게 되면 신체건강에 도움이 된다는 것이다. 그 효과는 30분간 유산소운동을 한 것과 같고 게다가 평균수명을 4~5년 연장할 수도 있다.

A　男人就喜欢看美女
　　남자는 미녀를 보는 것을 좋아한다

B　美女喜欢被男人看
　　미녀는 남자가 보는 것을 좋아한다

C　看美女有助于男人的健康
　　미녀를 보는 것은 남자의 건강에 도움이 된다

D　看美女可以运动
　　미녀를 보는 것은 운동이 될 수 있다

[풀이]

본문의 男性每天看漂亮女性几分钟，有助于身心健康 부분에서 남자가 매일 아름다운 여성을 몇 분간 보면 심신건강에 도움이 된다고 말하고 있다.

정답 ▶ C

'A有助于B'는 'A는 B에 도움이 되다'의 뜻이다.
例 多喝牛奶有助于减肥瘦身。　우유를 많이 마시는 것은 살을 빼는 데 도움이 된다.

▶ 단어

本能 běnnéng 몡 본능 | 根据 gēnjù 꿰 ~에 근거하여. ~에 따라 | 相当于 xiāngdāng yú ~에 맞먹다 | 有氧运动 yǒuyǎng yùndòng 유산소운동 | 延长 yáncháng 동 늘이다. 연장하다 | 平均 píngjūn 동 고르게 하다 | 寿命 shòumìng 명 수명. 목숨 | 有助于 yǒuzhù yú ~에 도움이 되다

03

♪　今年欧美在数十年最严重的一次暴风雪中迎来了圣诞节，而未曾想到的是圣诞节在东方国家却掀起了欢庆热潮。比如经济快速发展的中国，随着社会日益富足繁华，除了传统节日，人们也开始接受"洋人"节，买礼物送友人。圣诞节也成为了更具文化气息和人情味儿的节日。

올해 유럽과 아메리카에서는 수십 년 동안 가장 심각한 폭설 속에서 크리스마스를 맞이했다. 그러나 크리스마스를 보내지 않는 동양국가에서 오히려 축제 분위기가 일기 시작했다. 예를 들어 경제가 빠르게 발전하는 중국은 사회가 나날이 풍족해지고 번화해짐에 따라 전통명절 외에도 사람들은 '서양인의' 명절을 받아들이기 시작했고 선물을 사서 주기도 했다. 크리스마스도 좀 더 문화의 정신과 인정미 있는 명절이 되었다.

A　中国人更重视圣诞节
　　중국인들은 성탄절을 더욱 중시한다

B　中国人不过圣诞节
　　중국인들은 성탄절을 보내지 않는다

[풀이]

본문의　除了传统节日，人们也开始接受"洋人"节 부분에 중국의 전통명절 외에도 사람들이 소위 말하는 '서양인의 명절'도 받아들

C　圣诞节是中国人的新宠
　　성탄절은 중국인들에게 새롭게 각광 받고 있다

D　年轻人不愿接受洋人节
　　젊은이들은 서양인들의 명절을 보내길 원치 않는다

이기 시작했다고 했다. 그래서 보기에 나오는 新宠(새로운 인기항목)을 선택해야 한다.

정답　C

단어

掀起 xiānqǐ 동 일으키다 ｜ 暴风雪 bàofēngxuě 명 폭풍설 ｜ 日益 rìyì 부 나날이. 날이 갈수록 ｜ 富足 fùzú 형 풍족하다 ｜ 繁华 fánhuá 형 번화하다 ｜ 洋人节 yángrénjié 명 서양인들의 명절 ｜ 气息 qìxī 명 호흡. 숨 ｜ 新宠 xīnchǒng 명 새로 나타난 인기항목 ｜ 接受 jiēshòu 동 받아들이다. 수락하다

04

《孔子》这部电影重现了2000多年前的春秋乱世，周润发的表演具有很强的感染力，而内地演员陈建斌、周迅等人的演出也为《孔子》增色不少，这部电影是一部出色的电影，也能看出导演在非常用心地去完成这部作品。

《공자》라는 영화는 2,000여 년 전의 춘추난세를 재현했다. 저우룬파의 연기는 강력한 흡인력을 가졌고 내륙 배우 천젠빈과 저우쉰 등의 연기 역시 《공자》의 빛을 더해주었다. 이 영화는 훌륭한 영화로 감독이 매우 심혈을 기울여 완성한 작품임을 알 수 있다.

A　《孔子》这部电影没有意思
　　《공자》라는 이 영화는 매우 재미없다

B　《孔子》是一部成功的电影
　　《공자》는 성공한 영화다

C　人们不喜欢《孔子》这部电影
　　사람들은 《공자》라는 영화를 싫어한다

D　孔子不是春秋时期的人
　　공자는 춘추전국시대 인물이 아니다

［풀이］

본문의 这部电影是一部出色的电影 부분에 이 영화는 뛰어난 작품이라고 했으므로, 보기 B의 《공자》는 성공한 영화라는 것이 옳은 답이다. 문제를 들을 때 出色의 의미가 成功과 비슷하다는 것을 기억하자!

정답　B

단어

孔子 Kǒngzǐ 명 공자(춘추전국시대의 사상가) ｜ 重现 chóngxiàn 동 재현하다 ｜ 乱世 luànshì 명 난세. 혼란하고 불안정한 시대 ｜ 增色 zēngsè 동 빛내다. 명예를 더하다 ｜ 用心 yòngxīn 동 심혈을 기울이다 ｜ 成功 chénggōng 동 성공하다 ｜ 春秋时期 Chūnqiū shíqī 춘추전국시대

05

🎵 科学家日前声称，已发现帮助人们删除痛苦记忆的方法，最让人期待的是，这种方法无需借助任何药物便能发挥实际效果。研究人员证实，脑部记忆能在六小时内进行"更新及修改"，这段时间让人有机会把痛苦的记忆"改写"得好一点。

과학자들은 일전에 현재 사람들이 고통스러운 기억을 제거하는 방법을 이미 발견했다고 밝혔는데, 가장 기대가 되는 것은 이런 방법이 어떠한 약물의 도움도 필요 없이 실제 효과를 발휘할 수 있다는 것이다. 연구원들은 뇌의 기억이 6시간에 한 번 '업그레이드 및 수정'되는 것을 입증했고, 이 시간이 사람들이 괴로운 기억을 더 좋게 '고쳐 쓸 수' 있는 기회가 된다고 증명하였다.

A　删除痛苦记忆无需任何药物
　　고통스러운 기억을 지우는 데 어떠한 약물도 필요하지 않다

B　人们都想删除痛苦记忆
　　사람들은 모두 고통스러운 기억을 지우고 싶어한다

C　吃药可以删除痛苦记忆
　　약물을 복용하는 것으로 고통스러운 기억을 지울 수 있다

D　人的记忆每6小时更新一次
　　사람들의 기억은 6시간에 한 번씩 바뀐다

[▶ 풀이]

본문의 这种方法无需借助任何药物便能发挥实际效果에서 이런 방법은 어떤 약물의 도움도 필요 없이 실제 효과를 발휘할 수 있다고 지적하고 있다. 보기 A에서 어떠한 약물도 필요하지 않다고 했으므로 답이 된다.

정답 ▶ A

▶ 단어

声称 shēngchēng 图 표명하다. 공언하다 | 删除 shānchú 图 삭제하다. 지우다 | 记忆 jìyì 图 기억하다 | 发挥 fāhuī 图 발휘하다 | 更新 gēngxīn 图 갱신하다. 새롭게 바꾸다 | 修改 xiūgǎi 图 바로잡다. 수정하다

06

🎵 数据显示，从1999年开始，中国高等教育因为"扩招"才有了跨越式发展。1998年，全国高校招生人数为108万，1999年的扩招比例高达47%，到2005年，招生人数已高达530万，短短六年就跃居为世界第二。与此同时，硕士研究生和博士研究生的招生数额也在"翻番"：1998年全国招收研究生是72508人，2002年就跃升为20.26万人。

통계에 따르면 1999년부터 중국 고등교육은 '정원확대모집'을 시작하여 놀라운 발전을 이뤄냈다. 1998년 전국 고등학생 모집인수는 108만 명으로 1999년의 모집인수 비율이 47%에 달했으며, 2005년에는 모집인원이 이미 530만 명에 달했고, 고작 6년 사이에 세계 2위로 급부상했다. 이와 동시에 석사연구생과 박사연구생의 모집정원수도 '배'로 늘었는데 1998년 전국 대학원생의 모집인수는 72,508명, 2002년에는 20만 5,600명으로 단숨에 비약적으로 증가했다.

A　扩招使中国高等教育有了飞速发展
　　정원확대 모집은 중국의 고등교육을 빠르게 발전시켰다

B　硕士研究生的人数比博士研究生多
　　석사생의 수는 박사생보다 많다

[▶ 풀이]

듣기의 정석, 첫째! 듣기는 항상 시작하는 부분을 잘 들어야 한다! 본 문제에서도 中国高等教育因

C　中国的扩招规模位居世界第一
中국의 정원확대 모집규모는 세계 1위다

D　博士生的扩招人数是全国第一
박사생의 정원확대 모집인수는 전국에서 첫 번째다

为"扩招"才有了跨越式发展이라고 하면서 중국 고등교육은 '모집확대'를 통해 비약적으로 발전하였다고 지적하고 있다. 보기 A에서 나온 飞速发展을 보면서 들었다면 정답을 쉽게 선택할 수 있다.

정답 ▶ A

단어

扩招 kuòzhāo 동 확대 모집하다 | 跃居 yuèjū 동 일약 ~이 되다 | 硕士研究生 shuòshì yánjiūshēng 석사(과정)생 | 博士研究生 bóshì yánjiūshēng 박사(과정)생 | 翻番 fānfān 동 갑절이 되다. 배가 되다 | 飞速 fēisù 형 매우 빠르다 | 规模 guīmó 명 규모. 형태 | 位居 wèijū 동 ~에 위치하다. ~를 차지하다

07

今年是台湾知名艺人邓丽君逝世十五周年。分析人士认为，大量事实证明，随着岁月流逝，一个"爱"字不仅让邓丽君歌声风靡两岸，而且也唤醒了两岸间的和平互动。其歌声就像"月老"手中的红线，将两岸之间骨肉亲情巧妙地串连起来，承担了"和平"的使命。

올해는 대만의 유명한 가수 덩리쥔이 별세한 지 50주년이 되는 해이다. 전문가들은 많은 사실들이 증명하듯 세월이 지나면서 '사랑'이라는 한 단어로 덩리쥔의 노래가 중국과 대만을 휩쓸었을 뿐 아니라, 중국과 대만 간 평화적 교류를 이끌었다고 평가했다. 그의 노랫소리는 '월하노인'의 손의 빨간 선처럼 중국과 대만 간의 혈육의 정을 끈끈이 이어주는 '평화'의 사명을 맡았다.

A　邓丽君的歌声动听
덩리쥔의 노래는 매우 듣기 좋다

B　邓丽君的歌已经过时
덩리쥔의 노래는 이미 유행이 지났다

C　邓丽君的歌连起了两岸人的心
덩리쥔의 노래는 중국과 대만을 이어주는 다리가 되었다

D　邓丽君承担了和平的使命
덩리쥔은 평화의 사명을 맡았다

[풀이]

본문의 将两岸之间骨肉亲情巧妙地串连起来 부분을 보면 두 지역 간 혈육의 정을 이어주고 있다고 말하고 있어 보기 C의 내용과 같음을 알 수 있다. 보기 D에 우리가 들은 내용과 같은 '承担…使命(사명을 맡다)'이라는 말이 등장한다. 하지만 녹음원문에서 언급한 것은 주어가 덩리쥔의 노래이고, 보기에서는 주어인 덩리쥔이 사명을 맡았다고 했으므로 정답이 아니다.

정답 ▶ C

月老는 月下老人의 줄임말로서 '중매쟁이'를 뜻한다. 이 외에도 같은 뜻으로 '红娘 hóngniáng', '媒婆 méipó'도 잘 기억해두자!

📢 단어

邓丽君 Dèng Lìjūn 🖲 등려군(대만의 국민가수) | 逝世 shìshì 🖲 서거하다 | 风靡 fēngmǐ 🖲 풍미하다 | 唤醒 huànxǐng 🖲 깨우다 | 动听 dòngtīng 🖲 들을 만하다 | 串连 chuànlián 🖲 하나하나 연결하다 | 承担 chéngdān 🖲 맡다. 책임지다 | 互动 hùdòng 🖲 상호작용하다 | 巧妙 qiǎomiào 🖲 교묘하다 | 过时 guòshí 🖲 시간이 지나다. 철 지나다

08

🎵 你想拥有完美的人生吗? 还是你想活得更快乐? 我们每个人都努力在各方面追求完美，设法看起来更年轻、赚更多钱、随时都显得很快乐。**然而追求"完美"本身，可能正是我们在追寻快乐的途中最大的障碍。**

당신은 완벽한 인생을 꿈꾸는가? 아니면 훨씬 즐거운 인생을 꿈꾸는가? 우리는 모두가 각 방면에서 완벽을 추구하고, 더 젊어 보이고 많은 돈을 벌며 즐거워 보이기를 강구한다. 그러나 '완벽'을 추구하는 자체가 아마도 즐거움을 찾는 중의 가장 큰 장애일 것이다.

A 年轻人更容易获得快乐
  젊은이들은 더욱 쉽게 즐거움을 얻는다

B 赚更多的钱是快乐的事情
  더 많은 돈을 버는 것은 매우 기쁜 일이다

C 人生最大的障碍是追求完美
  인생에서 가장 큰 장애물은 완벽을 추구하는 것이다

D 快乐最大的障碍是追求完美
  즐거움의 가장 큰 장애물은 완벽을 추구하는 것이다

[📢 풀이]

듣기의 정석, 둘째! 듣기에서는 항상 전환관계를 보여주는 접속사 다음 부분을 주의 깊게 들어야 한다. 예를 들어 但是, 不过, 可是, 然而, 其实 등이 나오면 그 뒤의 내용이 정답인 경우가 많다. 본문의 然而追求"完美"本身, 可能正是我们在追寻快乐的途中最大的障碍 부분에서도 완벽함을 추구하는 것이 즐거움을 찾아가는 과정의 가장 큰 장애라고 했으므로 보기 D를 정답으로 선택해야 한다.

정답 ▶ D

📢 단어

完美 wánměi 🖲 매우 훌륭하다 | 追求 zhuīqiú 🖲 추구하다 | 显得 xiǎnde 🖲 드러나다 | 追寻 zhuīxún 🖲 찾는 것을 따라가다 | 障碍 zhàng'ài 🖲 장애물 | 获得 huòdé 🖲 얻다

09

🎵 "黑夜给了我黑色的眼睛，我却用它来寻找光明。" 这句话的意思是让我们在遇到挫折时，要乐观面对，微笑着过好每一天。相信生活在自己的手中，有一些困难不算什么，走过去，**你将是一个成功者。**

"어두운 저녁은 나에게 검은 눈을 주었지만 난 그것을 통해 광명을 찾았다." 이 말의 뜻은 우리가 좌절을 만났을 때, 낙관적으로 대응하고 미소로 하루하루를 맞아야 한다는 것이다. 삶이 자신의 손 안에 있다는 것을 믿고, 일부 어려움은 별 것 아니라고 생각하며 산다면 당신은 곧 성공한 사람이 될 것이다.

A　怎样成为成功者
어떻게 성공한 사람이 될 것인가

B　生活中的困难很多
생활 속의 어려움은 매우 많다

C　怎样找到光明
어떻게 광명을 찾을 것인가

D　怎样利用光明
어떻게 광명을 이용할 것인가

[▶ 풀이]

본문의 가장 마지막 부분 你将是一个成功者에 '당신은 곧 성공하는 사람이 될 수 있다'고 했으므로 보기 A의 내용이 가장 무난하다고 판단할 수 있다.

정답　A

[▶ 단어]

寻找 xúnzhǎo 〔동〕 찾다 | 挫折 cuòzhé 〔동〕 좌절시키다 | 微笑 wēixiào 〔동〕 미소를 짓다 | 困难 kùnnan 〔형〕 곤란하다. 어렵다 | 利用 lìyòng 〔동〕 이용하다

10

孙悟空是《西游记》里的第一主人公，是一个非常了不起的英雄，他有无穷的本领，天不怕地不怕，具有不屈的反抗精神。他有着英雄的不凡气度，也有爱听恭维话的缺点。他最大的特点就是敢于斗争。

손오공은 《서유기》 속 제1의 주인공으로 아주 뛰어난 영웅이다. 그는 무궁한 능력을 가지고 있어 두려울 것이 없고, 굴복하지 않는 저항정신을 지니고 있다. 그는 평범하지 않은 영웅의 기개를 가지고 있으며, 아첨하는 말 듣기를 좋아하는 단점도 가지고 있지만 그의 가장 큰 특징은 바로 용맹무쌍하게 싸우는 것이라고 할 수 있다.

A　《西游记》的作者是孙悟空
《서유기》의 작가는 손오공이다

B　孙悟空的缺点多于优点
손오공의 단점은 장점보다 많다

C　不听话是孙悟空的缺点
말을 잘 듣지 않는 것은 손오공의 단점이다

D　敢于斗争是孙悟空的特点
용감하게 싸우는 것은 손오공의 특징이다

[▶ 풀이]

본문과 보기에서 모두 등장하는 敢于라는 표현은 '~에 용감하게 맞서다'는 뜻이다. 맨 마지막 他最大的特点就是敢于斗争을 보면 손오공의 가장 큰 특징은 바로 용감하게 투쟁하는 것이라고 했으므로, 보기 D가 가장 정확한 답이다. 斗争은 '努力奋斗+争取'라고 해석하면 쉽게 이해할 수 있다. 즉, 열심히 노력해서 원하는 것을 쟁취한다는 뜻으로 공부해두자!

정답　D

단어

西游记 Xīyóujì 명 서유기(중국 명대 소설) | 主人公 zhǔréngōng 명 주인공 | 不屈 bùqū 동 굴하지 않다 | 不凡 bùfán 형 평범하지 않다. 비범하다 | 气度 qìdù 명 기개 | 恭维话 gōngwéihuà 명 아부하는 말, 아첨하는 말 | 缺点 quēdiǎn 명 결점. 단점 | 敢于 gǎnyú 동 용감하게도 ~하다 | 斗争 dòuzhēng 동 투쟁하다 | 优点 yōudiǎn 명 장점 | 听话 tīnghuà 동 말을 잘 따르다. 순종하다

11

🎵 很多人认为不渴就不用补水，专家告诉我们，并不是口渴时才需要喝水，当感觉口渴时，表示身体已经处于缺水的状态了，所以正确的喝水方式，就是平常要多补充水分，等口渴才喝，就来不及了。

많은 사람들이 목이 마르지 않으면 물을 마시지 않아도 된다고 생각하는데, 전문가들은 우리에게 목이 마를 때가 되어서야 물을 마셔야 하는 것은 아니라고 한다. 목이 마르다고 느낄 때는 몸이 이미 물 부족 상태에 처해있다는 것을 나타낸다. 그렇기에 올바른 물 마시기 방법은 바로 평소에 수분 보충을 많이 해주는 것이며, 목이 마를 때에서야 물을 마시면 늦는다.

A 口渴的时候喝水
목이 마를 때 물을 마신다

B 运动后要多喝水
운동 후 많은 물을 마셔야 한다

C 平时应该多喝水
평소에 많은 물을 마셔야 한다

D 每天应该喝8杯水
매일 8컵의 물을 마셔야 한다

풀이

본문은 전문가의 의견을 들어 목이 마르면 수분이 부족한 상태라고 설명하면서, 所以라고 하는 인과관계의 접속사가 등장하고 있다. 즉, 뒤에 따라오는 내용이 결론이라고 생각해야 한다. 所以正确的喝水方式，就是平常要多补充水分에서 비교적 쉽고 정확한 물 마시기 방법은 평상시에 많이 마시는 것이라고 설명하고 있으므로 보기 C를 선택해야 한다.

정답 C

단어

口渴 kǒukě 형 목마르다. 갈증을 느끼다 | 状态 zhuàngtài 명 상태 | 来不及 láibují 동 ~할 겨를이 없다. ~할 시간이 없다

12

🎵 李保田喜欢尝试不同类型的人物形象，他的表演自然真实，纯净洒脱，具有很高的美学价值，这与他平常博览群书，通晓多种艺术有着必然的联系。他是中国众多男演员中文化素养较高的一个。

리바오톈은 다른 유형의 인물 이미지를 시도하는 것을 좋아해서, 그의 연기는 자연스럽고 사실적이며 순수하고 대범하다. 또한 높은 미술적 가치를 지니는데, 이것은 그가 평상시 많은 책을 읽고 여러 예술에 정통한 것과 필연적인 관계가 있다. 그는 중국의 많은 남자배우 중 문화적 소양이 비교적 높은 사람 중 하나이다.

A 李保田博学多闻
리바오톈은 박학다식하다

B 李保田适合扮演反面角色
리바오톈은 악역을 맡기에 적합하다

C 李保田的文化素养不太高
리바오톈의 교육수준은 낮다

D 李保田性格纯净、洒脱
리바오톈의 성격은 순수하고 대범하다

[풀이]

본문에서 그가 평상시에 책을 많이 읽어 지식이 깊고, 여러 가지 예술과 필연적인 관계가 있다고 지적하고 있다. 보기 A에 博学多闻과 博览群书의 의미를 잘 익혀야 한다. 만약 위의 성어를 미처 학습하지 못했을 경우, 마지막 부분의 文化素养이란 부분에서도 학식이 뛰어나다고 생각할 수 있다. 중국어에서 文化라는 표현은 학력, 교육 정도를 나타내기도 한다.

정답 A

단어

尝试 chángshì 동 시험하다. 테스트하다 | 真实 zhēnshí 형 진실한. 참된 | 纯净 chúnjìng 동 순수하고 깨끗하게 하다 | 洒脱 sătuō 형 대범하다. 시원스럽다 | 博览群书 bólǎn qúnshū 성 공부를 많이 하여 박학다식하다 | 通晓 tōngxiǎo 동 잘 알다. 통달하다 | 素养 sùyǎng 명 소양 | 博学多闻 bóxué duōwén 성 박학다식하다 | 扮演 bànyǎn 동 ~역을 맡아 하다. 출연하다 | 反面 fǎnmiàn 명 악역 | 角色 juésè 명 배역. 역할

13

"气候门"是世界顶级气候学家的邮件和文件被黑客公开的事件。邮件和文件显示，一些科学家在操纵数据，伪造科学流程来支持他们有关气候变化的说法。人们的焦点开始转向全球气候变暖的可信度上。这份科学家的名单并没有同期公布，有分析指出这一事件或许对哥本哈根气候大会产生一定影响。

'기후게이트'는 세계 최고 기후학자들의 이메일과 문건이 해커에 의해 공개된 사건을 말한다. 이메일과 문건에 따르면 일부 과학자들은 수치를 조작해 거짓 과학연구로 기후변화 관련설들을 지지했다. 사람들의 초점은 지구 기후온난화의 신뢰도에 모아졌다. 이 과학자들의 명단은 같이 공개되지 않았으나, 한 분석에 따르면 이 사건이 아마도 코펜하겐 총회에 어느 정도 영향을 미칠 것이라고 한다.

A "气候门"是有关气候变化的说法
'기후게이트'는 기후변화 관련설이다

B 人们开始关注全球变暖的可信度
사람들은 지구온난화의 신뢰도에 주목하기 시작했다

[풀이]

본문에서 먼저 기후게이트에 대한 설명을 마친 후 人们的焦点开始转向全球气候变暖的可信度上 부분에서 바로 사람들의 초점이

C 黑客的名单还没有同期公布
해커들의 명단은 아직 동시에 공표되지 않았다

D "气候门"不会影响到哥本哈根气候大会
'기후게이트'는 코펜하겐 기후총회에 영향을 주지 않을 것이다

지구온난화의 신뢰도로 바뀌고 있다고 했으므로 보기 B를 정답으로 선택할 수 있다.
핵심구문 'A的焦点开始转向B(A의 포커스가 B로 바뀌고 있다)'를 잘 학습해두자!
참고로 본문에서 언급한 '焦点(초점, 포커스)'과 보기의 '关注(관심과 주의를 기울이다)'를 잘 이해해야 한다.

정답 ▶ B

> 단어

气候门 Qìhòumén 명 기후게이트 | 顶级 dǐngjí 형 최고의, 가장 뛰어난 | 黑客 hēikè 명 (컴퓨터) 해커 | 操纵 cāozòng 동 조종하다 | 数据 shùjù 명 데이터, 수치 | 伪造 wěizào 동 위조하다 | 支持 zhīchí 동 지원하다 | 焦点 jiāodiǎn 명 초점 | 可信度 kěxìndù 명 신뢰도 | 公布 gōngbù 동 공표하다 | 分析 fēnxī 동 분석하다 | 哥本哈根 Gēběnhāgēn 지명 코펜하겐(덴마크의 수도) | 关注 guānzhù 동 주시하다

14

♪ 海南岛属热带季风气候和热带海洋气候，遍地皆绿，空气清新，夏无酷暑，冬暖如春。年平均气温22℃~25℃。是全国难得的全年、全天候的海岛度假旅游胜地。1999年被国家批准建设为生态省，生态环境质量绝佳，水质保护状态良好，是全国水质最好的省份之一，被誉为"天然氧吧"。

하이난다오는 열대계절풍 기후와 열대해양 기후에 속하여 곳곳이 모두 푸르고 공기가 맑으며, 여름에도 혹독한 더위가 없고 겨울은 봄과 같이 따뜻하다. 연평균기온은 22~25도로, 전국 어디에도 없는 매년, 매일이 섬 휴양지인 곳이다. 1999년에 생태지역으로 국가의 비준을 받아, 생태환경이 우수하고 수질보호상태가 양호하며 전국에서 가장 수질이 좋은 성(省)으로 '천연산소구역'이라고 불린다.

A 海南岛属于温带季风气候
하이난다오는 온대계절풍 기후에 속한다

B 海南岛的夏天热得不能再热了
하이난다오는 여름철에 매우 덥다

C 海南岛的冬天像春天一样暖和
하이난다오의 겨울은 봄처럼 따뜻하다

D 海南岛的生态环境受到了污染
하이난다오의 생태계환경은 오염되었다

[> 풀이]

본 문제는 하이난다오라는 관광지의 소개글로, 처음 준비하는 학습자들에게는 다소 어려운 문제이다. 기후나 관광지를 소개하는 글은 주요 표현들을 미리 학습해둔다면 실제시험에서는 좀 더 쉽게 시험을 볼 수 있다. 夏无酷暑，冬暖如春 부분에서 여름철에도 혹독한 무더위가 없고 겨울철에도 봄처럼 따뜻하다고 했으므로 보기 C의 내용이 정답이다.

정답 ▶ C

단어

热带季风气候 rèdài jìfēng qìhòu 열대계절풍 기후 | 热带海洋气候 rèdài hǎiyáng qìhòu 열대해양 기후 | 遍地 biàndì 동 곳곳에 널리다 | 清新 qīngxīn 형 깨끗하고 시원하다 | 酷暑 kùshǔ 명 폭염. 혹서 | 难得 nándé 형 얻기 어렵다 | 海岛 hǎidǎo 명 바다 가운데에 있는 섬 | 度假 dùjià 동 휴가를 보내다 | 批准 pīzhǔn 동 승인하다. 허락하다 | 生态 shēngtài 명 생태 | 绝佳 juéjiā 형 더할 수 없이 좋다 | 暖和 nuǎnhuo 형 따뜻하다 | 污染 wūrǎn 동 오염되다

15

这是敬老院里65岁的老人杨世民自己培育出来的，既能食用，又能观赏。没来敬老院时，杨世民就爱琢磨搞个小发明什么的，最大的嗜好就是摆弄各种奇花异草，来到敬老院后，他有了时间，也有了施展才能的机会，就琢磨着培育出了这些奇花异草。

이것은 양로원에 있는 65세의 양쓰민이 스스로 재배한 것으로, 먹을 수도 있고 또 감상할 수도 있다. 양로원에 오지 않았을 때에도 양쓰민은 작은 발명 등을 하는 것을 좋아했고, 가장 좋아하는 취미도 각종 기이한 화초들을 가꾸는 것이었다. 양로원에 온 후, 그는 시간이 많아져 자신의 재능을 발휘할 기회가 생겼고 이러한 기이한 화초들을 재배하려는 생각을 했다.

A 杨世民曾经是发明家
양쓰민은 일찍이 발명가였다

B 杨世民发明了各种花草
양쓰민은 각종 화초를 발명했다

C 杨世民还没能发挥自己的能力
양쓰민은 자신의 능력을 아직 발휘하지 못했다

D 杨世民来敬老院后培育出奇花异草
양쓰민은 양로원에 온 후 기이한 화초들을 재배했다

[풀이]

본문 마지막의 来到敬老院后, 他有了时间，也有了施展才能的机会，就琢磨着培育出了这些奇花异草 부분에서 양로원에 온 후에 시간도 생기고 재능을 발휘할 기회도 생겨서 기이한 화초들을 재배했다고 했으므로 보기 D가 정답이다.

정답 ▶ D

단어

敬老院 jìnglǎoyuàn 명 양로원 | 培育 péiyù 동 기르다. 재배하다 | 琢磨 zuómo 동 사색하다. 생각하다 | 发明 fāmíng 동 발명하다 | 奇异 qíyì 형 기이하다

　16~30번 문제, 인터뷰 내용을 듣고 들은 내용과 일치하는 답을 고르시오.

16-20

女: 李开复博士，现在很多大学生毕业后会选择出国，在申请出国问题上，你对大家有什么建议?

리카이보 박사님, 현재 많은 대학생들이 졸업 후 해외로 나가는 것을 선택하고 있는데요, 출국신청 문제에서 있어서 박사님은 어떤 권고사항이 있으십니까?

男: 首先，要把自己的优势写出来，文字中要让教授看出你的激情，比如说你写为了给计算机加上眼睛，选择了计算机行业。就比你是一个认真、勤奋的好学生更能打动人，目的是让教授看出你和别人的不同。其次，积极主动一些，你可以直接寄邮件给你申请的学校的老师。还有一点就是推荐信也很重要，找熟悉你的导师写，或者找一个国际知名的导师，依然要突出你个人的特色。

먼저 자신의 경쟁력을 써야 하는데, 그 글로 교수에게 당신의 열정을 보여줘야 합니다. 예를 들어 당신은 컴퓨터에 눈을 달고 싶어 컴퓨터산업을 선택했다고 쓸 수 있습니다. 당신이 매우 진지하고 부지런한 우수한 학생이며 사람들을 감동시킬 수 있는 사람인냥 말하는 목적은 교수에게 당신이 다른 사람과 다르다는 점을 보여주기 위해서입니다. 다음으로 적극적이고 주동적이어야 하는데, 당신은 직접 당신이 신청한 학교의 교수에게 메일을 보낼 수 있습니다. 또 한 가지는 추천서가 매우 중요하다는 것으로, 자신이 잘 아는 선생님에게 부탁하거나 국제적으로 유명한 교수님에게 부탁하는 것은 당신의 개인적 특색을 부각시킬 수 있습니다.

女: 能不能给大学生在做科研方面一些建议和指导?

대학생들에게 과학연구 방면에서 건의와 지도를 해주실 수 있습니까?

男: 我认为如果害怕失败就不能做研究，如果都成功了的话就不是做研究了。如果想降低失败率，我觉得大学生们可以找一些难度相对比较低的课题入手，比如你明白了老师的想法后自己做个程序实现它，这样表示你不仅懂了，而且会做，就是最基础的研究。**17** 再者跨学科领域的研究也是值得大学生去尝试的，比如语音识别，不仅涉及声学、语言学，还可以把统计学、信息论等多种学科的知识融汇其中，这样就使你的研究与别人大不相同。

만약 실패를 두려워한다면 연구를 할 수 없고, 또 모두 성공했다면 연구라 할 수 없습니다. 실패율을 낮추고 싶다면 대학생들은 일부 난이도가 비교적으로 낮은 과목부터 시작할 수 있다고 생각합니다. 예를 들어 당신이 교수님의 생각을 이해한 후 자신이 직접 순서를 만들어 그것을 실현시켰다면, 이것은 이해했을 뿐 아니라 할 수 있다는 것 또한 의미하는 것입니다. 즉 가장 기초적인 연구 말입니다. 다음으로 학제간 연구도 대학생들이 시도해 볼 만합니다. 예를 들어 언어식별은 음향학, 언어학과 관련될 뿐 아니라 통계학, 정보이론 등 여러 학과 지식이 융합될 수 있는데, 이렇게 하면 당신의 연구를 다른 사람과 차별화 시킬 수 있습니다.

女: 您初到国外时是否遭受到过不公正的待遇?

박사님께서는 외국에 처음 나가셨을 때 불공정한 대우를 받은 적이 있으십니까?

男： 我基本没有受到过什么不公正的待遇。[18] 当时我刚去美国的时候有一个同学嘲笑我，另一个同学出来把他揍了一顿，问题就这样解决了。

저는 기본적으로 불공정한 대우를 받은 적은 없습니다. 당시에 제가 막 미국으로 갔을 때 한 친구가 저를 비웃자 다른 친구가 그를 때렸고, 문제가 이렇게 해결되더군요.

女： 谷歌在中国市场上有一个强劲的对手——百度，请问谷歌相对于百度来说有什么优势呢？谷歌进入中国市场的策略是什么？

Google은 중국시장에서 강력한 경쟁상대인 百度가 있는데, Google이 百度와 비교해서 어떤 경쟁력을 가지고 있는지요? Google의 중국시장 진입전략은 무엇입니까?

男： 我们在中国的计划是分为四步走的。[19] 首先，我们会在中国招聘大量的本土工程师，因为只有中国的工程师最了解中国互联网用户的需要。其次，我们会大力开发新的产品。再次，通过各种方法增加网站流量。最后，才达到我们的目的——赚钱。有很多人说，谷歌很清高，在中国不求盈利，这样的说法是不对的，谷歌只是现在尚未到达这一步。[20] 谷歌拓展中国市场有自己的原则，我们相信要获得用户的信任，同时不放弃我们自己的价值追求和公司道德，因此我们的中国战略不能急迫。

우리의 중국에서의 계획은 4단계로 나뉩니다. 먼저 우리는 중국에서 많은 현지 엔지니어를 고용할 것인데, 그 이유는 중국의 엔지니어들만이 중국 인터넷 사용자의 요구를 잘 알고 있을 것이기 때문입니다. 둘째로 우리는 신제품을 대대적으로 개발할 것입니다. 셋째로 각종 방법을 통해 인터넷 유동량을 증가시킬 것입니다. 마지막으로 우리의 목적인 이윤을 창출할 것입니다. 많은 사람들은 Google이 매우 청렴하여 중국에서 이윤을 추구하지 않을 것이라고 말하지만 이런 말들은 틀린 것이고, Google이 아직 그 단계에 다다르지 못했을 뿐입니다. Google이 중국시장으로 확장한 것은 Google만의 원칙이 있어서인데, 우리는 사용자의 신뢰를 얻어야 하는 것을 믿고 아울러 우리의 가치추구와 회사의 도덕을 포기하지 않을 것입니다. 왜냐하면 우리의 중국전략이 급박해서는 안 되기 때문입니다.

16 在申请出国的问题上，下列说法不正确的是：

출국을 신청하는 문제에서 다음의 말 중 틀린 것은?

A 积极主动与老师联系
적극적으로 선생님과 연락한다

B 突出自己的学习成绩
자신의 학습성적을 부각시킨다

C 谁写推荐信很重要
누가 추천서를 써주는 가가 매우 중요하다

D 突出自己的个人特色
자신의 개인적인 특색을 부각시킨다

[풀이]

남자의 첫 번째 대답에서 자신의 학습성적을 부각시킨다는 내용은 언급되어 있지 않다.

정답 ▶ B

17 李开复给做科研方面的大学生怎样的建议?

리카이보는 과학연구분야에서 대학생들에게 어떤 권고를 하였나?

A　必须获得成功
　　반드시 성공을 얻어라

B　找难度大的课题入手
　　난이도가 높은 과제부터 시작하라

C　尝试跨学科研究
　　학제적 연구를 시도하라

D　了解统计学的知识
　　통계학 지식을 이해하라

[❷풀이]

남자의 두 번째 대화 再者跨学科领域的研究也是值得大学生去尝试的라는 부분에서 여러 학과의 영역을 연구하는 것도 대학생들이 시도해볼 만한 가치가 있는 것이라고 언급하고 있다.

정답　C

---

18 为什么李开复的同学揍了别人?

왜 리카이보의 친구는 다른 사람을 때렸는가?

A　有人嘲笑他　　　　　B　有人偷了他的东西
　　어떤 이가 그를 비웃어서　　　어떤 이가 그의 물건을 훔쳐서

C　有人骂了他　　　　　D　有人打了他
　　어떤 이가 그에게 욕해서　　　어떤 이가 그를 때려서

[❷풀이]

남자의 세 번째 대화가 미국생활의 에피소드를 소개하는 부분이다.
当时我刚去美国的时候有一个同学嘲笑我，另一个同学出来把他揍了一顿이라면서 한 친구가 자신을 비웃자 다른 친구가 대신 때려준 내용이 언급되어 있다.

정답　A

---

19 为什么谷歌要招聘本土的工程师?

왜 Google은 현지 엔지니어를 고용하려고 하는가?

A　劳动力十分廉价
　　노동력이 매우 저렴해서

B　了解中国互联网用户的需要
　　중국 인터넷 사용자의 요구를 이해하려고

C　了解中国互联网用户的特点
　　중국 인터넷 사용자의 특징을 이해하려고

D　他们有吃苦耐劳的精神
　　그들은 어려움을 참고 견디는 정신을 가지고 있어서

[❷풀이]

남자는 중국시장 계획을 네 단계로 나누어 설명하고 있다. 이중 첫 번째(首先) 부분에서 중국 인터넷 사용자들의 수요를 가장 잘 이해하는 현지 엔지니어 채용의 중요성을 역설하고 있다.

정답　B

20 谷歌进入中国市场的策略是什么?

Google의 중국시장전략은 무엇인가?

A 违背市场的原则
시장의 원칙과 어긋난다

B 不择手段地赚钱
수단을 무릅쓰고 돈을 번다

C 追求最高的利益
높은 수익을 쫓는다

D 取得用户的信任
사용자의 신임을 얻다

[▶풀이]

전체 인터뷰의 가장 마지막 부분을 참고하면 Google의 중국시장전략이 핵심적으로 요약되어 있다.

정답 ▶ D

[▶단어]

申请 shēnqǐng 통 신청하다 | 优势 yōushì 명 우세. 우위 | 激情 jīqíng 명 열정. 정열 | 行业 hángyè 명 직업. 업계 | 勤奋 qínfèn 형 근면하다 | 打动 dǎdòng 통 울리다. 움직이다 | 推荐信 tuījiànxìn 명 추천서 | 熟悉 shúxī 통 숙지하다 | 导师 dǎoshī 명 지도교사 | 依然 yīrán 형 의연하다. 여전하다 | 突出 tūchū 통 돋보이다 | 科研 kēyán 명 과학연구 | 指导 zhǐdǎo 통 지도하다 | 降低 jiàngdī 통 낮추다 | 失败率 shībàilǜ 명 실패율 | 难度 nándù 명 난이도 | 入手 rùshǒu 통 착수하다 | 跨 kuà 통 뛰어넘다. 내디디다 | 学科 xuékē 명 학문 분야 | 尝试 chángshì 통 시도해보다 | 识别 shíbié 통 식별하다. 가려내다 | 涉及 shèjí 통 관련되다. 미치다 | 统计学 tǒngjìxué 명 통계학 | 信息论 xìnxīlùn 명 정보화이론 | 融汇 rónghuì 통 융합하여 모으다 | 遭受 zāoshòu 통 (불행한 일이나 손해를) 당하다 | 待遇 dàiyù 통 대우하다 | 嘲笑 cháoxiào 통 비웃다. 놀리다 | 揍 zòu 통 때리다 | 顿 dùn 양 번. 차례. 끼니 | 谷歌 Gǔgē 명 구글(Google) | 百度 Bǎidù 명 바이두(百度, 중국 최대의 검색사이트) | 招聘 zhāopìn 통 모집하다. 초빙하다 | 用户 yònghù 명 사용자. 가입자 | 清高 qīnggāo 형 청렴하다 | 盈利 yínglì 명 이익. 이윤 | 尚未 shàngwèi 아직 ~하지 않다 | 原则 yuánzé 명 원칙 | 急迫 jípò 형 급박하다. 절박하다 | 廉价 liánjià 명 염가 | 违背 wéibèi 통 위반하다. 위배하다 | 不择手段 bùzé shǒuduàn 성 목적을 달성하기 위하여 수단과 방법을 가리지 않다 | 吃苦 chīkǔ 통 고생하다 | 耐劳 nàiláo 형 힘든 것을 견디다. 괴로움을 참다

21-25

女: 马总，您好。作为奇瑞汽车的销售总裁，您能就2008年的销量业绩，谈谈在服务方面都做了哪些工作吗?

마 사장님, 안녕하십니까? 치루이 자동차의 마케팅대표로서 2008년 판매실적의 서비스 방면에서 어떤 일을 하셨는지요?

男: 2008年是奇瑞第二发展阶段的开篇，是从"通过自主创新打造自主品牌"的第一阶段跨越到"继续坚持开放创新、打造自主国际品牌"第二阶段的战略转型。年初，[21] 我们就曾提出公司层面的"品质、品牌、服务"三大战略调整，其中"服务"这一要素我们定位为全年调整的重中之重。而"服务"这一要素，我们再进行细分，[23] 同时提出"硬件升级、管理升级、技能升级"三大升级战略，现在回过头来看，这三个升级战略均取得了阶段性的成果，由此，2008年的奇瑞服务是一个质变、蜕变的一年。

2008년은 치루이 자동차의 제 2발전단계의 시작으로서 '자주적 혁신을 통해 자체 브랜드를 만든다'는 제 1단계에서 '개방과 혁신을 지속적으로 추구하고, 자체 국제 브랜드를 만든다'는 제 2단계 전략적 전환을 이루어냈습니다. 연초에 우리는 회사측에 '품질, 브랜드, 서비스'라는 3대 전략조정을 제기했고, 그 중 '서비스'의 요구는

올 한해 조정사항 중 가장 중점적인 사항입니다. '서비스'라는 요소를 우리가 다시 세분화한 결과 '설비 업그레이드, 관리 업그레이드, 기술 업그레이드'라는 세 가지 업그레이드 전략을 세웠습니다. 지금 돌이켜보면 이 세 가지 업그레이드 전략은 단계적인 성과를 보였고, 따라서 2008년은 치루이 자동차의 서비스가 새로 태어나는 한 해라 할 수 있습니다.

女: 您能就服务的三大升级战略进行简单的描述吗?

서비스의 3대 업그레이드 전략에 대해 간단히 설명해주실 수 있습니까?

男: 首先我们看"硬件升级"方面。近三年以来，奇瑞共耗资数十亿完成备件体系与售后服务体系的软硬件提升。2008年3月14日，[22]奇瑞首家区域服务技术中心落成，标志着奇瑞乃至中国汽车区域服务模式迈进一个新的阶段。它是集客户关系管理、技术和配件支持、培训等功能于一体的综合体。既能提高用户的满意度，同时还能兼顾体系能力的整体提升。再看"管理升级"方面。2008年我们引入了"服务创新术"。400-883-8888[24]24小时客服热线从软性服务上首推专家坐诊服务以提升客户满意度，有效弥补了客服人员在专业技术方面的欠缺，从而达到和客户沟通快速、有效交流的目的。最后是"技能升级"方面。在奇瑞的发展战略中，提升服务人员的技能水平是一个系统工程，是打造特色服务的亮点，而奇瑞售后服务技能竞赛是系统中不可缺少的一部分。为进一步提升服务人员的技能水平，奇瑞还成立了营销服务培训中心，邀请国内外专家对服务人员进行更加专业的技能培训。

먼저 '설비 업그레이드' 방면을 보면, 최근 3년간 치루이 자동차는 수십억 원의 자금을 들여 부품 시스템과 애프터서비스 시스템의 업그레이드를 이루어냈습니다. 2008년 3월 14일 치루이 자동차는 첫 지역서비스 기술센터를 완공하였는데, 이것은 치루이 자동차, 더 나아가 중국자동차 지역서비스 모델에 좀 더 나아간 새로운 단계를 보여줍니다. 이것은 고객관리, 기술과 부품상의 지원, 훈련 등의 기능이 하나의 종합체로, 고객의 만족도를 높이고 동시에 시스템 능력을 고려해 전체 업그레이드를 이룬 것입니다. 둘째로 '관리 업그레이드' 방면을 보면, 2008년 우리는 '서비스 혁신'을 도입했습니다. 400-883-8888, 24시간 고객전화는 고객의 만족도를 높이기 위해 전문가들이 진단해주는 서비스를 제공하고 있습니다. 고객서비스 직원들의 전문기술 분야의 부족한 점을 효과적으로 보완해주고 따라서 고객과의 소통이 더욱 빠르고 효과적으로 이루어지는 목표를 달성했습니다. 마지막으로 '기술의 업그레이드' 방면입니다. 이는 치루이 자동차의 발전전략 중 서비스직원의 기술수준을 제고시킬 체계적인 작업이자 특색서비스를 만드는 중점사항입니다. 치루이 자동차의 애프터서비스 기술경쟁은 시스템 중 꼭 필요한 부분입니다. 서비스 직원들의 기술수준을 더욱 향상시키기 위해 치루이 자동차는 마케팅서비스 훈련센터를 운영하고 국내외 전문가들을 초빙해 서비스직원들에게 더욱 전문적인 기술훈련을 하고 있습니다.

女: 马总，收获的2008年已经过去，最后您能就2009年的服务工作简单地做一下介绍吗?

마 사장님, 큰 수확을 거둔 2008년이 지나갔네요. 마지막으로 2009년 서비스업무에 대해 간단하게 소개해줄 수 있으신지요?

男: 好的。新的一年已经来临，同样的机遇和挑战已经摆在我们面前。[23/25]2009年我们将坚定落实"硬件升级、管理升级、技能升级"三大升级战略。尤其是"技能升级"方面，是重中之重。

좋습니다. 새로운 한 해가 이미 도래했고, 똑같은 기회와 도전이 우리 모두 앞에 놓여있습니다. 2009년 우리는 '설비 업그레이드, 관리 업그레이드, 기술 업그레이드'라는 3대 업그레이드 전략을 계속해서 실시할 것입니다. 특히 '기술 업그레이드' 방면이 가장 핵심입니다.

21 2008年奇瑞全年调整的重中之重是什么?

2008년 치루이 자동차의 전략조정 중 가장 중점사항으로 삼았던 것은?

A 创品牌
브랜드를 만들다

B 开放创新
개방과 혁신

C 重品质
품질을 중시한다

D 服务
서비스

[▶ 풀이]

듣기는 항상 전환관계를 보여주는 접속사(其实, 但是, 不过, 可是…)가 들리면 그 뒤에 따라오는 내용이 바로 정답일 경우가 아주 많다.
남자의 첫 번째 대화에서 品质, 品牌, 服务 3대 전략조정을 내세웠다고 하면서 이어 其中 "服务" 这一要素我们定位为全年调整的重中之重이라는 문장을 통해 정답은 서비스라는 것을 알 수 있다.

정답 ▶ D

22 什么标志着奇瑞汽车服务模式迈进一个新阶段?

무엇이 치루이 자동차 서비스 모델이 새로운 단계로 크게 약진했음을 상징하는가?

A 售后服务体系的软硬件提升
애프터서비스 체계의 전면적인 품질 업그레이드

B 首家区域服务技术中心落成
첫 지역서비스 기술센터 준공

C 技术和配件的支持
기술과 부품상의 지원

D 客户关系的维护
고객관계 유지

[▶ 풀이]

남자의 두 번째 대화에서 奇瑞首家区域服务技术中心落成, 标志着奇瑞乃至中国汽车区域服务模式迈进一个新的阶段 부분을 통해 정답을 찾을 수 있다.

정답 ▶ B

23 不属于奇瑞服务三大升级战略的是?

치루이 자동차의 서비스 3대 업그레이드 전략에 속하지 않는 것은?

A 硬件升级
설비분야의 업그레이드

B 服务升级
서비스분야의 업그레이드

C 管理升级
관리부분의 업그레이드

D 技能升级
기술상의 업그레이드

[▶ 풀이]

남자의 첫 번째와 마지막 대화에서 "硬件升级、管理升级、技能升级" 三大升级战略 부분에서 보기 B의 서비스 업그레이드는 언급하지 않았다.

정답 ▶ B

24

建立24小时服务热线的目的是什么?

24시간 전화서비스의 구축 목적은 무엇인가?

A 建立健全的体制
완비된 시스템을 구축하려고

B 提升客户满意度
고객만족도를 제고하려고

C 收集顾客的建议
고객의 의견을 접수하려고

D 更好的提高信誉
신뢰를 더욱 제고하려고

[풀이]

남자의 두 번째 대화에서 24시간 전화서비스에 대한 소개가 나온다. 24小时客服热线从软性服务上首推专家坐诊服务以提升客户满意度, 有效弥补了客服人员在专业技术方面的欠缺, 从而达到和客户沟通快速、有效交流的目的의 내용에 보기 A, C, D는 언급되지 않았다.

정답 ▶ B

25

2009年奇瑞的工作重点是什么?

2009년 치루이 자동차의 업무 핵심은 무엇인가?

A 技能的提升
기술의 업그레이드

B 面临机遇和挑战
기회와 도전에 직면하다

C 完成硬件升级
설비분야의 업그레이드를 끝낸다

D 开发国际汽车市场
국제 자동차시장을 개척한다

[풀이]

남자의 마지막 대화 중 2009年我们将坚定落实"硬件升级、管理升级、技能升级"三大升级战略。尤其是"技能升级"方面, 是重中之重을 통해 정답을 알 수 있다.

重中之重은 '중요한 것 중에 가장 중요한 것'이란 뜻으로 '핵심'을 말한다. 이 표현을 몰랐더라도 앞에 尤其是(특히)의 뒤에는 가장 중요한 것이 나오므로 技能升级라는 것을 알 수 있다.

정답 ▶ A

[단어]

品牌 pǐnpái 몡 상표. 브랜드 | 创新 chuàngxīn 몡 창의성. 창조성 | 售后服务 shòuhòu fúwù 몡 애프터서비스 | 硬件 yìngjiàn 몡 하드웨어 | 体系 tǐxì 몡 체계 | 提升 tíshēng 동 진급하다 | 落成 luòchéng 동 준공되다. 완공되다 | 配件 pèijiàn 몡 부속품. 부품 | 维护 wéihù 동 유지하고 보호하다 | 升级 shēngjí 동 올라가다. 업그레이드하다 | 技能 jìnéng 몡 기능. 기량 | 健全 jiànquán 혱 완비하다 | 体制 tǐzhì 몡 체제. 시스템 | 信誉 xìnyù 몡 신용. 명성 | 机遇 jīyù 몡 기회 | 开发 kāifā 동 개발하다. 개척하다 | 销售 xiāoshòu 동 팔다. 판매하다 | 总裁 zǒngcái 몡 총재 | 跨越 kuàyuè 동 뛰어넘다. 초월하다 | 打造 dǎzào 동 만들다. 제조하다 | 层面 céngmiàn 몡 범위 | 调整 tiáozhěng 동 조정하다. 조절하다 | 细分 xìfēn 동 세분하다 | 质变 zhìbiàn 몡 질적 변화 | 蜕变 tuìbiàn 동 탈바꿈하다 | 耗资 hàozī 동 자금을 소모하다 | 乃至 nǎizhì 접 심지어 | 培训 péixùn 동 기르다. 훈련시키다 | 首推 shǒutuī 동 제일로 꼽다. 으뜸으로 여기다 | 欠缺 qiànquē 동 모자라다. 결핍되다 | 亮点 liàngdiǎn 몡 주목을 끌게 만드는 사람(것) | 竞赛 jìngsài 동 경쟁하다. 시합하다 | 迈进 màijìn 동 큰 걸음으로 전진하다 | 热线 rèxiàn 몡 핫라인(hot line). 직통 전화

26-30

女: 很多人对航天员都充满了好奇，我觉得最大的好奇是这些人怎么选来的？能不能请您介绍一下有关选拔方面的工作？

많은 사람이 우주비행사에 대해 호기심을 가지고 있는데요, 제가 생각하기에 가장 큰 호기심은 이런 사람들이 어떻게 선발된 것인가가 아닐까 싶은데요? 선발 방면에 대해 소개를 좀 해줄 수 있으신지요?

男: [26] 第一个基本条件就是类似咱们经常在报纸上或者广播上听到的身高、体重。我们战斗机飞行员一般是在1.75米以下，1.60米以上，将来再选的话就是1.65米以上了，因为1.60米身高的男性就比较少了。

첫 번째 기본조건은 바로 우리가 신문이나 라디오에서 자주 보고 듣는 신장과 체중입니다. 전투기 비행사의 신장은 보통 175cm 이하에서 160cm 이상이지만 이후 다시 선발한다면 165cm 이상이 되는데, 왜냐하면 신장이 160cm인 남성은 비교적 적기 때문입니다.

女: 那我们现场的人估计没机会了，为什么我们看科幻片的时候，看到有些普通人也能到太空上去呢？

그럼 여기에 있는 사람은 아마도 기회가 없겠네요. 그런데 왜 우리가 공상과학영화를 볼 때에는 일반인들도 우주에 갈 수 있는 것처럼 보이죠?

男: 是这样的，由于我们国家是首次发射载人飞船，所以选拔条件比较苛刻。但是现在在国际上比较热的太空旅行，类似这样的活动普通人也可以，但是有两个条件你不能。[27] 第一就是你的心理基本素质要达到；第二就是你不能有病。

그건 바로 우리나라가 제일 처음으로 사람을 태운 비행선을 발사했기 때문에 선발조건이 비교적 엄격합니다. 그러나 지금은 국제적으로 우주여행의 열기가 비교적 뜨거워 일반인들도 우주여행과 같은 것들이 가능하게 되었습니다. 하지만 이 두 가지 조건이 있다면 당신은 우주여행이 불가능합니다. 첫 번째는 당신의 심리가 기본적 소양에 도달해야 하고, 두 번째는 당신에게 병이 있으면 안 됩니다.

女: 我们马上给您现场选两个，选中的可以穿航天服。我看那个小伙子行。我们现场马上给你一个训练好不好？

여기에서 두 분을 선발해주시면 선발된 분들은 우주복을 입을 수 있습니다. 저기 꼬마아이가 좋겠네요. 바로 훈련에 좀 들어가봐도 될까요?

观众: 好。

좋아요.

男: 一会儿咱们头朝下，呆上一分钟，然后再直立起来，75度，呆上5到6分钟，然后再头朝下一分钟，这样来回三个轮次，如果你难以忍受，可以申请停止。

잠시 후 우리는 머리를 아래로 향한 채 1분간 있다가 고개를 75도로 들어 5~6분간 있고, 그 후에 다시 머리를 아래로 해서 1분간 있는 동작을 3번 반복하는데, 만약 참기 힘들다면 멈추셔도 됩니다.

女：这个训练主要训练我们航天员的什么?

이 훈련은 주로 비행사의 무엇을 훈련하는 것인가요?

男：是血液重新分布，[28] 就是航天员从地面进入太空，失重的时候，血液是往上升的。心脏血管这些工作的，它找不到北了，老百姓说找不到北了。为了使航天员能尽快地找到北，上去以后不至于晕乎很长时间，就做这个训练。

혈액 재분포입니다. 즉 비행사들이 지면에서 우주로 진입하면 무중력상태가 되어 혈액은 위로 향하게 되는데, 심장혈관 같은 신체기관들은 어느 쪽이 북쪽인지 알지 못하게 되고 일반인들도 알아차리지 못하게 됩니다. 우주비행사들의 몸이 빠르게 북쪽을 찾아 올라간 후에도 오랫동안 어지럽지 않도록 이러한 훈련을 하는 것입니다.

女：问问我们的观众现在怎么样? 此时面部特征是血都涌到头部来了，两眼发亮，什么感觉?

관중들이 지금 어떤지 한번 물어볼까요? 이때 얼굴의 특징은 피가 모두 얼굴로 쏠리고 두 눈이 빛나는데, 어떤 느낌인가요?

观众：感觉血往下走。

피가 아래로 흐르는 느낌이에요.

女：时间差不多了，下来吧，哟，还跳着下来的。一点没事?

시간 다 됐습니다, 내려오세요. 아, 뛰어 내려오시네요. 괜찮으세요?

观众：[29] 没事。

괜찮습니다.

女：还真不错，好样的，神六可以上了。刚才您讲了，这只是一个简短的演示，真正受训的过程非常长。那么在他们的整个训练，和杨利伟最后载人上天的时候，您最担心的是什么?

정말 대단합니다. 이렇다면 선조우 6호도 타실 수 있겠네요. 방금 선생님께서 말씀하신 것처럼 이건 간단한 체험일 뿐이고, 진짜 훈련과정은 매우 길다고 하는군요. 그럼 비행사들의 전체훈련에서 양리웨이와 가장 마지막으로 유인우주선을 탔을 때, 가장 우려하던 것이 무엇입니까?

男：[30] 最担心的，应该说我最关心的就是说安全。因为这个需要各个系统的配合，每一个环节都不能出问题。船不能出问题，箭也不能出问题，我们航天员操作也不能出问题，杨利伟最后的表现非常出色。

제가 가장 우려하고, 제일 관심을 갖는 것은 안전이라고 할 수 있습니다. 왜냐하면 각 시스템의 결합이 필요하기 때문에 각 부분마다 문제가 발생해서는 안 됩니다. 선함에도 문제가 발생하면 안 되고 로켓에도 문제가 발생해선 안 되며 우리 우주비행사들의 조작도 문제가 발생해선 안 됩니다. 양리웨이의 마지막 모습은 매우 훌륭했습니다.

26

选拔航天员的基本条件是什么?

우주비행사를 선발할 때의 기본조건은 무엇인가?

A 身高最重要
키가 가장 중요하다

B 身高和体重
키와 몸무게

C 健康情况
건강상태

D 身高1米6以下
키 1미터 60센티 이하

남자의 첫 번째 대화에서 第一个基本条件就是类似咱们经常在报纸上或者广播上听到的身高、体重이라고 했으므로 기본조건이 키와 몸무게라는 것을 알 수 있다.

정답 ▶ B

27

普通人能上太空的条件是什么?

일반인이 우주로 갈 수 있는 조건은 무엇인가?

A 良好的心理素质
훌륭한 심리적 소양

B 身高有统一要求
키에 있어 통일된 요구사항이 있다

C 服装要符合标准
옷차림이 기준에 부합해야 한다

D 身体不能有缺陷
신체상 결함이 없어야 한다

남자의 두 번째 대화 중 第一就是你的心理基本素质要达到; 第二就是你不能有病에서 두 가지 조건을 말하고 있다. 첫 번째는 심리적인 기본자질이 되어야 하고, 두 번째는 병이 있으면 안 된다고 했다. 이때 보기 D에서는 신체적 결함(장애)이 없어야 한다고 했는데 병(질병)이 없어야 한다는 것과는 같다고 볼 수가 없으므로 답이 아니다.

정답 ▶ A

28

"找不到北"在文中是什么意思?

'북쪽을 찾지 못한다'는 말은 무슨 뜻인가?

A 找不到方向
방향을 찾지 못한다

B 忘记自己的位置
자신의 위치를 잊고 있다

C 失重状态的表现
무중력상태

D 心血管不工作了
심장혈관이 굳어진다

남자의 네 번째 대답에서 무중력상태일 때 신체기관이나 사람이 북쪽을 찾지 못한다, 즉 '알아차리지 못한다'고 말하고 있다.

정답 ▶ C

29

观众经过训练后的反应如何?

훈련을 겪은 후 관중들의 반응은 어떠한가?

A 吐了出来
구토를 했다

B 血往下走
피가 아래로 흘렀다

C 眼睛发亮
눈이 빛났다

D 没有异常
이상반응이 없었다

본문에서 관중이 没事라고 했으므로 별 이상반응은 없다는 것을 알 수 있다.

정답 ▶ D

30　**杨利伟乘飞船载人上天的时候，男人最担心什么？**

양리웨이가 유인우주선을 탔을 때, 남자가 가장 우려하던 것은 무엇인가?

A　航天员操作失误
우주비행사 조종의 실수

B　安全问题
안전문제

C　火箭是否有问题
로켓의 문제 발생 여부

D　每个系统的配合问题
각 시스템의 통합 문제

[풀이]

남자의 마지막 대화 最担心的，应该说我最关心的就是说安全을 보면 가장 우려하고 관심을 갖는 것은 안전문제라고 언급하고 있다.

정답　B

단어

航天员 hángtiānyuán 몡 우주비행사 | 选拔 xuǎnbá 됭 선발하다. 뽑다 | 估计 gūjì 됭 예측하다. 추측하다 | 科幻片 kēhuànpiàn 몡 공상과학영화 | 发射 fāshè 됭 발사하다 | 载人飞船 zàirén fēichuán 유인우주선 | 苛刻 kēkè 혱 모질다. 가혹하다 | 直立 zhílì 됭 직립하다. 똑바로 서다 | 忍受 rěnshòu 됭 견디다. 버티다 | 老百姓 lǎobǎixìng 몡 일반인. 민간인 | 晕 yūn 혱 (머리가) 어지럽다 | 涌 yǒng 됭 피어 오르다. 솟아나다 | 简短 jiǎnduǎn 혱 간결하다. 간단명료하다 | 环节 huánjié 몡 일환. 부분 | 箭 jiàn 몡 화살 | 符合 fúhé 됭 일치하다 | 缺陷 quēxiàn 몡 결함. 결점 | 失重状态 shīzhòng zhuàngtài 무중력상태 | 吐 tù 됭 토하다. 게우다 | 发亮 fāliàng 됭 빛나다. 빛을 발하다 | 操作 cāozuò 됭 조작하다. 다루다 | 火箭 huǒjiàn 몡 로켓

第三部分

31~50번 문제, 단문을 듣고 그에 해당되는 2~3개의 질문에 알맞은 답을 고르시오.

31-33

一棵苹果树，终于结果了。

第一年，[31] 它结了10个苹果，9个被拿走，自己得到1个。对此，苹果树愤愤不平，于是自断经脉，拒绝成长。第二年，它结了5个苹果，4个被拿走，自己得到1个。"[32] 哈哈，去年我得到了10%，今年得到了20%！翻了一番。"这棵苹果树心理平衡了。

但是，它还可以这样：继续成长。譬如，第二年，它结了100个果子，被拿走90个，自己得到10个。很可能，它被拿走99个，自己得到1个。但没关系，它还可以继续成长，第三年结1000个果子⋯⋯

[33] 其实，得到多少果子不是最重要的。最重要的是，苹果树在成长！等苹果树长成参天大树的时候，那些曾阻碍它成长的力量都会微弱到可以忽略。真的，不要太在乎果子，成长是最重要的。

사과나무 한 그루에 마침내 열매가 열렸다.

첫 해에는 나무에 10개의 사과가 열려 9개는 다른 사람이 가지고 갔으며 자기가 1개를 가졌다. 이것에 대해 사과나무는 불만이 생겨 스스로 경맥을 끊어 성장하기를 거부했다. 이듬해, 그 나무에는 5개의 사과가 열렸고, 4개는 다른 사람이 가지고 갔으며 자기는 1개를 가졌다. "하하, 작년에는 10%를 가졌는데, 올해는 20%를 가졌네! 두 배가 되었군." 이렇게 사과나무의 기분은 안정이 되었다.

그러나 그 나무는 이 상태로 계속 성장할 수 있다. 예를 들어 두 번째 해에 100개의 열매를 맺었다면 90개를 다른 사람이 가져가고 자기는 10개를 가졌다. 또 99개를 다른 사람이 가져가고 1개를 가질 수도 있었지만, 상관없다. 그 나무는 계속 자라서 세 번째 되는 해에는 1,000개의 열매도 맺을 수 있다.

사실, 많은 열매를 얻는 것이 가장 중요한 것은 아니다. 제일 중요한 것은 사과나무가 자라고 있다는 것이다! 나무가 다 자라서 큰 나무가 되었을 때 그의 성장을 방해하던 힘은 약해져 신경 쓰지 않아도 된다. 정말이지 열매에만 너무 개의치 마라, 성장하는 것이 가장 중요한 것이다.

31 苹果树为什么拒绝成长?

사과나무는 왜 성장을 거부했는가?

A 结的果子太少
   열린 열매가 매우 적어서

B 得到的果子太少
   얻은 열매가 매우 적어서

C 果子被别人拿走了
   열매를 다른 사람이 가져가서

D 不想长成参天大树
   거목으로 크기 싫어서

[▶ 풀이]

이 문제는 정답을 선택하기 다소 난해한 문제이다. 첫 부분에서 它结了10个苹果，9个被拿走，自己得到1个。对此，苹果树愤愤不平，于是自断经脉，拒绝成长과 같은 문장을 볼 수 있다. 9개는 다른 사람이 가져가고 자신이 1개를 얻었다는 점에 대해 사과나무는 불만을 갖은 것이고 이로 인해 성장을 거부했다고 했으므로 직접적인 연결인 '얻은 것이 적다'를 선택해야 한다.

정답 ▶ B

32 第二年苹果树为什么笑了?

두 번째 해에 사과나무는 왜 웃었는가?

A 比第一年结的果子少
첫 해보다 열린 열매가 적다

B 比第一年结的果子多
첫 해보다 열린 열매가 많다

C 比第一年的质量好
첫 해보다 품질이 좋다

D 从比例看今年的收获多
비율로 볼 때 올해 수확이 많다

[▶풀이]

본문 중 哈哈, 去年我得到了10％, 今年得到了20％ ! 翻了一番에서 사과나무는 단순히 비율적으로 늘어난 점에 대해 만족했다는 것을 알 수 있다.

정답 ▶ D

33 这段话告诉我们最重要的是什么?

이 문장이 우리에게 알려주는 가장 중요한 점은 무엇인가?

A 要保护自己
자신을 보호해라

B 在乎得与失
득과 실을 마음에 두다

C 成长最重要
성장이 가장 중요한 것이다

D 怎样种苹果
어떻게 사과를 심는가

[▶풀이]

본문의 마지막 단락에서 其实, 得到多少果子不是最重要的。最重要的是, 苹果树在成长이라며 가장 중요한 것은 바로 성장이라고 언급하고 있다.

정답 ▶ C

▶단어

愤愤 fènfèn 형 매우 화가 난 모양 | 经脉 jīngmài 명 경맥 | 拒绝 jùjué 동 거절하다. 거부하다 | 平衡 pínghéng 형 균형이 맞다. 평형하다 | 譬如 pìrú 동 예를 들다 | 参天 cāntiān 동 (수목 등이) 하늘 높이 우뚝 솟아 있다 | 阻碍 zǔ'ài 동 지장을 주다 | 微弱 wēiruò 형 약하다 | 忽略 hūlüè 동 등한시하다. 경시하다 | 比例 bǐlì 명 비율 | 收获 shōuhuò 명 수확. 성과 | 在乎 zàihu 동 마음속에 두다. 신경 쓰다 | 种 zhòng 동 심다. 파종하다

34-36

小王子有一个小小的星球, [34] 星球上忽然绽放了一朵娇艳的玫瑰花。以前, 这个星球上只有一些无名的小花, 小王子从来没有见过这么美丽的花, [34] 他爱上这朵玫瑰, 细心地呵护她。

那一段日子, 他以为, 这是一朵人世间唯一的花, 只有他的星球上才有, 其他的地方都不存在。

然而, 等他来到地球上, 发现仅仅一个花园里就有5000朵完全一样的这种花朵。[35] 这时, 他才知道, 他有的只是一朵普通的花。

[35] 一开始, 这个发现让小王子非常伤心。但最后, [36] 小王子明白了, 尽管世界上有无数朵玫瑰花, 但他星球上的那朵, 仍然是独一无二的, 因为那朵玫瑰花, 他浇灌过, 给她罩过花

罩，用屏风保护过，除过她身上的毛虫，还倾听过她的哀怨，聆听过她的沉默……一句话，他驯服了她，她也驯服了他，她是他独一无二的玫瑰。

어린 왕자에게는 아주 작은 행성이 있는데, 그곳에 갑자기 아리따운 장미 한 송이가 활짝 피었다. 이전에 이 행성에는 이름 모를 작은 꽃들만이 있었기에 어린 왕자는 여태껏 이렇게 아름다운 꽃을 본 적이 없었다. 그는 이 장미를 사랑하게 되었고, 세심하게 그 꽃을 돌봐주었다.

그때 그는 이 꽃이 인간 세상에서의 유일한 꽃이며, 그의 행성에만 존재하고 다른 곳에는 존재하지 않는다고 생각했다.

그러나 그가 지구에 온 후 정원 하나만 해도 그 꽃과 같은 꽃이 5,000송이나 있다는 것을 알게 되었다. 이때 그는 그제서야 그가 키우는 꽃이 평범한 꽃이었다는 것을 알게 되었다.

처음에는 이 발견이 어린 왕자의 마음을 아프게 했다. 그러나 마지막에 어린 왕자는 비록 세상에는 수많은 장미가 있지만, 그의 행성에 있는 그 꽃은 여전히 유일무이하다는 것을 깨달았다. 그 한 송이 꽃에게 물을 주고 꽃 가리개를 씌워주기도 하고, 천막으로 보호해주기도 하며 꽃에 생긴 벌레들도 제거해주었고 그리고 꽃의 아픔과 침묵에 귀 기울여주기도 했다. ……이 말은 그는 꽃을 아주 잘 따랐으며 꽃도 그를 잘 따라주었고, 그 꽃은 어린 왕자에게는 하나 밖에 없는 장미인 것이다.

34 小王子爱上了怎样的花?

어린 왕자는 어떤 꽃을 사랑하게 되었는가?

A　没有开放的花
아직 피지 않은 꽃

B　娇艳的玫瑰花
화사한 장미

C　一些无名小花
이름 없는 작은 꽃들

D　世间唯一的花
세상에서 유일한 꽃

[▶풀이]

본문에서 처음 시작할 때 행성에 아름다운 장미가 피었다고 했다. 绽放이란 단어가 익숙하지 않을 수 있지만 장미라는 단어를 들었기 때문에 정답은 B번으로 선택할 수 있다. 그리고 그 다음에 '그 꽃을 사랑하게 되었다'라고 언급하고 있다.

정답 ▶ B

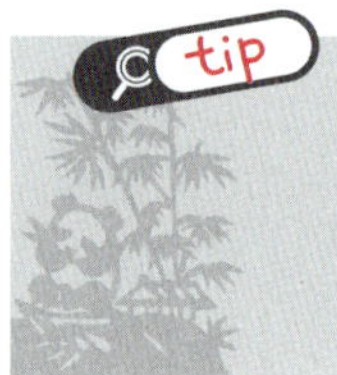

tip

绽放…玫瑰花 장미꽃이 활짝 피다
绽放 zhànfàng 동 (꽃이) 피다. (꽃망울이) 터지다

35 小王子为什么伤心?

어린 왕자는 왜 마음이 아팠는가?

A　玫瑰花死了
장미가 죽었기 때문에

B　地球上有5000朵玫瑰花
지구상에는 5,000송이의 장미가 있어서

[▶풀이]

본문의 두 번째 줄에 지구에는 이와 같은 꽃이 아주 많아 흔하다는 걸 알게 되었고, 그래서 처음에는 마음이 아팠다라고 말하고 있다.

정답 ▶ C

C 他有的是一朵普通的花
그가 가지고 있던 꽃이 보통의 꽃일 뿐이어서

D 玫瑰花身上长了虫子
장미에 벌레가 생겨서

36 小王子最后明白了什么?
어린 왕자는 결국 무엇을 깨달았는가?

A 全世界都有玫瑰花
세계에는 장미가 어디든 있다

B 他征服了这朵玫瑰
그는 자신의 장미를 굴복시켰다

C 要珍惜他的这朵玫瑰
자신의 장미를 아껴줘야 한다

D 每一朵都是独一无二的
각각의 장미 한 송이는 유일무이한 것이다

[풀이]

珍惜는 '소중하게 생각하고 아끼다'라는 뜻이다. 본문 네 번째 단락에서 어린 왕자는 결국 장미가 자신에게는 유일무이한 존재라는 것을 깨닫는다. 그리고 이어지는 여러 묘사들에서 어린 왕자가 장미를 소중하게 다루고 있다고 판단할 수 있다.

정답 C

단어

小王子 xiǎowángzǐ 명 어린 왕자(쌩떽쥐베리의 소설 속 인물) | 星球 xīngqiú 명 천체. 별 | 绽放 zhànfàng 동 (꽃이) 피다. (꽃망울이) 터지다 | 朵 duǒ 양 송이. 조각 | 娇艳 jiāoyàn 형 아름답고 곱다. 화사하다 | 玫瑰花 méiguīhuā 명 장미 | 呵护 hēhù 동 애호하다. 보호하다 | 独一无二 dúyī wú'èr 성 유일하다. 하나밖에 없다 | 浇灌 jiāoguàn 동 붓다. 넣다 | 罩 zhào 동 덮다. 씌우다 | 屏风 píngfēng 명 병풍 | 毛虫 máochóng 명 모충 | 倾听 qīngtīng 동 주의해서 듣다. 경청하다 | 哀怨 āiyuàn 형 슬프고 한스럽다 | 聆听 língtīng 동 공손하게 듣다. 귀를 기울여 듣다 | 沉默 chénmò 형 과묵하다. 말수가 적다 | 驯服 xúnfú 형 순하다. 온순하다 | 开放 kāifàng 동 (꽃이) 피다 | 征服 zhēngfú 동 굴복시키다

37-40

　　什么是成功? [37] 成功无非是人们头脑里想象的东西、期望的东西变成了事实。如果期望的东西与事实相距甚远，或者在相应的一段时间内都不能成为事实，我们就会感受到挫折或失败。

　　如果一个人事事处处都感到了满足，他也就不会萌生出任何想象或期望。一旦他仍对想象有所期待，就说明眼前的事实仍有不大顺心之处，而且表明他仍有一种改变现状或更新自我的内在要求。当我们遇到挫折和失败的时候，[38] 如果我们仍然能够对现实拥有一种积极的态度，那么这种积极的态度就能够激励我们不断努力，不断探索，并且能够使我们找到成功的钥匙。当然，要想找到这成功的钥匙，你就不能把自己的思想预先"锁定"在某个既定的圈子里。

　　在莱特兄弟之前，有许多发明家已接近发明飞机了，但因惧怕挫折，放弃了研究，而莱特兄弟除了应用别人用过的同样的原理之外，[39] 主要是具有抗拒失败的勇气，敢于冲出既定的圈子，发明了襟翼，使飞机得以起飞，他们终于成功了。

[40] 可以看出关于成功的故事，都有一个共同的因素在起作用，那就是"不断超越。"正是在这种精神鼓舞下，原先未被应用的原理或方法被付诸实践。人类文明之所以有今天的成就，也因为人有不断超越自己的欲望或要求。由此可见，在挫折面前，要有足够的勇气，不断超越，不断探索，才能获得成功。

성공이란 무엇인가? 성공은 단지 사람의 두뇌에서 상상하고 바랐던 것이 현실로 변한 것일 뿐이다. 만약 바라던 것과 사실 간의 거리가 매우 멀다거나 일정한 시간 내에 현실로 이루어지지 않는다면 우리는 곧 좌절과 실패를 느끼게 된다.

만약 한 사람이 하는 일마다 만족을 느끼게 된다면 곧 그의 어떠한 상상과 바람도 싹틀 수 없게 된다. 일단 그가 여전히 상상하는 것에 대해 바라는 것이 있다면, 이것은 눈앞의 사실은 여전히 마음대로 되는 것이 없으며 여전히 일종의 현상을 바꾸거나 자아를 업그레이드하려는 내재적 요구가 있다는 것이라고 볼 수 있다. 우리가 좌절과 실패를 만났을 때 만약 현실에 대해 적극적인 태도를 가지고 있다면, 이런 적극적인 태도는 곧 우리의 끊임없는 노력과 탐구를 격려할 뿐 아니라 우리가 성공의 열쇠를 찾을 수 있게 도와준다. 물론, 이런 성공의 열쇠를 찾고 싶다면 미리부터 자신의 생각을 이미 정해진 틀에 가둬두지 말아야 한다.

라이트 형제 이전부터 수많은 발명가들이 이미 비행기 발명에 근접했으나 좌절을 두려워하고 연구를 포기한 반면, 라이트 형제는 다른 사람들이 썼던 방법과 같은 원리를 제외하고 응용하여 실패를 이겨낼 수 있는 용기와 함께 이미 정해진 틀을 용감하게 벗어났기 때문에 비행기의 플랩을 발명하였고 비행기를 날 수 있게 하였다. 그들은 마침내 성공한 것이다.

성공에 관한 이야기에는 모두 공통된 요소가 있다는 것을 알 수 있는데, 그것은 바로 '끊임없는 초월'이다. 이런 정신적 고무 하에 이전에 응용되지 않았던 원리 혹은 방법을 실천에 옮겼고, 인류문명은 부단히 자신의 욕망과 요구를 초월하는 사람이 있어왔기 때문에 오늘의 성취가 있는 것이다. 여기서 알 수 있듯 좌절 앞에서 충분한 용기를 가지고 끊임없이 초월하고 탐구하여야만 성공할 수 있다.

37 关于成功的概念正确的一项是：

성공의 개념에 대해 맞는 것은 무엇인가?

A　离事实越来越近
  사실과 점점 더 가깝게 가는 것

B　期望变成事实
  기대를 현실로 만드는 것

C　与事实相距甚远
  사실과 차이가 더욱 커지는 것

D　远离失败
  실패와 멀어지는 것

无非…罢了　단지 ~할 따름이다, ~할 뿐이다(=只不过是…而已)

38 怎样能找到成功的 "钥匙"?

어떻게 하면 성공의 '열쇠'를 찾을 수 있는가?

A 改变想法
생각을 바꾼다

B 改变自我
자신을 바꾼다

C 更新自我
자신을 새롭게 바꾼다

D 积极的态度
적극적인 태도

두 번째 단락에서 현실에 대해 적극적인 태도 혹은 낙관적이거나 긍정적인 태도를 가진다면 이 태도 혹은 마음가짐이 우리 노력의 원동력이 되고 결국 성공의 열쇠를 찾게 해준다고 말하고 있다.

정답 ▶ D

39 是什么让莱特兄弟成功了?

무엇이 라이트 형제를 성공하게 했는가?

A 惧怕
공포

B 勇气
용기

C 认真
진지함

D 学识
학식

세 번째 단락에서 라이트 형제의 주된 성공비결을 설명하고 있다. 실패를 두려워하지 않고 맞서 싸우는 용기를 갖고 정해진 틀을 과감하게 뛰쳐 나갔기 때문에 마침에 성공했다고 나와 있다.

정답 ▶ B

40 成功源于什么精神?

성공은 어떤 정신에서 나오는 것인가?

A 坚持不懈
끊임없이 노력하는 것

B 不断进取
끊임없이 진취적인 것

C 不断超越
끊임없이 앞서나가는 것

D 克服困难
어려움을 극복하는 것

마지막 단락에서 성공에 관한 모든 스토리들의 공통적인 역할은 바로 끊임없이 앞서나가는 것이라고 강조하고 있다.

정답 ▶ C

단어

相距 xiāngjù 동 떨어지다 | 挫折 cuòzhé 동 좌절시키다. 꺾다 | 萌生 méngshēng 동 처음으로 생겨나다 | 顺心 shùnxīn 형 마음먹은 대로 되다 | 激励 jīlì 동 격려하다 | 探索 tànsuǒ 동 탐색하다. 찾다 | 钥匙 yàoshi 명 열쇠 | 锁定 suǒdìng 동 고정시키다 | 圈子 quānzi 명 권. 테두리 | 惧怕 jùpà 동 겁내다. 두려워하다 | 抗拒 kàngjù 동 거스르다. 거역하다 | 襟翼 jīnyì 명 플랩(flap) | 付诸 fùzhū 동 부치다 | 由此可见 yóucǐ kějiàn 이로써 알 수 있다. 이것으로부터 추측할 수 있다 | 远离 yuǎnlí 동 멀리 떨어지다 | 更新 gēngxīn 동 새롭게 바뀌다 | 惧怕 jùpà 동 겁내다. 무서워하다 | 坚持 jiānchí 동 끝까지 버티다. 고집하다 | 懈 xiè 형 태만하다. 게으르다 | 超越 chāoyuè 동 넘어서다. 초월하다

41-43

[41] 嫉妒是与他人在比较过程中，发现自己在才能、名誉、地位或待遇、享受等方面不如别人而产生的一种情绪状态。这种情绪很复杂，羞愧、愤怒、怨恨等等兼而有之。

小孩子有嫉妒心理吗？有人觉得这么小的孩子不太可能。其实科学证明，嫉妒作为一种心理活动产生是很早的。有人做过实验，[42] 15个月的孩子，如果妈妈当着他的面抱别的孩子，他就会有所反应，非要让妈妈放下别人抱自己，并紧紧搂住妈妈，好像在说："这是我的妈妈，不是你的。"

生活中我们发现，好多种情况都能使孩子产生嫉妒。比如，[42] 家里来了别的小朋友，妈妈夸赞几句或表示亲密些，自家的孩子就会嫉妒，对外来的小朋友采取不友好的态度。如果别的小朋友有什么好玩儿的玩具，自己没有，心里就会不好受。如果我们细心观察，这样的例子很多。可见嫉妒在每个孩子身上，都有不同程度的反应。

[43] 现在的城市家庭大都是一个孩子，由于整天众星捧月一般，许多孩子都染上了"娇""骄"二气，不允许别人比自己做得好，也不愿听夸奖别人的话，嫉妒已成为一种愈来愈严重的通病。

질투는 타인과의 비교과정 중에서 자기의 재능과 명예 그리고 지위 혹은 대우, 누리는 것 등에 있어서 다른 사람보다 못 하다는 것을 느낄 때 생기게 되는 일종의 정서상태이다. 이런 정서는 아주 복잡해서 부끄러움, 분노, 원망의 심리 등을 동반한다.

어린아이들은 질투심리가 있는가? 어떤 사람은 아주 어린 아이들은 질투심리가 없다고 여긴다. 사실 과학적으로 증명된 바에 의하면 질투는 일종의 심리활동으로서 일찍부터 만들어진다고 한다. 한 실험에 의하면 15개월 된 아이가 만약 엄마가 아이 앞에서 다른 아이를 안고 있다면 그 아이는 곧바로 약간의 반응을 보인다. 엄마에게 다른 아이를 내려놓고 자기를 안으라고 하고 엄마를 더 꽉 껴안으며 "우리 엄마야. 네 엄마 아니야."라고 말하는 것 같다.

생활 속에서 우리는 아주 많은 상황이 아이들에게 질투를 느끼게 한다는 것을 알 수 있다. 예를 들어, 집에 다른 꼬마친구가 놀러 와서 엄마가 칭찬을 몇 마디 하며 친한 척을 할 때 아이는 질투를 하게 되며, 밖에서 온 꼬마친구에게 우호적이지 않은 태도를 가지게 된다. 만약 다른 꼬마친구가 어떤 재미있는 장난감을 가지고 있는데 자기는 가지고 있지 않다면 심리적으로 참지 못한다. 우리가 유심히 관찰한다면 이런 예들이 아주 많다. 질투는 모든 아이들이 하는 것이며 모두 다른 정도의 반응을 보인다는 것을 알 수 있다.

요즘의 도시가정은 대부분 한 명의 아이가 있다. 아이를 늘 애지중지 받들어서 많은 아이들은 자기밖에 모르고 거만하며 다른 사람이 자기보다 잘하는 것은 용납하지 못하고 다른 사람을 칭찬하는 것도 듣기 싫어한다. 질투는 이미 널리 퍼져있는 심각한 병폐가 되었다.

41 　嫉妒是在怎样的过程中形成的？

질투는 어떤 과정 중에서 형성되는가？

A 自卑
열등감

B 怨恨
증오심

C 比较
비교

D 愤怒
분노

듣기는 가장 처음 도입부분이 가장 중요하다.
첫 번째 줄에서 질투는 타인과 비교하는 과정 중에 자신의 재능, 명예, 지위 및 대우가 타인보다 못할 경우 생기는 일종의 심리상태라고 말하고 있다.

정답 C

42　什么情况下孩子不会产生嫉妒?

아이들은 어떤 상황에서 질투를 하지 않는가?

A　妈妈抱别人的孩子
　　엄마가 다른 집 아이를 안았을 때

B　妈妈称赞别人的孩子
　　엄마가 다른 집 아이를 칭찬할 때

C　玩具被别的孩子抢走
　　장난감을 다른 집 애가 뺏어갈 때

D　孩子自己没有玩具
　　아이가 장난감이 없을 때

두 번째와 세 번째 단락의 밑줄에서 여러 가지 상황을 들어 어떤 상황에서 아이들이 질투를 하는지 설명하고 있다. 보기 C의 경우는 언급되지 않았다.

정답 C

43　现在的孩子为什么会得上"嫉妒"这种病?

현재의 아이들은 왜 '질투'라는 병을 얻게 되는가?

A　生活条件越来越差
　　생활조건이 점점 나빠져서

B　别人比自己做得好
　　다른 사람이 자신보다 더 잘해서

C　孩子认为自己最好
　　아이들이 자신이 가장 훌륭하다고 여기기 때문에

D　孩子是家里的皇帝
　　아이가 집에서 황제이기 때문에

마지막 단락에서 现在的城市家庭大都是一个孩子라고 하면서 매일 금이야 옥이야 키우다보니 아이들이 자기밖에 모르고 거만해지는 경우가 있다고 했으며, 질투가 점점 더 심해지는 흔한 병이 되었다고 말하고 있다. 그 근본원인은 집집마다 아이가 한 명인 것(小皇帝) 때문이라고 하였다.
小皇帝는 응석받이로 자란 요즘의 아이를 비유한 말이다.

정답 D

단어

嫉妒 jídù 동 질투하다. 샘내다 | 名誉 míngyù 명 명성. 평판 | 羞愧 xiūkuì 동 부끄러워하다. 수치를 느끼다 | 愤怒 fènnù 동 분노하다. 성내다 | 怨恨 yuànhèn 동 원망하다. 증오하다 | 搂住 lǒuzhù 동 껴안다 | 夸赞 kuāzàn 동 칭찬하다 | 众星捧月 zhòngxīng pěngyuè 성 뭇별들이 달을 에워싸다. 여러 사람이 한 사람을 떠받들다 | 允许 yǔnxǔ 동 허락하다 | 夸奖 kuājiǎng 동 칭찬하다 | 通病 tōngbìng 명 공통적인 결점 | 自卑 zìbēi 형 열등감을 가지다 | 称赞 chēngzàn 동 칭찬하다 | 怨恨 yuànhèn 명 증오심 | 愤怒 fènnù 형 분노하다

44-46

[44] 看见行人违章过马路，忍不住要开口大骂；一旦堵车，马上焦躁不安，不停地按喇叭；变绿灯了前面的车还不走，恨不得一踩油门冲上去；被超车了，气得一个劲儿说脏话……以上这些经历您有吗？也许您会叹口气说："没办法，这些人素质不高、交通环境不良。"其实，开车便控制不住情绪，可能您已经患上了"路怒症"。

心理学专家施旺红教授告诉记者，[45]"路怒症"是形容在开车过程中，开车压力与挫折所导致的愤怒情绪。医学界把"路怒症"归类为阵发型暴怒障碍，很多司机都有这些症状。[46]如果只是轻微的抱怨和发牢骚，还算不上患病，但如果有了暴力倾向，则很有可能是患了"路怒症"。事实上，很多交通事故都不是因为司机技术不佳，而是因为司机暴躁的情绪所致。[46]所以，经常开车的人要注意控制自己的情绪。

행인이 길을 건널 때 법규를 위반하는 것을 보면 참지 못하고 욕을 하려고 한다. 차가 밀리면 곧 초조하고 불안해져서 멈추지 않고 클랙슨을 누른다. 녹색불로 바뀌었는데도 앞의 차가 출발하지 않으면 자동차의 엑셀을 확 밟아서 앞으로 나가고 싶은 충동도 느낀다. 다른 차에게 초월을 당했을 때 화가 나서 욕을 하기도 한다. 당신은 이러한 경험들이 있는가? 아마 당신은 한숨을 쉬며 이렇게 말할 것이다. "방법이 없어. 사람들은 교양이 없고, 교통환경은 너무 나빠." 사실 운전을 할 때 감정을 억제하기 힘들다면 당신은 이미 '로드레이지(road rage) 증후군'을 앓고 있는 것이다.
심리학 전문가 스왕홍은 기자에게 '로드레이지증후군'은 운전을 하는 과정 중 스트레스와 좌절로 인해 일어나게 되는 분노감정이라고 말했다. 의학계는 이 '로드레이지증후군'을 일시적으로 폭발하는 분노장애로 분류했고, 많은 운전기사가 이런 증상을 가지고 있다고 하였다. 만약 가벼운 불평을 하거나 투덜거리기만 한다면 이것을 병이라고는 할 수 없지만, 폭력적인 면을 가진다면 이것은 곧 '로드레이지증후군'을 앓고 있다는 것이다. 사실 많은 교통사고들은 모두가 운전자의 기술이 뛰어나지 않아서가 아닌 운전자의 폭력적인 정서에서 일어나는 것이다. 그렇기 때문에 자주 운전을 하는 사람은 자신의 감정을 억제하는 것에 주의하여야 한다.

44 关于"路怒症"不正确的是：
'로드레이지증후군'에 대해 옳지 않은 것은?

A 行人违章过马路，破口大骂
행인이 교통법규를 어길 때 큰소리로 욕을 한다

B 堵车时，不停地按喇叭
길이 막힐 때 계속해서 클랙슨을 울린다

C 其他车超过自己，气得说脏话
다른 차가 자신을 추월하면 화가 나 욕을 한다

D 绿灯了前面的车不走，不心急
녹색신호에 앞차가 가지 않아도 마음이 급하지 않다

[풀이]

도입부분에 여러 현상들을 나열하면서 이런 현상이 바로 '로드레이지증후군'이라고 말하고 있다. 보기 D는 마음이 급하지 않다고 했으므로 틀린 내용이다.

정답 ▶ D

45 什么是"路怒症"?

'로드레이지증후군'이란 무엇인가?

A 交通环境不良
교통환경이 좋지 않은 것

B 人员素质太低
사람들의 문화수준이 매우 낮은 것

C 轻微的抱怨和发牢骚
가벼운 원망과 잔소리

D 开车压力引起的愤怒情绪
자동차 운전의 스트레스로 인한 분노정서

[▶ 풀이]

두 번째 단락에서 '로드레이지증후군'은 운전 중의 스트레스로 인해 생겨난 분노상태를 가리킨다고 말하고 있다.

정답 ▶ D

46 这段话主要讲了什么?

이 문장에서 중점적으로 말하고 있는 내용은 무엇인가?

A "路怒症"容易引起交通事故
'로드레이지증후군'은 교통사고를 쉽게 일으킨다

B "路怒症"是常见的病
'로드레이지증후군'은 자주 볼 수 있는 병이다

C 开车爱发火可能患上"路怒症"
운전할 때 쉽게 화내는 것은 아마도 '로드레이지증후군'에 걸렸기 때문이다

D 司机要学会控制自己的情绪
운전자는 자신의 감정을 억제하는 법을 배워야 한다

[▶ 풀이]

마지막 단락에서 운전 중 폭력적인 경향을 띠고 있다면 '로드레이지증후군'을 앓고 있을 수 있으니 经常开车的人要注意控制自己的情绪 즉, 감정을 잘 조절하라고 당부하고 있다.

정답 ▶ C

[▶ 단어]

违章 wéizhāng 图 규정을 위반하다 | 破口大骂 pòkǒu dàmà 图 큰 소리로 욕을 퍼붓다 | 堵车 dǔchē 图 차가 막히다 | 喇叭 lǎba 명 경적. 크랙슨 | 脏话 zānghuà 명 욕 | 素质 sùzhì 명 자질 | 轻微 qīngwēi 형 약하다 | 抱怨 bàoyuàn 图 원망하다 | 发牢骚 fā láosāo 잔소리하다 | 愤怒 fènnù 图 분노하다. 성내다 | 交通事故 jiāotōng shìgù 교통사고 | 控制 kòngzhì 图 억제하다. 억누르다 | 焦躁不安 jiāozào bù'ān 图 초조하고 불안하다 | 恨不得 hènbudé (어떤 일이 이루어지거나 발생하기를) 간절히 바라다 | 超车 chāochē 图 앞지르다. 추월하다 | 归类 guīlèi 图 분류하다. 유별하다 | 暴怒 bàonù 图 격렬하게 분노하다 | 症状 zhèngzhuàng 명 증상. 증세 | 算不上 suànbushàng ~라고 할 수 없다 | 患病 huànbìng 图 병에 걸리다. 병을 앓다 | 倾向 qīngxiàng 图 한쪽으로 치우치다

47-50

[47]吃饺子、放鞭炮和看春晚是中国人过春节必不可少的三步曲。屈指算来，从1983年至今央视春晚已办了27年。近几年，国人对央视春晚议论纷纷，看了今年"虎味儿"十足的春晚后，我认为还是比较成功的一届，这是一台和谐的晚会，祥和的晚会。

春晚是一道中国人不可或缺的精神文化大餐，它几乎积聚了古今中外的各种文化形式和内容，已成为中国百姓一年中不可或缺的精神食粮。[48]春晚是儒家"和"文化的体现，是中国特有的文化现象，在西方不可能有如此的文化趋同。[49]试想，除夕之夜，尽享天伦，无论国内观众还是海外华人，无论年长年幼在节目喜好上是否有代沟，春晚始终是一种期待，它维系和占据着家人们彼此的精神家园，尽管有体育、戏曲，有电影、电视剧频道，但打开电视万众瞩目的依然是春晚，无论春晚的内容和形式如何，有如此的效果，就说明它是成功的。通俗地说，[50]春晚就像一顿除夕的饺子，味道怎样其实已不是最要紧的，关键是既然过年总得吃饺子，有饺子吃的年似乎才更像年。

만두를 먹고 폭죽을 터뜨리며 설날특집프로그램을 보는 것은 중국인들이 명절을 보내면서 없어서는 안 될 방법이다. 계산해보면 1983년부터 지금까지 설날특집프로그램이 있은 지 27년이 되었다. 최근 몇 년 동안 국민들의 설날특집프로그램에 대한 의론이 분분했는데, 올해 '호랑이해 분위기'가 넘치는 설날특집프로그램을 보고 나서, 나는 비교적 성공적이고 조화로우며 평온한 저녁파티가 되었다고 생각한다.

설날특집프로그램은 중국인들에게 빼놓을 수 없는 정신문화 중 하나로, 이 프로그램에는 동서고금의 각 문화형식과 내용이 응집해있고 이미 중국 대중들에게 1년 중 빠질 수 없는 정신적 자산이 되었다. 설날특집프로그램은 유가의 '화(和)' 문화를 보여주는 중국의 특수한 문화현상으로, 서양에서는 이러한 문화유형이 없다. 생각해보자. 섣달 그믐날 가족간의 정을 나누는데, 국내 시청자든 해외에 있는 중국인이든 위아래 할 것 없이, 또 프로그램 취향에 세대차이가 있든 없든, 설날특집프로그램은 일종의 기대감을 갖게 하고 가족 상호간의 정신적 틀을 유지하게 해준다. 스포츠, 전통극, 영화나 드라마 채널 등이 있지만 텔레비전을 켜는 대중들이 주목하는 것은 여전히 설날특집프로그램이다. 내용과 형식이 어떻든 간에 이와 같은 효과가 있다는 것은 설날특집프로그램이 성공한 것임을 설명해주는 점이다. 쉽게 말해 설날특집프로그램은 섣달 그믐날의 만두와 같아서, 맛이 어떤가 하는 것이 중요한 게 아니라 관건은 설을 쇠려면 꼭 만두를 먹어야 하고, 만두를 먹는 새해가 정말 새해를 보내는 것 같다는 것이다.

47 　根据这段文字，中国人过春节不做什么?

본문 내용에 따르면 중국인들이 새해를 보낼 때 하는 것이 아닌 것은?

A 吃饺子
만두를 먹는다

B 放鞭炮
폭죽을 터트린다

C 吃粽子
쫑쯔를 먹는다

D 看春晚
설날특집프로그램을 본다

[풀이]

첫 부분에 설날을 보내는 풍습을 소개하고 있는데, 그중 보기 C의 '쫑쯔를 먹는다'는 내용은 언급되어 있지 않다.

참고로 吃粽子는 단오절의 풍습이다.

정답 C

48 关于春晚，下列说法正确的是：

설날특집프로그램에 관해 아래의 내용 중 옳은 것은?

A 春晚就是吃一顿饭

설날특집프로그램이란 곧 한 끼를 같이 먹는다는 의미이다

B 虎年的春晚是最成功的

호랑이해 설날특집프로그램이 가장 성공적이었다

C 西方也有同样的文化形式

서양에도 비슷한 방식의 문화형식이 있다

D 春晚是中国特有的文化形式

설날특집프로그램은 중국의 특수한 문화이다

[● 풀이]

두 번째 단락에서 설날특집프로그램에 대해 설명하면서 春晚⋯是中国特有的文化现象 즉, 중국 고유의 문화형식이라고 강조하고 있다.

정답 ▶ D

49 关于春晚成功的理由，不正确的是：

설날특집프로그램이 성공한 이유 중 맞지 않는 것은?

A 全球华人都关注春晚

전세계 중국인들이 모두 설날특집프로그램에 주목한다

B 老人、孩子都看春晚

노인, 아이 모두 설날특집프로그램을 본다

C 春晚的内容形式不好

설날특집프로그램에 내용과 형식이 좋지 않다

D 春晚是中国人的期待

설날특집프로그램은 중국인들이 기대하는 것이다

[● 풀이]

두 번째 단락 중간 부분에서 설날특집프로그램의 성공 이유를 분석하고 있는데, 이중 보기 C의 내용은 언급되어 있지 않다.

정답 ▶ C

50 关于“春晚像一顿除夕的饺子”理解正确的是?

'설날특집프로그램은 섣달 그믐날의 만두와 같다'는 말의 정확한 뜻은?

A 饺子味道好

만두의 맛이 좋다

B 中国人爱吃饺子

중국인들은 만두를 좋아한다

C 有饺子吃的年更像年

만두를 먹어야 새해 같다

D 过年不一定要吃饺子

설을 쇨 때 반드시 만두를 먹어야 하는 것은 아니다

[● 풀이]

마지막 부분에서 만두의 맛이 어떤가 하는 것이 중요한 게 아니라 가장 중요한 것은 설을 쇠려면 꼭 만두를 먹어야 하며, 만두를 먹는 새해가 정말 새해를 보내는 것 같다고 말하고 있다.

정답 ▶ C

단어

放鞭炮 fàng biānpào 동 폭죽을 터뜨리다 | 春晚 Chūnwǎn 명 설날특집프로그램 | 屈指 qūzhǐ 동 (손가락으로) 꼽아서 세다 | 央视 Yāngshì 명 中央电视台(중앙방송국)의 줄임말 | 议论纷纷 yìlùn fēnfēn 성 의견이 분분하다 | 和谐 héxié 형 조화롭다 | 祥和 xiánghé 형 친절하다 | 积聚 jījù 동 축적하다 | 儒家 rújiā 명 유가 | 趋同 qūtóng 동 같은 방향으로 가다 | 代沟 dàigōu 명 세대차 | 维系 wéixì 동 서로 엉겨 방해되다 | 占据 zhànjù 동 점거하다. 차지하다 | 频道 píndào 명 채널 | 瞩目 zhǔmù 동 주목하다 | 除夕 chúxī 명 12월 31일. 섣달 그믐날 | 粽子 zòngzi 명 쫑쯔(찹쌀을 대나무 잎사귀 등에 싸서 삼각형으로 묶은 후 찐 음식)

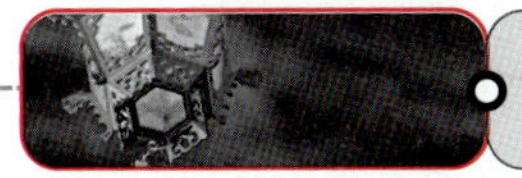 

독해해설

 51~60번 문제, 다음 문장 중 틀린 문장을 고르시오.

51

A 天气太冷了，你得穿多点儿衣服。
날씨가 너무 춥네, 너 옷을 더 두둑이 입어.

B 她心烦的时候，总是来向我诉说自己的苦恼。
그녀는 마음이 답답할 때, 나에게 항상 자신의 고민을 이야기한다.

C 只有信仰才让思想发出火花，只有希望才让未来发出光芒。
신앙이 있어야만 사상이 꽃을 피울 수 있고, 희망이 있어야만 미래가 빛을 발할 수 있다.

D 昨天，老师破例带我们全班同学去一家很贵的餐馆吃了一顿。
어제 선생님은 관례를 깨고 반 전체 학생들을 데리고 매우 비싼 음식점에서 식사를 했다.

[● 풀이]

A에서의 '부사+서술어+수량보어'의 문장순서가 잘못됐다.
穿 + 多 + 一点儿 （X） → 多 + 穿 + 一点儿 （O）
吃 + 多 + 一点儿 （X） → 多 + 吃 + 一点儿 （O）
来 + 晚 + 一点儿 （X） → 晚 + 来 + 五分钟 （O）
자주 출제되는 형식이므로 꼭 기억해두자!

정답 ▶ A

● 단어

心烦 xīnfán 형 성가시다. 번거롭다 | 诉说 sùshuō 동 하소연하다 | 信仰 xìnyǎng 동 믿다 | 光芒 guāngmáng 명 광선. 빛 |
破例 pòlì 동 전례를 깨뜨리다

52

A 聪明人自己创造的机会比他找到的多。
똑똑한 사람 스스로가 만들어낸 기회는 그가 찾은 것보다 많다.

B 我把白天发生的事又重新给他讲了一遍。
낮에 일어난 일을 나는 다시 한번 그에게 이야기했다.

C 车刚停稳，张毅正倚着窗口，隐约听到了有人呼唤他的名字。
차가 막 멈췄고, 쨩이는 마침 창문에 기대어 있다가 어렴풋이 누군가 자신의 이름을 부르는 것을 들었다.

D 狗的视力是非常强的，它可以发现一枚在百米外大小图钉的东西。
개의 시력은 매우 좋아서, 100미터 밖에서 압정보다 더 작은 물건도 볼 수 있다.

[▸풀이]

D는 서술어의 위치가 잘못 표기된 문장인데, 이 문장을 해석하면 '개는 100미터 밖의 크기와 압정의 물건을 볼 수 있다'이므로 문장오류라고 볼 수 있다. 즉 它可以在百米外发现一枚比图钉还要小的东西(개는 100미터 밖에서 압정보다 더 작은 물건도 볼 수 있다)라고 써야 한다.

정답 ▸ D

[▸단어]

停稳 tíngwěn 동 (멈추어) 움직이지 않다 | 隐约 yǐnyuē 형 분명하지 않다 | 呼唤 hūhuàn 동 부르다 | 枚 méi 양 개. 매. 장(작고 둥근 모양의 물건을 셀 때) | 图钉 túdīng 명 압정

53

A 只有经得起环境考验的人，才能算是真正的成功者。
환경의 시련을 이겨낸 자만이 진정으로 성공한 사람이라 할 수 있다.

B 他欣然答应那位创始人的要求，从此拥有了商店的所有权。
그는 그 창시자의 요구를 기쁘게 받아들였고, 그 후로 상점의 소유권을 가지게 되었다.

C 人在生活中乃至一生中，谁没有大大小小这样那样的遗憾呢！
사람이 살아가면서 더 나아가 일생 중에 누가 크고 작은 아쉬움이 없겠는가!

D 一提到去哪儿旅游的问题，办公室里顿时出现了两种完全不同的意见。
어느 곳으로 여행을 갈지에 대해 말하자마자 사무실에서는 바로 완전히 다른 두 가지 의견이 나왔다.

[▸풀이]

독해1부분 출제유형 중 습관적인 표현에 관한 문제이다. C를 보면 한국어로도 흔히 말하듯 '이런저런 크고 작은'이란 말을 중국어로 쓸 때는 지시대명사인 这样那样이 大大小小보다 앞에 위치해야 하므로, 谁没有这样那样大大小小的遗憾呢가 옳다. 시험에 자주 출제되었던 문제이므로 꼭 기억해두자!

정답 ▸ C

[▸단어]

经得起 jīngdeqǐ 견뎌내다. 이겨내다 | 考验 kǎoyàn 동 시험하다. 검증하다 | 欣然 xīnrán 부 기쁘게. 선뜻 | 所有权 suǒyǒuquán 명 소유권 | 遗憾 yíhàn 형 유감스럽다 | 顿时 dùnshí 부 즉시. 바로

54

A 爱情是发生在两个人之间的一种共同的体验。
사랑은 두 사람 사이에서 진행되는 공동의 체험이다.

B 梁小冰那么瘦弱的身体，长跑的速度竟然快得惊人。
량샤오빙은 그렇게 몸이 허약하지만 장거리 달리기 속도는 놀랄 정도로 빠르다.

C 各种动物的寿命都大不相同，既然同一种动物，个体之间的寿命就有差异。
각 동물의 수명은 모두 달라서, 같은 동물이라 하더라도 개체 간의 수명은 차이가 있다.

D 虽然并没有受过专业的表演训练，但她凭借自身良好的艺术感觉受到不少大牌导演的青睐。
전문적인 연기훈련을 받지는 못했지만, 그녀는 자신의 훌륭한 예술적 감각으로 유명 감독들의 러브콜을 받았다.

[풀이]

독해1부분 선택지에서 접속사가 나오면 먼저 의심을 해야 한다. C를 보면 접속사가 잘못 쓰여 앞뒤 문장의 의미에 오류가 생겼음을 알 수 있다. 신중하게 잘 해석하지 않고 단순히 주절의 접속사와 종속절의 부사가 맞게 쓰였다고 해서 대충 넘어가서는 안 된다. 틀린 문장에서 '既然…就…'는 얼핏보면 '기왕에 이렇게 되었으니 곧 ～'라는 의미로 별문제가 없어 보인다. 하지만 문장의 의미를 보면 오류가 있을 수 있으니 주의해야 한다. 즉 即使同一种动物，个体之间的寿命也有差异。(설령 같은 종류의 동물이라고 할지라도 개체 간의 수명은 차이가 있다)로 수정해야 한다.

정답 ▶ C

* 핵심접속사
既然A，就B：기왕 A한 바에야, B하다
即使A，也B：설령 A하더라도, B하다

단어

瘦弱 shòuruò 형 여위고 허약하다 | 青睐 qīnglài 명 총애. 호감

55

A 他明明不喜欢看足球比赛，你何必要去请他呢?
그는 명백히 축구경기 보는 것을 싫어하는데, 네가 그를 초대할 필요가 있겠어?

B 今日以多云天气为主，气温变化不大，适宜进行运动。
오늘은 대체로 구름이 많이 끼고 기온변화가 크지 않아 운동을 하기에 좋은 날이다.

C 记忆力差的好处是对一些美好的事物，总仿佛初次遇见一样，可以享受多次。
기억력이 나빠서 좋은 점은 일부 아름다운 것을 항상 처음 본 것처럼 여러 번 즐길 수 있다는 것이다.

D 到了中老年，有些人往往感到"书到用时方恨少"，为获得知识产生了如饥似渴之感。
중노년이 되어 일부 사람들은 '학문은 써먹을 때가 되면 내가 공부한 것이 부족함을 후회한다'는 것을 느끼고, 지식을 얻는 것에 대해 목마르고 배고픈 느낌이 생긴다.

[풀이]

독해1부분에서는 전치사가 잘못 쓰여 문장이 틀리는 문제가 종종 출제된다. D에서는 전치사 为를 对로 바꾸어야 한다. 为 뒤에는 보통 심리상태를 나타내는 동사나 형용사들이 잘 따라온다. '为…感到自豪', '为…感到骄傲', '为…担心' 등이 잘 쓰이는 고정형식이니, 꼭 외워두자!

정답 ▶ D

단어

适宜 shìyí (동) 적합하다. 적당하다 | 如饥似渴 rújī sìkě (성) 마치 굶주리고 목이 마른 것 같다

56

A 大家都知道长江沿岸的南京、武汉、重庆被称为"三大火炉"。
사람들은 창장 연안의 난징, 우한, 충칭이 '3대 불가마'라 불리는 것을 모두 안다.

B 七夕是中国的情人节，这一天送杯子寓意着"送你一辈子"！
칠석은 중국의 연인절로, 이날 컵을 선물하는 것은 '당신에게 평생을 바치겠다'라는 뜻을 담고 있다!

C 专家显示，青少年一旦迷上电脑游戏，就会产生逐渐强烈的上瘾及反复操作的冲动。
전문가는 청소년들이 일단 컴퓨터 게임에 빠지게 되면 점차 강력한 중독과 반복조작의 충동이 발생할 수 있다고 밝혔다.

D 朋友有很多种，只有那种毫无嫉妒之心能衷心祝愿你幸福的人，才堪称真正的朋友。
친구에는 여러 종류가 있는데, 질투심 없이 진심으로 당신의 행복을 축복해주는 사람만이 진정한 친구라 할 수 있다.

[풀이]

설명문 형식의 문장은 먼저 근거로 제시할 수 있는 내용을 상대방에게 알려준다. 문장 C에서 자주 쓰이는 동사는 显示, 表明으로, 예를 들면 一项调查显示…, 最新研究结果表明…, 统计显示… 등으로 나오고 뒤에 전문가나 관련 인물의 의견이 보충설명으로 제시된다. 이때 자주 쓰이는 동사는 指出, 建议, 解释, 表示, 认为… 등이 잘 쓰이는데, 예를 들면 专家指出…, 科学家解释…, 医生建议…, 有关人士声称… 등이 그렇다. 문장 C에서는 专家显示를 专家指出로 바꾸어주어야 한다.

정답 ▶ C

단어

沿岸 yán'àn (명) 연안 | 火炉 huǒlú (명) 화로. 난로 | 七夕 qīxī (명) 칠석 | 寓意 yùyì (명) 함축된 의미 | 上瘾 shàngyǐn (동) 중독되다 | 操作 cāozuò (동) 조작하다 | 毫无 háowú (동) 조금도 ～이 없다 | 衷心 zhōngxīn (형) 충심의 | 堪称 kānchēng (동) ～라고 할 만하다

57

> A　爱护地球、保护生态、维护环境每一个公民义不容辞的责任。
> 지구를 아끼고 생태계를 보호하며 환경을 지키는 것은 각 국민마다 앞장서서 해야 할 책임이다.
>
> B　信念对支撑一个人是至关重要的，即便是寿命的长短也往往取决于信念。
> 한 사람을 지탱해주는 신념이라는 것은 매우 중요한데, 수명의 길이도 흔히 신념에 의해 결정된다.
>
> C　今年10月8日夜里，这颗卫星离开轨道，与地面失去联系，从此下落不明。
> 올해 10월 8일 저녁, 이 위성은 궤도를 떠나 지상과 연락이 끊겨 그 후로 행방을 알 수 없다.
>
> D　香蕉是美国人最爱吃的水果之一，平均每人每年食用香蕉达15公斤，可算是香蕉消费大国。
> 바나나는 미국인들이 좋아하는 과일 중 하나로, 한 사람 평균 매년 15킬로의 바나나를 먹어 바나나 소비 대국이라 할만 하다.

[▸ 풀이]

新HSK 시험에 자주 나오는 형식으로 서술어가 생략된 문장에 관한 문제이다. 문장 A에서 '지구를 아끼고 생태를 보호하며 환경을 지키는 것(爱护地球、保护生态、维护环境)'이 '모든 국민의 책임이다(每一个公民义不容辞的责任)'인데 '이다'에 해당하는 동사 是가 빠진 것이다. 爱护地球、保护生态、维护环境是每一个公民义不容辞的责任으로 바꾸어야 한다.

정답 ▸ A

▸ 단어

爱护 àihù 〔동〕 아끼고 보호하다 | 义不容辞 yì bù róng cí 〔성〕 도의상 거절할 수 없다 | 支撑 zhīchēng 〔동〕 버티다. 지탱하다 | 取决于 qǔjué yú ~에 달려 있다 | 下落 xiàluò 〔명〕 소재. 행방

58

> A　租赁公司为每辆车都投了高额保险，旅客租车后出现剐伤不用赔偿。
> 리스회사들은 차 한 대마다 고액의 보험을 가입해, 여행객들이 차를 빌린 후 사고가 나더라도 배상할 필요가 없다.
>
> B　距今6亿年前，地球上的一天只有21小时，而当2.5亿万年前恐龙首次在地球上出现时，一天延长到23小时。
> 지금으로부터 6억 년 전 지구상의 하루는 21시간 밖에 되지 않았다. 하지만 2억 5천만 년 전 공룡이 처음 지구에 나타났을 때 하루는 23시간으로 늘어났다.
>
> C　如果不是急需，就不必去抢购。过一段时间，生产得多了，价格降低了，质量也比较稳定了，再去买也不迟。
> 만약 급히 필요한 것이 아니라면 사재기를 할 필요가 없다. 시간이 좀 지난 후 생산량이 많아져 가격이 낮아지고 품질도 안정되고 난 후에 구입해도 늦지 않다.

D 昨日，在开福区"新河2010年元宵喜乐会"送新春温暖活动中，新河三角洲工地200多名外来务工人员吃上了非常热腾腾的爱心汤圆。

어제 카이푸 지역 '신허 2010년 정월대보름 축제'라는 새해 자선행사 중 신허삼각주의 외지 노동자 200여 명은 따뜻한 탕위안을 먹게 되었다.

[◆ 풀이]

新HSK시험에 자주 나오는 형식으로 중첩식 오류문장을 찾아내는 문제이다. 문장 D는 非常을 빼고 热腾腾的爱心汤圆으로 바꾸어야 한다.

정답 ▶ D

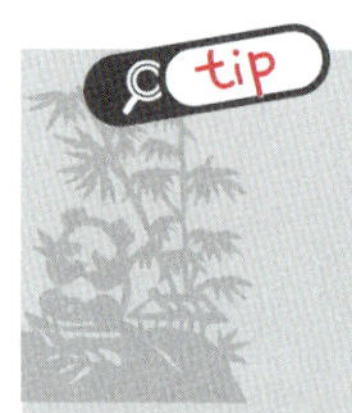

	동사의 중첩	형용사의 중첩
1	진행형 문장이 중첩이 된 경우 他正在看看书呢。(X) 他正在看书呢。(O)	중첩식 앞에 정도부사가 있는 경우 非常漂漂亮亮 (X) 非常漂亮 (O)
2	관형어로 쓰인 경우 我看看的书 (X) 我看过的书 (O)	형용사의 중첩이 ABAB로 쓰인 경우 认真认真 (X) 认认真真 (O) 예 密密麻麻，忙忙碌碌，冷冷清清，马马虎虎，明明白白，老老实实…
3	부사어로 쓰인 경우 研究研究地批改作业 (X) 研究性地批改作业 (O)	형용사의 중첩이 AABB로 쓰인 경우 冰冰凉凉 (X) 冰凉冰凉 (O) 예 冰凉冰凉，通红通红，漆黑漆黑，雪白雪白，碧绿碧绿，笔直笔直…
4	중첩식 뒤에 보어가 쓰인 경우 看看一下 (X) 看看 또는 看一下 (O)	형용사의 중첩이 A里AB로 쓰인 경우 非常糊里糊涂 (X) 糊里糊涂 (O) 예 小里小气，古里古怪，慌里慌张，糊里糊涂，马里马虎，邋里邋遢…
5	비지속성동사가 중첩된 경우 结婚结婚 (X) 结婚 (O)	형용사의 중첩이 형+AA로 쓰인 경우 非常胖乎乎的手 (X) 胖乎乎的手 (O) 예 干巴巴，黑黝黝，轻飘飘，香喷喷，笑哈哈，空荡荡…

 단어

租赁公司 zūlìn gōngsī 리스회사 | 保险 bǎoxiǎn 명 보험 | 赔偿 péicháng 통 배상하다. 변상하다 | 抢购 qiǎnggòu 통 다투어 구매하다 | 降低 jiàngdī 통 낮추다. 인하하다 | 元宵 yuánxiāo 명 음력 정월 대보름날 밤 | 三角洲 sānjiǎozhōu 명 삼각주 | 热腾腾 rèténgténg 형 김이 무럭무럭 나는 모양 | 汤圆 tāngyuán 명 탕위안(찹쌀가루 등을 새알 모양으로 빚은 것)

59

A 随着生活节奏的加快，人们在非常追求在短时间内能吃饱的东西了。
생활리듬이 빨라지면서 사람들은 단시간에 배를 채울 만한 음식을 추구하게 되었다.

B IBM（国际商用机器公司）成为当今世界上最大的计算机制造公司的成功秘诀就是为顾客创造良好的售后服务。
IBM(국제상용기기회사)이 세계에서 가장 큰 컴퓨터 생산업체로 성공하게 된 비결은 바로 고객을 위해 훌륭한 애프터서비스를 만들어낸 덕분이다.

C 丹麦禁止养鸟，但鸟食市场却十分兴旺，因为几乎家家都要买上鸟食挂在庭院里喂鸟，常年不断。
덴마크에서는 새를 기르는 것을 금지하고 있지만 새 사료시장은 매우 번성했는데, 이유는 거의 모든 집집마다 일년 내내 새로 산 사료를 정원마다 걸어놓아 새들에게 먹이기 때문이었다.

D 如今海外市场已成为新的增长点，通过国际化扩张，用出口来拉动手机产业发展成为解决问题的重要方式。
현재 해외시장은 이미 새로운 동력원이 되고 있어, 국제화 확장을 통해 수출로 휴대전화 산업발전을 촉진시키는 것은 중요한 문제해결 방식이다.

[▸ 풀이]

문장 A는 정도부사가 동사술어를 잘못 수식한 문장이다. 非常은 정도부사이므로 주로 형용사나 심리동사를 수식한다. 예를 들어 非常好, 非常喜欢 등이다. 그러나 追求는 '추구하다'라는 뜻의 동사이므로 非常의 수식을 받을 수 없다. A는 人们在极力追求在短时间内能吃饱的东西了로 바꾸어야 한다.

정답 A

▸ 단어

秘诀 mìjué 명 비결 | 丹麦 Dānmài 지명 덴마크(Denmark) | 兴旺 xīngwàng 형 흥성하다. 번창하다 | 庭院 tíngyuàn 명 정원 | 常年 chángnián 명 일년 내내. 일년 동안 | 扩张 kuòzhāng 동 확장하다. 넓히다 | 拉动 lādòng 동 촉진하다

60

A 追求理想是一个人进行自我教育的最初的动力，而没有自我教育就不会有完美的精神生活。
이상을 좇는 것은 자아교육의 최초 원동력이 되는데, 자아교육이 없으면 완벽함을 추구하는 정신생활이 있을 수 없다.

B 孔子学院在美国匹兹堡大学设立，这吸引了不少学生和成年人学习汉语的兴趣，当地逐渐搞起了一股汉语学习的热潮。
공자학원이 미국의 피츠버그 대학에 개설돼 많은 학생들과 성인들이 중국어에 흥미를 느끼게 하여, 현지에서 점차 중국어 학습열풍이 불게 되었다.

> **C** 中国是茶的故乡。经过漫长的历史跋涉，现在茶已经在全世界50多个国家中扎下了根，茶叶已经成为风靡世界的三大无酒精饮料之一。
>
> 중국은 차의 고향이다. 유구한 역사의 먼 길을 거쳐 현재 차는 이미 전세계 50여 개국에서 뿌리를 내렸고, 찻잎은 세계를 휩쓴 3대 무카페인 음료가 되었다.
>
> **D** 日本毫无疑问是亚洲现代工业的代表，日本摩托车制造业的开端可以追溯到本世纪初，但真正形成规模是在二战以后。
>
> 일본은 의심할 여지없이 아시아 현대공업의 대표주자로, 일본의 오토바이 제조업의 시작은 금세기 초로 거슬러 올라가지만 큰 규모를 이룬 것은 2차대전 이후이다.

[● 풀이]

新HSK에 자주 출제되는 형식으로 술어와 목적어의 搭配가 부적절한 것을 고르는 문제이다. 문장 B에서 '현지에서 중국어 붐이 불었다'라고 쓸 때의 동사는 搞起가 아니라 掀起를 써야 적절하다. 즉, 当地逐渐掀起了一股汉语学习的热潮。

정답 ▶ B

● 단어

孔子学院 Kǒngzǐ Xuéyuàn 공자학원 | 匹兹堡大学 Pǐzībǎo Dàxué 피츠버그 대학 | 热潮 rècháo 명 열기. 붐 | 漫长 màncháng 형 유구하다 | 跋涉 báshè 동 산과 내를 (걸어서) 건너다. 고생스럽게 먼 길을 걷다 | 扎 zhā 동 파고 들다. 비집고 들어가다 | 风靡 fēngmǐ 동 풍미하다. 유행하다 | 酒精 jiǔjīng 명 알코올 | 开端 kāiduān 명 발단. 시작 | 追溯 zhuīsù 동 거슬러 올라가다

第二部分

61~70번 문제, 다음 지문의 빈칸에 맞는 답을 고르시오.

61

在20 __1__ 80年代后期，美国曾使用类似的方法成功地阻击了日本经济，使日本经济结束了20多年来 __2__ 增长的趋势，__3__ 了长达10多年的经济衰退之中。

20 **1** 세기 80년대 후반 미국은 일찍이 비슷한 방법을 사용하여 성공적으로 일본 경제에 큰 타격을 주었고 일본 경제는 20년간 지속되어왔던 **2** 빠른 성장 추세가 끝나고 10여 년의 경제침체기에 **3** 빠져들었다.

A	世间	高度	落后	B	世上	快速	缺陷
C	世纪	高速	陷入	D	世纪	及时	陷落

[◆ 풀이]

1: '세기'라는 의미의 世纪가 가장 적당하다.
世间, 世上은 우리가 흔히 쓰는 '세간, 세상'이라는 뜻이다. 중국어 문장에서는 연도를 직접 1985년이라고 쓸 수 있지만, '20세기 80년대 중반'이라고 더 자주 쓴다.

2: 한 국가의 경제성장을 나타낼 때는 고속성장이라는 표현을 자주 쓰므로 高速를 써야 가장 적당하다.
快速는 실제로 물리적인 의미의 속도가 빠름을 나타내고, 高度는 관심이나 경계, 중요도 같은 속성을 나타낼 때 쓰인다. 高度重视, 高度戒备 등을 잘 익혀두자.

3: 경제쇠퇴의 시기로 들어섬을 나타내야 하므로 陷入를 써야 한다. 陷入는 주로 불리한 상황이나 국면, 시기에 빠지거나 그러한 상황에 처하게 됨을 나타낸다.
落后는 이합동사로서 뒤에 목적어를 쓸 수 없다. 예를 들어 落后了10天，我们的工作落后了，思想落后了，落后的职员 등의 형태로 써야 한다. 缺陷은 결함, 단점, 부족한 점이라는 뜻의 명사이므로 동태조사 了의 앞에 놓일 수 없다. 陷落는 실제로 지면이나 표면이 함몰되거나 오목하게 들어갈 때 쓰고, 또 영토나 진지 등이 점령되고 함락될 때도 쓰인다.

정답 ▶ C

◆ 단어

阻击 zǔjī 图 저지하다, 차단하다 | 趋势 qūshì 圐 추세 | 衰退 shuāituì 图 쇠퇴하다, 쇠락하다 | 陷入 xiànrù 图 (불리한 지경에) 빠지다 | 陷落 xiànluò 图 빠지다, 떨어지다

62

噪音在我们现实生活中 __1__ 不在，__2__ 学生，我们听到最多的就是上课时那刺耳的铃声，__3__ 我们以鸟鸣的声音或优美的音乐声代替它，那将会如何呢？

소음은 우리 현실생활에서 존재하지 **1** 않는 곳이 없다. 학생 **2** 으로서 우리가 가장 많이 듣는 것은 수업 중 귀에 거슬리는 종소리인데, **3** 만약 새 지저귀는 소리나 아름다운 음악으로 종소리를 대신한다면 어떨까?

A	无比	当成	既然	B	无处	作为　倘若
C	无非	做成	尽管	D	无所	当作　如果

[▶ 풀이]

1: 无处는 '없는 곳이 없다, 모든 곳에 다 있다'는 뜻이다. 예를 들면 无处不在는 '없는 곳이 없다'는 뜻이므로 문맥의 흐름과 아주 잘 맞는다.

无比는 뒤에 형용사가 잘 따라오며 그 정도가 매우 뛰어나서 비교할 수가 없다는 뜻이다. 예를 들면 无比快乐는 '즐거움을 비교할 수 없다, 최고로 즐겁다'의 뜻이다. 无非는 只不过와 같은 뜻으로 '단지 ~에 불과하다'가 된다. 주로 뒤에 而已, 罢了와 잘 결합한다. 无所不在도 '보편적으로 다 있고 없는 곳이 없다'는 뜻이다.

2: '학생으로서'라는 자격이나 신분을 나타내야 하므로 유일한 정답은 作为이다.

作为의 세 가지 뜻을 꼭 기억해두자! ① 전치사: ~(으)로서 ② 명사: 성과, 업적 ③ 동사: ~로 삼다, 여기다. 그 외의 세 단어는 모두 전치사 把와 잘 결합한다.

3: 모두 '만약에'라는 의미로, 앞의 빈칸에 맞춰 답을 선택하면 된다.

정답 ▶ B

▶ 단어

噪音 zàoyīn 몡 소음 | 刺耳 cì'ěr 혱 귀를 찌르다. 자극하다 | 铃声 língshēng 몡 방울소리. 벨소리 | 鸣 míng 동 (금수나 곤충 등이) 울다 | 代替 dàitì 동 대신하다. 대체하다 | 无处 wúchù 동 ~할 곳이 없다. 처할 곳이 없다 | 倘若 tǎngruò 젭 만일 ~한다면 | 无非 wúfēi 뷔 단지 ~에 지나지 않는다 | 尽管 jǐnguǎn 젭 비록 ~라 하더라도 | 无所 wúsuǒ 뷔 조금도 ~하는 바가 없다

63

我来北京留学已经两年了，在北京生活已　__1__　不到有什么麻烦的了。北京人说话我基本都能听懂，我也可以自由地　__2__　我的想法，我的朋友也说我的汉语很不错，于是我对考试自然也有了　__3__　。

나는 베이징에 유학 온 지 이미 2년이 되어 베이징에서 지내는 생활에 어떠한 불편도 ¹ 느끼지 못한다. 베이징 사람들이 하는 말도 나는 거의 알아듣고, 자유롭게 내 생각을 ² 표현할 수 있다. 친구가 내 중국어 실력이 매우 좋다고 하여서 나는 시험에도 당연히 ³ 자신이 있다.

A	感觉	表达	信心	B	感到	表现	信誉
C	觉察	表示	信念	D	感悟	呈现	信用

[▶ 풀이]

1: 어떠한 불편도 '느끼지 못했다'라고 해야 의미상 맞으므로 感觉不到가 유일한 정답이 된다.

觉察는 '~을 알아채다, 눈치채다', 感悟는 '깨닫다, 느끼다'라는 뜻이므로 모두 부적절하다. 感到는 이미 到라는 결과보어가 있으므로 感到不到라고 쓸 수 없다.

2: 내 생각을 상대방에게 '전달해야 한다'는 뜻이므로 表达를 써야 한다.

表现은 주로 공연, 무대, 시합, 경기, 회사, 직장 등에서 본인의 능력발휘가 뛰어남을 나타낼 때 잘 쓰인다. 呈现은

상태나 추세를 보여줄 때 잘 쓰이는데, 예를 들어 呈现…状态, 呈现…走势, 呈现…趋势 등의 형태로 잘 쓰인다.

3: 전치사 숙어로 '对…有信心'이라고 꼭 기억해두자. 본문의 맥락으로 보면 내가 시험에 대해서 자연스럽게 '자신감이 생겼다'라고 보는 것이 맞다.

정답 A

단어

信誉 xìnyù 명 신용. 명성 | 觉察 juéchá 동 알아차리다. 감지하다 | 感悟 gǎnwù 동 깨닫다. 느끼다 | 呈现 chéngxiàn 동 나타나다. 드러나다

64

从中西医结合到完成新医学的 __1__ ，必须是中医、西医、中西医结合三种力量同时 __2__ ， __3__ 不断使中西医结合向深度、广度发展的过程推进， __4__ 这样才能做到真正的中西医结合。

중의학과 서양의학이 결합해서 만든 새로운 의학 1 과정은 반드시 중의학, 서양의학, 중·서양의학의 결합이라는 세 가지 역량을 동시에 2 발전시키고, 3 그리하여 중·서양의학의 결합을 심도 있고 폭 넓게 발전시키는 것을 촉진해야 한다. 4 이렇게 해야만 진정한 중·서양의학의 결합을 이룰 수 있을 것이다.

A	程序	发挥	然而	只要	B	历程	发散	于是	除非
C	途中	发达	故而	尽管	D	过程	发展	从而	只有

[풀이]

1: 의미파악이 중요하다. 중의학의 결합부터 완성까지의 '과정(过程)'이 가장 옳은 표현이다.
程序는 컴퓨터의 프로그램이나 어떤 일의 절차나 순서를 나타낼 때 쓴다. 历程은 지금까지 지나온 역정이나 노정을 주로 나타내어, 역사적인 일이나 발전과정, 개혁 등에 잘 쓰인다.

2: 목적어가 力量(힘, 능력)을 키워간다고 나타내야 하므로 发展이 가장 무난하다. 发展은 개인의 성장이나 발전에도 쓸 수 있고, 관계의 발전에도 쓸 수 있다는 것을 꼭 기억하자!
发挥는 실력이나 끼를 발휘한다는 뜻이다. 주로 '充分发挥…能力'라고 자주 출제되므로 꼭 기억하자! 发散은 빛이나 냄새 등을 발산하고 뿜어내는 것을 나타낸다.

3: 접속사 문제이다. 쉼표 다음에 접속사가 나올 때에는 항상 앞뒤의 의미를 잘 파악해야 한다. 从而은 주로 설명문에 잘 쓰여, 앞의 내용을 함에 따라 뒤에 결과가 따라옴을 나타내는데, 즉 앞의 내용에 따라 다음 결과나 목적에 도달함을 의미하므로, 본 문제에 가장 잘 맞는 접속사이다.
然而은 역접을 나타내므로 본문의 의미와 어울리지 못한다. 于是는 '그리하여, 그래서'라는 뜻으로 주로 동화나 우화같이 스토리가 전개되는 문장에서 자연스러운 결과를 유도한다. 故而은 '이 때문에, 그렇기 때문에'라는 뜻으로 바로 앞에 나온 내용이 직접적인 원인이 되어 뒤에 결과가 자연스럽게 따라온 것을 의미한다.

4: 접속사 문제이다. 才能을 통해 의미상 '~해야지만 ~할 수 있다'는 것을 알 수 있으므로 정답은 只有이다.

정답 D

> 단어

结合 jiéhé 동 결합하다. 결부하다 | 深度 shēndù 명 깊이. 심도 | 广度 guǎngdù 명 넓이. 폭 | 推进 tuījìn 동 추진하다 | 只要 zhǐyào 접 ~하기만 하면 | 历程 lìchéng 명 역정. 노정 | 发散 fāsàn 동 발산되다. 퍼지다 | 除非 chúfēi 접 오직 ~하여야 (비로소) | 途中 túzhōng 명 (길을 가는) 도중 | 发达 fādá 동 발전시키다 | 故而 gù'ér 접 그러므로. 그런 까닭에

65

> 亚马逊河 __1__ 于安第斯山脉东坡，是世界上流程最长，流域 __2__ 最广，流量最大的河流，亚马逊河 __3__ 6400公里，流域面积700多平方公里，每年 __4__ 大西洋的水量有3800立方公里。
>
> 아마존 강은 안데스 산맥 동쪽 기슭에서 ¹ 발원하는 세계에서 가장 길이가 길고 유역 ² 면적이 가장 크며 유량이 제일 많다. 아마존 강의 ³ 전체길이는 6,400km이고 유역면적은 700여 만km²이며 매년 대서양으로 ⁴ 흐르는 수량은 3,800km³이다.

A	起源	体积	长达	泄漏	B	发源	面积	全长	流入
C	发祥	累积	距离	流入	D	来源	规模	长为	流传

[> 풀이]

1: 发源은 문화나 인류의 기원, 발상지를 나타낼 때 전문적으로 쓰는 단어이므로 정답이다.
起源은 사물의 발생이나 원류를 나타내는 시작점을 나타낸다. 예를 들어 문자, 건물양식, 바이러스, 생명의 기원 등에 잘 쓰인다. 发祥은 문화나 활동, 움직임의 발상지나 시작처를 나타내는데 주로 发祥地라고 잘 쓰인다. 来源은 다른 세 단어에 비해 전반적으로 많이 쓰일 수 있으며, 경제적 원천, 소음의 발생, 문학작품의 소재 등 비교적 다양한 방면에 두루 쓰일 수 있다.

2: 뒤에 술어가 广이라고 되어 있으므로 면적(面积)을 나타낸다는 것을 알아야 한다.
规模(크기)와 体积(부피)의 술어는 大라는 형용사가 적합하다. 累积는 '누적되다'라는 뜻이므로 분포나 면적과는 거리가 멀다.

3: 아마존 강의 길이를 나타내고 있다. 아마존 강의 전체길이를 나타내는 어휘로 가장 무난한 것은 全场이 적합하다.

4: 매년 대서양으로 들어가는 강물의 양이므로 유입량을 나타내는 流入가 가장 적합하다.
泄露는 기밀이나 비밀이 새어나가거나 폭로됨을 나타낸다. 流传은 작품이나 문화, 서적 등이 다른 지역으로 전파되고 전해짐을 나타낸다.

정답 B

> 단어

亚马逊河 Yàmǎxùn Hé 명 아마존 강 | 安第斯山脉 Āndìsī Shānmài 명 안데스 산맥 | 流程 liúchéng 명 물길. 수로 | 流域 liúyù 명 유역 | 流量 liúliàng 명 유동량 | 面积 miànjī 명 면적 | 立方 lìfāng 명 세제곱 | 体积 tǐjī 명 체적 | 泄漏 xièlòu 동 새다 | 发源 fāyuán 동 발원하다. 기원하다 | 全长 quáncháng 명 전체길이 | 流入 liúrù 동 유입하다 | 发祥 fāxiáng 동 발상하다 | 累积 lěijī 동 누적하다. 축적하다 | 来源 láiyuán 명 근원. 출처 | 流传 liúchuán 동 세상에 널리 퍼지다

66

得到金子就 __1__ 着发财，发财就意味着能过上令人 __2__ 的生活。淘金人 __3__ 般涌来，这儿的金子被淘光了，淘金人不得不到更 __4__ 、更危险的雪山、戈壁、沙漠中去寻找金子。

금을 얻는다는 것은 부자가 된 것을 [1] 의미하고 부자가 된다는 것은 사람들이 [2] 동경하는 생활을 하는 것을 의미한다. 금을 캐려는 사람들은 [3] 밀물처럼 몰려들어 이곳의 금은 모두 고갈되고, 금을 캐려는 사람들은 더욱 [4] 외지고 위험한 설산이나 자갈사막, 모래사막으로 금을 찾으러 간다.

A	意味	向往	潮水	偏远		B	意义	憧憬	潮流	边缘
C	代表	难忘	潮汐	边际		D	替代	满意	流浪	偏僻

[◈ 풀이]

1: 핵심포인트는 동태조사인 着이다. 네 가지 제시어 중에 着와 결합이 가능한 것은 意味着와 代表着밖에 없다.

2: 사람들이 '무엇하는' 삶을 살 수 있다는 것을 의미한다고 했으므로 '동경하다'는 뜻의 向往과 憧憬이 가장 무난하다. 难忘은 특정한 추억이나 기억에 관한 것이므로 生活라는 목적어와 직접적인 연결은 부자연스럽다.

3: 금을 캐는 사람들이 밀물처럼 밀려온다고 비유를 하고 있으므로 潮水가 가장 정확한 단어이다. 流浪은 '유랑하다'는 뜻이므로 정답과 거리가 멀고, 潮汐는 조수간만의 차를 나타내는 단어로 사람이 많았다 적었다를 규칙적으로 한다는 말이 되므로 없는 표현이 된다.

4: 금을 캐는 사람들이 금을 얻기 위해 더욱 위험하고 '어떤' 곳으로 간다고 했으므로 외지고 동떨어진 곳을 나타내는 偏远이 가장 자연스러운 연결이 된다.
边缘은 변경, 변두리, 국경을 나타내므로 특정지역을 나타낼 수 있어 부적절하다. 边际는 지역이나 공간의 끝, 가장자리를 나타내어 정답이 아니다. 偏僻는 산골이나 도서지역 같은 오지, 외진 곳을 나타내고 주로 '주어+偏僻'로 잘 쓰인다.

정답 ▶ A

◈ 단어

发财 fācái 동 돈을 벌다 | 淘金 táojīn 동 도금하다. 금을 골라내다 | 不得不 bùdebù 부 어쩔 수 없이. 반드시 | 戈壁 gēbì 명 자갈사막 | 向往 xiàngwǎng 동 열망하다. 갈망하다 | 潮水 cháoshuǐ 명 밀물과 썰물. 조수 | 偏远 piānyuǎn 형 궁벽하다. 외지다 | 憧憬 chōngjǐng 동 동경하다. 지향하다 | 边缘 biānyuán 명 가장자리 부분

67

现代整容手术已经能够把一张脸 __1__ 另一张脸，但在新脸皮下面的仍是那个 __2__ 。如果不通过镜子，人是 __3__ 自己的容貌的，常常也是想不起自己的容貌的，而这并不妨碍他做一切事情。镜子 __4__ 着别人的眼光，人一照镜子，就是用别人的眼光审视自己了。

현대 성형수술은 이미 한 얼굴을 완전히 다른 얼굴로 [1] 바꿀 수 있게 되었지만 새로운 얼굴을 가진 사람이라도 [2] 원래 그 사람일 뿐이다. 만약 거울을 보지 않는다면 사람은 자신의 얼굴을 [3] 보지 못하고 종종 자신의 외모를 생각하지 못하게 되는데, 이렇게 해도 모든 일을 하는 데 전혀 방해가 되지 않는다. 거울은 다른 사람의 시선을 [4] 대표하는 것으로, 사람이 일단 거울을 보면 다른 사람의 시선처럼 자신을 보는 것이 된다.

A	变得	新人	看不着	象征	B	变化	老人	看不了	标签
C	变成	旧人	看不见	代表	D	改变	本人	看不准	意味

[풀이]

1: 하나의 대상이 또 다른 성질의 대상으로 바뀐 것이므로 变成을 써야 한다.

变得는 어떻게 변했다는 변한 정도를 표현하므로 문맥상 맞지 않다. 变化의 뒤에는 대개 목적어가 올 수 없다. 뒤의 목적어를 변화시키고 바꾼 것에는 改变을 써야 한다.

2: '옛 얼굴, 원래 얼굴'을 나타낼 때는 旧를 써야 한다.

3: 사람은 거울을 보지 않고는 자신의 모습을 볼 수 없다고 했으므로, 육체적으로 눈을 통해 사물을 볼 수 있거나 없는 것을 나타내는 看不见을 써야 맞다.

看不着는 보려고 하는 대상이나 특별히 관심을 끌 수 있는 볼거리가 없다는 뜻을 나타낸다. 예를 들어 '막상 만리장성에 가보았더니 별로 볼 것이 없더라'라는 문장을 나타낼 때 '其实到了长城也看不着什么'라고 쓸 수 있다. 看不准은 '똑똑히 볼 수 없다, 분간할 수 없다'는 의미이다.

4: 핵심포인트는 동태조사 着이다. 着와 잘 결합하는 동사는 意味着, 代表着이다.

标签은 '라벨, 상표'를 나타내므로 본문의 내용과 맞지 않다.

정답 ▶ C

[단어]

整容 zhěngróng 통 성형하다 | 脸皮 liǎnpí 명 얼굴의 피부 | 妨碍 fáng'ài 통 방해하다, 저해하다 | 审视 shěnshì 통 자세히 살펴보다 | 看不着 kànbuzháo 통 볼 수가 없다 | 象征 xiàngzhēng 통 상징하다, 표시하다 | 标签 biāoqiān 명 상표 | 看不见 kànbujiàn 통 보이지 않다

68

阿里卡不愧是世界上最干旱的城镇。 __1__ 世界气象组织提供的资料，在1909年到1919年间，这里不曾下过 __2__ 雨。在这个年平均降雨量只有0.8毫米的地方，有很多人一生都没见过雨。由于气候 __3__ 和沙中含盐，人们早在公元前5世纪就开始制作木乃伊，保存2000年以上的木乃伊 __4__ 。

아리카는 세계에서 가장 가뭄이 심한 도시라 할만하다. 세계기상기구가 제공한 자료에 **1 따르면** 1909년에서 1919년까지 이곳에는 비가 **2 한 방울도** 내린 적이 없다. 올해 평균 강우량이 0.8mm 밖에 되지 않는 곳에서 많은 사람들이 평생 비를 보지 못한다. 기후가 **3 건조하고** 모래에 소금이 섞여 있어, 사람들은 일찍이 기원전 5세기 때부터 미라를 만들었고 보존 중인 2,000년 이상의 미라가 **4 넘쳐 난다**.

A	按照	一场	干旱	多如牛毛	B	依据	一次	潮湿	周而复始
C	凭借	一回	寒冷	层出不穷	D	根据	一滴	干燥	比比皆是

[풀이]

1: 근거가 확실한 내용을 바탕으로 사실을 알려주고 있다. 이 경우 주로 쓰이는 전치사는 根据이다. 주로 统计, 报道, 研究, 结果, 调查 등이 잘 나온다. 그리고 뒤에 관련 인사나 전문가들의 의견이나 설명이 따라와 주장이나 사

실에 힘을 실어준다. 즉 专家, 有关人士, 医生, 科学家, 调查人员 등 뒤에 指出, 建议, 解释, 说明, 声称 등이 잘 따라온다. 예를 들어 '一项最新调查显示，…', '专家指出…'의 형태로 나온다.

2: 문맥의 의미상 아프리카 지역은 지금까지 비가 한 방울도 내리지 않았다고 말하고 있으므로 一滴를 써야 한다.

3: 비가 거의 내리지 않는 지역의 기후를 설명하는 것이므로 '건조하다'는 뜻의 干燥가 가장 적당하다.
干旱도 기후나 토양이 건조하고 메마르다는 뜻은 비슷하지만 이 단어는 기후와 함께 잘 쓰이지 않고 지명 뒤에 잘 쓰인다.

4: 성어문제이다. 네 가지 성어의 뜻을 확실하게 기억해두자! 건조한 기후로 인해 미라의 수가 아주 많다는 것이므로, 수가 많음을 나타내는 성어는 比比皆是와 多如牛毛가 적당하다. 이 중 多如牛毛는 주로 수량이 많음을 나타낸다면, 比比皆是는 도처에서 흔히 볼 수 있다는 뜻이므로 比比皆是가 본문의 내용과 더 잘 어울림을 알 수 있다.

정답 ▶ D

🔊 단어

不愧 búkuì ⑧ ~라고 할만하다 | 干旱 gānhàn ⑲ 가뭄 | 城镇 chéngzhèn ⑳ 도시와 마을 | 世界气象组织 Shìjiè Qìxiàng Zǔzhī ⑳ 세계기상기구(WMO) | 降雨量 jiàngyǔliàng ⑳ 강우량 | 毫米 háomǐ ⑳ 밀리미터(mm) | 木乃伊 mùnǎiyī ⑳ 미라 | 多如牛毛 duōrú niúmáo ㉟ 헤아릴 수 없을 만큼 많다 | 潮湿 cháoshī ⑲ 습하다. 축축하다 | 周而复始 zhōuér fùshǐ ㉟ 한 바퀴 돈 다음 다시 시작하다 | 凭借 píngjiè ⑧ ~에 의지하다 | 寒冷 hánlěng ⑲ 한랭하다. 춥고 차다 | 层出不穷 céngchū bùqióng ㉟ 끊임없이 나타나다 | 比比皆是 bǐbǐ jiēshì ㉟ 어느 것이나 모두 그렇다

69

经济的不断发展 __1__ 使得诸多服务行业得以产生并且 __2__ 起来。那是因为在口袋里有了银子以后，人们对口腹耳目享受的层次也会 __3__ 。尽管人们需要享受，但是，人们究竟需要什么样的享受，怎样来 __4__ 人们接受某种特定的服务，很多时候并非易事，而是需要提供服务的人去苦思冥想的。

경제가 지속적으로 발전하면서 ¹ 필연적으로 많은 서비스업종이 생겨나고 ² 번영하기 시작했다. 그 이유는 주머니에 돈이 생긴 후 사람들의 각종 요구 또한 ³ 올라갔기 때문이다. 물론 사람들은 즐기는 것을 필요로 하지만 사람들이 도대체 어떤 것을 즐기려 하는지, 어떻게 특정 서비스를 받도록 ⁴ 유도할지의 여러 상황이 있어 쉬운 일이 아니므로, 따라서 서비스를 제공하는 사람은 곰곰이 생각해봐야 한다.

| A | 当然 | 繁华 | 众所周知 | 引进 | B | 必然 | 繁荣 | 水涨船高 | 吸引 |
| C | 自然 | 奢华 | 五花八门 | 勾引 | D | 必须 | 繁殖 | 大相径庭 | 怂恿 |

[🔘 풀이]

1: 경제발전이 많은 서비스업종의 탄생을 이끌어낸 것은 '필연적이다'라고 보는 것이 가장 무난하므로 必然을 써야 한다.
当然과 自然은 이치나 도리, 인정상 당연히 그러하다는 것이므로 문맥의 흐름과 맞지 않는다. 必须는 다소 강제성의 어감을 갖고, 그렇게 따라야 한다는 뜻이므로 쓸 수 없다.

2: 수많은 서비스업종이 생겨났고 어떻게 되었냐를 나타내야 하므로 '번영하다'는 뜻의 繁荣이 가장 적합하다.
繁华는 주로 도시나 거리가 아주 번화하고 화려하다는 뜻이므로 이 문장에서는 쓸 수 없다. 奢华는 '사치스럽다'는

뜻이므로 서비스업종을 나타낼 수 없다.

3: 성어문제이다. 사람들이 즐기고 원하는 것에 대한 등급(层次)도 자연스럽게 올라갔다고 보는 것이 문맥의 흐름상 가장 매끄럽다. 그러므로 水涨船高를 써야 한다.

4: 사람들을 매료시키고 사로잡는다는 의미이므로 동사 吸引을 써야 한다. 吸引의 뒤에는 사람을 나타내는 단어가 잘 따라온다. 예를 들어 吸引…顾客(고객을 매료시키다), 吸引…消费者(소비자를 사로잡다), 吸引…人们(사람들을 끌어들이다)으로 잘 나온다.

정답 ▶ B

▶ 단어

诸多 zhūduō (형) 많은 | 服务行业 fúwù hángyè 서비스업 | 层次 céngcì (명) 단계. 순서 | 苦思冥想 kǔsī míngxiǎng (성) 골똘히 생각하다. 곰곰이 생각하다 | 引进 yǐnjìn (동) 도입하다. 끌어들이다 | 水涨船高 shuǐzhǎng chuángāo (성) 주변의 큰 상황에 따라 부대상황도 바뀌다 | 奢华 shēhuá (형) 사치스럽고 화려하다 | 五花八门 wǔhuā bāmén (성) 각양각색. 형형색색 | 勾引 gōuyǐn (동) 결탁하다 | 繁殖 fánzhí (동) 번식하다 | 大相径庭 dàxiāng jìngtíng (성) 현저한 차이가 있다 | 怂恿 sǒngyǒng (동) 꼬드기다. 부추기다

70

西红柿，俗称洋柿子，为一年生茄科草本植物。中医 __1__ ，西红柿性味酸甘，有生津止渴、健胃消食、清热解毒的功效。对热性病口渴、过食油腻 __2__ 的消化不良、中暑、胃热口苦、虚火上升等病症有较好的治疗 __3__ 。在炎热的夏天，人们食欲减退，常吃些糖拌西红柿、西红柿汤，可解暑热， __4__ 食欲，帮助消化。

토마토는 속칭 서양감이라고 불리는 가지과의 한해살이 식물이다. 중의학에서는 토마토가 맛이 달고 시며 위액의 분비를 촉진시키고 기침을 멈추게 하며 위를 튼튼하게 해주고 소화를 도우며 몸 안의 열을 내리고 해독하는 효능이 있다고 ¹ 여긴다. 열병에 걸려 목이 마르거나, 과식하고 느끼한 음식을 먹어 ² 빚어지는 소화불량, 더위를 먹거나 위가 뜨겁고 입이 마르거나 허열이 있는 등의 증상에 좋은 치료 ³ 효과가 있다. 무더운 여름날 사람들은 식욕이 감퇴할 때 설탕에 버무린 토마토와 토마토국을 자주 먹어 더위를 가시게 해주고 식욕을 ⁴ 향상시키며 소화를 돕게 한다.

A	认为	所致	效果	增进
B	以为	造成	效率	增强
C	表示	导致	功效	增加
D	分析	引起	效劳	增多

[▶ 풀이]

1: 전문가의 의견이나 판단을 나타내므로 네 가지 제시어 중 以为를 제외하고는 전반적으로 무난하다. 다만 以为는 주로 그런 줄 알았는데 그렇지 않다는 잘못된 판단을 잘 나타내므로 문맥의 흐름상 정답으로 부적절하다.

2: 소화불량의 원인으로 목마름 현상이나 기름진 음식의 과식으로 인해 발생했다고 했으므로 所致가 가장 적당하다. 导致의 뒤에는 주로 사고, 재난, 재해, 질병, 죽음 등 비교적 심각하고 나쁜 경우가 많이 등장한다.

3: 치료효과를 나타내므로 效果가 가장 무난하다.
效率는 작업이나 일의 효율을 나타내므로, 병의 증세나 치료와는 어울리지 않는 단어이다. 功效는 주로 약초나 약재의 효과, 효험을 나타낼 때 주로 쓰인다. 效劳는 타인에게 서비스나 일을 해줄 때의 일이나 고생을 나타낸다. 예를 들어 '你有什么事尽管说，我愿意为你效劳吧！(무슨 시킬 일 있으면 얼마든지 시켜, 다 해줄 게!)'에서 고정격식 '为…效劳'로 잘쓰인다.

<u>4</u>: 식욕에 관련된 것으로 다음 두 표현을 꼭 기억하자! 增进食欲(식욕증진)/减退食欲(식욕감퇴)
增强은 증강, 보강, 강화의 뜻으로 쓰인다. [增强…友谊, 增强…免疫力, 增强…体质] 增加는 수량을 늘린다는 의미가 주를 이룬다. [增加…数量, 增加…销售量, 增加…收入] 增多는 실제적으로 개체의 수가 늘었음을 나타낼 때 잘 쓰인다. [增多…细胞, 增多…死亡人数, 增多…活动]

정답 ▶ A

▶ 단어

西红柿 xīhóngshì 명 토마토 ┃ 茄科草本植物 qiékē cǎoběn zhíwù 명 가지과 식물 ┃ 酸甘 suāngān 형 시고 달다. 새콤달콤하다 ┃ 生津 shēngjīn 동 침이나 체액의 분비를 촉진시키다 ┃ 止渴 zhǐkě 동 갈증을 풀다 ┃ 健胃 jiànwèi 동 위를 튼튼하게 하다 ┃ 消食 xiāoshí 동 소화를 돕다 ┃ 清热 qīngrè 동 해열하다 ┃ 解毒 jiědú 동 해독하다 ┃ 热性病 rèxìngbìng 명 열병 ┃ 过食 guòshí 명 과식 ┃ 油腻 yóunì 형 기름지다. 기름기가 많다 ┃ 中暑 zhòngshǔ 동 더위 먹다 ┃ 虚火 xūhuǒ 명 허열 ┃ 炎热 yánrè 형 무덥다. 찌는 듯하다 ┃ 所致 suǒzhì 명 빚어진 결과. 탓 ┃ 增进 zēngjìn 동 증진하다. 증진시키다 ┃ 效率 xiàolǜ 명 능률

第三部分

71~80번, 빈칸에 내용상 적절한 문장을 보기에서 골라 쓰시오.

71-75

　　一位父亲下班回到家已经很晚了，很累并有点烦，发现他5岁的儿子在门口等他。"爸，我可以问你一个问题吗？""什么问题？""爸，你一小时可以赚多少钱？""这与你无关，你为什么问这个问题？"父亲生气地说。"我只是想知道，请告诉我，你一小时赚多少钱？"儿子哀求道。"假如你一定要知道的话，[71]_______________。""哦"儿子低下了头，接着又说，"爸，可以借我15元吗？"父亲发怒了："如果你问这个问题只是要借钱去买毫无意义的玩具的话，给我回到你的房间。[72]_______________，没时间和你玩儿小孩子的游戏。"儿子安静地回到自己房间并关上门。父亲坐下来还很生气，一小时后，他平静了下来，开始想他可能对孩子太凶了，于是走进儿子的房间说："孩子，你睡了吗？""爸，还没，我还醒着。"儿子回答。"[73]_______________。"父亲说，"这是你要的15元。""爸，谢谢你。"儿子欢叫着从枕头下拿出一些被弄皱的钞票，慢慢地数着。"你已经有钱了为什么还要？"父亲生气地说。"[74]_______________，但现在足够了。"儿子回答，"爸，我现在有30块钱了，[75]_______________？明天请早一点儿回家，我想和你一起吃晚餐。"

한 아빠가 일을 마친 후 집에 돌아오자 이미 늦은 시각이어서 피곤하고 조금 짜증스러웠다. 그때 다섯 살배기 아들이 문 앞에서 그를 기다리는 것을 발견했다. "아빠, 제가 질문을 하나 해도 되요?" "어떤 질문인데?" "아빠는 한 시간에 얼마나 벌어요?" "너랑 상관 없는 일인데, 넌 왜 그런 질문을 하니?" 아빠는 화를 내며 말했다. "저는 단지 아빠가 한 시간에 얼마나 버는지 알고 싶어서 그래요. 말해주세요." 아들이 간청하며 말했다. "만약 네가 정말로 알아야 한다면 (71) E- 나는 한 시간에 30위안을 번다." "아." 아들은 고개를 숙였고, 이어서 말했다. "아빠, 저에게 15위안을 빌려줄 수 있어요?" 아빠는 화를 내며, "만약 네가 이 질문을 한 것이 돈을 빌려 아무 의미 없는 장난감을 사려고 한 것이라면, 네 방으로 돌아가거라. (72) C- 매일 일하는 것만도 힘들다. 너와 애들 장난 할 시간 없어."하고 말했다. 아들은 조용히 자신의 방으로 돌아간 후 문을 닫았다. 아빠는 아직 화가 난 채로 앉아있었고, 한 시간이 지난 후 아빠는 마음이 가라앉아 아이에게 너무 심하게 대했는지 생각하기 시작했다. 그래서 아들의 방으로 들어가 말했다. "얘야, 자니?" "아빠, 아직 안 자요." 아들이 대답했다. "(73) A- 방금 전에 내가 너에게 좀 심하게 한 것 같구나." 아빠가 말했다. "이건 네가 말한 15위안이다." "아빠, 고맙습니다." 아들은 베개 아래서 구겨진 지폐를 꺼내 환호하며 천천히 숫자를 셌다. "넌 이미 돈이 있는데 왜 또 달라고 한 거야?" 아버지는 언짢아 하며 말했다. "(74) D- 왜냐하면 이전에는 부족했기 때문이에요. 하지만 이제 충분해요." 아들이 대답했다. "아빠, 저 이제 30위안이 있어요. (75) B- 저에게 아빠의 한 시간을 파실 수 있어요? 내일 집에 조금 일찍 돌아오세요. 아버지와 같이 저녁을 먹고 싶어요."

A　我刚刚可能对你太凶了
　　방금 전에 내가 너에게 좀 심하게 한 것 같구나

B　我可以向你买一个小时的时间吗
　　저에게 아빠의 한 시간을 파실 수 있어요

C　我每天工作很辛苦
　　매일 일하는 것만도 힘들다

D 因为这之前不够

왜냐하면 이전에는 부족했기 때문이에요

E 我一小时赚30元

나는 한 시간에 30위안을 번다

[◎ 풀이]

71. 앞의 내용에서 아들이 아빠에게 하루에 버는 수입을 물어봤고, 그렇게 알고 싶다면 알려주겠다고 했으므로 흐름 상 한 시간에 얼마를 버는지에 대한 내용을 말하는 것이 맞다. E 我一小时赚30元(나는 한 시간에 30위안을 번다)

72. 뒤에 아이와 놀 시간도 없다고 했으므로 일이 힘들어 놀 시간이 없다고 해야 다른 선택지보다 문장이 더 매끄러워진다. C 我每天工作很辛苦(매일 일하는 것만도 힘들다)

73. 빈칸의 앞내용에서 아빠가 아들에게 하는 말투를 통해 정답을 찾아낼 수 있다. A 我刚刚可能对你太凶了(방금 전에 내가 너에게 좀 심하게 대한 것 같구나)

74. 앞뒤 문장을 읽어보면 아들이 아빠와 함께 시간을 보내고 싶어 돈을 준비했음을 알 수 있다. 그래서 이 부분에서는 이전에는 돈이 부족했을 것을 추측할 수 있다. D 因为这之前不够(왜냐하면 이전에는 부족했기 때문이에요)

75. 앞에 나온 전반적인 내용을 통해 쉽게 답을 찾아낼 수 있다. B 我可以向你买一个小时的时间吗(저에게 아빠의 한 시간을 파실 수 있어요)

정답 ▶ 71. E 72. C 73. A 74. D 75. B

단어

哀求 āiqiú 동 간청하다, 애걸하다 ㅣ 发怒 fānù 동 화내다, 노하다 ㅣ 平静 píngjìng 형 조용하다, 고요하다 ㅣ 枕头 zhěntóu 명 베개 ㅣ 弄皱 nòngzhòu 동 구기다 ㅣ 钞票 chāopiào 명 지폐

76-80

我刚嫁到这个农场时，那块石头就在屋子拐角。石头样子挺难看的，直径约有一英尺，凸出两三英寸。

[76] ___________，碰坏了刀刃。我对丈夫说："咱们把它挖出来行不行？" "不行，那块石头早就埋在那儿了。" 我公公也说："听说底下埋得深着哪。自从内战后你婆婆家就住在这里，[77] ___________。"

就这样，石头留了下来。

我的孩子出生了，长大了，独立了。我公公去世了，后来，我丈夫也去世了。

现在我审视着这院子，[78] ___________，就因为那块石头，围着一堆杂草，像是绿草地上的一块疮疤。

我拿出铁锹，振奋精神，打算哪怕干上一天，也要把石头挖出来。[79] ___________，它不过埋得一尺深而已，下面比上面也就宽出去六寸左右。我用撬棍把它撬松，然后搬到手推车上。这使我惊讶不已，[80] ___________，每个人都坚信前人曾试图挪动它，但都无可奈何。仅因为这石头貌似体大基深，人们就觉得它不可动摇。

내가 막 이 농장으로 시집왔을 때 그 바위는 집 귀퉁이에 있었다. 바위의 모양은 너무 못생겼고, 직경은 약 1피트 가량으로 2~3인치 툭 튀어나와 있었다.

(76) B- 나는 한 차례 전속력으로 바위에 제초기를 충돌시켰는데 칼날만 망가졌다. 나는 남편에게 "우리 바위를 파낼 수 없나요?"라고 말했더니 "안돼. 그 바위는 옛날에 저기 묻혀 있던 거야."라고 했고, 시아버지 역시 "밑에 깊게 묻혔다고 들었다. 내전 후에 네 시어머니 네가 여기서 살았는데 (77) A- 누구도 이 바위를 옮기지 못했어."라고 말씀하셨다.

이렇게 바위는 남게 된 것이다.

나는 자식을 낳았고 아이가 커서 독립하게 되었다. 시아버지께서 돌아가시고 남편마저도 그 후 세상을 떠났다.

지금 나는 이 집을 둘러보다가 (78) E- 집 귀퉁이가 어떻게 봐도 거슬려 보였는데 바로 그 바위 때문이었다. 잡초가 둘러싸고 있어, 마치 잔디밭의 상처자국처럼 보인다.

나는 삽을 들고 용기를 내어, 하루를 다 보낸다 하더라도 바위를 파내려고 마음 먹었다. (79) D- 내가 막 그 바위에 손을 대자 흔들릴지 누가 알았겠는가. 바위는 그저 1척 깊이에 묻혀 있을 뿐이었고, 밑은 위보다 여섯 척 가량 넓었다. 나는 지렛대를 이용해 바위를 움직여 손수레로 옮겼다. 이 일은 나를 매우 놀라게 했고, (80) C- 이 바위가 이 땅에 있었던 시간이 사람들의 기억보다 오래되었다. 모든 사람들은 전 사람들이 이미 그것을 옮기려고 시도했지만 어쩔 수 없었다고 믿고 있었다. 그저 이 바위가 크고 깊어 보인다는 이유로 사람들은 그것을 움직일 수 없다고 생각한 것이다.

A 谁也没能把它给弄出来
누구도 이 바위를 옮기지 못했다

B 一次我全速开着割草机撞在那块石头上
나는 한 차례 전속력으로 제초기와 바위를 충돌시켰다

C 那石头屹立在地上时间之长已超过人们的记忆
이 바위가 이 땅에 있었던 시간이 사람들의 기억보다 오래되었다

D 谁知我刚伸手那块石头就被我撬动了
내가 막 그 바위에 손을 대자 흔들릴지 누가 알았겠는가

E 发现院角那儿怎么也不顺眼
집 귀퉁이가 어떻게 봐도 거슬려 보였다

[풀이]

76. 뒤를 보면 칼날이 부러졌다고 나와 있고 앞의 내용은 정원에 돌이 있다고 했으므로 첫 부분을 찾아낼 수 있다.
B 一次我全速开着割草机撞在那块石头上(나는 한 차례 전속력으로 제초기와 바위를 충돌시켰다)

77. 빈칸의 앞부분에서 오래 전부터 돌이 있었고, 뒷부분에는 이렇게 돌이 남아있는 것이라고 했으므로 가장 무난한 것은 아무도 이 돌을 옮기지 못했다는 것이다. A 谁也没能把它给弄出来(누구도 이 바위를 옮기지 못했다)

78. 빈칸의 뒤에서 말하는 이가 본격적으로 돌을 파내기 시작하는데 그 동기가 아무리 봐도 눈에 거슬렸기 때문인 것을 알 수 있다. E 发现院角那儿怎么也不顺眼(집 귀퉁이가 어떻게 봐도 거슬려 보였다)

79. 빈칸 뒷문장을 통해 묻힌 깊이가 겨우 1척밖에 되지 않았다고 했으므로 문장의 흐름으로 보아 가장 무난한 답은 D 谁知我刚伸手那块石头就被我撬动了(내가 막 그 바위에 손을 대자 흔들릴지 누가 알았겠는가).

80. 위의 에피소드를 통한 교훈을 요약하는 문장인데, 문맥의 흐름으로 보아 정답을 쉽게 알아낼 수 있다. C 那石头屹立在地上时间之长已超过人们的记忆(이 바위가 이 땅에 있었던 시간이 사람들의 기억보다 오래되었다)

정답 ▶ 76. B 77. A 78. E 79. D 80. C

단어

拐角 guǎijiǎo 명 모퉁이. 귀퉁이 | 直径 zhíjìng 명 직경 | 英尺 yīngchǐ 양 피트(feet) | 凸出 tūchū 동 돌출하다. 불룩 튀어나오다 | 英寸 yīngcùn 양 인치(inch) | 刀刃 dāorèn 명 칼날 | 埋 mán 동 파묻다. 매장하다 | 审视 shěnshì 동 자세히 살펴보다 | 疮疤 chuāngbā 명 상처 자국. 부스럼자리 | 铁锹 tiěqiāo 명 삽. 가래 | 振奋 zhènfèn 형 분기하다. 분발하다 | 撬棍 qiàogùn 명 (비교적 작은) 지레. 크로바 | 推车 tuīchē 명 손수레 | 挪动 nuódòng 동 옮기다. 움직이다 | 无可奈何 wúkě nàihé 성 어찌 해볼 도리가 없다 | 貌似 màosì 동 보기에는 ~인 듯하다 | 动摇 dòngyáo 동 동요하다. 흔들리다 | 割草机 gēcǎojī 명 제초기 | 伸手 shēnshǒu 동 손을 내밀다. 손을 뻗다 | 不顺眼 bú shùnyǎn 형 눈에 거슬리다. 눈꼴 사납다

第四部分

81~100번 문제, 단문을 읽고 그에 해당되는 2~3개의 질문에 알맞은 답을 고르시오.

81-84

　　2009年，亚洲周刊选择 "起" 字作为全球华人社会的年度汉字，[81] 因为它见证了全球金融危机后中国崛 "起" 的经济实力，从索马里打击海盗到哥本哈根会议的环保减排，都展现中国在全球必须负 "起" 责任，显现全球华人社会的突破。
　　[82] 中国在全球金融海啸中以其改革三十年厚积的经济实力做出明快的救市措施，不但保住了自身的经济增长率，也成为全球不至于陷入更深经济危机的重要支援。中国在国际货币基金组织(IMF)出台的救市计划中贡献巨大，扮演着重要助推器角色。
　　2009年1月，中国开始派遣军舰前往亚丁湾、索马里海域对中国船只进行护航，印证中国作为国际安全力量的承诺。同年10月10日，第二次中日韩领导人会议上，日本新首相提出的与中国共建 "东亚共同体" 构想获中方支持后，被定为中日韩未来合作的大方向。自1990年4月首次派遣军事观察员至2009年10月底，中国已累计派出一万四千六百人次维和官兵，参与联合国全球范围内的十八项维和行动，[83] 成为联合国主导的维和行动中派兵最多的国家。
　　同年12月召开哥本哈根气候会议，中国成为协议能否达成的关键。伴随这些政治、经济、军事硬实力的崛 "起"，[84] 作为无形影响力的文化软实力水涨船高，也跟着崛 "起"。

2009년 ≪아시아주간≫은 '기(起)'자를 전세계 중국인 사회의 올해의 한자로 정했는데, 왜냐하면 '기(起)'자는 글로벌 금융위기 후 중국의 흥기(起)된 경제실력을 보여주고 소말리아 해적에서부터 코펜하겐 총회의 환경보호 온실가스 감축까지 모두 중국이 세계에서 반드시 책임을 지기(起) 시작하고 전세계 중국인 사회의 돌파를 보여주기 때문이다. 중국은 글로벌 금융위기 도중에 30년 개혁개방에서 쌓은 경제실력으로 명쾌한 구제조치를 실시했고, 경제성장률을 유지했을 뿐 아니라 전세계가 더 깊은 경제위기로 빠지지 않는 데 중요한 원조를 하였다. 중국은 국제통화기금(IMF)이 내놓은 구제방안에서 공헌을 많이 했고 중요한 촉진제 역할을 해왔다.
2009년 1월, 중국은 함대를 아덴만으로 파견해 소말리아 인근해역의 중국 선함을 보호하여 국제안보의 약속을 보여줬다. 같은 해 10월 10일 제2차 한중일 정상회담에서 중국측은 일본 총리가 제기한 중국과의 '동아시아공동체'구상 구축에 동의를 하고 한중일 협력을 큰 발전방향으로 삼았다. 1990년 4월 처음으로 군사관찰관을 파견한 이후 2009년 10월 말 중국은 이미 연인원 1만4천6백 명의 평화유지군을 파견하여 UN의 전세계를 범위로 한 18개 평화유지작전에 참여하고 있어, 중국은 UN이 주도하는 평화유지작전에서 파견군이 가장 많은 국가가 되었다.
같은 해 12월, 코펜하겐 기후총회에서 중국은 협의달성 여부의 핵심으로 떠올랐다. 이러한 정치, 경제, 군사 같은 하드웨어의 흥기(起)에 따라 무형 영향력이 있는 문화소프트웨어 실력 역시 상승해 함께 흥기(起)하고 있다.

81　为什么选用"起"字作为全球华人社会的年度汉字？

왜 '기' 자를 전세계 중국인 사회의 올해의 한자로 뽑았는가?

A　见证了中国的实力

중국의 실력을 보여주었기 때문에

[▶풀이]

본문의 첫 줄 因为의 뒷부분에 因为它见证了全球金融危机后中国崛 "起" 的经济实力라고 이유가 나와있다.

정답 ▶ A

B　战胜了金融危机
금융위기를 이겨냈기 때문에

C　中国人喜欢 "起"
중국인들이 '기' 자를 좋아하기 때문에

D　中国应该负起责任
중국인들이 반드시 책임을 져야 하기 때문에

82　中国能在全球金融海啸中提出明快的救市措施的基础是什么?

중국이 글로벌 금융위기에서 빠른 구제조치를 취한 기반은 무엇인가?

A　改革三十年厚积的经济实力
30년 개혁개방으로 쌓여진 경제실력

B　国际货币基金组织的帮助
국제통화기금의 도움

C　坚持人民币不贬值
위안화 평가절하 고집

D　中国政府决策正确
중국정부의 정확한 정책결정

[❯ 풀이]

본문 두 번째 단락의 中国在全球金融海啸中以其改革三十年厚积的经济实力做出明快的救市措施 부분을 통해 30년 개혁개방을 통해 쌓인 경제실력이 정답이라는 것을 알 수 있다.

정답　A

83　第三段的主要内容是什么?

셋째 문단의 주요 내용은 무엇인가?

A　中国在履行作为国际安全力量的承诺
중국은 국제안보의 한 축으로 약속을 이행한다

B　中国在国际社会上各方面都占有重要的地位
중국은 국제사회의 모든 분야에서 주요위치를 차지한다

C　中日韩未来合作方向已确定
한중일 미래협력방향이 이미 정해졌다

D　中国派出维和部队的次数最多
중국이 평화유지군을 파견한 숫자가 가장 많다

[❯ 풀이]

셋째 문단의 전반적인 설명의 결론은 그 부분 마지막의 成为联合国主导的维和行动中派兵最多的国家이다.

정답　B

84 文中最后一段出现的"水涨船高"是什么意思?

본문에서 가장 마지막 문단에 '물이 불어나면 배도 올라간다'라는 의미는 무엇인가?

A 物价水平也跟着提高
   물가수준도 같이 상승한다

B 军事实力也跟着提高
   군사실력도 같이 상승한다

C 文化软实力也跟着提高
   문화소프트웨어 실력도 같이 상승한다

D 政治地位也跟着提高了
   정치적 지위도 같이 상승한다

단어

亚洲 Yàzhōu 몡 아시아 주 | 见证 jiànzhèng 동 목격하다 | 金融危机 jīnróng wēijī 금융위기 | 崛 jué 톙 (산봉우리 등이) 우뚝 솟다 | 索马里 Suǒmǎlǐ 몡 소말리아(Somalia) | 海盗 hǎidào 몡 해적 | 海啸 hǎixiào 몡 해일 | 措施 cuòshī 몡 조치. 대책 | 增长率 zēngzhǎnglù 몡 성장률 | 不至于 búzhìyú 동 ~에 이르지 못하다 | 陷入 xiànrù 동 (불리한 지경에) 빠지다 | 贡献 gòngxiàn 동 바치다. 헌납하다 | 助推器 zhùtuīqì 몡 보조 추진 장치. 부스터 | 累计 lěijì 동 누계하다 | 官兵 guānbīng 몡 장교와 사병 | 战胜 zhànshèng 동 싸워 이기다 | 贬值 biǎnzhí 동 (화폐 가치가) 평가절하되다 | 决策 juécè 몡 결정된 책략 | 履行 lǚxíng 동 실행하다. 실천하다 | 次数 cìshù 몡 횟수

85-88

　　地震是一种自然现象，是地壳运动的一种形式。全球每年约发生500万次地震，不过人们能够感觉到的只有不到1万次，而能够造成灾害的仅有100次左右。[85] 强烈的地震会造成山崩地裂、房倒屋塌、火车出轨、水库崩塌等给人民的生命财产带来严重损害的后果。

　　[86] 地壳是由大大小小的许多板块"拼合"起来的。这些地壳板块在不断地运动，它们之间的错动、挤压、分离，都会产生压力，当压力积聚到一定程度，在地壳的薄弱部分就会发生断裂，把长期积累的巨大能量急剧释放出来，以地震波的形式传播出去，引起大地强烈的颤动，就产生了地震。[87] 地震波发源的地方叫震源，地面上正对震源的地方叫震中。通常将震源深度小于70千米的叫浅源地震，深度在70至300千米的叫中源地震，深度大于300千米的叫深源地震。破坏性地震一般是浅源地震，震源距离地面越近，对地面的影响就越大。据测定，汶川大地震的震源深度约20千米。

　　震级是测算地震释放能量大小的一种度量。我国目前使用的震级标准是国际通用的里氏分级表，共分9个等级。[88] 目前已测知的最大震级为8.9级。两个震级仅相差一级的地震，其能量的差别可以达到30多倍。也就是说，汶川发生的8级地震的能量是7级地震的30多倍，是6级地震的约1000倍。

按照震级的大小又进一步划分为5个级别：超微震，震级小于1，只有用仪器才能测出；微震，震级大于1小于3，人们也不能感觉；小震，震级大于3小于5，人们有感觉，但一般不会造成破坏；中震，震级大于5小于7，可造成不同程度的破坏；大震，震级7级和7级以上，可造成十分严重的破坏。

지진은 자연적 현상의 하나이자 지각운동의 형식 중 하나이다. 전세계에서 매년 약 500만 건의 지진이 발생하지만 사람들이 느끼는 것은 불과 1만 건도 안 되며, 자연재해를 일으킬 정도의 규모는 100건 정도이다. 강력한 지진은 산을 붕괴하고 땅을 갈라지게 하며, 주택을 무너뜨리고 열차를 궤도에서 이탈시키며, 댐을 무너뜨리는 등 사람들의 생명과 재산에 심각한 손실을 가져온다.

지각은 크고 작은 많은 판이 모여서 합쳐진 것이다. 이러한 지각판이 끊임없이 운동하면서 그 사이가 엇갈리고 밀리고 분리되어 압력이 발생하는데, 압력이 어느 정도까지 다다르면 지각의 약한 부분은 갈라지고 오랫동안 축적된 거대한 에너지가 급격히 방출된다. 지진파의 형식으로 방출되어 땅이 강하게 흔들리고 지진이 발생하게 된다. 지진파의 발원지를 진원이라고 부르고 지표에서 진원과 같은 위치를 진앙이라 부른다. 일반적으로 진원의 깊이가 70km가 되지 않으면 천발지진이라 부르고 깊이가 70～300km에 달하면 중발지진이라 하며 깊이가 300km를 넘으면 심발지진이라 부른다. 파괴성이 높은 지진은 대부분 천발지진이고 진원과 지표가 가까울수록 지면에 대한 영향이 더욱 커지게 된다. 측정한 결과 원촨대지진의 진원 깊이는 약 20km였다.

지진의 규모는 지진이 방출한 에너지 크기를 측정하는 방법이다. 중국이 현재 사용하고 있는 지진규모의 기준은 국제에서 통용되는 리히터 등급표로 모두 9개 등급으로 나뉜다. 현재 이미 측량된 최대 지진규모는 8.9도이다. 두 개의 지진규모가 한 등급의 차이가 나더라도 그 에너지의 차이는 30배가 넘는데, 즉 원촨에서 발생한 8도 지진의 에너지는 7도 지진의 30배가 넘고 6도 지진의 약 1,000배 가까이 된다.

지진규모의 크기에 따라 다섯 단계 등급으로 나눌 수 있다. 초미진은 지진규모가 1보다 작고 계기로만 측정 가능하다. 미진은 1～3사이로 사람들은 느끼지 못한다. 소진은 지진규모가 3～5사이로 사람들이 느낄 수 있는 정도이나 일반적으로 파괴현상은 일어나지 않는다. 중진은 지진규모가 5～7사이로 다른 정도의 파괴현상이 생길 수 있다. 대진은 지진규모 7과 7 이상을 말하고 매우 심각한 파괴를 낳을 수 있다.

---

85 强烈的地震有可能会出现什么现象？

강력한 지진은 어떤 현상을 초래할 수 있는가?

A 房屋倒塌
집을 무너뜨린다

B 人们有感觉
사람들에게 느낌을 준다

C 泥石流
물사태

D 山体滑坡
산사태

[▶ 풀이]

첫 번째 문단의 强烈的地震会造成山崩地裂、房倒屋塌、火车出轨、水库崩塌等给人民的生命财产带来严重损害的后果 부분을 통해 정답을 알 수 있다.

정답 A

---

86 关于产生地震的说法中正确的一项是：

지진에 관한 표현 중 정확한 것은?

A 地震是由地壳挤压产生的
지진은 지표들이 밀려나면서 생긴 현상이다

B 地震是非自然的现象
지진은 비자연적 현상이다

[▶ 풀이]

두 번째 단락 앞부분에서 지진의 발생과정에 대해 자세히 설명하고 있으며, 그 내용으로 지진은 지각운동에 의해 생긴 것임을 알 수 있다.

정답 C

C　地震是由地壳运动产生的
지진은 지각운동으로 생긴다

D　地震必然会带来灾难
지진은 반드시 재난을 가져다준다

87　地震破坏力的大小，是由哪些因素决定的?
지진의 파괴력 크기는 어떠한 요소로 결정되는가?

A　震源
진원

B　震中
진앙

C　深源地震
심발지진

D　浅源地震
천발지진

[▶ 풀이]

두 번째 단락 뒷부분에서 진원에 따른 파괴력의 크기를 상세하게 설명하고 있다.

정답 ▶ A

88　有关震级的说法，下面哪一项是错误的:
지진규모에 관한 표현 중 다음에서 틀린 것은?

A　震级是测算地震释放能量大小的一种度量
지진규모는 방출된 에너지 크기를 측정하는 방식이다

B　两个震级相差一级，其能量的差别达到30多倍
두 개의 지진규모가 한 등급 차이라면 그 에너지의 차이는 30배 이상에 달한다

C　按震级大小划分可分为5个级别
지진규모의 크기에 따라 5개 등급으로 나눌 수 있다

D　造成十分严重破坏的震级是6级
가장 심각한 파괴를 낳는 지진의 규모는 6급이다

[▶ 풀이]

네 번째 단락에서 目前已测知的最大震级为8.9级라고 했으므로 지진규모가 가장 심각한 것이 6급이라는 것은 틀린 것이다.

정답 ▶ D

▶ 단어

地震 dìzhèn 몡 지진 ｜ 地壳 dìqiào 몡 지각 ｜ 山崩地裂 shānbēng dìliè 산이 무너지고 땅이 갈라지다 ｜ 房倒屋塌 fángdǎo wūtā 집이 무너지다 ｜ 出轨 chūguǐ 동 궤도를 벗어나다. 탈선하다 ｜ 水库 shuǐkù 몡 저수지. 댐 ｜ 崩塌 bēngtā 동 붕괴하다. 무너지다 ｜ 拼合 pīnhé 동 모아서 합치다. 조합하다 ｜ 错动 cuòdòng 동 비뚤어지다. 엇갈리다 ｜ 挤压 jǐyā 동 내리누르다 ｜ 积聚 jījù 동 축적되다 ｜ 薄弱 bóruò 혱 박약하다. 취약하다 ｜ 断裂 duànliè 동 터지다. 찢어지다 ｜ 急剧 jíjù 분 급속히 ｜ 释放 shìfàng 동 방출하다 ｜ 地震波 dìzhènbō 몡 지진파 ｜ 颤动 chàndòng 동 진동하다. 흔들리다 ｜ 震源 zhènyuán 몡 진원 ｜ 震中 zhènzhōng 몡 진앙 ｜ 浅源地震 qiǎnyuán dìzhèn 천발지진 ｜ 深源地震 shēnyuán dìzhèn 심발지진 ｜ 破坏性 pòhuàixìng 몡 파괴성 ｜ 震级 zhènjí 몡 지진규모 ｜ 测算 cèsuàn 동 추산하다 ｜ 超微震 chāowēizhèn 몡 리히터 등급표 ｜ 仪器 yíqì 몡 측정기 ｜ 泥石流 níshíliú 몡 (진흙과 모래와 돌 등이 섞인) 물사태 ｜ 山体滑坡 shāntǐ huápō 산사태가 나다

89-92

　　第二次世界大战前，我们家是城里唯一没有汽车的人家。事实上，我们是很穷的。我母亲常常安慰家里人说："一个人有骨气，就等于有了一大笔财富。"

　　几星期后，一辆崭新的别克牌汽车在街上那家最大的百货商店橱窗里展出了。这辆车已定在今晚以抽奖的方式馈赠给得奖者。当扩音器大声叫着我父亲的名字，明白无误地表示这辆彩车已属于我们家时，我简直还不相信这是事实。

　　我几次想跳上那辆彩车。却都被父亲赶开了。最后，父亲甚至向我咆哮："滚开，让我清静清静！"

　　我回到家，委屈地向母亲诉说。母亲安慰我说："不要烦恼，**89 你父亲正在思考一个道德问题**，我们等待他找到适当的答案。"

　　"难道我们中彩得到的汽车是不道德的吗？"我迷惑不解地问。

　　"过来，孩子。"母亲温柔地说。桌上的台灯下放着两张彩票存根，上面的号码是348和349，中彩号码是348。"你看到两张彩票有什么不同吗？"母亲问。

　　我看了好几遍，终于看到一张彩票的角落上有用铅笔写的淡淡的"W"字母，"这"W"字母代表威廉（William）。"母亲说。"威廉，爸爸的老板？"我有些不解。"对。"母亲把事情一五一十地跟我讲了。

　　当初父亲对威廉说，买彩票的时候可以帮他买一张，威廉同意了，过后也没再问这件事。**90 348那张是给威廉买的。**

　　91 威廉是个百万富翁，拥有十几辆汽车，他不会计较这辆中彩汽车的。"汽车应该归我爸爸！"我激动地说。

　　"你爸爸知道该怎么做的。"母亲平静地说。

　　不久，我们听到父亲进门的脚步声，又听到他在拨电话，显然电话是打给威廉的。第二天下午，威廉的两个司机来到我们这儿，把别克汽车开走了，他们送给我父亲一盒雪茄。

　　直到我成年之后，我才有了一辆汽车。随着时间的流逝，我母亲的那句格言：**92 "一个人有骨气，就等于有了一大笔财富。"具有了新的含义。回顾以往的岁月，我现在才明白，父亲打电话的时候，是我们家最富的时刻。**

제2차 세계대전 이전에 우리집은 도시에서 차가 없는 유일한 집이었다. 사실 우리집은 매우 가난했다. 어머니는 자주 가족들을 위로하며 "사람이 기개가 있으면, 그것은 큰 부를 가지고 있는 것과 같단다."라고 말씀하셨다.
몇 주 후 새 뷰익(Buick) 자동차 한 대가 가장 큰 백화점 쇼윈도에 진열되었다. 그 자동차는 오늘 저녁 추첨방식으로 수상자에게 선물로 증정되기로 정해져 있었다. 확성기의 큰 소리가 아버지 이름을 부를 때에야, 명백하게 이 화려한 차가 우리집의 소유가 된 것을 알았고 나는 이것이 사실이라고 믿을 수가 없었다.
나는 몇 차례 차에서 뛰고 싶었지만 매번 아버지에게 쫓겨났고, 끝내 아버지는 큰 소리로 혼내셨다. "저리 가라. 조용히 좀 하고!"
집에 돌아와서는 난 억울해서 어머니에게 말했고 어머니는 날 위로하며 말했다. "걱정하지 말렴. 네 아버지는 지금 도덕이라는 문제에 관해 생각하고 계시니, 우리는 아버지가 적당한 답을 찾기를 기다리고 있자꾸나."
"우리가 추첨돼서 얻은 차가 도덕적이지 못한 거예요?" 나는 의아해 하며 물었다.
"얘야, 이리 오렴." 어머니는 따뜻하게 말했다. 탁자의 등 아래에는 두 개의 복권 부본이 놓여 있었고, 위에 적힌 번호는 348과 349였다. 당첨된 번호는 348이다. "너는 이 두 장의 표가 어떻게 다른지 알겠니?"하고 어머니가 물으셨다. 나는 여러 번 들여다보고 마침내 한 장의 복권 귀퉁이에 연필로 쓴 흐릿한 'W'자를 발견했다. "이 'W'자모는 윌리엄(William)을 말하는 거야."어머니가 말했다. "윌리엄? 아버지의 사장이요?"난 이해가 가질 않았다. "맞아."어머니는 사건을 빠짐없이 나에게 이야기해주었다.

당시 아버지가 복권을 살 때 윌리엄에게 그를 도와 한 장을 대신 살 수 있다고 말했고 윌리엄이 동의하고는 그 후 그 일을 다시 묻지 않았다. 348번 복권은 윌리엄을 대신해 산 것이다.

윌리암은 백만장자여서 열 대가 넘는 차를 가지고 있었고 그 또한 추첨된 이 차를 문제 삼지 않을 것이다. "자동차는 반드시 아버지의 것이 되어야 해요!"나는 흥분해서 말했다.

"너희 아버지는 어떻게 해야 할지 알고 있어."어머니는 침착히 말했다.

얼마 후 아버지가 집으로 들어오는 발걸음 소리가 들려왔고, 또 아버지가 전화를 하는 소리를 들었다. 전화는 윌리엄에게 하는 것이었다. 이튿날 오후, 윌리암의 두 명의 기사가 우리집으로 왔고 뷰익을 운전해서 가버렸다. 그들은 아버지에게 한 갑의 시가를 선물했다.

난 성인이 된 후에야 한 대의 차를 갖게 됐다. 시간이 지나면서 어머니가 말씀하셨던 "사람이 기개가 있으면 그것은 큰 부를 소유한 것과 같다"는 격언의 새로운 의미를 알게 되었다. 과거를 돌이켜 보면 나는 아버지가 전화를 하셨을 때가 우리집이 가장 부유했던 순간이라는 것을 이해하게 되었다.

89 父亲正在思考什么道德问题?

아버지는 어떤 어떤 도덕에 관한 문제를 생각했는가?

A 商业道德
상업상의 도덕

B 职业道德
직업상의 도덕

C 做人的道德
사람으로서의 도덕

D 伦理道德
윤리도덕

[▶풀이]

네 번째 단락에서 你父亲正在思考一个道德问题라고 사람된 도리, 즉 도덕에 대해 생각하고 있는 것을 알 수 있다.

정답 ▶ C

90 中彩票得到的汽车是谁的?

복권에 당첨되어 받은 차는 누구 것인가?

A 作者
작가

B 父亲
아버지

C 威廉
윌리암

D 不知道
알 수 없다

[▶풀이]

중간 부분의 내용에서 348那张是给威廉买的라고 하였기에, 복권은 아버지 회사의 사장인 윌리암이 산 것이어서 아버지가 고민하는 것을 알 수 있다.

정답 ▶ C

91 作者为什么认为汽车是他们家的?

작가는 왜 자동차를 그의 집 소유라고 생각했는가?

A 彩票是作者爸爸的
복권은 작가의 아버지 것이다

B 威廉不需要这辆车
윌리암은 그 차가 필요 없다

[▶풀이]

밑에서 네 번째 단락 威廉是个百万富翁，拥有十几辆汽车，他不会计较这辆中彩汽车的。"汽车应该归我爸爸！"我激动地说라는 부분을 통해 윌리암은 차가 있기 때문에 필요하지 않다고 생각하는 것을 알 수 있다.

C 威廉已有一辆别克汽车
월리암은 이미 뷰익 차를 한 대 가지고 있었다

D 彩票是作者爸爸买的
복권은 작가의 아버지가 산 것이다

92 作者为什么说"父亲打电话的时候，是我们家最富的时刻"？

작가는 왜 '아버지가 전화했을 때가 우리집이 가장 부유한 순간이었다'고 말하고 있는가?

A 作者已经有了一辆汽车
작가는 이미 자동차를 한 대 가지고 있기 때문에

B 作者的家摆脱了贫困
작가의 집은 빈곤에서 벗어났기 때문에

C 骨气是无形的财富
기개는 무형의 재산이기 때문에

D 父亲借了威廉的钱
아버지는 월리암의 돈을 빌렸기 때문에

[**▶ 풀이**]

문장의 가장 마지막 부분에 "一个人有骨气，就等于有了一大笔财富。"具有了新的含义。回顾以往的岁月，我现在才明白，父亲打电话的时候，是我们家最富的时刻를 통해 정답을 찾을 수 있다.

▶ 단어

世界大战 Shìjiè dàzhàn 세계대전 | 骨气 gǔqì 명 기개. 패기 | 崭新 zhǎnxīn 형 참신하다 | 别克汽车 Biékè qìchē 뷰익(Buick) 차 | 抽奖 chōujiǎng 동 당첨자를 뽑다 | 馈赠 kuìzèng 동 선물하다 | 扩音器 kuòyīnqì 명 확성기 | 咆哮 páoxiào 동 포효하다. 으르렁거리다 | 滚开 gǔnkāi 꺼져! 사라져! | 清静 qīngjìng 형 조용하다. 고요하다 | 委屈 wěiqū 형 억울하다. 답답하다 | 中彩 zhòngcǎi 동 복권에 당첨되다 | 迷惑 míhuò 동 미혹되다 | 百万富翁 bǎiwàn fùwēng 백만장자 | 计较 jìjiào 동 계산하여 비교하다 | 脚步声 jiǎobùshēng 발소리 | 雪茄 xuěqié 명 시가(cigar) | 流逝 liúshì 동 흐르는 물처럼 지나가다 | 格言 géyán 명 격언 | 回顾 huígù 동 회고하다. 회상하다 | 伦理 lúnlǐ 명 윤리 도덕 | 摆脱 bǎituō 동 벗어나다. 빠져 나오다

93-96

今天人们所说的"茶马古道"，源自古代的"茶马互市"，即先有"互市"，后有"古道"。而 93-A "茶马互市"是我国历史上汉藏民族间一种传统的贸易形式，唐代文献中就已经有记载。

94-C 到了宋代，内地茶叶生产飞跃发展，宋朝统治者为什么如此重视"茶马互市"呢？当时契丹、西夏和女真等少数民族的崛起对两宋政权造成严重威胁，迫使朝廷同西南地区少数民族保持友好关系，以便集中力量与西北少数民族政权抗衡。在这种情况下，"茶马互市"除了为朝廷提供一笔巨额茶利收入补充军费之需外，更重要的是，94-B 既满足了国家对战马的需要，又维护了宋朝西南边境的安全。

那么，藏族为什么也很重视"茶马互市"呢？95-A 因为藏族非常喜欢饮茶。招待客人，首先端出来的就是茶；外出旅行，必带的也是茶；累了，饮几口热茶能立即消除疲劳；病了，饮一口浓茶能解毒去病；95-B 用煮过的茶叶喂牲畜，马吃了长膘快，牛吃了增加奶量。95-C 尤其藏族平时食用肉、乳较多，喝茶可以解油腻、助消化。对长期以自给自足的自然经济为主的藏族来说，他们并不需要外界供给很多东西，但茶叶却是绝对不可缺少的。

94-A 唐宋以后，汉藏人民之间通过"茶马互市"建立起来的友谊，一直延续到元、明、清。元代为了加强对藏区的管理，在"茶马古道"沿线推行"土官治土民"的土司制度，把以"茶马互市"为主的交通线路定为正式驿路，并设置驿站。从此，93-C "茶马古道"既是经贸之道、文化之道，又是治藏安藏之道。

到了清代，"茶马互市"作为一种重要制度逐渐从历史地平线上消失，取而代之的是"边茶贸易"制度。藏族对茶叶的需求有增无减，对其他产品如丝绸、布料、铁器等的需求也开始增加；而内地对藏区马匹的需求虽然减少，却对藏区皮革、黄金，以及虫草、贝母等珍贵药材的需求大幅增加。这样，汉藏之间的贸易范围更加广泛，骡铃声声，马蹄阵阵，"茶马古道"沿线的民间贸易更加繁荣。

"茶马古道"作为连接内地与康藏地区的交通大动脉，历经唐、宋、元、明、清，虽然最终消失，93-D 但它对促进康藏地区经济发展、加强汉藏民族融合、维护国家统一生产的历史作用不容低估。

오늘날 사람들이 말하는 '차마고도'는 고대의 '차마시장'에서 비롯된 것으로, 먼저 '시장(외국 혹은 이민족과의 무역)'이 있은 후에 '고도'가 생겨났다. 따라서 '차마시장'은 중국 역사상 한족과 티벳인들 간의 전통적인 무역방식으로 당대 문헌에 그 기록이 있다.

송대에 접어들면서 내륙의 찻잎 생산이 비약적으로 발전했는데, 송대의 통치자들은 왜 그렇게 '차마시장'을 중시했을까? 당시 거란, 서하, 여진 등 소수민족의 부상으로 두 송나라 정권에 큰 위협이 되어, 조정이 서남지역의 소수민족과 우호적인 관계를 유지할 수 밖에 없게 되었고, 이로써 힘을 모아 서북부 소수민족 정권과 대치하려고 한 것이다. 이러한 상황에서 '차마시장'은 조정에 큰 소득을 제공해 군비를 보충하는 것 외에도, 더 중요한 것으로 국가의 군마 수요를 충족시키고 송나라 서남 국경의 안전을 유지할 수 있게 해주었다.

그럼 티벳인들은 왜 '차마시장'을 매우 중시했을까? 왜냐하면 티벳인들은 차 마시는 것을 매우 좋아하기 때문이다. 손님을 대접할 때 가장 먼저 내오는 것도 차이고, 밖으로 여행을 갈 때에도 항상 지니는 것도 차이다. 힘들 때 뜨거운 차를 몇 모금 마시면 피로가 풀리고, 아플 때 진한 차를 한 모금 들이키면 독이 빠져나가고 병이 달아난다. 우린 찻잎을 가축들에게 먹이는데, 말에게 먹이면 살이 빨리 찌고 소에게 먹이면 우유의 양이 늘어난다. 특히 티벳인들은 평소 고기와 우유를 많이 섭취해서 차를 마시면 느끼함을 덜어주고 소화에도 도움이 된다. 오랫동안 자급자족을 해 온 자연경제를 위주로 하는 티벳인들에게 있어 외부에서 많은 물건을 공급 받을 필요가 없었지만 찻잎은 매우 필요한 물건이었다.

당, 송대 이후 한족과 티벳인들 간에 '차마시장'을 통해 우의가 돈독해졌고 우의는 원, 명, 청대에까지 이어졌다. 원나라 때는 티벳인 지역의 관리를 강화하기 위해 '차마고도'를 따라 '토착민 관리가 토착민을 관리'하는 토사제도(소수민족의 회유수단으로 그 지역의 추장들을 주로 임명한 세습족장제도)를 실행하면서, '차마시장'을 위주로 한 교통루트를 정식 역참길로 정하고 역참을 설치했다. 이로써 '차마고도'는 통상무역의 길이자 문화의 길, 또 티벳을 다스리는 길이 되었다.

청대에는 중요한 제도였던 '차마시장'이 점차 역사에서 사라지게 되었는데, 이를 대신한 것은 '국경 차무역' 제도이다. 티벳인들의 차에 대한 수요는 계속해서 늘어났고, 기타 상품들 예를 들어 실크, 옷감, 철기 등의 수요도 증가하기 시작했다. 또한 내륙의 티벳 말에 대한 수요는 줄었지만 티벳지역의 가죽, 황금 및 동충하초, 패모 등 진귀한 약재료의 수요는 큰 폭으로 증가했다. 이렇게 한족과 티벳인들 간의 무역범위는 더욱 광범위해져 노새방울소리가 계속해서 들리며 왕래가 끊이질 않았고, '차마고도'를 통해 민간무역은 더욱 번영했다.

'차마고도'는 내륙과 티벳 지역을 잇는 주요 교통통로로 당, 송, 원, 명, 청을 거쳐 결국에는 사라졌지만 티벳지역의 경제발전을 촉진했고, 한족과 티벳인들과의 융합을 강화시켰으며 국가통일생산을 지킨 역사적 역할을 저평가해선 안 된다.

93 下列关于"茶马古道"的表述，错误的一项是：

다음의 '차마고도'에 관한 설명 중 틀린 것은?

A "茶马古道"源自"茶马互市"，它是我国汉藏民族间一种传统的贸易形势

'차마고도'는 '차마시장'에서 비롯되었고, 그것은 중국의 한족과 티벳인들 간의 전통적인 무역방식이다

B 在宋代，"茶马古道"上的巨额茶利收入是当时全国军费的主要来源

송대에 '차마고도'의 거대한 차 수입은 당시 전국 군비의 주요 소득원이었다

C "茶马古道"到元代已成为一条经贸之道、文化之道和治藏安藏之道

'차마고도'는 원대에 이미 통상무역의 길, 문화의 길, 티벳을 다스리는 길이 되었다

D "茶马古道"为发展经济、团结人民和国家统一发挥了很大的历史作用

'차마고도'는 경제를 발전시키고 국민단결, 국가통일에 큰 역사적 역할을 하였다

[풀이]

본문의 첫 번째, 네 번째, 여섯 번째 단락에서 각각 A, C, D에 관한 내용을 각각 언급하고 있지만 B번은 찾아볼 수 없으므로 틀린 내용이다.

정답 B

94 关于宋朝统治者重视"茶马互市"的目的，下列表述错误的一项是：

송대 왕조들이 '차마시장'을 중시했던 목적에 대해 다음의 설명 중 틀린 것은?

A 与藏族等民族保持友好关系，以便同西北少数民族政权抗衡

티벳인들과 우호적 관계를 유지하고, 이로써 서북부 소수민족 정권과 대치하려고 했다

B 可以满足国家战争中对马匹的需要

전쟁에서 필요한 군마 수요를 만족시킬 수 있다

C 有利于维护宋朝西南边境的安全

송대 남쪽 국경의 안보에 도움이 된다

D 藏族非常喜欢饮茶，"茶马互市"可以满足他们对茶叶的需求

티벳인들은 차 마시는 것을 매우 좋아하고 '차마시장'은 찻잎 수요를 충족시킬 수 있었다

[➡ 풀이]

두 번째와 네 번째 단락에서 A, B, C에 관한 내용은 설명하고 있지만, D번의 내용은 찾아볼 수 없으므로 맞지 않는 표현이다.

정답 ▶ D

---

95 关于藏族重视"茶马互市"的原因，下列表述错误的一项是：

티벳인들이 '차마시장'을 중시했던 원인에 관해 다음의 설명 중 틀린 것은?

A 藏族人格外喜欢饮茶

티벳인들은 특히 차를 마시는 것을 좋아한다

B 牲畜吃了煮过的茶叶后可以促进它们的生长

가축들에게 우린 차 잎을 먹게 하면 성장을 촉진시킬 수 있다

C 喝茶可以解油腻、帮助消化

차를 마시는 것은 느끼함을 덜어주고 소화에 도움을 준다

D 除了茶叶以外，藏族还需要其他地区的黄金、虫草和皮革

찻잎 외에 티벳인들은 기타지역의 황금, 동충하초, 가죽을 필요로 한다

[➡ 풀이]

세 번째 단락에 티벳인들이 차마시장을 중시했다는 것을 설명하고 있으나, D는 찾아볼 수 없다.

정답 ▶ D

---

96 下列表述不符合原文意思的一项是：

다음의 설명 중 본문의 뜻과 일치하지 않는 것은?

A 汉藏人民之间通过"茶马互市"建立起深厚的友谊

한족과 티벳인들 간에 '차마시장'을 통해 깊은 우의를 맺었다

[➡ 풀이]

본문의 전체 내용을 정리해보면 C번의 내용은 언급하고 있지 않음을 알 수 있다.

정답 ▶ C

B 茶叶在藏区除供人饮用外、煮过的茶叶还拿来喂牲畜

찻잎은 티벳에서 사람들에게 마실 것을 제공하는 것 외에도 우린 찻잎은 가축의 사료로 쓰인다

C 藏族自给自足的自然经济还需要外界供给除茶叶以外的东西

티벳인들의 자급자족하는 자연경제는 외부에서 찻잎 외에 다른 물건을 필요로 한다

D "边茶贸易"取代"茶马互市"，促使汉藏民间贸易更加繁荣兴旺

'국경 차무역'은 '차마시장'을 대신해 한족과 티벳인들 간의 무역을 더욱 번성시켰다

단어

茶马古道 Chámǎ Gǔdào 몡 차마고도 | 文献 wénxiàn 몡 문헌 | 记载 jìzǎi 동 기재하다. 기록하다 | 飞跃 fēiyuè 동 비약하다 | 契丹 Qìdān 몡 거란(족) | 西夏 Xīxià 몡 서하(족) | 女真 Nǚzhēn 몡 여진(족) | 崛起 juéqǐ 동 (산봉우리 등이) 우뚝 솟다 | 威胁 wēixié 동 위협하다. 협박하다 | 朝廷 cháotíng 몡 조정 | 以便 yǐbiàn 접 ~(하기에 편리)하도록 | 抗衡 kànghéng 동 맞서다. 맞먹다 | 藏族 Zàngzú 몡 티베트족 | 消除 xiāochú 동 해소하다 | 牲畜 shēngchù 몡 가축. 집짐승 | 自给自足 zìjǐzìzú 성 자급자족 | 延续 yánxù 동 계속하다. 지속하다 | 沿线 yánxiàn 몡 연선(선로, 도로를 따라 있는 땅) | 推行 tuīxíng 동 보급하다. 추진하다 | 土司 tǔsī 몡 토사(고대 관직 중 하나) | 丝绸 sīchóu 몡 비단. 견직물 | 布料 bùliào 몡 옷감. 천 | 铁器 tiěqì 몡 철기 | 虫草 chóngcǎo 몡 동충하초의 약칭 | 贝母 bèimǔ 몡 패모 | 马蹄 mǎtí 몡 말굽 | 动脉 dòngmài 몡 동맥 | 低估 dīgū 동 과소평가하다 | 马匹 mǎpǐ 몡 마필 | 深厚 shēnhòu 형 두껍다 | 取代 qǔdài 동 대체하다 | 兴旺 xīngwàng 형 창성하다. 흥성하다

97-100

[97] 都说婚后一年是"纸婚"，这个纸到底是什么纸？砂纸、宣纸、还是牛皮纸？叶萱的小说《纸婚》中，"80后"女生顾小影用她的亲身经历向读者们展示了婚后一年的琐碎生活。

嫁给省委办公厅秘书管桐后，顾小影发现，无论是农村公婆的生活习惯、思维方式，还是管桐作为一名政府官员的业余爱好、行为习惯，甚至两人对待事业与家庭关系的态度，都出现了越来越多的分歧……在这段充满矛盾与误会的磨合期里，顾小影伤心过、绝望过，可是好在她从来没有放弃过。[98] 一次又一次的争吵，一次又一次的和解，她渐渐学会宽容、学会理解、学会沟通……

整篇文章没有花哨的文字，到处是生活的影子，越读越感觉真实，越读越产生共鸣。这是因为《纸婚》里有作者的影子，但又不全是作者的影子，[99] 它完整地反映了"纸婚"的真相。以过来人的心态去感悟婚姻，以自己的内心去反射外部世界，让读者从中看到了自己的影子，或者展现了自己未来的生活景象，所以我们感动作者的感动，快乐作者的快乐，痛苦作者的痛苦。

如果你已婚并感悟了，读一读《纸婚》，回忆一下"纸婚"期间的点点滴滴、磕磕碰

碰，回忆一下一次又一次的争吵，一次又一次的和解，我们真的会发现，婚姻不仅是一种状态，更是一种智慧。如果你正处于让人崩溃的磨合期，读一读≪纸婚≫，你或许就会明白酸辣苦涩也是种幸福，平淡的幸福才是真，你会学会宽容、学会理解、学会沟通、学会坚定，[100] 你们会在智慧的指导下，手牵手地走过这段难忘的岁月。

모두 결혼 후 1년은 '종이결혼'이라고 하는데, 이 종이는 대체 무슨 종이일까? 사포, 화선지 아니면 크라프트지? 예슈엔의 소설 ≪결혼≫에서 '80년대생' 여성 꾸샤오잉은 그녀의 체험을 통해 독자들에게 결혼 후 1년 동안의 소소한 결혼생활을 보여준다.

성(省)위원회 비서 관통에게 시집간 후 꾸샤오잉은 농촌 시부모의 생활습관, 사고방식에서부터 정부관료인 관통의 취미, 습관 심지어는 두 사람의 사업과 가족관계를 대하는 태도까지 점점 더 큰 이견이 생기기 시작함을 발견했다. 갈등과 오해가 쌓인 마찰기간 동안 꾸샤오잉은 슬퍼도 해보고 절망도 해봤지만, 다행히도 그녀는 포기한 적이 없었다. 한 차례 또 한 차례 말다툼과 화해의 과정에서 그녀는 점차 관용, 이해, 소통을 배우기 시작했다.

전체 소설은 화려한 표현은 없고 생활에 대한 반영일 뿐이어서, 점점 더 독자에게 진실됨을 느끼게 하고 공감대를 일으키게 해준다. 그 이유는 ≪결혼≫ 안에 작가의 그림자가 있지만 완전히 작가의 그림자가 아니라 '종이결혼'의 진면목을 완벽히 반영하기 때문이다. 경험자의 마음으로 결혼에서 깨달은 바를 자신의 내면을 통해 외부세계에서 보여주고 독자들에게 자신의 모습을 보게 해준다. 혹은 자신의 미래에 대한 생활모습을 보여준다. 따라서 우리는 작가의 감동, 즐거움, 괴로움을 같이 느낄 수 있다.

만약 당신이 결혼하고 느낀 바가 있다면 ≪결혼≫을 읽어보라. '종이결혼' 기간 동안의 사소한 일들, 크고 작은 충돌을 돌이켜 보고 계속되는 말다툼과 화해를 생각해보면 우리는 결혼이 하나의 상황이 아니라 지혜라는 것을 발견할 수 있다. 만약 당신이 붕괴될 지경의 마찰기간을 겪고 있다면 ≪결혼≫을 읽길 바란다. 당신은 아마 힘들고 쓰라린 경험도 행복이고 평범한 행복이 진짜라는 것을 알게 될 것이고, 관용, 이해, 소통, 강인함을 배우게 될 것이다. 또한 지혜의 이끌림 속에서 당신들은 손을 잡고 이 힘든 삶의 여정을 같이 하게 될 것이다.

97 "纸婚"中的"纸"指的是什么?

'종이결혼'에서 '종이'가 가리키는 무엇인가?

A 婚后一年
결혼 후 1년

B 牛皮纸
크라프트지

C 婚后一年的琐碎生活
결혼 후 1년 동안의 소소한 생활

D 砂纸
사포

[● 풀이]

본문의 첫 번째 단락 都说婚后一年是"纸婚"，这个纸到底是什么纸? 砂纸、宣纸、还是牛皮纸? 叶萱的小说≪纸婚≫中，"80后"女生顾小影用她的亲身经历向读者们展示了婚后一年的琐碎生活의 부분을 통해 '종이결혼'은 결혼 후 1년을 나타낸다는 것을 알 수 있다.

정답 ▶ A

98 关于婚后顾小影的生活，下列描述中错误的一项是:

결혼 후 꾸샤오잉의 생활에 대한 다음의 묘사 중 틀린 것은?

A 顾小影与公婆的生活习惯、思维方式不同
꾸샤오잉과 시부모의 생활습관, 사고방식은 다르다

B 顾小影无法忍受一次又一次的争吵而提出分居
꾸샤오잉은 계속되는 말다툼을 견디지 못하고 별거를 제안했다

[● 풀이]

두 번째 단락에서 A, C, D에 관한 내용은 나와있고 그 뒤에 一次又一次的争吵，一次又一次的和解，她渐渐学会宽容、学会理解、学会沟通…이라고 해서 꾸샤오잉은 말다툼과 화해를 통해 점차 관용과 이해, 소통을 깨달았다

C 顾小影与丈夫出现了越来越多的分歧
꾸샤오잉과 남편 사이에는 점점 더 많은 이견이 나타났다

D 婚后的一年是充满矛盾与误会的一年
결혼 후 1년은 갈등과 오해가 넘친 한 해였다

정답 ▶ B

99 ≪纸婚≫这本书的特点是：
≪결혼≫이라는 책은 특징은?

A 告诉读者怎样维持婚姻
독자에게 어떻게 결혼생활을 유지할지 알려준다

B 让读者对婚姻充满期待
독자들에게 결혼에 대한 큰 기대를 갖게 해준다

C 能够真实地反映生活
진실된 생활모습을 반영한다

D 让读者理解作者的痛苦
독자에게 작가의 괴로움을 이해하게 한다

[◐ 풀이]

두 번째 단락의 它完整地反映了 "纸婚" 的真相 부분을 통해 정답을 찾아낼 수 있다.

정답 ▶ C

100 读过≪纸婚≫后，可能会学会什么？
≪결혼≫을 읽은 후 무엇을 배울 수 있는가?

A 怎样和丈夫争吵
어떻게 남편과 싸울까

B 幸福就是一定要品尝酸辣苦涩
행복은 바로 힘들고 쓰라린 경험을 해보는 것이다

C 婚姻更需要一种智慧
결혼은 더욱 지혜가 필요하다

D 平淡的生活乏味无趣
평범한 생활은 무미건조하고 재미없다

[◐ 풀이]

네 번째 단락의 마지막 你们会在智慧的指导下，手牵手地走过这段难忘的岁月라는 부분을 통해 정답이 결혼에 지혜가 필요하다는 내용을 알 수 있다.

정답 ▶ C

◐ 단어

砂纸 shāzhǐ 명 사포. 샌드페이퍼 | 宣纸 xuānzhǐ 명 화선지 | 牛皮纸 niúpízhǐ 명 크라프트지 | 琐碎 suǒsuì 형 자질구레하고 번거롭다 | 分歧 fēnqí 형 불일치하다. 엇갈리다 | 磨合 móhé 동 길들이다 | 绝望 juéwàng 동 절망하다 | 争吵 zhēngchǎo 동 말다툼하다 | 宽容 kuānróng 형 너그럽다 | 沟通 gōutōng 동 교류하다. 소통하다 | 花哨 huāshào 형 화려하다. 화사하다 | 共鸣 gòngmíng 명 공감. 동감 | 点点滴滴 diǎndiǎndīdī 자질구레하다. 소소하다 | 磕磕碰碰 kēkepèngpèng 티격태격하다 | 和解 héjiě 동 화해하다 | 平淡 píngdàn 형 평범하다. 무미건조하다 | 坚定 jiāndìng 형 확고부동하다. 결연하다 | 牵手 qiānshǒu 동 손을 잡다 | 忍受 rěnshòu 동 이겨 내다. 참다 | 品尝 pǐncháng 동 맛보다. 시식하다

쓰기 해설

요약하여 쓰기 대비법

요약하여 쓰기의 시험 순서

① 제시된 문장을 자세히 읽는다. 시간은 10분이 주어지며 읽을 때 베껴 쓰거나 필기할 수 없다.
② 10분 후 감독관이 읽은 자료를 모두 거두어 간 후에 제시되었던 문장을 기억하여 한 편의 단문으로 요약해서 쓰는데, 시간은 35분이다.
③ 제목은 직접 짓는다. 문장의 내용을 다시 말하고 자신의 관점을 넣지 않는다.
④ 글자수는 400자 정도이다.
⑤ 작문을 직접 답안지 카드에 작성한다.

요약하여 쓰기 공략법

新HSK가 새롭게 등장하면서 기존에 없던 새로운 유형의 문제가 생겼는데, 바로 요약하여 쓰기이다. 1,000자 가량의 문장을 400자 내외로 요약하는 문제로, 먼저 시험장에서 문장을 주면 빠른 속도로 10분 동안 읽는다. 그런 다음 시험관이 시험지를 회수해 가면 조금 전 읽었던 문장을 돌이켜서 요약하여 쓰는 것이다.

이 요약하여 쓰기의 고득점 비법은 아래와 같다.

첫째, 快速阅读! 평상시에 백발백중 독해 4부분의 지문들을 30분씩 크게 소리내어 읽는다. 30일 정도 훈련을 하면 문장 읽는 속도가 눈에 띄게 좋아진다.

둘째, 多阅读! 즉, 요약하여 쓰기는 본인이 읽은 글을 스스로 생각하고 정리해내는 훈련이 필요하므로, 어떤 언어로 된 글이건 먼저 그 내용을 스스로 다시 한번 요약을 해보는 반복훈련을 꼭 해야 한다.

셋째, 한자쓰기의 생활화! 실제로 시험에 참가하는 많은 수강생들이 처음에 가장 많이 범하기 쉬운 실수는 한자를 제대로 쓰지 못하는 데에서 온다. 누구나 글을 써내려가는 과정에서는 다 본인이 쓴 한자가 맞는 것처럼 보이지만 실제로는 꽤 많이 틀리게 되므로, 평상시에 공부를 하면서 쓰는 연습을 생활화해야 하겠다.
아무리 쉬운 한자라도 놓치지 말고 열심히 정성껏 쓰고, 자주 써보는 습관이 고득점의 기쁨을 가져다줄 것이다.

넷째, 어법오류 없는 간단한 문장을 쓰자! 일단 문장에 어법오류가 없어야 한다. 어법이 틀리지 않는 문장을 쓴다는 것은 어쩌면 학습자에게 당장은 어렵게 느껴질 수도 있지만, 이 역시도 방법이 있다. 문장을 읽을 때 '주어+술어+목적어'만 쏙 골라내면서 평상시 精读(정독)을 통해 문장을 잘 구분하는 능력을 키워야 한다.

관형어(的) + **주어** + 부사어 + **술어** + 보어 + 관형어(的) + **목적어**

대부분의 문장은 위와 같이 쓰여 있으니, 이 중 '주+술+목'만 빼서 요약하여 쓰면 된다.

다섯째, 스토리와 주제가 잘 드러나야 한다! 많은 수험자들은 대개 앞부분은 기억을 잘해서 앞부분의 내용만 많이 쓰는 경향이 있다. 그래서, 답안을 보면 전체 스토리 중 앞부분은 많이 쓰여 있으나 뒷부분이 빈약한, 즉 용두사미 격의 답안이 많이 보인다. 이러한 답안은 좋은 점수를 받기 힘들기 때문에, 문제지의 문장과 똑같이 쓰지 않더라도 상대방에게 내용의 스토리를 잘 전달할 수 있도록 써야 한다.

101번 문제, 다음 문장을 읽고 400자 정도로 요약 쓰기 한다.

쓰기

"在家靠父母，出门靠朋友"，这是我们信奉的格言，但我的一次亲身经历却让我对这条格言产生了怀疑。

'집에서는 부모에게 의지하고 밖에서는 친구에게 의지한다'는 말은 우리가 믿고 따르는 격언이다. 하지만 내가 직접 어떤 일을 겪고 나서 이 격언에 대해 의심이 들었다.

→ "在家靠父母，出门靠朋友"，但我的经历却让我对这条格言产生了怀疑。

'집에서는 부모에게 기대고, 나가서는 친구에게 기댄다'는 말이 있지만, 나의 경험은 오히려 나에게 이 말을 의심하게끔 만들었다.

前些日子我感到眼睛不舒服，对着镜子一看，发现眼里布满了血丝，而且还很痒。好不容易熬到下班，便急忙赶去药店。然而时候已经不早，小药店大都关门了，我那位有私家车的朋友便载我去了偏远一点儿的大药店。药店店员对我说，没有大夫的诊断书，不能给我拿药。这下可麻烦了，因为眼睛患病会直接影响我的生活。

얼마 전 나는 눈이 불편해서 거울을 보니 눈 안에 핏발이 가득 선 것을 발견했고 게다가 매우 간지러웠다. 어렵게 퇴근할 때까지 버틴 후 곧장 약국으로 달려갔다. 하지만 시간이 이미 늦었고, 약국은 대부분 문이 닫혀 있었다. 자가용을 갖고 있는 친구는 비교적 멀리 떨어진 큰 약국으로 날 데려다 주었다. 약국 점원은 나에게 의사의 진단서가 없으면 약을 줄 수 없다고 말했다. 매우 큰일이었다. 왜냐하면 눈병은 내 생활에 직접적인 영향을 주기 때문이었다.

→ 前些日子我感到眼睛不舒服，下班后便去了药店，然而时间不早，小药店都关门了，我的朋友便开车送我去了偏远一点儿的大药房，谁知到了药房才知道没处方是不能开药的。由于眼病会直接影响我的生活，

예전에 나는 눈이 좀 불편해서 퇴근 후에 곧바로 약국에 갔다. 하지만 시간이 늦어서 작은 약국들은 모두 문을 닫았었다. 내 친구는 나를 태우고 좀 먼 곳에 있는 큰 약국으로 갔으나, 약국에서는 처방전이 없으면 큰 약을 짓지 못한다는 것을 누가 알았겠는가? 눈병이 내 생활에 직접적으로 영향을 줄 수도 있는 까닭에

药店店员对我说，他知道几家夜间有眼科的医院的电话，他可以替我打电话联系，等大夫给处方后再回来拿药。药店店员帮我联系好了后，我正要准备出发，朋友却面带难色地对我说，那地方实在太远了，不想去。我顿时惊讶得无话可说。

약국 점원은 저녁에도 운영하는 안과가 있는 병원 몇 군데의 전화번호를 안다고 말해주었고, 나를 대신해 전화연결을 해주고 의사가 처방전을 준 것을 기다린 후 약을 받아가라는 것이었다. 약국 점원이 나를 도와 연락한 후, 내가 막 출발하려고 할 때 친구는 조금 난색을 띄며 그 지역은 너무 멀어 가고 싶지 않다고 말했다. 나는 순간적으로 놀라서 할말을 잃었다.

→ 于是好心的店员便主动帮我联系了有夜诊的大医院，然而就在我们准备出发的时候，朋友却嫌路远，不愿去，这让我很吃惊。

마음씨 좋은 점원이 야간진료를 하는 큰 병원에 연락을 해주었다. 그러나 우리가 막 출발하려고 할 때 친구는 멀리 가는 것이 싫고, 가고 싶지 않다고 하여 나는 깜짝 놀랐다.

这时，站在我们旁边买药的一位中年妇女与我搭话："你最好今天就去医院，否则时间拖得越久，眼睛恢复得越慢。我知道那家医院，要不我送你去吧。"我还没有来得及回答，朋友竟然接上了话："太好了，太谢谢你了。"真为他的随机应变而叹服！

이때 우리 옆에서 약을 사던 한 중년부인이 나에게 말을 걸었다. "당신, 오늘 병원에 가는 것이 좋을 것 같은데, 시간 더 끌면 눈 회복이 점점 느려질 거요. 나도 그 병원을 알고 있으니, 내가 당신을 데려가 주리다." 내가 아직 대답을 하지 않고 있을 때 친구는 놀랍게도 말을 이었다. "잘됐네요. 정말 감사합니다." 정말 그의 임기응변에 탄복할 수 밖에 없었다!

→ 这时，在我身旁的中年妇女提出愿意送我去医院，紧接着我的朋友便丢下"谢谢"二字"逃"走了，他的应变能力如此之强使我感到惊讶！

이 때, 내 옆에 있던 아주머니가 나를 병원까지 바래다준다고 하셨다. 내 친구는 바로 이어서 '감사합니다'라는 두 마디 말을 남긴 채 달아나버렸다. 그의 응변능력은 나를 더욱더 놀라게 했다.

上了车，我有些不安，毕竟是一个陌生人，带我去一个我不曾去过的地方，会不会出现意外？一些恐怖的场面开始浮现在我的脑海里。但是，我也来不及后悔——看病是最重要的，其他的，也就暂且顾不上了。

차에 타고 나서 나는 조금 불안했다. 모르는 사람이니 나를 어디 모르는 곳으로 데려가는 것은 아닌지, 사고가 나지는 않을까? 일부 공포스러운 장면이 머리 속에 떠올랐다. 하지만 후회하기도 늦었고, 병을 치료하는 것이 제일 중요하니 다른 것은 잠시도 돌아볼 여력이 없다.

一路上和车主聊家常。谈话间，我们对现今物价之昂贵深有同感。可不是吗，如果一个人打的去找医院的话，我想来来回回的花费肯定不菲，这可是我辛苦工作一天也挣不来的，而且对我这个处处都要精打细算过日子的穷人来说，是没有余力如此奢侈的。

가는 길에 차 주인과 일상적인 얘기를 나눴다. 얘기를 하면서 우리는 현재 물가가 매우 비싸다는 데에 동감했다. 안 그런가? 난 만약 누군가가 택시를 타고 병원에 간다면, 왔다갔다 하는 비용이 매우 비쌀 것이고 또 내가 열심히 일했던 하루가 날아가는 것이며, 게다가 나 같은 알뜰살뜰 살아가야 하는 가난한 사람들에게 이렇게 사치할 여력은 없다고 생각했다.

顺利到达了医院。医生诊断说，可能是过于劳累，休息不足造成的，眼睛本身并没有太大的问题，又给我开了两瓶药。这下我放心了。

이윽고 병원까지 무사히 도착했다. 의사는 너무 피곤하고 휴식이 부족해서 생긴 것이며 눈 자체에는 어떤 큰 문제도 없다고 진단하면서, 약 두 병까지 처방해주었다. 나는 그때야 마음이 놓였다.

回去的路上，中年妇女开车送我，还叮嘱我一定要按时上药，以后也要多加注意，工作也别太拼命了。听着她娓娓的叮咛，我真的好感动，就像听妈妈的唠叨一样。在人情淡薄的今天，我是多么怀念这种唠叨啊！一股暖流涌上心头，我不知该如何感谢她才好。

돌아오는 길에서 중년부인은 차를 태워주었고, 시간 맞춰 약을 먹으라고 당부했다. 또 이후에 일을 너무 무리하게 하지 말고 조심하라고 말해주었다. 그녀의 당부를 들을 때, 마치 어머니의 잔소리 같아서 난 정말 감동하였다. 인정이 메말라 가는 오늘날, 나는 이러한 잔소리가 너무도 그리웠던 것이다! 따뜻한 온기가 마음으로 퍼져왔고, 나는 어떻게 그녀에게 감사해야 할지 몰랐다.

她一直送我到家门口，都不曾提起自己的名字，也没有给我留下任何联系方式，收下的仅仅是我的"谢谢"而已。

그녀는 나를 집 앞까지 데려다 준 후, 자신의 이름도 말하지 않고 어떤 연락 방법도 남겨놓지 않은 채 그저 나의 '고맙습니다'라는 말만 받았을 뿐이었다.

➔ 上车后，我有些不安，因为她毕竟是陌生人，但想到我的眼病，也就顾不上那么多了，一路上我们有说有笑，很快到了医院，听了医生的诊断后，我也放心了，原来我的眼病是由于过度劳累所致，眼睛并无大碍，开了一些药，我便与这位中年妇女离开了医院，

차를 탄 후, 그 아주머니가 낯선 사람이라 그런지 조금 불안해졌으나 내 눈병을 생각하니 많은 것을 생각할 겨를도 없었다. 도로 위에서 우리는 말도 하고 웃으면서 그렇게 병원에 빨리 도착했다. 의사의 진단을 받은 후 나는 곧 안심이 되었다. 눈병은 과도한 피로에서 온 것이었고 큰 장애는 없었다. 몇 가지 약을 처방 받고는 그 아주머니와 함께 곧바로 병원에서 나왔다.

➔ 她把我送到家门口，还不停地叮嘱我要注意休息、按时用药，却未留下任何联系方式，

아주머니는 나를 집까지 바래다주었고 나에게 잘 쉬고 제때 약을 먹으라고 당부하며 연락처조차 남기지 않았다.

就这样，偶然的相逢，又交叉而过，今后不会再谋面。可是，她给我的帮助却让我减轻了生理上的痛苦，同时也增加了我对生活的勇气。

이러한 우연한 만남은 교차하고 또 지나쳐, 헤어져 이후에도 다시 만날 일이 없을 것이다. 하지만 그녀가 나에게 베푼 도움은 신체의 아픔을 덜어주고 동시에 생활에 대한 용기를 불어넣어 주었다.

在那种场合，一个陌生人会毫无所求地向我伸出援助之手，而那位所谓的朋友却选择了逃避。

그 자리에서 모르는 사람은 아무런 요구 없이 나에게 구원의 손길을 내밀었고, 소위 내 친구는 도망가는 것을 선택했다.

原来朋友并不都是可以依靠的。

알고 보니 친구라고 해서 모두 의지할 수는 있는 것은 아니었다.

➔ 一位陌生人竟会毫无所求地向我伸出援手，这让我十分感动。通过此次的经历，让我明白了其实朋友并不都是可以依靠的。

전혀 알지 못하는 분이 나에게 도움의 손길을 내밀어준 것에 대해 나는 정말 깊은 감동을 받았다. 이런 경험으로 인해 친구도 의지할 수 있는 존재가 아니라는 것을 알게 되었다.

단어

信奉 xìnfèng 图 (종교를) 신봉하다 ｜ 怀疑 huáiyí 图 의심하다 ｜ 布满 bùmǎn 图 가득 널리다 ｜ 血丝 xiěsī 图 핏발 ｜ 痒 yǎng 图 가렵다. 근질근질하다 ｜ 好不容易 hǎobùróngyì 图 가까스로. 겨우 ｜ 熬 áo 图 참다. 견디다 ｜ 偏远 piānyuǎn 图 외지다. 궁벽하다 ｜ 诊断书 zhěnduànshū 图 진단서 ｜ 难色 nánsè 图 난처한 표정. 꺼리는 기색 ｜ 搭话 dāhuà 图 말대꾸하다 ｜ 拖 tuō 图 끌다. 잡아당기다 ｜ 恢复 huīfù 图 회복하다 ｜ 随机 suíjī 图 수시로 ｜ 应变 yīngbiàn 图 임기응변하다 ｜ 叹服 tànfú 图 탄복하다. 감탄하다 ｜ 陌生人 mòshēngrén 图 낯선 사람 ｜ 意外 yìwài 图 의외이다. 뜻밖이다 ｜ 浮现 fúxiàn 图 떠오르다. 생각나다 ｜ 脑海 nǎohǎi 图 머리. 뇌리 ｜ 车主 chēzhǔ 图 차주. 차량 소유자 ｜ 昂贵 ángguì 图 높다. 비싸다 ｜ 不菲 bùfēi 图 싸지 않다 ｜ 精打细算 jīngdǎ xìsuàn 图 꼼꼼하게 계산하다 ｜ 余力 yúlì 图 여력 ｜ 过于 guòyú 图 (정도나 수량이) 지나치게. 너무 ｜ 叮嘱 dīngzhǔ 图 타이르다. 당부하다 ｜ 按时 ànshí 图 규정된 시간에 따라 ｜ 拼命 pīnmìng 图 필사적으로 하다 ｜ 娓娓 wěiwěi 图 흥미진진하다. 감동적이다 ｜ 叮咛 dīngníng 图 신신당부하다 ｜ 相逢 xiāngféng 图 서로 만나다 ｜ 交叉 jiāochā 图 교차하다. 엇갈리다 ｜ 谋面 móumiàn 图 서로 만나다 ｜ 逃避 táobì 图 도피하다

모범답안

　　　朋友并不都是可以依靠的

　　"在家靠父母，出门靠朋友"，但我的经历却让我对这条格言产生了怀疑。前些日子我感到眼睛不舒服，下班后便去了药店，然而时间不早，小药店都关门了，我的朋友便开车送我去了偏远一点儿的大药房，谁知到了药房才知道没处方是不能开药的。由于眼病会直接影响我的生活，于是好心的店员便主动帮我联系了有夜诊的大医院，然而就在我们准备出发的时候，朋友却嫌路远，不愿去，这让我很吃惊。

　　这时，在我身旁的中年妇女提出愿意送我去医院，紧接着我的朋友便丢下"谢谢"二字"逃"走了，他的应变能力如此之强使我感到惊讶！上车后，我有些不安，因为她毕竟是陌生人，但想到我的眼病，也就顾不上那么多了，一路上我们有说有笑，很快到了医院，听了医生的诊断后，我也放心了，原来我的眼病是由

于过度劳累所致，眼睛并无大碍，开了一些药，
我便与这位中年妇女离开了医院，她把我送到
家门口，还不停地叮嘱我要注意休息、按时用
药，却未留下任何联系方式，一位陌生人竟会
毫无所求地向我伸出援手，这让我十分感动。
通过此次的经历，让我明白了其实朋友并不都
是可以依靠的。

해석

친구라고 해서 모두 의지할 수 있는 것은 아니다

'집에서는 부모에게 기대고, 나가서는 친구에게 기댄다'는 말이 있지만, 나의 경험은 오히려 나에게 이 말을 의심하게끔 만들었다. 예전에 나는 눈이 좀 불편해서 퇴근 후에 곧바로 약국에 갔으나, 하지만 시간이 늦어서 작은 약국들은 모두 문을 닫았었다. 내 친구는 나를 태우고 좀 먼 곳에 있는 큰 약국으로 갔으나, 약국에서는 처방전이 없으면 약을 짓지 못한다는 것을 누가 알았겠는가? 눈병이 내 생활에 직접적으로 영향을 줄 수도 있는 까닭에 마음씨 좋은 점원이 야간진료를 하는 큰 병원에 연락을 해주었다. 그러나 우리가 막 출발하려고 할 때 친구는 멀리 가는 것이 싫고, 가고 싶지 않다고 하여 나는 깜짝 놀랐다.

이 때, 내 옆에 있던 아주머니가 나를 병원까지 바래다 준다고 하셨다. 내 친구는 바로 이어서 '감사합니다'라는 두 마디 말을 남긴 채 달아나버렸다. 그의 응변능력은 나를 더욱더 놀라게 했다. 차를 탄 후, 그 아주머니가 낯선 사람이라 그런지 조금 불안해졌으나 내 눈병을 생각하니 많은 것을 생각할 겨를도 없었다. 도로 위에서 우리는 말도 하고 웃으 면서 그렇게 병원에 빨리 도착했다. 의사의 진단을 받은 후 나는 곧 안심이 되었다. 눈병은 과도한 피로에서 온 것이었고 큰 장애는 없었다. 몇 가지 약을 처방 받고는 그 아주머니와 함께 곧바로 병원에서 나왔다. 아주머니는 나를 집까지 바래다 주었고 나에게 잘 쉬고 제때 약을 먹으라고 당부하며 연락처조차 남기지 않았다. 전혀 알지 못하는 분이 나에게 도움의 손길을 내밀어준 것에 대해 나는 정말 깊은 감동을 받았다.

이런 경험으로 인해 친구도 의지할 수 있는 존재가 아니라는 것을 알게 되었다.

2회
모의고사

해설 | 듣기 | 독해 | 쓰기

  1~15번 문제, 단문을 듣고 들은 내용과 일치하는 답을 고르시오.

01

孩子找妈妈要两块钱。"昨天给你的钱呢？""我给了一个可怜的老奶奶"，他回答说。"你真是个好孩子"，妈妈高兴地说，"再给你两块钱。可是你为什么要把钱给老奶奶呢？""她是个卖糖的。"

아이는 엄마에게 2위안을 달라고 했다. "어제 준 돈은?" "불쌍한 할머니께 드렸어요." 아이는 대답했다. "정말 착하구나." 엄마는 기뻐하며 말했다. "또 2위안을 줄게. 그런데 왜 돈을 할머니께 드렸니?" "할머니께서 사탕을 파셨거든요."

A 孩子想要两块钱
   아이는 2위안이 갖고 싶었다

B 妈妈批评了孩子
   어머니는 아이를 나무랐다

C 奶奶是个可怜的人
   할머니는 불쌍한 사람이다

D 孩子把钱弄丢了
   아이는 돈을 잃어버렸다

[풀이]

아이가 할머니께 2위안을 드린 이유는 她是个卖糖的로 할머니께서 사탕을 파셨기 때문이다. 그러므로 아이는 사탕을 또 사기 위해서 2위안을 엄마에게 달라고 한 것이다.

정답 ▶ A

[단어]

可怜 kělián (형) 가련하다. 불쌍하다 | 糖 táng (명) 서양식 사탕 과자. 캔디(candy) | 批评 pīpíng (동) 비평하다. 나무라다 | 弄丢 nòngdiū (동) 분실하다. 잃어버리다

02

不知从什么时候开始流行重拍。先从金庸的名著开始，《射雕英雄传》、《神雕侠侣》，到现在居然流行到四大名著了，所以《水浒传》的重拍也是理所当然的，不过相对其他三大名著重拍的兴师动众，《水浒传》貌似低调了很多。

언제부터 재촬영이 유행하기 시작했는지 모르지만, 진용의 명작 《사조영웅전》, 《신조협려》에서부터 시작하여 지금 현재 중국 4대 명작의 재촬영 바람이 불고 있다. 그러니 《수호전》의 재촬영도 당연한 것이다. 다만 상대적으로 기타 3대 명작은 재촬영 소식에 사람들이 열광하였으나, 《수호전》에 대한 반응은 신통찮은 듯했다.

A 四大名著是流行的影片
   4대 명작은 인기영화였다

B 四大名著是金庸的作品
   4대 명작은 진용의 작품이다

C 《水浒传》的重拍并没有大张旗鼓
   《수호전》의 재촬영은 큰 주목을 받지 못했다

[풀이]

본문의 마지막 구절에서 《水浒传》외의 3대 명작은 재촬영 소식에 사람들이 열광하였으나, 《水浒传》貌似低调了很多에서 《水浒传》에 대한 반응은 신통치 않다는 것

D　人们对四大名著重拍的期望值很高
　　사람들은 4대 명작의 재촬영에 기대치가 크다

을 알 수 있다.

정답 C

▶단어

重拍 chóngpāi (동) 다시 찍다 | 金庸 Jīn Yōng (인명) 진용(중국 무협소설가, 평론가) | 居然 jūrán (부) 뜻밖에, 생각 밖에, 의외로 | 四大名著 sìdà míngzhù 명・청대 4편의 장편연의소설 ≪삼국연의≫, ≪서유기≫, ≪수호전≫, ≪홍루몽≫을 지칭함 | 理所当然 lǐsuǒ dāngrán (성) 도리상 당연히 이러하다 | 相对 xiāngduì (형) 상대적인 | 兴师动众 xīngshī dòngzhòng (성) (어떤 일을 하기 위해) 많은 사람들을 동원하다 | 貌似 màosì (동) 겉으로 보기에 매우 닮다 | 低调 dīdiào (형) 부드럽고 조용하다 | 大张旗鼓 dàzhāng qígǔ (성) 일을 대대적으로 벌이는 것을 가리킴 | 期望值 qīwàngzhí (명) 기대치

03

🎵　世界头号汽车制造商丰田公布的最新数据显示，2010年1月份，丰田在加拿大的销售同去年同期相比下滑14.8%。美国分析师估计，召回事件给丰田带来的直接损失将高达18亿美元。此外，丰田8种问题车型因修复油门踏板而在北美被停售导致的损失也将高达7亿美元。

세계 제일의 자동차 제조회사인 도요타가 발표한 최신 통계에서 2010년 1월, 도요타의 캐나다에서의 판매율은 작년 동기 대비 14.8% 하락한 것으로 나타났다. 미국의 분석학자는 리콜 사태가 도요타에게 준 직접적 손실은 18억 달러에 달할 것이라고 예측하였다. 이 외에도, 문제를 일으킨 8개 차종의 가속페달 수리로 인해 북미에 판매가 중단되어 그 손실은 7억 달러에 달할 것이라고 밝혔다.

A　丰田是家刚进入汽车市场的制造商
　　도요타는 막 자동차 시장에 들어선 제조회사이다

B　因油门踏板而引起了丰田召回事件
　　가속페달 문제로 인해 도요타 리콜 사태가 일어났다

C　召回事件对丰田的影响不大
　　리콜 사태는 도요타에 큰 영향을 끼치지 않았다

D　丰田的汽车出现了8种问题
　　도요타 자동차는 8가지 문제가 나타났다

[▶풀이]

丰田8种问题车型因修复油门踏板而在北美被停售에서 8개 차종의 브레이크와 엑셀레이터 문제로 인한 리콜 사태가 일어났다는 것을 알 수 있다.

정답 B

▶단어

头号 tóuhào (형) 첫째의, 최대의 | 制造商 zhìzàoshāng (명) 제조업체 | 丰田 Fēngtián (명) 일본 TOYOTA(도요타) 자동차회사 | 公布 gōngbù (동) 공포하다 | 数据 shùjù (명) 데이터, 수치 | 显示 xiǎnshì (동) 나타내 보이다, 드러내 보이다 | 加拿大 Jiānádà (지명) 캐나다(Canada) | 销售 xiāoshòu (동) (상품을) 팔다, 판매하다 | 同期 tóngqī (명) 동기, 같은 시기 | 下滑 xiàhuá (동) (성적, 품질 등이) 하락하다, 떨어지다 | 估计 gūjì (동) 예측하다 | 召回 zhàohuí (동) 리콜(recall)하다 | 车型 chēxíng (명) 자동차 모델, 차량 모델 | 修复 xiūfù (동) 수리하여 복원하다 | 油门踏板 yóumén tàbǎn (명) 가속페달

04

🎵 这是以脚支配球为主，两个队在同一场地内进行攻守的体育运动项目。一场精彩的比赛，吸引着数以万计的观众，有关这项球赛的报道，占据了世界上各种报刊的大量篇幅，如今它已成为人们生活中不可缺少的组成部分——这项运动就是足球。

이것은 발로 공을 좌우하는 것을 위주로, 두 팀이 한 장소 안에서 공격과 수비를 진행하는 운동경기 종목이다. 멋진 경기가 만 명에 달하는 관중들을 매혹시켜, 이 구기시합에 관련된 보도들이 세계의 각종 간행물의 많은 지면을 차지하고 있는데, 지금 이것은 이미 사람들의 생활에 없어서는 안 되는 요소로, 이 운동은 바로 축구이다.

A 足球在人们的生活中可有可无
축구는 사람들의 생활에 있어도 되고 없어도 되는 존재이다

B 报刊上看不到有关足球的消息
간행물에서 축구 관련 소식을 볼 수 없다

C 这项运动深受广大观众的喜爱
이 운동은 대중의 사랑을 받고 있다

D 足球是以脚支配两个人的比赛
축구는 발을 써서 두 사람이 하는 운동경기이다

[▶풀이]

如今它已成为人们生活中不可缺少的组成部分에서 이 운동은 사람들의 생활에 없어서는 안 되는 요소라 하였기 때문에 대중의 사랑을 받고 있는 운동이라는 것을 알 수 있다.

정답 ▶ C

[▶단어]

支配 zhīpèi ⑧ 시키다. 제어하다 ▎攻守 gōngshǒu ⑲ 공격과 방어 ▎精彩 jīngcǎi ⑲ 훌륭하다. 뛰어나다 ▎吸引 xīyǐn ⑧ 끌어당기다. 유인하다 ▎占据 zhànjù ⑧ 점거하다. 차지하다 ▎篇幅 piānfú ⑲ (책, 신문 등의) 지면 ▎可有可无 kěyǒu kěwú ⑳ 있어도 되고 없어도 되다. 그다지 중요하지 않다 ▎报刊 bàokān ⑲ 신문과 간행물 ▎深受 shēn shòu 많이 받다 ▎喜爱 xǐ'ài ⑧ 좋아하다. 애호하다

05

🎵 空喊读书的有两种人：第一种人因为自己没有养成读书的习惯，坐不住，读不下去，可是又觉得读书很有必要，因而成了空喊。第二种人因为太懒了，总以为天下有什么秘诀，不要付出任何努力，就能吸收很多知识，所以总叫喊要读书，但却根本没有读书。

말로만 독서를 권장하는 사람은 두 유형으로 나뉜다. 첫 번째는 스스로 책 읽는 습관을 기르지 못한 사람으로 앉아 있지도 못하고 읽어지지도 않지만, 독서가 꼭 필요하다고 생각만하고 입으로만 떠들어댄다. 두 번째는 게으른 사람이다. 세상에 어떤 비법이든 따로 노력을 하지 않아도 책으로 많은 지식을 습득할 수 있다고 생각하기 때문에, 책을 읽자고 큰소리로 외치지만 사실 전혀 독서를 하지 않는다.

A 第一种人已经养成了读书的习惯
첫 번째 유형은 이미 독서 습관을 들였다

B 第一种人认为读书不是重要的事
첫 번째 유형은 독서가 중요하지 않다고 여긴다

[▶풀이]

독서를 권장하는 두 가지 유형의 사람에 대해 이야기를 하고 있는데, 그 중 두 번째 유형인 게으른 사람은 따로 노력을 하지 않고도

C 第二种人总想找个获取知识的捷径
　　두 번째 유형은 지식습득의 지름길을 찾는다

D 第二种人为了获得知识而付出努力
　　두 번째 유형은 지식습득을 위해 노력을 들인다

많은 지식을 습득할 수 있는 건 독서라고 말하지만, 자신은 독서를 하지 않고 지식습득의 지름길만 찾으려고 하는 사람이라고 했다.

정답 ▶ C

▶단어

空喊 kōnghǎn 동 입으로만 떠들어대다. 말로만 외치다 | 懒 lǎn 형 게으르다 | 秘诀 mìjué 명 비결 | 付出 fùchū 동 (돈, 대가 등을) 지불하다. 주다 | 叫喊 jiàohǎn 동 큰소리로 외치다 | 捷径 jiéjìng 명 지름길. 첩경

06

♪ 大雾天气对交通影响很大。在大雾天气，飞机不能起飞和降落，汽车、船舶等也因能见度低而容易发生交通事故。雾对农业生产也有一定的危害。如果连续数天大雾，将使农作物缺乏光照，进而影响生长，诱发病害。

짙은 안개가 교통에 미치는 영향은 크다. 짙은 안개가 끼면 비행기는 이·착륙을 할 수 없고, 자동차와 선박 등도 가시거리가 짧아져 쉽게 사고가 발생할 수 있다. 안개는 농업 생산에도 어느 정도의 피해를 입힌다. 만약 연이어 며칠간 짙은 안개가 끼면 농작물은 광합성 작용이 저해되어 성장에 영향을 끼쳐 병해를 유발한다.

A 大雾影响了交通
　　짙은 안개는 교통에 영향을 끼친다

B 大雾不影响农业
　　짙은 안개는 농업에 영향을 주지 않는다

C 大雾使温度降低
　　짙은 안개는 기온을 내린다

D 所有航班都停飞了
　　모든 항공편이 결항했다

[▶풀이]

첫 구절 大雾天气对交通影响很大에서 짙은 안개가 교통에 미치는 영향이 크다는 말을 했다.
듣기 문제를 들을 때 중요한 부분이 중간부터 나올 것이라고 처음에 흘려 듣는 일이 많은데, 간혹 제일 첫 구절에서 중요한 말을 하는 경우도 있으니 방심은 금물!

정답 ▶ A

▶단어

起飞 qǐfēi 동 (비행기나 로켓 등이) 이륙하다 | 降落 jiàngluò 동 착륙하다 | 船舶 chuánbó 명 배(의 총칭) | 危害 wēihài 동 손상시키다. 훼손하다 | 连续 liánxù 동 연속하다 | 缺乏 quēfá 동 부족하다. 모자라다 | 光照 guāngzhào 동 빛을 비추다 | 诱发 yòufā 동 (느낌, 생각 등을) 유발하다 | 病害 bìnghài 명 병해 | 降低 jiàngdī 동 낮아지다. 줄어들다 | 航班 hángbān 명 (여객기나 여객선의) 정기편 | 停飞 tíngfēi 동 (항공기의 출발을) 중지하다. 취소하다

07

🍒 土豆是食物中热量最高的一种，因为其中含有淀粉，但它的含水量高达76%以上，真正的淀粉含量不到20%，另外它还含有能够产生"腹满感"的"膳食纤维"。所以用它来代替主食，具有减肥效果。

감자는 고열량 식물 중의 하나로, 전분 성분이 있지만 수분 함유량이 76% 이상이어서 전분량은 20% 밖에 차지하지 않는다. 그 외에도 감자에는 '포만감'을 주는 '식이섬유'가 함유되어 있어, 주식을 대체하기도 하고 다이어트 효과도 있다.

A 土豆是淀粉含量最高的一种
감자는 전분 함량이 가장 높은 것 중 하나이다

B 土豆的含水量高达20%
감자의 수분 함유량은 20% 이상에 달한다

C 膳食纤维能让人感觉到饱
식이섬유는 사람에게 포만감을 느끼게 한다

D 土豆基本上没有减肥的作用
감자는 다이어트 효과가 없다

[▸ 풀이]

含有能够产生"腹满感"的"膳食纤维"이라는 구절에서 알 수 있듯이 식이섬유는 포만감을 느끼게 한다. 다이어트에 효과가 있다는 것을 들었다면 포만감 때문이라는 것을 유추할 수 있다.

정답 C

▸ 단어

土豆 tǔdòu 몡 감자 | 食物 shíwù 몡 음식물 | 热量 rèliàng 몡 열량 | 含有 hányǒu 동 가지다. 함유하다 | 淀粉 diànfěn 몡 녹말. 전분 | 含量 hánliàng 몡 함량 | 腹满 fùmǎn 동 배가 부르다 | 膳食纤维 shànshí xiānwéi 식이섬유 | 代替 dàitì 동 대신하다. 대체하다

08

🍒 很多人对冷饮情有独钟，特别是年轻人，哪怕是在气温较低的冬、春季节，也不太喜欢喝热饮。其实，从生理角度来讲，有一个温暖的"热环境"，气血才会正常运行，才会把人体所需的营养物质畅通无阻地运送至各组织器官，同时将体内代谢出的废物直接排除体外。

많은 사람들, 특히 젊은이들은 청량음료를 좋아하여, 기온이 낮은 봄이나 겨울에도 따뜻한 음료를 마시는 것을 좋아하지 않는다. 사실 생리적인 관점에서 말하면 '따뜻한 환경'에서 기와 혈이 정상적으로 움직여, 인체에 필요한 영양물질을 원활하게 각 조직기관으로 운반하게 되고, 동시에 체내대사에서 나오는 노폐물들이 체외로 배출된다.

A 年轻人对冷饮特别有感情
젊은 층은 청량음료를 좋아한다

B 冬天年轻人也喜欢喝热茶
겨울에도 젊은 사람들은 뜨거운 차를 마시고 싶어한다

C 冷环境中气血才会正常运行
추운 환경에서 기혈은 정상적으로 움직인다

[▸ 풀이]

답을 알 수 있는 제일 첫 구절을 못 들었다면 有一个温暖的"热环境"이라는 중간부분의 중심이 되는 단어를 잘 듣고 뒷부분의 내용을 이해하는 것도 좋다. 또는,

D 喝冷饮有助于把体内废物排出去
  청량음료를 마시면 체내의 노폐물이 배출된다

이런 내용은 기본상식으로도 답
을 찾아낼 수 있다.

정답 A

단어

冷饮 lěngyǐn 몡 청량음료 ┃ 情有独钟 qíngyǒu dúzhōng 솅 관심을 보이다. 애정을 가지다 ┃ 哪怕 nǎpà 젭 설령. 가령 ┃ 热饮 rèyǐn 몡 따뜻한 음료 ┃ 角度 jiǎodù 몡 각도 ┃ 气血 qìxuè 몡 정기와 혈액. 기와 혈 ┃ 运行 yùnxíng 동 운행하다 ┃ 畅通 chàngtōng 혱 막힘 없이 통하다 ┃ 无阻 wúzǔ 동 방해가 없다 ┃ 器官 qìguān 몡 기관 ┃ 代谢 dàixiè 몡 신진대사 ┃ 废物 fèiwù 몡 폐기물. 폐품 ┃ 排除 páichú 동 없애다. 제거하다

09

随着时代的发展，人们的价值观念也在悄悄地发生着变化。一方面，我们赞许中国古代文化传统中"富贵不能淫，不为五斗米折腰"的品格；另一方面，我们也开始坦言对金钱的欲望，对勤劳致富者的羡慕。

시대의 발전에 따라 인간의 가치관도 서서히 변화하고 있다. 한편으론 중국고대 문화전통 중의 '부귀에 현혹되지 말라', '다섯 말의 쌀을 위해 고개를 숙이지 않는다'는 품행을 지지하지만, 다른 한편으로는 우리도 돈에 대한 욕망을 서슴없이 말하고, 노력하여 부를 얻은 자들을 부러워한다.

A 人们羡慕勤劳致富的人
  사람은 노력하여 부자가 된 사람을 부러워한다

B 人们很难理解古代文化
  사람은 고대문화를 잘 이해 못한다

C 人们的人生观发生改变
  사람의 인생관은 변한다

D 人们开始嫉妒富有的人
  사람은 부유한 사람을 질투하기 시작한다

[풀이]

시대의 발전에 따른 인간의 가치관 변화에 따라 노력하여 부를 얻은 자들을 부러워한다(对勤劳致富者的羡慕)고 본문에서 확인할 수 있다.

정답 A

단어

价值观 jiàzhíguān 몡 가치관 ┃ 悄悄 qiāoqiāo 뷔 소리 없이. 살며시 ┃ 赞许 zànxǔ 동 칭찬하다. 지지하다 ┃ 富贵 fùguì 혱 부귀하다 ┃ 淫 yín 지나치다. 과도하다 ┃ 折腰 zhéyāo 동 허리를 숙여 인사하다 ┃ 坦言 tǎnyán 동 솔직하게 말하다 ┃ 欲望 yùwàng 몡 욕망 ┃ 勤劳 qínláo 혱 부지런하다. 근면하다 ┃ 羡慕 xiànmù 동 선망하다. 부러워하다 ┃ 致富 zhìfù 동 부자가 되다 ┃ 嫉妒 jídù 동 질투하다. 샘내다

10

🎵 空少是空中少爷的简称，亦称空哥。绝大多数空少都是安全员兼乘务员，负责乘客的安全以及为乘客提供优质服务是空少最基本的责任。空少不仅需要为乘客提供餐饮等常规性服务，并且需要具备良好的应对突发事件的能力，为乘客营造安全和谐的航程氛围。

空少는 '空中少爷(스튜어드)'의 줄임말인데, 空哥라고도 한다. 대다수의 空少는 안전요원 겸 승무원으로, 승객의 안전과 질적 서비스를 제공하는 것이 空少의 가장 기본적인 책임이다. 승객에게 안전한 비행 분위기를 조성하기 위하여 空少는 승객에게 음식과 음료를 제공하는 기본적인 서비스뿐 아니라 돌발사태에 적절히 대처하는 능력을 갖추어야 한다.

A　空少是空中小姐的简称
空少는 空中小姐(스튜어디스)의 약칭이다

B　空少需要具备应急能力
空少는 임기응변 능력이 필요하다

C　本科以上学历可以当空少
학사 이상의 학력이 있어야 空少가 될 수 있다

D　空少只是负责乘客的安全
空少는 승객의 안전만을 책임진다

[풀이]

需要具备良好的应对突发事件的能力에서 돌발사태에 적절히 대처할 수 있는 능력을 말했는데 이 능력이 바로 임기응변 능력이므로 답을 B로 고를 수 있다. 또한 空姐가 스튜어디스라는 것을 알아두면 더 쉽게 풀 수 있을 것이다.

정답 ▶ B

▶ 단어

简称 jiǎnchēng 몡 약칭 | 亦称 yìchēng 또한 ～라고 부르다 | 乘务员 chéngwùyuán 몡 승무원 | 提供 tígōng 툉 제공하다 | 优质 yōuzhì 혱 양질의. 우수한 품질의 | 服务 fúwù 몡툉 서비스/봉사하다. 서비스하다 | 餐饮 cānyǐn 몡 음식 판매. 요식 | 常规 chángguī 혱 일반적인. 통상적인 | 应对 yìngduì 툉 대응하다. 대처하다 | 突发 tūfā 툉 갑자기 발생하다 | 营造 yíngzào 툉 만들다. 세우다 | 和谐 héxié 혱 어울리다. 조화롭다 | 航程 hángchéng 몡 항로 | 空中小姐 kōngzhōng xiǎojiě 몡 스튜어디스 | 具备 jùbèi 툉 갖추다. 구비하다 | 应急 yìngjí 툉 응급조치를 하다 | 本科 běnkē 몡 본과. 학부 | 学历 xuélì 몡 학력

11

🎵 能力，就是指顺利完成某一活动所必需的主观条件。人们完成活动中表现出来的能力有所不同。能力是直接影响活动效率，并使活动顺利完成的个性心理特征。能力总是和人完成一定的活动联系在一起的。离开了具体活动既不能表现人的能力，也不能发挥人的能力。

능력은 하나의 일을 순조롭게 완성하기 위해 필요한 주관적 조건이다. 사람이 일을 완성할 때 나오는 능력은 각기 다르다. 능력은 일의 효율에 직접적인 영향을 미치고, 순조롭게 완성케 하는 개성 있는 심리적 특징이다. 능력은 늘 사람이 어떠한 일을 마무리하는 것과 연관되어 있다. 구체적인 활동을 벗어나서는 사람의 능력을 표현할 수도, 발휘할 수도 없다.

A　人们表现出来的能力基本相同
사람이 발휘하는 능력은 대부분 비슷하다

[풀이]

제일 마지막 구절 离开了具体活

B 能力是结束活动的主观条件
能력은 일을 끝낸 후의 주관적 조건이다

C 每个人的能力都是有限的
매 한 사람의 능력은 한계가 있다

D 离开具体活动便不能表现人的能力
구체적인 일을 벗어나서는 능력을 발휘할 수 없다

动既不能表现人的能力，也不能发挥人的能力에서 구체적인 활동을 벗어나서는 능력을 발휘할 수 없다고 했다.
마지막에 중요한 내용이 있는 경우도 간혹 있기 때문에 마지막까지 집중해서 잘 들어야 한다.

정답 D

단어

发挥 fāhuī 동 발휘하다 | 结束 jiéshù 동 마치다. 종료하다 | 有限 yǒuxiàn 형 한계가 있다

12

一项研究显示，女性头发的颜色反映了她们的个性。专家认为，女人的个性与她们头发的颜色有联系的说法是有根据的，只要改变头发的颜色，就会有助于改变女性的性格，研究者相信，这一结果公开后会使更多的女性去染发。

연구결과에 따르면 여성의 머리카락 색깔은 개성을 반영한다고 한다. 전문가들은 여성의 개성과 그녀들의 머리카락 색을 연관 짓는 것은 머리카락 색만 바꾸어도 여성의 성격을 바꾸는 데 도움이 된다는 타당한 근거에 의거한 것이라고 한다. 이 연구결과가 공개되면 더 많은 여성들이 염색을 하게 될 것이라고 연구가들은 단언했다.

A 女人的性格与发色有关
여성의 성격과 머리카락 색은 관련이 있다

B 改变发色可以改变命运
머리카락 색의 변화는 운명을 바꿀 수도 있다

C 年轻女人喜欢染发
젊은 여성은 염색을 좋아한다

D 专家建议女人染发
전문가들은 여성에게 염색하길 권한다

[풀이]

본문 중의 只要改变头发的颜色，就会有助于改变女性的性格에서 머리카락 색만 바꾸어도 성격을 바꾸는 데 도움이 된다는 것은 타당한 근거에 의한 것이라고 했다.

정답 A

단어

反映 fǎnyìng 동 반영하다. 반영시키다 | 公开 gōngkāi 동 공개하다 | 染 rǎn 동 색을 입히다. 염색하다 | 发色 fàsè 명 머리카락 색깔 | 建议 jiànyì 동 건의하다

13

🍒 八号院里住着两户人家，正房一家四口：局长、 局长爱人、姑娘、儿子。厢房住着单身的张老汉，是个清洁工。院里有棵白丁香，张老汉爱如珍宝，不断地浇水、管理。白丁香开花时满院清香，两家都很喜欢。

8호 사합원에는 두 가구가 살고 있는데, 본채에는 국장과 국장 부인, 아가씨, 아들 4명이, 사랑채에는 독신이자 환경미화원인 장 씨가 살고 있다. 사합원 안에는 장 씨가 몹시 애지중지하여 끊임없이 물을 주고 돌보는 백정향 한 그루가 있다. 백정향이 꽃을 피울 때는 사합원 전체가 향으로 가득하여 두 집이 모두 좋아한다.

A　正房里有棵白丁香
　　본채에는 백정향 한 그루가 있다

B　一家四口十分喜爱白丁香
　　4명의 가족은 백정향을 매우 좋아한다

C　张老汉是八号院里的清洁工
　　장 씨는 8호 사합원 내 청소부이다

D　张老汉视白丁香为珍宝
　　장 씨는 백정향을 보물처럼 여긴다

[➡ 풀이]

院里有棵白丁香，张老汉爱如珍宝에서 사합원 안에는 장 씨가 보물처럼 아끼는 백정향이 있다고 했다.
이렇게 인물이 많이 언급될 때는 이름과 특이사항을 적으면서 듣는 것이 좋다.

정답　D

💬 단어

局长 júzhǎng 몡 국장 | 厢房 xiāngfáng 몡 곁채 | 单身 dānshēn 몡 독신 | 清洁工 qīngjiégōng 몡 청소부, 환경미화원 | 白丁香 báidīngxiāng 몡 백정향 | 珍宝 zhēnbǎo 몡 진귀한 보물 | 浇水 jiāoshuǐ 동 물을 뿌리다 | 清香 qīngxiāng 몡 은은한 향기 | 正房 zhèngfáng 몡 몸채. 정방(四合院에서 가장 정면에 위치한 집) | 视 shì 동 ~로 보다

14

🍒 毕业典礼上，校长宣布全校第一名的同学上台领奖，可是连续叫了好几声之后，那位学生才慢慢地走上台。后来，一位老师问那位学生说：“怎么了？是不是生病了？还是没听清楚？”学生说：“不是的，我是怕其他同学没听清楚。”

졸업식에서 교장선생님은 전교 일등을 한 학생에게 시상대에 나와 상을 받으라고 호명하였으나 그 학생은 몇 번을 부른 후에야 천천히 시상대에 올라왔다. 이후에 한 선생님이 학생에게 "무슨 일 있니? 아파? 아니면 못 들은 거니?"라고 묻자 학생은 이렇게 말했다. "아니에요, 다른 애들이 제대로 못 들었을까 봐요."

A　孩子生病了
　　아이가 아프다

B　老师的声音太小
　　선생님의 소리가 너무 작다

C　那个人是第一名
　　그 사람은 1등이다

D　老师很生气
　　선생님은 화났다

[➡ 풀이]

아이가 시상대에 천천히 올라간 이유는 我是怕其他同学没听清楚로 다른 아이들이 제대로 못 들었을까 봐, 자기 이름을 여러 번 부르게 하기 위함이었다. 이 아이는 전교 일등을 해서 시상대에 오른

것이기 때문에 C가 정답이다.

정답 ▶ C

◎ 단어

典礼 diǎnlǐ 몡 의식, 식 | 宣布 xuānbù 동 선포하다, 공표하다 | 领奖 lǐngjiǎng 동 상을 타다 | 生病 shēngbìng 동 병이 나다, 발병하다 | 第一名 dìyīmíng 몡 제1위, 일등

15

🎵 后海一带的酒吧都不大，而且这里没有过分的喧闹，这是我喜欢来后海泡吧的原因。后海是个适合怀旧的地方，每次来后海都会引发人怀旧的情结。**带着女朋友去后海感受北京的浪漫，是这个季节最值得考虑的事情。**

호우하이 일대의 바(bar)는 모두 아담한 데다 너무 시끄럽지도 않은데, 이것이 내가 호우하이 바에서 시간 보내기를 좋아하는 이유이다. 호우하이는 회상하기에 그만인 곳으로, 매번 호우하이에 올 때마다 회상에 젖어 든다. 여자친구와 함께 호우하이에서 베이징의 낭만을 느껴보는 것은 이 계절에 가장 고려해볼 만한 일이다.

A 后海的酒吧比较吵闹
호우하이의 바는 비교적 시끄럽다

B 后海的酒吧不能久留
호우하이의 바는 오래 있을 수 없다

C 后海是个适合谈恋爱的好去处
호우하이는 연애하기 좋은 곳이다

D 秋天比较适合带女朋友去后海
가을에 여자친구와 호우하이에 가는 것이 좋다

[◎ 풀이]

带着女朋友去后海感受北京的浪漫이라는 문장에서 호우하이는 여자친구와 함께 가면 베이징의 낭만을 느껴볼 수 있는 곳이라 했으니 연애하기에도 좋은 곳이라는 걸 짐작할 수 있다.

정답 ▶ C

◎ 단어

酒吧 jiǔbā 몡 바(bar), 술집 | 过分 guòfèn 혱 넘어서다, 지나치다 | 喧闹 xuānnào 혱 떠들썩하다, 시끌벅적하다 | 泡吧 pàobā 몡 (시간을 때우기 위해서 장시간을) 바(bar)에서 보내다 | 怀旧 huáijiù 동 생각하다, 회상하다 | 引发 yǐnfā 동 자아내다, 야기하다 | 情结 qíngjié 몡 응어리, 콤플렉스 | 浪漫 làngmàn 혱 낭만적이다 | 值得 zhídé 동 ~할 만하다 | 吵闹 chǎonào 혱 시끄럽다, 소란하다 | 久留 jiǔliú 동 장기간 머무르다, 오랫동안 체류하다 | 谈恋爱 tán liàn'ài 사랑을 속삭이다, 연애하다

16-20

女： 2008年全国大概有2亿的消费者曾坐过中国民航的飞机，中国民航在国家的经济发展中究竟起着什么样的作用呢?

2008년 전국에 대략 2억에 달하는 소비자가 중국민항 비행기를 이용했습니다. 중국민항이 국가의 경제발전에 어떤 작용을 하는 것일까요?

男： 这个主要有几点：[16] 第一，从交通方式来讲。民用航空是在各种交通方式中最高端的一种交通形式。第二，民航运输业在国家的经济中占有重要的地位，是拉动国家经济增长的重要力量。第三，民航业对于提升消费层次有巨大的推动作用。它的发展可以改变人民的生活观念、生活方式。我们经常讲"地球村"，[17] 要实现"地球村"这个概念，要有足够便利的信息传递和交通方式，现代交通只有民航才能把地球作为一个村，还有现代通讯和传媒，这两方面加起来才可以实现。所以民航业对于社会的发展起的作用是巨大的。

몇 가지로 볼 수 있는데, 첫째는 교통수단 방면입니다. 민간항공은 교통수단 중 최첨단에 속하는 교통수단의 형태입니다. 둘째로 민항운송업은 국가의 경제에 중요한 지위에 놓여 있으며, 국가 경제성장을 촉진하는 중요한 역량입니다. 셋째로 민항업계는 소비계층 상승 촉진에 매우 큰 작용을 하게 되어 민항의 발전이 사람들의 생활관념, 방식을 변화시킬 수 있습니다. 우리는 '지구촌'이란 말을 자주 합니다. 이 '지구촌'이란 개념을 실현하려면 편리한 정보전달과 교통방식이 있어야 하는데, 지금의 교통수단 중 민항만이 이 지구를 하나의 '촌'으로 묶을 수 있고 통신과 매스미디어, 이 두 가지가 결합해야만 실현이 가능합니다. 그러므로 민항업계가 사회발전에 미치는 영향은 거대합니다.

女： 近几年中国民航业发展速度很快。我们关心的是，在当前保增长、保稳定、保民生应对金融危机的过程中，中国民航业可以作出哪些努力和哪些贡献呢?

최근 몇 년 중국 민항업계의 발전속도가 매우 빠른데요. 우리가 관심을 갖는 것은 현재 성장유지, 안정유지, 민생 보호정책으로 금융위기에 대처하는 과정에서 중국 민항업계는 어떤 노력과 공헌을 기울일 수 있을까 하는 것인데요.

男： 去年应对金融危机，我们出台了十项促进民航业平稳较快发展的措施。主要内容：一是扶持民航业的发展，比如采取免征航空公司燃油附加营业税等相关政策。第二，就是加大民航的基础设施投入，到2010年，民航新建机场达50个。第三，为包括航空公司，中小机场等投资进行了一些政策性支持，鼓励开辟支线，其中包括对中小机场减免一些费用，提供一些补贴。第四，[18] 减免航空公司的一些费用。这对航空公司的发展都是起到了很重要的扶持和支持作用的。

작년 금융위기에 대처하기 위해 우리는 민항업계의 안정과 빠른 발전속도를 촉진케 하는 10가지 조치를 내놓았습니다. 주요 내용은 첫째, 민항업계의 발전을 돕는 것입니다. 항공회사의 유류세와 영업세를 면하는 등의 정책들이 그 예입니다. 둘째, 민항의 기초설비 투입을 증대하는 것입니다. 2010년까지 50개의 민항을 세울 것입니다. 셋째, 항공회사와 중소 공항 등의 투자에 정책적 지지를 얻어 지선을 열도록 하는 것입니다. 이 중에는 중소 공항에 대한 일부 비용을 감하거나 면제해주고, 비용을 보조해주는 것도 포함하고 있습니다. 넷째, 항공회사의 일부 비용을 감하거나 면제하는 것입니다. 이 조치는 항공회사의 발전에 지지와 지원에 중요한 작용을 할 것입니다.

女： 消费者对民航关心的问题第一个肯定是消费的便利性，第二个是"正点"，注重安全，如何通过抓安全，抓"正点"来让老百姓对于民航的服务质量真正感到满意呢？

소비자가 민항에 대해 가장 관심을 가지는 첫 번째 질문은 아마도 소비의 편리성일 것이고, 두 번째는 '시간준수'와 안전입니다. 어떻게 하면 이 두 가지를 해결하여 사람들에게 민항의 서비스 품질에 만족을 안겨줄 수 있을까요?

男： 你说的非常关键，消费者对航空的需求 [19] 第一是关注安全；第二是关注"正点"；第三是舒适度。过去抓安全往往叫安全年、安全月、安全周，我觉得这还不够，应该使安全变成一个长久化、稳定化的态势，要改变过去那种运动式、突击式的抓安全的方式，贯彻"持续安全"的理念，[20] 用"持续安全"满足老百姓的需求。

질문 잘 하셨습니다. 소비자가 가장 중요시하는 것으로서 안전문제가 첫째이고, 둘째는 '시간준수', 그리고 세 번째는 편안함입니다. 과거에는 안전의 해, 안전의 달, 안전의 주를 지정하였지만, 제 생각에 이걸로는 부족합니다. 마땅히 안전문제를 장기화하고 안정화하는 태세로 바뀌어야 하는데, 과거의 운동형태로나 벼락치기 식으로 안전문제를 대할 것이 아니라 '안전유지'의 이념을 관철하여 소비자의 수요를 만족시켜야 합니다.

---

16 有关中国民航在国家经济发展中的作用，下列说法不正确的是：

중국민항이 국가 경제발전에 미치는 작용 중, 해당하지 않는 것은?

A 最高端的一种交通形式
최첨단 교통수단 중 하나이다

B 拉动经济增长的重要力量
경제성장을 이끄는 중요한 원동력이다

C 起到国家资源互补的作用
국가자원에 보탬이 되는 작용을 한다

D 能起到提升消费层级的作用
소비계층을 높이는 작용을 한다

［ 풀이 ］

남자의 첫 번째 대답 第一, …, 第二, …, 第三, …의 내용에서 A, B, D를 언급하므로 언급하지 않은 C가 정답이다.

정답 C

17 怎样实现 "地球村" 这一概念?

어떻게 '지구촌'이라는 이 개념을 실현할 수 있을까?

A　改变现代通讯和媒体
현대의 통신과 미디어를 바꾼다

B　改变人们的交通方式
사람의 교통수단 방식을 바꾼다

C　改变人们的思想观念和生活习惯
사람의 사고방식과 생활습관을 바꾼다

D　足够便利的信息传递和交通方式
편리한 정보전달과 교통방식

[❯ 풀이]

남자의 첫 번째 대답 중 要实现 "地球村" 这个概念, 要有足够 便利的信息传递和交通方式에서 편리한 정보전달과 교통방식이 지구촌이라는 개념을 실현할 수 있다고 하였다.

정답 ▶ D

18 在应对金融危机的过程中, 中国民航做了哪些努力?

금융위기에 대처하는 과정에서, 중국민항은 어떤 노력을 기울였는가?

A　推迟民航业的发展
민항업계의 발전을 늦췄다

B　关闭一些航空支线
항공지선을 폐쇄했다

C　减免航空公司一些费用
항공회사의 일부 비용을 감면 또는 면제하였다

D　减少民航的基础设施投入
민항의 기초설비 투입을 줄였다

[❯ 풀이]

남자의 두 번째 대답 마지막 구절 减免航空公司的一些费用에서 금융위기에 대처하기 위해 항공 회사의 일부 비용을 감면, 면제하는 방안을 말하였다.

정답 ▶ C

19 有关消费者对航空业的需求, 不正确的是?

소비자가 항공업계에 바라는 것 중, 올바르지 않은 것은?

A　合理的价格
합리적인 가격

B　关注安全
안전에 관심을 가지다

C　关注舒适度
편안함에 관심을 가지다

D　关注 "正点"
'시간준수'에 관심을 가지다

[❯ 풀이]

남자의 세 번째 대답 중 第一是 关注安全; 第二是关注 "正点"; 第三是舒适度에서 소비자가 항 공업계에 바라는 점은 '안전, 정 시, 편안함'이라 말하였다. A의 合理的价格(합리적인 가격)는 언 급되지 않았다.

정답 ▶ A

20 　用什么理念来满足老百姓的需求?

어떤 이념으로 사람들의 수요를 만족시키는가?

A　安全理念
안전 이념

B　消费理念
소비 이념

C　关注民生理念
민생 이념

D　持续安全理念
안전 이념 관철

[▶ 풀이]

남자의 대답 마지막 구절 用 "持续安全" 满足老百姓的需求에서 안전 이념을 관철하여 소비자의 수요를 만족시키겠다고 하였다.

정답 ▶ D

단어

消费者 xiāofèizhě 명 소비자 | 民航 mínháng 명 민항(민간항공) | 高端 gāoduān 명 첨단 | 运输业 yùnshūyè 명 운수업. 운송업 | 拉动 lādòng 동 성장시키다. 발전시키다 | 提升 tíshēng 동 끌어올리다 | 层次 céngcì 명 차례. 계층 | 推动 tuīdòng 동 밀고 나아가다. 추진하다 | 地球村 dìqiúcūn 명 지구촌 | 足够 zúgòu 동 충분하다 | 传递 chuándì 동 전달하다. 전하다 | 通讯 tōngxùn 명 뉴스. 기사 | 传媒 chuánméi 명 대중 전달 매체 | 金融危机 jīnróng wēijī 명 금융위기 | 贡献 gòngxiàn 동 공헌하다. 이바지하다 | 出台 chūtái 동 공포하다 | 扶持 fúchí 동 부축하다 | 采取 cǎiqǔ 동 취하다. 채택하다 | 免征 miǎnzhēng 동 징수를 면제하다 | 燃油 rányóu 명 연료용 기름 | 附加 fùjiā 동 부가하다. 덧붙이다 | 营业税 yíngyèshuì 명 영업세 | 基础设施 jīchǔ shèshī 인프라 | 开辟 kāipì 동 개척하다 | 支线 zhīxiàn 명 지선 | 减免 jiǎnmiǎn 동 감면하다. 면제하다 | 补贴 bǔtiē 명 보조금 | 正点 zhèngdiǎn 동 제시간에 맞추다 | 态势 tàishì 명 상태와 형세 | 突击 tūjī 동 단기간에 총력을 집중하여 성과를 얻다 | 贯彻 guànchè 동 관철하다 | 拉动 lādòng 동 성장시키다. 발전시키다 | 起到 qǐdào 동 (역할을) 다하다 | 互补 hùbǔ 동 서로 보충하다 | 层级 céngjí 명 등급 | 便利 biànlì 동 편리하다 | 推迟 tuīchí 동 미루다. 연기하다 | 关闭 guānbì 동 문을 닫다. 영업을 중단하다 | 航空 hángkōng 동 항공하다 | 支线 zhīxiàn 명 지선 | 投入 tóurù 명 자금 | 民生 mínshēng 명 민생

21-25

女：大家好，欢迎来到我们的访谈室，现在坐在我身边的是北京欢乐谷的副总经理郑维先生。您好。

여러분, 안녕하세요? 저희 토크쇼에 오신 걸 환영합니다. 지금 제 옆에 계신 분은 베이징 해피밸리(欢乐谷)의 쩡웨이 부사장님이십니다. 안녕하세요?

男：您好。

안녕하세요?

女：欢乐谷是在主题公园建立受挫的背景下兴建的，它的建立初衷是什么?

해피밸리는 테마공원 건립 시 고초를 겪은 걸로 아는데, 당시 어떤 생각으로 건립을 하신 건가요?

男：96年全国到处兴建主题公园，但整体经营情况不太好，我们对此进行了调查，发现当时的主题公园都是观赏性的，而随着经济的发展和人们需求的变化，大众群体更需要参与性强的公园，所以我们提出"[21] 生活就是体验，体验就是生活。"基于这个理念我们便开始策划欢乐谷。

96년 전국 각지에 테마공원이 지어졌는데, 경영상태가 그다지 좋지를 못해 우리가 조사를 해보니 당시 테마공원은 보는 것이 위주라는 것을 알게 되었습니다. 하지만 경제발전과 사람들의 수요변화에 따라 대중은 참여성이 강한 테마공원을 찾는다는 걸 알게 되었고, 그래서 저희는 '생활이 체험, 체험이 바로 생활'이라는 슬로건을 내걸고 해피밸리 계획을 세우기 시작했습니다.

女: 欢乐谷为什么要建在北京?

해피밸리는 왜 베이징에 지으셨나요?

男: [22] 因为北京是中国的首都，作为北京大都市来讲，如果从旅游这个领域来讲呢，北京更多是一些传统文化的旅游景点，时尚娱乐的东西比较少，而纵观全世界各个类似的大都市，都有现代化的时尚公园相配套，而北京恰恰缺这个。

베이징은 중국의 수도이기 때문인데, 대도시 베이징을 관점으로 여행의 방면에서 본다면, 베이징은 전통문화적인 관광명소가 많고 유행, 엔터테인먼트 방면의 아이템은 적은 편입니다. 전세계의 유사한 대도시를 보면 현대화된 엔터테인먼트 공원이 자리잡고 있는데, 베이징만 이 점에서 부족함을 보이기 때문입니다.

女: 欢乐谷相对于嘉年华有什么特色?

해피밸리는 카니발(嘉年华)과 비교할 때 어떤 특색이 있습니까?

男: 就我们公园来讲，是由四个部分构成的：[23] 一是娱乐设备，这是一个方面，这跟嘉年华有点类似，但是我们跟嘉年华设备方面又有不同，我们的设备大型的、超大型的比较多。第二就是我们的景观，我们将巨额的资金投入到整个景观的建设上，包括建筑、雕塑、园林等等。第三是表演，我们拥有庞大的演艺系统，[24] 整个欢乐谷演艺队伍有200多人，我们每天给游客奉献20多场表演。第四部分是主题活动，我们每隔一段时间会根据市场推出不同的活动，暑假我们刚刚搞了梦想狂欢节，十一过后我们会推出时尚狂欢节。

저희 공원으로 말씀드리자면, 4개 부문으로 구성되어 있습니다. 첫째는 놀이시설로, 이 점만 봐선 카니발과 비슷하지만 설비 면에서 볼 때는 카니발과 다른데, 저희의 설비는 대형 또는 초대형 시설이 비교적 많습니다. 두 번째는 경관으로, 저희는 막대한 자금을 전체적인 경관조성 설비, 예를 들어 건축, 조각, 조경 등등에 투입하였습니다. 세 번째는 공연인데, 저희는 방대한 공연시스템을 갖추어 전체 해피밸리의 공연팀은 200명 이상에 달하고 관광객들에게 매일 20개 이상의 공연을 펼칩니다. 네 번째는 테마 이벤트로 시즌마다 시장상황에 따른 이벤트를 여는데, 우리는 여름방학 시즌에 막 드림페스티벌을 열었고, 노동절 이후에는 패션페스티벌을 열 계획입니다.

女: 游乐设施、观赏景观，主题表演，还有主题活动，会不会让游客觉得眼花缭乱，分不出清主次?

놀이시설, 경관, 테마공연, 그리고 이벤트, 이 많은 것들이 관람객들을 정신 없게 하거나, 주객을 전도시킬 우려는 없나요?

男： 在进入欢乐谷之前，我们会给每位游客一个时间表和一张导游图，清楚表明当天有哪些设备项目，有哪些表演，25 游客可以根据自己的喜好、时间，规划自己的游玩线路。所以相信每位游客都可以在欢乐谷充分享受欢乐。

해피밸리에 들어가기 전에 저희는 한 분 한 분께 시간표와 지도를 드려, 당일 어떤 프로그램이나 공연이 있는지 확인하도록 함으로써, 관람객들이 자신의 취미나 시간에 따라 스스로 노선을 정할 수 있게 하였습니다. 그러므로 한 분 한 분이 해피밸리에서 즐거운 시간을 보내실 수 있을 거라고 믿습니다.

---

21 欢乐谷的设计理念是什么?

해피밸리의 설계이념은 무엇인가?

A 休闲娱乐
휴양과 오락

B 参与体验
체험 참여

C 享受生活
삶의 향유

D 资源整合
자원 조합

[▸ 풀이]

남자는 첫 번째 대답에서 生活就是体验，体验就是生活(생활이 체험, 체험이 바로 생활)라는 슬로건으로 해피밸리를 건립했다고 하였으므로 参与体验이 설계이념임을 알 수 있다.

정답 B

---

22 欢乐谷建在北京的主要原因是什么?

해피밸리를 베이징에 건설한 주요원인은 무엇인가?

A 北京是最大的城市
베이징은 가장 큰 도시이다

B 北京是中国的首都
베이징은 중국의 수도이다

C 北京缺少时尚主题活动
베이징은 패션 테마 프로그램이 부족하다

D 北京是一个文化旅游城市
베이징은 문화관광 도시이다

[▸ 풀이]

남자의 두 번째 대답에서 베이징은 중국의 수도라고 하면서 세계적인 대도시에 비해 엔터테인먼트 공간이 부족하기 때문이라 했다.

정답 B

---

23 欢乐谷与嘉年华有哪些相似之处:

해피밸리와 카니발은 어떤 유사한 점이 있는가?

A 景观
경관

B 表演
공연

C 主题活动
테마 프로그램

D 娱乐设备
놀이시설

[▸ 풀이]

一是娱乐设备，这是一个方面，这跟嘉年华有点类似에서 해피밸리는 카니발과 오락설비가 비슷하다는 것을 알 수 있다.

정답 D

24 欢乐谷的演艺队伍有多少人?

해피밸리의 공연팀은 몇 명인가?

A 20

B 100

C 200

D 300

整个欢乐谷演艺队伍有200多人에서 공연단원이 200명 이상에 달한다고 하였다.

정답 ▶ C

25 为游客提供时间表和导游图的目的是什么?

관람객에게 시간표와 지도를 제공하는 목적은 무엇인가?

A 游客可以自由规划路线

관람객은 자유롭게 노선을 정할 수 있다

B 游客了解营业时间和项目

관람객은 영업시간과 프로그램을 알 수 있다

C 游客可以了解游乐设备

관람객은 놀이시설에 대해 알 수 있다

D 游客可以了解主体活动

관람객은 테마 프로그램에 대해 알 수 있다

[● 풀이]

남자의 마지막 대답 游客可以根据自己的喜好、时间，规划自己的游玩线路에서 관람객들이 자신의 취미나 시간에 따라 스스로 노선을 정할 수 있다는 것을 알 수 있다.

정답 ▶ A

[● 단어]

休闲 xiūxián 동 휴식하다. 한가롭게 보내다 | 娱乐 yúlè 명 오락. 레크리에이션 | 参与 cānyù 동 참여하다. 관여하다 | 体验 tǐyàn 동 체험하다 | 享受 xiǎngshòu 동 만족을 얻다. 누리다 | 整合 zhěnghé 동 조정을 거쳐 다시 합치다 | 时尚 shíshàng 명 유행 | 规划 guīhuà 동 계획을 짜다 | 路线 lùxiàn 명 노선 | 营业时间 yíngyè shíjiān 영업시간 | 游乐 yóulè 동 놀며 즐기다. 행락하다 | 兴建 xīngjiàn 동 건설하다. 짓다 | 初衷 chūzhōng 명 초심 | 整体 zhěngtǐ 명 전체. 총체 | 调查 diàochá 동 조사하다 | 景点 jǐngdiǎn 명 명소 | 纵观 zòngguān 동 시야를 넓혀 관찰하다 | 类似 lèisì 동 유사하다. 비슷하다 | 配套 pèitào 동 조립하다. 짜 맞추다 | 恰恰 qiàqià 부 꼭 알맞게. 바로 | 巨额 jù'é 형 거액의 | 雕塑 diāosù 명 조소 | 园林 yuánlín 명 조경 풍치림. 원림 | 演艺 yǎnyì 명 연기 예술. 공연 예술 | 系统 xìtǒng 명 시스템 | 奉献 fèngxiàn 동 (삼가) 바치다 | 线路 xiànlù 명 레일. 선로

26-30

男： 今天我们邀请的嘉宾是一位 了不起的女记者。 ²⁶她是我国第一个进入阿里高原采访的女记者，她用两个月的时间跑遍了平均海拔4800米的阿里6县。首先让我们来欢迎中国妇女报总编辑卢小飞，感谢您能接受此次采访。

오늘 저희가 모신 손님은 대단한 여기자 한 분이십니다. 이분은 중국 최초로 아리고원을 취재하신 여기자로, 두 달 동안 해발 평균 4,800m의 아리 6현을 종횡무진하셨습니다. 중국여성신문의 편집장이신 루이샤오페이 씨를 모시겠습니다. 이렇게 와주셔서 감사합니다.

女 : 谢谢主持人。

시회자님, 감사합니다.

男 : 大家都知道在西藏的环境是很恶劣的，您在西藏日报社工作期间，一定会有很多采访任务，做为女记者能否可以吃得了这个苦呢？

시짱의 환경이 매우 열악한 것은 누구나 다 아는 사실인데요, 시짱일보에서 일하신 동안 많은 취재업무를 하셨을 텐데, 여기자의 몸으로 그런 어려움을 감당할 수 있으셨습니까？

女 : 27 我能吃这个苦，而且当我现在回忆起当年吃的这些苦，现在想起来可能会觉得诧异，但当时是无比的快乐，充满了探索的渴望和内心的向往，完全是以那样的一种情怀去迎接挑战的，包括我们有时候一天吃不上一顿饭，而且在阿里走一天可能都见不到一个人。

감당할 수 있었습니다. 제가 지금 그때 고생했던 고통들을 되돌아보면 지금은 의아한 생각이 드는 게, 그때는 어디에도 비할 수 없는 즐거움이었습니다. 탐구에 대한 갈망과 내면의 동경을 가득 품은 그러한 마음가짐으로 도전에 임했습니다. 어떨 땐 하루에 한 끼도 못 먹고, 게다가 아리에서 종일 걸으면서 인적조차도 찾을 수 없을 때를 포함해서 말이죠.

男 : 您曾发表了一篇探索未成年人思想道德建设问题的文章《黄金时代缺少了什么》，引起了社会共鸣，当时是什么引发您关注孩子们的事的？

기자님께서 발표하신 《황금 같은 시절, 어떤 것이 결여되었는가》라는 미성년자의 사고와 도덕 확립에 관한 글이 사회적 공감을 일으켰는데, 당시에 아이들에게 관심을 가진 계기가 있었나요？

女 : 我的一个记者写来一篇不错的稿子，就是发生在内蒙古草原中日两国小朋友夏令营的故事，28 在夏令营的过程中出现了一些其实现在看来很正常的事情，就是中国的孩子比日本的孩子骄气，比日本的孩子组织纪律性差，比日本的孩子环保意识差。就是说我在我们中国的孩子身上发现了我们今天依然感到忧虑的问题，这个问题其实不是孩子的问题，而是我们的成年人对孩子的教育，包括学校的教育、家庭的教育、29 社会大环境对孩子的熏陶上可能出了一些问题。

우리 기자 한 명이 좋은 기사를 썼는데, 내몽고 초원의 중국과 일본 양국 어린이캠프에서 일어난 일이었습니다. 사실 지금 보면 이상할 것이 없는 일이었는데, 중국 어린이들이 일본 아이들보다 거만하고 조직의 규율을 지키지 않는 등 환경보호 의식이 뒤떨어졌습니다. 다시 말하면 우리 아이들에게서 우리가 오늘날에도 염려하는 바를 찾을 수 있었는데, 이 문제는 사실 아이들의 문제가 아니라 우리 어른들이 학교와 가정교육을 포함한 교육과 그리고 사회환경에서 나타난 것들입니다.

男 : 那您平常是怎么教育自己的女儿的呢？

그러면 기자님께선 어떻게 따님을 가르치십니까？

女: 其实我在教育女儿这件事情上有成功的一面也有不成功的一面，我成功的一面就是我更多地在乎我的行为，以身示范要比你滔滔不绝地给她灌输要好得多，我会和她讲我怎么看这件事情，我会怎么做，我觉得这样的效果会更好，事实上也确实如此。另外我对我女儿的教育方式有点儿另类，我不要求她完全遵从书本；我不要求她完全恪守课堂，我希望她独立思考；我不要求她成为一个老师眼中的好孩子，[30] 同时我提示她你身边的"坏孩子"身上可能有很多值得你学习的好的品质。

사실 제가 딸을 지도해보니 성공한 면도, 실패한 면도 있습니다. 성공한 것은 제 자신의 행동거지에 더 신경을 쓴다는 것입니다. 몸소 시범을 보이는 것이 끊임없이 주입만 하는 것보다는 훨씬 낫습니다. 저는 아이에게 이 일을 어떻게 보며 어떻게 할 것인지 말합니다. 이렇게 하는 것이 훨씬 효과가 좋다고 생각했고 실제로도 그렇습니다. 또 제가 딸에게 하는 교육은 조금 특이해서, 책에 있는 그대로 따르거나 수업에서 가르쳐준 그대로 생각하길 바라지 않고, 딸이 스스로 사고하길 원합니다. 딸이 선생님의 눈에 모범생으로 보이길 요구하지도 않습니다. 또한, 아이에게 주위의 '나쁜 아이들'에게도 배울 만한 품성들이 많다고 알려줍니다.

26 男的为什么觉得女的很了不起?

남자는 왜 여자에게 대단하다고 하였는가?

A 她是中国妇女报的总编辑
여자가 중국여성신문의 편집장이어서

B 首位在阿里采访的女记者
아리고원을 취재한 최초의 여기자이어서

C 她有着惊人的忍耐力
여자가 놀라운 인내심을 가졌기 때문에

D 第一个登上山顶的人
최초로 산정상에 오른 사람이어서

사회자가 게스트를 소개할 때 她是我国第一个进入阿里高原采访的女记者(국내 최초로 아리고원을 취재한 여기자)라고 소개하였다.

정답 ▶ B

27 女的对在西藏的生活有怎样的感想?

여자는 시짱에서의 생활에서 어떤 것을 느꼈는가?

A 十分困惑
곤혹스러웠다

B 崇拜自己
자신을 대단히 여겼다

C 感到惊讶
놀라워했다

D 痛苦不堪
고통스러웠다

본문 내용 중 여자의 두 번째 대화 부분에서 답을 찾을 수 있다.

정답 ▶ C

28 有关中国的孩子，下列选项正确的是：

중국 아이들에 대해, 아래에서 내용과 부합한 것은?

A 中国孩子很淘气
중국 아이들은 개구쟁이이다

B 中国孩子很任性
중국 아이들은 버릇이 없다

C 中国孩子不能吃苦
중국 아이들은 힘든 것을 못 견딘다

D 中国孩子很有自信
중국 아이들은 자신감이 충만하다

[▶풀이]

본문 내용에서 A 淘气, B 任性, D 有自信의 내용과 일치하는 부분은 전혀 찾아볼 수 없고, 在夏令营的过程中出现了一些其实现在看来很正常的事情，就是中国的孩子比日本的孩子骄气，比日本的孩子组织纪律性差，比日本的孩子环保意识差 부분에서 답이 C임을 찾을 수 있다.

정답 ▶ C

29 从文中我们可以知道，女的发现了什么问题？

녹음 내용에서 알 수 있듯, 여자는 어떤 문제를 발견했는가?

A 孩子的健康出了问题
아이의 몸에 이상이 생겼다

B 社会大环境出了问题
사회환경에 문제가 있다

C 学校不注重能力培养
학교는 능력배양을 중요시 하지 않는다

D 家长对孩子不负责任
부모가 아이에게 소홀하다

[▶풀이]

여자의 두 번째 대답 마지막 부분의 문장 社会大环境对孩子的熏陶上可能出了一些问题에서 아이들의 문제가 아니라 사회환경에서 나타난 문제라고 하였다.

정답 ▶ B

30 女的教育孩子的方法正确的是：

여자가 아이를 교육하는 방식으로 맞는 것은?

A 让孩子死读书
아이에게 공부를 강요했다

B 成为老师的好学生
훌륭한 학생이 되라고 했다

C 向"坏孩子"学习
'못된 아이들'에게서도 배운다

D 给孩子讲大道理
아이에게 도리에 대해 설명한다

[▶풀이]

여자의 마지막 대답 마지막 同时我提示她你身边的"坏孩子"身上可能有很多值得你学习的好的品质에서 나쁜 아이들에게서도 배울 만한 품성들이 많다고 교육한다고 하였다.

정답 ▶ C

단어

邀请 yāoqǐng 동 초청하다. 초대하다 | 嘉宾 jiābīn 명 귀빈 | 海拔 hǎibá 명 해발 | 总编辑 zǒngbiānjí 명 편집장 | 采访 cǎifǎng 동 취재하다 | 西藏 Xīzàng 지명 시짱. 티베트(Tibet) | 恶劣 èliè 형 열악하다 | 诧异 chàyì 형 의아하다 | 探索 tànsuǒ 동 탐색하다. 찾다 | 情怀 qínghuái 명 심경 | 共鸣 gòngmíng 동 공감하다 | 稿子 gǎozi 명 초고 | 内蒙古 Nèiměnggǔ 명 내몽고 | 夏令营 xiàlìngyíng 명 여름캠프 | 骄气 jiāoqì 명 거만한 태도. 건방진 태도 | 忧虑 yōulǜ 동 우려하다. 근심하다 | 示范 shìfàn 동 모범을 보이다 | 滔滔不绝 tāotāo bùjué 성 흐르는 물처럼 끊이지 않다 | 灌输 guànshū 동 주입하다 | 遵从 zūncóng 동 복종하다 | 恪守 kèshǒu 동 엄수하다. 준수하다 | 独立思考 dúlì sīkǎo 자주적 사고 | 首位 shǒuwèi 명 수위. 첫째가는 자리 | 困惑 kùnhuò 형 곤혹스럽다 | 崇拜 chóngbài 동 숭배하다 | 惊讶 jīngyà 형 놀랍고 의아하다 | 不堪 bùkān 동 견딜 수 없다. 참을 수 없다 | 淘气 táoqì 형 장난이 심하다 | 任性 rènxìng 형 제멋대로의 | 大环境 dàhuánjìng 명 전체적인 환경과 조건 | 注重 zhùzhòng 동 중시하다 | 死读书 sǐdúshū 죽어라 공부만 하다

第三部分

31~50번 문제, 단문을 듣고 그에 해당되는 2~3개의 질문에 알맞은 답을 고르시오.

31-33

毛遂跟平原君学了三年，总是找不到发挥自己能力的机会。

一次，秦国大举进攻赵国，情况危急。赵王派平原君向楚国求助。平原君决定挑选出20名足智多谋的人跟随他一同前往，可是只有19人符合条件。这时，毛遂主动站了出来说："我愿随平原君前往楚国。"

平原君一开始不以为然："一个有才能的人在世上，就好像锥子装在口袋里，锥尖会很快穿破口袋钻出来，人们便能发现他。而你一直未能出头露面显示你的本事，我怎么能够带上没有本事的人同我去楚国行使如此重大的使命呢？"

[32] 毛遂并不生气，他心平气和地说："我之所以没有像锥子从口袋里钻出锥尖，是因为我从来就没有像锥子一样放进您的口袋里呀。"平原君便答应毛遂作为自己的随从，连夜赶往楚国。

平原君到了楚国，可是这次商谈很不顺利。[31] 于是毛遂站了出来，面对楚王，他用道理劝说楚王，用真情打动楚王，终于说服了楚王与平原君签订了友好协定，帮赵国解了围。

事后，平原君说："毛遂原来真是了不起的人啊！他的伶牙俐齿，真抵得过百万大军呀！可是以前我竟然没发现他。若不是毛先生挺身而出，我可要埋没一个人才呢！"

[33] 不要总是等着别人去推荐，只要有才干，不妨自己主动站出来，做出自己应有的贡献。

모수(毛遂)는 평원군(平原君)에게 3년을 배웠지만, 자신의 능력을 발휘할 기회를 얻지 못하였다.

한번은 진나라가 조나라를 진격하여 상황이 위급하였다. 조 왕은 평원군을 파견하여 초나라에 도움을 요청하였다. 평원군은 지혜와 책략에 능한 20명의 인재를 선발해 동행하기로 결정하였으나, 19명 만이 선발조건에 부합했다. 이때 모수는 자처하여 나와 "제가 평원군과 함께 초나라에 가고 싶습니다."하고 말했다.

평원군은 처음에는 탐탁지 않아 "재능 있는 자가 세상에 있는 것은 송곳이 주머니에 있는 것과 같아서, 그 바늘은 금세 주머니를 뚫고 나와 사람들은 그를 알아보게 된다. 하지만 너는 너의 재능을 한 번도 보인 적이 없으니 내가 어찌 능력 없는 자를 초나라에 데려가 막중한 임무를 수행하겠는가?"하고 말했다.

모수는 화를 내지 않고, 담담하게 말했다. "제가 송곳처럼 바늘이 주머니에서 나오지 않은 것은 제가 한 번도 평원군 님의 주머니에 들어가 있지 않았기 때문입니다."평원군은 즉시 모수를 자신의 심복으로 삼아 서둘러 초나라로 향했다.

평원군은 초나라에 도착하였으나 일이 순조롭지 않았다. 모수는 앞으로 나와 초나라 왕 앞에서 도리를 내세워 촉왕을 설득하였다. 진심이 촉 왕의 마음을 움직여 평원군과 우호협정을 맺었고, 조나라를 곤경에서 구해주었다.

후에 평원군은 "모수는 과연 대단한 인재였다! 그의 언변술은 백만 대군에 필적한다! 이전엔 내가 그를 알아보지 못하였다. 만약 모수 선생이 스스로 나서지 않았다면, 아까운 인재를 놓칠 뻔했구나!"하고 말했다.

이처럼 다른 사람이 추천해주길 바라지 말고, 재능이 있으면 스스로 앞으로 나가 공을 세워도 무방하다.

31　楚王是被谁说服的?

초 왕은 누구에게 설득 당했나?

A　平原君 평원군	B　随从 심복
C　赵 조	D　毛遂 모수

문장 중 他用道理劝说楚王，用真情打动楚王，终于说服了楚王与平原君签订了友好协定 에서 他는 모수라는 것을 바로 앞구절 于是毛遂站了出来，面对楚王 에서 알 수 있다.

정답 ▶ D

32　毛遂受到平原君的拒绝后:

모수는 평원군이 거절하자 어떻게 했나?

A　生气 화를 냈다	B　平静 침착했다
C　激动 감격했다	D　不安 불안해 했다

평원군은 모수를 탐탁지 않게 생각했으나 毛遂并不生气，他心平气和地说 에서 모수는 화를 내지 않고 담담하게 말하여 평원군의 마음을 돌렸음을 알 수 있다.

정답 ▶ B

33　这篇文章告诉我们什么?

이 글이 주는 교훈은?

A　要善于利用机会
　　기회를 이용할 줄 알아야 한다

B　做事情要积极主动
　　일을 할 때 적극적이고 주동적이어야 한다

C　做事情要心态平和
　　일을 할 때는 마음이 평화로워야 한다

D　怎样挖掘人才
　　어떻게 인재를 발굴해낼 것인가

제일 마지막 구절 不要总是等着别人去推荐，只要有才干，不妨自己主动站出来，做出自己应有的贡献 에서 다른 사람이 추천해주길 바라지 말고 재능이 있으면 스스로 앞으로 나서서 공을 새우자고 하였다. 그러므로 어떠한 일을 할 때는 적극적인 태도를 보여야 한다는 것이 이 글의 교훈이다.

정답 ▶ B

● 단어

发挥 fāhuī 동 발휘하다 | 进攻 jìngōng 동 공격하다 | 危急 wēijí 형 위태롭고 급하다 | 求助 qiúzhù 동 도움을 청하다 | 挑选 tiāoxuǎn 동 고르다. 선택하다 | 足智多谋 zúzhì duōmóu 성 지혜가 풍부하고 계략이 많다 | 跟随 gēnsuí 동 뒤따르다 | 符合 fúhé 동 부합하다. 일치하다 | 不以为然 bù yǐwéi rán 성 그렇게 여기지 않다. 그렇다고는 생각하지 않다 | 锥子 zhuīzi 명 송곳 | 口袋 kǒudai 명 호주머니 | 钻 zuān 동 뚫다 | 出头露面 chūtóu lòumiàn 성 공개적인 자리에 나타나다. 공식 석상에 모습을 드러내다 | 心平气和 xīnpíng qìhé 성 마음이 평온하여 화를 내지 않다 | 赶往 gǎnwǎng 동 급히 가다 | 劝说 quànshuō 동 충고하다. 권유하다 | 真情 zhēnqíng 명 진실한 마음 | 打动 dǎdòng 동 감동시키다 | 说服 shuōfú 동 설복하다 | 签订 qiāndìng 동 체결하다. 맺다 | 协定 xiédìng 명 협정 | 伶牙俐齿 língyá lìchǐ 성 말주변이 좋다 | 推荐 tuījiàn 동 추천하다 | 应有 yīngyǒu 형 당연한. 합당한 | 主动 zhǔdòng 형 주동적이다 | 挖掘 wājué 동 발굴하다. 찾아내다

34-36

观看了精彩的赛马比赛后，在回家的路上，主人感叹地对座下的马说："我的马啊，今天的比赛你可都看见啦，那一匹匹腾云驾雾的骏马多棒呀！[34] 可你，走起路来慢慢腾腾，一步三摇，活像一头老驴！要不是你跟了我这么多年，我真想把你卖了，唉，你就不能给我争争气吗？"

"我怎么能跟那些骏马相比！[35] 它们的装备可比我强得多，就说鞍子吧""哦，对！对！"主人恍然大悟，"那些骏马的鞍子确实都是价值不菲的！好，我立即就给你配一副好鞍子！"马鞍很快就配好了，可这匹马依然如故。主人忍不住又发起牢骚来。马说："你不就配了一副鞍子吗？可是那些骏马的装备还是比我强，比如说辔头吧。""哦，"主人想，"那些骏马的辔头似乎是很好。"于是，他又买来了新辔头。对马的所有欲望和要求，他都尽量满足。遗憾的是，这匹马依然没有丝毫长进。主人十分苦恼，百思不得其解："我给了它一匹骏马所拥有的一切，可它为什么不能成为一匹骏马呢？"一个朋友告诉他："因为你手里缺少一根鞭策它上进的鞭子！"

훌륭한 경마경기를 본 후 집으로 향하는 길에, 주인은 자신이 타고 있는 말에게 감탄하면서 말했다. "말아, 오늘 경기 너도 봤지? 그 쏜살같이 달리는 말들이 얼마나 멋지냐! 그런데 너는 이렇게 느릿느릿하고 거드름을 피우는 것이 늙은 나귀 같구나! 네가 나와 오랜 세월을 같이 하지 않았다면 너를 벌써 팔아버리고도 남았다. 너도 내 체면을 좀 세워줘야 하지 않겠니?"
"제가 그 준마들과 비교가 되나요! 그 말들의 장비가 저보다 훨씬 우수한 걸요, 안장만 봐도요.""아, 그래, 그렇지!" 하며 주인은 뭔가를 깨달은 듯 "그 말들의 안장은 여간 좋은 게 아니었어! 좋아, 나도 너한테 훌륭한 안장을 사주마!" 하고 말했다. 말 안장을 금세 바꿨지만 주인의 말은 그대로였다. 주인은 또 참지 못하고 잔소리를 해댔다. 말이 말했다. "안장만 바꿨잖아요? 그 말들의 장비는 제 것보다 우수했다고요. 고삐랑 재갈도요.""맞아."하며 주인은 "경주마들의 고삐와 재갈도 정말 좋았었지."하고 생각했다. 그래서 그는 또 새 고삐와 재갈을 사왔다. 말이 요구하고 원하는 것을 만족할 만큼 모두 해주었다. 그러나 안타까운 것은 주인의 말은 조금도 나아지지 않았다. 주인은 괴로워하며 고심에 싸였지만 여전히 이해가 되지 않았다. "내가 경주마들이 가진 모든 것들을 해주었는데 왜 내 말은 준마가 되지 않는 걸까?" 이에 한 친구가 대답했다. "네 손에 말을 채찍질할 채찍이 없잖아!"

34　　为什么主人发出感叹？

왜 주인은 감탄했나?

A　他的马不够英俊

그의 말은 훌륭하지 않다

B　他的马跑得太快

그의 말은 매우 빨리 달렸다

C　他的马跑得太慢

그의 말은 매우 천천히 달렸다

D　他的马太老了

그의 말은 너무 늙었다

35 马为什么觉得自己不如其他的骏马?

말은 왜 자신이 다른 준마들과 다르다고 했나?

A 因为它吃的东西不好
말의 사료가 좋지 않았다

B 因为它的装备太差
말의 장비가 낙후했다

C 因为主人对它太严厉
주인이 너무 엄격히 다뤘다

D 因为主人没有关心它
주인이 말에게 관심이 없었다

36 文章中提到的"鞭子"是什么意思?

글에 나온 '채찍'은 무슨 뜻인가?

A 马应该被打
말은 채찍질로 다스려야만 한다

B 应该给它压力
말에게 스트레스를 줘야 한다

C 应该多鼓励它
말을 격려해주어야 한다

D 应该多责备它
말을 질책해야 한다

📣 단어

英俊 yīngjùn 형 (재능이) 뛰어나다. 출중하다 | 装备 zhuāngbèi 명 장비. 설비 | 鼓励 gǔlì 동 격려하다. 북돋우다 | 责备 zébèi 동 꾸짖다. 나무라다 | 观看 guānkàn 동 참관하다. 구경하다 | 赛马 sàimǎ 동 경마하다 | 腾云驾雾 téngyún jiàwù 성 빠르게 달리다 | 骏马 jùnmǎ 명 준마 | 争气 zhēngqì 동 뒤처지지 않으려고 애쓰다 | 鞍子 ānzi 명 안장 | 恍然大悟 huǎngrán dàwù 성 문득 크게 깨닫다 | 不菲 bùfěi 형 싸지 않다 | 牢骚 láosāo 명 불평. 불만 | 辔头 pèitóu 명 고삐와 재갈 | 遗憾 yíhàn 명 유감 | 丝毫 sīháo 명 추호. 극히 적은 수량 | 长进 zhǎngjìn 동 (학습. 품행 등이) 향상되다 | 鞭策 biāncè 동 (말을) 채찍질하다

37-39

37 贵人可能是某位身居高位的人,也可能是让你钦佩崇拜的人,他们多是成功人士。这些人,往往具有雄才大略,见识不同于常人,不卑不亢,不急不躁,做人处事自有风格。他们胸怀大志,眼界开阔,不计较一时的得失。他们善于学习,长于交往,乐于助人,厚待下属。不论在什么环境下,他们都能自然地影响和控制群体的行为。你跟着这样的人,应该是聪明之举。当然,38 他也应该是你的良师益友,和你是"伯乐与千里马"的关系,而不是利用与被利用的关系。

雅虎的崛起就是一个很典型的例子。当年,杨致远和几个同学拿着雅虎的策划书,屡屡遭到投资人的拒绝,孙正义毅然拿出2个亿,并提出只占35%的股份,这才有了今天的雅虎。当然，孙正义也由此获得了200个亿的巨额回报。李宁的成功也是因为在飞机上认识了一位后来给他做顾问的朋友，在他的帮助下，李宁品牌在中国迅速走红。[39] 所以，善待我们周围的人，或许他就是你一生的贵人！

귀인은 아마도 신분이 높거나 당신이 받들고 숭배하는 사람으로 그들 대부분은 성공인사일 것이다. 이들은 재능이 뛰어나고 견식이 보통 사람보다 뛰어나며, 거만하지도 비굴하지도, 성격이 급하지도 않으며 일을 행할 때 품격이 있다. 그들은 원대한 의지를 품고 사리에 밝으며 일시의 이익과 손해를 따지지 않는다. 그들은 또한 공부를 즐기며 사귐에 능하고, 남을 돕길 즐기며 아랫사람을 잘 대한다. 어떤 상황에서도 집단의 행위에 자연스럽게 영향을 주거나 제지를 한다. 당신이 이런 사람을 따르는 것은 훌륭한 선택이다. 물론 그 사람은 당신에게 훌륭한 스승이자 도움이 되는 친구여야 하고 당신과는 '인재와 인재를 알아보는 사람'의 관계가 되어야 하지 이용하고 이용당하는 관계가 되어선 안 된다.

야후의 흥기는 바로 그 전형적인 예이다. 당시 양즈위안과 몇몇 친구들이 야후에 대한 계획서를 냈고 수차례 투자자들의 거절에 직면했었다. 그러나 쑨쩡이가 단호하게 2억 위안을 내놓으면서 35%의 주식을 신청했는데, 이것이 지금의 야후를 있게 한 것이다. 물론 쑨쩡이도 이로 인해 200억 위안이라는 거액의 보답을 받게 되었다. 리닝의 성공은 비행기 안에서 알게 되어 이후 자신을 돌봐주는 사람이 된 친구에 의한 것인데, 그의 도움으로 리닝의 브랜드는 중국에서 운이 트였다. 따라서 어쩌면 당신의 일생의 귀인일 수도 있으니 주변 사람들을 진심으로 대하라!

37 "贵人"可能是怎样的人?

'귀인'은 어떤 사람인가?

A 打击你的人
당신에게 자극을 주는 사람

B 讽刺你的人
당신을 비꼬는 사람

C 让你崇拜的人
당신이 우러러 보는 사람

D 善用心计的人
속셈이 있는 사람

[▶풀이]

제일 첫 구절 贵人可能是某位身居高位的人，也可能是让你钦佩崇拜的人에서 내가 받들고 숭배하는 사람이 귀인이라 하였다.

정답 ▶ C

38 贵人和你应该是怎样的关系?

귀인과 당신은 어떤 관계여야 하는가?

A 利用与被利用的关系
이용하고 이용당하는 관계

B 欺骗与被欺骗的关系
속이고 속는 관계

C "伯乐"与"千里马"的关系
'인재'와 '인재를 알아보는 사람'의 관계

D 裁判与队员的关系
심판과 선수의 관계

[▶풀이]

본문의 중간 부분 他也应该是你的良师益友，和你是"伯乐与千里马"的关系에서 그 사람은 당신에게 훌륭한 스승이자 도움이 되는 친구이어야 하고 인재와 인재를 알아보는 관계가 되어야 한다고 하였다.

정답 ▶ C

39 这段话主要讲了什么?

이 글의 주요 내용은 무엇인가?

A 怎样发现贵人
귀인을 찾는 법

B 怎样利用贵人
귀인을 이용하는 법

C 如何建立关系
관계를 형성하는 법

D 善待周围的人
주위 사람에게 잘 대하기

[풀이]

이 글의 주요 내용을 묻는 질문이다. 맨 마지막 부분 所以，善待我们周围的人，或许他就是你一生的贵人에 주로 글쓴이의 중심생각이 나오기 마련이니 주의해서 보아야 한다.

정답 D

단어

贵人 guìrén 몡 귀인 | 钦佩 qīnpèi 통 존경하다 | 崇拜 chóngbài 통 숭배하다 | 雄才大略 xióngcái dàlüè 셩 걸출한 재능과 웅대한 계략 | 见识 jiànshi 몡 식견. 견문 | 不卑不亢 bùbēi búkàng 셩 거만하지도 않고 비굴하지도 않다 | 胸怀 xiōnghuái 몡 포부 | 开阔 kāikuò 혱 넓다. 광활하다 | 得失 déshī 몡 득실 | 长于 chángyú 통 ~를 잘하다. ~에 뛰어나다 | 厚待 hòudài 통 우대하다 | 下属 xiàshǔ 몡 아랫사람. 하급자 | 控制 kòngzhì 통 통제하다. 제어하다 | 良师益友 liángshī yìyǒu 셩 장점을 얻을 수 있고 도움이 되는 좋은 스승과 좋은 친구 | 伯乐 Bólè 인명 백락 | 千里马 qiānlǐmǎ 몡 천리마 | 雅虎 Yǎhǔ 몡 야후 (Yahoo) | 崛起 juéqǐ 통 흥기하다 | 屡屡 lǚlǚ 뷰 누차. 종종 | 拒绝 jùjué 통 거절하다 | 毅然 yìrán 뷰 결연히. 단호히 | 回报 huíbào 통 보답하다 | 品牌 pǐnpái 몡 상표. 브랜드 | 走红 zǒuhóng 통 좋은 운을 만나다. 운이 트이다 | 打击 dǎjī 통 공격하다 | 讽刺 fěngcì 통 풍자하다 | 心计 xīnjì 몡 속셈 | 欺骗 qīpiàn 통 속이다. 기만하다 | 裁判 cáipàn 몡 심판 | 队员 duìyuán 몡 대원. 팀원 | 善待 shàndài 통 다정하게 대하다

40-43

　　每当我们开始做一件事时，总难免要失败。如果害怕失败，那你将一事无成。家长们常说："孩子只要能立就能走，能走就能跑。"每个家长都懂得孩子不摔几跤是学不会走和跑的。而当他们看到自己的孩子在跌倒中学会走路时，心情是非常激动的。事实上，所有的人都是这样长大的。体育也是如此，工作也是一样。⁴¹只有在失败中，我们才能真正学到本领。你想长大成人，想超过别人的话，就更要记住，"失败是成功之母"。

　　日本人把"不倒翁"这一玩具称为"永远向上的小法师"。每当人们参加竞选的时候，就有用它当成装饰品的习惯。有的人若是当选了，就把"不倒翁"的下半身涂黑，以示庆祝。"不倒翁"⁴²因为重心在下面，所以无论你怎样推它，只要一松手，它就会马上弹起来，因此是个很招人喜欢的玩具。正是因为不断地经受磨难，人才能变得更加坚强。

　　在日本有一个叫"八起会"的组织。这是那些因不走运而倒闭的经营者们的集会。他们的领导者曾以"失败是开路的手杖"为题，为"八起会"的成员们做过演讲，这给予当时在坐者以极大的鼓舞。

　　的确，⁴³人们从失败的教训中学到的东西，比从成功的经验中学到的还要多。

우리가 어떤 일을 시작할 때는 실패를 면하기가 어렵다. 그러나 만약 실패를 두려워하면 아무것도 이루지 못할 것이다. 부모들은 '아이가 설 수 있으면 걸을 수 있고, 걸을 수 있으면 달릴 수도 있다'고 말한다. 모든 부모들은 아이가 몇 번 넘어지지 않으면 걷거나 달릴 수 없다는 것을 알고 있다. 하지만 자신의 아이가 넘어지는 과정에서 걷는 법을

배우면 매우 감동을 한다. 사실상, 모든 사람들이 이렇게 성장하는데, 운동도 일도 마찬가지이다. 실패 속에서 우리는 비로소 능력을 갖춘다. 어른이 되어 타인을 넘어서고 싶다면 더욱 더 '실패는 성공의 어머니'라는 것을 기억해야 한다. 일본인은 '오뚝이' 장난감을 '언제나 우뚝 서는 마법사'라 칭하며 경선에 나가게 되면 오뚝이를 장식품으로 쓰는 습관이 있다. 만약 어떤 사람이 선출되면 '오뚝이'의 하반신에 검은 칠을 하여 축하를 한다. '오뚝이'의 무게중심은 아래에 있어 어떻게 밀어도 손만 떼면 우뚝 서게 되기 때문에, 사람들이 좋아하는 장난감이 되었다. 이렇듯 사람은 끊임없이 시련을 겪어야 강해진다.

일본에는 '팔기회'라는 조직이 있는데, 이것은 운이 없어 부도를 낸 경영자들의 모임이다. 모임의 리더는 '실패는 새로운 길을 여는 지팡이'라는 주제로 '팔기회' 멤버들에게 강연을 했는데, 강연장에서 큰 박수를 받았다.

이처럼 사람은 실패를 통해 얻은 교훈이 성공한 경험에서 배운 것보다 훨씬 크다.

---

40 孩子的摔倒，在文中是什么意思?

아이가 넘어지는 것은 글에서 무엇을 말하는 것인가?

A 痛苦
고통

B 失败
실패

C 运动
운동

D 成功
성공

[▶ 풀이]

본문 전체는 실패를 통해 교훈을 얻는다는 내용이다. 그러므로 여기에서 아이가 넘어진다는 표현은 곧 실패라는 것을 알 수 있다.

정답 ▶ B

---

41 "失败是成功之母" 是什么意思?

'실패는 성공의 어머니'는 무슨 뜻인가?

A 失败是无可避免的
실패는 피할 수 없다

B 失败是成功的必经之路
실패는 성공으로 가는 길

C 失败是必然发生的
실패는 당연히 발생한다

D 失败是应该出现的
실패는 당연히 나타난다

[▶ 풀이]

只有在失败中，我们才能真正学到本领에서 우리는 실패 속에서 비로소 진정한 능력을 배울 수 있다는 것을 알 수 있다. 그러므로 失败是成功之母는 失败是成功的必经之路와 같다.

정답 ▶ B

---

42 为什么日本人喜欢 "不倒翁"?

왜 일본사람들은 '오뚝이'를 좋아하는가?

A 因为它会倒下
쓰러지기 때문에

B 因为它让人惊讶
사람들을 놀라게 하기 때문에

C 因为它始终很坚强
강하기 때문에

D 因为它让人经历磨难
고난을 겪게 하기 때문에

[▶ 풀이]

오뚝이는 무게중심이 아래에 있기 때문에 어떻게 밀어도 손만 떼면 우뚝 서게 된다. 因为重心在下面，所以无论你怎样推它，只要一松手，它就会马上弹起来에서는 곧 강하기 때문에 항상 우뚝 선다고 말할 수 있다.

정답 ▶ C

43 说话人想告诉我们什么?

말하는 이가 전하고자 하는 바는 무엇인가?

A 成功的方法
성공의 방법

B 介绍日本的文化
일본문화 소개

C 获得成功十分容易
성공하기는 쉽다

D 不要担心失败
실패를 걱정하지 말라

[풀이]

본문의 제일 마지막 구절 人们从失败的教训中学到的东西, 比从成功的经验中学到的还要多 에서 사람은 실패를 통해 얻은 교훈이 성공한 경험에서 배운 것보다 훨씬 크다고 했으므로, 말하는 이는 실패를 걱정하지 말라고 전하고자 하였음을 알 수 있다.

정답 ▶ D

단어

难免 nánmiǎn (형) 피하기 어렵다 | 一事无成 yíshì wúchéng (성) 한 가지의 일도 이루지 못하다 | 跌倒 diēdǎo (동) 걸려 넘어지다 | 激动 jīdòng (형) 감격하다 | 长大 zhǎngdà (동) 성장하다 | 本领 běnlǐng (명) 능력. 기량 | 超过 chāoguò (동) 따라잡다. 추월하다 | 不倒翁 bùdǎowēng (명) 오뚝이 | 竞选 jìngxuǎn (동) 경선하다 | 装饰品 zhuāngshìpǐn (명) 장식품 | 当选 dāngxuǎn (동) 당선되다 | 重心 zhòngxīn (명) 무게중심 | 松手 sōngshǒu (동) 손을 놓다 | 倒闭 dǎobì (동) 도산하다. 망하다 | 磨难 mónàn (명) 역경. 고난 | 坚强 jiānqiáng (형) 굳세다. 꿋꿋하다 | 必经之路 bìjīng zhīlù (성) 꼭 지나가야 하는 길 | 倒下 dǎoxià (동) 쓰러지다

44-47

　　在政坛上展现出杰出外交天赋的丘吉尔，[44] 童年却患有口吃，3岁时的他连说 "妈妈" 和 "爸爸" 都很吃力。青年时的他特别害羞，与陌生人交往时，一讲话就脸红。当他确定了远大的目标后，每天对着镜子练习演讲，几年后，他便风度翩翩，语惊四座。

　　丘吉尔童年所患的就是社交恐惧症，这是恐惧症中最常见的一种，约占患者总数的一半左右，近年来，患病人数还有上升趋势。这种病人 [45] 害怕在公共场合被人注意，尤其是当众讲话、当众写字、食堂用餐，甚至使用公共厕所时，都会心情紧张、心慌气短、[45] 大汗淋漓，产生一种明知过分却又无法控制的恐惧感。有的人 [45] 不敢与人对视，与人谈话时总避开别人的目光；还有的病人见人就脸红，经常为此心神不定。

　　在恐惧症众多的类型中，社交恐惧症是对患者危害最大的一种。[46/47] 对这种病人来说，最有效的要数认知行为治疗。医生建议，患者可在日常生活中进行社交技能和自信心的训练。如注意力集中法。不必过度关注自己给别人留下的印象，学会把注意力放在自己要做的事情上。[47] 兜头一问法。在心理过于紧张或焦虑时，不妨兜头一问：再坏又能坏到哪里去？大不了是再回到起点，有什么了不起！[47] 钟摆法。不妨这样想：钟摆要摆向这一边，必须先往另一边使劲儿。我脸红大不了红得像块红布；我心跳快有什么了不起，我还想跳得比摇滚乐的鼓点更快呢！

정계에서 외교상의 걸출한 재능을 보인 조지(George)는 어린 시절 말을 더듬어 세 살 때 '엄마'와 '아빠' 도 겨우 말할

정도였다. 청년 시절 조지는 매우 부끄러움이 많아 낯선 사람과 왕래할 때에는 한 마디만 해도 얼굴이 빨개지곤 했다. 그가 원대한 목표를 세운 후에는 매일 거울을 보며 연설 연습을 했고, 몇 년 후 그는 풍채 있는 언변가로 변했다.

조지가 어린 시절 앓았던 병은 사회공포증인데, 이것은 공포증 중에 가장 흔한 것으로, 환자 전체 수의 반 정도를 차지하며, 최근에 환자의 수가 점차 늘어나는 추세이다. 이러한 환자는 공공장소에서 사람의 이목을 끄는 것을 두려워하는데, 특히 관중 앞에서 연설을 하거나, 글을 쓰거나, 식당에서 식사를 하거나 심지어는 공용 화장실을 쓸 때에도 긴장하여 심장이 떨리고 호흡이 가빠지며 땀을 많이 흘리는 등 억제할 수 없는 심한 공포감을 느낀다. 어떤 사람은 사람과 눈을 마주치지도 못하고, 이야기를 할 때 사람의 눈을 피한다. 또 어떤 환자는 사람을 쳐다보기만 해도 얼굴이 빨개지고 불안한 증세를 보인다.

공포증의 많은 유형 중, 사회공포증은 환자에게 가장 위험한 유형 중의 하나이다. 이런 환자에게 가장 효과가 있는 것은 인지행위 치료법이다. 의사는 환자가 일상생활에서 사교기술과 자신감을 얻는 훈련, 예를 들면 주의력 집중법 같은 치료를 해야 한다고 한다. 다른 사람에게 보여지는 자신의 모습에 너무 신경을 쓰지 않고 자신이 하려는 일에 주의력을 쏟는 것을 배워야 한다. 두두일문법(兜头一问法)은 심리적으로 과도한 긴장과 고민을 할 때 머리를 감싸고 질문한다. '더 나빠져봤자 얼마나 나빠지겠어? 그래 봤자 처음으로 돌아가는 거지, 뭐 걱정할 것이 있다고!' 시계추법은 시계추를 이쪽에 두려면 먼저 다른 쪽으로 힘껏 보내야 하기 때문에 '내 얼굴이 빨개져 봤자 빨간 천 정도 겠지. 심장이 빨리 뛰는 게 어때서, 마음만 먹으면 락 음악의 드럼 박자보다 더 빨리 뛰게 할 수도 있는데!'라고 생각하는 것이다.

44 丘吉尔童年有过怎样的经历?

조지는 어린 시절 어떤 일을 겪었는가?

A 不敢说话
말하기를 꺼린다

B 患有口吃
말을 더듬는다

C 不敢出屋
집밖에 나가기를 꺼린다

D 不敢见人
사람 만나기를 꺼린다

[❯ 풀이]

첫 부분 童年却患有口吃에서 조지는 어린 시절 사회공포증으로 인해 말을 더듬었다는 것을 알 수 있다.

정답 ▶ B

45 有关社交恐惧症，错误的是哪一项?

사회공포증과 관련하여, 내용이 틀린 것은 몇 번인가?

A 害怕被人注意
남의 주목을 받는 것을 두려워한다

B 不敢与人对视
다른 사람과 눈을 맞추지 못한다

C 说话十分兴奋
말할 때 흥분한다

D 紧张得出汗
긴장하여 땀을 흘린다

[❯ 풀이]

사회공포증 환자들은 害怕在公共场合被人注意 / 大汗淋漓 / 不敢与人对视 즉, 공공장소에서 사람들의 주목을 받는 것을 두려워하고, 땀을 많이 흘리고 다른 사람과 눈을 맞추지 못하는 증상이 있다고 했으므로 C는 틀린 답이다. 문제를 풀 때 지문의 내용도 중요하지만 질문하는 문제가 무엇인지도 집중해서 듣자. 错误的是哪一项? 이라고 물었기 때문에 틀린 내용을 답으로 골라야 한다.

정답 ▶ C

46 社交恐惧症的病人最有效的治疗是什么方法?

사회공포증 환자에게 가장 효과 있는 치료방법은 무엇인가?

A 钟摆法
시계추법

B 认知行为的治疗
인지행위 치료

C 兜头一问法
두두일문법

D 注意力集中法
주의력 집중법

본문의 내용 중 对这种病人来说, 最有效的要数认知行为治疗에서 알 수 있듯이 사회공포증 환자에게 가장 효과가 있는 것은 인지행위 치료법이다.

정답 ▶ B

47 医生一共建议了几种方法治疗社交恐惧症?

의사는 사회공포증 치료법 몇 가지를 제시했는가?

A 3

B 4

C 5

D 6

본문의 후반부에 설명에 나와 있다. 认知行为治疗(인지행위 치료법), 兜头一问法(두두일문법), 钟摆法(시계추법). 따라서 답은 총 세 가지가 된다.

정답 ▶ A

단어

政坛 zhèngtán 명 정계. 정치계 | 展现 zhǎnxiàn 동 펼쳐 보이다 | 杰出 jiéchū 형 걸출하다 | 天赋 tiānfù 동 타고나다 | 口吃 kǒuchī 동 말을 더듬다 | 吃力 chīlì 형 힘들다. 고생스럽다 | 害羞 hàixiū 형 부끄러워하다 | 陌生人 mòshēngrén 명 낯선 사람 | 脸红 liǎnhóng 동 얼굴이 빨개지다. 부끄러워하다 | 演讲 yǎnjiǎng 동 연설하다. 강연하다 | 风度 fēngdù 명 풍격. 풍모 | 翩翩 piānpiān 형 나풀거리며 춤추는 모양 | 社交 shèjiāo 명 사교 | 恐惧 kǒngjù 형 무섭다 | 上升 shàngshēng 동 상승하다. 올라가다 | 心慌 xīnhuāng 형 당황하다 | 大汗淋漓 dàhàn línlí 성 땀에 흠뻑 젖다 | 对视 duìshì 동 서로 응시하다 | 避开 bìkāi 동 비키다. 피하다 | 训练 xùnliàn 동 훈련하다 | 兜头 dōutóu 동 정면으로 내리치다 | 焦虑 jiāolù 형 애태우다 | 钟摆 zhōngbǎi 명 시계추 | 摇滚 yáogǔn 명 로큰롤. 락

48-50

　　有个富家子弟特别爱吃饺子，每天都要吃。但他又特别刁，只吃馅儿，48 两头儿的饺子皮尖儿就丢到后面的小河里去。

　　好景不长，在他十六岁那年，一把大火烧了他的全家，父母急怒中相继病逝。这下他身无分文，又不好意思要饭。邻居家的大嫂非常好，每餐给他吃一碗面糊糊，他则发奋读书。三年后他考取官位回来，一定要感谢邻居大嫂。

　　大嫂对他讲：“不要感谢我。我没有给你什么，49 那些面糊糊都是我收集的当年你丢的饺子皮尖儿，晒干后装了好几麻袋，本来是想备不时之需的。正好你有需要，就又还给你了。”

　　他思考了很久，很久……

　　有一个有名的三八理论：八小时睡觉，八小时工作，这个人人一样。人与人之间的不同，是在于业余时间怎么度过。时间是最有情，也是最无情的东西，每人拥有的都一样，非常公平。⁵⁰ 但拥有资源的人不一定成功，善用资源的人才会成功。

한 부자의 아들은 만두를 매우 좋아해서 매일 먹으려고 했다. 그런데 그는 또 매우 야비하여 만두 속만 먹고 만두 양쪽 끝의 만두피는 뒤쪽의 시냇가에 버렸다.

행복은 오래가지 않아 그가 16살이 되던 해에 큰 불이 그의 집을 태워버렸고, 부모는 화병으로 차례로 세상을 떠났다. 아들의 손엔 한 푼도 없었지만 구걸을 하기도 싫어했다. 이웃의 마음 좋은 아주머니가 매 끼니마다 밀개떡 한 그릇씩을 주어 부자 아들은 열심히 공부하기 시작했다. 3년 후 그는 관직을 얻어 돌아와서 이웃 아주머니에게 감사의 뜻을 전하고자 했다.

아주머니는 그에게 "나에게 고마워하지 마라, 난 너에게 해준 것이 없어. 그 떡은 네가 그때 버린 만두피를 모아서 말린 후에 마대 몇 개에 넣어뒀던 것이고, 원래부터 비축해두려고 했던 거란다. 마침 네가 먹을 것이 필요했기에 준 것뿐이야."

그는 아주 오랫동안 생각에 잠겼다.

유명한 38이론이라는 게 있는데 8시간 자고, 8시간 일을 하는 이런 사람은 모두 똑같다는 것이다. 인간과 인간 간의 다름은 여가시간을 어떻게 보내느냐에 달렸다. 시간은 가장 흥미있고 또 가장 무정한 것으로, 모든 사람들은 똑같은 시간을 갖으므로 매우 공평하다. 그러나 자원을 갖고 있는 사람이라고 반드시 성공하는 것은 아니며, 자원을 잘 쓰는 사람만이 성공하는 것이다.

48 富家子弟吃饺子有什么习惯?

부자 아들은 만두를 먹을 때 어떤 습관이 있었는가?

A 不吃饺子馅儿
만두 속을 안 먹는다

B 只吃饺子馅儿
만두 속만 먹는다

C 只吃饺子皮儿
만두피만 먹는다

D 不喜欢吃饺子
만두피를 싫어한다

[▶풀이]

첫 부분 两头儿的饺子皮尖儿就丢到后面的小河里去에서 그가 만두피는 시냇가에 버리고 만두 속만 먹는다는 것을 알 수 있다.

정답 **B**

49 为什么这位大嫂不需要他的感谢?

왜 아주머니는 고마워하지 말라고 했는가?

A 他吃的是他扔掉的饺子皮
그가 먹은 것은 그가 버린 만두피였기 때문에

B 他考取了官位大嫂很满足
그가 관직을 얻어 아주머니가 매우 흡족했기 때문에

C 大嫂是他的亲人
아주머니는 그의 친척이기 때문에

D 大嫂是他的妈妈
아주머니는 그의 엄마이기 때문에

[▶풀이]

셋째 단락 那些面糊糊都是我收集的当年你丢的饺子皮尖儿에서 아주머니가 그에게 준 것은 원래 그가 버린 만두피를 모아서 말린 것임을 알 수 있으므로, 그가 먹은 것은 즉, 자신이 버린 만두피였다.

정답 **A**

50 这段话主要想告诉我们什么?

이 글이 우리에게 말하고자 하는 것은 무엇인가?

A 要学会感恩
감사하는 법을 배워야 한다

B 要多吃饺子皮尖
만두피를 많이 먹어야 한다

C 不要随意浪费粮食
양식을 함부로 버리지 말아야 한다

D 善用资源才会成功
자원을 잘 사용해야 성공한다

[풀이]

이 문제의 질문은 这段话主要想告诉我们什么? (이 글이 우리에게 말하고자 하는 것은 무엇인가?)이다. 전체적인 내용을 봤을 때 A와 B는 답이 아니라는 것을 알 수 있다. C를 답으로 보기에는 너무 포괄적이다. 결국에는 전체적인 내용을 포함하며 주제가 될 수 있는 것은 D이다. 또한 맨 마지막 문장을 보아도 이 글의 주제를 알 수 있다.

정답 ▶ D

◆ 단어

富家 fùjiā 몡 부잣집 | 刁 diāo 혱 음식을 지나치게 가리다 | 馅儿 xiànr 몡 소(밀가루 음식이나 간식 속에 넣는 각종 재료) | 皮儿 pír 몡 물건을 싸는 것 | 好景 hǎojǐng 몡 좋은 상황. 좋은 형편 | 病逝 bìngshì 동 병으로 죽다 | 大嫂 dàsǎo 몡 아주머니 | 发奋 fāfèn 동 진작하다. 분발하다 | 官位 guānwèi 몡 관직 | 晒干 shàigān 동 볕에 말리다 | 麻袋 mádài 몡 마대 | 不时之需 bùshí zhīxū 셩 언제 나타날지 모르는 수요 | 有情 yǒuqíng 혱 재미있다 | 扔掉 rēngdiào 동 내버리다 | 考取 kǎoqǔ 동 선발되다. 뽑히다 | 感恩 gǎn'ēn 동 은혜에 감사하다

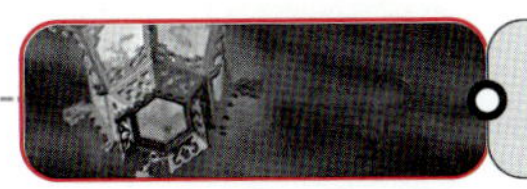

第一部分

51~60번 문제, 다음 문장 중 틀린 문장을 고르시오.

51

A 他的话使我想起了我的父亲。
그의 말이 나의 아버지를 생각나게 했다.

B 这是一家乡镇企业，主导产品是电风扇和空调。
여기는 향토기업으로, 주요 제품으로는 선풍기와 에어컨이 있다.

C 你应该知道一律丢失图书馆的书按原价的三倍赔偿。
도서관 책을 분실하면 원가의 세 배를 배상해야 하는 걸 알고 있어야 한다.

D 在生活中有一种情况，即有人很忌讳自身的缺陷和不足被他人提及。
생활 중 어떤 사람은 자신의 부족함과 단점을 타인이 언급하는 것을 매우 싫어하는 경우가 있다.

[◎ 풀이]

C에서 一律는 부사이므로 동사 앞에 놓여야 한다. 丢失도 동사이기는 하지만 一律는 여기에서 赔偿을 강조하기 때문에 按 앞에 놓여야 한다. 여기에서 按은 按照의 의미이다. 즉 你应该知道图书馆丢失的书一律按原价的三倍赔偿으로 고쳐야 한다.

정답 ▶ C

◎ 단어

乡镇企业 xiāngzhèn qǐyè 향토기업 | 主导 zhǔdǎo 몡 주도적인 것 | 电风扇 diànfēngshàn 몡 선풍기 | 空调 kōngtiáo 몡 에어컨 | 一律 yílǜ 뷔 일률적으로 | 丢失 diūshī 동 분실하다 | 原价 yuánjià 몡 원가 | 赔偿 péicháng 동 변상하다 | 忌讳 jìhuì 동 꺼리다. 기피하다 | 提及 tíjí 동 언급하다

52

A 时代毕竟前进了！商品供应比较丰富，群众也就有了挑选的余地。
시대가 발전을 하니, 상품공급도 비교적 풍부하여 소비자의 선택의 폭이 넓어졌다.

B 对于怎么保护人文环境这一问题，我们必须进行认真思思考考。
인문환경을 어떻게 보호할지에 관한 문제를 우리는 매우 신중히 생각해야 한다.

C 从安全角度考虑，轿车以视认性好的颜色为佳，比如红、黄等明亮颜色。
안전방면에서 볼 때, 자동차는 눈에 잘 띄는 색, 예를 들어 빨간색과 노란색 등의 선명한 색깔로 하는 것이 좋다.

D 现实生活中，人们接触各种各样的事物，便常常产生这样或那样的感想。
현실생활에서 사람은 온갖 사물을 접할 때 이런 저런 감상에 빠진다.

[▶풀이]

B의 思考는 동사이기도 하고 명사이기도 하다. 그러나 이 문장에서 동사는 进行이고, 认真思考는 보어이기 때문에 思考를 중첩할 수 없다.

정답 ▶ B

동사는 중첩해서 사용할 수 있는 품사이다. 동사의 중첩은 지속되는 시간이 짧음 혹은 진행되는 횟수가 적을 때 사용할 수 있으며 가벼운 느낌과 한번 해본다는 느낌을 준다.

동사 중첩의 유형

유형	중첩형식		
단음절동사	AA/A一A (미발생)	예 尝尝	尝一尝
	A了A (이미 발생)	예 试了试	擦了擦
이음절동사	ABAB (미발생)	예 调整调整	清理清理
	AB了AB (이미 발생)	예 整理了整理	复习了复习
이합동사	AAB (미발생)	예 谈谈话	握握手
	A了AB (이미 발생)	예 聊了聊天	握了握手

동사중첩 시 주의해야 할 몇 가지 사항은 아래와 같다.

1. 심리활동 및 존재, 판단의 의미를 가지는 동사들은 중첩할 수 없다.
   예 羡慕羡慕 (×)　　　　　　开始开始 (×)　　　　像像 (×)

2. 현재 진행중인 의미의 문장에서 동사는 중첩될 수 없다.
   예 正在看看书 (×)　　　　听一听音乐呢 (×)　　在复习复习呢 (×)

3. 동시에 진행되는 동사는 중첩할 수 없다.
   예 晚会上同学们又唱唱、又跳跳，玩得很开心。(×)
   小李一边听听音乐，一边写写作业。(×)

4. 동사가 관형어(한정어)가 될 때 역시 중첩할 수 없다.
   예 刚才试试的那件衣服不好看。(×)
   你听听的那首歌是我最喜欢的。(×)

5. 동사 뒤에 보어가 올 때도 중첩할 수 없다.
   예 先研究研究一下再决定吧。(×)
   那些语法我复习复习很多遍也没记住。(×)

6. 짧은 시간 내에 완성할 수 없는 동작이나 어떤 과정이 있어야만 완성할 수 있는 동작의 의미를 가진 동사는 중첩할 수 없다.
   예 我们听了听一场音乐会。(×)
   爷爷给孙子讲了讲那个故事。(×)

7. 동태조사 了는 중첩된 동사 뒤에 올 수 없으며, 중첩된 동사 사이에 넣어야 한다.
   예 他推开门瞧瞧了，一个人也没有。(×) → 瞧了瞧
   她擦擦了桌子上的灰尘。(×) → 擦了擦

단어

供应 gōngyìng 통 공급하다. 제공하다 | 群众 qúnzhòng 명 군중. 대중 | 挑选 tiāoxuǎn 통 고르다. 선택하다 | 余地 yúdì 명 여지 | 轿车 jiàochē 명 세단(sedan). 승용차 | 接触 jiēchù 통 닿다. 접촉하다 | 各种各样 gèzhǒng gèyàng 각양각색

53

A 这座大厦总建筑面积以三万九千多平方米。
이 빌딩의 총 면적은 3만 9천 평방미터이다.

B 接吻被看成是一个有很多意义的动作，关键是看吻哪个部位。
키스는 많은 의미가 담긴 동작으로 중요한 것은 어떤 부위에 하는 것인가이다.

C 金庸一生的传奇，可谓多姿多彩之至。佛学对金庸的影响很大。
진용 일생의 전기는 매우 다채롭다고 할 수 있는데, 불교학은 진용에게 미친 영향은 크다.

D 近半个世纪以来，狼人无疑已经成为西方神秘文化中最热门的话题之一。
반 세기 동안 늑대인간은 서양 신비문화 중 가장 인기 있는 화제 중 하나임이 틀림없다.

[풀이]

A에서 以는 개사로 혼자서 쓰일 수 없고 반드시 명사나 대명사랑 같이 쓰이는데, 예를들어 '以…为'가 있다. 이 문장에서 술어인 동사 是가 빠졌다. 그러므로 这座大厦总建筑面积是三万九千多平方米로 고쳐야 한다.

정답 A

단어

大厦 dàshà 명 빌딩. 고층 건물 | 建筑 jiànzhù 명 건축물 | 面积 miànjī 명 면적 | 平方米 píngfāngmǐ 양 제곱미터 | 接吻 jiēwěn 통 키스하다 | 关键 guānjiàn 명 관건 | 部位 bùwèi 명 부위 | 传奇 chuánqí 명 전기(당대에 성행했던 단편소설) | 狼人 lángrén 명 늑대인간 | 无疑 wúyí 통 두말할 것 없다. 의심할 바 없다 | 神秘 shénmì 형 불가사의하다. 신비하다 | 热门 rèmén 명 많은 사람들에게 인기있는 것

54

A 在一个小花园里面种了满奇花异草，还有一座小凉亭。
작은 화원에 기이한 꽃과 풀이 심어져 있고, 더위를 식힐 수 있는 정자도 있다.

B 岳飞一回到临安，立即陷入秦桧、张俊等人设置的陷阱。
악비는 임안에 도착하자마자 진회와 장준이 파놓은 함정에 빠졌다.

C 中国电子图书的销售额会达到100亿，将达到全部图书的50%。
중국 전자북의 판매액은 100억에 달하고, 곧 전체 도서의 50%를 차지할 것이다.

D 在那里，他对软件产生了兴趣，并且在13岁时，开始学习计算机编程。
그곳에서 그는 소프트웨어에 흥미를 가지기 시작하여, 13세 때 컴퓨터 프로그래밍을 배우기 시작했다.

[▸ 풀이]

A에서 种满은 동사이지 이합사가 아니기 때문에 种了满이라고 쓸 수 없다. 즉 在一个小花园里面种满了奇花异草，还有一座小凉亭으로 고쳐야 한다.

정답 ▸ A

▸ 단어

奇花 qíhuā 몡 보기 드문 진기한 꽃 | 异草 yìcǎo 몡 진기한 풀 | 凉亭 liángtíng 몡 휴식을 취하거나 비를 피하기 위해 만든 정자 | 岳飞 Yuèfēi 인명 악비(남송 시대 명장) | 陷入 xiànrù 동 빠지다. 놓이다 | 陷阱 xiànjǐng 몡 함정. 계략 | 销售额 xiāoshòu'é 몡 판매액 | 软件 ruǎnjiàn 몡 (컴퓨터) 소프트웨어 | 编程 biānchéng 동 (컴퓨터) 프로그래밍을 하다

55

A 开洽谈会时，职员们都来了，科长却自己迟迟没有出现。
　　회의를 시작할 때 직원들은 다 모였지만 과장 본인은 되려 나타나지 않았다.

B 离婚对夫妻双方，特别是对孩子的心灵是一个很大的伤害。
　　이혼은 남편과 부인 양측과 특히 아이의 마음에 큰 상처를 준다.

C 青少年崇拜影视歌星本来无可非议，但是一窝蜂盲目地追逐就显得不正常了。
　　청소년들이 가수를 흠모하는 것은 별일이 아니지만, 맹목적으로 쫓는 것은 정상적으로 보이지 않는다.

D 直立行走一直是人类的主要特征，也是我们区别于近亲人类——人猿的重要标志之一。
　　직립보행은 줄곧 인류의 주요한 특징이었고, 또한 유인원과 구별하는 중요한 지표 중 하나다.

[▸ 풀이]

A에서 부사인 却는 명사 自己를 수식할 수 없다. 그러므로 科长自己却迟迟没有出现으로 바꿔야 한다.

정답 ▸ A

▸ 단어

洽谈 qiàtán 동 의논하다 | 迟迟 chíchí 부 느릿느릿 | 心灵 xīnlíng 몡 마음 | 伤害 shānghài 동 손상시키다. 해치다 | 影视 yǐngshì 몡 영화와 텔레비전 | 歌星 gēxīng 몡 유명 가수. 스타 | 无可非议 wúkě fēiyì 성 나무랄 데가 없다 | 一窝蜂 yìwōfēng 부 벌떼같이 | 盲目 mángmù 혱 맹목적인 | 追逐 zhuīzhú 동 쫓다 | 直立行走 zhílì xíngzǒu 직립보행 | 近亲 jìnqīn 몡 근친 | 人猿 rényuán 몡 유인원

56

A　"钱"这东西有时候会在人们之间引起一些矛盾。
　　돈이라는 물건은 때로는 사람들 사이에 갈등을 만든다.

B　每逢中秋节，中国人都要吃月饼，表明喜悦的心情。
　　중추절마다 중국인은 월병을 먹음으로써 즐거운 기분을 나타낸다.

C　随着社会保险和养老制度的建立和健全，养老不会成为问题。
　　사회보험과 요양제도의 설립과 실시에 따라 노인봉양은 더 이상 문제가 되지 않는다.

D　我们每个人不是生来一下子就变成了大人，也不是永远不会成为老人。
　　우리 모두는 태어나자마자 어른이 되지 않고 영원히 늙지 않을 수는 없다.

[풀이]

表达와 表明의 차이점을 살펴보자!

表达: (자신의 사상이나 감정을) 나타내다. 표현하다(+ 心情, 感情, 愿望, 思想 등)

　예　这篇文章表达了作者对生活的热爱。이 문장은 작가의 삶에 대한 열렬함을 나타낸다.

表明: 분명하게 밝히다. 표명하다(+ 态度, 立场, 观点, 意见 등)

　예　你对这个问题怎么看，请表明态度。네가 이 문제는 어떻게 보는지 태도를 분명하게 밝혀라.

그러므로 B에 즐거운 기분을 나타낼 때 쓰는 表达를 넣어서 每逢中秋节，中国人都要吃月饼，表达喜悦的心情으로 고쳐야 한다.

정답 ▶ B

단어

有时候 yǒu shíhou 부 이따금. 간혹 | 引起 yǐnqǐ 동 일으키다. 야기하다 | 矛盾 máodùn 명 모순 | 每逢 měiféng ~할 때마다. ~할 때가 되면 | 喜悦 xǐyuè 형 즐겁고 상쾌하다 | 社会保险 shèhuì bǎoxiǎn 사회보험 | 养老制度 yǎnglǎo zhìdù 연금제도 | 健全 jiànquán 동 건전하게 하다 | 养老 yǎnglǎo 동 봉양하다

57

A　优秀的文学作品都是来自生活，又高于生活。
　　우수한 문학작품은 생활에서 나오고, 더 가치가 있다.

B　中国60周年国庆，也是21世纪中国奔向世界一流国家的开始。
　　중국 국경 60주년은 21세기 중국이 세계일류국가로 가는 시작이기도 하다.

C　参加研讨会的职员们一致同意对这个问题进行更深入的研究研究。
　　세미나에 참가하는 직원들은 이 문제를 더욱 심도 있게 다루어야 한다는 데 의견을 모았다.

D　高考的那几天，孩子进了考场，父母的紧张度绝不亚于考场里的孩子。
　　수능 당일, 아이가 고사장에 들어가자 부모는 고사장에 있는 아이만큼이나 긴장했다.

[◎ 풀이]

이 문장에서 동사는 进行이기 때문에 뒤에 명사 성분 목적어가 필요하다. 그러나 研究研究라는 동사 중첩형이 쓰였기 때문에 중첩형은 研究로 바꿔서 명사형으로 써야 옳은 문장이 된다. 그러므로 参加研讨会的职员们一致同意对这个问题进行更深入的研究라고 해야 한다.

정답 ▶ C

[◎ 단어]

优秀 yōuxiù 형 뛰어나다. 우수하다 | 来自 láizì 동 ～에서 오다. ～에서 나오다 | 国庆 guóqìng 명 건국기념일 | 奔 bèn 동 ～을 향해서 가다 | 一致 yízhì 부 함께. 일제히 | 深入 shēnrù 동 깊이 파고들다 | 高考 gāokǎo 명 대입시험 | 绝不亚于 juébù yàyu 결코 ～에(게) 뒤지지 않다

58

A　现在最大的问题是相当一部分的教师和领导者都是旧教育体制的牺牲品。
현재 가장 큰 문제는 적지 않은 교사와 지도자들이 모두 낡은 교육체제의 희생양이라는 것이다.

B　在很多家庭来说，电脑早已不是什么新鲜东西了，已经成为他们生活中不可缺少的必需品了。
많은 가정에서 보자면 컴퓨터는 이미 어떤 신기한 것이 아니라 그들의 생활에 없어서는 안 될 필수품으로 자리잡았다.

C　很多男人一旦事业成功，就比较狂。他们既想找到一些知识与温柔、自立与贤惠皆有的女性，又在潜意识里将她们放在未来婚姻中的从属地位。
많은 남자들은 사업이 성공하면 분주해진다. 똑똑하고 상냥하고 자립적이며 품성이 고운 여성을 찾으면서도 잠재적으로는 장래 결혼생활에서 여성이 종속적인 지위에 위치하길 원한다.

D　学校把学生当成考试机器，把大量早已过时的知识硬塞给他们，而多数“辅导教材”则是这类教材知识的总汇。
학교는 학생들을 시험치는 기계로 보고 많은 양의 구 시대적 지식들을 그들에게 주입한다. 게다가 많은 '참고서'도 구 시대적 지식을 망라해 놓고 있다.

[◎ 풀이]

B에서 '在A来说'라는 고정격식은 없으므로 잘못된 것이다. 비슷한 것으로는 '在A看来'와 '对A来说'가 있는데, '在A看来'는 'A의 인식과 견해'라는 뜻으로 A는 일반적으로 사람이고, '对A来说'는 말하는 사람의 평론이나 견해를 나타낸다.

예 对中国人来说，孝敬父母是应该的。중국인들에게 부모공경은 당연지사다.(말하는 사람의 평론)
그러므로 B는 对很多家庭来说，…로 고쳐야 한다.

정답 ▶ B

단어

体制 tǐzhì 명 체제. 제도 | 牺牲品 xīshēngpǐn 명 희생품. 희생물 | 早已 zǎoyǐ 부 오래전에. 이미 | 必需品 bìxūpǐn 명 필수품 | 一旦 yídàn 부 일단 | 温柔 wēnróu 형 따뜻하고 부드럽다 | 贤惠 xiánhuì 형 어질고 총명하다 | 潜意识 qiányìshi 명 잠재의식 | 从属 cóngshǔ 동 종속되다. ~에 속하다 | 当成 dàngchéng 동 ~로 여기다 | 过时 guòshí 동 유행이 지나다 | 硬 yìng 부 단호히. 한사코 | 塞 sāi 동 메우다. 채우다 | 辅导教材 fǔdǎo jiàocái 명 참고서 | 总汇 zǒnghuì 명 집결지. 집결처

59

A	我不是妇女解放运动的支持者，但是我极不愿在婚后失去独立的人格和内心的自由。

A　我不是妇女解放运动的支持者，但是我极不愿在婚后失去独立的人格和内心的自由。
난 여성해방운동을 지지하지는 않지만, 결혼 후 독립된 인격과 내면의 자유를 잃고 싶진 않다.

B　“麻婆”，“葱花”，相信诸位也都听闻大名，这两位之所以家喻户晓，其实与豆腐不无关系。
'마파', '총화'란 이름을 모두 들어봤을 텐데, 이 두 단어를 사람들이 알고 있는 것은 바로 두부와 관련이 있기 때문이다.

C　世界上已有几十万人接受了准分子激光角膜板层切削术，实践证明这是一种安全有效的手术。
세계에는 이미 몇 십만 명이 라식수술을 받았으므로, 이것으로 라식수술이 안전하고 효과 있다는 것이 입증되었다.

D　经济迅速发展，社会不断进步，所以在这变革的时代，人类却面临着一些难题，例如环境污染，自然资源减少，贫富差异等。
경제가 급속히 발전하고 사회가 계속적으로 진보하여, 이러한 개혁의 시대에 인류는 환경오염과 천연자원의 감소, 빈부격차라는 난제에 봉착하였다.

[풀이]

D를 보면, 经济迅速发展，社会不断进步와 뒤의 문장은 인과관계가 아니라 전환관계이다. 그러므로 所以를 可是로 바꿔야 한다.

정답 ▶ D

단어

妇女解放运动 fùnǚ jiěfàng yùndòng 여성해방운동 | 支持 zhīchí 동 지원하다. 지지하다 | 失去 shīqù 동 잃다. 잃어버리다 | 内心 nèixīn 명 내심. 속마음 | 麻婆 mápó 명 마파 | 葱花 cōnghuā 명 (조미료로 쓰는) 잘게 썬 파 | 诸位 zhūwèi 대 여러분 | 听闻 tīngwén 명 듣는 활동 | 家喻户晓 jiāyù hùxiǎo 성 어느 집이나 다 잘 알고 있다 | 激光 jīguāng 명 레이저 광선 | 角膜 jiǎomó 명 각막 | 切削 qiēxiāo 동 절삭하다 | 实践 shíjiàn 명 실천. 이행 | 变革 biàngé 동 바꾸다. 변혁시키다 | 面临 miànlín 동 직면하다 | 贫富差异 pínfù chāyì 빈부격차

60

A 老鼠有百害而无一利，这是无可辩驳的事实，要例举它的罪状，可能不止十条，其中最重大的，一是偷吃粮食，二是传染疾病。

쥐가 백해무익하다는 것은 논란여지가 없는 사실로, 만약 그 죄를 묻는다면 10가지로는 부족할 것이다. 그 중 가장 큰 죄로 첫째는 양식을 훔치는 것이고 둘째는 병을 옮긴다는 것이다.

B 按照统计局预测，到2010年中国65岁以上的老年人将从现在的1亿人增加到2亿人，约占人口的10.6%。

통계 당국은 2010년까지 중국의 65세 이상의 노인이 현재 1억에서 2억으로 늘어, 전체인구의 10.6%를 차지할 것으로 예측했다.

C 这个故事与上一段老鼠逃跑的策略问题都表明，在有双方参加的竞赛或斗争中，策略是很重要的。

이 이야기와 위에서 언급한 쥐가 도망가버린 전략적 문제는 서로 경기나 결투에 참가할 때 전략은 매우 중요하다는 것을 시사한다.

D 条码是人和计算机的一种特定语言。条纹中的粗细线条，是一种编码信息，通过一定形式的转换组合后，表示从"0"至"9"的阿拉伯数字和数组。

바코드는 인간과 컴퓨터의 특정언어이다. 바코드의 굵고 가는 선은 코드정보이고, 일정한 형식으로 전환된 후 합쳐져 '0'에서 '9'까지의 아라비아 숫자와 수의 조합으로 변한다.

[⊙ 풀이]

按照와 根据의 정확한 사용을 묻는 문장이다. 按照는 어떠한 행위에 표준이나 원칙을 도입할 때 쓰기 때문에 '按照A'는 'A를 원칙으로 하여, A의 조건에 따라서'의 뜻이고, 根据는 어떠한 행위의 기초를 나타내어 '根据A'는 'A를 기초로 해서 어떤 일을 하거나 결론을 얻는다'는 의미이다.

그러므로 B를 根据统计局预测，…로 바꿔야 올바른 표현이다.

정답 ▶ B

[⊙ 단어]

老鼠 lǎoshǔ 몡 쥐 ｜ 百害而无一利 bǎi hài ér wú yí lì 백해무익하다 ｜ 辩驳 biànbó 통 반박하다 ｜ 罪状 zuìzhuàng 몡 죄상 ｜ 不止 bùzhǐ 통 ～에 그치지 않다 ｜ 偷吃 tōuchī 통 훔쳐 먹다 ｜ 传染 chuánrǎn 통 전염하다 ｜ 疾病 jíbìng 몡 병. 질병. 질환 ｜ 统计局 tǒngjìjú 몡 통계국. 통계청 ｜ 老年人 lǎoniánrén 몡 노인 ｜ 逃跑 táopǎo 통 도망가다. 달아나다 ｜ 策略 cèlüè 몡 책략. 전략 ｜ 竞赛 jìngsài 통 경쟁하다. 시합하다 ｜ 斗争 dòuzhēng 통 투쟁하다. 싸우다 ｜ 条码 tiáomǎ 몡 바코드 ｜ 条纹 tiáowén 몡 줄무늬 ｜ 粗细 cūxì 몡 굵기 ｜ 线条 xiàntiáo 몡 선. 라인 ｜ 编码 biānmǎ 통 (컴퓨터 따위의 정보를) 부호화하다. 코딩(coding)하다 ｜ 信息 xìnxī 몡 정보 ｜ 转换 zhuǎnhuàn 통 바꾸다. 전환하다 ｜ 阿拉伯数字 Ālābó shùzì 몡 아라비아 숫자

第二部分

61~70번 문제, 다음 지문의 빈칸에 맞는 답을 고르시오.

61

世界上很多人生活在一起，人不能一个人生活， __1__ 人是社会动物，那么人与人 __2__ 的交往就 __3__ 尤其重要。

세상에는 많은 사람들이 함께 생활하며, 사람은 혼자 살 수 없다. [1] 기왕 사람은 사회적 동물이므로 사람 [2] 사이의 사귐은 특히나 매우 중요하게 [3] 보인다.

A	不管	之内	呈现	B	尽管	之后	使得
C	既然	之间	显得	D	只要	之中	搞得

[풀이]

1: 시험에서 가장 자주 등장하는 접속사의 고정격식에 관한 문제이다. '不管…都', '尽管…还是/但是', '既然…就/那么', '只要…就'가 고정격식이다.

정답 C

단어

使得 shǐde 동 ~한 결과를 낳다. ~하게 하다 | 既然 jìrán 접 이왕 이렇게 된 바에야. 기왕 그렇게 된 이상 | 显得 xiǎnde 동 드러나다. ~처럼 보이다 | 只要 zhǐyào 접 ~하기만 하면. 오직 ~한다면 | 搞 gǎo 동 ~하다. 종사하다

62

李教授 __1__ ，教学经验丰富，是个幽默而 __2__ 的人，因其幽默而受到了广大学生的欢迎，经常被某大学 __3__ 教授的资格请去讲课。

이 교수는 [1] 똑똑하고 교수 경력도 많으며, 유머가 넘치고 [2] 언변이 좋은 사람으로, 그 유머 때문에 많은 학생들이 그를 따르고 다른 대학에서 교수 자격 [3] 으로 수업을 하기도 한다.

A	博览群书	健谈	以	B	博大精深	乐观	为
C	知识渊博	沉默	把	D	七嘴八舌	健全	凭

[풀이]

1: 博览群书와 知识渊博는 사람을 형용한다. 그러나 博大精深은 사람의 사상이나 지식의 깊이를 표현할 때 쓰인다. D의 七嘴八舌는 수다스럽다는 뜻이므로 문제와 의미가 맞지 않다. 문장에서 이 교수는 유머가 있고 학생들로부터 환영을 받는다고 하였기 때문에 그가 입담이 좋음을 알 수 있다.

정답 A

▶ 단어

博览群书 bólǎn qúnshū 온갖 종류의 책을 많이 읽다 | 博大精深 bódà jīngshēn (성) 넓고 심오하다. 해박하다 | 沉默 chénmò (형) 과묵하다 | 七嘴八舌 qīzuǐ bāshé (성) 왁자지껄하다. 매우 떠들썩하고 어수선하다

63

科学家们在非洲新几内亚山区调查研究中 __1__ ，住在那里的一些人饮食非常简单，每天仅吃一些山芋和蔬菜，每人每天蛋白质 __2__ 仅22克，只有世界卫生组织规定的最低标准的三分之一。 __3__ 那里的男女老少身体却个个健康强壮。

과학자들이 아프리카 뉴기니의 산에서 연구를 펼치던 중, 그곳에 사는 일부 사람들의 식습관이 매우 간단하다는 것을 [1] 발견했는데 매일 고구마와 야채만 먹고, 매일 일인당 단백질 [2] 섭취량이 22g밖에 되지 않아서 WHO에서 지정한 최저 기준치의 3분의 1이었다. [3] 하지만 그곳 사람들은 남녀노소 할 것 없이 건강했다.

A 证明　注入量　于是　　　　B 发觉　含量　从而
C 指出　吸收量　因此　　　　D 发现　摄入量　然而

[▶ 풀이]

1: 证明은 근거할 수 있는 자료사실로 진위여부를 판단할 수 있을 때 쓴다. 여기에서 **调查研究**는 무엇을 증명하기 위한 것이 아니고 연구 중에 무엇인가를 발견했다는 내용이다.

3: 세 번째 빈칸은 앞의 문장과 봤을 때 전환관계로, 전환관계를 나타내는 접속사는 然而 밖에 없다.

정답　D

▶ 단어

非洲 Fēizhōu (명) 아프리카 주 | 仅 jǐn (부) 겨우. 단지 | 山芋 shānyù (명) 고구마 | 克 kè (양) 그램(gram) | 世界卫生组织 Shìjiè Wèishēng Zǔzhī 세계보건기구(WHO) | 注入 zhùrù (동) 유입하다. 흘러 들어가다 | 指出 zhǐchū (동) 지적하다. 꼬집어 내다 | 摄入 shèrù (동) 흡수하다. 빨아들이다 | 然而 rán'ér (접) 하지만. 그러나

64

所谓 "胎儿式" 睡姿， __1__ 蜷缩着睡觉。这些人 __2__ 让人感觉比较难相处，但内心深处却很敏感， __3__ 善良，相识之初会发现他们很腼腆，但一旦放松心情，他们就会很开朗。这种睡姿在1000名研究者中最为普遍，占41%， __4__ 是女性。

소위 '태아식' 수면자세는 [1] 바로 몸을 웅크려 자는 형태이다. 이런 사람들은 [2] 종종 타인이 쉽게 다가가지 못할 것 같아 보이지만 심적으로 매우 민감하고 [3] 마음이 착하며, 처음에는 낯을 가리는 것 같지만 마음이 편해지면 그들은 명랑해진다. 이런 수면자세는 1,000명의 연구자들에서 41%를 차지해 가장 보편적인 것으로 나타나는데, [4] 주로 여성에게서 많이 나타난다.

A 既　经常　心情　尤其	B 即　往往　心地　主要
C 由　常常　心事　特别	D 以　时而　心底　格外

[**▶ 풀이**]

1: 부사 即는 여기에서 就是는 '바로 ~이다'의 뜻으로 쓰였고, 心地善良은 고정격식이다.

정답 ▶ B

▶ 단어

胎儿 tāi'ér 명 태아 | 蜷缩 quánsuō 동 오므리다. 움츠리다 | 敏感 mǐngǎn 형 민감하다. 예민하다 | 腼腆 miǎntian 형 어색하다. 서먹서먹하다 | 以 yǐ 개 ~으로(써) | 时而 shí'ér 부 때때로. 이따금 | 心底 xīndǐ 명 마음속 깊은 곳. 심중

65

按照协议，这项　__1__　要在一个月之内完成，如果延期，施工公司要　__2__　违约金和赔偿金。为了维护商业信誉，使公司在行业竞争中立于　__3__　，公司上上下下全都动员了起来，工人们情绪高涨，纷纷表示宁肯放弃休息日，也要　__4__　按期完工。

협의 내용에 따라 이번 ¹ 프로젝트는 1개월 이내에 완성해야 하는데, 만약 연기될 시에는 시공사가 위약금과 보상금을 ² 지불해야 한다. 회사의 신용을 지키기 위해서는 회사가 동종업계에서 ³ 으뜸이 되어야 하기 때문에, 이에 회사의 모든 직원들이 동원되었다. 직원들은 사기가 충만해져 휴일을 반납하더라도 기간 내에 완공 ⁴ 하겠다고 했다.

A 事业　交换　是非之地　保留	B 调查　付出　不毛之地　保存
C 工作　支出　成功之地　保障	D 工程　支付　不败之地　保证

[**▶ 풀이**]

1: 施工公司가 위약금과 보상금을 지불해야 한다는 내용이기 때문에 첫 번째 빈칸은 工作나 工程 둘 중 하나이다. 그러므로 일단 A와 B는 답이 아니다.
2: 支出는 지출하다는 뜻이기 때문에 지불한다의 뜻인 付出를 써야 말이 맞다.
3: 立于不败之地는 고정격식이다.

정답 ▶ D

▶ 단어

延期 yánqī 동 연기하다 | 施工 shīgōng 동 시공하다. 공사하다 | 违约金 wéiyuējīn 명 위약금 | 赔偿金 péichángjīn 명 배상금 | 信誉 xìnyù 명 위신. 신망 | 上上下下 shàngshàng xiàxià 성 위아래 사람 모두. 위에서부터 아래까지 | 高涨 gāozhǎng 형 왕성하다 | 纷纷 fēnfēn 부 잇달아. 쉴 새 없이 | 宁肯 nìngkěn 부 차라리 | 是非之地 shìfēi zhīdì 성 번거로운 일 또는 논쟁이 있는 곳 | 不毛之地 bùmáo zhīdì 성 불모지 | 不败之地 búbài zhīdì 성 전쟁에서 패하지 않는 단단한 우세. 넘어지지 않는 단단한 입지

66

法国教育家顾拜旦是公认的现代奥林匹克 ___1___ 人，他为奥林匹克运动的诞生和发展作出了 ___2___ 贡献。1889年顾拜旦代表法国参加在美国波士顿举行的国际体育训练大会，进一步了解了世界体育的动态，他认为近代体育的发展正在走向国际化，应该 ___3___ 古希腊体育的经验和传统影响来推进国际体育，于是产生了 ___4___ 奥运会的想法。为了实现这一想法，顾拜旦做了大量的工作。

프랑스의 교육자 쿠베르탱은 모두가 인정한 현대 올림픽의 **1 창시자**로, 그는 올림픽의 탄생과 발전에 매우 **2 탁월한** 공헌을 했다. 1889년에 쿠베르탱은 프랑스 대표로 미국 보스턴에서 열린 국제스포츠대회에 참가하여 세계스포츠의 동태를 파악했다. 그는 근대체육의 발전이 국제화의 길을 걷고 있으므로 고대 그리스 올림픽의 노하우와 전통을 **3 살려** 국제스포츠를 발전시켜야 한다고 생각하여 올림픽을 **4 부흥시키고자** 하였고, 이를 위해 쿠베르탱은 많은 노력을 기울였다.

A	创建	巨大	借着	复发		B	开始	相当	帮助 兴建
C	创始	卓越	借助	复兴		D	始创	越发	借鉴 推广

[▶ 풀이]

1: 创建의 목적어는 대게 건축물인데, 예를 들어 创建医院 등이 그러하므로 创建人은 말이 안 되기 때문에 A는 답이 아니다. 始创 뒤에는 대개 개사인 于와 같이 쓰인다(始创于).

2: 어떠한 공헌을 하였다라고 해석되기 때문에 형용사가 와야한다.

B, C, D 중에서 형용사는 卓越 하나이므로 답은 C가 된다.

정답 ▶ C

▶ 단어

顾拜旦 Gùbàidàn **인명** 쿠베르탱(Coubertin, 프랑스의 교육가) | 奥林匹克 Àolínpǐkè **명** 올림픽(Olympic) | 波士顿 Bōshìdùn **지명** 보스톤(Boston) | 走向 zǒuxiàng ~로 가다 | 希腊 Xīlà **명** 그리스 | 复发 fùfā **동** 재발하다 | 兴建 xīngjiàn **동** 건설하다. 짓다 | 卓越 zhuóyuè **형** 탁월하다. 뛰어나다 | 借助 jièzhù **동** 도움을 받다 | 复兴 fùxīng **동** 부흥하다 | 始创 shǐchuàng **동** 창시하다. 시작하다 | 越发 yuèfā **부** 한층 더 | 借鉴 jièjiàn **동** 거울로 삼다. 본보기로 삼다 | 推广 tuīguǎng **동** 널리 보급하다

67

北京烤鸭享誉海内外，历史 ___1___ ，距今已经160多年，号称天下第一吃，是北京风味菜。北京鸭，肉质细腻，口感良好，营养 ___2___ ，含有大量的不饱合脂肪酸，在人体内不 ___3___ ，人体吸收后能软化心脑血管。北京鸭的表皮中含有大量的胶原蛋白，是美容佳品。因此，北京烤鸭是 ___4___ 的保健美食！

베이징 카오야는 세계적으로 잘 알려져 있기도 하고, 160년의 **1 유구한** 역사를 지니고 있어 천하제일의 음식이라 불리는 베이징의 유명요리이다. 베이징 카오야는 육질이 부드럽고 맛이 좋으며 영양이 **2 풍부할** 뿐 아니라 불포화지방산이 많아 체내에 **3 축적되지** 않고, 인체에 흡수된 후에는 심뇌혈관을 유연하게 한다. 베이징 카오야의 껍질에는 많은 콜라겐이 함유되어 미용에 좋다. 따라서 베이징 카오야는 **4 남녀노소를 불문한** 웰빙 음식이다.

A	长久	丰盛	储蓄	人人皆晓	B	悠久	丰富	积蓄	老少皆宜
C	持久	足够	累积	讨人喜欢	D	悠长	充足	积肥	不分男女

[● 풀이]

<u>1/2:</u> 历史悠久, 营养丰富는 고정격식이다. 그러므로 B가 답이라는 걸 쉽게 찾을 수 있다.

<u>4:</u> 본문의 제일 마지막 문장에서 베이징 카오야는 남녀노소를 불문한 웰빙음식이라는 뜻이 되려면 老少皆宜가 와야한다.

정답 ▶ B

[● 단어]

烤鸭 kǎoyā 몡 베이징 오리구이 | 享誉 xiǎngyù 툉 명성을 누리다 | 号称 hàochēng 툉 ~라고 불리다 | 风味 fēngwèi 몡 특색. 맛 | 肉质 ròuzhì 몡 육질 | 细腻 xìnì 혱 부드럽다. 매끄럽다 | 口感 kǒugǎn 몡 입맛. 구미 | 不饱合脂肪酸 bùbǎohé zhīfángsuān 불포화지방산 | 软化 ruǎnhuà 툉 연화하다 | 心脑血管 xīnnǎo xuèguǎn 몡 心血管(심혈관)과 脑血管(뇌혈관)의 줄임말임 | 表皮 biǎopí 몡 표피 | 储蓄 chǔxù 툉 저축하다 | 皆晓 jiēxiǎo 전부 알다 | 悠久 yōujiǔ 혱 유구하다. 장구하다 | 皆宜 jiēyí 모두에게 적합하다 | 持久 chíjiǔ 혱 영구적이다 | 足够 zúgòu 툉 족하다. 충분하다 | 讨人喜欢 tǎorén xǐhuan 남에게 귀여움을 받다 | 悠长 yōucháng 혱 길다. 멀다 | 积肥 jīféi 툉 퇴비를 만들다

68

通常雄性火蜥蜴会在多只雌性之间 __1__ 且难舍难分，而雌性配偶所表现出对雄性的不满或者是 __2__ ，也是为了捍卫属于自己的空间。已配的雌性火蜥蜴不会像雄性那样到处 __3__ ，它们也不会对其他雄性 __4__ 好感。

수컷 불도마뱀은 많은 암컷 사이에서 1 갈팡질팡하며 떨어지려고 하지 않는데, 암컷인 배우자가 수컷에게 불만을 나타내거나 2 벌을 주는 것도 자신의 영역을 지키기 위함이다. 이미 짝짓기를 한 수컷은 암컷처럼 여기저기서 3 말썽을 피우지 않을 뿐더러 다른 암컷에게 호감도 4 갖지 않는다.

A	众说纷纭	罚款	似是而非	拥有	B	实事求是	被罚	视而不见	出生
C	根深蒂固	罚则	口是心非	诞生	D	左右为难	惩罚	惹是生非	产生

[● 풀이]

자주 출제되는 성어 문제이다. 성어의 뜻과 쓰임을 제대로 알면 쉽게 풀 수 있는 문제이기도 하다.

ⓔ 众说纷纭 많은 사람들이 제각기 말하며 의견이 분분하다
根深蒂固 기초가 튼튼하여 쉽게 흔들리지 않다
实事求是 사실을 토대로 하여 진리를 탐구하다
左右为难 이러지도 저러지도 못하다
似是而非 겉모습은 그럴 듯하지만 실제는 완전히 다르다
视而不见 주의하지 않다
口是心非 겉과 속이 다르다
惹是生非 말썽을 일으키다
또한 네 번째 빈칸에는 자주 쓰는 고정격식 产生好感을 넣어야 한다.

정답 ▶ D

雄性 xióngxìng 명 수컷 | 蜥蜴 xīyì 명 도마뱀 | 难舍难分 nánshě nánfēn 성 애정이 매우 깊어 헤어지기 싫어하다 | 雌性 cíxìng 명 암컷 | 捍卫 hànwèi 동 지키다. 수호하다 | 众说纷纭 zhòngshuō fēnyún 성 많은 사람들이 제각기 말하며 의견이 분분하다 | 罚款 fákuǎn 동 벌금을 부과하다 | 似是而非 sìshì érfēi 성 겉모습은 그럴 듯하지만 실제는 완전히 다르다 | 实事求是 shíshì qiúshì 성 사실을 토대로 하여 진리를 탐구하다 | 视而不见 shì'ér bújiàn 성 눈을 뜨고 보아도 아무것도 보지 못하다 | 根深蒂固 gēnshēn dìgù 성 뿌리가 깊고 꼭지가 튼실하다 | 罚则 fázé 명 벌칙 | 口是心非 kǒushì xīnfēi 성 겉과 속이 다르다 | 左右为难 zuǒyòu wéinán 이러지도 저러지도 못하다. 진퇴양난 | 惩罚 chéngfá 동 처벌하다. 징벌하다 | 惹 rě 동 초래하다. 유발하다

69

新中国成立后，一大批说相声的演员逐渐转型，将相声的内容加以 __1__ ，去掉了大量色情、挖苦别人生理 __2__ 之类的段子。相声快速普及，成为全国性、全民性的曲艺形式。相声流行的其中一个原因是因为它是一种以声音为主的艺术， __3__ 以被普及的无线广播作为主要媒体。相声 __4__ "文艺战线上的轻骑兵"。

신중국 성립 후, 많은 상성 배우들은 점차 개혁을 시도하여 상성의 내용에 ¹개편을 가미하였는데 선정적인 부분과 남의 신체적 ²약점을 꼬집는 단락을 없앴다. 그리하여 상성은 빠른 속도로 보편화되어 전국적으로 국민적인 설창문예 형식이 되었다. 상성이 인기를 얻은 이유 중 하나는 목소리 위주의 예술이어서 보편화된 무선라디오 방송을 주요 매개로 삼기에 ³적합하다. 상성은 '문학 전선 상의 경기병'이라 ⁴불린다.

A	改善	缺点	合适	被尊为	B	改变	陷落	适宜	称之为
C	改编	缺陷	适合	被称为	D	改良	缺乏	适当	堪称

<u>1</u>: 改善, 改变, 改编, 改良의 정확한 뜻과 쓰임을 알아보는 문제이다.
改善의 목적어는 일반적으로 환경(改善环境), 조건(改善条件) 등이 온다.
改编의 목적어로는 극본(剧本), 내용(内容), 소설(小说) 등이 쓰인다.
改良의 목적어는 대개 품종개량(改良品种)을 쓴다.
첫 번째 빈칸에서는 将相声的内容加以 내용을 개편한 것이기 때문에 改编이 쓰인다.
<u>2</u>: 生理缺陷은 고정격식이다. 适合 뒤에는 목적어가 올 수 있지만, 合适 뒤에는 목적어가 올 수 없다.
<u>4</u>: 被尊为는 '어떠한 사람을 일컫는다'는 뜻이다. 相声__"文艺战线上的轻骑兵"에서 相声이 주어이기 때문에 被称为 또는 称之为 둘 다 쓰일 수 있다.

정답 ▶ C

相声 xiàngsheng 명 상성. 만담 | 转型 zhuǎnxíng 변화를 일으키다 | 去掉 qùdiào 동 없애버리다. 제거하다 | 色情 sèqíng 명 (남녀 간의) 욕정 | 挖苦 wākǔ 동 비꼬다. 조롱하다 | 段子 duànzi 大鼓, 相声, 评书 등에서의 한 단락 | 曲艺 qǔyì 명 지방색 짙은 각종 민간설창문예 | 无线 wúxiàn 형 무선의 | 媒体 méitǐ 명 매체. 매스컴 | 战线 zhànxiàn 명 전선 | 轻骑兵 qīngqíbīng 명 경기병 | 陷落 xiànluò 동 함몰하다. 오목하게 들어가다 | 适宜 shìyí 형 적당하다. 적합하다 | 堪称 kānchēng 동 ~라고 부르다. ~라고 말할 수 있다

70

目前，中国已 __1__ 人均国内生产总值2500美元至3500美元的发展阶段。在这个新阶段里，中国 __2__ 着一系列严峻的挑战，需要实现经济发展模式的转型。就新时期传统经济发展受到的挑战及向何处转型来说， __3__ 经济学家吴建国认为，中国应通过劳动力、科技、服务及信息四个 __4__ 来实现经济发展模式的转型。

현재 중국은 이미 1인당 GDP가 2,500~3,500달러에 달하는 발전단계에 [1] 진입했다. 새로운 단계에서 중국은 험난한 도전에 [2] 직면해있어 경제발전 모식의 변화가 필요하다. 새로운 시기의 전통경제 발전에서 부딪친 도전과제와 발전 모식 변화를 두고 [3] 저명한 경제학자인 우젠궈는 중국은 노동력과 과학기술, 서비스, 정보 네 가지의 [4] 노선을 통해 경제발전 모식의 변화를 꾀해야 한다고 밝혔다.

A	进去	濒临	有名	渠道		B	步入	面临	著名	途径
C	走进	面对	闻名	路途		D	加入	濒危	齐名	中途

[◈ 풀이]

1: 제일 마지막 부분 发展阶段은 시간이다. 그렇기 때문에 步入만이 답이 될 수 있다.
D번에 있는 加入의 목적어는 团体와 组织가 올 수 있으며, A와 C의 进去와 走进은 모두 공간적인 의미로 시간을 나타낼 수는 없다. 그렇기 때문에 첫 번째 밑줄은 步入만 가능하다.
2: 挑战과 상응할 수 있는 것은 面临밖에 없다. 그래서 정답은 B이다.

정답 ▶ B

◈ 단어

国内生产总值 guónèi shēngchǎn zǒngzhí 국내총생산(GDP) | 严峻 yánjùn 형 가혹하다. 모질다 | 模式 móshì 명 표준 양식. 유형 | 濒临 bīnlín 동 인접하다. 근접하다 | 渠道 qúdào 명 경로. 절차 | 步入 bùrù 동 들어가다. 진입하다 | 路途 lùtú 명 노정 | 濒危 bīnwēi 동 위험에 처하다. 위급하게 되다 | 齐名 qímíng 동 함께 유명하다. 모두 명망이 있다

第三部分

71~80번, 빈칸에 내용상 적절한 문장을 보기에서 골라 쓰시오.

71-75

中国有句俗话说，祸不单行，福无双至。他断腿以后，妻子无情无义，置之不理，回家卖掉了家中值钱的东西，[71]＿＿＿＿＿＿＿＿＿，独自离开。这犹如落井下石，使他痛苦不堪。[72]＿＿＿＿＿＿＿＿＿，却四处碰壁。但他没有放弃，学做皮鞋，吃尽了苦头，终于学会了制鞋的方法。于是，他向乡亲们借钱摆摊制鞋，不料由于制鞋经验不足，最终以失败告终，欠下五万多元债务。但 [73]＿＿＿＿＿＿＿＿＿，在亲人鼓励下，他鼓起勇气，吸取教训后，再次开店做鞋，终于取得了成功。

世界著名科学家爱迪生说过："失败也是我需要的，它和成功一样，对我都有价值。只有在我知道 [74]＿＿＿＿＿＿＿＿＿以后，我才能知道做好一件事情的方法是什么。"他第一次摆摊做鞋失败后，[75]＿＿＿＿＿＿＿＿＿，找出失败的原因在于鞋的质量不过关，于是千方百计抓质量，终于打开了销路，扭亏为盈。

중국에는 재앙은 겹쳐오고 복은 겹쳐오지 않는다는 말이 있다. 그가 다리가 부러진 후 아내는 매정하게도 집에 돈이 될 만한 것들을 다 팔아버리고 (71) B– 어린 아들을 버린 후 혼자 떠나버렸다. 우물에 빠진 사람에게 돌을 던지는 격으로, 그를 매우 힘들게 했다. (72) D– 그는 회사에 상해보상을 요구했으나 거절을 당했다. 하지만 그는 포기하지 않고 구두 만드는 법을 매우 고생해 배운 후 마침내 그 기술을 익혔다. 그래서 그는 친척들에게 돈을 빌려 구두장사를 하기 시작했다. 하지만, 경험이 부족해 결국엔 실패하여 5만 위안의 빚만 생겼다. 그러나, (73) A– 그는 절망하지 않고 가족들의 격려 속에서 용기와 교훈을 얻어 다시 신발가게를 열었고 마침내 성공하였다.
저명한 학자 에디슨은 "실패도 성공처럼 나에게는 모두 가치가 있고, 필요한 것이다. (74) C– 모든 나쁜 방법들이 무엇인지 안 후에야 어떤 것이 좋은 방법인지 알게 된다."그가 처음 구두가게를 실패했을 때 (75) E– 침착하게 경험을 돌아본 후에 실패의 원인이 구두의 품질이라는 것을 알게 되었다. 그래서 온갖 노력을 기울여 구두의 질을 높였고, 판매노선을 열어 이윤을 얻게 된 것이다.

A 他并没有灰心
　　그는 절망하지 않았다

B 丢下了年幼的孩子
　　어린 아들을 버렸다

C 一切做不好的方法
　　모든 나쁜 방법들

D 他向公司要工伤赔偿费
　　회사에 상해보상을 요구하다

E 冷静地总结经验
　　침착하게 경험을 돌아보다

[풀이]

71. 그의 다리가 부러진 후에 아내는 돈이 될 만한 모든 것을 팔아버리고 어린 아들을 버리고 혼자 떠났다는 것을 알 수 있다. 그래서 정답은 B 丢下了年幼的孩子(어린 아들을 버렸다)이다.

72. 그는 회사에서 다리를 다쳤고, 돈이 없었기 때문에 회사에 상해보상을 요구했지만 거절당했다는 것을 내용을 통해 알 수 있다. 그래서 정답은 D 他向公司要工伤赔偿费(회사에 상해보상을 요구하다)이다.

73. 힘들게 구두 만드는 법을 배우고 돈을 빌려서 구두장사를 시작했지만 실패했다. 그렇지만 가족들의 격려로 그는 다시 일어섰고 성공할 수 있었다는 내용이다. 여기에서는 但이 있기 때문에 실패했지만 '그러나' 절망하지 않았다는 상반관계가 와야 한다는 것을 알 수 있다. 따라서 정답은 A 他并没有灰心(그는 절망하지 않았다)이다.

74. 뒷문장의 我才知道知道做好一件事情的方法是什么를 보면 그제서야 좋은 방법이 무엇인지 알았다고 하였다. 그러므로 앞문장에는 只有在我知道一切做不好的方法以后가 와야 '나쁜 방법이 무엇인지 알고 난 후에서야 비로소 좋은 방법이 무엇인지 안다'가 된다. 따라서 정답은 C 一切做不好的方法(모든 나쁜 방법들)이다.

75. 실패를 한 후에야 실패의 원인을 알게 된다. 그러므로 그는 실패를 경험한 후에 E 冷静地总结经验(침착하게 경험을 돌아보았다)가 된다.

> **정답** ▶ 71. B　72. D　73. A　74. C　75. E

> ▶**단어**

祸不单行 huòbù dānxíng ⑳ 불행한 일이 이어서 생기다 ┃ 福无双至 fúwú shuāngzhì ⑳ 복은 겹쳐서 오지 않는다 ┃ 无情无义 wúqíng wúyì ⑳ 무정하다 ┃ 置之不理 zhìzhī bùlǐ ⑳ 한쪽에 내버려 두고 거들떠보지 않다 ┃ 卖掉 màidiào ⑧ 팔아 버리다 ┃ 值钱 zhíqián ⑲ 값어치가 있다. 돈이 되다 ┃ 落井下石 luòjǐng xiàshí ⑳ 다른 사람이 다급할 때를 이용하여 해치다 ┃ 不堪 bùkān ⑧ 견딜 수 없다. 참을 수 없다 ┃ 碰壁 pèngbì ⑧ 거절당하다 ┃ 乡亲 xiāngqīn ⑲ 고향 사람 ┃ 摊 tān ⑲ 노점. 가판대 ┃ 告终 gàozhōng ⑧ 끝남을 알리다 ┃ 欠 qiàn ⑧ 빚지다 ┃ 债务 zhàiwù ⑲ 채무. 빚 ┃ 爱迪生 Àidíshēng 인명 에디슨 ┃ 千方百计 qiānfāng bǎijì ⑳ 온갖 계책이나 꾀를 다 생각해내다 ┃ 销路 xiāolù ⑲ (상품이) 팔려 나가는 길. 판로 ┃ 扭亏 niǔkuī ⑧ 적자 국면을 바꾸다. 손실 국면을 전환하다 ┃ 盈 yíng ⑧ 남다. 이익이 나다 ┃ 灰心 huīxīn ⑧ 낙심하다. 낙담하다 ┃ 丢下 diūxià ⑧ (처자식 등을) 버리다 ┃ 工伤 gōngshāng ⑲ 산업재해. 노동재해 ┃ 赔偿 péicháng ⑧ 물어 주다. 변상하다

76-80

在动物王国里，[76] ＿＿＿＿＿＿＿＿＿＿。动物之间的争斗，是要讲究环境和时机的。

动物学家记录了一个发生在热带丛林的惊心动魄的真实故事：一头雄狮穷追一只麋鹿，鹿逃到一条一丈宽的小溪边，求生的本能 [77] ＿＿＿＿＿＿＿＿＿＿。雄狮本想跳过去，却跌入水中。等暴怒的狮子挣扎起来，发现小鹿已经无影无踪。而溪水中有一条如碗口粗大的蟒正虎视眈眈地望着自己。此时狮子又累又饿，原本不宜在这是非之地久留，然而自负令它忽略了眼前的危险，愤怒令它丧失理智。它发狂地冲向巨蟒，齿爪并下，巨蟒也不甘示弱。紧紧缠住了狮子。十几分钟后，巨蟒竟然卷起狮子，沉入溪水中，汩汩鲜血，顷刻染红了水面！

[78] ＿＿＿＿＿＿＿＿＿＿，巨蟒又浮出水面，它行动迟缓、疲惫不堪地爬上岸边，伤痕累累。不远处一条凶狠的鳄鱼正紧盯着它。这条鳄鱼见到巨蟒十分紧张，本想抽身离开，可是巨蟒躺下的地方正是它宝宝的巢穴。情急之下，鳄鱼朝巨蟒的头部发出迅速而致命的一击，竟然将巨蟒的头部咬下！巨蟒甩动尾巴抽打了几下，然后软软地滑入溪流。

[79] ＿＿＿＿＿＿＿＿＿＿。狮子本为兽中之王，却在不适当的时机和地点发动了不该发生的战争。巨蟒利用天时地利，将狮子吞入腹中。鳄鱼本来不想招惹巨蟒，然而 [80] ＿＿＿＿＿＿＿＿＿＿，冒险一搏，结果轻易地将疲倦和刚刚吞下食物不能动弹的巨蟒咬死。

동물의 세계에는 ⁽⁷⁶⁾ C– 누구도 절대적 강자로 불리지 못한다. 동물 간의 투쟁은 환경과 시기에 근거한 것이다. 동물학자는 열대우림에서 일어난 가슴 졸이는 실화를 다음과 같이 기록하였다. 수사자가 사불상을 쫓고 있었는데, 불상은 폭이 3미터가 되는 시냇물로 도망쳐 가서는 살고자 하는 본능으로 ⁽⁷⁷⁾ E– 용감하게 뛰어 넘었다. 수사자도 넘으려 했으나 물 속에 빠져버렸다. 난폭해진 사자가 정신을 차리자 사불상은 이미 자취를 감췄다. 그때, 입이 큰 구렁이가 자신을 바라보고 있었다. 사자는 배고프고 지쳤기에 원래는 더 머무르려고 하지 않았으나, 자부심이 눈 앞의 위험을 인식하지 못하고, 화가 이성을 잃게 했다. 사자는 거대한 구렁이에게 달려들어 이빨과 발톱으로 공격했지만, 구렁이도 쉬운 상대가 아니었다. 구렁이는 사자를 세게 조이기 시작했다. 십 분 정도가 흐른 후, 구렁이는 사자를 감은 채 물속으로 들어갔다. 붉은 피가 흐르고 곧 수면을 물들였다!

⁽⁷⁸⁾ A– 약 30분이 지났고, 구렁이는 다시 수면으로 올라왔다. 느릿느릿하게 매우 지친 듯이 물가로 기어나왔다. 몸은 상처투성이였다. 멀지 않은 곳에서 사나운 악어가 그를 주시하였다. 악어는 구렁이를 보고 매우 긴장하여 자리를 피하려 했지만, 구렁이가 누운 곳이 악어 새끼가 있는 곳이었다. 악어는 마음이 급해져 구렁이의 머리를 빠르게 그리고, 있는 힘껏 공격하여 뜻밖에도 구렁이의 머리를 물어버렸다! 거대한 구렁이는 꼬리를 흔들어 몇 번 때렸으나 이후 물 속으로 미끄러지듯 들어가버렸다.

⁽⁷⁹⁾ B– 이것은 일어나서는 안 될 비극이었다. 사자는 본디 동물의 왕이나 부적절한 시기와 장소가 일어나선 안 될 전쟁을 일으켰다. 구렁이는 그 틈을 타서 사자를 삼켰다. 악어는 원래 구렁이를 피하려고 했지만 ⁽⁸⁰⁾ D– 자식을 보호하기 위해 본능적으로 모험을 했고, 그 결과 막 음식을 삼켜 움직이기가 힘들고 지쳐있던 구렁이를 물어 죽였다.

A　大约过了半个小时
　　약 30분이 지났다

B　这是一出不该发生的悲剧
　　이것은 일어나서는 안 될 비극이다

C　谁也称不上是绝对的王者
　　누구도 절대적 강자로 불리지 못한다

D　出于保护后代的本能
　　자식을 보호하기 위한 본능에서 나왔다

E　令它奋不顾身地跳了过去
　　용감하게 뛰어 넘었다

[➡ 풀이]

76. 뒷문장 动物之间的争斗，是要讲究环境和时机的는 환경과 시기가 매우 중요하다는 뜻이다. 그러므로 동물의 왕국에도 절대강자는 없다는 것을 나타낸다.

77. 사불상은 암사자에게서 도망치기 위해 求生的本能(생존본능)으로 폭이 넓은 강을 E 令它奋不顾身地跳了过去(용감하게 뛰어 넘었다)하였음을 알 수 있다.

78. 사자와 몇 십 분 사투를 벌인 구렁이는 사자를 휘감고 물속으로 들어갔다. 그 후에 巨蟒又浮出水面(구렁이가 물 밖으로 나왔다)이라고 하였으니 얼마쯤 후에 나왔다는 것을 추측할 수 있다.

79. 본문의 내용은 적절한 환경과 시기가 중요하고 절대강자는 없다는 내용이다. 狮子本为兽中之王(사자는 본래 동물의 왕)인데 부적절한 시기와 장소로 인해 구렁이에게 먹히고, 또 악어가 그 구렁이를 죽였다. 이것이 일어나선 안 되는 비극임을 알 수 있다.

80. 鳄鱼本来不想招惹巨蟒이라는 문장을 보면 알 수 있듯이 악어는 원래 구렁이를 건드리고 싶지 않았으나 자식을 보호하기 위해 본능적으로 모험을 한 것이다.

정답 ▶ 76. C 77. E 78. A 79. B 80. D

丛林 cónglín 몡 무성한 삼림 | 惊心动魄 jīngxīn dòngpò 솅 매우 놀라게 하다 | 雄狮 xióngshī 몡 수사자 | 穷追 qióngzhuī 동 끝까지 쫓아가다 | 麋鹿 mílù 몡 사불상 | 跌 diē 동 (물체가 아래로) 떨어지다 | 暴怒 bàonù 동 격렬하게 분노하다 | 挣扎 zhēngzhá 동 몸부림치다 | 无影无踪 wúyǐng wúzōng 솅 종적을 감추다 | 碗口 wǎnkǒu 몡 (공기, 사발 등의) 가장자리 | 粗大 cūdà 혱 굵다. 큼직하다 | 蟒 mǎng 몡 큰 구렁이 | 虎视眈眈 hǔshì dāndān 솅 형세를 살피며 가만히 기회를 엿보다 | 久留 jiǔliú 동 장기간 머무르다 | 自负 zìfù 동 자신이 책임지다 | 不甘示弱 bùgān shìruò 솅 약한 모습을 보이고 싶어 하지 않다 | 缠住 chánzhù 동 감기다 | 卷起 juǎnqǐ 동 말아 올리다 | 疲惫 píbèi 혱 매우 고단하다 | 伤痕 shānghén 몡 흉터. 흠집 | 凶狠 xiōnghěn 혱 흉악하다. 사납다 | 鳄鱼 èyú 몡 악어 | 紧盯 jǐndīng 동 노려보다 | 抽身 chōushēn 동 빠져나가다. 몸을 빼다 | 躺下 tǎngxià 동 드러눕다 | 情急 qíngjí 혱 조급하다. 초조하다 | 致命 zhìmìng 동 목숨을 잃게 할 수 있다 | 甩动 shuǎidòng 동 흔들다 | 抽打 chōudǎ 동 때리다 | 地利 dìlì 몡 지리적 우세 | 吞 tūn 동 (통째로) 삼키다 | 招惹 zhāorě 동 건드리다 | 动弹 dòngtan 동 움직이다. 운동하다 | 咬死 yǎosǐ 동 물어 죽이다 | 奋不顾身 fènbú gùshēn 솅 자신을 돌보지 않고 용감하게 나아가다

 81~100번 문제, 단문을 읽고 그에 해당되는 2~3개의 질문에 알맞은 답을 고르시오.

81-84

[81]公关人员在工作中要不断地会见老朋友，结识新的朋友，因此对他们来说，熟知并遵守相关的会面礼节是十分必要的。否则，本来想给对方留一个好印象，却因为礼仪的不周而适得其反。

有关会面的规范确实是不胜枚举的。在日常工作和交往中，我们经常需要和陌生人打交道，有时候还有故友重逢的情况。不管和老朋友见面，还是另结新交都需要向对方问候、致意、行礼、介绍，这样的一些细节如果你不注意就会很麻烦。

那天我去了一家单位，接待我的公关经理是一位小姐，通过交往我发现这位小姐是一个很有教养的人。但当时她礼数上稍有不周。她跟我握手时不正眼看我，握手时不用力，不摇动，好像一条死鱼，感觉好像是贵妇人对骑士的一种赏赐。还有人跟你握手时，手一碰到你就跑，像有电一样。[82]这样的行为会让人有敷衍了事，冷落对方之嫌。

教养体现于细节，细节展示素质。公关人员在重要场合面对客户的时候，他的握手，他的自我介绍，他替别人的介绍，实际上都会给对方留下重要的印象，若你要稍有不周的话，轻则见笑于人，重则破坏双方交往的效果，[84]甚至妨碍交往的可持续发展和进行。

홍보담당자는 업무 중 끊임없이 오랜 친구를 만나고 새 친구를 사귀어야 하므로, 그들에게 있어서 관련된 사교예절을 배우는 것은 필수이다. 그렇지 않으면, 상대방에게 좋은 인상을 남기려다가 오히려 그 반대의 결과를 낳을 수 있기 때문이다.

사교예절 규범은 너무나 많다. 일상업무와 사귐에 우리는 자주 낯선 사람과 인사를 하게 되며 어떤 때는 옛 친구를 만나는 일도 생긴다. 오랜 친구를 만나든, 새로운 벗을 사귀든 상대방에게 안부를 묻고 전하고, 인사를 드리고 예의도 표하며, 소개도 해야 하는데, 이런 작은 것들에 주의를 기울이지 않으면 곤란한 일이 생긴다.

그날 나는 한 회사를 방문했는데 나를 응대한 홍보지배인은 젊은 여성으로, 이야기를 나눠보니 그녀는 매우 교양있는 사람이었다. 하지만 당시 예절에선 세심하지 못한 부분이 있었다. 나와 악수할 때 내 눈을 쳐다보지 않았고, 죽은 생선 같이 손에 힘도 주지 않고 흔들지도 않아서, 마치 귀부인이 기사에게 하사하는 것 같았다. 그리고 악수할 때 손이 닿기만 해도 감전된 것처럼 피했는데, 이런 행동은 일에 있어 얼버무리고 상대방을 홀대한다는 의심이 들게 한다.

교양은 세세한 것에서 나타나며, 세심함에서 됨됨이가 보인다. 홍보담당자들이 중요한 자리에서 고객을 대할 때 그의 악수와 소개, 그리고 다른 사람을 대신해 소개할 때에 실제로 이런 것들이 상대방에게 인상을 심어준다. 만약 조금이라도 세심하지 못하면, 작게는 웃음거리가 되고 크게는 사귐에 영향을 끼치며 지속적인 발전과 진행에 훼방을 놓는다.

81 对公关人员来说，什么是非常重要的？

홍보담당자들에겐 무엇이 가장 중요한가？

A 了解顾客的需要

고객이 필요한 것을 아는 것

[▶ 풀이]

첫 문장에서 公关人员在工作中要不断地会见老朋友，结识新的朋友，因此对他们来说，熟知并遵守相关的会面礼节是十分必要

B　遵守公司的规定
회사규정을 준수하는 것

C　熟知会面礼节
사교예절을 숙지하는 것

D　满足顾客的需求
고객이 필요한 것을 만족시키는 것

82　作者对这位公关小姐的印象是:

작가의 여성 홍보매니저에 대한 인상은?

A　十分敬业
매우 존경스럽다

B　很懂礼貌
예절을 준수한다

C　待人真诚
사람을 진실하게 대한다

D　待人冷淡
사람을 홀대한다

83　公关人员面对客户时，应该:

홍보담당자가 고객을 대할 때는 어떻게 해야 하는가?

A　握手时不要用力
악수할 때 힘을 주지 않는다

B　面无表情
무표정으로 대한다

C　需要目光交流
눈빛을 교류한다

D　提出自己的意见
자신의 의견을 낸다

84　不注重公关礼仪，有可能会:

예절을 중시하지 않으면 어떻게 되겠는가?

A　闹出笑话
웃음거리가 된다

B　双方产生矛盾
서로 오해가 생긴다

C　影响合作前景
협력관계에 영향을 준다

D　交往顺利进行
관계가 잘 이루어진다

的라고 하면서 사교예절이 가장 중요하다고 하였다.

정답 ▶ C

[● 풀이]

악수할 때 눈도 마주치지 않고 손에 힘도 없었던 그 여직원에 대해 작가는 冷落对方之嫌(자신을 홀대한다)하는 인상을 받았다고 하였다.

정답 ▶ D

[● 풀이]

홍보담당자가 고객을 대하면서 악수할 때 손에 힘을 주지 않는다든지 무표정이라면 고객은 홍보담당자가 예절이 없고 자신을 홀대한다는 느낌을 받을 것이라고 했으므로 홍보담당자는 고객과 눈빛을 교류함으로서 고객을 존중해야 한다.

정답 ▶ C

[● 풀이]

이 문장에서 예절을 중요시 하지 않으면 지속적인 발전과 진행에 방해가 될 수도 있다(甚至妨碍交往的可持续发展和进行)고 하였다. 그러므로 예절은 협력관계에 영향을 준다는 답이 맞다.

정답 ▶ C

단어

公关 gōngguān ⑲ 공공관계. 상호관계 Ⅰ 会见 huìjiàn ⑧ 만나다. 회견하다 Ⅰ 结识 jiéshí ⑧ 친분을 맺다. 교제하다 Ⅰ 遵守 zūnshǒu ⑧ 준수하다. 지키다 Ⅰ 会面 huìmiàn ⑧ 서로 만나다. 대면하다 Ⅰ 礼仪 lǐyí ⑲ 예의 Ⅰ 不周 bùzhōu ⑲ 주도면밀하지 않다. 꼼꼼하지 않다 Ⅰ 适得其反 shìdé qífǎn ⑳ 결과가 바라던 바와 정반대가 되다 Ⅰ 不胜枚举 búshèng méijǔ ⑳ (너무 많아) 일일이 다 헤아릴 수 없다 Ⅰ 重逢 chóngféng ⑧ 재회하다 Ⅰ 致意 zhìyì ⑧ 안부를 전하다 Ⅰ 行礼 xínglǐ ⑧ (절, 경례, 인사 등의) 예를 표하다 Ⅰ 礼数 lǐshù ⑲ 예의. 예절 Ⅰ 摇动 yáodòng ⑧ (물건을) 흔들다 Ⅰ 骑士 qíshì ⑲ 기사 Ⅰ 赏赐 shǎngcì ⑲ 하사품 Ⅰ 碰 pèng ⑧ 충돌하다. 서로 맞부딪치다 Ⅰ 敷衍了事 fūyǎn liǎoshì ⑳ 적당히 일을 얼버무리다 Ⅰ 冷落 lěngluò ⑧ 푸대접하다. 한대하다 Ⅰ 见笑 jiànxiào ⑧ 비웃다 Ⅰ 持续 chíxù ⑧ 지속하다. 이어지다 Ⅰ 敬业 jìngyè ⑧ 전력을 다하다

85-88

　　子发是战国时期楚国的一位大将军。一次，[85] 他带兵与秦国作战，前线断了粮草，派人向楚王告急。使者顺便去看望子发的老母亲。老人问使者："士兵都好吗？"使者回答："[86] 还有点豆子，但只能一粒一粒分着吃。""你们将军呢？"使者回答道："[86] 将军每餐都能吃到肉和米饭，身体很好。"

　　子发得胜归来，母亲紧闭大门不让他进家门，并派人告诉子发："你让士兵饿着肚子打仗，自己却有吃有喝，这样做将军，打了胜仗也不是你的功劳。"

　　母亲又说："越王勾践讨伐吴国的时候，有人献给他一罐酒，越王让人把酒倒入江的上游，叫士兵们一起饮下游的水。虽然大家没尝到酒味，却鼓舞了全军的士气，提高了战斗力。而现在你却只顾自己，不顾士兵，你不是我的儿子，你不要进我的门。"

　　子发听了母亲的批评，向母亲认了错，决心改正，才得以进入家门。

　　从这个故事我们可以知道："子不教，父之过"，[87] 子女成长的好坏，长辈负有极大的责任。[88] 若要孩子成为大器之才，必须在孩子心中植下博爱之心。有了博爱之心，才有施爱于他人的可能。

자발(子发)은 전국시대, 촉(楚) 국의 대장군이다. 한 번은 그가 병사를 이끌고 진(秦) 국과 전쟁을 할 때 전선에 식량이 떨어졌다. 그는 사람을 시켜 촉 왕에게 상황을 알리라고 했다. 사자는 그 틈에 자발의 노모를 살피러 갔다. 노모는 그에게 "병사들은 어때요?"하고 물었다. 사자가 말했다. "아직 콩이 조금 남아있어, 한 알씩 쪼개어 먹고 있습니다." "장군은?" "장군은 매 끼 고기와 쌀밥을 드실 수 있어서 별탈 없이 잘 지내십니다."

자발이 승리 후 집에 돌아오자, 노모는 대문을 닫고 그를 들어오지 못하게 했다. 노모는 사람을 시켜 자발에게 '사병들은 굶어가면서 싸우는데 너는 먹고 마신단 말이냐, 그렇게 이긴 것은 너의 공이 아니다.'라고 전하게 했다.

노모는 또 '월(越) 왕 구천(勾践)이 오(吴) 국과 싸울 때, 어떤 사람이 그에게 술을 한 병 주자 월 왕은 사람을 시켜 술을 강의 상류에 부은 후, 병사들에게 하류의 물을 함께 마시게 했다. 비록 술 맛이 나진 않았으나, 사병들의 사기는 충만하여 전투력이 높아졌다. 그런데 지금 너는 네 몸만 돌보고 사병을 돌보지 않는구나. 넌 내 아들이 아니니, 들어올 생각 말거라.'라고 말했다.

자발은 노모의 꾸지람을 듣고, 노모에게 잘못을 빌고 고치기로 결심한 후에야 집에 들어갔다.

이 이야기에서 우리는 '子不教, 父之过(자식을 잘못 교육시킨 것은 부모의 잘못)'란 것을 알 수 있다. 자녀의 성장에 부모의 책임은 매우 막중하다. 만약 아이가 큰 재목이라면 박애정신을 심어주어야 한다. 박애의 마음이 있어야 타인을 사랑하는 마음을 가지기 때문이다.

85 子发带兵作战时，军中出现了怎样的情况：

자발이 병사를 이끌고 전쟁을 할 때, 군 내부에서 어떤 일이 일어났는가?

A 军中没有粮食
식량이 없었다

B 士兵身体不好
사병이 병들었다

C 只有肉和米饭
고기와 밥밖에 없었다

D 连豆子也没有
콩조차도 없었다

첫 부분 他带兵与秦国作战，前线断了粮草에서 진 국과 전쟁을 하러 갔을 때 군에는 식량이 없었다고 하였다.

정답 ▶ A

86 为什么母亲不让子发进门？

왜 노모는 아들을 집에 들어오지 못하게 했는가?

A 子发打了败仗
자발이 패전해서

B 子发不听母亲的话
자발이 말을 듣지 않아서

C 子发只顾自己吃喝
자발이 자기 먹을 것만 챙겨서

D 子发打了胜仗
자발이 승전해서

还有点豆子，但只能一粒一粒分着吃와 将军每餐都能吃到肉和米饭，身体很好에서 식량이 없어서 병사들은 콩 한 쪽도 나누어 먹는데, 자발 혼자만 고기와 밥을 먹었다고 했기 때문에 노모가 화가 난 것임을 알 수 있다.

정답 ▶ C

87 "子不教，父之过" 的意思是：

'子不教，父之过'의 뜻은?

A 孩子不听话是父母的错
아이가 말을 안 듣는 것은 부모의 책임이다

B 孩子不成才是父母的错
아이가 훌륭한 사람이 되지 않는 것은 부모의 잘못이다

C 父母的责任是批评孩子
아이를 훈계하는 것이 부모의 책임이다

D 孩子的好坏长辈有责任
아이의 잘잘못은 부모에게 책임이 있다

子不教，父之过는 자식을 잘못 교육시킨 것은 부모의 잘못이라는 뜻(子女成长的好坏，长辈负有极大的责任)으로, 아이의 잘잘못은 부모에게 책임이 있다는 것이다.

정답 ▶ D

88 从这个故事中，我们可以知道什么：

이 이야기에서 우리는 무엇을 알 수 있는가?

A 懂得尊敬自己的父母
자기 부모를 공경할 줄 아는 것

B 知错就改是好的行为
잘못을 알고 고치는 것은 좋은 행동이다

마지막 부분 若要孩子成为大器之才，必须在孩子心中植下博爱之心。有了博爱之心，才有施爱于他人的可能에서 자녀의 성장에 부모의 책임은 매우 막중한데, 만약 아이가 큰 재목이라면 박애정

C 听从长辈的教导就能成才
어른의 가르침에 순종하면 인재가 될 수 있다

D 成才的条件是拥有博爱之心
인재의 조건은 박애정신을 갖는 것이다

신을 심어주어야 하는데, 그 마음
이 있어야 타인을 사랑하는 마음
을 가지기 때문이라고 하였다.

정답 ▶ D

단어

战国 Zhànguó 몡 전국(시대) | 带兵 dàibīng 동 군대를 인솔하다 | 作战 zuòzhàn 동 전투하다. 전쟁하다 | 前线 qiánxiàn 몡 전선. 전방 | 粮草 liángcǎo 몡 (군용)식량 | 告急 gàojí 동 상황의 위급함을 알려 구원을 청하다 | 看望 kànwàng 동 문안하다. 찾아가보다 | 得胜 déshèng 동 승리를 얻다 | 紧闭 jǐnbì 동 꼭 닫다 | 打仗 dǎzhàng 동 전쟁하다. 전투하다 | 胜仗 shèngzhàng 몡 승전 | 功劳 gōngláo 몡 공로. 공적 | 讨伐 tǎofá 동 토벌하다 | 献 xiàn 동 올리다. 바치다 | 鼓舞 gǔwǔ 동 북돋우다. 진작시키다 | 士气 shìqì 몡 사기 | 战斗力 zhàndòulì 몡 전투력 | 若要 ruòyào 접 만약 ~이 필요하면. 만일 ~하려면 | 大器 dàqì 몡 큰 인물. 큰 재목 | 博爱 bó'ài 몡 박애

89-92

　　鬼街，是北京老百姓对东城区东直门内餐饮一条街的称呼，它的周围使馆林立，造就了鬼街得天独厚的地理优势，每年仅外宾为鬼街创造的利润就高达3500万元。在这条全长1442米的东内大街上，沿街共有各种商业店铺150多家，其中餐饮服务业148家，约占东内大街全部店铺的90%以上。⁸⁹饭馆密度如此之大，全北京恐怕再也找不出第二条这样的街了。

　　关于鬼街名字的由来，目前有很多不同的版本，但都是空穴来风或道听途说，而⁹⁰真正的说法只有那些东直门内原土著的居民可以解释清楚。清朝年间北京市的各个城门都有专门的用途，不得随意使用，就象朝廷出兵必须要走德胜门，而收兵要走永定门、处决罪犯必须要走宣武门一样，^{91-A}东直门只是专门做为往城里运送木材和往城外运送死人的城门，在城边上那些土著的50岁左右的人们至今还清楚的记得小的时候大家一起呼朋唤友的结伴到城门楼上玩耍的情景，站在城楼上看城里是一条笔直的土路，还能看到鼓楼，而城外就是一望无际的坟场。而城门内的早市，那些以贩卖杂货菜果为主的摊贩们后半夜才开市，黎明即散，摊主以煤油灯取亮，远处看上去灯影憧憧，再加上^{91-C}整条街上比肩相邻的棺材铺和杠房，故名"鬼市"。现在的人们发现在这条街上只有开饭馆才能做得好，而且^{91-D}这里的饭馆白天几乎没有人光顾，但是到了晚上却门庭若市车水马龙另有一番繁荣景象。至于是不是像当地老人们说的到了夜里鬼都要进城吃饭，而形成了如此繁荣的景象，就谁也解释不清了。

　　鬼街已经在北京家喻户晓，当然很多人也看到了这里巨大的商机，就连当地政府也从开始的排斥强管到了后来的扶持，区商委还把这里命名为"东内餐饮一条街"。但是，⁹²鬼字终究不雅，于是东城区委的人们就想为鬼街易名，但是老板们并不买账，因为他们怕易名坏了风水，说来也是该着，竟有人发现了字典里有这个音同字不同的"簋"并且还能和吃沾上边，于是开始大肆宣传并且还在东直门立交桥鬼街一侧的桥头做了一个"簋"的大铜塑像，于是就有了现在这个文明的"簋街"。

鬼街는 베이징 시민들이 동성구 동직문내의 먹자골목을 칭하는 말로, 주위에는 대사관이 들어서 있어 유리한 지리조건을 갖추고 있는데, 매년 외빈들이 창출하는 이익은 3,500만 위안에 달한다. 1,442m 길이의 동쪽 대로에 그 길을 따라 150개 이상의 가게가 들어서 있고, 그 중 음식점은 148개로 동쪽 대로의 전체 상점 중 90% 이상을 차지한다. 식당이 이렇게 빽빽하게 들어서 있어 베이징 전체에서 이런 거리를 찾기는 어렵다.

鬼街란 이름에 대해서는 오늘날 많은 다른 설이 있지만 낭설이나 근거 없는 것이 많은데, 신빙성이 있는 것으로는 바로 동직문내에 사는 주민들이 말한 것이 정확하다고 할 수 있다. 청나라 때 베이징에 있는 성문은 모두 그 용도가 있어 다른 용도로 사용할 수 없었는데, 조정에서 출병 시에는 덕승문을 지나고, 퇴각할 때는 용정문을, 죄인을 사형 집행할 때에는 선무문을 지나야 하는 것과 같이 동직문은 성 안으로 목재를 들이거나 성 밖으로 죽은 이를 보낼 때만 사용되었다. 성 주변에 사는 50대의 토박이들은 지금도 어렸을 적 친구와 성문에 올라가 놀았던 정경과 성루에 서서 성내를 바라보면 곧게 뻗은 길과 고루가 보이고 성 밖으로는 광활한 무덤이 펼쳐져 있었던 것을 생생하게 기억하고 있었다. 성문 내의 새벽시장에는 잡동사니와 과일, 채소를 파는 상인들이 12시가 넘어서야 시장을 열고 동 틀 무렵 자리를 떠났다. 상인은 등유로 불을 밝혀 멀리서 보면 등불이 어릿어릿하게 보였다. 거기에다 길에는 관장사들과 장의사들이 나란히 서로 이웃하고 있어 鬼街라 불리게 되었다고 한다. 요즘 사람들은 이 거리에 음식점만 열면 잘 된다는 것을 알게 됐을 뿐 아니라, 또 이곳 상점에는 손님들이 낮에는 오지 않지만 저녁이 되면 문전성시를 이루고 차량이 끊이지 않는 번화한 모습이다. 그곳 노인들이 말하는 것처럼 밤이 되면 귀신도 성으로 들어와 밥을 먹으려고 하는 지경에 이르러 이렇게 번화한 풍경이 형성되었으니 누구도 이름의 유래에 대해 잘 알지 못한다.

鬼街는 베이징 사람들 중 모르는 사람이 없어서 많은 사람들이 이곳에서 거대한 상업의 기회를 엿본다. 현지 정부도 처음에는 엄격한 관리를 배제했으나 이후에는 지지 쪽으로 바꾸었고 상인연합회도 '동내 제일의 먹자골목'으로 지정했다. 하지만 '鬼'자가 고상하지 않아 동성구 상인연합회 사람들이 개명을 하고자 했지만 상인들이 개명을 하면 풍수를 해칠까 두려워서 반대했는데, 그 역시 일리가 있었다. 상인 중 하나가 사전에서 동음이어인 '簋'자를 찾아냈는데 음식과도 상관관계가 있어서 대대적으로 선전을 하고 동직문 입교교의 鬼街 한 쪽에 '簋'자 동상을 세웠고, 그리하여 지금의 簋街가 생겨났다.

89 第一段的主要内容是：

첫 단락의 주요내용은?

A 许多使馆在鬼街附近
많은 대사관이 鬼街 부근에 있었다

B 鬼街的地理位置很好
鬼街의 지리적 위치는 좋다

C 鬼街是规模最大的餐饮街
鬼街는 규모가 가장 큰 먹자골목이다

D 鬼街吸引了很多中外游客
鬼街는 많은 국내외 관광객을 끌었다

[● 풀이]

만약 '이 문단의 주요 내용이 무엇인가?'라는 문제가 나왔다면, 답은 대부분 문단의 제일 첫 문장이거나 마지막 문장일 수 있다. 饭馆密度如此之大，全北京恐怕再也找不出第二条这样的街了 라고 했기 때문에 이 문단에서 鬼街는 규모가 가장 큰 먹자골목이라는 것이 주요 내용임을 알 수 있다.

정답 ▶ C

90 谁知道 "鬼街" 的来历：

누가 '鬼街'의 유래를 알고 있는가?

A 现代的年轻人
지금의 젊은 사람들

B 土生土长的居民
토박이 주민들

C 使馆区的工作人员
대사관 구역의 직원

D 饭店的管理者
식당의 관리인

[● 풀이]

두 번째 단락 真正的说法只有那些东直门内原土著的居民可以解释清楚를 보면 土生土长的居民(토박이 주민)이 정답임을 알 수 있다.

정답 ▶ B

91　关于 "鬼街" 的由来，下列哪项是错误的：

'鬼街'의 유래에 관해 틀린 것은?

　A　这里曾是往城外运死人的地方
　　　이곳은 성 밖으로 죽은 사람을 옮기던 장소이다

　B　这条街只适合开饭馆
　　　이 거리는 음식점을 열기에만 좋다

　C　整条街有很多棺材铺
　　　길 전체에 관을 파는 곳이 많다

　D　商人大多在后半夜出来买卖
　　　상인 대부분이 한밤중에 나와 장사를 한다

[▶풀이]

두 번째 단락 아랫부분을 보면 선택문항 A, C, D의 내용이 모두 언급되어 있다.

정답 ▶ B

92　为什么把 "鬼街" 改成了 "簋街"？

왜 '鬼街'가 '簋街'로 변했는가?

　A　"鬼" 字不雅
　　　'鬼'자가 고상하지 않아서

　B　"鬼" 字不吉利
　　　'鬼'가 길하지 않아서

　C　"簋" 字发音和 "鬼" 一样
　　　'簋'의 발음이 '鬼'와 같아서

　D　饭店老板想挣更多的钱
　　　음식점 주인들이 더 많은 돈을 벌기 위해서

[▶풀이]

마지막 단락에 鬼字终究不雅, 于是东城区委的人们就想为鬼街易名이라고 하여 鬼街를 簋街로 바꾸었다고 나와 있다.

정답 ▶ A

단어

东直门 Dōngzhí Mén 명 동직문(원래 베이징 내성의 동북쪽에 있던 성문 이름) ┃ 餐饮 cānyǐn 명 음식 판매. 요식 ┃ 林立 línlì 동 (숲처럼) 빽빽하게 서있다 ┃ 造就 zàojiù 동 기르다. 키우다 ┃ 得天独厚 détiān dúhòu 성 처한 환경이 유달리 좋다 ┃ 外宾 wàibīn 명 외빈 ┃ 利润 lìrùn 명 이윤 ┃ 沿街 yánjiē 도로변 ┃ 店铺 diànpù 가게. 점포 ┃ 版本 bǎnběn 명 판본 ┃ 空穴来风 kōngxué láifēng 성 전혀 근거가 없는 것은 아니다 ┃ 道听途说 dàotīng túshuō 길에서 주워들은 말. 뜬소문 ┃ 土著 tǔzhù 명 토박이 ┃ 朝廷 cháotíng 명 조정 ┃ 德胜门 Déshèng Mén 명 덕승문(베이징 내성 북서쪽에 있는 성문 이름) ┃ 处决 chǔjué 동 결정하다 ┃ 运送 yùnsòng 동 운송하다. 운반하다 ┃ 呼唤 hūhuàn 동 외치다. 고함치다 ┃ 结伴 jiébàn 동 동료가 되다 ┃ 玩耍 wánshuǎ 동 놀다. 장난하다 ┃ 笔直 bǐzhí 형 똑바르다. 곧다 ┃ 鼓楼 gǔlóu 명 고루 ┃ 一望无际 yíwàng wújì 성 매우 광활하다 ┃ 早市 zǎoshì 명 아침시장 ┃ 贩卖 fànmài 동 판매하다 ┃ 杂货 záhuò 명 잡화 ┃ 摊贩 tānfàn 명 노점 상인 ┃ 煤油 méiyóu 명 등유 ┃ 灯影 dēngyǐng 명 환등 ┃ 憧憧 chōngchōng 형 갈팡질팡하다 ┃ 比肩 bǐjiān 동 어깨를 나란히 하다 ┃ 相邻 xiānglín 동 서로 이웃하다 ┃ 杠房 gàngfáng 명 장의사 ┃ 光顾 guānggù 동 왕림하다 ┃ 车水马龙 chēshuǐ mǎlóng 성 차량이 줄을 잇다 ┃ 家喻户晓 jiāyù hùxiǎo 성 누구나 다 알다 ┃ 商机 shāngjī 명 상업적 기회 ┃ 排斥 páichì 동 배척하다. 배격하다 ┃ 扶持 fúchí 동 도와주다. 보살피다 ┃ 易名 yìmíng 동 개명하다 ┃ 买账 mǎizhàng 동 인정하다. 감탄하다 ┃ 字典 zìdiǎn 명 자전 ┃ 簋 guǐ 명 고대에 제사를 지낼 때 음식을 담던 나무 그릇 ┃ 沾 zhān 동 (어떤 관계가 생겨 이득을) 입다 ┃ 大肆 dàsì 부 제멋대로. 거리낌없이 ┃ 宣传 xuānchuán 동 선전하다 ┃ 立交桥 lìjiāoqiáo 명 입체교차로 ┃ 铜 tóng 명 동. 구리 ┃ 塑像 sùxiàng 명 소상 ┃ 吉利 jílì 형 상서롭다

93-96

"茶点"这个词语，原意是饿时略为进食，后来演变为"略进食物"的意思。⁹⁴ 早于 2500年前的《楚辞》中已有记载。

茶点的蓬勃时期则于20世纪初才真正开始，原因是当时"满清"后人不用工作，没事可做之余整天流连饮食场所，以致酒楼茶室数目剧增，在竞争激烈的情况下，各大茶室及酒楼均各自推出不同的点心、糕点，使本来已是种类繁多的点心、糕点更见多变。

茶点虽然不是广东人发明的，但将茶点发扬光大的必定是广东人，而且更是把它传遍世界各地。从清同治年间开始，广东一地的商人们便喜欢聚到茶楼，一边谈生意，一边品尝"一盅两件"（也就是说一进茶楼最少要来一碗茶、两样点心），所以上茶楼也被称为"饮茶"。清末时，广州的"二厘馆"（即每位二厘钱）茶楼就已存在。这种"二厘馆"，一般用石湾粗制的绿釉壶泡茶，还供应芽菜粉、松糕、大包等价廉物美的"茶点"。早上和全家人去酒楼饮茶，品尝地道的茶点已经变成了一种粤式的饮食文化。而这种文化更已传遍世界各地，⁹⁵ 所以茶点对广州人而言有着特殊的感情，就算是到大酒楼吃盛宴，最后都必会点上几种点心作为漂亮的"闭幕曲"。

四川人也讲究饮茶，说一句"四川茶馆甲天下"并不过份。川人尤喜"摆龙门阵"，⁹³ 即在熙来攘往的茶馆之中，一边品饮盖碗茶，一边海阔天空，谈笑风生，同时佐以茶点小吃和曲艺表演，实为人生至乐。但茶点不外乎就是些牛肉干、花生瓜子一类，至多再叫上份酸辣粉凉面什么的，终究上不了台面。

江南人也有上茶楼吃点心小聚的风俗。汪曾祺先生在散文《故人往事》中说："摆酒请客，过于隆重。吃早茶则较为简便，所费不多。朋友小聚，店铺与行客洽谈生意，大都是上茶馆。间或也有为了房地纠纷到茶馆来"说事"的，有人居中调停，两下拉拢；有人仗义执言，明辨是非，有点类似江南的'吃讲茶'。"这般看来与粤人的"饮茶"相差无几了。

'딤섬'의 의미는 원래 배고플 때 음식을 생략하여 간단히 먹는다는 의미로 후에 '간단하게 먹는다'는 것으로 변했다. 일찍이 2,500년 전의 《초사》에 기록이 있다.

딤섬은 20세기 초에 들어서야 번성하기 시작했는데, 왜냐하면 당시 청나라 후손들이 일을 하지 않고 남는 시간에는 종일 음식점을 들락거렸기 때문에, 식당과 찻집의 수가 급속히 늘게 되었고 경쟁이 치열해짐에 따라 큰 찻집과 식당에서 서로 다른 간식과 떡을 내놓기 시작하면서 본래 종류가 다양했던 것들이 더 다양화 되었다.

딤섬은 광둥사람이 발명한 것은 아니지만, 딤섬을 널리 알리고 심지어 세계로까지 퍼뜨린 것은 광둥사람이다. 청의 통치 때부터 광둥지역의 상인들은 찻집에 모여 사업에 대해 이야기하면서 차와 함께 '두 가지 딤섬(찻집에 가면 최소한 차 한 잔과 두 가지 딤섬이 나온다)' 먹기를 즐겼다. 그래서 찻집에 가는 것은 '차를 음미하는 것'이라 불렸다. 청 말기에 광저우에 이미 '이리관(1인에 2리)'이라는 찻집이 있었다. 이런 찻집은 보통 스완에서 난 녹유 주전자에 차를 우리고 숙주나물 가루, 송편, 왕만두 등의 저렴하고 맛좋은 '딤섬'을 내놓았다. 아침에 온 가족이 찻집에 가서 차를 마시고 딤섬을 먹는 것이 광둥식 음식문화가 되었다. 이런 문화는 세계에 퍼져, 광저우사람들은 딤섬에 남다른 애정을 갖고 있다. 좋은 음식점에서 풍성한 음식을 먹은 후에도 마지막에는 꼭 딤섬 몇 가지를 주문해 '마지막'으로 삼는다.

쓰촨사람들도 차를 즐기는데, '쓰촨의 찻집이 제일'이라는 말도 과장은 아니다. 이들은 특히 만담을 나누는 것을 즐기는데, 매우 붐비는 찻집에서 개완차를 즐기면서 자연을 이야기하고, 동시에 딤섬과 설창공연을 즐기며 인생의 즐거움을 만끽한다. 하지만 딤섬은 육포와 땅콩 등 견과류가 대부분이고 고작해야 쏸라펀냉면 등을 시키는 게 전부라 비교가 되지 않는다.

강남사람들도 모여 차와 딤섬을 즐기는 문화가 있다. 왕쩡치 선생은 산문 ≪故人往事≫에 '술을 놓고 손님을 청하는 것은 장대하다. 아침 차를 마시는 것이 간편하고 비용도 적다. 친구들이 모이거나, 가게 주인과 고객이 사업 이야기를 할 때도 대부분 찻집으로 향한다. 간혹 부동산 문제를 찻집에서 떠드는 사람도 있고, 어떤 사람은 중재를 하기도 하고 설득하기도 한다. 어떤 사람은 공정하게 시비를 가려주는 것이 강남의 '화해의 차'와 유사하다.'고 적고 있다. 이렇게 보면 광동사람들이 '차를 마시는 것'과 차이가 거의 없다.

93 四川人主要在茶馆做什么?

쓰촨사람들은 찻집에서 주로 무엇을 하는가?

A 调节纠纷
분쟁 조정을 한다

B 品茶议事
차를 마시며 논의한다

C 专门吃饭
식사를 한다

D 打发时光
시간을 때운다

[● 풀이]

밑에서 두 번재 단락에서 쓰촨사람들은 차를 마시면서 이야기를 하고, 공연을 관람하며 이것이 그들의 인생 중 최고의 즐거움이라는 것을 알 수 있다. 차를 마시면서 이야기하고 공연을 관람하는 것이 打发时光 시간을 때우는 것이므로 답은 D이다.

정답 ▶ D

94 根据上文下列说法正确的是:

위의 글과 부합하는 것은?

A 茶点起源于广东
딤섬은 광동에서 시작되었다

B 四川人在茶馆里谈生意
쓰촨사람들은 찻집에서 사업을 논한다

C 茶点至少有2500年历史
딤섬은 최소 2,500년의 역사가 있다

D 江南人喜欢去茶馆看戏
강남사람은 찻집에서 공연을 즐긴다

[● 풀이]

첫 번째 문단 첫 구절 早于2500年前的≪楚辞≫中已有记载에서 딤섬은 최소한 2,500년의 역사를 가지고 있다는 것을 알 수 있다. 나머지는 부합되는 내용을 찾을 수 없으므로 답은 C가 된다.

정답 ▶ C

95 喜欢在宴席后安排点心的是:

연회 후 딤섬을 먹는 것을 좋아하는 사람은?

A 江南人
강남사람

B 满清人
청나라사람

C 广东人
광동사람

D 四川人
쓰촨사람

[● 풀이]

所以茶点对广州人而言有着特殊的感情，就算是到大酒楼吃盛宴，最后都必会点上几种点心作为漂亮的'闭幕曲'에서 알 수 있듯이 광동사람들은 연회 후 마지막으로 꼭 딤섬 몇 가지를 주문해 마지막을 장식한다고 하였다.

정답 ▶ C

96 最适合上文的标题是：

위 글의 제목으로 알맞은 것은?

A 茶馆里的众生相
찻집 안의 여러 사람들

B 茶点点缀人们的生活
사람의 생활을 풍족케하는 딤섬

C 南方人十分钟爱茶点
딤섬을 좋아하는 남방사람

D 花样繁多的点心习俗
갖가지 딤섬 풍속

[**풀이**]

본문은 다른 지방 사람들의 차와 딤섬의 풍속에 대한 내용이다.

정답 D

단어

茶点 chádiǎn 명 차와 간식 | 进食 jìnshí 동 식사하다. 밥을 먹다 | 楚辞 Chǔcí 명 초사 | 记载 jìzǎi 명 문장. 기록 | 蓬勃 péngbó 형 왕성하다. 활기차다 | 满清 Mǎnqīng 명 청나라 | 流连 liúlián 동 떠나기 아쉬워하다 | 数目 shùmù 숫자. 금액. 수량 | 剧增 jùzēng 동 급격하게 늘다 | 推出 tuīchū 동 내놓다. 선보이다 | 发扬光大 fāyáng guāngdà 성 원래의 기초 위에서 더욱 확대하고 발전시키다 | 同治 Tóngzhì 명 동치(청나라 목종 때의 연호) | 盅 zhōng 명 손잡이가 없는 작은 잔 | 饮茶 yǐnchá 동 (주로 남방에서) 차를 마시며 과자를 먹다 | 釉 yòu 명 유약 | 泡茶 pàochá 동 뜨거운 물을 부어 차를 우리다 | 芽菜 yácài 명 숙주나물 | 价廉物美 jiàlián wùměi 성 값이 싸고 품질도 좋다 | 盛宴 shèngyàn 명 성대한 연회 | 熙来攘往 xīlái rǎngwǎng 성 사람들이 끊임없이 왕래하고 매우 번화하다 | 海阔天空 hǎikuò tiānkōng 성 얽매이지 않고 끝없이 넓다 | 谈笑风生 tánxiào fēngshēng 성 즐겁고 재미있게 말하다 | 曲艺 qǔyì 명 민간설창문예 | 酸辣 suānlà 형 시고 맵다 | 台面 táimiàn 명 테이블의 윗면 | 隆重 lóngzhòng 형 장중하다 | 洽谈 qiàtán 동 의논하다. 협의하다 | 纠纷 jiūfēn 명 분규. 다툼 | 调停 tiáotíng 동 조정하다. 중재하다 | 拉拢 lālǒng 동 (자신의 이익을 위해) 손을 잡다. 끌어들이다 | 仗义 zhàngyì 동 정의를 수호하다 | 明辨是非 míngbiàn shìfēi 성 시비를 분명하게 가리다 | 类似 lèisì 동 유사하다. 비슷하다 | 相差 xiāngchà 동 서로 차이가 나다. 서로 다르다 | 无几 wújǐ 동 많지 않다. 얼마 되지 않다 | 调节 tiáojié 동 조절하다. 조정하다 | 品茶 pǐnchá 동 차의 맛을 보다. 차의 맛을 즐기다 | 议事 yìshì 동 공무를 논의하다 | 打发 dǎfa 동 (시간. 나날을) 보내다 | 众生相 zhòngshēngxiàng 명 (많은) 사람들의 서로 다른 표정(행동) | 点缀 diǎnzhuì 동 단장하다. 장식하다 | 钟爱 zhōng'ài 동 총애하다 | 花样 huāyàng 명 꽃무늬 양식. 양식. 패턴

97-100

　　齐白石是我国近代杰出的画家。白石老人尤以画虾而闻名。他画的虾，通体透明，富有动感。在他的笔下，一只只空灵通透的虾跃然于纸上。虽然虾只是在水中浮游的活泼玲珑的小生灵，白石老人却只用寥寥数笔赋予了它们无尽的朝气与生命力。

　　据说，齐白石一开始画的虾太重写真，形似而神不足。后来他意识到了"删繁就简三秋树"，画的虾越来越简练，以简练的笔墨表现最丰富的内容，却越发有神，以少胜多，获得了成功。这其中，将虾的后腿由开始的10只减为8只，再到后来的6只，虾眼也由原来的两点变成两横笔。⁹⁷关键的一点是，在对头、胸部位的处理上，淡墨表现立意又加了一笔浓墨，更显出虾躯干的透明。由此，我们看到，齐白石并不是以非常精确的手法描绘具体物象，他的观察点和绘画手法是介于⁹⁸似与不似之间，这就是艺术的魅力所在。

　　细细数来，我们可以发现，从旧石器时代出现的洞窟壁画、彩陶纹等以来，艺术形式往往多为纯感性的形象出现，模糊而又简单是这一时期艺术的特点。随着生产力的逐渐提高，绘画渐渐从生产劳动中分离开来，人们开始有了理性的认识，有了独立的理论，在审美标准上要求做到形似，逐渐要求描绘形象"逼真、明晰"，也就是说要"精确"不要"模糊"。[99] 古人说："狗马最难，鬼魅最易。"因为狗马是人们常见的，一定要画"像"了，不"像"就不好，而鬼魅没有形，当然最容易了，这其实反映出的是当时人们崇尚"精确"的审美观。而东晋的顾恺之也曾提出"以形写神"的理论。到了宋徽宗时代，因宋徽宗崇尚形似，追求细节的真实，所谓院体画的状形之风甚盛，如崔白的《寒雀图》、李嵩的《花篮图》等都是"精确"的审美观，体现了当时绘画创作上的一种时尚。

[100] 而从南宋开始，这种时尚渐渐退去，取而代之的是一种诗情画意的描绘，画幅虽小却富有诗意，如南宋四大家之一马远的作品《寒江独钓图》，把"千山鸟飞绝，万径人踪灭，孤舟蓑笠翁，独钓寒江雪"的意境描绘得淋漓尽致。一叶扁舟，一个老翁坐在小舟上垂钓，画上除了这一处笔墨，其余都是空白，这些留白不是真正的空白，而是水，或是水天相接，计白以当黑，这就是画的妙处。

제백석은 중국 근대의 걸출한 화가이다. 백석노인은 특히 새우를 그리는 것으로 유명한데 새우를 그리는 것이 전체가 투명하고 생동감이 있다. 그의 붓끝에서 투명한 새우가 종이 위를 뛰어 논다. 비록 새우는 물 속에서 활발히 움직이는 작은 생명이지만, 백석노인은 몇 번의 붓놀림으로 그들에게 무한한 생명력과 활력을 준다.

전하는 말에 따르면, 제백석이 처음 새우를 그렸을 때는 너무 사실적으로 그려 형태는 비슷하나 생명력이 부족했다고 한다. 이후 간단한 것이 더 낫다는 것을 깨닫고 그가 그린 새우는 점점 간단해졌고, 간단한 필묵에 더 풍부한 내용이 담겼으며 점점 생동감이 넘쳐나 그의 그림은 성공을 거두었다. 여기에서 새우의 뒷다리는 10개에서 8개, 그리고 6개로 줄었고 새우의 눈도 두 점에서 두 가로선으로 변했다. 가장 주목할 점은 머리와 가슴 부분의 처리는 연한 먹을 사용한 후 진한 먹을 더해 새우 몸체의 투명함을 살렸다. 여기에서 우리는 제백석이 매우 정교한 수법으로 사물을 모사한 것이 아니라는 것을 알 수 있다. 그의 관찰점과 회화수법은 유사한 것과 그렇지 않은 것의 사이이며 이것이 바로 예술의 매력이라고 할 수 있다.

상세히 관찰해보면 우리는 구석기시대에 나온 동굴벽화와 채문도기 이래로 예술형식은 종종 감성의 형상에서 나왔고 모호하고 간단한 것이 이 시대 예술의 특징이었음을 알 수 있다. 생산력이 점차 제고됨에 따라 회화가 점점 생산노동에서 분리되어 인간에게 이성적인 지각과 독자적인 이론이 생기게 되고, 심미기준에서 실제와 비슷한 것이 요구되자 형상을 '핍진하고 분명하게' 그리게 되었다. 한마디로 모호한 것이 아닌 정확한 것을 원하게 되었다. 옛 사람들은 '개와 말이 가장 어렵고 귀신과 요괴가 가장 쉽다'고 했는데, 이는 개와 말은 사람들 곁에 있으므로 반드시 '닮게' 그려야지 '닮지 않으면' 안 된다고 여기고, 귀신과 요괴는 형태가 없으므로 당연히 가장 쉬울 수 밖에 없다는 것이다. 이것은 사실 당시 사람들이 '정확한 것'을 심미관으로 여겼다는 사실을 반영하는 것이다. 동진(東晋)의 고개지도 일찍이 '형태로 생명을 그리다'라는 이론을 폈다. 송(宋)의 휘종 시대에는 휘종이 세세한 것까지 사실적인 것을 지향하여 원체화 화법이 유행하였다. 최백의 《한작도》, 이숭의 《화람도》 등이 모두 '정확한 것'을 심미관으로 여긴 것으로, 당시 회화 작품의 한 가지 유행을 보여준다.

남송(南宋) 때부터 이러한 유행이 점점 쇠퇴하기 시작하여 이를 대신한 것이 시와 그림을 묘사한 것으로 화폭은 작지만 시적 정취가 풍부히 담겨있다. 남송 사대가 중 한 명인 마원의 작품 《한강독조도》의 '산이란 산마다 새들 날개 짓 그치고, 길이란 길마다 사람 발자국 지워졌네. 외로운 배위 도롱이에 삿갓차림의 늙은이 차가운 강에 내리는 눈 홀로 낚는다'의 정취를 섬세하게 묘사하였다. 작은 배 한 척, 노인이 배 위에서 낚시를 하는 모습을 그린 서화를 제외한 나머지는 모두 공백이다. 이런 여백은 진정한 공백이 아니라 물 또는 하늘과 물이 맞닿아 하얀 것을 검은 것으로 보게 하는 것이다. 이것이 그림의 묘미이다.

97 齐白石后期画虾的特点是：

제백석의 후기 새우 작품의 특징은?

A 虾的后腿减少到6只
   새우의 뒷다리가 6개로 줄었다

B 头和胸加一道浓墨
   머리와 가슴에 진한 먹으로 그린 줄이 있다

C 虾的眼睛变成两横笔
   새우의 눈이 두 가로선으로 변했다

D 虾的眼睛变成两点
   새우의 눈이 두 점으로 변했다

[▶ 풀이]

关键的一点是，在对头、胸部位的处理上，淡墨表现立意又加了一笔浓墨，更显出虾躯干的透明에서 제백석의 후기 새우 작품에는 머리와 가슴에 진한 먹으로 그린 줄이 있다는 것을 알 수 있다.

정답 ▶ B

98 齐白石后期的画风：

제백석의 후기 화풍은?

A 介于有形和无形之间
   유형과 무형 사이

B 介于透明和不透明之间
   투명과 불투명 사이

C 介于具体与抽象之间
   구체적인 것과 추상적인 것 사이

D 介于生动与死板之间
   생동감이 있는 것과 생동감이 없는 것 사이

[▶ 풀이]

似与不似之间에서 似는 像과 의미가 같다. 그러므로 A, B, C, D 중 像과 의미가 비슷한 것은 形으로, A가 답이 된다.

정답 ▶ A

99 有关本文，下列正确的是：

본문과 관련하여 일치하는 것은?

A 旧石器时代的特点是真实而复杂
   구석기 시대의 특징은 정확함과 복잡함이다

B 审美标准的要求是形象模糊
   형태가 모호한 것이 심미관이다

C 狗马难画是因为要求形似
   개와 말이 그리기 어려운 것은 형상을 같게 그리길 요구해서이다

D 鬼魅有形所以很难画
   귀신과 요괴는 형태가 있기 때문에 그리기 어렵다

[▶ 풀이]

古人说：'狗马最难，鬼魅最易。'因为狗马是人们常见的，一定要画"像"了，不"像"就不好，而鬼魅没有形，当然最容易了에서 '개와 말은 사람들이 자주 보는 것이기 때문에 사실적으로 그려야 하므로 그리기가 귀신보다 더 어렵다'고 하였다.

정답 ▶ C

100 关于≪寒江独钓图≫正确的是：

≪한강독조도≫와 관련해 맞는 것은?

A 没有人
사람이 없다

B 没有空白
공백이 없다

C 有诗情画意
시적 정취가 있다

D 凄凉冷清
쓸쓸하고 처량하다

[풀이]

마지막 단락을 보면 남송 사대가 마원의 작품 ≪한강독조도≫는 시적 정취가 있음을 알 수 있다.

정답 C

단어

虾 xiā 몡 새우 ┃ 闻名 wénmíng 됭 널리 알려져 있다. 유명하다 ┃ 通体 tōngtǐ 몡 전신. 온몸 ┃ 动感 dònggǎn 몡 생동감 ┃ 空灵 kōnglíng 혱 변화무상하여 추측할 수 없다 ┃ 通透 tōngtòu 혱 완전히 알다 ┃ 跃然 yuèrán 혱 살아 움직이는 듯한 모양 ┃ 浮游 fúyóu 됭 (물에) 떠다니다 ┃ 玲珑 línglóng 혱 영리하고 민첩하다 ┃ 生灵 shēnglíng 몡 생명을 가지고 있는 것 ┃ 寥寥 liáoliáo 혱 매우 적다 ┃ 赋予 fùyǔ 됭 부여하다. 주다 ┃ 无尽 wújìn 됭 끝이 없다. 한이 없다 ┃ 朝气 zhāoqì 몡 패기 ┃ 形似 xíngsì 됭 형식이 닮다. 외모가 닮다 ┃ 简练 jiǎnliàn 혱 깔끔하다. 간결하다 ┃ 有神 yǒushén 됭 생기가 있다 ┃ 立意 lìyì 됭 주제를 정하다 ┃ 躯干 qūgàn 몡 몸통 ┃ 精确 jīngquè 혱 정확하다. 틀림없다 ┃ 描绘 miáohuì 됭 나타내다. 묘사하다 ┃ 旧石器时代 jiùshíqì shídài 구석기시대 ┃ 洞窟 dòngkū 몡 동굴 ┃ 壁画 bìhuà 몡 벽화 ┃ 彩陶 cǎitáo 몡 신석기시대 채문도기 ┃ 审美 shěnměi 됭 (사물이나 예술품의 아름다움을) 깨닫다. 이해하다 ┃ 逼真 bīzhēn 혱 마치 진짜와 같다. 핍진하다 ┃ 明晰 míngxī 혱 분명하다. 명백하다 ┃ 鬼魅 guǐmèi 몡 도깨비와 두억시니 ┃ 崇尚 chóngshàng 됭 숭상하다. 숭배하다 ┃ 东晋 Dōngjìn 몡 동진 ┃ 取而代之 qǔ'ér dàizhī 솅 (남의 자리를) 빼앗아 차지하다 ┃ 诗情画意 shīqíng huàyì 솅 시 같은 정경과 그림 같은 정취 ┃ 蓑笠 suōlì 몡 도롱이와 삿갓 ┃ 意境 yìjìng 몡 정서. 정취 ┃ 淋漓尽致 línlí jìnzhì 솅 (말이나 문장 등이) 자세하고 빈틈없다 ┃ 一叶扁舟 yíyè piānzhōu 솅 배가 작고 가볍다 ┃ 老翁 lǎowēng 몡 할아버지. 늙은이 ┃ 垂钓 chuídiào 됭 낚시하다 ┃ 相接 xiāngjiē 됭 연속하다. 이어지다 ┃ 妙处 miàochù 몡 묘한 점(곳)

101번 문제, 다음 문장을 읽고 400자 정도로 요약 쓰기 한다.

高亮是小学五年级的学生，十二岁，是一个黑头发、白皮肤的男孩子。他的父亲是铁路上的职员，家里还有几个比高亮小的儿女，一家人过着清苦的生活。父亲年纪大了，因为一向辛苦，从脸上看显得更老。一家人的生活全压在他的肩上。他白天工作，晚上又从别处接了文件来抄写，以补贴家用，因此每天要写到很晚才睡。

까오량은 초등학교 5학년 학생이고 12살로, 검은 머리에 하얀 피부를 가진 남자아이이다. 그의 아버지는 철도직원인데, 집에는 까오량보다 어린 형제자매들이 몇 명 있으며, 가족들은 형편이 여유롭지 못했다. 까오량의 아버지는 나이가 많지만, 고생을 해서 얼굴은 더 늙어 보이는데, 이는 모든 경제적 부담을 아버지가 지고 있기 때문이다. 그는 낮에도 일하고 밤에는 문서를 필사하는 일을 해서 살림에 보태야 하기 때문에 매일 늦게 잠자리에 든다.

一天，高亮对父亲说"爸爸，我来替您写吧，我能写得和您一样好呢！"但是，父亲就是不答应："不用，你应该用功念书。"高亮知道父亲的脾气，不再请求，只好自己想办法。他发现父亲半夜才停止工作，接着传来的就是父亲回到卧室去的脚步声。于是第二天晚上，他等父亲睡了以后，轻轻地走进父亲写字的房间，把煤油灯点着，开始仿照父亲的笔迹写起来，心里是又欢喜又害怕。他一面微笑着写着，一面侧着耳朵听有没有动静，只怕被父亲发现。

하루는 까오량이 아버지에게 "아버지, 제가 대신 쓸게요. 저도 아버지처럼 잘 쓸 수 있어요!"라고 말했지만, 아버지는 거절하면서 "아니다. 넌 열심히 공부해야지."하셨다. 까오량은 아버지의 성격을 알아 더 이상 말하지 않고 스스로 방법을 강구했다. 아버지가 매우 늦게 일을 끝내시고는 아버지의 방으로 들어가는 발자국 소리가 들렸다. 그래서 둘째 날 밤, 까오량은 아버지가 주무시길 기다렸다가 조심스럽게 아버지의 일하는 방에 들어가서 등을 밝히고 아버지의 필체를 따라 쓰기 시작하였고, 까오량은 좋기도 했지만 겁도 났다. 그는 미소를 머금고 쓰면서 한편으로 아버지에게 들키지 않게 귀를 기울여 동태를 살폈다.

第三天吃午饭的时候，父亲很高兴，拍着高亮的肩膀，说："你爸爸还真是没有老！昨天晚上的工作比平常多做了三分之一。"高亮没说什么，心里却很快活："爸爸不知道我在替他写，还以为自己没有老呢。好！继续做下去吧！"，这样过了好几天，父亲仍没有发觉。

셋째 날 점심을 먹을 때 아버지는 까오량의 어깨를 치면서 기뻐하며 말씀하셨다. "너희 아빠는 아직 쓸만하단다! 어제 밤에는 평소보다 삼분의 일을 더 했거든." 까오량은 아무 말도 하지 않았지만 매우 기뻤다. '아버지

高亮是一个十二岁的男孩子，他出生于贫苦的家庭，父亲为了养家，日以继夜的工作着，而抄写签条挣取微薄的收入是最近父亲额外的工作。

까오량은 12살의 남자아이로, 그는 어려운 가정에서 태어났다. 아버지는 가족을 부양하기 위해 밤을 새워가며 일을 했고 필사를 하여 받는 적은 수입은 최근에 하는 소일거리이다.

自小懂事的他，想尽了一切办法想替父亲分担一些工作，于是，他在父亲进屋入睡后，悄悄地走进房间开始仿照父亲的笔迹抄写签条，刚开始的几天，父亲不但没有察觉，而且还很开心，觉得自己宝刀不老，超额完成了任务。

어릴 때부터 철이 든 까오량은, 모든 방법을 동원하여 아버지의 일을 덜어 드리고 싶었다. 그래서 그는 아버지가 잠드시면 몰래 방에서 나와 아버지의 필체를 따라 필사를 했는데, 처음 며칠간은 아버지가 알아채지 못한 채 자신의 능력이 녹슬지 않아 일도 훨씬 많이 했다고 매우 즐거워하셨다.

가 내가 대신 쓰는 걸 모르시고 스스로 늙지 않았다고 하시네. 좋아! 계속 하는 거야!' 이렇게 며칠이 지나도 아버지는 눈치를 채지 못했다.

而后高亮因睡眠不足，早上起来觉得疲倦，晚上复习功课的时候打盹儿。一天晚上，高亮做功课的时候，竟趴在桌子上睡着了。"喂，用心！做你的功课！"父亲拍着手叫他。

하지만 까오량은 잠을 잘 못 자 아침에 일어나기가 매우 피곤했고, 저녁에 복습할 때도 졸곤 했다. 어느 날 저녁, 까오량이 공부할 때 책상에 엎드려 잠들었다. "집중해! 열심히 해야지!"하면서 아버지는 손을 두드려 그를 깨웠다.

高亮睁开眼睛，继续复习。可是接下来的几天，情形越来越不好。虽然父亲是一向不责骂孩子的，一天早上，父亲对他说："高亮，你怎么啦？变得这么懒，你要记住一家人的希望都在你身上呢！"高亮第一次挨骂，心里很难受。他想："不能做下去了，非停止不可。"

까오량은 눈을 떠 계속 복습을 했다. 하지만 며칠 후에는 더 상황이 나빠졌다. 아버지는 여태까지 아이들을 나무라지 않았지만, 어느 날 아침 까오량에게 "까오량아, 너 왜 그러니? 왜 이리 게을러졌어. 우리 집안에 미래가 너에게 달렸다는 것을 잊지 마!"까오량은 처음으로 혼이 나서 마음이 불편했다. 그는 '더 이상은 못하겠어. 그만 해야겠어.'라고 생각했다.

可是这天晚饭时，父亲很高兴地说："这个月比上个月多挣了六元四角钱呢！"并从抽屉里拿出一袋糖果来，说是买来庆贺一下的。孩子们都很高兴。高亮也重新振作起来，对自己说："还是做下去的。"父亲接着说："只是这个孩子……"说到这里指着高亮，"他实在让我伤心！"高亮受着责备，心里却很欢喜。有一天吃晚饭的时候，母亲觉得高亮的脸色比平常差，就问道："高亮，你不舒服吗？是不是生病了？""我早就不管他了！"父亲接着母亲的话说。高亮听了，心像刀割一样。

하지만 그날 저녁을 먹은 후 아버지는 기뻐하며 "이번 달은 저번 달보다 6.4위안을 더 벌었단다!"하시면서 서랍에서 사탕을 꺼내어 축하하자고 했고, 아이들이 매우 좋아했다. 까오량은 다시 마음을 다잡고 스스로에게 '그래, 더 하자'고 다짐했다. 아버지께서는 이어서 말씀하셨다. "그런데 얘가……"까오량을 말하는 것이었다. "네가 걱정을 하게 만드는 구나!"까오량은 혼이 났지만, 속으론 기뻤다. 어느 날 저녁 먹을 때 어머니는 까오량의 얼굴색이 평소보다 좋지 않을 것을 보고 물었다. "까오량아, 아프니? 어디가 안 좋은 거야?"아버지는 "난 벌써부터 신경 안 썼다!"라며 어머니의 말을 이었다. 까오량은 그 말을 듣고는 마음을 마치 칼로 후벼내는 것 같았다.

高亮半夜下床点着了灯，看见桌上的空白纸条，忍不住又拿起笔写了起来。忽然手一动，把一本书碰落在地上。高亮侧着脑袋，没听

➜ 可高亮由于长期的睡眠不足，开始经常上课打瞌睡，甚至连写作业也会趴在桌子上睡着，这让一向对他关爱倍加的父亲也忍不住开始严厉地训斥他，这是他第一次挨骂，可他却又不能说出真相，于是只好决定不再做下去了。

하지만 까오량은 오랫동안 잠을 못 자 수업시간에 졸기 시작했고, 심지어는 숙제를 할 때도 책상에 엎드려 잠들었다. 아들을 애지중지 했던 아버지는 보다못해 아들을 나무랐는데, 그것이 아버지가 처음으로 하는 꾸지람이었다. 하지만 까오량은 사실을 말하지 못하고 이제 더 일을 하지 않겠다고 다짐했다.

➜ 可当他看到父亲用多挣来的钱给孩子们买糖吃，孩子们兴高采烈的样子时，他决定再坚持一段时间，接着就又开始了默默的抄写工作。他的身体日渐憔悴，但每当想起为了家庭日夜操劳的父亲，就又忍不住开始了抄写的工作。

하지만 아버지가 벌어오신 돈으로 아이들에게 사탕을 사주고, 또 아이들이 기뻐하는 모습을 보고는 다시 일정 기간 일을 하기로 결심하고 알아채지 못하게 필사를 계속했다. 그의 몸은 점점 야위었지만, 가정을 위해 밤낮으로 고생하시는 아버지를 생각하며 필사를 계속했다.

一次他不小心把一本书碰掉在地上，担心的他发觉没有异样后，才继续抄写起来，可不知什么时候父亲已经站在了他的身后，这时父亲才明白了一切，父亲忍住了眼泪，连声道歉……

어느 날 까오량이 책 한 권을 바닥에 떨어뜨렸는데, 까오량은 이상이 없는지 살피고는 다시 필사

见什么响声，这才放心，接着工作。可不知什么时候，父亲已站在他背后，用两只发抖的手抱住了他的头，他吓坏了，而当他听出是父亲的啜泣声时，他叫着说："爸爸！原谅我！原谅我！"父亲忍住眼泪，吻着儿子的脸，说："倒是要你原谅我！我都明白了！真对不起，快来！"说着，他抱起儿子，走到母亲的床前，把儿子放到母亲的怀里。

까오량은 밤에 등을 밝히고 책상 위의 흰 종이를 보고는 또 참을 수 없이 펜을 들어 쓰기 시작했다. 순간 손이 움직여 책 한 권이 바닥에 떨어졌다. 까오량은 고개를 돌려 아무 소리도 들리지 않자 다시 마음을 놓고 일을 했다. 하지만 언제부터인지 모르지만 아버지가 그의 뒤에 서있었다. 떨리는 두 손으로 아들의 머리를 잡았고 까오량은 매우 놀랐다. 그러나 아버지가 우는 소리를 듣고 까오량은 "아버지! 용서해주세요! 용서해주세요!"라고 외쳤다. 아버지는 울음을 참고 아들의 얼굴에 입을 맞추며 말했다. "네가 날 용서해다오! 이제 알았구나! 정말 미안하다. 이리 오렴!" 말을 하면서 아버지는 아들을 안고 어머니의 침대 앞으로 가 아들을 엄마 품에 안겼다.

를 하기 시작했다. 하지만 아버지가 언제부터인지 모르지만 그의 뒤에 서 계셨다. 아버지는 모든 것을 알아채고 눈물을 삼키며 아들에게 사죄했다.

🔊 단어

铁路 tiělù 명 철도 | 清苦 qīngkǔ 형 빈곤하다. 가난하다 | 抄写 chāoxiě 동 (원문을 보고) 베끼다. 베껴 쓰다 | 补贴 bǔtiē 동 (주로 재정적으로) 보태다. 보조하다 | 用功 yònggōng 동 열심히 공부하다. 힘써 배우다 | 请求 qǐngqiú 동 요구하다. 부탁하다 | 仿照 fǎngzhào 동 따르다. 본뜨다. 모방하다 | 笔迹 bǐjì 명 필적 | 微笑 wēixiào 동 미소를 짓다 | 动静 dòngjing 명 동정. 인기척 | 快活 kuàihuo 형 쾌활하다. 명랑하다 | 发觉 fājué 동 알게 되다. 알아차리다 | 疲倦 píjuàn 형 지치다. 고단하다 | 功课 gōngkè 명 숙제 | 打盹儿 dǎdǔnr 동 졸다 | 趴 pā 동 대다. 엎드리다 | 睁开 zhēngkāi 동 눈을 뜨다 | 情形 qíngxíng 명 상황. 형편 | 责骂 zémà 동 꾸짖으며 욕하다. 매섭게 꾸짖다 | 挨骂 áimà 야단맞다. 욕을 얻어먹다 | 难受 nánshòu 형 괴롭다. 견디기 어렵다 | 抽屉 chōuti 명 서랍 | 糖果 tángguǒ 명 사탕. 과자 | 庆贺 qìnghè 동 축하하다. 경하하다 | 振作 zhènzuò 형 강하다. 왕성하다 | 刀割 dāogē 동 칼로 자르다 | 空白 kòngbái 명 공백. 여백 | 纸条 zhǐtiáo 명 가늘고 긴 종이 | 发抖 fādǒu 동 (두려움, 화남, 추위 등의 이유로 인해 몸을) 떨다 | 吓坏 xiàhuài 동 깜짝 놀라다 | 啜泣 chuòqì 동 훌쩍거리다 | 倒是 dàoshi 부 도리어. 오히려

모범답안

　　　　　小抄写员——高亮

　　高亮是一个十二岁的男孩子，他出生于贫苦的家庭，父亲为了养家，日以继夜的工作，而抄写签条挣取微薄的收入是最近父亲额外的工作。

　　自小懂事的他，想尽了一切办法想替父亲分担一些工作，于是，他在父亲进屋入睡后，悄悄地走进房间开始仿照父亲的笔迹抄写签条，刚开始的几天，父亲不但没有察觉，而且还很开心，觉得自己宝刀不老，超额完成了任务。

　　可高亮由于长期的睡眠不足，开始经常上课打瞌睡，甚至连写作业也会趴在桌子上睡着，这让一向对他关爱倍加的父亲也忍不住开始严厉地训斥他，这是他第一次挨骂，可他却又不能说出真相，于是只好决定不再做下去了。

　　可当他看到父亲用多挣来的钱给孩子们买糖吃，孩子们兴高采烈的样子时，他决定再坚持一段时间，接着就又开始了默默的抄写工作。他的身体日渐憔悴，但每当想起为了家庭日夜操劳的父亲，就又忍不住开始了抄写的工作。 (400) 一次他不小心把一本书碰掉在地上，担心的他发觉没有异样后，才继续抄写起来，可不知什么时候父亲已经站在了他的身后，这时父亲才明白了一切，父亲忍住了眼泪，连声道歉…… (500)

● 해석

까오량은 12살의 남자아이로, 그는 어려운 가정에서 태어났다. 아버지는 가족을 부양하기 위해 밤을 새워가며 일을 했고 필사를 하여 받는 적은 수입은 최근에 하는 소일거리이다.

어릴 때부터 철이 든 까오량은, 모든 방법을 동원하여 아버지의 일을 덜어 드리고 싶었다. 그래서 그는 아버지가 잠드시면 몰래 방에서 나와 아버지의 필체를 따라 필사를 했는데, 처음 며칠간은 아버지가 알아채지 못한 채 자신의 능력이 녹슬지 않아 일도 훨씬 많이 했다고 매우 즐거워하셨다.

하지만 까오량은 오랫동안 잠을 못 자 수업시간에 졸기 시작했고, 심지어는 숙제를 할 때도 책상에 엎드려 잠들었다. 아들을 애지중지 했던 아버지는 보다못해 아들을 나무랐는데, 그것이 아버지가 처음으로 하는 꾸지람이었다. 하지만 까오량은 사실을 말하지 못하고 이제 더 일을 하지 않겠다고 다짐했다.

하지만 아버지가 벌어오신 돈으로 아이들에게 사탕을 사주고, 또 아이들이 기뻐하는 모습을 보고는 다시 일정 기간 일을 하기로 결심하고 알아채지 못하게 필사를 계속했다. 그의 몸은 점점 야위었지만, 가정을 위해 밤낮으로 고생하시는 아버지를 생각하며 필사를 계속했다. 어느 날 까오량이 책 한 권을 바닥에 떨어뜨렸는데, 까오량은 이상이 없는지 살피고는 다시 필사를 하기 시작했다. 하지만 아버지가 언제부터인지 모르지만 그의 뒤에 서 계셨다. 아버지는 모든 것을 알아채고 눈물을 삼키며 아들에게 사죄했다.

3회
모의고사

해설 | 듣기 | 독해 | 쓰기

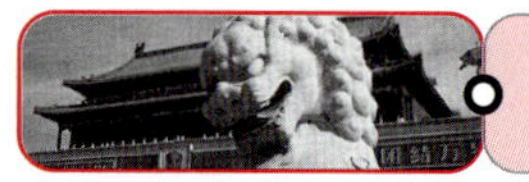

듣기 해설

 1~15번 문제, 단문을 듣고 들은 내용과 일치하는 답을 고르시오.

01

古时候，宋国有家姓丁的，因为家里没有水井，所以每天总要抽出一个人到很远的地方打水。日久天长，感到很麻烦，于是特地找了些人帮忙，在自己家里打了一口水井。有了井用水就方便了。**家里人都说这下可好了，我们家等于多了一个劳动力。**

옛날 송(宋)나라에 성이 정(丁)이라는 사람이 있었는데, 집에 우물이 없어서 매일 한 사람을 뽑아 매우 멀리 물을 뜨러 가게 했다. 오랜 시간이 지나면서 사람들은 매우 귀찮아져 특별히 몇 사람을 불러 집에 우물을 만들어달라고 했다. 우물이 생기자 매우 편리했고, 집안 사람들은 이제 집에 한 사람의 노동력이 늘어난 것과 똑같다고 좋아했다.

A　宋国人的家里没有水井
　　송나라 사람의 집에는 우물이 없었다

B　从水井里打水很麻烦
　　우물에서 물을 긷는 것은 매우 귀찮다

C　没有人帮助姓丁的打水井
　　아무도 정 씨가 우물을 파는 것을 돕지 않았다

D　有了水井大家都很满意
　　우물이 생기자 모두 만족했다

[풀이]

마지막 부분 家里人都说这下可好了, 我们家等于多了一个劳动力에서 D가 답이라는 것을 알 수 있다. 송나라 때 집에 있는 우물에 대한 이야기를 하고 있기 때문에 A는 답이 아니고, 우물이 있으면 편리하다고 했지 우물에서 물을 긷는 것이 귀찮다고는 하지 않았기 때문에 B도 역시 답이 아니다.

정답 ▶ D

단어

水井 shuǐjǐng 몡 우물 ㅣ 抽出 chōuchū 동 뽑아내다. 추출하다 ㅣ 打水 dǎshuǐ 동 물을 긷다 ㅣ 日久天长 rìjiǔ tiāncháng 솅 (시간이) 길다. 장구하다

02

滑冰是穿上将长而薄的金属刀片装在靴底的冰鞋，靠自身力量在冰上滑行的一项运动。**花样滑冰，有男子单人滑、女子单人滑和男女双人滑。**阔步舞蹈只有双人滑，比赛在室内进行。滑冰运动在世界上居领先地位的国家有韩国、加拿大和俄罗斯。

스케이팅은 길고 얇은 금속 칼날을 신발 밑에 단 스케이트화를 신고 자신의 힘으로 얼음 위를 활보하는 운동이다. 피겨스케이팅에는 남자 싱글스케이팅, 여자 싱글스케이팅, 그리고 남녀 페어스케이팅이 있다. 아이스댄싱은 남녀선수가 같이 하며, 시합은 실내에서 진행된다. 피겨스케이팅 강국에는 한국, 캐나다, 러시아가 있다.

A　滑冰是一种冰鞋的名字
　　스케이팅은 일종의 스케이트화의 이름이다

[풀이]

첫 번째 문장에서 A는 답이 아님

B 花样滑冰有三种比赛项目
피겨스케이팅은 3종류의 시합종목이 있다

C 滑冰比赛一般在室外进行
스케이트 시합은 일반적으로 실외에서 진행된다

D 加拿大的滑冰运动不如俄罗斯
캐나다의 스케이트 운동은 러시아보다 못하다

을 알 수 있고, 花样滑冰, 有男子单人滑、女子单人滑和男女双人滑에서 피겨스케이팅에는 남자 싱글스케이팅, 여자 싱글스케이팅, 남녀 페어스케이팅이 있다고 했으므로 3종류가 있다는 B가 정답이다.

정답 ▶ B

▶ 단어

滑冰 huábīng 명 스케이팅 | 刀片 dāopiàn 명 (기계, 공구 등의) 날 | 冰鞋 bīngxié 명 스케이트 | 滑行 huáxíng 동 활주하다 | 花样滑冰 huāyàng huábīng 피겨스케이팅 | 单人滑 dānrénhuá 명 싱글 스케이팅 | 双人滑 shuāngrénhuá 명 페어스케이팅 | 阔步 kuòbù 동 성큼성큼 걷다. 활보하다 | 舞蹈 wǔdǎo 명 춤. 무용 | 领先 lǐngxiān 동 선두에 서다 | 加拿大 Jiānádà 지명 캐나다(Canada) | 俄罗斯 Éluósī 지명 러시아(Russia)

03

🎵 一个盲人在夜晚走路时，总是提着一个灯笼。别人看了很好奇，就问他：“你自己看不见，为什么还要提着灯笼照路。”盲人回答说：“这个道理很简单。我提着灯笼走路不是为自己照，而是为别人照。”

한 맹인이 저녁에 길을 걸을 때면 항상 초롱을 들고 다녔다. 다른 사람들이 이를 보고 매우 신기해 그에게 물었다. "당신은 보이지도 않는데 왜 초롱을 들고 길을 비추고 다닙니까?" 맹인이 답했다. "너무나 간단한 이치입니다. 내가 초롱을 들고 길을 걷는 것은 나를 위한 것이 아니라 다른 사람을 위해 비추는 것이지요."

A 盲人走路应该拿着灯笼
맹인은 길을 걸을 때 반드시 초롱을 들어야 한다

B 大家都很同情盲人看不见
모두 맹인이 보지 못하는 것을 동정한다

C 盲人是为给别人照路而提灯笼的
맹인은 다른 사람의 길을 비춰주기 위해 초롱을 들고 다닌다

D 盲人是为给自己照路而提灯笼的
맹인은 자신을 위해 초롱을 들고 다닌다

[▶ 풀이]

마지막 부분의 我提着灯笼走路不是为自己照，而是为别人照에서 C가 정답임을 알 수 있다. A와 B의 내용은 본문에서 언급하지 않았다.

정답 ▶ C

▶ 단어

盲人 mángrén 명 맹인. 장님 | 灯笼 dēnglong 명 등롱. 초롱 | 同情 tóngqíng 동 동정하다 | 提 tí 동 들다. 쥐다

04

书法作为起源于中国文字的一门艺术，与京剧、武术、针灸并称为中华文化四大国粹。早在甲骨文出现的时候，书法艺术就诞生了。书法艺术数千年来的历史蕴涵了生生不息的中华民族精神，体现了勃勃生机的汉字文化仍在代代传承。

서예는 중국문자에서 비롯된 하나의 예술로 경극, 무술, 침구 등과 같이 중화문화의 4대 국수라 불린다. 일찍이 갑골문이 나타나기 시작했을 때 서예가 탄생하게 되었다. 서예의 수천 년의 역사는 살아있는 중화민족의 정신을 담아 생명력이 넘치는 한자문화를 이제까지 대대로 계승해 온 것을 보여준다.

A 京剧是汉字文化的传承
경극은 한자문화의 계승이다

B 书法是中国四大国粹之一
서예는 중국 4대 문화의 국수 중 하나다

C 武术体现了中华民族精神
무술은 중화민족의 정신을 보여준다

D 甲骨文是一门艺术
갑골문은 하나의 예술이다

[풀이]

첫 문장 书法作为起源于中国文字的一门艺术，与京剧、武术、针灸并称为中华文化四大国粹에서 서예가 중국 4대 문화의 국수 중 하나라는 내용의 B가 답임을 알 수 있다.

정답 B

단어

针灸 zhēnjiǔ 몡 침질과 뜸질 | 诞生 dànshēng 동 (사람이) 출생하다. 탄생하다 | 蕴涵 yùnhán 동 내포하다 | 勃勃 bóbó 형 발랄하다. 왕성하다 | 传承 chuánchéng 동 전승하다 | 国粹 guócuì 몡 국수 | 甲骨文 Jiǎgǔwén 몡 갑골문(자)

05

在这里没有销售人员，只有服务人员。商店不允许他们向顾客推销任何一件商品。除非顾客需要帮助。但是这家商店通过什么方式促进销售呢？原来他们为每一种商品都提供了详细的产品说明。顾客自己就可以了解所有产品的信息，比如价格、功能、使用方法等。

이곳에는 판매직원이 없고 서비스직원만이 있을 뿐이다. 상점은 직원들이 고객에게 어떠한 상품도 홍보하는 것을 허락하지 않는다. 고객이 도움을 필요로 할 경우를 제외하고 말이다. 그렇다면 이 상점에서는 어떤 방식으로 판매를 촉진할까? 사실 그들은 각 상품마다 상세한 상품설명을 제공하고 있다. 고객은 모든 상품의 정보를 알 수 있는데, 예를 들어 가격, 기능, 사용방법 등을 말이다.

A 商店里工作的都是销售人员
상점 안에 일하는 사람은 모두 판매직원이다

B 商店允许销售人员推销商品
상점은 판매직원들이 상품을 홍보하는 것을 허락한다

C 顾客自己可以了解商品详情
고객은 직접 상품의 자세한 상황을 알 수 있다

[풀이]

문장 중 原来他们为每一种商品都提供了详细的产品说明。顾客自己就可以了解所有产品的信息에서 고객은 모든 상품의 정보를 알 수 있다고 하였으므로 C가 정답이다.

D　顾客不愿听推销员的产品介绍
고객은 홍보 직원들의 상품소개를 듣길 원하지 않는다

정답　C

🔊 **단어**

销售 xiāoshòu 图 (상품을) 팔다. 판매하다 | 推销 tuīxiāo 图 판로를 확장하다. 널리 팔다 | 促进 cùjìn 图 촉진하다 | 详情 xiángqíng 명 상세한 상황 | 推销员 tuīxiāoyuán 명 세일즈맨. 판매원

06

🎵 当发展中国家纷纷把购买一辆汽车作为改善生活方式的标志时，西欧国家却兴起了自行车热。人们因为种种原因抛弃使用汽车，如避免交通堵塞，减少尾气排放或是锻炼身体等。**大规模"自行车革命"引发的环保生活方式备受现代社会关注。**

개발도상국들이 자동차를 구매하는 것을 생활방식 개선의 상징으로 삼을 때, 서유럽 국가들에서는 자전거 열풍이 불고 있다. 사람들은 각종 이유로 자동차 사용을 포기하는데, 예를 들어 교통혼잡을 피하고 배기가스 배출을 감소하거나 몸을 단련하기 위해서 등이 그러하다. 대규모 '자전거 혁명'이 일으킨 환경보호 생활방식은 현대사회에서 큰 주목을 받고 있다.

A　使用自行车是环保的生活方式
자전거를 사용하는 것은 환경보호의 생활방식이다

B　西欧国家兴起了私家车热
서유럽 국가들에서는 자동차열풍이 불었다

C　发展中国家的人们不愿骑车
개발도상국 사람들은 자전거 타기를 원하지 않는다

D　"自行车革命"不太受欢迎
'자전거 혁명'은 환영받지 못하고 있다

[▶ 풀이]

맨 마지막 문장 大规模 '自行车革命'引发的环保生活方式备受现代社会关注에서 '자전거를 사용하는 것은 환경보호의 생활방식이다'라는 A가 바로 정답이고 동시에 D는 답이 될 수 없음을 알 수 있다.

정답　A

🔊 **단어**

纷纷 fēnfēn 图 잇달아 | 抛弃 pāoqì 图 방치하다. 내버리다 | 堵塞 dǔsè 图 (통로 등을) 가로막다. 막다 | 尾气 wěiqì 명 폐기. 배기가스 | 备受 bèishòu 图 (심하게) 받다 | 环保 huánbǎo 명 '환경보호'의 줄임말

07

🎵 没有水就不可能有生命。淡水不仅是生命的命根子，也是工业产品的催生剂。如生产1公斤钢需要150升水、1公斤合成橡胶需要2000升水、1公斤纸需要700升水。随着人们生活水平的提高，日常生活用水也急剧增加。**由于世界上人口不断增长，对水的需求量也就越来越大。**

물이 없다면 생명도 없다. 담수는 생명의 근원이자 산업제품의 촉매제이다. 예를 들어 1kg의 철강을 생산하는 데에는 150*l*의 물이 필요하고, 1kg의 인조고무를 만드는 데 2,000*l*의 물이 필요하며, 1kg의 종이를 생산하는 데는 700*l*의 물이 필요하다. 사람들의 생활수준이 향상되면서 생활용수도 급격히 늘고 있다. 세계인구가 끊임없이 증가하면서 물에 대한 수요량은 점점 더 증가하고 있다.

A 浪费水的现象越来越严重
물을 낭비하는 현상이 점점 심각해지고 있다

B 如今日常生活用水越来越少
현재 일상 생활용수는 점점 줄고 있다

C 生产一公斤合成橡胶需要150升水
1kg의 인조고무를 생산하는 데 150*l*의 물이 필요하다

D 全球对水的需要量越来越大
전세계의 물 수요량이 점점 늘어나고 있다

[▶ 풀이]

마지막 부분의 由于世界上人口不断增长, 对水的需求量也就越来越大에서 D의 '물 수요량이 늘고 있다'가 정답이라는 것을 알 수 있다.

정답 D

▶ 단어

命根子 mìnggēnzi 몡 뿌리 | 催生 cuīshēng 동 촉진시키다 | 合成橡胶 héchéng xiàngjiāo 합성고무 | 需要量 xūyàoliàng 몡 소요량

08

🎵 我听过这么一件事, 有一位老人孤身一人住在美国洛杉矶的一幢小房子里。有一天当邮差送养老金清单时, 发现这个老人由于突发性心脏病已经去世多时了。据了解, 她有九个儿女, 个个生活得都不错, 还有一个是大资本家。

나는 이러한 얘기를 들은 적이 있다. 한 노인이 미국 LA의 한 작은 주택에서 외롭게 살고 있었다. 어느 날 우체부가 연금 리스트를 배달하러 왔을 때, 이 노인이 급성심장병으로 이미 세상을 떠난 것을 발견했다. 아는 것에 따르면, 그녀는 아홉 명의 자녀가 있고 모두 그럭저럭 살고 있으며, 또 한 자녀는 큰 사업가라고 한다.

A 老人独自住在小房子里
노인은 혼자 작은 집에서 살고 있다

B 老人身边没有子女
노인에게는 자녀가 없다

C 老人每天都收到养老金
노인은 매일 연금을 받는다

D 老人的子女都十分孝顺
노인의 자녀는 매우 효심이 깊다

[▶ 풀이]

첫 부분 有一位老人孤身一人住在美国洛杉矶的一幢小房子里에서 노인이 작은 집에 혼자 살고 있다고 하였으므로 A가 정답임을 알 수 있다.

정답 A

> **단어**

孤身 gūshēn 명 외로운 몸. 홀홀단신 | 洛杉矶 Luòshānjī 지명 로스앤젤레스 | 邮差 yóuchāi 명 우체부 | 清单 qīngdān 명
명세서 | 突发 tūfā 동 갑자기 발생하다. 돌발하다 | 去世 qùshì 동 (사람이) 세상을 떠나다. 별세하다 | 养老金 yǎnglǎojīn 명
(노년의 퇴직자들에게 주는) 퇴직금

09

> 很多时候，人们总爱把 "我行我素" 与 "独断专行"、 "不听劝告" 联系在一起。更有
> 一些人不顾公共道德，为所欲为，还打着 "我行我素" 的幌子，招摇过市。其实， "我行我
> 素" 的本义是，排除外界的困扰，坚定地走自己的路。这需要有忍耐一切痛苦的勇气。

종종 사람들은 '자기 방식을 고집하는 것'과 '독단적으로 처리하는 것', '충고를 듣지 않는 것'을 함께 연결시키길 좋
아한다. 또 어떤 사람들은 공중도덕을 준수하지 않고 자기 멋대로 행동하면서 '자기 방식을 고집하는 것'이라는 미명
하에 뽐내며 다닌다. 사실 '자기 방식을 고집하는 것'의 본연의 의미란 외부의 어려움을 이겨내고 자신만의 길을 꿋
꿋이 걷는 것을 뜻한다. 이것은 모든 고통을 이겨낼 용기가 필요한 것이다.

A "我行我素" 的意思就是 "不听劝告"
  '자신의 방식을 고집한다'는 뜻은 '충고를 듣지 않는다'는 뜻이다

B "我行我素" 就是不顾公共道德
  '자신의 방식을 고집한다'는 공중도덕을 무시한다는 의미다

C "我行我素" 就是按照自己平素的一套去做
  '자신의 방식을 고집한다'는 자신이 평소 하던 방식대로 한다는 의미다

D "独断专行" 需要有忍耐一切痛苦的勇气
  '독단적으로 처리한다'는 것은 모든 고통을 이겨낼 용기를 필요로 한다

> **[풀이]**

我行我素의 의미는 자신의 방식
을 고집한다는 것이므로, C가 정
답임을 알 수 있다. A와 B는 자연
적으로 답이 될 수 없다.

정답 ▶ C

> **단어**

我行我素 wǒxíng wǒsù 성 사람들이 뭐라고 하든 평소 자신의 방법에 따라 하다 | 为所欲为 wéisuǒ yùwéi 성 제멋대로 하다.
하고 싶은 대로 하다 | 幌子 huǎngzi 명 간판 | 招摇过市 zhāoyáo guòshì 성 허세를 부려 주의를 끌다 | 排除 páichú 동 없
애다. 제거하다 | 外界 wàijiè 명 외계. 외부 | 困扰 kùnrǎo 동 귀찮게 굴다. 괴롭히다 | 劝告 quàngào 동 타이르며 권하다 |
平素 píngsù 명 평소. 평상시 | 独断专行 dúduàn zhuānxíng 성 다른 사람의 의견은 고려하지 않고 독단적으로 결정하다

10

> 人的一生有很多选择。生活、学习、工作，乃至人生道路，每个人都不得不选择取舍，
> 也只有在取舍中才能前进。聪明的人选择能充分发挥自己才能的机会，高尚的人选择符合多
> 数人利益的道路。

사람들의 일생 중 많은 선택의 순간이 있다. 생활, 공부, 일, 나아가 인생의 여정에서 모든 사람들은 선택을 할 수 밖

에 없고, 또 이러한 선택과정 속에서 앞으로 전진할 수 있는 것이다. 똑똑한 사람들은 자신의 재능을 충분히 발휘할 기회를 선택하고, 고상한 사람들은 대다수 사람들의 이익에 부합하는 길을 선택한다.

A　人的一生主要有四个选择
　　사람들은 평생 중요한 네 가지 선택이 있다

B　人们可能会在取舍的过程中退步
　　사람들은 선택하는 과정 중 퇴보할 수 있다

C　聪明的人选择有利于自己的道路
　　똑똑한 사람은 자신에게 유리한 길을 선택한다

D　聪明的人会选择发挥自己才能的机会
　　똑똑한 사람은 자신의 재능을 발휘할 기회를 선택할 것이다

【 풀이 】

이 글의 중심내용은 '사람의 일생에는 많은 선택이 있다'이다. 聪明的人选择能充分发挥自己才能的机会에서 똑똑한 사람들은 자신의 재능을 발휘할 기회를 선택한다는 D를 답으로 선택할 수 있다.

정답 ▶ D

▶단어

取舍 qǔshě 통 취사하다. 선택하다 ｜ 高尚 gāoshàng 형 고상하다. 훌륭하다 ｜ 发挥 fāhuī 통 발휘하다 ｜ 退步 tuìbù 통 퇴보하다. 후퇴하다

11

🎵 漂亮和成功有没有关系？我认为有很大的关系。因此，只要看到合适的衣服，即使很贵我也会买，穿上漂亮的衣服我会特别自信，客户也会对我产生良好的感觉，这会对我的工作有很大的帮助。

아름다움과 성공은 관계가 있을까? 나는 큰 관계가 있다고 생각한다. 그 이유는 나는 어울리는 옷을 보기만 하면 비록 비쌀지라도 사고야 마는데, 아름다운 옷을 입으면 매우 자신감이 생기고 고객들도 나에게 호감이 생겨 나의 일에도 큰 도움이 될 것이기 때문이다.

A　漂亮和成功毫无关系
　　아름다움과 성공은 아무 관계가 없다

B　我从不买贵的衣服
　　나는 비싼 옷을 사본 적이 없다

C　漂亮的衣服让我自信
　　아름다운 옷은 나에게 자신감을 불어 넣어준다

D　身材好让我更加自信
　　훌륭한 몸매는 나를 더 자신감 있게 한다

【 풀이 】

중간 부분 穿上漂亮的衣服我会特别自信(아름다운 옷을 입으면 매우 자신감이 생긴다)에서 C가 맞는 내용임을 알 수 있다.

정답 ▶ C

▶단어

良好 liánghǎo 형 양호하다. 만족스럽다 ｜ 毫无 háowú 조금도 ～없다. 털끝만큼도 ～없다

12

🎵 一个笑话能被称为经典笑话，必须是已经广泛流传，而且已经到了几乎家喻户晓的地步。经典笑话可以是各式各样的，并且不一定是好笑的笑话，有的甚至其内容根本没有什么笑点，关键在于其必须是广泛流传的笑话。

한 개그가 일류 개그로 불려지려면, 반드시 넓게 퍼져서 거의 모든 사람이 알 정도가 되야 한다. 일류 개그는 가지각색으로 게다가 꼭 매우 재미있는 것만은 아닌데, 어떤 개그는 심지어 내용 자체가 재미가 없기도 하다. 관건은 반드시 광범위하게 알려진 개그여야 한다는 것이다.

A　经典笑话无疑是好笑的笑话
　　일류 개그는 틀림없이 재미있는 개그이다

B　大部分笑话的内容都没笑点
　　대부분 개그의 내용은 재미없다

C　广泛流传的笑话是经典笑话
　　널리 퍼져있는 개그들이 일류 개그이다

D　不广泛流传的是经典笑话
　　널리 퍼지지 못한 개그가 일류 개그이다

[▶ 풀이]

'일류 개그가 반드시 재미있는 것은 아니다'라는 부분과 '관건은 반드시 광범위하게 알려져야 한다'는 부분에서 C를 답으로 찾을 수 있다.

정답　C

▶ 단어

经典 jīngdiǎn （형）최고의. 일류의 | 笑话 xiàohua （명）우스갯소리 | 广泛 guǎngfàn （형）광범하다. 범위가 넓다 | 流传 liúchuán （동）전하다. 퍼지다 | 家喻户晓 jiāyù hùxiǎo （성）어느 집이나 다 잘 알고 있다 | 各式各样 gèshì gèyàng （성）가지각색이다

13

🎵 一项研究结果表明，当人们感到气愤而想发脾气时，如果能够及时宣泄出来，会有利于自己的身体健康，也会给长寿带来机会。研究结果显示，那些活得长的研究对象基本上都属于"有脾气则发"的类型。

한 연구결과에 따르면 사람들이 분노를 느끼고 화를 내려고 할 때, 만약 제때에 화를 낸다면 신체건강에 도움이 되고 장수를 할 수 있다고 한다. 연구결과에서는 장수한 연구대상자들이 기본적으로 '화가 나면 곧바로 화내는' 유형에 속한다고 한다.

A　感到气愤时不该宣泄出来
　　분노를 느꼈을 때 화풀이를 해서는 안 된다

B　发脾气会影响到人际关系
　　화를 내는 것은 인간관계에 영향을 미칠 수 있다

C　发脾气的人不能长寿
　　화를 내는 사람은 장수할 수 없다

D　及时发脾气有利于长寿
　　제때 화를 내는 것은 장수에 유리하다

[▶ 풀이]

본문 내용에 의하면 화가 날 때 제때에 화를 내면 신체건강에 도움이 된다고 하였고, 게다가 장수하는 사람들이 대부분 그런 유형이라고 하는 내용이었기 때문에 D가 정답이다.

정답　D

● 단어

及时 jíshí ⑱ 시기적절하다. 때맞다 ┃宣泄 xuānxiè ⑧ (고인 물을) 흘려보내다 ┃气愤 qìfèn ⑱ 몹시 화를 내다. 분개하다 ┃人际关系 rénjì guānxì 인간관계

14

♫ 前三分钟定终生，找工作时，**你给面试考官的第一印象从言谈举止到穿着打扮都将直接**影响你被录取的机会有多大，**要彬彬有礼**，但不要显得过分殷情，要大方得体，但不要拘谨，或过分谦虚。

조금 전 3분이 평생을 결정한다. 일을 구할 때, 당신이 면접관에게 준 첫인상은 말과 행동거지에서 차림새까지 직접적으로 고용의 기회에 큰 영향을 미치므로, 예의 바르게 행동해야 한다. 그러나 너무 자신을 낮추어서는 안 되고, 대담하고 적절히 행동해야 하며 부자연스럽거나 과도하게 겸손을 차려서도 안 된다.

A 面试时衣着很重要
　면접할 때 옷차림은 매우 중요하다

B 面试需要3分钟
　면접에는 3분이 필요하다

C 面试只需要谦虚
　면접에서는 겸손함만 필요하다

D 第一印象很重要
　첫인상은 매우 중요하다

[● 풀이]

이 글의 전체적인 내용을 보면 면접 시 첫인상이 매우 중요하다고 하면서 행동거지에서 차림새까지 중시해야 한다고 했으므로 첫인상이 매우 중요하다는 D가 정답임을 알 수 있다.

정답 ▶ D

● 단어

面试 miànshì ⑧ 면접시험을 치다 ┃考官 kǎoguān ⑲ 시험관 ┃录取 lùqǔ ⑧ (시험에 합격한 사람을) 선정하다. 뽑다 ┃彬彬有礼 bīnbīn yǒulǐ ㉕ 점잖고 예의 바르다 ┃殷 yīn ⑱ 풍부하다. 풍성하다 ┃得体 détǐ ⑱ (말이나 행동이) 합당하다. 적절하다 ┃拘谨 jūjǐn ⑱ 어색하다. 부자연스럽다 ┃谦虚 qiānxū ⑱ 겸허하다. 겸손하다

15

♫ 二十几岁是人生的春天，这个春天非常短暂。如果不及时播下种子，等到了夏天再播，种子就不易发芽了。即使发芽了，成长的过程也会非常艰辛。因此，聪明的"农夫"绝对不会错过春天这个播种的最佳季节。

20대는 인생의 봄날인데, 이 봄은 매우 짧다. 그래서 만약 제때 씨를 뿌리지 않고 여름철에 씨를 뿌리면 싹이 트기 어려울 것이다. 설령 싹이 텄다 하더라도 성장과정은 매우 힘들 것이다. 따라서 똑똑한 '농부'는 씨를 뿌리기 가장 좋은 계절인 봄을 절대 놓치지 않는다.

A 二十几岁是人生的春天
　20대는 인생의 봄날이다

B 聪明的农民夏天播种
　똑똑한 농민은 여름철에 씨를 뿌린다

C 春天总是很长
　봄은 항상 매우 길다

D 夏天播种子容易发芽
　여름철에 씨를 뿌리면 쉽게 싹이 튼다

[풀이]

첫 부분 二十几岁是人生的春天 (20대는 인생의 봄날이다)이라는 부분에서 A가 답임을 쉽게 찾을 수 있다.

정답 ▶ A

단어

短暂 duǎnzàn 형 (시간이) 짧다 | 发芽 fāyá 동 싹이 트다 | 艰辛 jiānxīn 형 고생스럽다. 고달프다 | 播种 bōzhǒng 동 파종하다. 씨를 뿌리다

第二部分　16~30번 문제, 인터뷰 내용을 듣고 들은 내용과 일치하는 답을 고르시오.

16-20

女: 汶川大地震发生后，很多人注意到一种现象，¹⁶ 被从瓦砾中营救出来的孩子，大多没有哭喊，他们表情麻木，似乎对外界失去反应能力，这种状态同样也表现在一些幸存的成年人身上。灾难后，普遍出现的心理反应是什么样的？

원촨대지진이 발생한 후 많은 사람들은 한 가지 현상에 주목했습니다. 바로 폐허에서 구조된 아이들이 모두 큰 소리 내어 울지 않고 무표정으로 외부에 대한 반응능력을 상실한 것처럼 보이는 것인데, 이런 상태는 일부 생존한 성인들에게도 보여집니다. 재난 후 일반적으로 나타나는 심리반응은 어떠한 것입니까?

男: 表现在生理上的；¹⁷ 由于亲眼目睹大的灾难，人们原有的平静心情被彻底地打破了，在生理本能下必然产生焦虑。从行为上来讲，可能会出现慌乱的行为，表现出一种恐惧，实际上会出现两种情况，一种情况是完全麻木了，另外就是惊恐。

신체상으로 보면, 직접 재난을 봤기 때문에 사람들은 고유의 평정심을 완전히 잃게 되고 신체 본능적으로 필연적인 초조함이 생깁니다. 행위적으로 보면, 허둥거리는 행위가 나타나는 것을 볼 수 있는데 이는 일종의 공포감을 표현하며 실질적으로 두 가지 상황이 나타날 수 있습니다. 첫째 상황은 완전히 무감각해지는 것이고, 다른 하나는 공포에 질리는 것입니다.

女: 一次地震让很多孩子失去了父母，这对孩子的打击非常大。对这些孤儿应该实施怎样的心理援助？要注意哪些问题？

한 차례의 지진으로 많은 아이들이 부모를 잃어 아이들이 받은 충격은 매우 큽니다. 이런 아이들에게 어떻게 심리적 도움을 줄 수 있을까요? 또 어떤 문제를 주의해야 할까요?

男: 第一，¹⁸ 援助孤儿的时候，不是恢复原样而是要重新找到平衡。他原来的爸爸妈妈都不在了，你无法去替代他们，亲友来领养是最好的。很多有善心的人要去领养他，一定要让孩子理解，让他去找到新的平衡，想办法去跟他建立一种平衡，来替代他的父母。第二，要告诉他，所观察到的情况未必都是真的。第三，要重建孩子的控制感和安全感。比如在四川绵阳，建了新学校并在编班后，做一些活动，首先是握拳头，然后是拥抱，让他们感觉这是一个集体。

첫째, 고아들을 도울 때 원래의 모습으로 돌아가는 것이 아니라 새로운 균형을 찾아야 합니다. 그들의 부모는 이제 세상에 없고 당신도 그들을 대신할 수 없으므로, 아마도 부모의 친척과 친구가 입양하는 것이 가장 좋습니다. 많은 선량한 마음을 가진 사람들이 그들을 입양해야 하고 아이들에게 새로운 균형을 찾도록 이해시켜야 하며 아이들과 균형된 관계를 구축하여 그들의 부모를 대신해줘야 합니다. 둘째, 그들에게 본 상황이 모두 진실은 아니라는 것을 말해줘야 합니다. 셋째, 아이들의 통제력과 안전감을 다시 만들어줘야 합니다. 예를 들어 쓰촨 미엔양에서는 새 학교를 짓고 반을 편성한 후 일부 학습활동을 하는데, 먼저 악수를 하게 하고 다음에는 서로 안게 하여 아이들에게 이것이 집단이라는 것을 느끼게 해주는 것입니다.

女: 在地震中很多人不仅失去亲人，而且也落下终身残疾，对他们来说，活下去成为非常艰难的任务。对他们实施怎样的心理援助，使他们树立生活的信心？

지진으로 많은 사람들이 가족을 잃고 장애가 생긴 사람도 있어, 그들에게 산다는 것은 매우 힘든 일이 될 것입니다. 그들에게 어떠한 심리적 도움을 주고 생활에서 자신감을 갖게 해야 할까요?

男: 我建议不要用异样的眼光对待残疾人。我们不仅要对死难者寄托哀思，对存活下来的伤残者，我们一定要采用不同的方法。这个时候，[19] 我们的护士、医生在护理过程中，要有耐心的劝导。我们考虑要对伤残者进行安抚，特别是儿童和丧失父母的孩子。

저는 장애가 생긴 사람들을 다른 시선으로 보지 말 것을 제안합니다. 우리는 희생자에 대해 애도해야 할 뿐 아니라 살아남은 사람들에게도 다른 방법을 취해야 하는데, 이때 우리의 간호사, 의사는 치료과정 중 인내심을 가지도록 권고해야 합니다. 우리는 다친 사람들을 위로해줘야 하는데, 특히 어린이와 부모를 잃은 아이들에게 더욱 그렇습니다.

女: 汶川这场灾难中那些受创伤的人要走出救助的阴影，开始新的生活。您能不能就心理自我恢复健康方面给大家一些好的建议？

원촨대지진이라는 재난 속에서 상처를 입은 사람들이 아픔의 그림자를 딛고 새로운 생활을 시작하고 있습니다. 심리적 자아가 건강을 회복하는 방면에 있어 사람들에게 좋은 의견을 내주실 수 있을까요?

男: 好的。[20] 第一，一定要坚定信念。第二，我们应配合医护人员，关键时刻要拿出自己的行动，在自己有限的范围内行动，要积极参与。第三，注重科学。第四，展望未来，对我们的前程要充满信心。

좋습니다. 첫째, 신념을 강하게 가져야 합니다. 둘째, 우리는 반드시 의료진들에게 협력해야 하고 중요한 시기에 자신이 할 수 있는 범위 내에서 적극적으로 참여하고 행동해야 합니다. 셋째, 과학을 중시해야 합니다. 넷째, 미래를 바라보고 우리의 미래에 대해 자신감을 가져야 합니다.

---

16 关于汶川地震中被救出的孩子，描述正确的是？

쓰촨대지진 중 구조된 아이들에게 관해 정확히 묘사한 것은？

A 大声哭喊
큰 소리로 운다

B 表情麻木
표정이 없다

C 声泪俱下
눈물을 흘리며 하소연하다

D 寻找亲人
가족을 찾는다

[➔ 풀이]

폐허에서 구조된 아이들이 모두 큰 소리 내어 울지 않고 무표정으로 외부에 대한 반응능력을 상실한 것처럼 보인다는 여자의 첫 번째 말에서 쓰촨대지진 중 구조된 아이들에게 관해 정확히 묘사한 것은 B이다.

정답 ▶ B

17　地震后，人们为什么会产生焦虑？

지진 후 사람들은 왜 초조해지는가?

A　找不到亲人
　　가족을 찾지 못해서

B　死亡人数增加
　　사망자 수가 늘어나서

C　人们十分激动
　　사람들이 매우 흥분해서

D　见到灾难发生
　　재난이 발생한 것을 목격해서

[➔ 풀이]

남자의 첫 번째 말에서 직접 재난을 봤기 때문에 사람들은 고유의 평정심을 완전히 잃게 되고 본능적으로 필연적인 초조함이 생긴다고 했으므로 지진 후 사람들은 왜 초조함이 생겼는가의 정답은 D이다.

정답 ▶ D

18　援助孤儿时，应该注意什么？

고아를 도울 때 어떤 점에 주의해야 하는가?

A　找到他们的父母
　　그들의 부모를 찾아준다

B　有善心的人领养
　　선량한 마음을 가진 사람이 입양한다

C　重新建立平衡
　　새로이 균형을 갖게 해준다

D　找朋友来领养
　　친구를 찾아 입양하게 한다

[➔ 풀이]

남자의 두 번째 말에 고아들을 도울 때 원래의 모습으로 돌아가는 것이 아니라 새로운 균형을 찾아야 한다고 했으므로 답은 C이다.

정답 ▶ C

19　对伤残者来说，怎样使他们树立生活的信心？

다친 사람들에게 어떻게 생활에 대한 자신감을 갖게 해야 하는가?

A　对死难者进行哀悼
　　사망자에 대해 애도를 한다

B　对伤残者进行安抚
　　다친 자들을 위로해준다

C　消除心理恐惧
　　심리적 공황을 없애준다

D　医护人员精心护理
　　의료진들이 정성껏 치료한다

[➔ 풀이]

남자의 세 번째 말에서 간호사나 의사는 치료과정 중 인내심을 가지도록 권고하고 다친 사람들을 위로해줘야 한다고 하였으므로 B가 정답임을 알 수 있다.

정답 ▶ B

20 关于心理自我恢复健康方面的描述，错误的一项是?

심리적 자아가 건강을 회복하는 부분에서 본문 내용과 틀린 것은 무엇인가?

A 坚定信念
강한 신념을 가진다

B 充满信心
자신감을 갖는다

C 积极参与
적극적으로 참여한다

D 逃避现实
현실을 도피한다

[▶풀이]

신념과 의료진에 대한 협력, 과학과 미래에 대한 자신감이 있어야 한다는 남자의 마지막 말에서 D는 언급되지 않았으므로 답은 D이다.

정답 ▶ D

▶단어

瓦砾 wǎlì 명 깨진 벽돌과 기와 | 哭喊 kūhǎn 동 울부짖다 | 营救 yíngjiù 동 방법을 강구하여 구원하다 | 麻木 mámù 형 (몸이) 저리다. 마비되다 | 幸存 xìngcún 동 요행히 살아남다. 운 좋게 살아남다 | 亲眼目睹 qīnyǎn mùdǔ 성 직접 눈으로 보다 | 打破 dǎpò 동 타파하다. 깨뜨리다 | 焦虑 jiāolǜ 형 애태우다. 속을 태우다 | 恐惧 kǒngjù 형 무섭다. 두렵다 | 领养 lǐngyǎng 동 입양하다. 부양하다 | 编班 biānbān 동 반을 만들다. 조를 짜다 | 异样 yìyàng 형 다르다. 같지 않다 | 死难 sǐnàn 동 재난을 당해 죽다 | 寄托 jìtuō 동 위탁하다. 부탁하다 | 哀思 āisī 명 애도 | 护理 hùlǐ 동 간호하다. 돌보다 | 安抚 ānfǔ 동 위로하다. 위안하다 | 丧失 sàngshī 동 잃다. 상실하다 | 声泪俱下 shēnglèi jùxià 성 하소연하면서 눈물을 흘리다

21-25

女： 2008年北京奥运会对于世界奥林匹克精神的历史价值和突出贡献就在于"人文"。您为什么把人文奥运放在这么重要的位置?

2008년 베이징올림픽의 세계 올림픽정신에 대한 역사적 가치와 두드러진 공헌은 '인문'에 달려있습니다. 왜 인문올림픽을 이렇게 중요한 위치에 놓는 것일까요?

男： [21]北京提出三大理念，就是绿色奥运、科技奥运和人文奥运。在三个问题中，绿色奥运不是我们最长的长处，我们把它列为方向、目标，我们这样去做是一种承诺，而且我们现在确实做到了。人文奥运是这三大理念的核心，我们多次强调，以中国五千年乃至更长时间的中华传统作为底蕴向世界来展示，同时我们以这样深厚的底蕴来建设一个平台，让世界各国的文化都来到这里交流，这是我们的长处。

베이징올림픽에서는 3대 이념을 제기했는데, 바로 녹색올림픽, 과학기술올림픽, 인문올림픽입니다. 이 세 가지 중에서 녹색올림픽은 우리가 가장 잘 하는 것은 아니지만 우리는 녹색올림픽을 방향, 목표로 설정하고 우리가 이렇게 한 것은 약속을 지키려고 한 것이며 현재 우리는 확실히 실현했습니다. 인문올림픽은 3대 이념의 핵심으로 여러 차례 강조하였는데 우리는 중국의 5천년 역사, 나아가 더 오랜 시간동안의 중화전통을 기반으로 세계에 우리를 보여주고 아울러 두터운 기반으로 무대를 만들어 세계각국의 문화를 이곳에서 교류하도록 했으며 이 점이 바로 우리의 장점입니다.

女： 您的理解，人文奥运在理念层面，都包含哪些内容?

인문올림픽이 이념적 측면에서 어떤 내용을 포함하고 있을까요?

男: [23] 人文奥运的理念包括以人为本。奥运是别处来的，是奥林匹克古希腊体育传统。人文是有中国文化的传统，这二者结合起来是不是符合这个意思——以人为本的奥运。

인문올림픽의 이념은 사람을 위주로 한 사상을 포함하고 있습니다. 올림픽은 외래의 것으로 고대그리스의 스포츠 전통이고, 인문은 중국문화의 전통으로 이 두 개가 합쳐지는 것이 바로 사람을 위주로 한 올림픽이라는 뜻일 것입니다.

女: 北京奥运会是一次世界历史上，现在看来是规模最大的一个平台，在这样一个平台上，在这么多人集中关注的情况下，它解决了什么问题？

베이징올림픽은 세계 역사상 현재로 볼 때 규모가 가장 큰데요, 이러한 무대 위에서 이렇게 많은 사람들이 주목하고 있는 가운데 어떤 문제를 해결할 수 있을까요?

男: 首先 [22] 是东方文化和西方文化有了一次很好的交流。在过去，西方一直是世界的主宰，西方文化是近代以来所谓的世界文化中心。[24] 中国人举办奥运会展示了东方文化的特色，当然除了中国之外，以中国为代表的东方文化都将对西方文化产生重要的影响，以前只是从一般层次上来理解这种影响，但是今天不是。第一，东方的崛起，把中国的文化带到这个世界，东方文化和西方文化的交流、碰撞以及相互之间获得文化的更高的协调、融合。第二，[25] 中国文化自身和世界各国文化之间的交流。我提了一个口号，叫"世界给我16天，我还世界5000年"。为什么这么说呢？当然，奥运会是全世界的奥运会，奥运会的主角儿是10000多名运动员，我们是观者，作为东道主我们要做服务的工作。但是在这个过程中，毕竟是全世界这么多人、这么多镜头对着中国，世界给了我们这个机会，我们可以全方位地向世界展示中国文化，中国文化就有了一个重要的向世界展示的机会。

먼저 동양문화와 서양문화는 매우 좋은 교류를 할 수 있습니다. 과거에 서양은 줄곧 세계를 주도했고 서양문화는 근대 이래 소위 세계문화의 중심이었습니다. 중국인들은 올림픽을 개최해 동양문화의 특색을 보여주어 당연히 중국 이외에도 중국을 대표로 하는 동양문화가 서양문화에 중요한 영향을 미칠 것입니다. 과거 이러한 영향들은 일반적 측면으로 이해되었지만 현재는 다릅니다. 첫째, 동양의 부상은 중국의 문화를 세계로 가져왔고, 동양문화와 서양문화가 교류하고 충돌하여 상호간에 더 심도 있는 조화와 융합을 이루어지게 했습니다. 둘째, 중국문화 자체와 세계 각국 문화 간의 교류입니다. 저는 '세계는 우리에게 16일을 주었고 우리는 5,000년을 세계에 되돌려주었다'라는 구호를 제기했습니다. 왜 이렇게 말했을까요? 당연히 올림픽은 전세계의 올림픽이고, 올림픽의 주인공은 10,000여 명의 선수들이며 우리는 관중으로, 개최국인 우리는 서비스를 제공해야 합니다. 하지만 이러한 과정 중에서 전세계의 이렇게 많은 사람과 많은 카메라가 중국을 지켜보고 있는 것은 세계가 우리에게 기회를 주어, 다방면으로 세계에 중국문화를 보여줄 수 있고 중국문화를 세계에 알릴 기회가 주어진 것을 뜻합니다.

21 有关北京奥运的理念中，哪个不是中国的优势？

베이징올림픽의 이념에 관해 중국의 경쟁력이 아닌 것은?

A 绿色奥运
녹색올림픽

B 科技奥运
과학기술올림픽

C 人文奥运
인문올림픽

D 文化奥运
문화올림픽

[◆ 풀이]

베이징올림픽은 3대 이념을 제기했는데, 바로 녹색올림픽, 과학기술올림픽, 인문올림픽이라는 남자의 첫 번째 말에서 중국의 경쟁력이 아닌 것이라는 질문에 대한 답이 A 绿色奥运 임을 알 수 있다.

정답 ▶ A

22 语段中提到"建设一个平台"，这个平台的作用是？

본문 중 '무대를 만든다'에서 이 무대의 역할은 무엇인가?

A 文化交流的作用
문화교류의 역할

B 进行体育比赛
스포츠시합을 진행한다

C 实现人文价值
인문가치를 실현한다

D 发扬民族精神
민족정신을 발양시킨다

[◆ 풀이]

东方文化和西方文化有了一次很好的交流(동양문화와 서양문화는 매우 좋은 교류를 할 수 있습니다)라는 남자의 세 번째 말에서 A가 정답임을 알 수 있다.

정답 ▶ A

23 "人文奥运"的理念是什么？

'인문올림픽'의 이념은 무엇인가?

A 古希腊体育传统
고대그리스 스포츠 전통

B 宣扬奥运精神
올림픽정신을 알린다

C 发展体育竞技
스포츠 시합기술을 발전시킨다

D 以人为本的奥运
사람 위주의 올림픽

[◆ 풀이]

두 번째 남자의 말에서 인문올림픽의 이념은 사람을 위주로 한 사상을 포함하고 있다고 했다. 즉 답은 D의 사람 위주의 올림픽이다.

정답 ▶ D

24 在中国举行奥运，有怎样的意义？

중국에서 올림픽을 개최하는 것은 어떤 의의가 있는가?

A 忽视西方文化
서양문화를 무시한다

B 东方文化将影响西方文化
동양문화가 서양문화에 영향을 미칠 것이다

C 创建世界文化中心
세계문화중심을 만든다

D 重视西方文化
서양문화를 중시한다

[◆ 풀이]

남자의 세 번째 말에서 중국인들은 올림픽을 개최해 동양문화의 특색을 보여주어, 동양문화는 서양문화에 중요한 영향을 미칠 것이라고 하였으므로 답이 B임을 알 수 있다.

정답 ▶ B

25 "世界给我16天，我还世界5000年" 这句话的含义何在?

'세계는 우리에게 16일을 주었고 우리는 5,000년을 세계에 되돌려 주었다'는 말에는 어떤 의미가 있는가?

A　中国历史悠久
중국은 유구한 역사가 있다

B　奥运会在中国举行
올림픽은 중국에서 거행된다

C　中国文化和世界文化的交流
중국문화와 세계문화의 교류

D　中国是奥运会的主办国
중국은 올림픽의 개최국이다

[◆풀이]

中国文化自身和世界各国文化之间的交流(중국문화 자체와 세계 각국 문화 간의 교류입니다)라는 부분에서 C 中国文化和世界文化的交流가 정답임을 알 수 있다.

정답　C

◆단어

奥林匹克 Àolínpǐkè 몡 올림픽(Olympic) | 承诺 chéngnuò 동 승낙하다. 응낙하다 | 底蕴 dǐyùn 몡 내막. 속사정 | 以人为本 yǐrén wéiběn 인간을 근본으로 삼다 | 希腊 Xīlà 지명 그리스 | 主宰 zhǔzǎi 동 지배하다. 통치하다 | 口号 kǒuhào 몡 구호. 슬로건 | 镜头 jìngtóu 몡 (카메라, 영사기, 촬영기 등의) 렌즈 | 全方位 quánfāngwèi 몡 모든 방면. 전방위 | 发扬 fāyáng 동 발양하다. 떨쳐 일으키다

26-30

男: 今天的嘉宾是一位女摄影师，也是一位桃李满天下的老师。宋靖老师，您好！平遥摄影大赛就要开始了，您是第几次参加?

오늘 모실 손님은 여류촬영사이자, 제자가 만천하에 퍼져 있는 선생님이십니다. 송징 선생님, 안녕하세요? 핑야오 촬영제가 곧 시작할 텐데요, 이번이 몇 번째 참가하는 것입니까?

女: 30-B 我是第一次参加，26 我平时的创作是电影和电视广告，图片摄影我虽然拍了12年，然而一直是积累的过程，这次参加是因为我觉得十几年的拍摄应该总结一下。

저는 이번에 처음 참가하는 것인데요, 제가 평소에 제작하는 것은 영화와 텔레비전 광고로, 사진촬영은 12년째 하고 있지만 줄곧 경험을 쌓는 과정이었습니다. 이번에 참가하게 된 것은 십여 년 동안의 촬영을 정리해볼 필요가 있다고 생각해서 였습니다.

男: 您作为一个专业人士，是怎样看待像平遥这样一个越来越享有国际声誉的大赛的?

선생님은 전문가로서 핑야오 같은 국제적 명성이 날로 높아 가는 행사를 어떻게 바라보십니까?

女: 27 平遥摄影节据我了解，一开始也是以地方旅游经济为目的展开的。现在取得了这么大的成绩，而且在业内确定了它的权威性和全面性。对于世界来讲，提供了一个介绍中国摄影师的窗口，它是了解中国摄影和中国了解世界摄影的窗口和桥梁。

핑야오 촬영제는 처음에는 지역관광경제를 목적으로 시작했다고 알고 있는데, 오늘날 이러한 큰 성과를 얻고 업계에서 권위적이고 광범위한 촬영제로 인정받고 있습니다. 세계적으로 본다면 이 촬영제는 중국의 촬영사들을 소개하는 루트를 제공하고 있고, 또한 중국의 촬영을 이해하고 중국이 세계의 촬영을 배울 수 있는 창과 다리가 되고 있습니다.

男： 您也是一位很了不起的老师，学生们都很喜欢您上课的形式，您能不能给大家介绍一下？

선생님께서는 훌륭한 선생님이시기도 해서 학생들이 선생님의 수업방식을 매우 좋아한다던데, 모두에게 소개해 주실 수 있을까요？

女： 28 我的教学形式是这样的：白天拍摄，晚上上课。用我们认可的纪实摄影大师的作品启发学生。用纪实摄影的理论指导学生应该怎么拍摄。告诉学生用心灵去感应。

저의 교수법은 이렇습니다. 낮에는 촬영을 하고 저녁에는 수업을 하는데, 우리가 인정하는 유명 다큐멘터리 촬영사의 작품을 활용하여 학생들에게 영감을 불어넣어 줍니다. 다큐멘터리 촬영의 이론은 학생들에게 어떻게 촬영해야 하는지 이끌어주고 학생들이 영감을 가지고 느끼는 것을 알려줍니다.

男： 对于您的学生来讲，您的授课方式在专业上，对他们来说是一个提升，在生活眼界方面也是一个扩大，他们在这方面的收获是不是已经超过了你的预期？

학생들에게 있어서 선생님의 강의방식은 그들의 전문지식을 향상시키고 생활견문이 넓어지도록 하는데, 이 분야에서의 그들의 성과가 이미 선생님의 예상을 뛰어넘은 것이 아닌지요？

女： 的确是这样，98年我带着学生去山西，因为我一直奉行艺术向生活学习，所以我开始上生活摄影课的时候，就主张应该到生活里去，让学生到那个地方。比较集中地感受生活，29 当我们从山西回来第一次做展览的时候，我真的觉得学生们拍的东西太好了，你都不知道他们的力量有多大。

확실히 그렇습니다. 1998년 학생들을 데리고 산시에 갔었는데, 저는 예술은 생활로부터 배우는 것이라고 줄곧 믿어왔기 때문에, 제가 생활촬영수업을 맡기 시작했을 때 생활에서 접근해야 해서 학생들을 데리고 가야 한다고 주장했습니다. 비교적 집중적으로 생활을 느껴보고 우리가 산시에서 돌아와 처음 전시회를 열었을 때, 저는 학생들이 촬영한 것을 보고 굉장히 좋다고 느꼈습니다. 그들의 역량이 얼마나 대단한지 모르실 겁니다.

男： 在我们眼中，女性摄影是非常酷的职业，你是怎么开始你的职业生涯的？

저희가 보기에 여류촬영사는 매우 멋있는 직업인데, 선생님은 어떻게 직업 생활을 시작하시게 되셨습니까？

女： 30-C 我从小学画画，然后考电影学院摄影系，当时 30-A 电影学院没有图片摄影系，都是电影摄影，我就考上了这个专业，30-D 我感觉我对艺术有一点点天分，而且学得不累。

저는 어려서부터 그림 그리는 것을 배웠지만 후에 영화학교 촬영과에 입학했습니다. 당시 영화학교에는 사진촬영과가 없었고 모두 영화촬영이어서 전 이 전공을 선택했습니다. 제 생각엔 제가 예술에 조금 소질이 있는 것 같습니다. 배울 때 전혀 힘들지 않았거든요.

26 女的平时主要从事哪方面的创作?

여자는 평소 주요 어떤 분야의 창작활동에 종사하는가?

A 图片摄影 사진촬영	B 专业摄影 전문촬영
C 学校老师 학교선생님	D 电影和电视广告 영화와 텔레비전 광고

[▶ 풀이]

我平时的创作是电影和电视广告(제가 평소에 제작하는 것은 영화와 텔레비전 광고입니다)라는 여자의 첫 번째 말에서 여자가 종사하는 주된 분야는 D 电影和电视广告라는 것을 알 수 있다.

정답 ▶ D

27 平遥摄影节起初的目的是?

핑야오 촬영제의 처음 목적은?

A 提高自己的知名度
자신의 지명도를 올리는 것

B 宣传平遥的历史文化
핑야오의 역사문화를 알리는 것

C 发展地方旅游经济
지역관광경제를 발전시키는 것

D 让世界了解平遥
세계가 핑야오를 알게 하는 것

[▶ 풀이]

平遥摄影节据我了解，一开始也是以地方旅游经济为目的展开的(핑야오 촬영제는 처음에는 지역 관광경제를 목적으로 시작했다고 알고 있습니다)라는 여자의 두 번째 말에서 C 发展地方旅游经济가 답이라는 것을 알 수 있다.

정답 ▶ C

28 她教课的方式是?

그의 교수방식은?

A 用摄影作品启发学生
촬영작품을 통해 학생들에게 영감을 불어넣는다

B 用理论指导学生
이론으로 학생을 지도한다

C 带着学生去山西
학생들을 데리고 산시로 간다

D 白天拍摄，晚上上课
낮에는 촬영하고 저녁에 수업을 한다

[▶ 풀이]

我的教学形式是这样的：白天拍摄，晚上上课(저의 교수법은 낮에는 촬영을 하고 저녁에는 수업을 합니다)라는 여자의 세 번째 말에서 D 白天拍摄，晚上上课가 정답임을 알 수 있다.

정답 ▶ D

29 她对学生的第一次作品有什么想法?

그녀가 학생들의 첫 작품을 보고 어떤 생각이 들었는가?

A 非常好
매우 만족했다

B 不满意
만족하지 못했다

C 不及格
합격하지 못했다

D 力量不够
힘이 부족했다

[▶ 풀이]

'산시에서 돌아와 전시회를 열었을 때, 저는 학생들이 촬영한 것을 보고 굉장히 좋다고 느꼈습니다. 그들의 역량이 얼마나 대단한지 모르실 겁니다'라고 한 여자의 네 번째 말을 보면 그녀가 학생들의 첫 작품을 보고 매우 만족했음을 알 수 있다.

정답 ▶ A

30 关于文章正确的一项是?

본문에 관해 맞는 내용은?

A 电影学院有图片摄影系
영화학교는 사진 촬영과가 있다

B 她曾参加过平遥摄影展
그녀는 일찍이 핑야오 촬영전시회에 참가했다

C 她从小就学习摄影
그녀는 어려서부터 촬영을 배웠다

D 觉得自己有艺术天分
자신이 예술적인 자질이 있다고 생각한다

[▶ 풀이]

我是第一次参加라고 하였으므로 전시회에 참가했다는 B는 답이 아니고, 电影学院没有图片摄影系에서 A도 답이 아님을 알 수 있다. 我从小学画画에서 여자는 어릴 적부터 그림을 배웠지 촬영을 배운 것이 아니기 때문에 C도 답이 아니다. 我感觉我对艺术有一点点天分이라는 여자의 마지막 말 부분에서 답이 D 觉得自己有艺术天分이라는 것을 알 수 있다.

정답 ▶ D

▶ 단어

桃李满天下 táolǐ mǎntiānxià 성 양성한 인재들이 곳곳에 가득하다 | 享有 xiǎngyǒu 동 누리다. 향유하다 | 权威 quánwēi 명 권위 | 纪实 jìshí 동 실제 상황을 기록하다. 진실을 기록하다 | 感应 gǎnyìng 동 유도하다. 감응하다 | 提升 tíshēng 동 끌어올리다. 진급시키다 | 眼界 yǎnjiè 명 시계. 시야 | 奉行 fèngxíng 동 받들어 시행하다 | 生涯 shēngyá 명 생애

第三部分

31~50번 문제, 단문을 듣고 그에 해당되는 2~3개의 질문에 알맞은 답을 고르시오.

31-33

一个人去买鹦鹉，看到一只鹦鹉前标注着：此鹦鹉会两门语言，售价二百元。另一只鹦鹉前则标注着：此鹦鹉会四门语言，售价四百元。该买哪只呢？两只毛色都很光鲜，非常机灵可爱。这人拿不定主意的时候突然发现 [31] 一只老掉牙的鹦鹉，毛色暗淡散乱，却标价八百元。这人赶紧将老板叫来："这只鹦鹉是不是会说八门语言？"店主说："不会。"

这人奇怪地问："那为什么又老又丑，又没有能力，却会值这个数呢？"

店主回答："[32] 因为另外两只鹦鹉叫这只鹦鹉老板。"

这个故事告诉我们，[33] 真正的领导人，不一定自己能力有多强，只要懂信任、懂放权、懂珍惜，就能团结比自己更强的力量，从而提升自己的身价。

한 사람이 앵무새를 사러 갔는데, 한 앵무새 앞에 다음과 같이 쓰여 있었다. '이 앵무새는 두 가지 언어를 하고 판매가는 200위안입니다.' 다른 앵무새 앞에는 이렇게 쓰여 있었다. '이 앵무새는 네 가지 언어를 하고 판매가는 400위안입니다.' 어떤 앵무새를 사야 할까? 두 앵무새는 모두 털이 매우 빛났고 영리하고 귀여워 보였다. 그가 결정하지 못하고 있을 때 갑자기 한 늙은 앵무새가 눈에 들어왔다. 털은 어두운 색깔에 흐트러져 있었지만 가격은 800위안이었다. 그는 사장을 급히 불렀다. "이 앵무새는 8개 언어를 합니까?" 사장이 말했다. "못합니다."
그는 의아하여 물었다. "왜 늙고 못생기고 능력조차 없는데 이 가치가 있는 겁니까?"
사장이 대답했다. "왜냐하면 다른 두 앵무새가 이 앵무새를 사장이라고 부르기 때문입니다."
이 이야기가 우리에게 말해주는 것은 진정한 지도자가 반드시 능력이 가장 많은 사람은 아니라는 것이다. 신뢰를 알고 권리를 넘겨줄 줄 알며, 소중한 것을 알고 자신보다 더 강한 힘을 단결시킬 수 있다면 자신의 가치가 더 올라가는 것이다.

---

31 哪只鹦鹉最贵？

어떤 앵무새가 가장 비싼가?

A 会说两门语言的
2개의 언어를 하는 앵무새

B 会说四门语言的
4개의 언어를 하는 앵무새

C 会说八门语言的
8개의 언어를 하는 앵무새

D 又老又丑的
늙고 못생긴 앵무새

[▶ 풀이]

'어떤 앵무새가 가장 비싼가?'에 대한 답은 두 가지 언어를 하는 새는 200위안, 네 가지 언어를 하는 새는 400위안, 늙고 못생긴 새는 오히려 800위안(一只老掉牙的鹦鹉，毛色暗淡散乱，却标价八百元)이라는 내용에서 찾을 수 있다.

[정답 ▶ D]

32 这只鹦鹉为什么最贵？

이 앵무새는 왜 제일 비싼가?

[▶ 풀이]

因为另外两只鹦鹉叫这只鹦鹉老板(왜냐하면 다른 두 앵무새가 이

A　会说八门语言
8개의 언어를 할 줄 안다

B　它有特殊的能力
특수한 능력을 가지고 있다

C　比别的鹦鹉聪明
다른 앵무새보다 똑똑하다

D　别的鹦鹉叫它老板
다른 앵무새들이 사장이라고 부른다

앵무새를 사장이라고 부르기 때문입니다) 부분에서 이 앵무새는 왜 제일 비싼가라는 질문의 답을 얻을 수 있다. 정답은 D이다.

정답　D

33　这段话主要想告诉我们什么？
본문이 우리에게 시사해주는 바는 무엇인가?

A　怎样养鹦鹉
어떻게 앵무새를 기를까

B　怎样让鹦鹉说话
어떻게 앵무새가 말을 하게 할까

C　怎样做优秀的领导
어떻게 훌륭한 지도자가 될 수 있을까

D　怎样才能获得金钱
어떻게 돈을 벌 수 있을까

[▶ 풀이]

문장의 마지막 부분에 있는 真正的领导人，不一定自己能力有多强，只要懂信任、懂放权、懂珍惜，就能团结比自己更强的力量，从而提升自己的身价가 본문이 우리에게 시사해주는 바는 C임을 알 수 있다.

정답　C

▶ 단어

鹦鹉 yīngwǔ (명) 앵무새 | 售价 shòujià (명) 판매가격 | 光鲜 guāngxiān (형) 밝고 선명하다 | 机灵 jīling (형) 영리하다. 총명하다 | 老掉牙 lǎodiàoyá (형) 낡아빠지다. 케케묵다 | 暗淡 àndàn (형) (빛이나 색이) 어둡다 | 散乱 sǎnluàn (형) 난잡하다. 어지럽게 흩어지다 | 标价 biāojià (동) 가격을 표시하다 | 信任 xìnrèn (동) 신임하다 | 放权 fàngquán (동) 권력을 하급자 또는 하급 기관에 넘겨주다

34-36

　　有个渔人有着一流的捕鱼技术，被人们尊称为"渔王"。然而"渔王"年老的时候非常苦恼，因为他的三个儿子的渔技都很平庸。

　　于是他经常向人诉说心中的苦恼："我真不明白，34 我捕鱼的技术这么好，我的儿子们为什么这么差？我从他们懂事起就传授捕鱼技术给他们，从最基本的东西教起，35 告诉他们怎样织网最容易捕捉到鱼，怎样划船最不会惊动鱼，怎样下网最容易请鱼入瓮。他们长大了，我又教他们怎样识潮汐，辨鱼汛……凡是我长年辛辛苦苦总结出来的经验，我都毫无保留地传授给了他们，可他们的捕鱼技术竟然赶不上技术比我差的渔民的儿子！"

　　一位路人听了他的述说后，问："你一直手把手地教他们吗？"

"是的，为了让他们学到一流的捕鱼技术，我教得很仔细、很耐心。"

"他们一直跟随着你吗？"

"是的，为了让他们少走弯路，我一直让他们跟着我学。"

路人说： "这样说来，你的错误就很明显了。 ³⁶ 你只传授给了他们技术，却没传授给他们教训，对于才能来说，没有教训与没有经验一样，都是不能使人成大器的！"

한 어부는 일류 고기잡이 기술을 가지고 있어 사람들에게 '고기잡이 왕'이라고 불렸다. 하지만 '고기잡이 왕'의 노년은 매우 괴로웠는데, 그 이유는 그의 세 아들의 고기잡이 기술이 모두 매우 평범했기 때문이다.

따라서 그는 사람들에게 자신의 고민을 이야기했다. "나는 정말 이해할 수가 없어. 내 고기잡이 기술이 이렇게 훌륭한데, 내 아들들은 왜 이렇게 실력이 떨어질까? 난 애들이 어렸을 때부터 고기잡이 기술을 전수했고, 가장 기본적인 것부터 가르치기 시작해서 어떻게 그물을 짜야 쉽게 고기를 잡는지, 어떻게 배를 저어야 고기들을 놀라게 하지 않는지, 어떻게 그물을 쳐야 고기를 쉽게 잡는지를 알려주었네. 아들들이 크고 나서는 어떻게 조수와 어획기를 판단하는지도 가르쳤고, 내가 평생 힘들게 알아온 경험들을 아낌없이 아들들에게 전수했네. 근데 아이들의 고기잡이 기술은 나보다 기술이 떨어지는 어부의 아들보다 못해!"

지나가는 한 행인이 그의 말을 들은 후 물었다. "당신은 몸소 그들을 가르쳤습니까?"

"그렇소. 아들들에게 일류 고기잡이 기술을 배우게 하기 위해 나는 자세하게 인내심을 갖고 가르쳤소."

"그들은 줄곧 당신을 따라다녔습니까?"

"그렇소. 아이들이 시행착오를 적게 겪도록 나는 줄곧 아이들이 나를 따라다니며 배우게 했지."

행인은 말했다. "말을 듣고 보니 당신의 잘못이 분명하군요. 당신은 그들에게 기술만 전수했을 뿐 그들에게 교훈을 주지 못했어요. 재능은 교훈과 경험 없이 사람을 큰 인물로 만들 수 없어요!"

34 渔人有怎样的苦恼？

어부는 어떤 고민이 있는가?

A 三个儿子很聪明
세 아들은 매우 똑똑하다

B 三个儿子不听话
세 아들은 말을 듣지 않는다

C 三个儿子不会捕鱼
세 아들은 고기를 잡지 못한다

D 三个儿子渔技不高
세 아들의 고기잡이 기술이 평범하다

[▶ 풀이]

어부가 我捕鱼的技术这么好，我的儿子们为什么这么差？(내 고기잡이 기술이 이렇게 훌륭한데 내 아들은 왜 이렇게 실력이 떨어질까?)라고 했다. 이 부분에서 우리는 어부의 고민이 아들들의 고기잡이 기술이 평범해서 임을 알 수 있다.

정답 ▶ D

35 渔人没有传授给儿子什么？

어부가 아들들에게 전수하지 못한 것이 무엇인가?

A 怎样最容易捕到鱼
어떻게 가장 쉽게 고기를 잡는지

B 怎样最容易惊动鱼
어떻게 쉽게 고기를 놀래킬 수 있는지

[▶ 풀이]

어부의 말 告诉他们怎样织网最容易捕捉到鱼，怎样划船最不会惊动鱼，怎样下网最容易请鱼入瓮。他们长大了，我又教他们怎样识潮汐，辨鱼汛……에 선택문항 B의 내용은 언급되지 않았다.

C 怎样识别潮汐
　　조수를 어떻게 구분하는지

　　　　　　　　　　　정답 ▶ B

D 怎样引鱼入网
　　어떻게 고기를 그물로 들어오도록 하는지

36 通过这段话，我们知道渔人错在哪里?
　　본문에서 어부의 잘못은 어디에 있는가?

A 传授给儿子技术
　　아들에게 기술을 전수했다

B 没有听路人的话
　　행인의 말을 듣지 않았다

C 渔人没有足够的耐心
　　어부는 충분한 인내심이 없었다

D 渔人没告诉他们教训
　　어부는 그들에게 교훈을 말하지 않았다

[▶ 풀이]

마지막 부분 행인의 말에서 어부는 아들들에게 교훈을 주지 못했고, 재능은 교훈과 경험 없이 사람을 큰 인물로 만들 수 없다는 내용이 나오므로 어부의 잘못은 D에 있음을 알 수 있다.

　　　　　　　　　　　정답 ▶ D

▶ 단어

捕鱼 bǔyú 동 물고기를 잡다 ｜ 尊称 zūnchēng 동 존칭하다 ｜ 平庸 píngyōng 형 평범하다. 예사롭다 ｜ 惊动 jīngdòng 동 놀라게 하다. 시끄럽게 하다 ｜ 潮汐 cháoxī 명 조석 ｜ 鱼汛 yúxùn 명 어획기 ｜ 手把手 shǒubǎshǒu 직접 가르치다. 몸소 전수하다 ｜ 走弯路 zǒu wānlù 우회하여 가다. 길을 잘못 들어 돌다 ｜ 识别 shíbié 동 식별하다. 가려내다

37-39

[39] 众所周知，吸烟对人的身体健康有百害而无一益。然而你可知道，吸烟对心理健康也有极大危害。难怪国外有学者提出：“吸烟是人类死亡的重要原因，就像过去流行的瘟病一样。”心理学家通过调查发现，[37] 长期吸烟可使人注意力的稳定性受到影响，使人反应迟钝，双手不稳定，动作不准确；还可使人的听觉敏感性降低，过早失听。有的吸烟者，视力还会变得模糊。

不少人认为，吸烟可以提神、消除疲劳、解除烦恼、触发灵感。殊不知，这是毫无科学根据的。对此，心理学家曾专门做过许多实验研究，充分证明吸烟不但没有好处，而且严重影响人的智力，使记忆力、想象力、辨别能力都受到损害，从而降低了工作和学习的效率。

为什么吸烟会严重危害人的智力呢？因为人的心理活动，包括智力活动，都是人脑的高级神经活动，[38] 它是通过大脑皮质的活动来实现的，而香烟中的尼古丁吸入人体后，可以刺激自主神经系统，引起血管痉挛，使胃液的酸碱度改变等，更重要的是影响大脑皮质的神经活动，使人的智力减退。

모두다 알다시피 흡연은 인체의 건강에 백해무익하다. 하지만 흡연이 심리건강에도 안 좋은 영향을 미친다는 것을 알아야 한다. 그러기에 외국의 한 학자는 "흡연은 인류가 사망하는 중요한 원인으로 과거 유행했던 온병과도 같다"고 말한 적이 있다. 심리학자들은 조사를 통해 장기간 흡연하면 주의력 안정에 악영향을 주고 반응을 느리게 하며 수전증과 거동의 불편을 야기하고, 또한 청각 민감도를 떨어뜨리고 조기에 청력을 잃게 하며 일부 흡연자들은 시력도 나빠진다는 사실을 발견했다.

많은 사람들이 흡연은 정신을 들게 하고 피로를 해소하며 스트레스를 풀어주고 영감을 떠오르게 한다고 생각한다. 그러나 이것이 모두 과학적 근거가 없는 이야기들이라는 것은 전혀 모를 것이다. 이에 대해 심리학자들은 일전에 전문적인 많은 실험과 연구를 하여 흡연이 이점이 없고 사람의 지력, 기억력, 상상력, 판별능력에 모두 악영향을 끼치며 일과 학습 효율을 떨어뜨린다는 것을 증명했다.

왜 흡연은 사람의 지력을 손상시키는 것일까? 사람의 심리활동은 지력활동을 포함하는데 이것은 모두 두뇌의 고등 신경활동이기 때문에, 이들은 대뇌피질 활동으로 이뤄지지만 담배 중의 니코틴이 인체에 들어가면 자주 신경계통을 자극하고 혈관경련을 일으키며 위액 수소지수를 높일 수 있다. 더욱 중요한 것은 대뇌피질의 신경활동에 영향을 주어 사람의 지력을 감퇴시킬 수 있다는 것이다.

37 长期吸烟对人的注意力有怎样的影响?

장기간 담배를 피운 사람의 주의력은 어떤 영향을 받는가?

A　反应速度变快
반응속도가 빨라진다

B　听觉敏感性降低
청각 민감도가 떨어진다

C　听觉能力变强
청각이 좋아진다

D　可以提高视力
시력이 향상될 수 있다

[❯ 풀이]

첫 번째 단락 마지막 부분에 장기간 흡연하면 주의력 안정에 악영향을 주고 반응을 느리게 하며 수전증과 거동의 불편을 야기하고, 또한 청각 민감도를 떨어뜨리고 조기에 청력을 잃게 한다고 말하였다. 그렇기 때문에 '장기간 담배를 핀 사람의 주의력은 어떤 영향을 받는가?'라는 질문에 대한 답은 B이다.

정답 ▶ B

38 危害人智力的物质是:

사람의 지력을 손상시키는 물질은?

A　胃液
위액

B　尼古丁
니코틴

C　血管
혈관

D　神经
신경

[❯ 풀이]

후반부의 내용은 모두가 왜 흡연이 사람의 지력에 해로움을 주는가이다. 담배 중의 니코틴이 인체에 들어가면 자주 신경계통을 자극하고 혈관경련을 일으켜 위액 수소지수를 높일 수 있고, 중요한 것은 대뇌피질의 신경활동에 영향을 주어 사람의 지력을 감퇴시킬 수 있다고 말하였기에 사람의 지력을 손상시키는 물질은 B 니코틴임을 알 수 있다.

정답 ▶ B

39　这段主要讲的是什么?

본문이 말하고자 하는 것은 무엇인가?

A　吸烟对身体健康有极大的危害
흡연은 인체건강에 큰 해로움을 준다

B　吸烟降低了工作和学习的效率
흡연은 일과 학습 효율을 떨어뜨린다

C　吸烟使人的智力减退
흡연은 사람의 지력을 감퇴시킨다

D　吸烟比戒烟要难得多
흡연은 금연보다 훨씬 어렵다

[풀이]

전체내용을 보면 '흡연이 신체건강에 끼치는 해로움'이 이 글의 주제임을 알 수 있다.

성답 ▶ A

[단어]

众所周知 zhòngsuǒ zhōuzhī (성) 모든 사람들이 다 알다 | 瘟病 wēnbìng (명) 온병. 급성 열병의 총칭 | 迟钝 chídùn (형) 무디다. 굼뜨다 | 过早 guòzǎo (형) 매우 빠르다. 매우 이르다 | 解除 jiěchú (동) 없애다. 풀다. 제거하다 | 触发 chùfā (동) 일으키다. 유발하다 | 殊不知 shūbùzhī (동) 전혀 모르다 | 大脑皮质 dànǎo pízhì 대뇌피질 | 尼古丁 nígǔdīng (명) 니코틴(nicotine) | 刺激 cìjī (동) 자극하다 | 血管 xuèguǎn (명) 혈관 | 胃液 wèiyè (명) 위액 | 痉挛 jìngluán (동) 경련을 일으키다 | 酸碱度 suān jiǎndù (명) 수소 지수

40-42

40 与别人交谈时,你不妨兴奋时就扬起眉毛、严厉时就瞪大眼睛、疑问时就率直询问、听完后就简要复述。这样的话,你就会给人留下头脑灵活、擅长交际的好印象。假如你节奏有序,举止缓慢,动作庄重,稳若泰山,那么就会给人产生气度不凡、从容镇静的印象。

对于别人的邀请,假如你能拿出笔记本,认真地记下约会时间和地址,那么别人就会认为你是个讲究信用的人。41 假如你把约会时间从7点30分改成7点35分,别人就会认为你是个繁忙而且有本领的人。这些都是交际细节,因为你加以修饰,所以提升了你的交际形象。小处不可随便。这很可能关系到你是否获得成功,是否免遭失败。42 平时多注意一下自己的交际细节,好比是在润滑每日生活的齿轮,从而使你事事如意;就是给你插上腾飞的翅膀,从而助你成功。修饰你的交际细节,就是锦上添花。重视细微之处,可能会给你带来意外的收获。

다른 사람과 이야기를 나눌 때, 흥분하면 눈썹을 치켜 뜨고 심각하면 눈을 크게 뜨며 의문점이 생기면 솔직하게 물어보고 이야기를 들은 후 간단하게 다시 이야기를 반복하는 것도 괜찮다. 이렇게 하면 상대방에게 당신이 똑똑하고 교제를 잘한다는 인상을 줄 수 있다. 만약 리듬이 일정하고 행동이 느리며 행동이 점잖고 존경 받는 사람처럼 행동한다면 상대방에게 기품이 있고 침착하다는 인상을 줄 수 있다.

상대방의 초대에 당신이 노트를 꺼내 진지하게 약속시간과 주소를 적는다면, 상대방은 당신이 매우 신용을 중시하는 사람이라고 느끼게 될 것이다. 만약 당신이 약속시간을 7시 30분을 7시 35분으로 바꿔 적는다면 상대방은 당신이 매우 바쁘고 능력 있는 사람이라고 여길 수 있다. 이것은 모두 교제할 때의 세부적인 요소인데, 왜냐하면 당신이 신경

을 기울였기 때문에 당신의 인상을 좋게 만들 수 있었다. 작은 것이라도 함부로 해서는 안 된다. 이것은 당신이 성공할 수 있을지, 실패를 당할지의 여부와 관계될 수 있다. 평소 교제할 때 세세한 부분에 주의를 기울여보자. 이것은 마치 매일 생활을 매끄럽게 해주어 하는 일마다 뜻대로 되게 해줄 것이고 당신에게 날개를 달아주어 당신이 성공하도록 도와줄 것이고 당신이 교제할 때 세세한 부분까지 꾸민다면 이것이 바로 금상첨화이고, 미세한 부분을 중시하는 것이 당신에게 생각치 못한 수확을 가져다 줄 것이다.

40 怎样做能给人留下好的印象?

어떻게 상대방에게 좋은 인상을 남길 수 있는가?

A 不停地询问别人的意见
계속해서 상대방의 의견을 묻는다

B 注意自己的言谈举止
자신의 언행과 행동에 신경쓴다

C 随时记下别人说的话
수시로 다른 사람의 말을 적는다

D 任意改变约会的时间
약속시간을 마음대로 바꾼다

[❷ 풀이]

첫 문장을 잘 읽어보면 A, C, D 모두 답에 해당하지 않는 것을 알 수 있다. 그러므로 정답은 자신의 언행과 행동에 신경쓴다는 B이다.

정답 ▶ B

41 改变约会时间有怎样的好处?

약속시간을 바꾼다면 어떤 이점이 있는가?

A 看起来很有时间观念
매우 시간관념이 있는 것처럼 보인다

B 看起来很重视对方
매우 상대방을 중시하는 것처럼 보인다

C 看起来有时间
시간이 있는 것처럼 보인다

D 看起来很忙
매우 바빠 보인다

[❷ 풀이]

假如你把约会时间从7点30分改成7点35分，别人就会认为你是个繁忙而且有本领的人(만약 당신이 약속시간을 7시 30분을 7시 35분으로 바꿔 적는다면 상대방은 당신이 매우 바쁘고 능력 있는 사람이라고 여길 수 있다) 이 부분에서 정답을 찾을 수 있다. 정답은 D 看起来很忙이다.

정답 ▶ D

42 这段话主要讲了什么?

본문이 말하고자 하는 주요 내용은 무엇인가?

A 交际的重要性
교제의 중요성

B 多注意交际的细节
교제의 세세한 부분에 더 많이 주의를 기울이자

[❷ 풀이]

문장 제일 마지막 부분에서 평소 교제할 때 세세한 부분에 주의를 기울이면, 하는 일마다 뜻대로 되게 해줄 것이라고 언급했다. 즉 답은 B이다.

정답 ▶ B

C 交际高手的生活
   교제를 잘 하는 사람의 생활
D 交际可以改变生活
   교제는 생활을 바꿀 수 있다

○단어

扬 yáng 동 높이 들다. 위로 올리다 | 眉毛 méimao 명 눈썹 | 瞪 dèng 동 눈을 크게 뜨다. 부릅뜨다 | 率直 shuàizhí 형 솔직하다 | 询问 xúnwèn 동 질문하다. 묻다 | 简要 jiǎnyào 형 간단명료하다 | 擅长 shàncháng 명 장기. 재간 | 庄重 zhuāngzhòng 형 (언행이) 무게가 있다 | 气度 qìdù 명 기개 | 镇静 zhènjìng 형 평온하다. 차분하다 | 繁忙 fánmáng 형 (일이 많아서) 바쁘다 | 免遭 miǎnzāo 동 받지 않다. 당하지 않다 | 润滑 rùnhuá 형 부드럽다. 매끄럽다 | 齿轮 chǐlún 명 기어(gear). 톱니바퀴 | 腾飞 téngfēi 동 날아오르다. 상승하다 | 锦上添花 jǐnshàng tiānhuā 성 금상첨화 | 细微 xìwēi 형 매우 작다. 미세하다

43-46

⁴³ 听听别人怎么说，你会学到更多的东西。首先要积极主动地倾听，积极的倾听对你的学习肯定是有好处的。积极的倾听不仅会让你在教室里更加优秀，而且会让你在日常生活中收获很多。

⁴⁴ 当你在倾听的时候，你要把注意力集中在别人在说什么，他说的哪些值得我学习，而不是在找别人哪些地方说的不对，当你用一种学习的态度听别人说的时候，你会发现有很多东西是需要你去学习的，你也能从中学到很多，否则你只能给别人指正错误。

⁴⁵ 不要打断别人的话，这不仅是对人的尊重，也是起码的礼节，而这样会让说话的人更有自信，思维也更连贯，他会说得更多，你会学得更多。可能在他说的过程中你有很多想要说的话，不要着急，有你说的时候，比如他说完了，或者专门找个时间。

⁴⁶ 如果有一个讨论组，那就更需要好好地倾听了，这样会使大家更积极主动，会把大家的智慧集中到一起，产生巨大能量，会让你们的课题更有效率地完成。学会倾听吧，让你的耳朵帮助你学习。

다른 사람이 어떻게 말하는지 들어보면 당신은 더 많은 것들을 배울 수 있다. 먼저 적극적으로 경청해야 하는데, 적극적으로 경청하면 당신의 공부에 반드시 도움이 된다. 적극적으로 경청하면 교실 안에서 더욱 우수한 학생이 되도록 해줄 뿐 아니라 일상생활 속에서 더 많은 수확을 얻을 수 있을 것이다.
경청할 때 당신은 다른 사람이 말하는 게 무엇인지 주의를 기울여야 하는데, 상대방의 어떤 말이 틀리는가를 찾는 것이 아니라 그가 말한 것들 중 어떤 것이 내가 배울 만한 것인지를 말이다. 당신이 배우는 태도로 다른 사람의 말을 들을 때, 당신은 당신이 배워야 할 많은 것들을 발견하게 될 것이고 그 안에서 많은 것들을 배울 것이다. 그렇지 않다면 당신은 다른 사람의 잘못만 지적하게 될 것이다.
다른 사람의 말을 끊지 말라. 이것은 사람에 대한 존중일 뿐 아니라 가장 기본적인 예절로, 이렇게 한다면 말하는 사람이 더욱 자신감 있고 사고가 더욱 이어지게 해 그는 더 말을 잘 하게 될 것이며 당신은 더 많은 것을 배우게 될 것이다. 그가 말하는 과정 중, 당신이 하고 싶은 말이 많다면 조급해 하지 말라. 당신이 말할 기회는 있다. 예를 들어 그가 말을 다 했거나 따로 시간을 내면 된다.
만약 한 토론 팀이 있다면 더욱 경청할 필요가 있는데, 이렇게 하면 사람들은 더욱 적극적이고 주동적이 될 것이고

모두의 지혜를 모아 거대한 에너지가 생겨 여러분들의 과제를 더욱 효과적으로 마칠 수 있다. 경청을 배우자. 당신의 귀가 배우는 데 큰 도움이 될 수 있다.

---

43 倾听有怎样的好处?

경청은 무슨 이점이 있는가?

A 增加自信心
자신감을 더해준다

B 变得有耐心
인내심을 갖게 해준다

C 更理解别人
다른 사람을 더욱 이해하게 된다

D 学到得更多
더 많은 것들을 배울 수 있다

[◉ 풀이]

听听别人怎么说，你会学到更多的东西(다른 사람이 어떻게 말하는지 들어보면 당신은 더 많은 것들을 배울 수 있다)라는 제일 첫 문장에서 답을 찾을 수 있다. 정답은 D 学到得更多 이다.

정답 D

---

44 倾听的时候要注意什么?

경청할 때 주의해야 할 것은?

A 注意别人的口气
다른 사람의 어투에 주의하자

B 注意别人的神态
다른 사람의 표정에 주의하자

C 注意哪些值得学习
어떤 것을 배울 만한지 주의하자

D 注意哪些说得不对
어떤 말이 틀렸는지 주의하자

[◉ 풀이]

두 번째 단락에서 경청할 때 다른 사람의 말에 주의를 기울여, 상대방의 어떤 말이 틀리는가를 찾는 것이 아니라 그가 말한 것들 중 어떤 것이 내가 배울 만한 것인지를 들어야 한다고 하였으므로 이 부분에서 D번을 제외시킬 수 있으며, A와 B는 답이 아니라는 것을 알 수 있다. 즉 답은 C이다.

정답 C

---

45 在与别人对话的过程中，应该注意什么?

다른 사람과 대화하는 과정 중 주의해야 할 것은?

A 主动说出自己的意见
적극적으로 자신의 의견을 말한다

B 不要打断别人的话
다른 사람의 말을 끊지 말자

C 让对方更有自信
상대방에게 더욱 자신감을 갖게 한다

D 指出对方的错误
상대방의 잘못을 지적한다

[◉ 풀이]

不要打断别人的话，这不仅是对人的尊重，也是起码的礼节(다른 사람의 말을 끊지 말라. 이것은 사람에 대한 존중일 뿐 아니라 가장 기본적인 예절이다)라는 본문의 내용에서 쉽게 정답을 찾을 수 있다. 답은 B이다.

정답 B

46 如何能让课题更有效率地完成?

어떻게 과제를 더욱 효과적으로 마칠 수 있는가?

A 学会倾听别人的意见
다른 사람의 의견을 경청하는 것을 배울 수 있다

B 积极主动地发表意见
적극적이고 주동적으로 의견을 낸다

C 汇集所有人的智慧
모든 사람의 지혜를 모은다

D 学习他人的智慧
다른 사람의 지혜를 배운다

[▸ 풀이]

본문의 내용 중 如果有一个讨论组, 那就更需要好好地倾听了, 这样会使大家更积极主动, 会把大家的智慧集中到一起, 产生巨大能量, 会让你们的课题更有效率地完成(토론 팀이 있어 경청을 하면, 사람들은 더욱 적극적이고 주동적이 될 것이고 모두의 지혜를 모아 거대한 에너지가 생겨 과제를 더욱 효과적으로 마칠 수 있다)이라고 했으므로 46번의 답이 C라는 것을 알 수 있다.

정답 ▸ C

▸ 단어

倾听 qīngtīng 통 경청하다. 귀담아듣다 ┃ 指正 zhǐzhèng 통 지적하여 바로잡다 ┃ 打断 dǎduàn 통 끊다. 자르다 ┃ 连贯 liánguàn 통 통하다. 이어지다 ┃ 能量 néngliàng 명 에너지(energy) ┃ 神态 shéntài 명 표정과 태도 ┃ 汇集 huìjí 통 모으다

47-50

⁴⁷有一个很古老的测验——目的在于找出对你最有意义的书目: 如果你将在一个无人荒岛度过余生, 或至少很长一段时间, 而假设你有时间作一些准备, 可以带一些实用的物品到岛上, 还能带十本书去, 你会选哪十本?

试着列这样一份书单是很有指导性的, 这不只是可以帮你发现自己最想一读再读的书是哪些。事实上, 和另外一件事比起来, 这一点很可能微不足道。那件事就是: 当你想象自己被隔绝在一个没有娱乐、没有资讯、没有可以理解的一般事物的世界时, 比较起来你是否会对自己了解得更多一点? 在某种程度上, 我们都跟被放逐到荒岛上的人没有什么两样。⁴⁸面对的都是同样的挑战——如何找出内在的资源, 过更美好的人类生活的挑战。

人类的心智与身体截然不同。⁴⁹身体有限制, 心智却没有。其中一个迹象是, 在力量与技巧上, 身体不能无限制地成长, 而头脑却能无限地成长与发展下去。⁴⁹心智不会因为到了某个年纪就停止成长, 只有当大脑失去活力, 僵化了, 才会失去了增加技巧与理解力的力量。

这是人类最明显的特质。但是这种特质也潜藏着巨大的危险。心智跟肌肉一样, 如果不常运用就会萎缩。心智的萎缩是在惩罚不经常动脑, 它可能要人的命。除此之外, 似乎也没法儿说明为什么许多工作忙碌的人一旦退休之后就会很快死亡。⁵⁰他们活着是因为工作对心智上有所要求, 那是一种人为的支撑力量, 也是外界的力量。一旦外界要求的力量消失后, 又没有内在的心智活动, 便停止了思考, 死亡也随之而来。

아주 오래된 실험이 하나 있는데, 실험의 목적은 당신에게 가장 의미 있는 책제목을 찾는 것이다. 만약 당신이 무인도에서 여생을 보내게 된다거나 혹은 적어도 아주 오랫동안 머무르게 된다면 당신이 어느 정도 준비할 시간을 갖게 된다고 가정할 때 일부 실용적인 물품을 섬에 가져갈 수 있고 10권의 책을 가져갈 수 있다. 당신은 어떤 10권의 책을 선택하겠는가?

이런 책 리스트를 생각해보는 것은 매우 의미가 있는데, 이것은 당신이 가장 자주 보고 싶은 책은 무엇인지 알 수 있게 해준다. 사실 다른 일과 비교해볼 때 이 점은 매우 작은 것이다. 그것은 바로 당신이 오락거리가 없고 정보도 없으며 일반 사물을 이해할 세계와 격리되는 것을 상상할 때 당신 자신에 대한 이해가 더 많아지지 않을까? 어떤 각도로 보면 우리와 무인도에 격리된 사람과 다를 바 없다. 어떻게 내재된 자원을 찾는가라는 똑같은 도전에 직면하고 있는 것이다. 이것은 더 행복한 생활을 살려고 하는 인류 생활의 도전이다.

인류의 지혜와 신체는 확연히 다르다. 신체는 제한이 있지만 지혜는 없다. 예를 들어 힘과 기교에 있어 신체는 무제한적으로 성장할 수 없지만 머리는 무제한적으로 성장하고 발달할 수 있다. 지혜는 나이가 들었다고 해서 성장을 멈추지 않는다. 대뇌가 활력을 잃고 경직되어야지만 기교와 이해가 느는 힘을 잃게 될 것이다.

이것은 인류의 가장 분명한 특징이지만 이런 특징은 큰 위험을 내포하고 있다. 지혜와 근육은 똑같이 자주 활용하지 않으면 위축될 수 있다. 지혜가 줄어들면 자주 머리를 쓰지 않게 되고 이것은 사람 목숨에도 영향을 준다. 이밖에 왜 바빴던 많은 사람들이 퇴직하고 나면 빨리 죽는지를 설명할 수 없는 것처럼 보인다. 그들이 살 수 있었던 것은 일을 하면서 지혜를 필요로 했고 이것이 인위적인 지탱력이자 외부의 힘이었던 것이다. 일단 외부의 힘을 잃게 되고 내재된 지혜활동이 없으면 사고를 멈추게 되고 죽게 되는 것이다.

47 这个古老的测验的目的是什么?

이 오래된 실험의 목적은 무엇인가?

A 考验你的毅力

당신의 의지를 시험한다

B 锻炼你的生存能力

당신의 생존능력을 단련시킨다

C 找出对你有意义的书目

당신에게 의미 있는 책 목록을 찾게 한다

D 找出一本你看过的书目

당신이 본 책 목록을 찾게 한다

[● 풀이]

본문의 제일 첫문장인 有一个很古老的测验——目的在于找出对你最有意义的书目(아주 오래된 실험이 있는데, 실험의 목적은 당신에게 가장 의미 있는 책제목을 찾는 것이다)에서 보면 답이 C 找出对你有意义的书目임을 알 수 있다.

정답 C

48 在无人岛上生活，你会学到什么?

무인도에서 생활하면 당신은 무엇을 배울 수 있는가?

A 生存的技能

생존의 기교

B 如何与动物打交道

어떻게 동물과 교류할 수 있는지

C 环境对人类的重要性

환경이 인류에게 미치는 중요성

[● 풀이]

面对的都是同样的挑战——如何找出内在的资源，过更美好的人类生活的挑战(어떻게 내재된 자원을 찾는가라는 똑같은 도전에 직면하고 있는 것이다. 이것은 더 행복한 생활을 살려고 하는 인류에게 도전이다)에서 우리는 48번의 답이 D 如何面对生活的挑战임을 알 수 있다.

정답 D

D 如何面对生活的挑战
어떻게 생활에 대한 도전을 대처하는가

49 人类最明显的特质是什么?
인류에게 가장 분명한 특징은 무엇인가?

A 身体无限地成长
신체는 무제한적으로 성장한다

B 心智不会停止成长
지혜는 성장을 멈추지 않는다

C 心智不会随着身体成长
지혜는 신체에 따라 성장하지 않는다

D 大脑不会失去思考能力
대뇌는 사고능력을 잃지 않는다

[❂ 풀이]

본문의 중간 부분 身体有限制, 心智却没有(신체는 제한이 있지만 지혜는 없다)와 心智不会因为到了某个年纪就停止成长(지혜는 나이가 들었다고 해서 성장을 멈추지 않는다)에서 '인류에게 가장 분명한 특징은 무엇인가?'에 대한 답이 B 心智不会停止成长라는 것을 알 수 있다.

정답 ▶ B

50 为什么退休的人会很快死亡?
왜 퇴직한 사람들이 빨리 죽는가?

A 他们失去了工作
그들은 실직했기 때문에

B 他们身体状况一直不好
그들의 건강상황은 줄곧 좋지 않았기 때문에

C 失去了内在的心智活动
내재된 지혜활동을 잃었기 때문에

D 失去了思考的能力
사고능력을 잃었기 때문에

[❂ 풀이]

본문의 내용 중 가장 마지막 부분에서 퇴직한 사람들에 대해 언급하였는데, 퇴직하여 일단 외부의 힘을 잃게 되고 내재된 지혜활동이 없으면 사고를 멈추게 되고 죽게 되는 것이라고 하였다. 즉 답은 C 내재된 지혜활동을 잃었기 때문이다.

정답 ▶ C

❂ 단어

荒岛 huāngdǎo 몡 무인도. 황량한 섬 | 假设 jiǎshè 통 임시로 정하다. 가정하다 | 微不足道 wēibùzúdào 셩 매우 작아서 말할 가치도 없다 | 隔绝 géjué 통 단절하다. 차단하다 | 资讯 zīxùn 몡 정보 | 两样 liǎngyàng 혱 다르다. 같지 않다 | 截然不同 jiérán bùtóng 셩 (두 가지가) 완전히 다르다 | 迹象 jìxiàng 몡 흔적. 조짐 | 潜藏 qiáncáng 통 숨기다. 감추다 | 萎缩 wěisuō 통 (식물이) 마르다. 시들다. (몸, 기관 등이) 위축되다 | 忙碌 mánglù 혱 바쁘다. 분망하다 | 支撑 zhīchēng 통 (무너지지 않게) 받치다 | 毅力 yìlì 몡 끈기

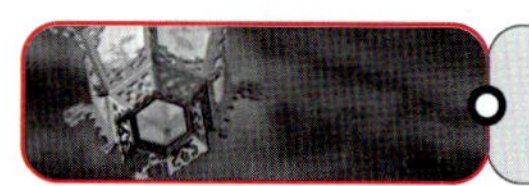 

독해 해설

第一部分

51~60번 문제, 다음 문장 중 틀린 문장을 고르시오.

51

A　与他的第一次接触给我留下了深刻的印象。
그와의 첫 만남은 나에게 깊은 인상을 남겨주었다.

B　他就是这么个人，我早就看透了他的为人。
그는 그런 사람이고 나는 그의 됨됨이를 일찍 알아보았다.

C　在我们的身边，有多少像他这样无私助人的好人啊！
내 주변에 그처럼 사심 없이 다른 사람을 도와주는 사람이 있다니!

D　如果常常打球、散步、爬山或者游泳，就可以使肌肉发达出来。
만약 자주 공을 차고 산보하며 등산을 하거나 수영을 한다면 근육을 발달시킬 수 있다.

[풀이]

D는 어떠한 운동과정을 거치면 근육을 발달시킬 수 있다는 내용이다. 그러므로 如果常常打球、散步、爬山或者游泳，就可以使肌肉发达起来로 고쳐야 한다.

정답　D

 tip

* 起来와 出来의 비교

방향보어	의미 및 예제
起来	① 분산되어 있던 것이 한곳으로 모임 예 把沙子合起来 모래를 모으다(분산되어 있던 것을 한곳으로 모음) ② 어떤 방면으로부터 예측, 평가함 예 你看起来很累。 너 피곤해 보여. (평가) ③ 시작과 지속 예 这个孩子哭起来没完没了。 이 아이는 울기 시작하면 끝이 없다. (지속) 昨天下雨了，今天又下起雨来了。 어제도 비가 왔는데 오늘 또 비가 내린다. (시작) ④ 회상 예 我又想起来了，你们听听。 나 또 생각났어, 한번 들어봐. (회상) ⑤ 아래에서 위로의 뜻을 가짐
出来	① 안에서 밖으로 나오다 예 他从包里拿出来了很多书。 그는 가방에서 많은 책을 꺼냈다. (안 → 밖) ② 무에서 유 예 一会儿，他就画出来了一副山水画。 잠시 후, 그는 한 폭의 산수화를 그려냈다. (무 → 유) ③ 명확하지 않은 것에서 명확한 것 ④ 숨겨져 있는 것에서 밝혀지는 것의 의미를 가짐

단어

看透 kàntòu 동 꿰뚫어 보다. 간파하다 ｜ 无私 wúsī 형 사심이 없다

52

> **A** 秦始皇兵马俑家喻户晓，被誉为"世界第八大奇迹"。
> 진시황 병마용은 모두가 알고 있듯이 '세계 8대 기적'으로 불린다.
>
> **B** 入夜，筑路工人仍跟着严寒在工地上紧张地工作着。
> 밤이 되어 도로건설인부들은 차가운 공사장에서 바쁘게 일했다.
>
> **C** 据统计，北京市的大学生当中有78%的人有过打工经历。
> 통계에 따르면 베이징 시 대학생 중 78%가 아르바이트 경험이 있다고 한다.
>
> **D** 在这样的文化范围内，重农思想的产生便是顺理成章的事情。
> 이러한 문화 분위기 속에서 중농주의 사상의 탄생은 매우 당연한 것이다.

[◎ 풀이]

跟着 뒤에는 일반적으로 구체적인 사물이 온다. 예를 들면 跟着老师读, 跟着我的脚印走 등. 冒着 뒤에는 좋지 않은 상황이나 비교적 열악하고 위험한 상황이 온다. 예를 들면 危险, 严寒, 大雨 등. 그러므로 문장 B는 入夜，筑路工人仍冒着严寒在工地上紧张地工作着로 고쳐야 한다.

정답 ▶ B

[◎ 단어]

秦始皇 Qínshǐhuáng 인명 진시황 ㅣ 兵马俑 Bīngmǎyǒng 명 병마용 ㅣ 筑路 zhùlù 통 도로를 건설하다 ㅣ 重农 zhòngnóng 명 중농 ㅣ 顺理成章 shùnlǐ chéngzhāng 성 이치에 맞으면 문장이 이루어진다

53

> **A** 人能爬到至高的顶点，却不能长久居住在那里。
> 사람들이 정상에 올라가려면 그곳에서 오랫동안 머물러서는 안 된다.
>
> **B** 要想实现自己的理想，当然需要"三分天分，七分努力"。
> 자신의 꿈을 이루려면 당연히 '30%의 소질과 70%의 노력'이 필요하다.
>
> **C** 在文明高速发展的今天，已有越来越很多的人开始重视诚信。
> 문명이 고도로 발전한 오늘날 이미 점점 더 많은 사람들은 믿음을 중시하기 시작했다.
>
> **D** 路是脚踩出来的，历史是人写出来的。人的每一步行动都在书写着自己的历史。
> 길은 밟아서 생긴 것이고 역사는 사람들에 의해 쓰여져 생긴 것이다. 한 사람의 모든 행동마다 자신의 역사를 쓰고 있는 것이다.

[◎ 풀이]

C의 '越来越…'는 이미 전진한 정도, 점층을 나타내므로 앞뒤에 정도를 나타내는 단어 很, 非常, 十分 등을 쓸 수 없다.

예 天气越来越很/非常/十分热。（×）
　　天气越来越热。（○）

그러므로 C는 在文明高速发展的今天，已有很多的人越来越开始重视诚信으로 고쳐야 한다.

정답 C

단어

顶点 dǐngdiǎn 몡 정점. 절정 ┃ 诚信 chéngxìn 혱 성실하다. 신용을 지키다

54

A　他在自己的第二个赛季就已经成长为球队的得分王。
　　그는 자신의 두 번째 경기에서 이미 팀의 득점왕이 되었다.

B　当人类欢呼对自然的胜利的时，也就是自然对人类惩罚的开始。
　　인류가 자연에게 승리했다고 환호할 때가 곧 자연이 인류에게 벌을 내리기 시작한 때이다.

C　中国的科举制度从隋朝开始，是一种封建社会提拔官吏的制度。
　　중국의 과거제도는 수나라부터 시작한 봉건사회에서 관리를 뽑는 제도였다.

D　人的大脑分为左右两部分，各自分管并对不同的信息内容进行处理。
　　인간의 대뇌는 좌우 두 부분으로 나뉘며 각자 다른 정보내용을 처리하고 분담한다.

[풀이]

B에서 '当…的时候', '当…时'는 고정격식이다. 그러므로 当人类欢呼对自然的胜利的时候，也就是自然对人类惩罚的开始나 当人类欢呼对自然的胜利时，也就是自然对人类惩罚的开始로 고쳐야 올바른 표현이다.

정답 B

단어

赛季 sàijì 몡 (경기의) 시즌 ┃ 科举 kējǔ 몡 과거(중국의 수나라와 당나라 때부터 청나라에 이르기까지 실시한 관리등용제도) ┃
官吏 guānlì 몡 관리. 관료 ┃ 分管 fēnguǎn 동 나누어 관리하다. 분업하여 관리하다

55

A　由于震源深度不一样，对地面造成的破坏程度也不一样。
　　진원의 깊이가 달라서 지면에 미칠 파괴정도도 다르다.

B　我的幸福十分之九是建立在健康基础之上的，健康就是一切。
　　우리의 행복 중 90%는 건강을 기반으로 삼는데, 건강은 곧 모든 것이라 할 수 있다.

C　在足球比赛中，天气影响比赛结果的一个重要的非技术性因素。
　　축구시합에서 날씨는 시합결과에 영향을 주는 중요한 비기술적 요소이다.

D　在当今的娱乐界，他以自己的实际行动向人们展示了一个艺人的良好风貌。
오늘날 연예계에서 그는 자신의 실제행동으로 사람들에게 예술의 아름다운 풍모를 보여주고 있다.

[풀이]

C에서는 동사 是가 부족하다. 그러므로 在足球比赛中，天气是影响比赛结果的一个重要的非技术性因素가 되어야 한다.

정답 ▶ C

단어

震源 zhènyuán 명 진원. 진원지 ｜ 风貌 fēngmào 명 풍격과 면모

56

A　成都的油画家们热衷于绘画，很重视情感与生活的关系。
청두의 유화 화가들은 회화에 열중하며 감정과 생활의 관계를 매우 중시한다.

B　我们在校学习期间，除了学习知识外，会花大量时间在智力训练方面。
우리는 재학기간 동안 지식을 배운 것 외에도 많은 시간을 지력훈련에 할애했다.

C　大部分恐龙已经灭绝，但是恐龙的后代——鸟类却存活下来，并繁衍至今。
대부분의 공룡은 이미 멸종되었지만 공룡의 후손인 조류는 현재까지 살아 남았고, 오늘날까지 번영하고 있다.

D　蜻蜓被称为昆虫里的“飞行之王”，它好像一架飞机，而却飞行技巧远远高于飞机。
잠자리는 곤충에서 '비행왕'이라 불리는데, 마치 비행기같지만 비행기술은 비행기에 훨씬 못 미친다.

[풀이]

잠자리가 곤충 중의 비행왕이라지만 비행기술은 비행기에 못 미친다는 내용이다. 전환관계이므로 而이 아닌 但을 써야 한다. 飞行技巧가 후반부의 주어이므로 부사인 却는 동사 앞에 써야 하므로, 蜻蜓被称为昆虫里的“飞行之王”，它好像一架飞机，但飞行技巧却远远高于飞机가 맞는 문장이다.

정답 ▶ D

단어

油画 yóuhuà 명 유화 ｜ 热衷 rèzhōng 동 (어떤 활동에) 열중하다. 정신을 쏟다 ｜ 训练 xùnliàn 동 훈련하다 ｜ 灭绝 mièjué 동 완전히 사라지다. 소멸하다 ｜ 繁衍 fányǎn 동 조금씩 늘어나다. 번영하다 ｜ 蜻蜓 qīngtíng 명 잠자리 ｜ 昆虫 kūnchóng 명 곤충

57

A 一些应聘者显然并不清楚如何制作一份合格的简历。
일부 응시자들은 규격에 맞는 이력서를 어떻게 만드는지 모른다.

B 昨日，当我再次翻出家中那200多件关于雷锋的珍贵物品，心里满是激动。
어제 내가 집에 있는 200여 건의 레이펑에 관한 귀중품들을 다시 보았을 때 감격스러웠다.

C 动物的冬眠不是睡眠，而它们在漫长的冬季里减少体力消耗的一种自然现象。
동물의 동면은 수면이 아니라 길고 긴 겨울동안 체력이 소모되는 걸 방지하기 위한 자연적 현상일 뿐이다.

D 名誉和美德是心灵的修饰，如果没有它们，那么再美的肉体也不应该认为是美的。
명예와 미덕은 마음의 장신구이며 만약 이것들이 없다면 아름다운 육체라 할지라도 아름답게 느껴지지 않을 것이다.

[◉ 풀이]

C의 '不是…而是…'는 고정격식이다. 그러므로 动物的冬眠不是睡眠，而是它们在漫长的冬季里减少体力消耗的一种自然现象으로 고쳐야 바른 문장이다.

应聘 yìngpìn 동 초빙에 응하다. 초빙되다 | 雷锋 Léi Fēng 명 레이펑(봉사심이 많은 사람을 일컬음) | 冬眠 dōngmián 동 겨울잠을 자다. 동면하다 | 消耗 xiāohào 동 써서 없애다. 소모하다

58

A 随着电子技术的飞速发展，电脑应用已十分广泛，越来越多人的工作已经离开了电脑。
컴퓨터 기술이 빠르게 발전하면서 컴퓨터 응용은 이미 매우 광범위해졌고 더 많은 사람들의 업무가 이미 컴퓨터와 동떨어지게(떨어질 수 없게) 되었다.

B 泼水节是傣族最隆重的节日，也是云南少数民族节日中影响面最大，参加人数最多的节日。
살수절은 따이족의 최대 명절로 윈난 소수민족 명절 중 영향력이 가장 크고 참가인원이 가장 많은 명절이다.

C 我们二人都是属于居家派，非常乐意在家吃饭，可想而知，厨房的地位在我们家是至高无上的。
우리 둘은 모두 재택근무자로 집에서 밥을 먹는 것을 좋아해 주방에서의 지위는 우리집에서 매우 높은 것을 알 수 있다.

> D　值得关注的是，在小学生看来，随便拿别人东西、不讲卫生和经常被老师批评
> 的人，都会成为"最不受欢迎的人"。
>
> 주목할 만한 것은 초등학생이 보기에 다른 사람의 물건을 함부로 가져가거나, 깨끗하지 않고 자주 선생
> 님에게 혼나는 사람은 '가장 환영받지 못하는 사람'으로 인식될 수 있다.

[◎풀이]

A에서 앞구절과 뒷구절이 모순관계를 이룬다. 앞구절(电子技术的飞速发展，电脑应用已十分广泛)에서 전자기술이
급속도로 발전함에 따라 컴퓨터의 사용은 광범위해졌지만 뒷구절에서는 오히려 사람들의 일은 컴퓨터와 거리가 멀
어졌다고 했다. 그러므로 뒷구절에는 사람들의 일이 '컴퓨터와 떨어질 수 없음'을 말해야 한다. 그러므로 越来越多
人的工作已经离不开电脑로 고쳐야 올바른 문장이다.

정답　A

◎단어

隆重 lóngzhòng 형 성대하고 엄숙하다. 장중하다 ┃ 居家 jūjiā 동 집에서 지내다. 집 안에서 보내다 ┃ 可想而知 kěxiǎng érzhī
성 추측을 통해서 알 수 있다. 미루어 짐작할 수 있다 ┃ 至高无上 zhìgāo wúshàng 성 더할 수 없이 높다. 가장 높다

59

> A　如果孩子的学习成绩不好，父母最好替他报名参加一些课外活动，以导致他们
> 的兴趣。
>
> 만약 아이들의 학습성적이 좋지 않다면 부모는 아이를 일부 과외활동에 참가하도록 해 그들의 흥미를
> 이끌어야 한다.
>
> B　人们往往有一种错觉，以为高大威猛、性感外向的男人就是性感的男人，其实
> 性感是一种内在的体现。
>
> 우리는 자주 일종의 착각을 가지고 있어 체격이 크고 용맹스러우며 섹시하고 외향적인 남성이 바로 섹시
> 한 남성이라고 생각하는데 사실 섹시함은 내재된 것이다.
>
> C　据营养学家研究证明，鲜花富含人体所需的22种脂类、糖类以及铁、锌等物
> 质，它能有效地调节人体的生理功能，增强体质。
>
> 영양학 학자의 연구에 따르면 생화에는 인체에 필요한 22종의 지방과 탄수화물, 아연 등의 물질을 함유
> 하고 있고 효과적으로 인체의 생리기능을 조절하고 체력을 강화할 수 있다고 한다.
>
> D　素食，表现出了回归自然、回归健康和保护地球生态环境的返朴归真的文化理
> 念，它已经成为一种全新的环保、健康的生活方式。
>
> 채식은 자연으로 돌아가는 것을 의미하고 지구생태계 환경을 지키고 보호하는 자연으로 회귀하는 문화이
> 념이며 이미 일종의 새로운 환경보호와 건강한 생활방식이다.

[◎풀이]

A에서 导致는 일반적으로 좋지않은 결과를 나타낼 때 쓰인다.
예 导致失明(실명을 초래하다) / 导致犯罪(범죄를 초래하다)

여기에서 목적어는 兴趣이므로 동사는 激发 혹은 引起를 써야 한다. 그러므로 如果孩子的学习成绩不好，父母最好替他报名参加一些课外活动，以激发/引起他们的兴趣로 고쳐야 올바른 문장이다.

정답 A

단어

错觉 cuòjué 📵 착각 ｜ 威猛 wēiměng 📗 용맹스럽다 ｜ 富含 fùhán 📙 대량으로 함유하다 ｜ 糖类 tánglèi 📵 당류, 당 ｜ 锌 xīn 📵 아연 ｜ 调节 tiáojié 📙 조절하다, 조정하다 ｜ 返朴归真 fǎnpǔ guīzhēn 📘 원래의 순수하고 순박한 상태로 돌아가다

60

A 宠物在小区里的路边"方便"，引得小区里的其他居民很不高兴，也影响了小区的卫生和环境。
애완동물이 동네 길에서 '오줌을 누는 것'은 동네에 거주하고 있는 다른 사람들의 불만을 가져왔고 동네의 위생과 환경에 영향을 주었다.

B 黑木耳是中国人饭桌上的常见菜，因为它对排毒、减肥、美容能起到一定的作用，受到人们普遍欢迎，是一种老少皆宜的黑色食品。
검은 목이버섯은 중국인들의 밥상에 자주 오르는 음식으로 독소 배출, 다이어트, 미용에 좋은 작용을 하고, 사람들에게 보편적으로 환영을 받는 남녀노소 모두 좋아하는 흑색식품이다.

C 所谓"沉默权"，是指犯罪嫌疑人、被告人在接受警察讯问或出庭受审时，有保持沉默而拒不回答的权利。
이른바 '묵비권'이란 범죄혐의자, 피고인이 경찰에 심문을 받거나 법정에서 재판을 받을 때 침묵을 유지하고 대답을 거부할 수 있는 권리를 말한다.

D 我们中华民族自古就有尊老爱幼的传统美德，但是中华民族的子孙，我们有责任发扬光大这个优良传统。
우리 중화민족은 예부터 노인을 공경하고 아이를 사랑하는 전통미덕이 있지만 중화민족의 자손인 우리는 이러한 우수한 전통을 널리 떨칠 책임이 있다.

[풀이]

D에서 앞구절과 뒷구절은 전환관계가 아니므로 但是를 쓰는 것은 적합하지 않다. 또 '把…发扬光大'의 고정격식으로 쓰인다. 그러므로 我们中华民族自古就有尊老爱幼的传统美德，作为中华民族的子孙，我们有责任把这个优良传统发扬光大로 고쳐야 올바른 문장이다.

정답 D

단어

宠物 chǒngwù 📵 애완동물 ｜ 木耳 mù'ěr 📵 목이버섯 ｜ 老少皆宜 lǎoshào jiēyí 📘 노인이나 젊은이에게 다 적합하다 ｜ 沉默权 chénmòquán 📵 묵비권 ｜ 犯罪嫌疑人 fànzuì xiányírén 범죄혐의자 ｜ 出庭 chūtíng 📙 법정에 출두하다 ｜ 受审 shòushěn 📙 심문을 받다 ｜ 尊老爱幼 zūnlǎo àiyòu 노인을 존경하고, 어린이를 사랑하다 ｜ 发扬光大 fāyáng guāngdà 📘 원래의 기초 위에서 더욱 확대하고 발전시키다

第二部分

61~70번 문제, 다음 지문의 빈칸에 맞는 답을 고르시오.

61

我们的连锁店管理很注重 __1__ ，一个店里面 __2__ 是大店还是小店，都有很多细小的事情需要去处理。这些很小的事情就可能会 __3__ 你这个企业的成败。

우리의 체인점 관리는 [1] 세심한 부분을 매우 중시하여서, 상점이 크든 작 [2] 든 간에 많은 사소한 일을 가서 처리해야 한다. 이 매우 작은 일들이 당신의 사업승패를 [3] 가릴 수도 있다.

A	琐碎	既然	判断	B	细节	无论	决定
C	关键	由于	抉择	D	细心	不管	决心

[● 풀이]

1: 细心은 사람의 성격을 형용한다. 그러므로 첫 번째 빈칸의 管理는 형용할 수 없으므로 D는 답이 될 수 없다. 琐碎는 작거나 번거로운 일을 형용하므로 A도 답이 될 수 없다.

2: 大店还是小店은 선택관계이기 때문에 선택관계를 나타내는 접속사인 无论이 되어야 한다.

정답 ▶ B

[● 단어]

连锁店 liánsuǒdiàn 명 연쇄점. 체인점 | 细小 xìxiǎo 형 매우 작다. 사소하다 | 琐碎 suǒsuì 형 자질구레하고 번거롭다 | 抉择 juézé 동 선택하다. 고르다

62

中国考古人员在 __1__ 发现了世界上最大的似鸟恐龙化石。这一发现将 __2__ 国际科学界对恐龙向鸟类演化的传统理论，也是中国科学家对鸟类 __3__ 研究领域的重大贡献。

중국 고고학자들은 [1] 현지에서 세계에서 가장 큰 사조공룡 화석을 발견했다. 이 발견은 국제과학계가 공룡이 조류로 변화한다는 전통이론을 [2] 바꿀 것이며, 중국 과학자들이 조류 [3] 기원 연구영역에서 지대한 공헌을 하게 될 것이다.

A	当地	改变	起源	B	本地	更改	来源
C	现场	变化	来自	D	地方	变成	出自

[● 풀이]

1: 当地와 本地는 인물이 있는 곳 혹은 어떤 일이 발생되었던 특정한 곳을 가리키는 방위명사이다. 그러나 地方은 아무 장소나 가리키는 명사이므로 D는 답이 될 수 없다.

2: 빈칸에는 동사가 와야 하는데 变化는 명사이므로 C도 답이 될 수 없다. 更改은 어떠한 특정한 내용을 바꾼다는 뜻이므로 B도 답이 될 수 없다.

정답 ▶ A

단어

考古 kǎogǔ 동 고고하다 ┃ 演化 yǎnhuà 동 진화하다. 변천하다 ┃ 贡献 gòngxiàn 동 공헌하다. 이바지하다 ┃ 起源 qǐyuán 동 발생하기 시작하다. 기원하다 ┃ 更改 gēnggǎi 동 바꾸다. 변경하다 ┃ 来源 láiyuán 명 근원. 기원

63

丽江古城历史 __1__ ，古朴自然。城市布局错落有致，既具有山城风貌，又充满着水乡的气息。丽江民居既融和了汉、白、彝、藏各民族的 __2__ ，又有纳西族的独特风采，是研究中国建筑史、文化史不可多得的重要 __3__ 。

리장 고성은 역사가 매우 1 유구하고 소박하여 예스러우며 천연의 모습을 잘 간직하고 있다. 이색적인 도시구조, 산간도시의 면모와 물의 고향의 정취를 느낄 수 있다. 리장 사람들은 한족, 백족, 이족, 장족 등 각 민족의 2 정화를 융합했고 나시족의 독특한 풍모가 있어 중국건축사, 문화사를 연구하는 데 드문 중요한 3 문화유산이다.

A	长久	精髓	遗书	B	悠久	精华	遗产
C	悠久	精粹	遗址	D	悠长	精通	财产

[풀이]

1: 역사, 문화, 전통, 민족 등의 지나간 세월 등을 형용할 때는 悠久를 써야 한다. 그러므로 A와 D는 답이 될 수 없다.
3: 遗址는 오래된 건축물이 있는 곳을 뜻하기 때문에 丽江古城历史와는 적합하지 않다. 그러므로 답은 B가 된다.

정답 ▶ B

단어

古朴 gǔpǔ 형 소박하고 예스럽다 ┃ 布局 bùjú 명 (바둑, 장기 등에서의) 포석 ┃ 错落 cuòluò 형 뒤엉켜 어수선하다 ┃ 不可多得 bùkě duōdé 많이 얻을 수 없다. 매우 드물다 ┃ 精髓 jīngsuǐ 명 정수 ┃ 遗书 yíshū 명 저서. 저작 ┃ 精粹 jīngcuì 형 정련되고 순수하다 ┃ 遗址 yízhǐ 명 유지. 유적

64

生理学研究结果 __1__ ，中老年人最容易发生体内慢性缺水，这是因为中老年人肾上腺水平呈下降趋势，心钠素分泌增加， __2__ 导致人体内钠离子不断丢失，使人对失水的反应降低，因此，中老年人体内 __3__ 足量的水分， __4__ 健康长寿十分重要。

생리학 연구결과에 따르면 중노년들에 가장 쉽게 발생하는 체내만성탈수는 중노년의 부신기능부전과 심방성 나트륨 이뇨호르몬 분비의 증가로 2 인해 인체 내 나트륨이 계속해서 소실돼 인체의 탈수반응이 하락하기 때문에 인체 내에 충분한 수분을 3 유지하는 것은 건강과 장수 4 에 매우 중요하다는 것을 1 보여준다.

A	显示	因此	维护	将		B	指出	然而	保留	因
C	表明	从而	保持	对		D	发布	于是	维持	以

[풀이]

1: 发布는 명령, 지시, 신문 등에 쓰이기 때문에 研究结果와 적합하지 않으므로 D는 답이 될 수 없다.

2: 这是因为中老年人肾上腺水平呈下降趋势에서 因为가 있기 때문에 이 문장은 인과관계인 것을 알 수 있다. 然而은 전환관계 접속사, 因此는 앞의 因为와 중복되기 때문에 쓰일 수 없다. 그러므로 답은 C가 된다.

정답 ▶ **C**

단어

慢性 mànxìng 형 만성의 | 肾上腺 shènshàngxiàn 명 부신(副腎) | 分泌 fēnmì 동 분비하다 | 钠 nà 명 나트륨 | 离子 lízǐ 명 이온 | 发布 fābù 동 발포하다. 선포하다 | 维持 wéichí 동 (어떤 상태를) 그대로 지탱하다. 유지하다

65

"粤菜"是由广州菜、潮州菜、东江菜组成，以广州菜为 __1__ 的。广州菜是在汇集我省各地优秀民间美食的基础上不断地 __2__ 我国各大菜系之精华，借鉴西方食谱之所长，融汇贯通而成一家的。广州菜用料广博，选料 __3__ ，技艺精良，善于变化，品种多样。仅在1956年"广州名菜美点展览会"上 __4__ 的菜品便有5447个。

광동요리는 광저우요리, 차오저우요리, 둥장요리로 구성되고 광저우요리로 [1] 대표된다. 광저우요리는 중국 각지의 훌륭한 민간음식을 기반으로 중국 각 대표요리의 정수를 끊임없이 [2] 받아들였고, 서양음식의 장점을 받아들여 융합하고 관통하여 일가를 이루게 되었다. 광저우요리는 음식재료가 다양하고 재료를 선택할 때 매우 [3] 세심하며 기술이 뛰어나고 변화에 능하며 품종이 다양하다. 1956년 '광저우 유명요리전시회'에서 [4] 소개된 요리가 5,447개에 이른다.

A	反映	汲取	精确	广告		B	象征	吸收	精通	交代
C	标志	应用	精巧	打听		D	代表	吸取	精细	介绍

[풀이]

1: 反映은 어떤 상황을 거쳐서 표현되다는 의미이기 때문에 본문의 의미와 맞지 않으므로 A는 답이 될 수 없다. 粤菜는 广州菜(광저우요리)로 구성된다고 하였기 때문에 광저우요리는 광동요리의 대표이기도 하다. 그러므로 답은 D가 된다.

정답 ▶ **D**

단어

粤菜 yuècài 명 광동요리 | 汇集 huìjí 동 모으다 | 借鉴 jièjiàn 동 본보기로 삼다. 참고로 하다 | 食谱 shípǔ 명 요리책 | 贯通 guàntōng 동 철저하게 이해하다. 통달하다 | 广博 guǎngbó 형 해박하다. 박식하다 | 精良 jīngliáng 형 정교하고 우수하다 | 汲取 jíqǔ 동 받아들이다. 흡수하다 | 精确 jīngquè 형 정확하다. 틀림없다 | 象征 xiàngzhēng 동 상징하다 | 精巧 jīngqiǎo 형 정교하다. 정밀하다

66

市场上的冰淇淋不但品牌 <u>　1　</u> 而且种类也是 <u>　2　</u>。从几角钱到几十元甚至上百元的，从清爽水冰型的到浓重奶油型的，香香甜甜、滑滑嫩嫩的冰淇淋不仅是人们祛暑 <u>　3　</u> 的甜品，而且为人们增添了许多品尝的乐趣， <u>　4　</u> 是那些造型别致的冰淇淋更是孩子们四季的最爱。

시장에서 판매되는 아이스크림은 브랜드가 ¹ 많고 종류 또한 ² 나날이 새로워지고 있다. 몇 마오에서 몇 십 위안 심지어 백 위안이 넘는 아이스크림도 있고 시원한 얼음 맛, 우유 맛 등이 있으며 달고 부드러운 아이스크림은 사람들이 더위를 피하고 더위를 ³ 가라앉히는 간식으로 사람들에게 여러 가지 즐거움을 가져다준다. ⁴ 특히 모양이 특별한 아이스크림들은 아이들에게 사계절 내내 계속 사랑받는다.

A	众多	日久天长	乘凉	重要	B	繁多	日新月异	降温	特别
C	广大	以旧换新	消暑	的确	D	广泛	喜新厌旧	低温	确实

[◎풀이]

<u>1</u>: 众多와 繁多는 종류와 수량상의 많고 적음을 나타낸다. 그러나 广大와 广泛은 범위의 넓음을 나타내므로 C와 D는 본문의 내용과 적합하지 않다.
<u>2</u>: 天长日久는 시간의 흐름을 나타내므로 A도 답이 될 수 없다. 그러므로 답은 B가 된다.

정답 ▶ B

단어

清爽 qīngshuǎng 형 맑고 상쾌하다 | 浓重 nóngzhòng 형 (연무, 냄새, 색채, 등이) 짙다. 농후하다 | 奶油 nǎiyóu 명 크림. 유지 | 滑嫩 huánèn 형 매끈매끈하고 보드랍다 | 品尝 pǐncháng 동 (맛을) 보다. 시식하다 | 别致 biézhì 형 새롭다. 별나다 | 日久天长 rìjiǔ tiāncháng 성 (시간이) 길다. 장구하다 | 乘凉 chéngliáng 동 더위를 식히다. 더위를 피하다 | 日新月异 rìxīn yuèyì 성 매일 새롭고 매월 다르다 | 降温 jiàngwēn 동 온도를 내리다 | 消暑 xiāoshǔ 동 소일하며 여름철을 보내다 | 喜新厌旧 xǐxīn yànjiù 성 새것을 좋아하고 낡은 것을 혐오하다

67

司马迁的家族 <u>　1　</u> 都是史官，而 <u>　2　</u> 史官，他有责任来记载帝王圣贤的言行，也有责任来搜集整理天下的遗文古事，更有责任通过叙事论人为当时的统治者提供 <u>　3　</u>。司马迁的父亲司马谈就 <u>　4　</u> 整理中华民族数千年历史，试图撰写一部规模空前的史著。

사마천의 가문은 ¹ 대대로 사관을 맡아 사관 ² 으로서 그는 군주의 언행을 기록할 책임이 있었고 또 세상의 이야기들을 정리하고 수집할 책임도 있었다. 더욱 중요한 책임은 이야기를 통해 당시 통치자들에게 ³ 참고물을 제공하는 것이었다. 사마천의 부친 사마담은 중화민족의 수천 년 역사를 정리할 ⁴ 뜻을 품었고 전례 없는 규모의 역사서 집필을 시도했다.

A	世纪	当成	鉴于	有害于	B	代代	当上	借助	有利于
C	世代	作为	参考	有志于	D	祖传	成为	鉴定	有益于

[▶풀이]

1: A의 世纪는 시간을 표현하는 명사이므로 첫 번째 빈칸에는 맞지 않다.

3: 관리의 어떠한 신분을 나타낼때는 作为를 써야 하므로 C가 정답이다.

정답 ▶ C

▶단어

史官 shǐguān 명 사관 | 记载 jìzǎi 통 기재하다. 기록하다 | 圣贤 shèngxián 명 성현 | 搜集 sōují 통 수집하다. 찾아 모으다 | 遗文 yíwén 명 유문 | 撰写 zhuànxiě 통 (글을) 쓰다. 짓다 | 空前 kōngqián 형 전례가 없는. 공전의 | 史著 shǐzhù 명 '역사 저서'의 줄임말 | 鉴于 jiànyú 개 ~에 비추어 보아 | 代代 dàidài 부 대대로 | 借助 jièzhù 통 도움을 받다. 힘을 빌리다 | 有志于 yǒuzhì yú ~에 뜻을 두다 | 祖传 zǔchuán 통 조상 대대로 전해지다 | 鉴定 jiàndìng 통 평가하다

68

琴棋书画 __1__ 心，梅兰竹菊寄情。菊花是我国传统的十大名花之一，并与梅、兰、竹一起被称为"四君子"，它那 __2__ 的花朵，姹紫嫣红的色彩，清秀高雅的幽香，备受世人赞赏。菊花栽培历史 __3__ 。南北朝时代，开封就有种植菊花的 __4__ 。

악기, 바둑, 서예, 서화 등 문예활동은 정신을 1 수양하게 해주고 매화, 난초, 대나무, 국화는 감정을 나타내준다. 국화는 중국의 오래된 10대 꽃 중 하나로 매화, 난초, 대나무와 같이 '사군자'라 불린다. 국화의 2 각양각색 꽃송이와 울긋불긋 화려한 색깔, 고아하고 은은한 향기를 많은 사람들은 찬사했다. 국화의 재배 역사는 3 매우 오래되었다. 남북조시대 개봉에서 국화를 재배했다는 4 기록이 있다.

A 贪　五花八门　驰名海外　记忆　　B 送　分门别类　接二连三　回忆
C 关　千差万别　层出不穷　记录　　D 养　千姿百态　源远流长　记载

[▶풀이]

2: 꽃의 모양을 형용하는 말로는 千姿百态, 五花八门 등이 있다.

3: 역사의 유구한 세월을 源远流长이 형용하므로 답은 D가 된다.

정답 ▶ D

▶단어

琴棋书画 qín qí shū huà 거문고, 바둑, 글, 그림 같은 문인의 고상한 도락 | 寄情 jìqíng 통 감정을 품다 | 姹紫嫣红 chàzǐ yānhóng 성 꽃들이 곱고 아름답다 | 清秀 qīngxiù 형 아름답다. 우아하다 | 幽香 yōuxiāng 명 그윽한 향기. 은은한 향기 | 赞赏 zànshǎng 통 칭찬하다. 높이 평가하다 | 栽培 zāipéi 통 재배하다. 기르다 | 五花八门 wǔhuā bāmén 성 패턴이 다양하다 | 驰名 chímíng 통 명성을 널리 날리다. 이름을 널리 떨치다 | 分门别类 fēnmén biélèi 성 사물의 특성에 따라 부문별로 분류하다 | 接二连三 jiē'èr liánsān 성 끊임없이 계속해서 잇따라 오다 | 千差万别 qiānchā wànbié 성 (사물이) 차이와 구별이 아주 많다. 천차만별이다 | 层出不穷 céngchū bùqióng 성 끝도 없이 출현하다. 끊임없이 나타나다 | 养心 yǎngxīn 통 수양하다 | 千姿百态 qiānzī bǎitài 자태가 다양하다. 모습이 가지각색이다 | 源远流长 yuányuǎn liúcháng 성 발원지가 매우 멀고, 물길이 매우 길다

69

中国 __1__ 筷子，在人类 __2__ 史上是一桩值得骄傲和推崇的科学发明。李政道论证中华民族是一个优秀种族时说：“中国人早在春秋战国时代就发明了筷子。 __3__ 简单的两根东西，却高妙绝伦地应用了物理学上的杠杆 __4__ 。筷子是人类手指的延伸，手指能做的事，它都能做，且不怕高热，不怕寒冻，真是 __5__ 极了。

중국은 젓가락을 ¹ 사용하는데 이 젓가락은 인류 ² 문명사에서 자랑스럽고 존경받을 만한 과학적인 발명품이다. 리정따오는 중화민족은 우수한 민족임을 논증하며 다음과 같이 말했다. "중국인들은 일찍이 춘추전국시대에 젓가락을 발명했다. ³ 이렇게 간단한 두 막대기로 물리학의 지렛대 ⁴ 원리를 절묘하게 응용했다. 젓가락은 인류 손가락의 확장으로 손가락이 할 수 있는 것은 모두 할 수 있다. 더군다나 고열과 차가움에도 끄떡없어 정말 ⁵ 대단하다.

A	利用	文化	因此	道理	高潮
B	使用	文明	如此	原理	高明
C	常用	发展	如何	理论	优秀
D	惯用	进化	从此	效应	魅力

[▶ 풀이]

<u>1</u>: 사람이나 사물을 어떠한 목적을 가지고 사용할 때에 利用 혹은 使用을 쓴다. C와 D의 常用과 惯用은 목적을 가지고 사용한다는 뜻이 아니므로 답이 될 수 없다. 利用은 부정적인 뜻을 나타내므로 젓가락을 사용할 때는 利用은 적합하지 않다. 그러므로 답은 B가 된다.

정답 ▶ B

▶ 단어

桩 zhuāng ⑲ 말뚝 | 骄傲 jiāo'ào ⑲ 거만하다. 오만하다 | 推崇 tuīchóng ⑧ 높이 평가하다. 높이 받들다 | 杠杆 gànggǎn ⑲ 지레 | 延伸 yánshēn ⑧ 확대하다. 늘이다 | 高潮 gāocháo ⑲ 고조. 만조 | 从此 cóngcǐ ⑨ 이때부터. 이로부터

70

“十一五” __1__ ，中国新建建筑将全面 __2__ 节能50%的设计标准。有关人士指出，全国现在约有400亿平方米的建筑，经粗略估计后，目前约有三分之一需要进行节能改造。 __3__ 每平方米建筑改造费用是200元钱的话，就是26000亿元。也就说明建筑的改造不仅能够节约能源，而且也可以 __4__ 消费，带动产业结构的调整。

'11차 5개년 계획' ¹ 기간 동안 중국 신축 건물은 50% 에너지절감 설계기준을 전면적으로 ² 실행할 것이다. 한 관련 인사는 전국에 현재 약 400억 평방미터의 건축물이 있고, 잠정적 추산에 따르면 현재 약 1/3의 건축물의 에너지절약 개조가 필요하다고 지적했다. ³ 만약 매 평방미터 건축물 개조 비용이 200위안 정도라면 2억 6,000만 위안에 달한다. 즉 건축물의 개조는 에너지절약을 하게 할 뿐 아니라 소비를 ⁴ 촉진시켜 산업구조의 구조조정을 이끌 수 있다.

A	时期	进行	假若	促使
B	期间	实行	如果	促进
C	时间	实施	倘若	使得
D	时段	实现	要是	鼓励

[◐ 풀이]

1: 十一五는 第十一个五年으로 즉 어떤 기간 내의 시간을 뜻한다. 그러므로 期间을 써야 한다.
2: 어떤 표준이나 계획에 쓰이는 단어는 实行이다. 그러므로 답은 B가 된다.

정답 ▶ B

◐ 단어

新建 xīnjiàn 图 새로 세우다. 새로 건설하다 ┃ 设计 shèjì 图 설계하다 ┃ 粗略 cūlüè 園 대략적인. 대충의 ┃ 估计 gūjì 图 예측하다. 추측하다 ┃ 假若 jiǎruò 园 만약. 만일 ┃ 倘若 tǎngruò 园 만약 ～한다면 ┃ 使得 shǐde 園 되다. 좋다

第三部分 71~80번, 빈칸에 내용상 적절한 문장을 보기에서 골라 쓰시오.

71-75

有个老人在河边钓鱼，一个小孩走过去看他钓鱼，老人技巧纯熟，所以没多久就钓上了满篓的鱼，老人见小孩很可爱，要把整篓的鱼送给他，__(71)__________，老人惊异的问道："你为什么不要？"小孩回答："__(72)__________。"

老人问："你要鱼竿做什么？"

小孩说："这篓鱼没多久就吃完了，要是我有鱼竿，__(73)__________，一辈子也吃不完。"

我想你一定会说：好聪明的小孩。错了，他如果只要鱼竿，那他一条鱼也吃不到。因为，他不懂钓鱼的技巧，__(74)__________，因为钓鱼重要的不在'鱼竿'，而在'钓技'，有太多人认为自己拥有了人生道路上的鱼竿，再也无惧于路上的风雨，如此，难免会跌倒在泥泞的地上。就如小孩看老人，__(75)__________，就有吃不完的鱼，像职员看老板，以为只要坐在办公室，就能够财源广进。

한 노인이 강가에서 낚시를 하고 있었는데, 한 아이가 노인이 낚시하는 것을 보려고 다가갔다. 노인의 기술은 매우 노련해서 오래지 않아 한 바구니 가득 물고기를 잡았다. 노인은 아이가 매우 귀여워서 한 바구니 가득한 물고기들을 그에게 주려고 했으나, (71) C- 아이는 고개를 저었다. 노인은 놀라서 물었다. "왜 거절하는 거니?" 아이가 답했다. "(72) A- 저는 할아버지 손에 들린 낚싯대를 원해요." 노인이 물었다. "낚싯대 가지고 뭘 하려고?" 아이가 답했다. "바구니 안에 있는 물고기들은 얼마 안 있어 다 먹게 되지만, 만약 저에게 낚싯대가 있으면 (73) E- 제가 직접 잡을 수 있잖아요. 평생해도 다 먹지 못할 거예요." 아마 당신은 '매우 똑똑한 아이구나'라고 말할 것이다. 하지만 틀렸다. 그가 만약 낚시대만을 원한다면 그는 한 마리의 물고기도 먹지 못하게 될 것이다. 왜냐하면 그는 물고기 잡는 법을 모르므로 (74) B- 낚싯대만 있는 것은 쓸모가 없다. 왜냐하면 물고기 잡는 데 중요한 것은 '낚싯대'가 아니라 '물고기 잡는 기술'이다. 많은 사람들은 인생의 여정에서 자신은 낚싯대만 있으면 어떤 어려움도 두려울 게 없다고 생각하지만, 이런 생각을 한다면 진창 속에 빠질지 모른다. 아이가 노인을 바라보는 것처럼 (75) D- 낚시대만 있으면 다 먹지 못할 물고기가 있다고 생각하는 것은 직원이 사장을 바라보는 태도와 비슷하다. 직원들은 그저 사무실에 앉아있으면 돈이 그냥 굴러온다고 생각한다.

A 我想要你手中的鱼竿
　　저는 할아버지 손에 들린 낚싯대를 원해요

B 光有鱼竿是没用的
　　낚싯대만 있는 것은 쓸모가 없다

C 小孩摇摇头
　　아이는 고개를 저었다

D 以为只要有鱼竿
　　낚싯대만 있으면 ~라 생각하다

E 我就可以自己钓
　　제가 직접 잡을 수 있잖아요

[▶ 풀이]

<u>71.</u> 노인은 아이가 귀여워서 잡은 고기를 줬지만 아이의 어떠한 행동에 노인이 놀라서 물었다. 그러므로 아이는 고기를 받지 않았을 거라고 추측할 수 있다. 답은 C 小孩摇摇头이다.

<u>72.</u> 72번 빈칸 아래에 노인이 아이에게 낚싯대로 뭘 할 건지 물은 걸로 봐서 아이가 낚싯대를 달라고 한 것을 알 수 있다. 그러므로 답은 A 我想要你手中的鱼竿이다.

<u>73.</u> 마지막 단락의 要是我有鱼竿, [73]________, 一辈子也吃不完。에서 아이는 낚싯대만 있으면 물고기를 평생 잡아 먹을 수 있다고 말하였다. 그러므로 73번 빈칸에는 아이가 스스로 낚시를 하겠다는 E 我就可以自己钓가 답이 된다.

<u>74.</u> 他如果只要鱼竿, 那他一条鱼也吃不到。에서 아이는 낚시하는 기술이 없기 때문에 낚싯대가 있어도 고기를 잡을 수 없을 것이다. 그러므로 답은 B 光有鱼竿是没用的가 된다.

<u>75.</u> 많은 사람들이 인생에서 낚싯대만 있으면 두려울 게 없다고 생각하지만 그것은 잘못된 생각이고, 낚싯대가 있다고 해도 평생 먹을 물고기가 생기는 것은 아니다. 그러므로 답은 D 以为只要有鱼竿이 된다.

정답 ▶ 71. C 72. A 73. E 74. B 75. D

▶ 단어

钓鱼 diàoyú 통 물고기를 낚다 | 纯熟 chúnshú 형 능숙하다 | 篓 lǒu 명 바구니. 광주리 | 惊异 jīngyì 형 매우 이상하게 여기다 | 鱼竿 yúgān 명 낚싯대 | 跌倒 diēdǎo 통 걸려 넘어지다 | 泥泞 nínìng 형 (걷기 힘들 정도로) 질퍽거리다 | 财源广进 cáiyuán guǎngjìn 성 돈방석에 앉다 | 摇头 yáotóu 통 고개를 젓다

76-80

中国传统的清明节大约始于周代, [76]________________。公历四月五日前后为清明节, 是二十四节气之一。在二十四个节气中, 既是节气又是节日的只有清明。[77]________________, 清明一到, 气温升高, 正是春耕春种的大好时节, 故有"清明前后, 种瓜种豆", "植树造林, 莫过清明"的农谚。那么为什么清明又叫做寒食节呢? 据历史记载, [78]________, 晋国公子重耳逃亡在外, 生活艰苦, 跟随他的介子推不惜从自己的腿上割下一块肉让他充饥。后来, 重耳回到晋国, 做了国君（即晋文公, 春秋五霸之一）, 大事封赏所有跟随他流亡在外的随从, 惟独介子推拒绝接受封赏, 他带了母亲隐居绵山, 不肯出来。晋文公无计可施, 只好放火烧山, 他想, 介子推孝顺母亲, 一定会带着老母亲出来。谁知这场大火却把介子推母子烧死了。为了纪念介子推, 晋文公下令每年的这一天, 禁止生火, 家家户户只能吃生冷的食物, 这就是寒食节的来源。[79]________, 古人常把寒食节的活动延续到清明, 久而久之, 人们便将寒食与清明合二为一。现在, 清明节取代了寒食节, 拜介子推的习俗, 就变成清明扫墓的习俗。[80]________, 同时变成清明时节的一个习俗了。

중국의 전통명절 청명절은 주(周)나라 시대부터 시작해 ⁽⁷⁶⁾ B- 이미 2천5백 년의 역사를 가지고 있다. 양력 4월5일을 청명절이라 부르며, 24절기 중 하나이다. 24절기 중 절기이자 명절이라 부르는 것은 청명절뿐이다. ⁽⁷⁷⁾ A- 청명절은 시작부터 매우 중요한 절기로 여겨져, 청명절이 되면 기온이 상승하는 봄 파종의 적기로, 예로부터 '청명절 전후로 씨를 뿌렸다', '나무를 심어 조림하기엔 청명절이 제일이다'라는 농업에 관한 속담이 있다. 그렇다면 왜 청명절

을 한식절이라 불렀을까? 역사 기록에 따르면 ⁽⁷⁸⁾ D– 2천여 년 전 춘추시대에 진(晋)나라 공자 중이(重耳)가 외국으로 도망가 생활이 매우 어렵자 그를 따르는 개자추가 자신의 다리 살을 잘라내어 공자의 배고픔을 달래줬다. 후에 중이가 진나라로 돌아와 군주(진나라의 문공, 춘추오패 중 한 명)가 되어 그가 외국으로 도망갔을 때 따르던 심복들에게 큰 상을 내렸으나, 오직 개자추(介子推)만이 상을 받는 것을 거부하고 그의 어머니를 모시고 진산에서 은거해 나오길 원하지 않았다. 군주도 어찌할 수 없어 산에 불을 내면서 군주는 개자추가 어머니에 대한 효심이 깊어 어머니를 데리고 나올 것이라 생각했다. 그러나 이 큰 불에 개자추 모자가 죽을 줄 누가 알았겠는가. 개자추를 기념하기 위해 군주는 매년 이 날을 기념할 것을 명령했고 불 피우는 것을 금지했으며 가가호호마다 차가운 음식만을 먹기로 한 것이 한식절의 기원이다. ⁽⁷⁹⁾ E– 한식절은 청명절의 전 날이었기 때문에 옛 사람들은 한식절의 활동을 청명절까지 계속 해왔고 시간이 흐르면서 사람들은 한식절과 청명절을 같이 보내게 되었다. 오늘날 청명절은 한식절을 대신하게 되었고 개자추를 기념하는 풍속은 청명절의 성묘 습관으로 대체되었다. ⁽⁸⁰⁾ C– 따라서 한식은 청명의 별칭이 되었고 아울러 청명절의 풍속이 되었다.

A　清明最开始是一个很重要的节气
　　청명절은 시작부터 매우 중요한 절기로 여겨졌다

B　已有二千五百多年的历史
　　이미 2천5백 년의 역사를 가지고 있다

C　而寒食则成为清明的别称
　　따라서 한식은 청명의 별칭이 되었다

D　在两千多年以前的春秋时代
　　2천여 년 전 춘추전국시대에

E　由于寒食节是在清明节的前一天
　　한식절은 청명절의 전 날이었기 때문에

[◑ 풀이]

<u>76.</u> 中国传统的清明节大约始于周代(중국의 전통명절 청명절은 주나라 시대부터 시작했다)와 연관이 있는 보기는 B 已有二千五百多年的历史 밖에 없기 때문에 76번 빈칸에 들어갈 문구로 B가 적합하다.

<u>77.</u> 77번 빈칸 앞부분에서 모두 절기에 대한 내용을 언급하고 있고 빈칸 뒷부분은 청명절이 중요한 절기인 이유를 설명하고 있기 때문에 77번의 정답은 A 清明最开始是一个很重要的节气이다.

<u>78.</u> 78번의 바로 다음 내용인 晋国公子重耳逃亡在外(진나라 공자 중이가 외국으로 도망갔다)에서 밑줄에는 D 在两千多年以前的春秋时代가 들어가야 한다는 것을 알 수 있다.

<u>79.</u> 古人常把寒食节的活动延续到清明，久而久之，人们便将寒食与清明合而为一(옛 사람들은 한식절의 활동을 청명절까지 계속 해왔고 시간이 흐르면서 사람들은 한식절과 청명절을 같이 보내게 되었다)라는 부분에서 정답이 E 由于寒食节是在清明节的前一天라는 것을 알 수 있다.

<u>80.</u> 마지막 부분은 C 而寒食则成为清明的别称이 정답임을 쉽게 알 수 있다.

정답 ▸ 76. B 77. A 78. D 79. E 80. C

[◑ 단어]

清明节 Qīngmíng Jié 몡 청명절 ｜ 升高 shēnggāo 동 상승하다. 높게 오르다 ｜ 春耕 chūngēng 동 (봄에 씨를 뿌리기 전에) 봄갈이하다 ｜ 植树造林 zhíshù zàolín 삼림을 조성하다 ｜ 农谚 nóngyàn 몡 농업과 관련된 속담이나 격언 ｜ 寒食节 Hán shí Jié 몡 한식절 ｜ 逃亡 táowáng 동 도망쳐서 유랑하다 ｜ 充饥 chōngjī 동 허기를 채우다 ｜ 封赏 fēngshǎng 동 옛날, 제왕이 토지, 작위, 칭호, 제물 등을 신하에게 하사하다 ｜ 流亡 liúwáng 동 조국을 떠나다. 망명하다 ｜ 随从 suícóng 몡 수행원 ｜ 惟独

wéidú 🔒 유독. 홀로 **|** 隐居 yǐnjū 🔒 숨어서 살다. 은거하다 **|** 无计可施 wújì kěshī 🔒 아무런 대책이 없다. 손쓸 길이 없다 **|** 放火 fànghuǒ 🔒 일부러 불을 지르다. 일부러 불을 놓다 **|** 生火 shēnghuǒ 🔒 불을 피우다 **|** 来源 láiyuán 🔒 근원. 기원 **|** 久而久之 jiǔ'ér jiǔzhī 🔒 상당히 긴 시간이 지나다 **|** 合二为一 hé'èr wéiyī 합쳐서 하나가 되다 **|** 扫墓 sǎomù 🔒 성묘하다

第四部分

81~100번 문제, 단문을 읽고 그에 해당되는 2~3개의 질문에 알맞은 답을 고르시오.

81-84

抬头不见低头见的圆是最简单的形状之一，它不仅是大自然的宠儿，也是现代文明所离不开的。圆，在我们周围世界的各个角落里，整个宇宙到处都有它的形迹。

静态的，如锅、碗、盆、杯、碟、桶都是圆的，顺手拿出几个硬币，也是圆的；头痛脑热服几片药片吧，好几个"圆"被吞进肚子里；小到原子、电子，大到地球、太阳和宇宙天体，都与圆发生着密切的联系。[82] 动态的，如最常见的圆周运动，把整个世界活动统一在有序的和谐之中。车轮的飞转，把我们从这里运送到那里。时针的转动度量着时光的流逝。地球的公转带来了春夏秋冬。电子的运动，泄露了微观世界的奥秘。[81] 无处不见的圆，似乎成了我们生活中的主体。

为什么圆会有这么大的魅力，竟能博得整个宇宙和万物万灵的宠爱呢？这是因为圆的本身有着其它形状无法比拟的特性。善于思考的数学家总结：在周长一定的任意平面图形中，以圆的面积为最大。这句话反过来就成了：[83] 面积为一定的所有平面几何图形中，以圆的周长为最小。推而广之，将圆绕着它的直径旋转一周，就可以得到一个圆球。而圆所具有的特性，圆球也具有，这就是说，当体积一定时，球的表面积最小；或者说，[84] 当表面积一定时，球的体积最大。用最少的材料取得最大的收益，这不仅是大自然的宗旨，也是人类生产活动最基本的指导思想，这就是许多制品以圆为基本形状的原因。

시도 때도 없이 보는 동그라미는 가장 간단한 형상 중 하나로, 대자연의 총아일 뿐 아니라 현대문명과 떨어질 수 없는 것이다. 동그라미는 우리 주변 세계 각 구석과 전체 우주 도처에 있다.

정태적인 것으로는 솥, 밥그릇, 그릇, 컵, 접시, 통이 모두 동그라미 모양이다. 손 가는 대로 꺼내는 동전들도 모두 동그라미이고 머리 아프고 열날 때 복용하는 약들도 '동그라미'모양으로 뱃속에 들어간다. 작게는 원자, 전자부터 크게는 지구, 태양과 우주 천체까지 모두 동그라미와 밀접한 관련이 있다. 동태적인 것으로는 가장 쉽게 볼 수 있는 원주운동이 있는데, 전체 세계활동을 질서 있는 조화 속으로 통합시킨다. 자동차 바퀴가 빠르게 돌아 우리를 여기에서 저기로 데려다준다. 시침의 회전은 시간의 흐름을 측정한다. 지구의 공전은 사계절을 가져다준다. 전자의 운동은 미시세계의 비밀을 밝혀준다. 어디에나 있는 동그라미는 마치 우리 생활 속의 주체가 된 것 같다.

왜 동그라미는 이런 큰 매력을 가지고 있는 걸까? 왜 전체 우주와 만물의 총애를 받는 걸까? 이것은 동그라미 자체가 다른 형상과 비교할 수 없는 특징이 있기 때문이다. 사고에 뛰어난 한 수학자는 다음과 같이 정리했다. 둘레가 일정한 임의의 평면도형에서 동그라미의 면적은 제일 크다. 이 말은 반대로 면적이 일정한 모든 평면 기하도형에서 동그라미의 둘레가 가장 작다. 범위를 넓혀 보면 동그라미가 직경에 따라 한 바퀴 회전하면 하나의 둥근 공을 그릴 수 있고, 또한 동그라미가 가지고 있는 특징을 이 공도 가지고 있다. 즉 부피가 일정할 때 공의 표면적은 가장 작거나 표면적이 일정할 때 공의 부피는 가장 크다고 말할 수 있다. 가장 작은 재료로 가장 큰 효과를 얻을 수 있는데, 이것은 대자연의 섭리일 뿐 아니라 인류생산활동에 가장 기본적인 지도사상이고, 이것이 바로 많은 제품들이 동그라미를 기본형상으로 채택하는 원인이다.

81 第二段讲的主要内容是:

두 번째 단락에서 말한 주요 내용은?

A 事物不同形状的用途
형상이 다른 사물의 용도

B 到处都能见到圆
도처에서 동그라미를 볼 수 있다

C 圆是我们生活的主体
동그라미는 우리 생활의 주체이다

D 圆是生活的全部
동그라미는 생활의 전부이다

[▶ 풀이]

두 번째 단락의 제일 마지막 부분 无处不见的圆, 似乎成了我们生活中的主体(어디에나 있는 동그라미는 마치 우리 생활 속의 주체가 된 것 같다)에서 정답은 C 圆是我们生活的主体라는 것을 알 수 있다.
주요내용은 제일 앞부분이나 제일 뒷부분에서 찾을 수 있다는 것을 명심하자.

정답 ▶ C

82 有关动态的圆, 下列表述正确的是:

동태적인 원과 관련되어 선택문항 중 맞는 것은?

A 可以改变我们的生活
우리의 생활을 변화시킬 수 있다

B 把世界统一在和谐之中
세계를 조화 속으로 통합시킨다

C 通过圆的运动来改变生活
원 운동을 통해 생활을 바꾼다

D 圆使人类生活更精彩
동그라미는 인류생활을 더욱 훌륭하게 해준다

[▶ 풀이]

두 번째 단락의 중간부분인 动态的, 如最常见的圆周运动, 把整个世界活动统一在有序的和谐之中(동태적인 것으로는 가장 쉽게 볼 수 있는 원주운동이 있는데, 전체 세계활동을 질서 있는 조화 속으로 통합시킨다)에서 정답이 B 把世界统一在和谐之中이라는 것을 알 수 있다.

정답 ▶ B

83 面积一定的平面图形中, 圆有什么特性?

면적이 일정한 평면도형에서 원은 어떠한 특성이 있나?

A 体积一定, 表面积最大
부피가 일정하면 표면적이 제일 크다

B 面积一定, 周长最小
면적이 일정하면 둘레가 가장 작다

C 面积一定, 周长最大
면적이 일정하면 둘레가 가장 크다

D 体积最小
부피가 가장 작다

[▶ 풀이]

세 번째 단락 중 面积为一定的所有平面几何图形中, 以圆的周长为最小(면적이 일정한 모든 평면 기하도형에서 동그라미의 둘레가 가장 작다)의 부분에서 정답이 B 面积一定, 周长最小라는 것을 알 수 있다.

정답 ▶ B

84 为什么很多制品以圆为基本形状?

왜 많은 제품들이 원을 기본형상으로 하고 있는가?

A 可以充分利用空间
충분히 공간을 이용할 수 있다

B 符合大自然的形状
대자연의 형상과 일치한다

C 材料少而取得的收益大
적은 재료로 큰 효과를 낼 수 있다

D 使人类生产活动更便利
인류생산활동을 더욱 편리하게 해주었다

세 번째 문단 중의 当表面积一定时，球的体积最大。用最少的材料取得最大的收益(표면적이 일정할 때 공의 부피는 가장 크다고 말할 수 있다. 가장 적은 재료로 가장 큰 효과를 얻을 수 있다)의 부분을 보면 정답은 C 材料少而取得的收益大이다.

단어

抬头不见低头见 táitóu bú jiàn dītóu jiàn 시도 때도 없이 자주 만나다. 부딪치지 않을 수 없다 | 宠儿 chǒng'ér 명 총애를 받는 사람 | 角落 jiǎoluò 명 모퉁이. 구석 | 形迹 xíngjì 명 거동과 표정. 행동과 표정 | 静态 jìngtài 명 정태. 움직이지 않고 가만히 있는 상태 | 顺手 shùnshǒu 형 (일이) 순조롭다 | 头痛脑热 tóuténg nǎorè 머리가 아프고 열이 나다 | 原子 yuánzǐ 명 원자 | 圆周 yuánzhōu 명 원주 | 时针 shízhēn 명 시곗바늘 | 转动 zhuàndòng 동 돌다. 회전하다 | 度量 dùliàng 명 도량 | 流逝 liúshì 동 흘러가다. 지나가다 | 泄露 xièlòu 동 누설하다. 폭로하다 | 微观 wēiguān 형 미시적인 | 奥秘 àomì 명 비밀 | 博得 bódé 동 (호감, 동정 등을) 갖다 | 比拟 bǐnǐ 동 비교하다. 대비하다 | 周长 zhōucháng 명 둘레(길이) | 几何图形 jǐhé túxíng 기하도형 | 推而广之 tuī ér guǎng zhī 성 추진하고 확대시키다 | 直径 zhíjìng 지름 | 旋转 xuánzhuǎn 동 원을 그리며 돌다. 선회하다 | 宗旨 zōngzhǐ 명 목적. 목표

85-88

　　春秋战国时期，一位父亲和他的儿子出征打战。父亲已作了将军，儿子还只是普通的士兵。又一阵号角吹响，战鼓雷鸣了，父亲庄严地托起一个箭囊，其中插着一只箭，郑重地对儿子说："这是祖传的宝箭，带在身边，力量无穷，但千万不可抽出来。"

　　那是一个极其精美的箭囊，厚牛皮打制，镶着泛光的铜边儿，再看露出的箭尾，一眼就能看出是用上等的孔雀羽毛制作。[85] 儿子十分欢喜，贪婪地想象着箭杆、箭头的模样，耳旁仿佛能听到箭声掠过。

　　果然，配带宝箭的儿子英勇非凡。[86] 当胜利的号角吹响时，儿子再也禁不住得胜的豪气，完全背弃了父亲的叮嘱，强烈的欲望让他呼一声地拔出宝箭，试图看个究竟。瞬间他惊呆了。一只断箭，箭囊里装着一只折断的箭。我一直带着只断箭打仗呢！儿子吓出了一身冷汗，仿佛顷刻间失去支柱的房子，意志猛然坍塌了。结果不言自明，儿子惨死于乱军之中。

　　战后，[87] 父亲拾起那只断箭，沉重地叹了一口气："不相信自己的意志，永远也做不成将军。"把胜败寄托在一只宝箭上，多么愚蠢，而当一个人把生命的控制权交给别人，又是多么危险！比如把希望寄托在儿女身上；把幸福寄托在丈夫身上；把生活保障寄托在单位身上。

88 生活中自己才是一只箭，若要它坚韧，若要它锋利，若要它百发百中，磨练它，拯救它的都只能是自己。

춘추전국시대에 한 아버지와 아들이 전쟁에 나갔다. 아버지는 이미 장군으로 있었고, 아들은 보통의 사병이었다. 다시 한 차례 나팔을 불고 북이 울리자 아버지는 장엄하게 화살주머니를 맡겼고 안에는 하나의 화살이 담겨 있었다. 그리고 아들에게 엄숙하게 말했다. "이것은 조상으로부터 내려온 귀한 화살이니 몸에 지니면 힘이 넘칠 것이지만 절대 뽑지는 말아야 한다."

이것은 매우 정교하고 아름다운 화살주머니였다. 두꺼운 소가죽으로 만들어져 빛나는 구리로 테를 둘렀고, 다시 살짝 나온 화살 끝을 보니 상등의 공작 깃털로 제작한 것을 알 수 있었다. 아들은 매우 기뻐하며 끝없이 화살대와 화살촉의 모양을 상상하며 귀에서 마치 화살 소리가 지나는 듯 했다.

과연 귀한 화살을 가지고 있는 아들은 매우 용맹스러웠다. 승리의 나팔이 울릴 때 아들은 승리의 호기를 참지 못해 아버지의 당부를 완전히 저버렸으며, 강력한 욕망으로 그는 한 번에 귀한 화살을 뽑아 전체를 보려고 했다. 순식간에 그는 멍해졌다. 부러진 화살, 화살 주머니에는 하나의 부러진 화살만이 담겨 있었던 것이다. 내가 줄곧 부러진 화살을 가지고 싸웠단 말이야! 아들은 놀라 식은 땀을 흘렸고, 마치 순식간에 기둥이 뽑힌 집처럼 갑자기 의지가 무너져버렸다. 결과는 말하지 않아도 분명하게, 아들은 전쟁 중에서 참혹하게 죽었다.

전쟁이 끝난 후, 아버지는 그 부러진 화살을 주우며 무겁게 한숨을 내려 쉬며 말했다. "자신의 의지를 믿지 못하면 영원히 장군이 될 수 없다." 승패를 이 한 화살에 기대는 것은 매우 어리석은 짓이다. 한 사람이 생명의 지배권을 다른 사람에게 맡긴다면, 이것이 얼마나 위험한 짓인가! 예를 들어 희망을 자녀들에게 걸고 행복을 남편에게 의지하며 생활보장을 회사에 맡기는 것이 그러하다.

생활에서 자신이 바로 하나의 화살이다. 만약 나라는 화살을 강인하게 하고 날카롭게 하며 백발백중할 수 있게 단련시킨다면, 나를 구할 수 있는 것은 바로 자신 뿐이다.

---

85 儿子看到宝箭的心情是：

아들이 귀한 화살을 보고 느낀 것은?

A 惊喜
놀랍고 기쁨

B 吃惊
놀라움

C 兴奋
흥분

D 紧张
긴장됨

[▶풀이]

두 번째 문단 儿子十分欢喜，贪婪地想象着箭杆、箭头的模样，耳旁仿佛能听到箭声掠过(아들은 매우 기뻐하며 끝없이 화살대와 화살촉의 모양을 상상하여 귀에서 마치 화살 소리가 지나가는 듯 했다)에서 답이 C 兴奋이라는 것을 알 수 있다.

정답 ▶ C

86 儿子取胜的原因是：

아들이 성공할 수 있었던 원인은?

A 英勇善战
용맹하고 전투를 잘해서

B 意念的力量
생각의 힘

C 足智多谋
지략이 풍부해서

D 父亲的指导
아버지의 지도

[▶풀이]

세 번째 단락의 중간 부분에서 승리의 나팔이 울릴 때 아들은 승리의 호탕한 기개를 억누르지 못하고 아버지의 당부를 완전히 무시해버린 후 화살을 뽑아 결국 참패했다는 것을 알 수 있으므로, 정답은 B 意念的力量이다.

정답 ▶ B

87 父亲为什么给他一只断箭?

아버지는 왜 그에게 부러진 화살을 주었는가?

A 考验他的意志
그의 의지를 시험하기 위해

B 给他足够的勇气
그에게 충분한 용기를 주기 위해

C 让他成为善战的将军
그가 전투에 능한 장군이 되게 하려고

D 让他取得胜利
그가 승리를 얻게 하기 위해

네 번째 문단을 보면 아버지가 부러진 화살을 주우며 "자신의 의지를 믿지 못하면 영원히 장군이 될 수 없다."라고 말한 것에서 정답을 A 考验他的意志로 고를 수 있다.

정답 A

88 上文主要想告诉我们:

위의 내용에서 우리에게 주요하게 알려주는 것은?

A 要有战胜困难的勇气
어려움에서 승리하는 용기를 가져야 한다

B 相信自己才能改变生活
자신의 재능을 믿어야만 생활을 바꿀 수 있다

C 相信自己是最重要的
자신이 가장 중요하다는 것을 믿어야 한다

D 怎样克服自己的弱点
어떻게 자신의 약점을 극복하는가

마지막 단락에서 '생활에서는 자신이 바로 하나의 화살이다. 만약 나라는 화살을 강인하게 하고 날카롭게 하며 백발백중할 수 있게 단련시킨다면 나를 구할 수 있는 것은 바로 자신 뿐이다'라고 했다. 그렇기 때문에 답은 C 相信自己是最重要的이다.

정답 C

단어

出征 chūzhēng 동 출정하다 | 号角 hàojiǎo 명 호각 | 战鼓 zhàngǔ 명 전고 | 雷鸣 léimíng 동 천둥이 치다 | 庄严 zhuāngyán 형 장엄하다. 엄숙하다 | 箭囊 jiànnáng 명 화살 주머니 | 郑重 zhèngzhòng 형 엄숙하고 진지하다 | 祖传 zǔchuán 동 조상 대대로 전해지다 | 精美 jīngměi 형 정교하고 아름답다 | 镶 xiāng 동 끼워 넣다. 새겨 넣다 | 孔雀 kǒngquè 명 공작 | 贪婪 tānlán 형 탐욕스럽다 | 掠过 lüèguò 동 스쳐 지나가다 | 背弃 bèiqì 동 저버리다 | 叮嘱 dīngzhǔ 동 (재삼) 부탁하다. 타이르다 | 惊呆 jīngdāi 동 놀라 어리둥절하다 | 顷刻间 qǐngkèjiān 명 순식간 | 坍塌 tāntā 동 붕괴되다. 무너지다 | 不言自明 bùyán zìmíng 성 자명하다 | 愚蠢 yúchǔn 형 어리석다. 우둔하다 | 寄托 jìtuō 동 위탁하다. 부탁하다 | 坚韧 jiānrèn 형 강인하다. (사물이) 단단하고 질기다 | 锋利 fēnglì 형 예리하다. 날카롭다 | 百发百中 bǎifā bǎizhòng 성 백발백중이다 | 磨练 móliàn 동 연마하다. 단련하다 | 拯救 zhěngjiù 동 구조하다. | 足智多谋 zúzhì duōmóu 성 지혜가 풍부하고 계략이 많다 | 善战 shànzhàn 동 전투에 능하다

89-92

　　澳门居民非常重视节日，特别是农历新年。年晚有花市"开档"，居民吃过了"团年饭"，大都喜欢去逛花市。一般喜欢买的是：桃花、水仙、剑兰、菊花、盆桔、银柳等等。只有富户人家才买得起牡丹，蟹爪水仙塔，因为它们价格不菲，非普通人家所能承受。[89] 买花过年的俗例，既是点缀新岁的生气勃勃，也是巧借"生意发发"谐音的好兆头，希望在新的一年里能生意兴隆、万事如意。

　　年三十晚便开始拜神，一家大小共享天伦之乐，吃"团年饭"。到了子夜，家家户户燃放炮竹，正是'炮竹一声除旧，桃符万户更新'。由凌晨开始，[90] 虔诚的人便到寺庙去拜神，祈福菩萨保佑，心想事成，横财到手。特别是妈祖庙和观音堂香火鼎盛，来往的人是络绎不绝，殿堂前车水马龙，这样熙熙攘攘地直至天亮。

　　年初一早上，人们一大早就起床，所有的人都忙碌起来，换了新衣鞋袜，外出拜年，连土生葡人也学习了这一套，到亲友家里拜年去了。社团举行"团拜"，同乡会举行"团拜"，甚至私人会所也有团拜节目。

　　现在，赌博依然是澳门的一大特色，但集中在葡京酒店、凯悦酒店、东方酒店、回力球场、海上皇宫、金碧赌场等地方，和以前的赌场相比，娱乐的形式又增添了很多花样，不像以前那么单调。连平时不得上赌场的公务员，春节期间也获得批准，可以去耍乐一番。

　　春节期间，居民除了拜年、春茗，剩余的时间都去娱乐。[92] 一般商店和工厂都是年初七以后才开市，几天的假期里，满街都是人潮，特别是一些炮竹商摊，生意兴旺，连香港人也来澳门度假燃放炮竹，所以澳门的春节，是满城欢欣。

　　近年来，澳门政府旅游部门和文化部门都举行了连串的贺岁活动，有粤曲演唱、戏剧表演、音乐会、展览会、武术表演等等，配合民间的风俗，营造新年的气氛。

　　总之，农历新年在澳门是最热闹的。

마카오 사람들은 명절을 매우 중시하는데, 특히 음력 새해를 중시한다. 연말에는 꽃시장 '카이당'이 열리는데, 사람들은 '团年饭(섣달 그믐날에 가족들이 함께 모여서 먹는 밥)'을 먹고, 꽃시장을 구경하러 가는 것을 대부분 좋아한다. 일반적으로 사고 싶어하는 것으로는 복숭아꽃, 수선화, 당창포, 국화, 귤화분, 사막보리수나무 등등이다. 부잣집 사람들만이 모란이나 국화 일종의 수선화 등을 살 수 있는데, 왜냐하면 가격이 비싸서 일반 가정들은 살 수 없는 수준이기 때문이다. 꽃을 사고 설날을 보내는 풍습, 즉 새해를 돋보이게 하는 활기참이 '사업이 잘 된다'라는 음과 비슷해 좋은 징조를 느끼게 하는데, 새로운 한해에 사업이 번창하고 하는 일이 잘 되기를 희망하는 것이다.
한해의 마지막 날 신에게 예를 표하는 것을 시작으로, 가족 노소가 가족의 단란한 기쁨을 즐기며 '团年饭'을 먹는다. 자정이 되면 가가호호마다 폭죽을 터트려 '폭죽소리로 옛 것을 보내고, 춘련으로 집을 새롭게' 한다. 새벽부터 경건한 마음을 가진 사람들은 사당에 가서 신에게 예를 표하면 보살이 보우하여 복을 가져다주는데, 바라는 일이 이루어지며 큰 돈을 벌기를 기원한다. 특히 마조묘와 관음당 향불이 제일 많고 왕래하는 사람이 끊이질 않아 전당 앞에는 줄이 길게 서 해가 뜰 때까지 북적거린다.
새해 첫날 아침, 사람들은 일찍 일어나 모든 사람들이 바빠지기 시작한다. 새로운 옷으로 갈아입고 외출하여 새해인사를 한다. 포르투갈계 마카오인들도 이러한 풍속을 배워 친구와 친척들 집을 방문해 새해인사를 한다. 사회단체나 같은 고향 사람들은 '团拜(단체로 새해인사를 하는 것)'를 벌이고 심지어 개인 모임장소에서도 团拜행사가 있다.
현재 도박은 여전히 마카오의 큰 특색이지만 푸징호텔, 카이위에호텔, 동팡호텔, 후이리구장, 해상황궁, 진비카지노 등에 집중되어 있어, 과거의 카지노와 비교해 봤을 때, 오락의 형태가 많이 다양해졌고 과거처럼 단조롭지 않다. 평소 카지노 출입을 할 수 없는 공무원들도 설날 기간에는 허가를 얻어 카지노에 갈 수 있다.
새해 기간동안 마카오 사람들은 새해인사와 차를 마시는 것 외에 남는 시간에는 모두 오락거리를 찾는다. 보통 상점들과 공장들은 새해 들어 7일 째에야 영업하고, 며칠 쉬는 동안 길거리는 사람들로 넘쳐 난다. 특히 일부 길거리의 폭죽 판매업자 사업이 번창한다. 홍콩 사람들도 마카오에서 휴가를 즐기며 폭죽을 터뜨리므로, 마카오의 설날은 마카오 전체가 기쁨에 넘친다.
최근 몇 년 간 마카오 정부 관광부처와 문화부처는 줄지어 새해축하행사를 벌였다. 광둥노래 콘서트, 중국전통극 공연, 음악회, 전시회, 무술공연 등이 있어 민간의 풍속과 어울려 새해 분위기를 만들어 준다.
요컨대 음력 설은 마카오가 가장 떠들썩한 시기다.

89　澳门居民过年买花，有怎样的寓意?

마카오 사람들이 새해를 보낼 때 꽃을 사는 것은 어떤 의미가 담겨 있는가?

A　为了欢庆节日
　　명절을 기념하려고

B　只是一种传统
　　그저 하나의 전통일 뿐이다

C　生意发发
　　사업이 잘 되라고

D　走桃花运
　　좋은 운수를 위해

첫 번째 문단에 꽃을 사고 설을 보내는 풍습, 즉 새해를 돋보이게 하는 활기참이 '사업이 잘 된다(生意发发)'라는 음과 비슷해 좋은 징조를 느끼게 한다고 하였으므로 답은 C이다.

정답 ▶ C

90　为什么人们要去庙里拜神?

왜 사람들은 절에 가서 인사를 하는가?

A　人们喜欢热闹
　　떠들썩한 것을 좋아해서

B　去庙里还愿
　　절에 가 신과 한 약속을 지키기 위해

C　表示对神的尊重
　　신에 대한 존중을 표하기 위해

D　希望得到神的保佑
　　신의 보우를 받기 위해

두 번째 문단에서 사당에 가서 신에게 예를 표하면 보살이 보우하여 복을 가져다주는데, 바라는 일이 이루어지며 큰 돈을 벌기를 기원한다고 하여 '왜 사람들은 절에 가서 인사를 하는가'에 대한 질문의 답은 D라는 것을 알 수 있다.

정답 ▶ D

91　有关春节期间人们的活动，描述不正确的是:

설날 기간 동안의 행사 중 잘못 묘사한 것은?

A　与家人吃 "团年饭"
　　가족들과 같이 '团年饭'을 먹는다

B　年初一开始拜年
　　연초가 시작하자마자 새해인사를 한다

두 번째 문단을 읽은 후 경건한 마음을 가진 사람들이 사당에 가서 예를 표한다고 했지 모든 사람들이 모두 절에 가서 예를 표한다고 하지는 않았기 때문에 정답은 D 人人都去寺庙拜神이다.

정답 ▶ D

C 公务员可以出入赌场
공무원들은 카지노에 출입할 수 있다

D 人人都去寺庙拜神
사람들은 모두 절에 가 신에게 예를 표한다

92 "开市"在文中的意思是?
'시장을 연다'의 본문 상에서 의미는?

A 开建市场
시장 공사를 시작한다

B 开始营业
영업을 시작한다

C 开放市区
시 지역을 개방한다

D 开始动工
공사를 시작한다

[풀이]

다섯 번째 단락에서 보통 상점들과 공장들은 새해 들어 7일 째에야 영업하고, 며칠 쉬는 동안 길거리는 사람들로 넘쳐 난다는 내용에서 开市의 의미는 '영업을 시작하다'라는 것을 알 수 있다.

정답 B

단어

澳门 Àomén **지명** 마카오(Macao) | 团年 tuánnián **동** 섣달 그믐날(밤)에 가족 전부가 한자리에 모이다 | 花市 huāshì **명** 꽃시장 | 水仙 shuǐxiān **명** 수선화 | 剑兰 jiànlán **명** 글라디올러스. 당창포 | 牡丹 mǔdān **명** 모란 | 俗例 súlì **명** 관례. 통례 | 点缀 diǎnzhuì **동** 단장하다. 장식하다 | 谐音 xiéyīn **동** 음이 같다. 음이 비슷하다 | 兆头 zhàotou **명** 조짐. 징조 | 兴隆 xīnglóng **형** 흥하다. 번창하다 | 万事如意 wànshì rúyì 모든 일이 뜻대로 매우 순조롭다 | 团拜 tuánbài **동** 단체로 하례하다 | 赌博 dǔbó **동** 도박하다. 노름하다 | 批准 pīzhǔn **동** 승인하다. 허락하다 | 耍乐 shuǎlè **동** 놀다. 장난치다 | 茗 míng **명** 찻잎. 차 | 人潮 réncháo **명** 인파 | 兴旺 xīngwàng **형** 왕성하다. 흥성하다 | 燃放 ránfàng **동** 폭발시키다. 터뜨리다 | 连串 liánchuàn **동** 죽 이어지다. 계속 잇따르다 | 贺岁 hèsuì **동** 새해를 축하하다 | 营造 yíngzào **동** 건축물을 짓다 | 欢庆 huānqìng **동** 기쁘게 축하하다 | 走桃花运 zǒu táohuāyùn 염복이 많다. 꽃속에 파묻히다 | 还愿 huányuàn **동** 보답을 실천하다. 은혜를 갚다 | 保佑 bǎoyòu **동** 보우하다. 가호하다 | 寺庙 sìmiào **명** 절. 사당. 사원 | 动工 dònggōng **동** 공사를 시작하다. 공사를 개시하다

93-96

　　最近，英国的一只小羊"多利"引起了世界人民的关注，从普通百姓到专家、学者、政府官员，都在谈论有关"克隆"技术的话题。[93] 因为它是采用无性繁殖技术培育的一只"克隆羊"。

　　10亿年前，自然界就存在有性繁殖的生物，包括人在内的所有动物一直都是通过两性结合繁殖后代的。而多利没有生父，它是在英国爱丁堡罗斯林研究所里诞生的。他们从一只母羊体内提取一个卵细胞，去掉细胞核，制成具有生物活性但无遗传物质的卵"空壳"，与此同时，从另一只母羊的乳腺细胞中取出细胞核，与上述那没有遗传物质的卵细胞融合，生成一个含有新的遗传的卵细胞。当这个细胞分裂繁殖成为胚胎时，研究人员将其植入另一只母羊子宫。一段时间后，母羊产下小羊"多利"。[94] 这一科研成果向人们展示，当代生物技术已使生命所遵循的有性繁殖规律发生了突破，科学家创造了生命可以无性繁殖和"复制"

的奇迹。因此，一经国际上最有权威的英国≪自然≫科学杂志刊文宣布，人类首次有"克隆"培育法，即用成年绵羊的体细胞繁殖绵羊获得成功，竟像哥白尼发现太阳中心说、原子裂变理论得到验证那样引起强烈反响。

"多利"的诞生完全采用了基因分子克隆技术，了解克隆技术的科学家指出，利用这种技术将来人们可以根据需要，像工厂流水线制造产品一样，大量"复制"优质动物，从而带来巨大的经济效益；[95] 在医学和拯救濒危动物方面，这种技术也能得到极为广泛的应用。

继英国科学家宣布克隆羊成功后，美国科学家也宣布，他们用类似技术成功地复制出两只猴子。实验的负责人表示，[96] 与英国羊不同的是，美国猴子是采用胚胎细胞克隆培育的，如进一步改进技术，便可从成年猴子身上提取细胞进行繁殖。有人说，这进一步表明，人类"复制"自我已不再是神话。

최근 영국의 한 '돌리'라는 작은 양이 세계 사람들의 주목을 받기 시작했는데, 일반 국민에서부터 전문가, 학자, 정부 관료들 사이에서 모두 '클론'기술에 관한 화두로 논의하고 있다. 왜냐하면 '돌리'는 무성번식기술을 통해 탄생된 '클론 양'이기 때문이다.

10억 년 전, 자연계에는 유성번식을 하는 생물이 존재했고, 인류를 그 안에 포함한 모든 동물들은 줄곧 양성결합을 통해 후대를 이어나갔다. 하지만 돌리는 아비양 없이, 영국 에든버러 로스린 연구소에서 탄생했다. 그들은 한 암양 체내에서 난자세포를 추출한 후, 세포핵을 없애고 생물적 활성은 있지만 유전물질이 없는 난 '껍데기'를 만들고, 동시에 다른 암양의 유선세포 속에서 세포핵을 추출한 후, 위에서 말한 유전물질이 없는 난세포와 결합시켜 새로운 유전물질을 함유한 난세포를 만들었다. 이 세포가 분열번식 후 배아가 되었을 때, 연구원들은 그것을 또 다른 암양의 자궁에 주입했다. 얼마 후 암양은 새끼양 '돌리'를 낳았다. 이 과학연구 결과는 현대 바이오기술이 이미 생명이 따르고 있는 유성번식의 규칙을 타파하고, 과학자들이 생명의 무성번식과 복제할 수 있다는 기적을 이룬 것을 보여준다. 따라서 세계에서 가장 권위 있는 영국 ≪네이처≫과학잡지에서 인류의 최초 '클론'육성법을 게재해 소개했다. 즉, 다 자란 면양의 체세포를 통해 면양 번식에 성공한 것이다. 이는 놀랍게도 코페르니쿠스의 태양중심설과 원자분영이론이 증명된 것처럼 강력한 반향을 불러 일으켰다.

'돌리'의 탄생은 유전자분자 클론기술을 완벽히 채택한 것으로, 클론기술을 아는 한 과학자는 이 기술이 통해 미래에는 사람들의 요구에 따라 공장 생산라인에서 제품을 제조하는 것처럼 대량으로 우수한 동물들을 '복제'하고 거대한 경제이득을 얻을 것이라고 말했다. 의학분야와 멸종위기에 처한 동물을 구하는 데 이 기술이 광범위하게 응용될 수 있을 것이다.

영국 과학자가 클론양의 성공을 발표한 이후, 미국과학자들도 비슷한 기술을 이용해 두 원숭이를 복제하는 데 성공했다고 발표했다. 실험 책임자는 영국의 양과 다른 것은 미국 원숭이들은 배아세포 클론을 통해 만든 것으로 만약 기술이 더 개선된다면 다 자란 원숭이의 몸에서 세포를 추출해 번식시킬 수 있을 것이라고 밝혔다. 혹자는 이것은 인류가 자신을 '복제'하는 것은 이미 꿈이 아니라는 것을 보여주는 것이라고 밝혔다.

93 从文章的内容看，"克隆"的含义是什么？

본문의 내용을 볼 때 '클론'의 함의는 무엇인가?

A 一种无性繁殖的方法
일종의 무성번식 방법

B 复制动物的方法
동물의 복제 방법

[▶ 풀이]

첫 번째 문단의 因为它是采用无性繁殖技术培育的一只'克隆羊'(왜냐하면 '돌리'는 무성번식기술을 통해 탄생된 '클론양'이기 때문이다)이라는 이 부분에서 클론의 의미는 일종의 무성번식 방법이라는 것을 알 수 있다.

정답 A

C　两性结合繁殖后代
　양성결합으로 후대를 번식시키는 것

D　生物的进化过程
　생물의 진화과정

94　"克隆羊"多利的诞生为什么会引起强烈反响?
'클론양' 돌리의 탄생은 왜 큰 반향을 일으켰는가?

A　首次用"克隆"培育法
　'클론'의 육성법을 처음 사용해서

B　科学家创造了生命可以无性繁殖的奇迹
　과학자들은 생명의 무성번식 기적을 이루었기 때문에

C　无性生殖生物技术发生了改变
　무성생식 생물기술에 변화가 발생했기 때문에

D　比太阳中心、原子裂变理论更有影响力
　태양중심, 원자분열이론보다 더 영향력이 있기 때문에

[❯ 풀이]

본문의 두 번째 문단 중간 부분에서 과학자들이 생명의 무성번식과 복제를 할 수 있다는 기적을 이룬 것을 보여준다고 하였으므로, 우리는 클론양 돌리의 탄생은 생명의 무성번식 기적을 이루었다는 것을 보여준다.

정답 ▶ B

95　克隆技术对人类有怎样的好处?
클론 기술이 인류에 대해 어떤 이점이 있는가?

A　可以开办动物"复制"工厂
　동물 '복제' 공장을 만들 수 있다

B　可以复制人类
　인류를 복제할 수 있다

C　挽救将要灭绝的动物
　멸종할 동물을 구할 수 있다

D　制造更多的"多利"
　더 많은 '돌리'를 만들 수 있다

[❯ 풀이]

세 번째 단락 在医学和拯救濒危动物方面, 这种技术也能得到极为广泛的应用(의학분야와 멸종위기에 처한 동물을 구하는 데 이 기술을 광범위하게 응용될 수 있을 것이다)에서 답은 C 挽救将要灭绝的动物라는 것을 알 수 있다.

정답 ▶ C

96　美国科学家克隆猴子与英国科学家克隆羊, 在技术上有什么不同?
미국 과학자의 클론 원숭이와 영국 과학자의 클론 양은 기술적으로 어떤 점이 다른가?

A　动物的基因不同
　동물의 유전자가 다르다

B　动物的种类不同
　동물의 종류가 다르다

C　采用的克隆细胞不同
　사용한 클론 세포가 다르다

D　采用的克隆基因不同
　사용한 클론 유전자가 다르다

[❯ 풀이]

제일 마지막 부분인 与英国羊不同的是, 美国猴子是采用胚胎细胞克隆培育的(영국의 양과 다른 것은 미국 원숭이들은 배아세포 클론을 통해 만든 것이다)라는 내용에서 C 采用的克隆细胞不同이 답이라는 것을 알 수 있다.

정답 ▶ C

提取 tíqǔ 동 찾다. 추출하다 ｜ 卵细胞 luǎnxìbāo 명 난세포 ｜ 细胞核 xìbāohé 명 세포핵 ｜ 遗传 yíchuán 동 유전하다 ｜ 分裂 fēnliè 동 분열하다. 갈라지다 ｜ 胚胎 pēitāi 명 태아 ｜ 子宫 zǐgōng 명 자궁 ｜ 绵羊 miányáng 명 면양 ｜ 裂变 lièbiàn 동 핵분열하다 ｜ 验证 yànzhèng 동 검증하다 ｜ 基因 jīyīn 명 유전자. 유전인자 ｜ 流水线 liúshuǐxiàn 명 (일괄 작업 등의) 생산라인 ｜ 优质 yōuzhì 형 양질의. 우수한 품질의 ｜ 濒危 bīnwēi 동 위험에 처하다 ｜ 挽救 wǎnjiù 동 구해내다. 구제하다

97-100

　　中西文化的基本差异之一就是在人与自然的关系的问题上，中国文化比较重视人与自然的和谐统一，97 而西方文化则强调，人要征服自然、改造自然才能求得自己的生存和发展。中国文化的这种特色，有时通过"天人合一"的命题表述出来。97 中国古代思想家一般都反对把天与人割裂开来、对立起来，而主张天人协调、天人合一。

　　中国古代的天人合一思想，强调人与自然的统一，人的行为与自然的协调，道德理性与自然理性的一致，充分显示了中国古代思想家对于主客体之间、主观能动性和客观规律之间关系的辩证思考。根据这种思想，98 人不能违背自然规律，不能超越自然界的承受力去改造自然、征服自然、破坏自然，而只能在顺从自然规律的条件下去利用自然、调整自然，使之更符合人类的需要，也使自然界的万物都能生长发展。另一方面，自然界也不是主宰人类社会的神秘力量，而是可以认识、可以为我所用的客观对象。99 这种思想长期实践的结果是达到自然界与人的统一，人的精神、行为与外在自然的统一，自我身心平衡与自然环境平衡的统一，以及由于这些统一而达到的天道与人道的统一，从而实现完满和谐的精神追求。

　　中国文化的天人合一思想，对于解决当今世界由于工业化和无限制地征服自然而带来的自然环境被污染、生态平衡遭破坏等问题，具有重要的启迪意义；对于我们今天正在进行的社会主义现代化建设，更有着防患于未然的重大现实意义。

중서(中西) 문화의 기본적인 차이는 인간과 자연의 관계 문제에 있어서 중국문화는 비교적 인간과 자연의 조화와 일치를 중시하고, 서양문화는 인간이 자연을 정복하고 자연을 개조하는 것이 자신의 생존과 발전을 구하는 것이라 강조한다는 것이다. 중국문화의 이러한 특색은 때때로 '천인합일'의 명제를 통해 드러난다. 중국 고대사상가들은 일반적으로 하늘과 사람을 나누어 대립하는 것을 반대했고, 하늘과 사람의 조화와 천인합일사상을 주장했다.

중국 고대의 천인합일사상은 사람과 자연의 일치를 강조하고, 인간의 행위와 자연의 조화, 도덕적 이성과 자연적 이성의 일치는 중국 고대사상가들이 주객체 사이, 주관적 능동성과 객관적 규칙간 관계의 변증적 사고를 충분히 보여준다. 이러한 사상에 따라 사람들은 자연법칙을 위반할 수 없고 자연계의 계승력을 초월하여 자연을 개조하고 정복하며 파괴할 수 없다. 또한 자연규칙을 따르는 조건 하에서 자연을 이용하고 자연을 조정하며, 자연을 인류의 필요에 부합시키고 자연계의 만물을 자라게 하고 발전시킨다. 다른 측면으로 자연계는 인류사회를 지배하는 신비한 힘이 아니며, 오히려 알 수 있고 우리가 사용할 객관적 대상이다. 이러한 사상의 장기적 체험의 결과는 자연계와 인간의 일치에 다다르는 것으로, 인간의 정신, 행위와 외부적 자연의 일치, 자아심신 균형과 자연환경 균형의 일치 및 이러한 일치로 인해 이루어진 자연의 법칙과 인간의 도리의 일치는 매우 조화로운 정신의 추구를 이루어냈다.

중국문화의 천인합일사상은 현재 세계가 공업화와 무절제한 자연정복으로 인해 야기한 자연환경오염, 생태계 파괴 등 문제를 해결하는 데 중요한 시사점을 가지고 있다. 오늘날 우리가 진행하고 있는 사회주의 현대화 건설은 미래를 대비하는 데 더욱 중대한 현실적 의미가 있다.

97 有关中西文化差异的说法正确的是 :

중서문화의 차이점에 관해 맞는 것은?

A 西方强调顺应自然，而中国则重视人与自然的统一
서양은 자연에 순응하는 것을 강조하고 중국은 인간과 자연의 일치를 중시한다

B 中西文化的差异是人与社会的关系问题
중서문화의 차이점은 인간과 사회의 관계 문제이다

C 西方强调改造自然，而中国则主张天人合一
서양은 자연을 개조하는 것을 강조하고 중국은 천인합일을 주장한다

D 西方强调离开自然生存，而中国重视征服自然
서양은 자연을 떠나 생존하는 것을 강조하고 중국은 자연을 정복하는 것을 중시한다

[➡ 풀이]

첫 번째 문단의 내용을 보면 서양문화는 인간이 자연을 정복하고 자연을 개조하는 것을 강조하고, 중국 고대사상가들은 하늘과 사람의 조화와 천인합일사상을 주장했다는 부분을 볼 수 있으므로 정답은 C 西方强调改造自然，而中国则主张天人合一이다.

정답 ▶ C

98 对中国"天人合一"的思想理解正确的是?

중국의 '천인합일' 사상은 어떻게 이해해야 하는가?

A 超越自然界的承受力去改造自然
자연계를 뛰어넘는 포용력으로 자연을 개조한다

B 顺从自然规律的条件下去利用自然
자연의 규칙을 따르는 조건 하에서 자연을 이용한다

C 征服自然并合理利用自然
자연을 정복하고 합리적으로 자연을 이용한다

D 无视自然规律的条件下去改造自然
자연규칙을 무시하는 조건 하에서 자연을 개조시킨다

[➡ 풀이]

두 번째 문단에서 주장한 내용은 天人合一로 자연규칙을 따르는 조건 하에서 자연을 이용하고 조정하여 자연을 인류의 필요에 부합시키고 자연계의 만물을 자라게 하고 발전시킨다는 내용을 찾을 수 있으므로 답은 B이다.

정답 ▶ B

99 "天人合一"思想长期实践的结果是 :

'천인합일' 사상의 장기적 체험을 통해 얻은 결과는?

A 自然界与社会的和平统一
자연계와 사회의 평화와 일치

B 身心与自然环境平衡协调
심신과 자연환경의 균형적인 조화

C 内在与外在的平衡
내부와 외부의 균형

D 实现完美和谐的精神追求
완벽하고 조화로운 정신적 추구를 실현하다

[➡ 풀이]

天人合一 사상이 장기적 체험을 통해 얻은 결과를 찾는 문제이다. 역시나 두 번째 문단 这种思想长期实践的结果의 뒷부분에서 답을 찾을 수가 있는데, 이러한 사상의 장기적 체험의 결과는 크게 자연계와 인간의 일치에 다다라 매우 조화로운 정신의 추구를 이루어 냈다는 내용을 볼 수가 있다. 이 문제의 답은 D이다.

정답 ▶ D

100　根据原文提供的信息，下列推断不正确的一项是：
본문이 제공한 정보에 따라 잘못 추리한 것은?

A　对人与自然关系的认识，中国古代天人合一思想有
优于西方文化的地方
인간과 자연의 관계 인식에서 중국 고대 천인합일사상은 서양문화
보다 우월한 점이 있다

B　现代人重视和研究天人合一思想，是基于对现实及
发展问题的思考
현대인들은 천인합일사상을 중시하고 연구하고 이것은 현실 및 발
전문제를 사고하는 데에서 시작된다

C　肯定天人合一思想的合理性，并不意味着对其思想
内容的全盘接受
천인합일사상의 합리성을 긍정하는 것은 그 사상 내용의 전부를 받
아들이는 것을 의미하지는 않는다

D　以天人合一思想为指导，可解决当今世界因工业化
带来的各种社会问题
천인합일사상으로 현재 세계의 산업화로 인한 각종 사회문제를 해
결할 수 있다

▸ 단어

求得 qiúdé 동 구하다. 구하여 얻다 ｜ 割裂 gēliè 동 (분할하면 안 되는 것을) 나누다. 분할하다 ｜ 辩证 biànzhèng 동 변증하다
｜ 主宰 zhǔzǎi 동 지배하다. 통치하다 ｜ 启迪 qǐdí 동 일깨우다. 지도하다 ｜ 防患于未然 fánghuàn yú wèirán 사고나 재해를 미
연에 방지하다 ｜ 无视 wúshì 동 냉담하게 대하다. 업신여기다 ｜ 外在 wàizài 형 외재하는. 외재적인 ｜ 推断 tuīduàn 동 추측하
여 단정하다. 미루어 판단하다 ｜ 优于 yōuyú ~에서 뛰어나다. ~보다 훌륭하다 ｜ 全盘 quánpán 형 전면적인. 전반의

쓰기 해설

101번 문제, 다음 문장을 읽고 400자 정도로 요약 쓰기 한다.

쓰기

제목을 잘 정하는 것 역시 좋은 점수를 받는 데 중요한 부분을 차지한다. 본문의 제목은 原谅 혹은 宽容이라고 해도 좋을 것 같다.

在上海的一家餐馆里，负责为我们上菜的是一位十分年轻的女服务员，注意她，是因为她上菜时显得笨手笨脚的，我老是担心她可能会把盘子里的汤汁转化成我的洗澡水。我的第六感居然没有"辜负"我。捧上蒸鱼时，盘子倾斜，鱼汁洒在我的皮包上！

상하이의 한 음식점에서 우리를 위해 서빙을 맡은 사람은 매우 어린 여직원이었다. 나는 그녀를 유심히 보았는데, 그 이유는 그녀가 음식을 가져올 때 매우 서툴러 보여서 나는 그녀가 접시 안의 국물을 나에게 뿌리지 않을까 계속해서 걱정이 되었기 때문이다. 내 육감은 확실히 틀리지 않았고, 생선요리를 가져올 때 접시가 기울어 국물이 내 핸드백에 떨어진 것이다!

我本能地跳了起来，阴沉的脸，变成欲雨的天。这皮包，是我在意大利买的，极软的牛皮，不能洗，是我的最爱。可是，我还没有发作，我亲爱的女儿便以旋风般的速度站了起来，快步走到女服务员身旁，露出了极端温柔的笑脸，拍了拍她的肩膀，说："没关系。"

난 본능적으로 펄쩍 뛰었고, 침울한 얼굴에 눈물이 날 것 같았다. 이 핸드백은 내가 이탈리아에서 산 것인데, 매우 부드러운 소가죽 재질이라 세탁도 할 수 없는 것으로, 내가 가장 좋아하는 물건이다. 하지만 내가 반응하지 않자 내 딸이 갑자기 재빠른 속도로 일어나서 여직원에게 다가가 매우 부드러운 미소를 얼굴에 띠고 그녀의 어깨를 두드리며 "괜찮아요."라고 말했다.

女服务员如受惊的小狗，手足无措地看着我的皮包说："我，我去拿布来擦……"，万万想不到，女儿居然说道："没事，回家洗洗就干净了。你去忙吧，真的没关系，不必放在心上。"

여직원은 놀란 강아지처럼 어찌할지 모르고 내 핸드백을 바라보며 "제, 제가 가져가서 닦을게요……"라고 말했다. 예상밖에 딸은 "괜찮아요. 집에 가서 씻으면 깨끗해질 거예요. 하던 일 하세요, 정말 괜찮아요, 마음 쓰지 말아요."라고 말했다.

女儿的口气是那么的柔和，好像做错事的人是她。这时，女服务员原本绷得像石头一样的脸，慢慢地放松了，她细声细气地说了声"

→ 原谅

我和女儿来到一家餐厅吃饭，吃饭时最让我担心的事情发生了——女服务员把菜汤洒在了我心爱的皮包上。

나와 딸은 한 음식점에 가서 저녁을 먹었는데, 식사를 할 때 내가 가장 염려하던 일이 벌어지고야 말았다. 여직원이 음식을 내가 가장 아끼는 핸드백에 쏟은 것이다.

→ 当时，就在我想冲着她咆哮的时候，却被我女儿温柔似水的话语挡了回来，她的一句"没关系"让我无言以对，

당시 내가 그녀에게 소리를 지르려고 했을 때, 내 딸이 부드러운 말로 막아 서며 그녀에게 "괜찮아요"라고 하는 바람에 난 할말이 없어졌다.

→ 接下来她的表现更是出乎了我的意料，她竟然还拍着她的肩膀说："回家洗干净就好了，不必放在心上"，她说话的口气好像错在我们。

그리고 이어서 한 딸의 행동은 내가 생각치도 못한 것이었다. 그녀는 그 여직원의 어깨를 두드리며 "돌아가서 씻으면 괜찮을 거예요. 마음에 두지 말아요."라고 말했고, 그녀가 말하는 어투는 마치 우리가 잘못한 것처럼 느껴졌다.

对不起”，便低着头走开了。

딸의 어투는 매우 부드러웠고 마치 자신이 잘못한 사람 같았다. 이때 여직원의 돌처럼 굳었던 얼굴이 천천히 풀리며, 그녀는 아주 조그만 목소리로 "죄송해요"라고 말한 뒤, 곧 고개를 숙이고 가버렸다.

我瞪着女儿，觉得自己像一只气球，气装得过满，要爆炸，却又爆不了。女儿平静地看着我，在餐馆明亮的灯火下，我清清楚楚地看到，她大大眼睛里，竟然闪着泪光。这样一来，我不但没了气，反而很惊奇。

나는 눈을 부릅뜨고 딸을 보았고, 스스로 열기구 같이 화가 나서 폭발할 것 같았지만 화를 내지는 못했다. 딸은 조용히 날 바라보고 있었고, 음식점의 밝은 불빛 아래 나는 놀랍게도 그녀의 큰 눈에 눈물이 고인 것을 분명히 보았다. 난 화가 더 이상 나지 않았고 오히려 매우 궁금해졌다.

我的女儿，到底怎么啦？当天晚上，返回旅馆之后，她这才说出了真相。她在伦敦三年，为了训练她的独立性，我决定假期不让她回家，我要她自行策划背包旅行，也希望让她体验一下兼职打工的滋味儿。

내 딸이 대체 어떻게 된 걸까? 그날 저녁 호텔로 돌아온 후 딸은 속사정을 얘기해주었다. 딸이 런던에서 3년 동안 있을 때 난 딸의 독립성을 기르기 위해, 방학에도 집에 오지 못하게 하고 자신이 계획한 배낭여행을 하도록 하면서 딸이 일하는 느낌이 어떤 것인지 체험하길 바랐다.

活泼外向的女儿，在家里十指不沾水，粗工细活都轮不到她，然而，来到人生地不熟的英国，却选择当女服务员来体验生活。第一天工作就闯祸了。她被分配到厨房去清洗酒杯，那些透亮细致的玻璃杯，一只只薄如纸，只要稍稍用一点力气，便化成一堆晶亮的碎片。

밝고 외향적인 딸은 집에서는 힘든 일을 해본 적이 없었지만 낯선 영국에서 서비스 직원이 되어 체험하는 것을 선택했다. 첫 근무하는 날 사건이 터졌다. 그녀는 주방에서 술잔 닦는 걸 맡게 되었고, 투명하고 정교한 유리컵들은 종이처럼 얇고 조금이라도 힘을 주면 곧 빛나는 유리조각이 될 것 같았다.

女儿小心翼翼，好不容易将那一大堆好似一辈子也洗不完的酒杯洗干净了，正松了一口气时，没有想到身子一歪，撞到了杯子，杯子应声倒地，"哐啷、哐啷、哐啷、哐啷"连续不断的一串又一串清脆的响声过后，酒杯全化成了玻璃碎片。"妈妈，那一刻，我的脑子一片空白。可是，您知道领班有什么反应吗？她不慌不忙地走了过来，搂住了我，说："亲爱的，你没事吧？"

딸은 매우 조심스럽게 마치 일생 동안 해도 다 못 닦을 것 같은 술잔들을 가까스로 깨끗이 씻었고, 막 한숨 돌리려는 찰나에 몸을 돌렸을 때 예상

回到旅店，女儿道出了事情的缘由，她之所以那样对待女服务员，是因为她也有着与她同样的经历。

호텔에 돌아온 후, 딸은 사건의 연유를 말해주었고, 딸이 그렇게 여직원을 대한 것은 딸에게도 비슷한 경험이 있기 때문이라는 것이었다.

为了让女儿体验国外的生活，假期的时候我想让她独自去旅行。但她却选择了在一家餐厅做起了服务生的工作，打工的时候她有过两次失误，一次是她把所有的酒杯都碰倒在地，酒杯全部都碎了。第二次是她把鲜红的葡萄酒洒在了顾客的白裙子上。

딸에게 외국생활을 체험하도록 방학 때조차 나는 딸을 혼자 여행하도록 했다. 하지만 그녀는 한 음식점에서 서비스 직원이 되는 것을 선택했고, 일을 하며 두 차례 실수를 저질렀다. 첫 번째는 모든 술잔을 바닥에 떨어뜨려 술잔을 모두 산산조각 내버린 것이었고, 두 번째는 빨간 포도주를 고객의 흰 치마에 흘린 것이다.

这两次失误把她吓坏了，可她并没有因此而受到责骂，而且还得到了餐馆主管和顾客的原谅和安慰，这让她感触颇深。因此，她很能体会那个女服务员失误时的感受，于是，她对我说："您就把她当成自己的女儿，原谅她吧。"听到这儿，我已泪眼模糊。

치도 못하게 술잔을 건드렸고 술잔들은 마구 소리를 내며 바닥으로 떨어졌다. '쾅, 쾅, 쾅, 쾅' 끊이지 않고 계속해서 쟁쟁한 소리가 울린 후, 술잔들은 모두 유리조각이 돼버렸다. "엄마, 그 순간 제 머리는 완전히 하얘졌어요. 하지만 그 매니저의 반응이 어땠는지 아세요? 그녀는 전혀 당황하지 않고 다가와서 저를 안아주며 '괜찮죠?'라고 말했어요.

接着，又转过头去吩咐其他员工赶快把碎片打扫干净。对我，她连一字半句责备的话都没有！" 还有一次，女儿在倒酒时，不小心把鲜红如血的葡萄酒倒在顾客白色的衣裙上。原以为她会大发脾气，没想到顾客反而倒过来安慰她，说："没关系，酒渍嘛，不难洗。" 说着，站起来，轻轻拍拍她的肩膀，便静悄悄地走进了洗手间，不张扬，把眼前这只惊慌失措的小鸟安抚成梁上的小燕子。

그리고 곧 고개를 돌려 다른 직원들에게 빨리 유리조각을 깨끗이 치우도록 분부했고요, 또 나에게 어떤 질책의 말도 하지 않았어요!" 또 한 번은 딸이 술을 따를 때, 실수로 피같이 선명하게 빨간 포도주를 고객의 하얀 치마에 흘린 적이 있었다고 한다. 딸은 그녀가 크게 화낼 줄 알았지만 그 손님은 오히려 위로하며 딸에게 "괜찮아요. 술 자국인데요, 뭐. 쉽게 씻을 수 있어요."하고 말하고 일어나 가볍게 딸의 어깨를 두드린 후 곧 조용히 화장실로 갔다. 눈 앞에 있는 어쩔 줄 모르는 딸을 위로해 준 것이다.

女儿的声音，充满了感情："妈妈，既然别人能原谅我的过失，您就把其他犯错的人当成是您的女儿，原谅她们吧！" 此刻，在异国他乡的夜里，我泪眼朦胧。

딸의 목소리는 감정에 벅차 올랐다. "엄마, 다른 사람도 저의 실수를 용서해 주는데 엄마도 다른 실수한 사람들을 저라고 생각해주시고, 용서해줘요." 이때, 이국 타향에서의 밤에 내 눈에는 눈물이 차올라 흐릿해졌다.

이 두 차례의 실수로 그녀는 매우 놀랐지만 그것 때문에 어떤 질책도 받지 않았고, 게다가 음식점 매니저와 고객에게 용서와 위로를 받아 딸은 큰 감동을 받게 되었다. 그리하여 딸은 그 여직원이 실수를 했을 때의 느낌을 이해했던 것이다. 그리하여 딸은 나에게 "그녀를 저처럼 생각해주시고 용서해주세요."라고 말했다. 여기까지 듣고, 나는 이미 눈물이 나 눈이 흐려졌다.

단어

笨手笨脚 bènshǒu bènjiǎo (성) 손발이 둔하다 ┃ 转化 zhuǎnhuà (동) 바꾸다. 바뀌다 ┃ 第六感 dì liù gǎn (명) 육감 ┃ 辜负 gūfù (동) 어기다. 저버리다 ┃ 捧 pěng (동) (두 손으로) 받쳐들다. 받들다 ┃ 倾斜 qīngxié (동) 경사지다. 기울어지다 ┃ 阴沉 yīnchén (형) (날씨가) 흐리다. 우중충하다 ┃ 发作 fāzuò (동) 갑자기 일어나다 ┃ 旋风 xuànfēng (명) 회오리바람 ┃ 柔和 róuhé (형) 부드럽다 ┃ 绷 běng (동) (안색이) 굳어지다 ┃ 细声细气 xìshēng xìqì (성) 의기소침한 소리. 잦아드는 소리 ┃ 返回 fǎnhuí (동) (원래 있던 곳으로) 되돌아가다 ┃ 粗工 cūgōng (명) 막일. 거친 일 ┃ 细活 xìhuó (명) 섬세한 일. 정밀한 일 ┃ 闯祸 chuǎnghuò (동) 화를 부르다 ┃ 分配 fēnpèi (동) 분배하다 ┃ 透亮 tòuliàng (형) 밝다. 환하다 ┃ 小心翼翼 xiǎoxīn yìyì (성) 엄숙하고 공손하다 ┃ 清脆 qīngcuì (형) (소리가) 맑고 듣기 좋다. 낭랑하다 ┃ 领班 lǐngbān (동) (회사, 공장 등에서) 반을 이끌다. 조를 지도하다 ┃ 搂住 lǒuzhù (동) 껴안다 ┃ 静悄悄 jìngqiāoqiāo (형) 매우 조용한 모양 ┃ 张扬 zhāngyáng (동) 떠벌이다. 퍼뜨리다 ┃ 惊慌失措 jīnghuāng shīcuò (성) 놀라 허둥대며 어쩔 줄을 모르다 ┃ 朦胧 ménglóng (형) (달빛이) 흐리다. 흐릿하다 ┃ 责骂 zémà (동) 꾸짖으며 욕하다. 매섭게 꾸짖다

原谅

　　我和女儿来到一家餐厅吃饭，吃饭时最让我担心的事情发生了——女服务员把菜汤洒在了我心爱的皮包上。

　　当时，就在我想冲着她咆哮的时候，却被我女儿温柔似水的话语挡了回来，她的一句"没关系"让我无言以对，接下来她的表现更是出乎了我的意料，她竟然还拍着她的肩膀说："回家洗干净就好了，不必放在心上"，她说话的口气好像错在我们。

　　回到旅店，女儿道出了事情的缘由，她之所以那样对待女服务员，是因为她也有着与她同样的经历。

　　为了让女儿体验国外的生活，假期的时候我想让她独自去旅行。但她却选择了在一家餐厅做起了服务生的工作，打工的时候她有过两次失误，一次是她把所有的酒杯都碰倒在地，

해석

나와 딸은 한 음식점에 가서 저녁을 먹었는데, 식사를 할 때 내가 가장 염려하던 일이 벌어지고야 말았다. 여직원이 음식을 내가 가장 아끼는 핸드백에 쏟은 것이다.

당시 내가 그녀에게 소리를 지르려고 했을 때, 내 딸이 부드러운 말로 막아 서며 그녀에게 "괜찮아요"라고 하는 바람에 난 할말이 없어졌다.

그리고 이어서 한 딸의 행동은 내가 생각치도 못한 것이었다. 그녀는 그 여직원의 어깨를 두드리며 "돌아가서 씻으면 괜찮을 거예요. 마음에 두지 말아요."라고 말했고, 그녀가 말하는 어투는 마치 우리가 잘못한 것처럼 느껴졌다.

호텔에 돌아온 후, 딸은 사건의 연유를 말해주었고, 딸이 그렇게 여직원을 대한 것은 딸에게도 비슷한 경험이 있기 때문이라는 것이었다.

딸에게 외국생활을 체험하도록 방학 때조차 나는 딸을 혼자 여행하도록 했다. 하지만 그녀는 한 음식점에서 서비스 직원이 되는 것을 선택했고, 일을 하며 두 차례 실수를 저질렀다. 첫 번째는 모든 술잔을 바닥에 떨어뜨려 술잔을 모두 산산조각 내버린 것이었고, 두 번째는 빨간 포도주를 고객의 흰 치마에 흘린 것이다.

이 두 차례의 실수로 그녀는 매우 놀랐지만 그것 때문에 어떤 질책도 받지 않았고, 게다가 음식점 매니저와 고객에게 용서와 위로를 받아 딸은 큰 감동을 받게 되었다. 그리하여 딸은 그 여직원이 실수를 했을 때의 느낌을 이해했던 것이다. 그리하여 딸은 나에게 "그녀를 저처럼 생각해주시고 용서해주세요."라고 말했다. 여기까지 듣고, 나는 이미 눈물이 나 눈이 흐려졌다.

4회
모의고사

해설 | 듣기 | 독해 | 쓰기

01

≪西游记≫是中国古代一部著名的长篇神话小说。书中最吸引读者的人物形象是孙悟空，他机智勇敢、本领高强、敢于反抗、深受人们喜爱，这部小说充满了奇特的幻想，表现出丰富的艺术想象力，在中国影响极大。

≪서유기≫는 중국 고대의 한 유명한 장편신화소설이다. 책에서 가장 독자들의 인기를 끄는 인물은 손오공으로, 손오공은 기지가 넘치고 용감하며 능력이 매우 뛰어나고 저항할 줄 알며 사람들에게 사랑 받는 역할이다. 이 소설에서는 독특한 환상세계가 펼쳐지고 풍부한 예술 상상력을 보여주어 중국에서 이 소설의 영향력은 매우 크다.

A ≪西游记≫想象力丰富
　≪서유기≫의 상상력은 풍부하다

B ≪西游记≫是一部短篇小说
　≪서유기≫는 단편소설이다

C ≪西游记≫原来是历史小说
　≪서유기≫는 원래 역사소설이다

D ≪西游记≫显现出反抗社会的思想
　≪서유기≫는 사회에 저항하는 사상을 보여준다

[풀이]

본문에서 서유기에서는 풍부한 예술적 상상력을 보여주고 있으며(表现出丰富的艺术想象力) 중국에서의 영향력이 크다고 설명하고 있으므로 서유기의 상상력은 넘친다는 것이 정답이다.

정답 A

단어

西游记 Xīyóujì 몡 서유기 | 著名 zhùmíng 혱 저명하다. 유명하다 | 长篇 chángpiān 혱 장편의 | 吸引 xīyǐn 동 끌어당기다. 유인하다 | 孙悟空 Sūn Wùkōng 인명 손오공 | 机智 jīzhì 혱 머리 회전이 빠르다. 임기응변에 능하다 | 本领 běnlǐng 몡 기능. 능력 | 高强 gāoqiáng 혱 강하다. 뛰어나다 | 反抗 fǎnkàng 동 반항하다. 저항하다 | 喜爱 xǐ'ài 동 호감을 느끼다. 흥미를 갖다 | 奇特 qítè 혱 기묘하다. 이상하다 | 幻想 huànxiǎng 몡 환상 | 表现 biǎoxiàn 동 드러나다. 나타나다 | 想象力 xiǎngxiànglì 몡 상상력 | 短篇 duǎnpiān 몡 단편 | 显现 xiǎnxiàn 동 보이다. 나타나다. 드러나다

02

在雅典残疾人奥运会的闭幕式上，≪千手观音≫一舞让世界震惊。该节目正式接受春节联欢晚会的表演任务是在1个月前，由于时间很短，为了保持良好的演出状态，聋哑人演员每天都要早起跑步。很多演员刚从南方回来，在瑟瑟的寒风中不顾脸被吹得生疼，每天都从早上排练到深夜。

아테네 장애인 올림픽의 폐막식에서 ≪천수관음≫ 공연은 세계를 뒤흔들었다. 이 프로그램은 정식으로 설날특별프로그램 공연을 1개월 전 제의받았고, 짧은 시간에 훌륭한 연출상황을 유지하기 위해 농아 배우들은 매일 아침부터 달리기를 했다. 많은 배우들이 남방지역에서 왔는데 차가운 바람 속에서 얼굴이 바람에 아픈 것도 아랑곳하지 않고 매일 아침부터 저녁 늦게까지 연습했다.

A 演员们都来自北方
배우들은 모두 북방에서 왔다

B 她们都参加过奥运会
그녀들은 모두 올림픽에 참가한 적이 있다

C 表演者都是聋哑人
연기자들은 모두 농아들이다

D 演员们每天都要演出
배우들은 매일 공연해야 한다

[풀이]

본문에서 聋哑人演员每天都要早起跑步(농아인 연기자들이 매일 아침 일찍 일어나 운동을 한다)의 부분을 통해 연기자들이 모두 농아라는 것을 알 수 있다.

정답 ▶ C

단어

雅典 Yǎdiǎn **지명** 아테네 ┃ 残疾人奥运会 Cánjírén Àoyùnhuì 장애인 올림픽 ┃ 闭幕式 bìmùshì **명** 폐막식 ┃ 震惊 zhènjīng **동** 놀래다. 놀라게 하다 ┃ 表演 biǎoyǎn **동** 공연하다. 연출하다 ┃ 保持 bǎochí **동** 유지하다 ┃ 演出 yǎnchū **동** 공연하다. 상연하다 ┃ 聋哑 lóngyǎ **명** 농아 ┃ 演员 yǎnyuán **명** 배우. 연기자 ┃ 早起 zǎoqǐ **동** 일찍 일어나다 ┃ 跑步 pǎobù **동** 뛰다. 달음박질하다 ┃ 瑟瑟 sèsè **형** 부르르. 부들부들 ┃ 寒风 hánfēng **명** 한풍. 찬바람 ┃ 不顾 búgù **동** 돌보지 않다. 아랑곳하지 않다 ┃ 生疼 shēngténg **형** 매우 고통스럽다 ┃ 排练 páiliàn **동** 리허설을 하다

03

🎵 烤鸭家族中最辉煌的要算是全聚德了，是它确立了烤鸭家族的北京形象大使地位。全聚德采取的是挂炉烤法，不给鸭子开膛破肚。只在鸭身上开一个小洞，把内脏拿出来，然后往鸭肚子里面灌开水，然后再把小洞系上后挂在火上烤。严格地说，只有这种烤法烤出的烤鸭才叫北京烤鸭。

카오야 가문 중 가장 두드러지는 것은 전취덕이라고 할 수 있는데, 전취덕은 카오야 가문의 베이징 이미지 대사의 지위를 확립했다. 전취덕이 채택한 것은 오리를 걸어서 굽는 방법으로 오리의 배를 가르지 않는다. 오리의 몸에 구멍을 조금 내어 내장을 꺼낸 후, 오리의 몸에 뜨거운 물을 집어 넣고 다시 구멍을 막고 불에 굽는다. 엄밀히 말해 이런 방식으로 구운 오리라야만이 베이징 카오야라 부를 수 있다.

A 挂炉烤法需要打开鸭的肚子
걸어서 굽는 방법은 오리의 배를 열어야 한다

B 烤鸭是北京美食的代表
카오야는 베이징 미식의 대표이다

C 北京烤鸭是最传统的美食
베이징 카오야는 가장 전통적인 미식이다

D 挂炉烤法是最简单的烤法
걸어서 굽는 방법은 가장 간단한 굽는 방법이다

[풀이]

본문의 내용은 '카오야'에 대한 설명이 나오고 있다.

가장 마지막 부분에 严格地说, 只有这种烤法烤出的烤鸭才叫北京烤鸭(엄밀히 말해 이런 방식으로 구운 오리라야만이 베이징 카오야라 부를 수 있다)라고 말하고 있으므로 B가 정답이다.

정답 ▶ B

단어

烤鸭 Kǎoyā 圆 (베이징) 오리구이 | 家族 jiāzú 圆 가족 | 辉煌 huīhuáng 圈 휘황찬란하다. 눈부시다 | 算是 suànshì 圖 ~인 셈이다. ~라 할 수 있다 | 全聚德 Quánjùdé 圆 전취덕 | 确立 quèlì 圖 확고하게 세우다. 확립하다 | 形象 xíngxiàng 圆 형상. 이미지 | 大使 dàshǐ 圆 대사 | 采取 cǎiqǔ 圖 선택하여 실행하다 | 挂炉 guàlú 圆 훈제용 가마 | 开膛 kāitáng 圖 배를 가르다 | 破肚 pòdù 圖 설사하다 | 内脏 nèizàng 圆 내장 | 灌 guàn 圖 채우다. 붓다 | 开水 kāishuǐ 圆 끓인 물 | 烤 kǎo 圖 굽다. 말리다 | 打开 dǎkāi 圖 열다. 풀다 | 美食 měishí 圆 맛이 좋은 음식. 미식

04

🎵 神话是原始社会最早的艺术形式之一，**是古代劳动人民对社会和自然现象的美妙解释和奇特想象**。远古时代，人们了解的科学知识很少，对许多自然现象不能理解。于是他们把自然神话、人格化，在幻想中不自觉地进行艺术加工，创造出许多神的故事。

신화는 원시사회에서 가장 먼저 생겨난 예술형식 중 하나로, 고대 노동자 사회와 자연현상에 대한 기발한 해석과 독특한 상상이다. 상고시대에 우리가 이해한 과학지식은 매우 적어 많은 자연현상을 이해할 수 없었다. 따라서 그들은 자연을 신화화, 인격화하고 환상 속에서 은연중에 예술적 가공을 하고 많은 신에 관한 이야기들을 창조해냈다.

A 神话是人类编造出来的
　　신화는 인류가 지어낸 것이다

B 以前的人们很了解科学
　　과거 사람들은 과학을 매우 이해했다

C 神话是人们对自然的奇特想象
　　신화는 사람들의 자연에 대한 기발한 상상이다

D 创造神话是人类的爱好
　　신화를 창조하는 것은 인류의 취미이다

풀이

본문의 도입부에서 是古代劳动人民对社会和自然现象的美妙解释和奇特想象(고대 노동자 사회와 자연현상에 대한 기발한 해석과 독특한 상상이다)이라고 말하고 있으므로 이 부분을 통해 신화는 사람들의 자연에 대한 기발한 상상이라는 것이 정답임을 알 수 있다.

정답 ▶ C

단어

原始社会 yuánshǐ shèhuì 원시사회 | 美妙 měimiào 圈 미묘하다 | 解释 jiěshì 圖 해석하다. 해설하다 | 远古 yuǎngǔ 圆 원고. 상고 | 人格 réngé 圆 인격 | 加工 jiāgōng 圖 가공하다 | 故事 gùshi 圆 이야기. 고사 | 人类 rénlèi 圆 인류 | 编造 biānzào 圖 이야기 등을 꾸며내다. 창작하다

05

🎵 小鸡看到一只苍鹰在高高的蓝天上飞过，**十分羡慕**，于是向母鸡问道："妈妈，我们也有一对翅膀，为什么不能像苍鹰那样在天空飞翔呢？""真是个小傻瓜，"母鸡回答说："飞得高有什么用处，蓝天上没有谷粒，也不会有虫子啊！"

병아리는 매가 높은 하늘에서 나는 것을 보고 매우 부러워서 엄마 닭에게 물었다. "엄마, 우리도 날개 있는데 왜 매처럼 하늘 위를 날지 못해요?" "이런 바보"하며 엄마 닭이 말했다. "높이 나는 것이 무슨 소용이 있니. 하늘에는 낟알도 없고 벌레도 없는데!"

A 小鸡不喜欢翅膀
병아리는 날개를 싫어한다

B 母鸡教小鸡飞翔
엄마 닭은 병아리에게 나는 법을 가르쳤다

C 小鸡很羡慕苍鹰
병아리는 매를 매우 부러워했다

D 天上有很有虫子
하늘에는 벌레가 매우 많다

[풀이]

듣기는 항상 첫 부분과 마지막 부분을 집중해서 들어야 한다. 엄밀히 말하면 전체적으로 한시도 주의력이 떨어지면 안 되겠다.
첫 부분에서 병아리가 하늘을 나는 매를 보며 十分羡慕라고 한 부분을 절대 놓치지 말고 들어야 한다.

정답 ▶ C

단어

小鸡 xiǎojī 몡 병아리 | 苍鹰 cāngyīng 몡 참매 | 蓝天 lántiān 몡 푸른 하늘. 창천 | 羡慕 xiànmù 통 흠모하다. 선망하다 | 翅膀 chìbǎng 몡 날개 | 飞翔 fēixiáng 통 비상하다. 날다 | 傻瓜 shǎguā 몡 바보. 멍청이 | 母鸡 mǔjī 몡 암탉 | 用处 yòngchu 몡 용도. 쓸모 | 谷粒 gǔlì 몡 낟알 | 虫子 chóngzi 몡 벌레. 곤충

06

🍒 巧克力是以可可粉为主要原料制成的一种甜食。巧克力体积小，发热多，味甜可口。研究发现，巧克力中含有红葡萄酒中所含有的抗氧化物。在浪漫的情人节，它更是表达爱情少不了的主角。

초콜릿은 코코아가루를 주요 원재료로 한 일종의 단 식품이다. 초콜릿은 부피가 매우 작고 에너지가 높으며 달고 맛있다. 연구에 따르면, 초콜릿에는 포도주에 함유된 항산화물질이 들어있다고 한다. 낭만적인 발렌타인데이에 초콜릿은 사랑을 표현하는 데 꼭 필요한 주연이다.

A 人们都喜欢吃巧克力
사람들은 초콜릿 먹는 것을 모두 좋아한다

B 巧克力比葡萄酒好
초콜릿은 포도주보다 좋다

C 用巧克力来表达爱情
초콜릿을 통해 사랑을 표현한다

D 人们不喜欢情人节吃巧克力
사람들은 발렌타이데이에 초콜릿 먹는 것을 싫어한다

[풀이]

지금까지 나온 문제 중에서 다소 난이도가 높은 문제이다.
마지막 부분에 낭만적인 발렌타인데이에 초콜릿은 사랑을 표현하는 데 꼭 필요한 주연이라고 말하고 있으므로, 정답은 초콜릿을 통해 사랑을 표현하는 것이다.

정답 ▶ C

단어

巧克力 qiǎokèlì 명 초콜릿 | 可可粉 kěkěfěn 명 코코아 | 原料 yuánliào 명 원료 | 甜食 tiánshí 명 단 식품. 단 것 | 体积 tǐjī 명 부피. 체적 | 发热 fārè 동 열나다 | 可口 kěkǒu 형 맛있다. 입에 맞다 | 含有 hányǒu 동 가지다. 함유하다 | 红葡萄酒 hóng pútáojiǔ 레드와인 | 抗氧化物 kàngyǎnghuà wù 항산화물 | 浪漫 làngmàn 형 낭만적이다 | 情人节 qíngrénjié 밸런타인데이 | 表达 biǎodá 동 나타내다. 드러내다 | 少不了 shǎobuliǎo 동 없어서는 안 된다. ~하지 않으면 안 된다 | 主角 zhǔjué 명 주인공. 주연

07

♪ 火锅不仅是美食，而且还蕴含着不少饮食文化的内涵，为人们品尝时倍添雅趣。如台湾客家人多在大年初七这天吃火锅，火锅用料有七样菜是少不了的，即芹菜、蒜、葱、芫荽、韭菜、鱼、肉，这分别寓意："勤快、会算、聪明、人缘好、长久幸福、有余、富足。"

훠궈는 미식일 뿐 아니라 많은 음식문화를 담고 있어, 사람들이 맛볼 때 고상한 정취를 더해준다. 예를 들어 대만의 객가인들은 대체로 새해 초이렛날에 훠궈를 먹는데, 훠궈 재료들 중 7개의 재료. 즉 미나리, 마늘, 파, 고수, 부추, 생선, 고기는 꼭 빠뜨리지 않는다. 이것들은 각자 '부지런함, 셈에 능한 것, 똑똑함, 인복, 행복함, 여유, 풍족함'의 의미를 가지고 있다.

A 台湾人不喜欢吃火锅
  대만사람들은 훠궈 먹는 것을 싫어한다

B 吃火锅可以驱走寒气
  훠궈를 먹으면 추위를 몰아낼 수 있다

C 年初七吃火锅另有寓意
  새해 초이렛날 훠궈를 먹는 것은 다른 의미가 있다

D 火锅的用料都是蔬菜
  훠궈의 재료는 모두 채소이다

[풀이]

본 문제는 선택지를 주의깊게 보면서 문장을 전체적으로 잘 들어야 한다.
처음에 나오는 훠궈가 음식문화의 함축적인 의미를 포함하고 있다는 부분은 쉽게 파악하기 힘들 수 있다. 하지만, 이어지는 새해 초이렛날 훠궈를 먹는다는 부분과 마지막 각각의 의미를 서술하는 부분은 놓치면 안 된다. 발음이 비슷한(谐音) 단어를 이용한 중국인의 재치와 기지를 엿볼 수 있는 문장이다.

정답 ▶ C

단어

火锅 huǒguō 명 훠궈 | 蕴含 yùnhán 동 내포하다. 포함하다 | 饮食 yǐnshí 명 음식 | 内涵 nèihán 명 내포 | 品尝 pǐncháng 동 테스트하다. 시식하다 | 雅趣 yǎqù 명 아취 | 客家 kèjiā 명 객가 | 大年 dànián 명 설 | 用料 yòngliào 명 사용 재료 | 芹菜 qíncài 명 셀러리. 미나리 | 蒜 suàn 명 마늘 | 葱 cōng 명 파 | 芫荽 yánsuī 명 고수. 향유 | 韭菜 jiǔcài 명 부추 | 分别 fēnbié 부 각각. 각자 | 寓意 yùyì 명 우의 | 勤快 qínkuai 형 부지런하다. 근면하다 | 人缘 rényuán 명 관계. 인맥 | 有余 yǒuyú 동 여유가 있다 | 驱走 qūzǒu 동 추방하다. 쫓아내버리다 | 寒气 hánqì 명 추위. 한기 | 蔬菜 shūcài 명 채소

08

♪ 围棋是怎么发明的呢？我的理解是肯定跟八卦、周易有关系。吴清源先生说，围棋最早是占卜的工具，这个说法也很有道理。古代只有君王才能占卜算卦，并根据八卦的规律组合推算，**所以传说尧发明了围棋是有一定根据的**，他用占卜的工具发明了围棋。

바둑은 어떻게 발명된 것일까? 내 지식으로는 분명히 팔괘, 주역과 관계가 있다. 우칭위안 선생은 바둑이 처음엔 점을 보는 도구였다고 말했는데, 이러한 설은 매우 일리가 있다. 고대에는 오직 왕만이 점을 볼 수 있었고, 팔괘의 규칙에 따라 예측하였다. 따라서 전설에서 요 임금이 바둑을 발명했다고 말하는 것은 어느 정도 근거가 있는데, 그는 점을 보는 도구로 바둑을 발명한 것이다.

A 尧发明了围棋
요 임금이 바둑을 발명했다

B 围棋最早是推算工具
바둑이 처음에는 운명을 점치는 도구였다

C 除了君王都能算卦
왕을 제외하고 모두 점을 칠 수 있다

D 围棋与周易毫无关系
바둑과 주역은 전혀 관계 없다

[▶ 풀이]

바둑의 기원에 관한 문장인데, 마지막 부분의 所以 뒤에 传说尧发明了围棋是有一定根据的(전설에 요 임금이 바둑을 발명했다)라고 전해지는 것은 어느 정도 근거가 있다고 하고 있으므로 이를 통해 정답을 선택할 수 있다.

정답 ▶ A

▶ 단어

围棋 wéiqí 몡 바둑 | 肯定 kěndìng 톙 분명하다. 확실하다 | 八卦 bāguà 몡 팔괘 | 周易 Zhōuyì 몡 주역 | 占卜 zhānbǔ 동 점치다 | 君王 jūnwáng 몡 군왕. 군주 | 算卦 suànguà 동 괘로 점치다 | 组合 zǔhé 몡 조합. 조립 | 推算 tuīsuàn 동 추산하다. 계산하다 | 尧 Yáo 인명 당요(고대의 전설 속에 나오는 제왕의 이름) | 发明 fāmíng 동 발명하다

09

♪ 有一个年轻人，小时候因一场大病导致四肢瘫痪，在全身的器官中，能动的只有左眼。可是，他还是决心要在自己完全不能动之前写出一部好作品。年轻人只会眨眼，**所以只能通过眨动左眼与助手沟通**，逐个字母地向助手背出他的腹稿，然后由助手抄录出来。

한 젊은이가 어렸을 때 큰 병으로 사지가 마비되어 전신 기관 중 움직일 수 있는 것은 왼쪽 눈밖에 없었다. 하지만 그는 자신이 완전히 움직이지 못하기 전에 좋은 작품을 하나 쓰기로 결심했다. 젊은이는 그저 눈을 깜박거리는 것밖에 하지 못했기에, 단지 왼쪽 눈을 깜박거리는 것만으로 조수와 소통하여 하나하나 알파벳대로 조수에게 그의 초고를 외우도록 한 후 조수가 기록했다.

A 年轻人通过眨眼来与人沟通
젊은이는 눈을 깜박거리는 것을 통해 사람과 소통한다

B 年轻人唯有右眼能动
젊은이는 오직 왼쪽 눈만 움직일 수 있다

[▶ 풀이]

문장 중반부에 이 장애를 가진 젊은이가 책을 집필할 때 只能通过眨动左眼与助手沟通(단지 왼쪽 눈을 깜박거리는 것만으로 조수와 소

C 年轻人病倒前完成了作品
젊은이가 병으로 눕기 전 작품을 완성했다

D 年轻人的四肢活动灵活
젊은이 온 몸의 움직임은 유연하다

통하였다)의 사실을 확인할 수 있다.

정답 A

단어

导致 dǎozhì 동 야기하다. 초래하다 | 四肢 sìzhī 명 사지. 팔다리 | 瘫痪 tānhuàn 동 마비되다 | 全身 quánshēn 명 온몸. 전신 | 器官 qìguān 명 기관. | 决心 juéxīn 동 결심하다. 결의하다 | 眨眼 zhǎyǎn 동 눈을 깜빡거리다. 눈을 깜짝이다 | 助手 zhùshǒu 명 조수 | 沟通 gōutōng 동 교류하다. 소통하다 | 逐个 zhúgè 부 하나씩. 하나하나 | 字母 zìmǔ 명 자모. 알파벳 | 腹稿 fùgǎo 명 복고 | 抄录 chāolù 동 베끼다. 베껴 쓰다 | 灵活 línghuó 형 민첩하다. 재빠르다

10

🎵 **航天科技活动与人类生活的关系日益密切**，电视、手机信号等，无不依赖于天上卫星发出的信号，连城市交通也要依赖卫星信号来调控。由此可见，航天科技活动对人类生活的影响正在逐步增大。

우주과학기술 활동과 인류생활의 관계는 나날이 밀접해지고 있어 TV, 휴대전화 신호 등 위성에서 보내는 신호에 의존하지 않을 수 없고, 도시교통조차 위성신호에 의존해 조정하고 관리된다. 이로써 알 수 있듯, 우주과학기술 활동이 인류생활에 미치는 영향은 점점 커지고 있다.

A 居民生活只依赖于卫星信号
국민생활은 위성신호에만 의존한다

B 卫星信号可以调控手机信号
위성신호는 휴대전화 신호를 조정, 관리할 수 있다

C 航天技术和人类生活关系密切
우주기술과 인류의 생활은 관계가 밀접하다

D 航天技术和日常生活毫无关系
우주기술과 일상생활은 아무런 관계가 없다

[풀이]

듣기에서 가장 중요한 부분은 첫 부분과 마지막 부분이다.
본 문제도 첫 도입부에서 航天科技活动与人类生活的关系日益密切(우주과학기술 활동과 인류생활관계는 나날이 밀접해지고 있다)라고 했으므로, 정답으로 우주기술과 인류활동은 관계가 밀접하다는 것을 선택해야 한다.

정답 C

단어

航天 hángtiān 동 우주를 비행하다 | 科技 kējì 명 과학기술 | 日益 rìyì 부 나날이 | 信号 xìnhào 명 신호. 신호 전파 | 无不 wúbù 부 ~하지 않는 것이 없다. 모두 ~이다 | 依赖 yīlài 동 불가분의 관계이다. 의존하다 | 卫星 wèixīng 명 위성 | 发出 fāchū 동 내보내다 | 调控 tiáokòng 동 조절하고 제어하다 | 由此可见 yóucǐ kějiàn 이로써 알 수 있다. 이것으로부터 추측할 수 있다 | 逐步 zhúbù 부 한 걸음씩. 점차. 단계적으로 | 增大 zēngdà 동 증대하다

11

🎵 礼仪是在人际交往中，以一定的、约定俗成的程序方式来表现的律己敬人的过程，涉及穿着、交往、沟通、情商等内容。从个人修养的角度来看，礼仪可以说是一个人内在修养和素质的外在表现。

예절은 대인관계에서의 일정한 약속으로 이루어진 순서방식으로 자신을 다스리고 상대방을 존중하는 것을 표현하는 과정인데, 옷차림, 교류, 소통, EQ 등의 내용이 모두 포함된다. 개인의 소양이라는 각도에서 봤을 때 예절은 한 사람의 내재된 소양과 자질이 외부로 표현되는 것이다.

A 通过礼仪能看出他的地位
예절을 통해 그의 지위를 알 수 있다

B 沟通是礼仪的主要内容
소통은 예절의 중요한 내용이다

C 礼仪是尊重人的表现
예절은 상대방을 존중하는 표현이다

D 内在修养通过礼仪能表现出来
내재된 소양은 예절은 통해 표현될 수 있다

[▶ 풀이]

본문의 가장 마지막 부분에서 礼仪可以说是一个人内在修养和素质的外在表现(예절은 한 사람의 내재된 소양과 자질이 외부로 표현되는 것)이라고 설명하고 있으므로 내재된 소양은 예절을 통해 표현될 수 있다가 정답으로 가장 적합하다.

정답 D

▶ 단어

礼仪 lǐyí 몡 예의 | 人际 rénjì 혱 사람과 사람 사이의 | 交往 jiāowǎng 동 왕래하다 | 约定 yuēdìng 동 약속하여 정하다 | 律己 lǜjǐ 동 자기 자신을 단속하다. 스스로를 제약하다 | 过程 guòchéng 몡 과정 | 涉及 shèjí 동 관련되다. 미치다 | 穿着 chuānzhuó 몡 복장. 옷차림 | 沟通 gōutōng 동 교류하다. 소통하다 | 情商 qíngshāng 몡 사람의 정서 | 修养 xiūyǎng 몡 교양 | 角度 jiǎodù 몡 각도 | 内在 nèizài 혱 내재하는 | 素质 sùzhì 몡 자질. 소양 | 外在 wàizài 혱 외재하는. 외재적인

12

🎵 伴随着主持人的介绍，几位美女登台亮相，这些美女将为我们带来春天般的温暖！这也意味着"环球旅游大使走进北京奇幻冰雪童趣节"的活动正式拉开了序幕。在为期两天的冰雪之旅中，这些旅游大使将完成项目体验、才艺表演等一系列活动。

진행자의 소개에 따라 미녀들이 무대에 올라와 모습을 선보이고, 이 미녀들은 우리를 위해 봄날 같은 따뜻함을 안겨 줄 것이다! 이것은 '세계일주 대사가 찾은 베이징의 환상적인 얼음와 아이 축제' 행사의 서막이 정식으로 열리는 것을 의미한다. 이틀 여정의 얼음여행에서 이 여행 대사들은 프로그램 체험과 끼를 발휘하는 공연 등 일부 행사에 참여할 것이다.

A 这次活动是在冬天举行的
이번 행사는 겨울에 열린 것이다

[▶ 풀이]

본문에서 冰雪라는 단어가 두 번 언급되는데, 이를 통해 이 활동의 계절

B 这次活动是在春天举行的
이번 행사는 봄에 열린 것이다

C 这次活动是为了欢迎美女的到来
이번 행사는 미녀가 온 것을 환영하기 위해서 열렸다

D 美女们只完成了两项表演活动
미녀들은 두 개의 공연활동만을 완수했다

적 배경이 겨울임을 알 수 있다. 현명한 학습자라면 선택지 A와 B 에서 계절이 나와있는 것을 보고 관련단어를 듣기위해 귀를 쫑끗 세워야 한다.

정답 ▶ A

단어

伴随 bànsuí 동 따르다. 동행하다 | 主持人 zhǔchírén 명 사회자. 진행자 | 登台 dēngtái 동 강단에 오르다. 무대에 오르다 | 亮相 liàngxiàng 동 공개적으로 모습을 드러내다 | 温暖 wēnnuǎn 동 따뜻하게 하다. 온화하게 하다 | 意味 yìwèi 명 뜻. 의미 | 环球旅游 huánqiú lǚyóu 세계일주 | 奇幻 qíhuàn 형 기이하고 비현실적이다 | 冰雪 bīngxuě 명 얼음과 눈 | 拉开 lākāi 동 열다 | 序幕 xùmù 명 서막 | 为期 wéiqī 동 약속한 날짜로 삼다. 기한으로 하다 | 才艺 cáiyì 명 재능과 기예 | 一系列 yíxìliè 형 일련의

13

经纪人这一职业正在被人们逐渐看好。有关专家指出，随着我国市场经济的发展，**职业经纪人的发展前景广阔**，各类职业经纪人将不断涌现。经纪人可划分为一般经纪人和特殊行业经纪人。

중개인이라는 이 직업이 현재 사람들에게 인기를 끌고 있다. 관련 전문가는 중국 시장경제의 발전에 따라 전문 중개인의 전망이 더 넓어지고, 각 직업 중개인들이 끊임없이 나타나게 될 것이라고 지적했다. 중개인은 일반적으로 중개인과 특수업계 중개인으로 나뉜다.

A 经纪人是一个冷门的职业
중개인은 인기 없는 직업이다

B 这个职业不被人们看好
이 직업은 사람들에게 인기를 끌지 못한다

C 经纪人将被市场淘汰
중개인은 시장에서 도태될 것이다

D 这个职业很有发展空间
이 직업은 매우 발전 잠재력이 있다

[풀이]

문장 전반에 걸쳐 중개인이라는 직업에 대한 소개를 하고 있는데, 중간 부분에 职业经纪人的发展 前景广阔(전문 중개인의 전망이 더 넓어지고 있다)라고 설명하고 있다.

정답 ▶ D

단어

经纪 jīngjì 동 경영하다 | 专家 zhuānjiā 명 전문가 | 指出 zhǐchū 동 지적하다 | 市场经济 shìchǎng jīngjì 시장경제 | 前景 qiánjǐng 명 전경. 전망 | 广阔 guǎngkuò 형 광활하다. 넓다 | 各类 gèlèi 형 각 종류의 | 涌现 yǒngxiàn 동 대량으로 나타나다. 생겨나다 | 划分 huàfēn 동 나누다. 가르다 | 行业 hángyè 명 직업. 업계. 업무 분야 | 冷门 lěngmén 명 비인기 직업. 인기 없는 사업 | 淘汰 táotài 동 도태되다. 탈락되다

14

🎵 "桂林山水甲天下"，是人人皆知的。据说桂林是外国游客们到中国旅游最向往的四个地方之一。不过大部分的人去桂林都是跟旅行团走，结束旅游后许多人对桂林依然比较陌生。

'구이린의 산과 물은 하늘 아래 최고'라는 말은 누구나 알고 있다. 다른 사람들의 말에 따르면 구이린은 외국 여행자들이 중국여행에서 가장 가고 싶어하는 4대 지역 중 하나라고 한다. 하지만 대다수 사람들은 구이린을 갈 때 여행사를 통해 단체로 가서 여행이 끝난 후에도 많은 사람들은 구이린에 대해 여전히 생소하다.

A 桂林是一个风景秀美的地方
구이린은 풍경이 뛰어난 곳이다

B 只有外国人喜欢桂林
외국인들만 구이린을 좋아한다

C 人们不喜欢跟旅行团走
사람들은 여행사를 통해 가는 것을 싫어한다

D 人们都十分熟悉桂林
사람들은 모두 구이린에 대해 잘 안다

[▶ 풀이]

아마도 모든 학습자들이 쉽게 풀수 있는 문제라고 생각한다. 문장의 시작과 함께 많이 고등학습자들이라면 한 번쯤 들어봤을 속담 '桂林山水甲天下(구이린의 산과 물은 하늘 아래 최고이다)' 즉, 구이린의 아름다운 풍경을 묘사하고 있으므로 정답은 A를 선택할 수 있다.

정답 A

[▶ 단어]

桂林山水甲天下 Guìlín shānshuǐ jiǎ tiānxià 구이린의 산수는 천하제일이다 ｜ 人人 rénrén 몡 모든 사람. 매 사람 ｜ 据说 jùshuō 동 (다른 사람의) 말을 따르다 ｜ 向往 xiàngwǎng 동 동경하다. 지향하다 ｜ 旅行团 lǚxíngtuán 명 여행단. 여행사 ｜ 结束 jiéshù 동 끝나다. 마치다 ｜ 依然 yīrán 부 변함없이. 여전히 ｜ 陌生 mòshēng 형 낯설다. 생소하다 ｜ 秀美 xiùměi 형 우아하고 아름답다 ｜ 熟悉 shúxī 동 숙지하다. 잘 알다

15

🎵 中国有一名演员非常不错。他表演节目的时候，现场观众有的笑昏过去、有的笑得犯了心脏病，他的舞台即兴能力和现场调动观众情绪的能力都相当出色，相当有魅力。他就是"小品王"赵本山。

중국에 정말 괜찮은 배우가 한 명 있다. 그가 연기할 때 현장에 있는 관중들 중에는 웃다가 기절하기도 하고 어떤 이는 웃다가 심장병이 발병하기도 한다. 그가 무대에서 보여주는 즉흥적인 능력과 현장 분위기를 이끄는 능력은 매우 뛰어나고 매력이 넘치는데 그가 바로 '꽁트왕' 짜오번샨이다.

A 他的表演不受人们的欢迎
그의 연기는 사람들에게 환영 받지 못한다

B 他表演时候犯了心脏病
그는 연기할 때 심장병이 발병한다

[▶ 풀이]

짜오번샨이라는 유명한 꽁트 희극배우에 관한 글이다. 이 인물에 대해 사전지식이 있는 학습자라

C 他是一个出色的小品演员
그는 매우 뛰어난 꽁트 희극배우이다

D 人们看节目时都晕了过去
프로그램을 본 사람들은 모두 기절했다

면 정답을 쉽게 찾을 수도 있겠다. 그래도 보기에 小品演员이란 단어가 있고 또 본문 마지막에서 小品王이라고 말하고 있으므로, 그는 아주 뛰어난 꽁트배우임을 정답으로 선택할 수 있다.

정답 ▶ C

단어

现场 xiànchǎng 명 현장 | 观众 guānzhòng 명 관중. 시청자 | 昏过去 hūn guòqu 까무러치다. 기절하다 | 犯 fàn 동 재발하다. 도지다 | 心脏病 xīnzàngbìng 명 심장병 | 舞台 wǔtái 명 무대 | 即兴 jíxìng 동 즉흥적이다 | 调动 diàodòng 동 바꾸다. 변동하다 | 出色 chūsè 형 출중하다. 뛰어나다 | 魅力 mèilì 명 매력 | 小品 xiǎopǐn 명 꽁트. 간단한 잡문

第二部分　　16~30번 문제, 인터뷰 내용을 듣고 들은 내용과 일치하는 답을 고르시오.

16-20

女: 你怎样定位你自己，企业家? 职业经理人?

선생님께서는 자신을 어떻게 정의하시나요? 기업가 아니면 직업 경영인?

男: **16** 其实我挺不在乎外在的东西，我倾向直奔本质。这个是要用的、这个是要舒服的……它达到了这个目的就好。这个跟我在经营上的思路倒是一致的，达成交易了，价值就形成了。至于叫我什么，无所谓。很多人说我，你多风光! 出入五星级酒店。可创业的时候必须趴在地上布线、吃大排档、在厕所边的一个小屋办公……这些对我来说不重要。

사실 저는 외부적인 것들을 그리 중시하지 않고, 본질을 중시하는 경향이 있습니다. 이것은 필요한 것이고 저것은 편해야 하는 것이고, 그것이 목적에 맞는 것이라면 다 좋습니다. 이것은 저의 경영상의 사고방식과 또 매우 일치하는 점이고, 거래가 이루어지면 곧 가치가 형성됩니다. 나를 어떻게 부르는가는 상관없습니다. 많은 사람들이 저를 보고 '매일 5성급 호텔을 드나들고 얼마나 근사합니까!'라고 말합니다. 하지만 막 창업했을 때에는 땅에 엎드려 선을 설치하고 길거리에서 밥을 먹으며 화장실 옆에 있는 작은 사무실을 써야 했습니다. 이것들은 저에게 그리 중요하지 않았습니다.

女: 为什么呢? 你是一个有良好教育背景的人。

왜요? 선생님께서는 훌륭한 교육배경을 가지고 있는 분이시잖아요.

男: 我确实是出身传统的学院大院儿。遗憾的是，我所受的教育就像无形的枷锁。而 **17** 人怎么能最大限度地发挥自己? 就是你要能了解自己，把自己的喜好和优势结合起来。关键是你要能把身上的框架卸掉，卸得越多、速度越快，你的成就就会越大。

저는 확실히 전통적인 대학 출신입니다. 유감스러운 것은 제가 받은 교육이 무형의 족쇄같다는 것입니다. 하지만 사람이 어떻게 최대로 자신을 발휘할 수 있을까요? 당신이 자신을 알려면 자신이 좋아하는 것과 장점을 결합시켜야 합니다. 핵심은 당신 자신의 틀을 버려야 하는 것과 빨리 버릴수록 속도는 더욱 빨라지고 당신이 이룬 성과는 점점 더 커진다는 것입니다.

女: 你的自信来源于哪里?

선생님의 자신감은 어디에서 비롯됩니까?

男: 这个其实挺好笑的。我的学生时代自信心不够，虽然学习成绩、体育、文艺很出色，**18** 但我还是挺缺少自信的。一个姐姐打开了这个坎儿，她不追求第一，但是从里到外感觉非常好，非常有说服力。我就想：这是为什么呢？我应该很自信。这就是我很小的时候，第一次的自觉思考。

그것은 사실 매우 재미있는 이야기입니다. 제가 학생시절에는 자신감이 부족했었는데, 비록 학교성적, 체육, 문예 부분은 매우 뛰어났지만, 전 자신감이 매우 없었습니다. 한 누나가 문제의 핵심을 보여주었는데, 그녀는 1등만을 추구하지는 않지만 안으로나 밖으로나 매우 좋아보여서 매우 설득력이 있었습니다. 저는 "왜 그런 거지? 난 자신감이 있어야 해."라고 생각했습니다. 이것은 제 어린시절의 첫 자각적 사고였습니다.

女： 你就没有过挫折吗？在卓越的经历对你打击很大吧？

선생님은 좌절을 겪은 적이 없으세요? 주오위에서의 경험이 선생님에게 큰 타격을 가져다 주었죠?

男： 很多人感觉我在卓越挺好的，为什么不继续往下走呢？这样太遗憾了。其实我不这么看，19 人生有一个曲线，人总会从低谷走向顶点，到一定程度他会走下坡路，最可取的是，在他还没有走到顶点的时候，又开始另外一个曲线，而不是走到曲线的下面，从这个低谷再起来，这是非常难的。因此大家都认为那是一个大挫折，我不这么认为，对我来说，卓越是一个非常成功的经历，我们的团队很辉煌，也创造了一些小奇迹，我是带着这样的心情走向另外一个工作的。

많은 사람들이 제가 주오위에서 매우 좋았는데 왜 계속하지 않는지 매우 안타까워했어요. 사실 저는 그렇게 보지 않아요. 인생에는 하나의 곡선이 있어 사람들은 바닥에서부터 정상으로 향해 가고, 어느 정도에 도달하게 되면 내리막길을 걷게 되죠. 우리가 가장 취할 만한 것은 아직 정점에 다다르지 않았을 때 다시 다른 곡선을 시작하는 것인데, 곡선의 저점에 도착하지 않았을 때 말입니다. 바닥에서 다시 일어나려면 매우 힘이 듭니다. 따라서 사람들은 이것이 매우 큰 실패라고 여기지만, 저는 그렇게 생각치 않습니다. 제게 있어 주오위에는 매우 성공적인 경험이었고, 제 팀은 매우 훌륭했으며 작은 기적들을 일궈냈고 저는 이런 마음을 가지고 다른 일을 시작할 수 있었습니다.

女： 所以你现在的工作让你有机会重新站在高峰？

따라서 선생님이 현재 하시고 있는 일이 선생님을 다시 정점으로 가게 할 수 있다는 거죠?

男： 我找到了自己的舞台，而且这个舞台是我给自己建的。这些是了解自己的过程。17/20 前十年是给别人干，积累了经验，后十年是自己的创业过程。现在最能发挥自己的优势，是以往经验的释放，是我最喜欢的方式。这太好了！

저는 저의 무대를 찾았고 이 무대는 제 자신을 위해 세운 것입니다. 이것은 모두 자신을 이해하는 과정인 것이지요. 이전 10년은 다른 사람을 위해 일하며 경험을 축적했고, 이후 10년은 자신의 사업을 하는 과정입니다. 현재가 가장 자신의 장점을 발휘할 수 있고 과거 경험을 살릴 수 있는데, 이것은 제가 가장 좋아하는 방식입니다. 정말 좋습니다!

16 男人怎样给自己定位?

남자는 어떻게 자신을 정의하고 있는가?

A 注重本质的人
본질을 중시하는 사람

B 不在乎内在的人
내적인 것을 신경 쓰지 않는 사람

C 出色的经理
훌륭한 경영자

D 优秀的企业家
우수한 기업가

인터뷰 형식의 문장은 사회자가 질문을 한 뒤 다음 사람의 말 첫 번째를 절대 놓치면 안 된다.
여자가 자신을 어떻게 성의내리는지에 대한 질문을 하자 남자가 외부적인 것들을 그리 중시하지 않고, 본질을 중시하는 경향이 있다고 대답을 한다. 倾向은 '~을 하는 편이다, 경향이다', 直奔本质는 본질을 중시하는 사람이라는 말이다. 그러므로 정답은 A이다.

정답 ▶ A

17 男人认为发挥自己的关键是什么?

남자는 자신을 발휘하는 데 핵심이 무엇이라고 생각하는가?

A 优越的背景
훌륭한 배경

B 找到自己的喜好
자신이 좋아하는 것을 찾는 것

C 找到自己的优势
자신의 장점을 찾는 것

D 能够释放自己
자신을 풀어주는 것

남자의 두 번째 대화와 마지막 대화에서 답을 언급하는 부분이 두 번 반복되고 있다.
두 번째 대화에서는 자신의 틀을 버리고, 또 빨리 버릴수록 성과가 커진다고 하였고, 마지막 부분에서는 현재가 가장 자신의 장점을 발휘할 수 있고 과거 경험을 살릴 수 있는데, 이 방식을 제일 좋아한다고 말하고 있으므로 답은 D이다.

정답 ▶ D

18 男人小的时候是怎样的人?

남자는 어렸을 때 어떤 사람이었는가?

A 好吃懒做的人
먹기 좋아하고 게으른 사람

B 英勇无畏的人
용맹하고 두려움이 없는 사람

C 缺乏自信的人
자신감이 부족한 사람

D 爱钻牛角尖的人
따지기 좋아하는 사람

듣기는 항상 접속사 특히 역접을 나타내는 접속사 뒤를 주의해야 한다.
처음에는 모든 방면에 뛰어나다고 했지만 但我还是挺缺少自信的(매우 자신감이 없었습니다)라고 말하면서 그는 어려서는 자신감이 다소 결여된 학생이었음을 언급하고 있다.

정답 ▶ C

19

"曲线"在文中是指:

'곡선'의 본문 중에서의 의미는?

A 人生
인생

B 低谷
바닥

C 下坡路
내리막길

D 挫折
좌절

남자의 네 번째 대화에서 人生有一个曲线(인생에는 하나의 곡선이 있습니다)이라 설명하고 뒤에 여러 가지 인생의 성장기와 쇠퇴기를 곡선에 비유했음을 알 수 있다. 그러므로 곡선과 가장 가까운 의미는 인생이라고 볼 수 있다.

정답 ▶ A

20

男人的后十年有怎样的变化?

남자의 이후 10년에 어떠한 변화가 있는가?

A 他找到了创业资金
그는 창업자금을 찾았다

B 他积累了工作经验
그는 업무상의 경험을 쌓았다

C 他找到了新的工作
그는 새로운 일을 찾았다

D 他发挥了自己的优势
그는 자신의 장점을 발휘했다

남자의 가장 마지막 대화에서 '이전 10년은 경험을 쌓는 시간이고 이후 10년은 자신의 장점을 발휘하는 시간'이라고 말하고 있다. 답은 D이다.

정답 ▶ D

단어

定位 dìngwèi 통 객관적인 평가를 내리다 | 企业家 qǐyèjiā 명 기업가 | 倾向 qīngxiàng 통 한쪽으로 기울다. 한편으로 쏠리다 | 经营 jīngyíng 통 경영하다 | 思路 sīlù 명 사고의 방향. 생각의 갈피 | 一致 yízhì 형 일치하다 | 价值 jiàzhí 명 가치 | 出入 chūrù 통 출입하다. 드나들다 | 创业 chuàngyè 통 창업하다 | 趴 pā 통 엎드리다 | 布线 bùxiàn 통 배선하다 | 大排档 dàpáidàng 명 구멍가게 | 厕所 cèsuǒ 명 화장실 | 办公 bàngōng 통 공무를 처리하다 | 出身 chūshēn 통 ~출신이다 | 学院 xuéyuàn 명 단과대학 | 枷锁 jiāsuǒ 명 억압과 속박 | 优势 yōushì 명 우세. 우위 | 框架 kuàngjià 명 뼈대. 기본 구조 | 卸 xiè 통 떼어내다. 벗겨내다 | 坎儿 kǎnr 명 고비. 핵심 | 说服 shuōfú 통 설복하다. 설득하다 | 挫折 cuòzhé 통 실패하다. 좌절하다 | 卓越 zhuóyuè 형 탁월하다. 뛰어나다 | 打击 dǎjī 명 타격 | 曲线 qūxiàn 명 곡선 | 低谷 dīgǔ 명 바닥세 | 顶点 dǐngdiǎn 명 정점. 절정 | 下坡路 xiàpōlù 명 내리막길 | 辉煌 huīhuáng 형 휘황찬란하다. 눈부시다 | 高峰 gāofēng 명 절정. 피크 | 积累 jīlěi 통 쌓이다. 축적하다 | 英勇 yīngyǒng 형 용감하다. 용맹하다 | 无畏 wúwèi 형 무서워하지 않다. 두려워하지 않다 | 钻牛角尖 zuān niújiǎojiān 성 집요하게 파고들다. 끝까지 매달리다 | 释放 shìfàng 통 석방하다

21-25

女: 这部纪录片是纪念澳门回归十周年而拍摄的，可是单独为它创作的主题曲，当时是怎么设想的呢？

이 다큐멘터리는 마카오 반환 10주년을 기념해서 촬영한 것이지만, 단독적으로 이것만을 위해 창작한 주제곡인데, 당시에 어떻게 생각하게 된 것입니까?

男: 从去年开始，澳门政府和中华文化交流协会在全球发起了一个征集澳门之歌歌词大赛的活动，这还是源于十年前的≪七子之歌≫。他们希望我们能够在最后的得奖作品中选取一首作为我们这部纪录片的主题曲。当时我们在创作这部片子的时候也有此意，十年前的≪七子之歌≫，曾经使很多人潸然泪下。当时我们在想，在十年后的≪澳门十年≫也要做一个这样的主题曲，他们的想法跟我们一拍即合。[21] 我们用征选的一等奖的歌词作为素材进行创作。后来由内地著名音乐人做成了这首≪盛世莲花≫。另外一首是香港音乐人做的≪澳门之歌≫。

작년부터 시작하여 마카오 정부와 중화문화교류협회는 전세계에서 마카오의 노래 가사모집 대회라는 행사를 벌였는데, 이것이 10년 전의 ≪칠자의 곡(七子之歌)≫에서 비롯된 것입니다. 그들은 우리가 최후의 수상작품 중에서 우리의 다큐멘터리 주제곡을 선정하길 희망했습니다. 당시 우리는 이 작품을 창작하면서 10년 전 ≪칠자의 곡≫이 많은 사람들을 눈물 흘리게 만들었다는 이 생각이 있었습니다. 당시 저는 10년 후의 ≪마카오 10년≫도 이러한 주제곡을 만들어야겠다고 생각했고, 그들의 생각도 우리와 똑같았습니다. 우리는 모집한 1등상의 가사를 소재로 창작했습니다. 후에 내륙의 유명음악인이 ≪성세연화(盛世莲花)≫를 만들어주셨습니다. 이밖에 다른 한 곡은 홍콩의 음악인이 만든 ≪마카오의 노래≫입니다.

女: 接到这个任务的时候，您能不能跟我说说当时您的想法？有什么感受吗？有些人觉得十年前创造了一个辉煌，十年后会不会有一点点压力呢？

이 임무를 맡았을 때, 당시에 어떤 느낌이었는지 말씀해주실 수 있으신지요? 어떤 느낌을 받으셨나요? 10년 전에 성과를 이루었다고 생각하는 사람들이 있을텐데, 10년 후에 조금 부담스럽지 않을까요?

男: 没有压力。我很愿意投入激情去做这件事情，觉得很有意思，做这个歌一方面是中央电视台≪澳门十年≫专题片的主及题曲；一方面是很好的提议，同时也是澳门回归十周年重大的盛事。另外我们希望澳门人能喜欢我们创作的这首歌。无论是中央电视台还是我们歌曲创作者，都想做一件作品送给澳门人。

부담은 없었습니다. 저는 열정을 쏟아 이 일을 하기를 원했고 매우 재미도 있었는데, 이 노래를 만든 것은 한편으로는 중앙방송국 ≪마카오 10년≫ 특집프로그램의 주제곡이기도 했고, 다른 한편으로는 매우 좋은 제의이자 마카오 반환 10주년이라는 중대한 행사이기 때문입니다. 이밖에 우리는 마카오 사람들이 우리가 창작한 이 노래를 좋아하기를 희망했습니다. 중앙방송국이든 우리 작곡자들이든, 마카오 사람들에게 작품을 선사하고 싶었죠.

女: 当您真正开始创作的时候，您对词曲的设想，能跟我们说说吗?

당신이 진짜 창작을 시작했을 때 가사에 대한 구상을 말해주실 수 있는지요?

男: ≪七子之歌≫的歌词非常优秀，[23]≪七子之歌≫的音乐灵感来自闻一多的歌词。闻一多把澳门比做离开母亲的孩子。[24] 很多澳门人都很喜欢≪七子之歌≫，但是太悲伤。所以我觉得澳门经过十年，应该摆脱这种伤心的情调，澳门在这十年已经有了很大的变化，我更加希望这首歌能够表现出一种新的面貌。

≪칠자의 곡≫의 가사는 매우 훌륭한데, ≪칠자의 곡≫의 음악적 영감은 원이뚜오(闻一多)의 가사에서 나왔습니다. 원이뚜오는 마카오를 부모를 떠난 아이에 비유했습니다. 많은 마카오 사람들은 모두 ≪칠자의 곡≫을 좋아하지만 너무 슬픈 노래입니다. 그래서 저는 마카오가 10년이라는 시간을 거쳤기에 이러한 슬픈 감정을 벗어나야 한다고 생각했고, 또 마카오의 이 10년 동안 큰 변화가 있었기에 저는 이 노래가 마카오의 새로운 면모를 보여주기를 더욱 희망합니다.

女: 一种很有朝气的感觉。

일종의 패기가 느껴지네요.

男: 是的，整个创作的方式用比较现代、时尚的方式，因此整个情绪是非常开朗的。

그렇습니다. 전체 창작방식은 비교적 현대적이고 유행하는 방식을 사용했기 때문에 전체 분위기가 매우 밝습니다.

女: 您能不能说说新创作的≪盛世莲花≫和≪七子之歌≫有什么相同点和不同点吗?

새로 창작한 ≪성세연화≫와 ≪칠자의 곡≫이 어떤 같은 점과 다른 점을 갖고 있는지 말씀해주실 수 있는지요?

男: [25] 相同的地方就是≪七子之歌≫的主唱是一个澳门的小姑娘，这一次的主唱是一个澳门歌手，都是澳门人。不相同的就是音乐的方式不一样。

같은 점은 ≪칠자의 곡≫ 가수도 마카오의 아가씨이고, 이번 가수도 마카오의 가수라는 점으로, 모두 마카오 사람이라는 것입니다. 다른 점은 음악 방식이 다른 것이지요.

21 ≪盛世莲花≫的歌词素材来自哪里?

≪성세연화≫의 가사 소재는 어디에서 온 것인가?

A 内地音乐人的创作
　내륙 음악인의 창작에서

B 征选中的一等作品
　모집했던 중의 1등 작품

남자의 첫 번째 대화 我们用征选的一等奖的歌词作为素材进行创作。后来由内地著名音乐人做成了这首≪盛世莲花≫ 부분에서 모집에서 1등을 한 작품의 가사를 소재로 창작을 진행했으며 훗날 유

C 澳门音乐人创作
마카오 음악인의 창작에서

D 香港音乐人创作
홍콩 음악인의 창작에서

명음악인이 만든 곡이라고 설명하고 있다.

정답 ▶ B

22 关于创作≪盛世莲花≫这首歌曲的原因，不正确的一项是?

≪성세연화≫ 노래를 창작한 원인에 관해 옳지 않은 것은?

A 他对这首歌曲很感兴趣
그는 이 곡에 대해 매우 흥미를 가졌기 때문에

B 他想送给澳门人一件礼物
그는 마카오 사람들에게 선사하고 싶었기 때문에

C 他可以借此机会出名
그는 이번 기회를 빌어 유명해질 수 있었기 때문에

D 这是一个很好的提议
이것은 매우 좋은 제의이기 때문에

[▶ 풀이]

남자의 첫 번째 대화에서 ≪盛世莲花≫에 대해 설명하고 있는데, 이 부분의 내용을 잘 읽어보면, 그가 이 노래를 이용해 유명해지려고 했다는 것은 본문의 내용과 맞지 않다.

정답 ▶ C

23 ≪七子之歌≫歌词的灵感来自哪里?

≪칠자의 곡≫ 가사의 영감은 어디에서 왔는가?

A 闻一多的歌词
원이두오의 가사

B 来自一个母亲
어머니로부터 왔다

C 来自一个孩子
아이로부터 왔다

D 闻一多的作品
원이두오의 작품

[▶ 풀이]

남자의 세 번째 대화 ≪七子之歌≫的音乐灵感来自闻一多的歌词(≪칠자의 곡≫의 음악적 영감은 원이뚜오(闻一多)의 가사에서 나왔습니다)라는 부분을 통해 정답을 확실하게 찾을 수 있다.

정답 ▶ A

24 ≪盛世莲花≫是什么风格的歌曲?

≪성세연화≫는 어떤 스타일의 노래인가?

A 欢快
기쁨

B 伤感
슬픔

C 忧伤
비통함

D 悲壮
비장함

[▶ 풀이]

남자의 세 번째 대화를 보면 정답을 알 수 있다. 앞에서 마카오를 찬양하는 곡이 나오는데, 원래 있던 ≪칠자의 곡≫은 너무 슬픈 곡조여서 마카오 반환을 기념하는 곡은 슬픈 분위기를 벗어나야 한다고 말하고 있으므로, 슬픔의 반대 의미인 기쁨을 고르면 된다.

정답 ▶ A

25 ≪七子之歌≫和≪盛世莲花≫的不同之处是什么?

≪칠자의 곡≫과 ≪성세연화≫의 다른 점은 무엇인가?

A 主唱是同一个人
가수가 같은 사람이다

B 主唱是澳门人
가수가 마카오 사람이다

C 都很受欢迎
모두 큰 인기를 끌다

D 音乐方式不同
음악방식이 다르다

[▶풀이]

남자의 가장 마지막 대화에서 두 곡의 같은 점과 다른 점에 대해 설명하고 있는데, 같은 점은 ≪칠자의 곡≫ 가수도 마카오의 아가씨이고, 이번 가수도 마카오의 가수라는 점으로, 모두 마카오 사람이라는 것이고 다른 점은 음악방식이 다르다고 했으므로, 답은 D 이다.

정답 ▶ D

▶단어

纪录片 jìlùpiàn 몡 다큐멘터리 영화 ㅣ 纪念 jìniàn 동 기념하다 ㅣ 澳门 Àomén 지명 마카오 ㅣ 回归 huíguī 동 회귀하다. 돌아가다 ㅣ 拍摄 pāishè 동 찍다. 촬영하다 ㅣ 创作 chuàngzuò 동 창작하다 ㅣ 主题曲 zhǔtíqǔ 몡 주제곡 ㅣ 设想 shèxiǎng 동 (새로운 생각이나 구상 등을) 잡다 ㅣ 发起 fāqǐ 개시하다. 일으키다 ㅣ 征集 zhēngjí 모으다. 모집하다 ㅣ 得奖 déjiǎng 동 상을 받다 ㅣ 选取 xuǎnqǔ 동 채택하다. 채용하다 ㅣ 片子 piānzi 몡 영화 필름 ㅣ 潸然 shānrán 혱 눈물을 흘리는 모습 ㅣ 一拍即合 yìpāi jíhé 솅 단번에 들어맞다 ㅣ 素材 sùcái 몡 소재 ㅣ 内地 nèidì 몡 내지. 내륙 ㅣ 做成 zuòchéng 동 도와서 성사시키다 ㅣ 香港 Xiānggǎng 지명 홍콩 ㅣ 辉煌 huīhuáng 혱 휘황찬란하다. 눈부시다 ㅣ 投入 tóurù 동 투입하다. 넣다 ㅣ 激情 jīqíng 몡 열정. 정열 ㅣ 专题 zhuāntí 특별 주제. 특별 테마 ㅣ 提议 tíyì 몡 제의 ㅣ 盛事 shèngshì 몡 성대한 일 ㅣ 词曲 cíqǔ 몡 사와 곡을 합친 말 ㅣ 优秀 yōuxiù 혱 뛰어나다. 우수하다 ㅣ 灵感 línggǎn 몡 영감 ㅣ 悲伤 bēishāng 혱 슬프다 ㅣ 摆脱 bǎituō 동 벗어나다. 빠져나오다 ㅣ 伤感 shānggǎn 혱 슬프다. 상심하다 ㅣ 忧伤 yōushāng 혱 근심으로 괴로워하다. 근심으로 슬퍼하다 ㅣ 悲壮 bēizhuàng 혱 비장하다

26-30

男: 做了这么多年新闻记者，跟你几年前的状态相比，感觉更成熟了一些。你觉得让你不断成长、成熟的主要因素是什么？你积累的宝贵经验是什么？

오랜 신문기자 생활을 하셔서 그런지 몇 년 전 모습과 비교해볼 때 더욱 성숙한 느낌이 드는군요. 당신을 끊임없이 성장시키고 성숙시킨 주요 원인은 무엇이라고 생각하십니까? 또 당신이 쌓은 소중한 경험은 무엇입니까?

女: ²⁶首先说我特别幸运，现在很多年轻记者会让我去讲课，怎么变成一个好的出镜记者。我认为没有好导演是不会有好的出镜记者的。我们这批出镜记者是一批好的直播导演带出来的。他会告诉你出镜记者扮演什么角色，你得知道你的报道对整个节目有什么影响，²⁷也要知道有多少东西可以配合你的现场报道。比如你得知道摄像可以配合你什么，导演可以配合你什么，录音可以配合你什么，其他的短片可以配合你什么。

우선 제가 무척 행운아였다는 걸 말씀 드리고 싶은데, 요즘 많은 젊은 기자들이 저한테 어떻게 하면 좋은 리포터가 되는지에 대해 강의를 해달라고 합니다. 저는 좋은 감독이 없으면 좋은 리포터가 될 수 없다고 생각해요.

우리 이쪽 리포터들은 모두 훌륭한 생중계감독님이 데려간 것이지요. 그 사람은 당신이 리포터로서 어떤 역할을 맡아야 하는지와 당신의 보도가 전체 프로그램에 어떤 영향을 미칠지 알아야 하며, 당신의 현장보도에 어떤 것들이 어울리는지 파악해야 한다는 것을 알려줍니다. 예를 들어 당신이 녹화와 어떻게 보조를 맞추는지, 감독님이 당신과 어떻게 호흡을 맞춰야 하는지, 녹음은 또 어떻게 당신과 맞춰야 하는지, 기타 단편들은 당신과 어떻게 맞춰야 하는지 등을 알아야 합니다.

男 : 现在很多情况下不一定有这么多机会，可能也不一定有这么细致的直播导演告诉你哪个环节是怎么回事。

현재 여러 상황에서 반드시 이렇게 많은 기회가 있는 것은 아닌데, 이렇게 세심한 생중계감독님이 당신의 어느 부분은 어떻다 라고 아마도 계속 말해주지는 않겠죠.

女 : 还是有那样的机会，去年"5·12"的时候可能不存在这样的直播导演。今年情况有些不一样，既然我们强调要把这些一年当中的变化结合在同一时间的同一场景内让你看得到，我们的镜头调度就变得非常重要。 [28] 所以记者出镜的时候要考虑到我的场景调度能不能展现到这些，怎么样展现才更漂亮。我们要打有准备之仗，就不能打得难看。

이런 기회가 있었는데, 작년 '5·12' 때에는 그런 생중계감독님은 아마도 존재하지 않았어요. 올해는 상황이 조금 달라, 기왕 우리가 올해 있었던 변화를 같은 시간의 같은 장소에 결합하여 관중들에게 보여주자고 강조한 이상, 우리의 카메라 컨트롤이 바로 매우 중요하게 바뀌게 되었죠. 그래서 기자들이 해외로 나갈 때, 저의 장면 컨트롤이 이런 것들을 보여줄 수 있는지, 어떻게 하면 더 아름답게 보여질지를 고려했어요. 우리는 준비된 싸움을 해야 했고 보기 싫게 찍을 순 없었지요.

男 : 你获得了第19届"中国十大杰出青年"称号，你获得这一荣誉的时候，脑海中想的是什么?

당신은 제19회 '중국 10대 걸출청년'이라는 호칭을 얻었는데, 당신이 이 영예를 얻었을 때 머리 속에서 무엇이 떠올랐나요?

女 : [29] 首先我去照镜子，左照右照，看着不大像。我觉得其实在地震之后，对于我来说是做了分内的事，却得到了分外的东西。我的确经过一个阶段，就是怎么看待荣誉这件事。首先我得搞清楚，得了这些荣誉之后我还是该干什么还得干什么。第二，荣誉不是我一个人的，我只是作为一个代表替我们台的新闻工作者去领奖。

먼저 전 거울을 보러 가서 이리저리 살펴봤는데, 별로 그렇게 보이지 않는 것 같더라고요. 저는 사실 지진이 있은 후, 제가 해야 할 일을 했다고 생각했는데 오히려 과분한 것을 받은 거죠. 전 확실히 한 단계는 겪었어요. 그것은 바로 어떻게 명예를 대해야 하는가이죠. 먼저 저는 이러한 명예를 얻은 후 제가 해야 할 일을 해야 한다는 것을 확실히 알았습니다. 두 번째는 영예가 저 혼자만의 것은 아니라는 점입니다. 저는 우리 방송국의 뉴스 종사자들의 대표 한 사람으로 상을 받은 거죠.

男 : 作为一个新闻工作者要有很好的逻辑思维能力，我通过看你的报道和采访，我觉得你的逻辑思维能力很好，你说话逻辑性很强。不知道你是不是这么认为？还有就是怎么培养这种逻辑能力？

뉴스 종사자들은 훌륭한 논리사고력이 있어야 할 것 같은데, 제가 당신의 보도와 인터뷰를 통해 느낀 것은 당신은 논리사고력이 매우 뛰어나서 당신이 말할 때 논리성이 강하다는 것입니다. 이런 인식을 모르시나요? 그리고 어떻게 이러한 논리력을 키울 수 있습니까?

女: 我不知道。可能有一些办法，30 比如复述是一个特别好的办法，你试试看能不能把一个很复杂的故事用三分钟说出来，这对于帮助你梳理脉络是非常重要的。

저도 잘 모르겠어요. 아마도 이러한 방법들이 있겠는데, 예를 들어 다시 말하는 것이 매우 좋은 방법이에요. 당신도 복잡한 이야기를 3분 안에 이야기할 수 있는지 없는지 연습해보세요. 이것은 당신이 사고를 정리하는 데 도움을 주는 것으로 매우 중요하답니다.

26 为什么女的说自己是幸运的？

왜 여자는 자신이 행운아라고 말하는가?

A 每次都能得到好的机会
매번 좋은 기회를 얻을 수 있었다

B 她是一个好的出镜记者
그녀는 좋은 리포터이다

C 好的导演指导过她
좋은 감독이 그녀를 지도한 적이 있다

D 她的主持很受欢迎
그녀의 진행은 매우 환영을 받는다

여자의 첫 번째 대화에서 자신을 행운아라고 말하고는 그 이유를 그 다음 문장에서 我认为没有好导演是不会有好的出镜记者的(좋은 감독이 없으면 좋은 리포터도 존재할 수 없다)라고 했다.

정답 ▶ C

27 成为好的出镜记者需要知道什么？

좋은 리포터가 되려면 무엇을 알아야 하는가?

A 找到适合自己的导演
자신과 맞는 감독을 찾는다

B 怎样让自己更漂亮
자신을 어떻게 더 예쁘게 만드는가

C 找到好的节目素材
좋은 프로그램 소재를 찾는다

D 什么可以配合你的现场
무엇으로 현장과 호흡을 맞추는가

여자의 첫 번째 대화에 也要知道有多少东西可以配合你的现场报道(당신의 현장보도에 어떤 것들이 어울리는지 파악해야 한다는 것을 알려줍니다)라고 말하는 부분이 있다.

정답 ▶ D

28 "打有准备之仗" 在文中是什么意思?

'준비된 싸움을 하다'가 본문에서 가리키는 뜻은?

A 搞清楚现场情况
현장상황을 잘 파악한다

B 打败其他媒体
다른 매체들을 이긴다

C 做好出镜前的准备工作
취재 전의 준비작업을 끝마친다

D 打仗之前要准备武器
전쟁 전에 무기를 잘 준비해야 한다

[➔ 풀이]

본래 打仗은 '전쟁, 싸움, 전투를 하다'는 뜻의 이합동사로, 문제에 제시된 문장 打有准备之仗은 준비가 된 전투를 해야 승리할 수 있다는 의미이다. 이는 기자가 취재나 촬영에 나가기 전에 충분히 준비를 해야 한다는 것임을 판단할 수 있다.

정답 ▶ C

29 女的得到"中国十大杰出青年"的称号后，有怎样的变化?

여자가 '중국 10대 걸출청년'의 칭호를 얻은 후 어떤 변화가 있는가?

A 骄傲自满
거만하다

B 意外的荣誉
예상 밖의 영예

C 照旧工作
예전과 같이 일을 한다

D 谦虚谨慎
겸손하고 신중하다

[➔ 풀이]

여자의 세 번째 대화에서 '중국 10대 걸출청년'이라는 영예를 얻은 것에 대해 과분한 호칭이며 방송국의 동료들을 대신해 받은 것이라고 했으므로 그녀가 겸손하며 아주 신중하다는 것을 알 수 있다.

정답 ▶ D

30 女的用什么方法培养逻辑能力?

여자는 어떤 방법으로 논리력을 키우는가?

A 复述
다시 말한다

B 找因果
인과관계를 찾는다

C 朗读
낭독한다

D 演讲
강연한다

[➔ 풀이]

여자의 마지막 대화에서 논리력을 키우는 방법의 예를 들고 있다. 比如复述是一个特别好的办法라는 문장을 통해 정답은 '다시 말하기'임을 알 수 있다.

정답 ▶ A

[➔ 단어]

新闻记者 xīnwén jìzhě 뉴스 기자 | 成熟 chéngshú 형 성숙하다. 완전하다 | 宝贵 bǎoguì 형 진귀하다. 귀중하다 | 讲课 jiǎngkè 동 강의하다 | 出镜 chūjìng 동 출연하다. 나오다 | 直播 zhíbō 동 생방송을 하다. 현장 방송하다 | 扮演 bànyǎn 동 ~역을 연기하다 | 报道 bàodào 동 보도하다 | 配合 pèihé 동 협력하다 | 摄像 shèxiàng 동 촬영하다. 찍다 | 短片 duǎnpiàn 명 단편영화 | 细致 xìzhì 형 세심하다. 주의 깊다 | 环节 huánjié 명 일환. 부분 | 结合 jiéhé 동 결합하다. 결부하다 | 镜头 jìngtóu 명 렌즈 | 调度 diàodù 동 관리하고 안배하다. 관리하고 배치하다 | 展现 zhǎnxiàn 동 펼쳐 보이다. 나타내다 | 打仗 dǎzhàng 동 전쟁하다. 전투하다 | 杰出 jiéchū 형 뛰어나다. 출중하다 | 称号 chēnghào 명 칭호 | 脑海 nǎohǎi 명 머리. 뇌리 | 看待 kàndài 동 대하다. 다루다 | 领奖 lǐngjiǎng 동 상품을 타다 | 逻辑 luójí 명 논리 | 思维 sīwéi 명 사유 | 采访 cǎifǎng 동 취재하다. 탐방하다 | 培养 péiyǎng 동 양성하다. 키우다 | 复述 fùshù 동 다시 말하다 | 梳理 shūlǐ 동 정리하다 | 脉络 màiluò 명 맥락. 조리 | 主持 zhǔchí 동 주관하다. 주재하다 | 打败 dǎbài 동 적을 물리치다. 쳐부수다 | 媒体 méitǐ 명 매체. 매스컴 | 骄傲 jiāo'ào 형 거만하다. 오만하다 | 荣誉 róngyù 명 영예 | 谦虚 qiānxū 형 겸허하다. 겸손하다 | 谨慎 jǐnshèn 형 신중하다

第三部分 31~50번 문제, 단문을 듣고 그에 해당되는 2~3개의 질문에 알맞은 답을 고르시오.

31-33

魏文王问名医扁鹊说：“你们家兄弟三人，都精于医术，到底哪一位最好呢？”
[31] 扁鹊答：“长兄最好，中兄次之，我最差。”
文王再问：“那么为什么你最出名呢？”
扁鹊答：“长兄治病，是治病于病情发作之前。由于一般人不知道他事先能铲除病因，所以他的名气无法传出去；中兄治病，是治病于病情初起时。一般人以为他只能治轻微的小病，所以他在本乡的名气大。而我是治病于病情严重之时。[32] 一般人都看到我在经脉上穿针放血、在皮肤上敷药等大手术，所以以为我的医术高明，因此名气响遍全国。”
这个故事告诉我们：[33] 事后控制不如事中控制，事中控制不如事前控制，可惜大多数的事业经营者都未能体会到这一点，等到错误的决策造成了重大的损失才寻求弥补。而往往是即使请来了名气很大的“空降兵”，结果已无法扭转了。

위(魏) 문왕(文王)이 명의 편작(扁鹊)에게 물었다. "자네 형제 셋은 모두 의술에 정통한데, 도대체 누가 가장 훌륭한가?"
편작이 답했다. "큰형님이 가장 훌륭하고, 둘째 형님이 그 다음, 제가 마지막입니다."
문왕이 다시 물었다. "그럼 왜 그대가 가장 유명한가?"
편작이 답했다. "큰형님은 병이 걸리기 전 병의 근원을 치료합니다. 사람들이 사전에 병의 원인을 모르고 있기 때문에 그의 이름은 알려지지 않은 것입니다. 둘째 형님은 병의 초기에 병을 고칩니다. 일반인들은 그가 아주 작은 병을 고쳤다고 생각하기 때문에 고향에서 이름을 날립니다. 하지만 저는 병이 심각할 때 병을 고칩니다. 일반인들은 제가 경맥에 침을 꽂아 피를 뽑고, 피부에 약을 바르는 등 큰 수술을 하는 것을 보았기 때문에 제 의술이 높다고 생각하는 것입니다. 따라서 전국에 유명해지게 된 것입니다."
이 이야기는 우리에게 사건이 발생한 후 통제하려는 것보다 사건 중에 통제하는 것이 낫고, 사건 중에 통제하는 것보다 사건 전에 통제하는 것이 낫다는 것을 알려준다. 하지만 대다수 경영자들은 이 점을 잘 모르고 있다. 잘못된 결정으로 인해 중대한 손실이 발생해야만 그것을 메우려고 노력한다. 하지만 아주 유명한 '낙하산병'을 모셔온다 해도 결과는 이미 호전될 수 없다.

31 扁鹊家的三个兄弟中，谁的医术最好？
편작 삼형제 중 누구의 의술이 가장 좋은가?

A 长兄
큰형

B 中兄
둘째 형

C 扁鹊
편작

D 他们的父亲
그들의 아버지

[▸풀이]

본문의 첫 번째 단락의 위 문왕의 질문에 대한 편작의 대답을 보면 정답을 알 수 있다.

정답 ▸ A

32 为什么扁鹊很有名气呢?

왜 편작의 이름이 널리 알려졌나?

A 他的医术高明
그의 의술이 높기 때문에

B 他的病人很多
그의 환자가 매우 많기 때문에

C 别人看他会做手术
다른 사람이 그가 수술하는 것을 보았기 때문에

D 别人都来向他学习
다른 사람이 그에게 와서 배웠기 때문에

두 번째 단락의 편작의 대답에서 세 형제의 의술에 대한 편작의 생각이 펼쳐지는데, 즉 '일반인들은 제가 경맥에 침을 꽂아 피를 뽑고, 피부에 약을 바르는 등 큰 수술을 하는 것을 보았기 때문에 제 의술이 높다고 생각하는 것입니다. 따라서 전국에 유명해지게 된 것입니다'를 통해 왜 그가 유명한가를 알 수 있다.

정답 ▶ C

33 这段话主要想告诉我们什么?

본문이 우리에게 주로 말하고자 하는 바는?

A "空降兵"能解决所有问题
'낙하산병'이 모든 문제를 해결할 수 있다

B 怎样找到弥补的方法
어떻게 메우는 방법을 찾을까

C 怎样找到病因
어떻게 병의 원인을 찾을까

D 事前控制的重要性
사전에 통제해야 하는 것의 중요성

본문의 가장 마지막 단락에 주제인 事后控制不如事中控制, 事中控制不如事前控制(사건이 발생한 후 통제하려는 것보다 사건 중에 통제하는 것이 낫고, 사건 중에 통제하는 것보다 사건 전에 통제하는 것이 낫다)에 잘 나와있다.

정답 ▶ D

단어

精于 jīngyú 〔형〕 (~에) 정통하다. 통달하다 | 出名 chūmíng 〔형〕 유명하다. 이름이 나다 | 治病 zhìbìng 〔동〕 병을 고치다. 치료하다 | 发作 fāzuò 〔동〕 갑자기 일어나다 | 铲除 chǎnchú 〔동〕 뿌리 뽑다. 제거하다 | 病因 bìngyīn 〔명〕 병의 원인 | 初起 chūqǐ 〔동〕 시작하다. 개시하다 | 轻微 qīngwēi 〔형〕 가볍다. 경미하다 | 本乡 běnxiāng 〔명〕 같은 고향 사람 | 经脉 jīngmài 〔명〕 경맥 | 穿针 chuān zhēn 〔동〕 바늘에 실을 꿰다 | 放血 fàngxuè 〔동〕 피를 뽑다. 채혈하다 | 敷药 fūyào 〔동〕 약을 바르다 | 高明 gāomíng 〔형〕 훌륭하다. 빼어나다 | 控制 kòngzhì 〔동〕 통제하다. 제어하다 | 体会 tǐhuì 〔동〕 체득하다. 터득하다 | 弥补 míbǔ 〔동〕 채우다. 보충하다 | 空降兵 kōngjiàngbīng 〔명〕 낙하산병 | 扭转 niǔzhuǎn 〔동〕 전환시키다. 바꾸다

34-36

桌上流行一首顺口溜：握着老婆的手，好像右手握左手。

每当有人念出，熟悉的或不熟悉的一桌子人便会意地放声大笑起来，气氛立刻就轻松了。[34] 当然，这是基于人家对这句话的一致理解——感觉准确，描述到位。

有一天在餐桌上有人又念起这句话，男人们照例笑得起劲儿。

后来发现餐桌上的一位女人没笑。男人们忙说闹着玩儿别当真。没想到女人认真地说："[35] 最妙的就是这'右手握左手'。第一，左手是最可以被右手信赖的；第二，左手和右手彼此都是自己的；第三，其他的手任她叫你怎样的愉悦、兴奋、魂飞魄散，过后都是可以甩手的，[36] 只有左手，甩开了你就残缺了，是不是？"一桌子男人都佩服，称赞女人的理解深刻而独到，女人淡淡地说："有什么深刻和独到，不妨回去念给你们各自的老婆听听，看她们说些什么。"

男人当中有胆子大的果然回去试探老婆，果然老婆们的理解与餐桌上的女士相同。

테이블에 순커우류가 유행했다. '부인의 손을 잡았더니 마치 오른손이 왼손을 잡은 것 같네.'

매번 누군가가 읽을 때마다 알고 있는 사람이든 처음 듣는 사람이든 같은 테이블에 있는 사람들은 이해한 듯이 크게 웃기 시작하고 분위기는 금방 부드러워진다. 당연히 이것은 사람들의 이 말에 대한 이해가 바탕이 된 것으로, 정말 딱 맞는 느낌이고 묘사가 잘 들어맞은 것이다.

어느 날 식사 테이블에서 한 사람이 또 이 말을 하기 시작했고, 남자들은 예전처럼 크게 웃기 시작했다.

이후 테이블에 있던 한 여자가 안 웃는 것을 발견했다. 남자들은 장난이니 심각하게 받아들이지 말라고 급히 말했으나, 뜻밖에도 이 여자는 심각하게 말했다. "가장 대단한 것이 이 '오른손이 왼손을 잡는 것이죠.' 첫째, 왼손은 오른손에게 가장 의지가 되고 둘째, 왼손과 오른손은 서로 모두 자신의 것이죠. 셋째, 다른 손이 당신을 얼마나 기쁘게 하고 흥분시키며 정신을 못 차리게 만들어도 이후 손을 놓을 수 있지만, 왼손이 없어지면 당신들은 장애인이 되요, 그렇죠?" 테이블에 앉아있던 남자들은 모두 탄복하며 그녀가 이해가 깊고 독특하다고 칭찬했다. 여자는 아무렇지 않게 말했다. "뭐가 그렇게 심각하고 독특하죠? 아니면 집에 돌아가 당신들의 마누라에게 들려줘보세요. 그녀들이 무슨 말을 하는지."

남자들 중 담력이 큰 남자가 집에 돌아가 부인의 반응을 살폈는데, 과연 부인이 이해한 바가 그 여자와 똑같았다.

34 为什么大家会笑得起劲儿?

왜 모두 흥이 나서 웃었을까?

A 男人很爱自己的妻子
  남자가 자신의 부인을 매우 좋아하기 때문에

B 男人喜欢妻子的左手
  남자가 부인의 왼손을 좋아하기 때문에

C 男人喜欢妻子的右手
  남자가 부인의 오른손을 좋아하기 때문에

D 男人们有共同的感觉
  남자들은 같은 느낌을 가지고 있기 때문에

[▶풀이]

본문의 첫 번째 단락 중 对这句话的一致理解를 통해 남자들은 공통된 느낌을 가지고 있다는 것이 정답임을 알 수 있다.

정답 ▶ D

35 关于女人对"右手握左手"的看法，下列哪一项是错误的?

'오른손이 왼손을 잡는다'에 관한 여자의 의견과 틀린 내용은?

A 左手是值得右手相信的
왼손은 오른손이 믿을 만한 존재다

B 左手和右手都是自己的
왼손과 오른손은 모두 서로에게 속해있다

C 左手不能与右手到老
왼손은 오른손과 같이 늙을 수 없다

D 左手和右手难舍难分
왼손과 오른손은 떨어질 수 없다

[● 풀이]

본문의 중간 부분을 읽어보면 정답을 쉽게 알 수 있다. 오른손이 왼손을 잡는다는 것은 한 몸에 있는 두 손은 결국은 같은 본질이므로 색다른 느낌이 나지 않는다는 것을 비유한 것이다. 여자의 해석에서 믿을 만한 존재라는 내용과 서로에게 속해있어 서로 떨어질 수 없다는 말은 나왔지만 함께 늙을 수 없다는 것은 본문에 없는 내용이다.

정답 ▶ C

36 通过这段话，我们可以知道什么?

본문을 통해 우리가 알 수 있는 것은?

A 妻子和丈夫关系不好
부인과 남편의 관계는 좋지 않다

B 妻子对丈夫没有感情
부인은 남편에게 감정이 없다

C 妻子和丈夫的观点不同
부인과 남편의 관점은 다르다

D 妻子和丈夫谁也离不开谁
부인과 남편은 서로 누구도 헤어질 수 없다

[● 풀이]

두 번째 단락의 여자의 설명에서 나오는 只有左手，甩开了你就残缺了，是不是? (왼손이 없어지면 당신들은 장애인이 되요, 그렇죠?) 이 말을 잘 이해하면 둘은 떼려야 뗄 수 없는 사이, 즉 왼손과 오른손은 결국 부인과 남편을 나타내므로 둘을 서로 헤어질 수 없다가 정답이 된다.

정답 ▶ D

[● 단어]

顺口溜 shùnkǒuliū 몡 순커우류(민간에서 유행하는 구어적인 운문) | 握手 wòshǒu 통 손을 잡다. 악수를 하다 | 老婆 lǎopo 몡 처. 아내 | 熟悉 shúxī 통 숙지하다. 잘 알다 | 会意 huìyì 통 깨닫다. 이해하다 | 放声 fàngshēng 뭐 소리 내어. 목 놓아 | 描述 miáoshù 통 묘사하다. 서술하다 | 到位 dàowèi 혱 만족스럽다. 훌륭하다 | 照例 zhàolì 통 관례를 따르다. 인지상정을 따르다 | 起劲 qǐjìn 혱 즐겁다. 활기차다 | 当真 dàngzhēn 통 진짜로 믿다. 진실로 여기다 | 信赖 xìnlài 통 신뢰하다. 믿고 의지하다 | 愉悦 yúyuè 혱 기쁘다. 즐겁다 | 魂飞魄散 húnfēi pòsàn 솅 혼비백산하다. 매우 놀라 어쩔 줄 모르다 | 甩手 shuǎishǒu 통 손을 흔들다 | 甩开 shuǎikāi 통 뿌리치다. 던져버리다 | 残缺 cánquē 통 완전하지 않다. 갖추어져 있지 않다 | 佩服 pèifú 통 탄복하다. 감탄하다 | 深刻 shēnkè 혱 본질을 파악하다. 핵심을 찌르다 | 淡淡 dàndàn 혱 냉담하다. 담담하다 | 试探 shìtan 통 떠보다. 넌지시 알아보다 | 难舍难分 nánshě nánfēn 솅 서로 정이 각별하여 차마 떨어지지 못하다

37-39

[37] 春节期间人员流动频繁，家庭聚会和走亲串友增多，吃喝玩乐过了头，一不小心，就会惹上"节日病"。

"节日病"不是单一的一种特殊疾病，而是泛指节日期间相对高发的多种疾病，人们在节日期间容易因玩乐无度、饮酒过量、暴饮暴食，引发健康危机，比如：[38] 身体过度疲劳、肝脏不适、血脂升高、心血管疾病爆发等等。

而"节日病"的高发人群，往往集中于都市上班族。这是因为上班族平时处于紧张忙碌的工作状态，一到节日，身心难免就会过度放松，从而纵情欢娱。饮食油腻且无规律、通宵喝酒打牌、整日上网玩游戏聊天儿、旅游日程安排紧张等等不良的休假方式，不但没有让身体得到充分的休息，反而还打乱了日常的正常生活规律，让"节日病"有机可乘。

설날 기간에 사람들은 바쁘게 이동하고, 가족모임과 친구들, 친척 모임이 많아져 과도하게 먹고 마셔 조심하지 않으면 '휴일증후군'에 걸리기 쉽다.
'휴일증후군'은 단일한 하나의 특수질병이 아니라, 명절 기간 상대적으로 자주 발생하는 여러 질병을 모두 총괄하여 말한다. 사람들은 명절 기간에 무절제하게 놀고 과도하게 술을 마시며 폭식해서 건강이 상하게 되는데, 예를 들어 몸이 과도하게 피곤하고 간장에 피로를 느끼며 혈액지질이 높아지고 심장혈관질병이 나타나는 등등의 증상이 있다.
'휴일증후군'의 고위험군은 종종 도시의 샐러리맨들에게 집중되어 있다. 이것은 샐러리맨들이 평소 매우 바쁜 업무 상태에 있다가 명절이 되면 몸과 마음이 과도하게 풀어지는 것을 피할 수 없어서 한껏 놀기 때문이다. 기름기 많은 음식을 먹고 규칙적이지 않은 생활을 하며, 야식을 먹고 술을 마시며, 카드놀이를 하고 하루종일 인터넷 게임을 하며, 여행일정을 빡빡하게 짜는 등등의 좋지 않는 휴가방식은 몸이 충분하게 휴식하지 못하게 할 뿐 아니라 일상적인 생활규칙을 망가뜨려 '휴일증후군'이 생기게 한다.

37 关于"节日病"的说法正确的一项是：

'휴일증후군'에 관한 말 중 맞는 내용은?

A 一过节就生病
명절을 보낼 때마다 병이 생긴다

B 过节期间没有运动
명절 기간동안 운동을 하지 않았다

C 因玩乐过度引起的一种病
과도하게 놀아 생기는 일종의 병

D 因工作劳累引起的一种病
일의 피로로 인해 생기는 일종의 병

[▶풀이]

본문의 첫 번째 줄에서 휴일증후군에 대한 정의를 설명하고 있다. 설날 기간에 과도하게 먹고 마셔 생긴다고 하였다.

정답 C

38 上班族得"节日病"的原因不正确的是：

샐러리맨이 '휴일증후군'에 시달리는 원인 중 맞지 않는 것은?

A 过度放松而没有休息
과도하게 풀어져 휴식하지 않기 때문에

[▶풀이]

두 번째 단락에서 휴일증후군의 원인에 대한 예가 나오는데, 身体过度疲劳、肝脏不适、血脂升高、心血管疾病爆发(몸이 과도

B　旅行安排十分紧张
　　여행 일정을 너무 빡빡하게 짜기 때문에

C　饮食没有规律
　　식사를 규칙적으로 하지 않기 때문에

D　紧张忙碌的工作
　　바쁘게 일하기 때문에

하게 피곤하고 간장에 피로를 느끼며 혈액지질이 높아지고 심장 혈관질병이 나타나는 등등의 증상이 있다)에서 바쁘게 일한다는 것은 언급되지 않았다.

정답　D

39　这段话主要谈的是什么?
　　본문이 말하고자 하는 것은?

A　怎样避免"节日病"的发生
　　어떻게 '휴일증후군'을 피할 수 있을까

B　假期应该合理安排时间
　　휴가 기간 동안 합리적으로 시간을 안배해야 한다

C　为什么患上"节日病"
　　왜 '휴일증후군'이 걸리는가

D　怎样治疗"节日病"
　　어떻게 '휴일증후군'을 치료할까

[◎ 풀이]

본문은 전체적으로 휴일증후군의 정의와 왜 발생하는지에 대해 설명하는 문장이므로 답은 C이다.

정답　C

[단어]

频繁 pínfán 〔형〕 매우 잦다. 빈번하다 ｜ 聚会 jùhuì 〔명〕 회합. 모임 ｜ 增多 zēngduō 〔동〕 늘어나다. 증가하다 ｜ 吃喝玩乐 chī hē wán lè 먹고 마시고 놀며 즐기다 ｜ 过头 guòtóu 〔형〕 도가 지나치다 ｜ 惹 rě 〔동〕 초래하다. 일으키다 ｜ 泛指 fànzhǐ 〔동〕 총괄하여 가리키다 ｜ 高发 gāofā 〔형〕 발생빈도가 높은 ｜ 玩乐 wánlè 〔동〕 놀다. 장난하다 ｜ 无度 wúdù 〔동〕 무절제하다. 절도가 없다 ｜ 过量 guòliàng 〔동〕 한도를 넘다. 분량을 초과하다 ｜ 暴饮暴食 bàoyǐn bàoshí 〔성〕 폭식하고 폭음하다 ｜ 肝脏 gānzàng 〔명〕 간 ｜ 血脂 xuèzhī 〔명〕 혈액 지질 ｜ 升高 shēnggāo 〔동〕 상승하다. 향상되다 ｜ 心血管疾病 xīnxuèguǎn jíbìng 심혈관질환 ｜ 爆发 bàofā 〔동〕 폭발하다. 일어나다 ｜ 上班族 shàngbānzú 〔명〕 샐러리맨. 월급쟁이 ｜ 忙碌 mánglù 〔형〕 바쁘다 ｜ 纵情 zòngqíng 〔부〕 한껏. 마음껏 ｜ 通宵 tōngxiāo 〔명〕 밤새. 밤사이 ｜ 打牌 dǎpái 마작. 트럼프 등을 하다 ｜ 打乱 dǎluàn 〔동〕 혼란시키다. 교란시키다 ｜ 有机可乘 yǒujī kěchéng 〔성〕 어떤 것에 의거하거나 근거하여 발판으로 삼을 만한 틈이 있다 ｜ 过节 guòjié 〔동〕 명절을 지내다

40-42

　　每个人，包括那些地位低下的人和自卑感强烈的人，都有令他们自豪的地方，他们的"闪光点"可能非常小，小得只有他本人心里清楚，甚至连他本人也没发现。

　　这些"闪光点"有可能是：擅长做一道美味的糖醋鱼，擅长折叠各种各样的纸飞机，对民间故事、民俗民谚很有研究等。⁴⁰ 假如你对这些小小的优点给予称赞，肯定会令他们兴奋的。⁴² 要知道，从获得人缘这个角度来说，称赞小小的优点比夸奖人人皆知的优点更有效果。

　　⁴¹ 至今我还和我的一位高中同学保持着良好的关系，就是因为上学的时候，他对我的一句

夸奖。高中的时候，我的相貌平平，排名也不是名列前茅，可以说我在班里是很不起眼的一个人，但是自从他对我说了一句：你的英语发音真的很标准后我开始注意培养我的英语口语能力，同时也因为他的那一句话，现在，我和他成为了十分亲密的朋友。

　　专心去挖掘和赞美他人的"闪光点"吧，别看它小，其实作用可大了，这也是一项了不起的交际功夫，假如你有了这套功夫，便能够使你在平地筑起一座"人缘大厦"。

지위가 낮은 사람과 열등감이 강한 사람을 포함하여 모든 사람들은 다 자부심을 가질 만한 점이 있다. 그들의 '빛나는 점'이 매우 적고 자신만이 알 만큼 작거나, 자신도 모를 정도로 작다고 하더라도 말이다.

이러한 '빛나는 점'은 아마도 맛있는 탕츄위를 잘한다거나 각양각색의 종이비행기를 접을 수 있다거나 민간이야기, 민속 속언에 일가견이 있다거나 등이 있다. 만약 당신이 이러한 소소한 장점을 칭찬한다면 그들은 분명히 매우 기쁠 것이다. 대인관계를 얻는다는 이 각도에서 보면, 작은 장점을 칭찬하는 것이 사람들이 모두 알고 있는 장점을 과장하는 것보다 더 효과가 있다는 것을 알아야 한다.

현재까지 나는 한 고등학교 동창과 좋은 관계를 유지하고 있는데, 왜냐하면 학교 다닐 때 그가 나를 칭찬한 한 마디 말 때문이다. 고등학교 때 내 외모는 평범했고 성적도 상위권이 아니어서, 반에서 눈에 띄지 않는 존재였는데, 그러나 그가 나에게 '너의 영어 발음은 정말 좋아.'라고 한 마디 한 후, 나는 내 영어 말하기실력을 향상시키기 위해 노력했고 아울러 그의 말 때문에 현재 나는 그와 매우 친한 친구가 되었다.

다른 사람의 '빛나는 점'을 발굴하고 칭찬해주는 것을 작게 보지 말아라. 사실 그 효과는 매우 큰데, 이것은 매우 대단한 교제방법으로, 만약 당신이 이 방법을 알고 있다면 평지에서 '대인관계 건물'을 세울 수 있을 것이다.

40　如果你称赞别人小小的优点，他会怎样？

만약 당신이 다른 사람의 작은 장점을 칭찬한다면 다른 사람은 어떻게 느낄까?

A　非常骄傲
매우 자랑스럽다

B　十分满足
매우 만족스럽다

C　特别满意
매우 흡족하다

D　令他们兴奋
사람들을 기쁘게 한다

[▶풀이]

두 번째 단락에서 질문과 관련된 내용이 언급되어 있다. 假如你对这些小小的优点给予称赞, 肯定会令他们兴奋的(당신이 이러한 소소한 장점을 칭찬한다면 그들은 분명히 매우 기쁠 것이다)를 통해 정답을 판단할 수 있다.

정답　▶ D

41　说话人是怎样和他成为朋友的？

화자는 어떻게 그와 친구가 되었는가?

A　他帮助过说话人
그가 화자를 도와준 적이 있다

B　他夸奖过说话人
그가 화자를 칭찬한 적이 있다

C　说话人的英语成绩差
화자의 영어성적이 나쁘다

D　说话人的性格很随和
화자의 성격이 매우 상냥하다

[▶풀이]

두 번째 단락 마지막 '현재까지도 친한 관계를 유지하고 있는 고등학교 동창이 있는데, 학교 다닐 때 그가 나를 칭찬한 한 마디 말 때문이다'라는 부분을 통해 정답을 찾을 수 있다. 그리고 세 번째 단락에서 그 에피소드를 소개하고 있다.

정답　▶ B

42　这段话主要讲了什么?

본문이 말하고자 하는 바는?

A　怎样建造一座大厦
어떻게 건물을 건축하는가

B　给别人留下好印象
사람들에게 좋은 인상을 남긴다

C　赞美他人的优点
다른 사람의 장점을 칭찬한다

D　帮助你身边的人
당신 곁의 사람을 돕는다

[▶풀이]

이 글은 전체적으로 '칭찬은 고래도 춤추게 한다'라는 명제를 나타내는 글이다. 또한 칭찬을 함으로써 좋은 인간관계를 만들 수 있음을 본인의 실제경험을 예로 들면서 설명을 하고 있다.

이 중 특히 要知道, 从获得人缘这个角度来说, 称赞小小的优点比夸奖人人皆知的优点更有效果(대인관계를 얻는다는 이 각도에서 보면, 작은 장점을 칭찬하는 것이 사람들이 모두 알고 있는 장점을 과장하는 것보다 더 효과가 있다는 것을 알아야 한다)가 정답을 판단하는 데 도움을 준다.

정답 C

▶단어

自卑 zìbēi 형 비굴하다. 열등감을 가지다 ┃ 自豪 zìháo 형 자랑스럽다. 대견하다 ┃ 闪光点 shǎnguāngdiǎn 명 특출한 점. 빛나는 면 ┃ 擅长 shàncháng 동 장기가 있다. 뛰어나다 ┃ 糖醋鱼 tángcùyú 명 탕추위(탕추 소스를 곁들인 생선요리) ┃ 折叠 zhédié 동 접다. 개다 ┃ 民谚 mínyàn 명 민간 속담. 민간 속어 ┃ 人缘 rényuán 명 관계. 인맥 ┃ 夸奖 kuājiǎng 동 칭찬하다. 찬양하다 ┃ 排名 páimíng 동 서열을 매기다. 순위를 매기다 ┃ 名列前茅 míngliè qiánmáo 성 석차가 상위권이다. 서열이 앞에 있다 ┃ 挖掘 wājué 동 발굴하다. 찾아내다 ┃ 功夫 gōngfu 명 실력. 능력 ┃ 大厦 dàshà 명 빌딩. 고층 건물 ┃ 建造 jiànzào 동 짓다. 세우다 ┃ 随和 suíhé 형 유순하다. 순하다

43-46

　　人们都知道, 火灾是无情的。但是, 在无情的大火面前, 如果能够有效地进行防范, 就可以逃避火魔的侵害, 摆脱灾难和痛苦。那么, 如何做到在火魔的追赶下从容不迫地有效逃生呢? 你不妨在家中备好这样四件"宝物":

43 第一宝: 家用灭火器。

　　任何大火, 开始时都是小火, 如果在家中备好灭火器, 并能熟练地操作它, 那么当星星之火燃起时, 就可以将它及时扑灭。

43 第二宝: 一根保险绳。

　　当大火一旦不可收拾时, 就必须首先考虑逃生。这时, 如果你住在3楼以上, 楼梯的通道被堵塞, 或者木制楼梯被烧坏, 在这样的情况下, 如果家中有一条又粗又长的绳子,

44 那么可将绳子分段打结, 然后拴在牢固的物体上, 沿着绳子攀援而下, 就能顺利逃生。

43 第三宝: 一只手电筒。

夜间失火，电路烧坏以后，屋内一片漆黑，特别是在睡梦中，还没有弄清楚是怎么回事，家中已是一片火海。这时，就需要一只手电筒照明，照出一条逃生之路。
43/44 第四宝：一个简易防烟面具。
火场的烟雾是有毒的，许多丧生者都是被烟熏窒息而死的，如果家中备有一只防烟面具，在危急关头，套上防毒面具，就能抵御有毒烟雾的侵袭而死里逃生。

사람들은 화재가 인정사정도 없다는 것을 안다. 하지만 무자비한 큰 불 앞에서 만약 효과적으로 방비할 수 있다면 불의 피해를 피할 수 있고 재난과 어려움에서 벗어날 수 있다. 그럼 어떻게 화재의 공격에서 침착하게 효과적으로 위험에서 빠져 나올 수 있을까? 당신은 집안에 이 네 개의 '보물'을 준비할 필요가 있다.
첫 번째 보물은 가정용 소화기이다.
어떠한 큰 불이든 시작할 때에는 모두 작은 불이다. 만약 집에 가정용 소화기를 구비하고 숙련되게 사용할 수 있다면, 작은 불이 났을 때 제때 불을 끌 수 있다.
두 번째 보물은 구조용 밧줄이다.
큰 불을 일단 수습할 수 없을 때에는 반드시 먼저 위험에서 빠져 나오는 것을 고려해야 한다. 이때 만약 당신이 3층 이상에서 살고 있는데, 계단의 통로가 막혀 있거나 목제계단이 타서 없어진 이러한 상황에서 만약 집안에 두껍고 긴 밧줄이 있다면 밧줄에 매듭을 만든 후 고정된 물건에 묶고 밧줄을 잡고 내려가 쉽게 위험을 피할 수 있다.
세 번째 보물은 손전등이다.
저녁에 불이 나 전로가 망가진 후 방안이 매우 어둡고, 특히 자고 있었어서 어떻게 된 일인지 파악이 안 되고 집안이 이미 불바다가 된 상황이라면 이때 손전등이 필요한데 손전등이 목숨을 구할 길을 비쳐줄 것이다.
네 번째 보물은 방독면이다.
화재 현장의 연기는 유독성이 있어 많은 사망자들이 모두 연기에 질식해서 죽는다. 만약 집안에 방독면을 구비한다면 위험한 순간에 방독면을 쓰고 유독 연기를 피하고 사지에서 살아남을 수 있다.

43 下列不包括家中必备的四件宝物的是哪一项？

집안에 반드시 구비해야 물건 중 네 가지 보물이 아닌 것은?

A 灭火器
소화기

B 保险绳
구조용 밧줄

C 水桶
물통

D 手电筒
손전등

각 단락의 시작부분을 확인해보면 물통은 설명되어 있지 않다. 第一宝：家用灭火器。第二宝：一根保险绳。第三宝：一只手电筒。第四宝：一个简易防烟面具 (가정용 소화기, 구조용 밧줄, 손전등, 방독면)

정답 C

44 有关保险绳的作用，下列说法正确的是：

구조용 밧줄의 역할에 관해 맞는 내용은?

A 用于火势不大的时候
불길이 크지 않을 때 사용한다

B 在3楼以下可以使用
3층 이하에서 사용할 수 있다

세 번째 단락에서 구조용 밧줄에 대한 설명이 나오는데, 밧줄에 매듭을 만들어 고정된 물건에 묶고 밧줄을 잡고 내려가 위험을 피할 수 있다고 하였다.

정답 C

C 拴在固定物体上逃生
고정된 물체에 묶어 위험을 피한다

D 通道被堵时拴在窗户上
통로가 막혔을 때 창문에 묶는다

45 有关手电筒的作用，下列说法错误的是：
손전등의 역할에 관해 틀린 내용은?

A 白天失火时使用
낮에 불이 났을 때 사용한다

B 睡梦中还没清醒时使用
잠에서 아직 깨지 않았을 때 사용한다

C 屋内没有灯光时使用
방안이 어두울 때 사용한다

D 具有照明的作用
조명 작용이 있다

[▶풀이]

본문의 내용을 굳이 보지 않더라도 손전등을 대낮에 화재가 발생했을 때 사용한다는 것은 납득이 가지 않는 보기이다. 네 번째 단락의 내용을 살펴보면 쉽게 정답을 체크할 수 있다.

정답 ▶ A

46 面具可以起到怎样的作用?
방독면은 어떤 작용을 하는가?

A 指明逃生路线
위험을 피할 수 있는 길을 알려준다

B 防御有毒气体
유독성 기체를 막을 수 있다

C 帮助空气进入
공기가 진입하는 것을 도와준다

D 提供足够氧气
충분한 산소를 공급해준다

[▶풀이]

방독면이 하는 역할이라면 유독 기체를 막는다는 것은 너무 쉽게 알 수 있다. 네 번째 단락에서 정답을 찾을 수 있다.

정답 ▶ B

▶단어

火灾 huǒzāi 몡 화재 | 防范 fángfàn 동 방비하다. 대비하다 | 逃避 táobì 동 도피하다 | 侵害 qīnhài 동 손해를 끼치다. 침해하다 | 摆脱 bǎituō 동 벗어나다. 빠져나오다 | 灾难 zāinàn 몡 재난 | 追赶 zhuīgǎn 동 쫓다. 뒤쫓다 | 从容不迫 cóngróng búpò 매우 침착하다 | 逃生 táoshēng 동 도망쳐서 살아남다 | 灭火器 mièhuǒqì 몡 소화기 | 熟练 shúliàn 형 숙련되어 있다. 능숙하다 | 操作 cāozuò 동 조작하다. 다루다 | 燃起 ránqǐ 동 불이 일어나다 | 扑灭 pūmiè 동 전멸하다. 몰살하다 | 楼梯 lóutī 몡 계단 | 通道 tōngdào 몡 통로. 큰길 | 堵塞 dǔsè 동 가로막다. 막다 | 打结 dǎjié 동 매듭을 짓다 | 牢固 láogù 형 튼튼하다. 견고하다 | 攀援 pānyuán 동 기어오르다 | 手电筒 shǒudiàntǒng 몡 손전등. 플래시 | 失火 shīhuǒ 화재가 발생하다. 불이 나다 | 电路 diànlù 몡 전기회로 | 漆黑 qīhēi 형 칠흑같다. 캄캄하다 | 睡梦 shuìmèng 몡 숙면 | 照明 zhàomíng 동 비추다. 조명하다 | 面具 miànjù 몡 마스크 | 火场 huǒchǎng 몡 화재 현장. 불이 난 곳 | 烟雾 yānwù 몡 스모그 | 丧生 sàngshēng 동 목숨을 잃다. 사망하다 | 烟熏 yānxūn 동 연기를 쐬다. 연기에 그을리다 | 窒息 zhìxī 동 질식하다 | 关头

guāntóu 몡 중요한 때. 결정적인 때 ㅣ **防毒面具** fángdú miànjù 방독면. 방독마스크 ㅣ **抵御** dǐyù 동 막다. 저항하다 ㅣ **侵袭** qīnxí 동 침입하여 습격하다 ㅣ **防御** fángyù 동 방어하다 ㅣ **氧气** yǎngqì 몡 산소 ㅣ **灯光** dēngguāng 몡 불빛. 조명 ㅣ **火势** huǒshì 몡 불길. 불이 타는 기세 ㅣ **拴** shuān 동 비끄러매다. 붙들어 매다

47-50

　　寒暄有时如同农夫在播种之前对土地的翻整，是一个重要的铺垫，可以在人际交往中化解尴尬、打破僵局，甚至 [47] 主动示好而获得一份友情。而如果寒暄不善，也会起到冷场的效果。因此，寒暄是需要掌握一些技巧的，若做得不妥当反而会适得其反。

　　首先，要选择一个恰当的时机，不是什么时候开始寒暄都可以，[48] 至少要看对方是否空闲、目光是否能够交会、是否不会打扰对方。比如电梯里碰见同事，按理说应该寒暄两句，但如果对方正在低头发短信，就不必打扰他了，简单问候一下就可以了。当这些条件都符合时，你要问一下自己是否做好了准备，别张开嘴又不知说什么才好或者说错了造成失礼。

　　其次，挑选适合寒暄的内容。比如在医院走廊里，护士和正要出院的病人碰面，大家曾有过多日相处，临走时免不了寒暄几句，但如果护士说"有空过来呀"，我想哪个病人也不爱听，谁没事想去医院呢？原本是身体痊愈、快快乐乐地回家，却又仿佛被你念了一道咒语。因此，寒暄的内容应该适合对方的实际情形，[49] 比如护士如果说："您要出院了，多多保重啊，您的身体素质本来就很好，以后加强锻炼，肯定越来越硬朗，再也不希望在这里见到您了。"病人听了肯定高兴，这里面包含的嘱咐和祝福是暖人心的。

　　当然，寒暄也要适可而止。在寒暄的过程中，[50] 你要观察对方的表现，看对方是否感兴趣，如果对方很明显不认可你的寒暄或是另有要事，那么就要及时停止。

인사말은 때로 농부가 파종 전에 토지를 정돈하는 것처럼 매우 중요한 밑바탕이 되는데, 대인관계에서의 부자연스러움을 풀어주고 교착상태를 타파하며, 심지어 적극적으로 호의를 표해 우정을 얻을 수 있다. 하지만 만약 인사말이 적당치 않았다면 썰렁한 분위기가 될 수 있다. 따라서 인사말도 일부 기술이 필요한데, 만약 적절하지 않았다면 오히려 결과가 정반대로 될 수 있다.

먼저 적당한 순간을 선택해야 하는데, 어떤 때에나 다 인사말을 할 수 있는 것은 아니어서 적어도 상대방이 시간이 있는지, 시선이 마주칠 수 있는지, 상대방에게 지장을 주는 것은 아닌지를 봐야 한다. 예를 들어 엘리베이터에서 동료를 만나면 상식대로라면 인사말을 건네야 하지만, 만약 상대방이 고개를 숙이고 문자를 보내고 있다면 그를 방해할 필요는 없고, 간단하게 안부를 물으면 될 것이다. 이런 조건들이 모두 맞아 떨어질 때, 당신은 자신이 준비가 다 되었는지 무슨 말을 해야 좋은지 혹은 말 실수를 해 실례를 범하지는 않을지 자문해야 한다.

다음으로는 적합한 인사말 내용을 정하는 것이다. 예를 들어 병원 통로에서 간호사와 막 퇴원하려는 환자가 만났다면, 그들은 이미 오랫동안 알고 지냈을 것이고 떠나기 전 인사말을 몇 마디 건네는 건 피할 수 없으나, 만약 간호사가 '시간 나면 또 와요'라고 말한다면 내 생각에 환자는 듣기 불편할 것이다. 누가 일이 없는 데 병원을 가고 싶어할까? 몸이 다 나아 기쁘게 집으로 돌아가려고 하는데, 마치 저주를 들은 것과 같을 것이다. 따라서 인사말의 내용은 상대방의 실제 상황과 어울려야 한다. 예를 들어 간호사가 만약 "병원을 나가시게 되었네요. 몸조리 잘하시고요, 원래 몸이 좋으시니까 운동 좀 하시면 분명히 건강해지실 거예요. 다시 이곳에서 마주칠 일이 없었으면 좋겠어요."라고 말한다면, 환자는 이 말을 듣고 분명히 기뻐할 것이고, 이 말 안에 담겨 있는 당부와 축복은 사람의 마음을 따뜻하게 해 줄 것이다.

당연히 인사말은 적당히 해야 한다. 인사말을 하는 과정에서 당신은 상대방의 반응을 관찰하고 상대방이 흥미를 느끼는지 봐야 한다. 만약 상대방이 당신의 인사말을 인정하지 않거나 다른 일이 있다면 곧 멈춰야 한다.

47 说话人认为寒暄的好处是什么?

화자가 느끼는 인사말의 이점은 무엇인가?

A 可以得到别人的同情
다른 사람의 동정을 얻을 수 있다

B 可以得到别人的爱情
다른 사람의 사랑을 얻을 수 있다

C 可以得到别人的友情
다른 사람의 우정을 얻을 수 있다

D 有可能产生误解
오해를 일으킬 수 있다

[풀이]

첫 번째 단락에서 대인관계에서의 부자연스러움을 풀어주고 교착상태를 타파하며 심지어 적극적으로 호의를 표해 우정을 얻을 수 있다고 말하고 있어 인사말의 장점을 찾을 수 있다. 主动示好而获得一份友情(적극적으로 호의를 표해 우정을 얻을 수 있다)라는 부분이 핵심문장이다.

정답 ▶ C

48 什么时候不会造成失礼?

언제 실례를 범하지 않을까?

A 别人发短信的时候
다른 사람이 문자를 보낼 때

B 对方很忙的时候
상대방이 바쁠 때

C 彼此目光交会的时候
서로 시선이 마주쳤을 때

D 对方正在工作的时候
상대방이 일을 하고 있을 때

[풀이]

두 번째 단락의 내용 전개를 살펴보면 적어도 상대방이 시간이 있는지, 시선이 마주칠 수 있는지, 상대방에게 지장을 주는 것은 아닌지 등을 봐야 하고, 이런 조건들이 모두 맞아 떨어질 때에야 비로소 실례를 범하지 않을 수 있다는 것을 알 수 있다. 답은 C이다.

정답 ▶ C

49 见到正要出院的病人，护士应该说些什么?

퇴원하려는 환자를 보게 된다면 간호사는 뭐라고 말해야 하는가?

A 欢迎下次光临
다음에 올 것을 환영해요

B 有时间常来
시간이 나면 자주 오세요

C 以后要多多保重
이후 몸조리를 잘하세요

D 来医院锻炼身体
병원에서 몸을 단련하세요

[풀이]

세 번째 단락에 퇴원하는 환자에게 간호사가 해야 하는 인사말이 예로 잘 나와있다. 병원이라는 특성상 다시 보자는 인사말보다는 건강관리 잘 하여 병원에서는 다시 보지 말자는 식의 인사말이 옳다.

정답 ▶ C

50 寒暄时，要注意:

인사말을 건넬 때 주의해야 할 것은?

A 自己的形象
자신의 의미지

B 对方的表现
상대방의 반응

[풀이]

본문 마지막 단락의 你要观察对方的表现(당신은 상대방의 반응을 관찰해야 한다)이라는 부분을 통해 정답이 상대방의 반응임을

C 谈论的话题
논의할 화제

D 天气的变化
날씨의 변화

알 수 있다.

정답 ▶ B

단어

寒暄 hánxuān 동 인사를 나누다. 인사하다 | 播种 bōzhòng 동 파종하다. 씨를 뿌리다 | 铺垫 pūdiàn 동 펴다. 깔다 | 化解 huàjiě 동 없애다. 제거하다 | 尴尬 gāngà 형 난처하다. 곤란하다 | 僵局 jiāngjú 명 대치국면 | 示好 shìhǎo 동 호의를 보이다 | 冷场 lěngchǎng 동 어색해지다. 침묵이 흐르다 | 掌握 zhǎngwò 동 장악하다. 정복하다 | 技巧 jìqiǎo 명 기교. 테크닉 | 妥当 tuǒdang 형 알맞다. 타당하다 | 适得其反 shìdé qífǎn 성 결과가 바라던 바와 정반대가 되다 | 恰当 qiàdàng 형 적당하다. 알맞다 | 目光 mùguāng 명 시선. 눈길 | 交会 jiāohuì 동 한곳에 모이다. 합류하다 | 打扰 dǎrǎo 동 방해하다. 지장을 주다 | 电梯 diàntī 명 엘리베이터 | 按理 ànlǐ 부 도리에 따라. 이치에 따라 | 低头 dītóu 동 머리를 숙이다 | 短信 duǎnxìn 명 문자 메시지 | 失礼 shīlǐ 동 예절에 어긋나다. 예절을 어기다 | 走廊 zǒuláng 명 복도 | 碰面 pèngmiàn 동 서로 만나다. 대면하다 | 临走 línzǒu 동 떠날 즈음이 되다 | 痊愈 quányù 동 완쾌되다 | 咒语 zhòuyǔ 명 악담 | 硬朗 yìnglang 형 건강하다 | 嘱咐 zhǔfù 동 이르다. 당부하다 | 适可而止 shìkě érzhǐ 성 적당한 선에서 멈추다

독해 해설

第一部分

51~60번 문제, 다음 문장 중 틀린 문장을 고르시오.

51

A 斑马身上漂亮的条纹，具有适应环境的保护作用。
얼룩말의 몸에는 아름다운 줄무늬가 있는데 환경에 적응하는 보호작용이 있다.

B 经过激烈的思想斗争，他居然做出了令人吃惊的举动。
격렬한 사상투쟁을 통해 그는 갑자기 사람들을 놀래키는 행동을 했다.

C 没有吃苦耐劳的精神准备，是不可能在壮烈的竞争中获胜的。
어려움을 참고 견디는 정신적인 준비가 없으면 격렬한 경쟁에서 이기지 못할 것이다.

D 中国南方雨水多，温度又高，所以这种树在南方生长比在北方生长要快得多。
중국의 남방지역은 비가 많이 내리고 온도가 높아서 이러한 나무들이 북방지역보다 남방지역에서 더 빨리 자란다.

[◦ 풀이]

C의 壮烈는 용감하거나 기절, 절개가 있음을 나타낸다. (예 壮烈牺牲, 壮烈的场面 등) 여기에서 壮烈로 竞争을 형용하는 것은 적절하지 않으므로 激烈로 바꿔야 한다. 그러므로 문장 C는 没有吃苦耐劳的精神准备，是不可能在激烈的竞争中获胜的로 바꿔야 한다. 激烈竞争은 고정격식이다.

◦ 단어

斑马 bānmǎ 몡 얼룩말 | 条纹 tiáowén 몡 줄무늬 | 激烈 jīliè 혱 격렬하다. 치열하다 | 斗争 dòuzhēng 동 투쟁하다. 싸우다 | 举动 jǔdòng 몡 행동. 동작 | 吃苦 chīkǔ 동 고생하다 | 耐劳 nàiláo 동 괴로움을 참다. 힘든 것을 견디다 | 壮烈 zhuàngliè 혱 장렬하다 | 获胜 huòshèng 동 승리하다. 이기다

52

A 手，这个词听出来极其普通，我们几乎随时随地都可以接触到。
손이라는 이 단어는 매우 평범하여서 우리는 거의 수시로 어디서든 접할 수 있다.

B 法律并不能使所有的人都平等，但是所有的人在法律面前都是平等的。
법률은 모든 사람을 평등하게 할 순 없지만 모든 사람들은 법률 앞에서 평등하다.

C 尼特族依附家人而不就业，不但自身没有生存能力，而且也是家人的负担。
니트족은 가족에게 의존하고 취업을 하지 않으며, 생존능력이 없을 뿐 아니라 가족에게 부담이 될 뿐이다.

D 租车公司会提供24小时特约救援服务，并提醒自驾车游客备全地图、药品等所需物品。
렌터카 회사는 24시간 특별구조서비스를 제공하고 자가용 여행객들에게 지도, 약 등 필수품을 제공한다.

[풀이]

① 听起来：내가 직접 듣고 판단이나 추측을 할 수 있다

　　예 听起来他好像真不知道这件事。 들어보니 그는 정말 이 일을 모르는 것 같다. (→ 그의 말을 듣고나서 내가 추측하기에 혹은 판단하기에 그는 정말 이 일을 모르는 것 같다.)

② 听出来：원래는 모르던 일을 듣고나서 알게 되다

　　예 我听出来这是谁的歌了。 들어보니 누구의 노래인지 알 것 같다. (→ 노래를 내가 직접 듣고 나서 누구의 노래인지 알았다.)

그러므로 A는 手, 这个词听起来极其普通，我们几乎随时随地都可以接触到로 고쳐야 한다.

정답 A

단어

随时随地 suíshí suídì ❸ 언제 어디서나 ｜ 特约 tèyuē ❸ 특별히 약속하다 ｜ 救援 jiùyuán ❸ 구원하다 ｜ 所需 suǒxū ❸ 필요한 바의

53

> A 虽说儿童房间不大，但是装修起来也颇费脑筋。
>
> 　아이들의 방은 작지만 장식하려면 머리를 매우 써야 한다.
>
> B 这家餐厅的经营理念是针对人们尝鲜的心态，不断推出新的产品，从而获得利润。
>
> 　이 식당의 경영이념은 사람들이 새로운 것을 찾는 마음을 겨냥해 끊임없이 신상품을 내놓아 이윤을 얻는 것이다.
>
> C 爱是不会老的，它留着的是永恒的火焰与不灭的光辉，世界的存在，就以它为养料。
>
> 　사랑은 늙지 않고, 영원한 불꽃과 꺼지지 않는 빛을 남겨놓고 세계는 이를 자양분으로 삼는다.
>
> D 松树是常青树，有着顽强的生命力，松树姿态优美，中国人被松树看作吉祥如意的象征。
>
> 　소나무는 상록수로 강한 생명력을 가지고 있으며, 소나무는 자태도 아름다워서 중국인들은 소나무를 상서로운 상징으로 삼는다.

[풀이]

D에서는 'C把A看作B' 혹은 'B被C看作A'를 써야 한다.

　예 人们把鸽子看作和平的象征。 사람들은 비둘기를 평화의 상징으로 간주한다.

　　鸽子被人们看作和平的象征。 비둘기는 사람들에 의해 평화의 상징으로 간주된다.

그러므로 松树是常青树，有着顽强的生命力，松树姿态优美，中国人把松树看作吉祥如意的象征으로 고쳐야 맞는 문장이 된다.

정답 D

 **단어**

装修 zhuāngxiū 통 내장공사를 하다 | 尝鲜 chángxiān 통 신선한 식품을 맛보다 | 推出 tuīchū 통 내놓다. 선보이다 | 永恒 yǒnghéng 형 영원히 변하지 않다 | 火焰 huǒyàn 명 불꽃. 화염 | 光辉 guānghuī 명 눈부신 빛 | 养料 yǎngliào 명 자양분. 양분 | 松树 sōngshù 명 소나무 | 常青树 chángqīngshù 명 상록수 | 顽强 wánqiáng 형 완강하다. 굳세다 | 吉祥 jíxiáng 형 운수가 좋다. 길하다 | 如意 rúyì 통 마음에 들다. 뜻대로 되다

54

A 他认为待在小工厂干活并不能发挥自己的充足才能，便来到了外资企业。
그는 작은 공장에서 일을 하면 자신의 재능을 충분히 발휘할 수 없다고 생각하고 외국계 기업으로 왔다.

B 家是世界上唯一隐藏人类缺点和失败的地方，它同时也蕴藏着甜蜜的爱。
집은 세계에서 유일하게 인류의 약점과 실패를 가려주는 곳임과 동시에 달콤한 사랑이 담겨 있는 곳이기도 하다.

C 凡是有椰子树的地方，就一定看得到棕榈树，弄得很多北方人一直区别不开它们。
야자수가 있는 곳이라면 반드시 종려나무를 볼 수 있는데, 많은 북방사람들은 줄곧 그것들을 구분하지 못한다.

D 理财不是一天两天的事情，也不能是三分钟热情，要持之以恒，你才能体会到理财的乐趣。
재테크는 하루이틀의 일이 아니고 3분 동안의 열정도 아니며, 오랫동안 꾸준히 해야만이 재테크의 즐거움을 느낄 수 있다.

[풀이]

문장 A에서의 充足과 充分의 의미 차이를 묻는 문제이다.

예 充足: 어떠한 구체적인 사물을 수요에 대해 충분히 만족시킨다는 의미로 光线, 经费, 食物供应 등과 고정격식으로 쓰인다.

充分: 추상적인 사물에 쓰이며 才能, 休息 등과 함께 쓰인다.

그러므로 A는 他认为待在小工厂干活并不能充分发挥自己的才能，便来到了外资企业로 고쳐야 한다.

정답 ▶ A

단어

发挥 fāhuī 통 발휘하다 | 外资 wàizī 명 외자 | 隐藏 yǐncáng 통 숨기다. 감추다 | 蕴藏 yùncáng 통 잠재하다. 간직해 두다 | 椰子 yēzi 명 야자나무 | 棕榈 zōnglú 명 종려나무 | 理财 lǐcái 통 재무를 관리하다. 재테크하다 | 持之以恒 chízhī yǐhéng 오랫동안 견지하다. 오랫동안 꾸준하게 나아가다

55

A 在生活节奏日益加快的城市里，人们所要承受的压力也越来越大。
생활의 리듬이 나날이 빨라지는 도시에서는 사람들이 받는 스트레스도 점점 커진다.

B 国际艺术节除吸引了大批艺术爱好者外，还吸引了大批游客和外国人。
국제예술제는 많은 예술 애호가들을 참가하게 했고, 많은 여행객과 외국인들을 몰려들게 했다.

C 为保证高考期间运送试卷的车辆运行安全畅通，该市教育局特为这些车辆印发了"高考通行证"。
대입시험 기간 동안 시험지를 운반하는 차량의 안전한 소통을 보장하기 위해, 시 교육국은 특별히 이러한 차량에 '대입통행증'을 발급했다.

D 绿色食品有一个太阳、叶子和花朵组成的绿色商标，凡是有这种商标的食品，你就可以放心地买来吃。
녹색식품은 태양, 잎, 그리고 꽃송이로 구성된 녹색상표가 있는데, 이러한 상표를 단 식품이면 당신은 마음 놓고 사먹어도 된다.

[⊙ 풀이]

D에서 '由⋯组成'은 고정격식이다. 그러므로 绿色食品是由一个太阳、叶子和花朵组成的绿色商标⋯로 써야 한다.

정답 ▶ D

⊙ 단어

节奏 jiézòu 명 리듬. 박자 | 大批 dàpī 형 대량의. 많은 양의 | 高考 gāokǎo 명 대입 시험 | 运送 yùnsòng 동 운송하다. 운반하다 | 试卷 shìjuàn 명 시험 답안지 | 畅通 chàngtōng 형 막힘 없이 통하다 | 印发 yìnfā 동 인쇄하고 배포하다. 인쇄하고 발행하다 | 通行证 tōngxíngzhèng 명 통행증. 통행권 | 绿色食品 lǜsè shípǐn 녹색 식품. 자연식품 | 商标 shāngbiāo 명 상표

56

A 分享是一种美德，自己的幸福与他人分享，幸福就会成倍地增长。
나눔은 일종의 미덕으로, 자신의 행복을 다른 사람과 나눌 때 행복은 배가 될 수 있다.

B 《旅游世界》强调实用性，能够广大旅游爱好者提供丰富的旅游资讯。
《여행세계》는 실용성을 강조하여, 많은 여행 애호가들에게 풍부한 여행정보를 제공해준다.

C 很多90后的孩子享受着优越的物质生活，但并没有享受到精神上的愉悦和快乐。
많은 90년대생 아이들은 풍족한 물질생활을 누렸지만 정신적인 기쁨과 즐거움을 누리지는 못했다.

D 在人才的问题上，要特别强调一下，必须打破常规去发现、选拔和培养杰出的人才。
인재 문제에 있어 특별히 강조할 것이 있는데, 반드시 통상적인 것을 깨고 훌륭한 인재를 발견하고 뽑아 양성해야 한다는 것이다.

[● 풀이]

B의 '为A提供B'에서 为는 생략할 수 없다. 그러므로 ≪旅游世界≫强调实用性，能够为广大旅游爱好者提供丰富的旅游资讯으로 써야 한다.

정답 ▶ B

[단어]

分享 fēnxiǎng 통 (기쁨, 이점 등을) 함께 나누다 | 美德 měidé 명 미덕 | 成倍 chéngbèi 통 배가 되다 | 资讯 zīxùn 명 정보 | 打破 dǎpò 통 타파하다. 깨다 | 常规 chángguī 명 관습. 관례 | 选拔 xuǎnbá 통 선발하다. 추리다

57

A 人不能总是停留在原地，应该努力开辟出新的发展道路。
사람은 항상 제자리에 멈출 수 없고, 새로운 발전의 길을 개척하도록 노력해야 한다.

B 局部地区的沙漠化是因为地球干燥带的移动造成的。
일부 지역의 사막화는 지구의 건조대가 이동했기 때문에 생긴 것이다.

C 景泰蓝盛行于明代景泰年间，因其釉料颜色主要以蓝色为主，然而被称为"景泰蓝"。
경태람은 명나라 경태년에 유행했고 그 유약의 색깔이 주로 남색이었기 때문에 '경태람'이라 불렸다.

D 要想成为好领导，除了需要经过严格的考验之外，更重要的是你还要有一颗乐于助人的心。
훌륭한 지도자가 되려면 엄격한 시험을 겪어야 하는 것 외에도 더욱 중요한 것은 사람을 기꺼이 돕는 마음이다.

[● 풀이]

C에서 然而은 전환관계를 나타내는 접속사이다. 여기에서는 앞구절 景泰蓝盛行于明代景泰年间，因其釉料颜色主要以蓝色为主와 뒷구절 被称为"景泰蓝"이 인과관계이기 때문에 所以 또는 因此를 써야 한다. 그러므로 景泰蓝盛行于明代景泰年间，因其釉料颜色主要以蓝色为主，所以 / 因此被称为"景泰蓝"으로 써야 한다. 그래서 답은 C이다.

정답 ▶ C

[단어]

停留 tíngliú 통 멈추다. 머물다 | 开辟 kāipì 통 열다 | 局部 júbù 명 일부분. 국부 | 景泰蓝 jǐngtàilán 명 경태람(중국의 특산 공예품) | 盛行 shèngxíng 통 성행하다. 광범위하게 유행하다 | 釉料 yòuliào 명 유약 | 考验 kǎoyàn 통 시험하다. 검증하다

58

A 尽管火车进藏只是短短一年多的时间，但是它给西藏发展所带来的效益已经迅速凸显出来。

기차가 티벳에 보급된 후 1년 여 밖에 되지 않았지만 티벳 발전에 가져다 준 효과는 매우 빠르게 나타나고 있다.

B 绿化好有利于提高空气中的氧气含量，反而充足的氧气可以使人心情舒畅，提高睡眠质量。

녹화는 공기 중의 산소 함유량을 높이는 데 도움이 되고 충분한 산소는 사람들의 마음을 편하게 해주어 수면의 질을 높인다.

C 年仅19岁的他就作为一位古典音乐人，进入《民众》杂志评出的"将改变世界的50个年轻人"的行列。

열아홉 살의 그는 클래식 음악가로서 잡지 《민중》에 '세계를 바꿀 50인의 젊은이'에 선정됐다.

D 一项问卷调查显示，工作压力大 、个人收入多、择偶圈子小 ，这已经成了现代大龄白领青年择偶难的三大原因。

한 설문조사에 따르면 업무 스트레스가 크고 소득이 많으며 배우자 선택범위가 좁은 것은 이미 현대 샐러리맨들이 배우자를 고르기 힘든 3대 원인이 되었다고 한다.

[⊙ 풀이]

B의 反而은 앞구절과 비교해서 상반되는 내용을 뒷구절에 적을 때 쓰는 접속사이다.

(예) 雨不但没停，反而越下越大。비가 그치기는커녕 점점 더 온다.

明明是你的错，怎么反而怪我呢？ 분명히 너의 잘못인데 어째서 나를 탓하는 거야?

我把碗打碎了，他不但没生气，反而笑了。내가 그릇을 깼는데 그는 화를 내기는커녕 오히려 웃었다.

B에서는 绿化好有利于提高空气中的氧气含量과 充足的氧气可以使人心情舒畅, 提高睡眠质量은 점진관계이기 때문에 而且를 써야 한다. 그러므로 绿化好有利于提高空 气中的氧气含量，而且充足的氧气可以使人心情舒畅，提高睡眠质量으로 고쳐야 옳다.

정답 ▶ B

⊙단어

凸显 tūxiǎn (동) 분명하게 드러나다. 똑똑히 보이다 | 氧气 yǎngqì (명) 산소 | 舒畅 shūchàng (형) 상쾌하다. 시원하다 | 问卷 wènjuàn (명) 설문지

59

A 为了弘扬奥运精神，奥运知识，本报将于5月下旬举办"我爱北京"征文活动。

올림픽 정신과 올림픽 지식을 알리기 위해 본 신문은 5월 하순부터 '나의 사랑하는 베이징' 응모행사를 진행할 것이다.

B 在古代，驿卒传递公文急件时，在公文上插上鸡毛，意思是要它像展翅疾飞的鸟一样迅速传递。

C 人体在睡眠状态时，体内各种脏器活动降到最低限度，各种系统处于休息状态，能量消耗减少到基础代谢的水平。

인체가 수면상태에 있을 때 체내의 각종 장기활동은 최저로 떨어지고 각 신체계통은 휴식상태에 있으며 에너지소모는 기초대사의 수준으로 감소한다.

D 让一部分人先富起来，一部分地区发展快一点，从而带动大部分地区的发展，这是加速发展、达到共同富裕的捷径。

일부 사람들이 먼저 부유해지기 시작한 후 일부 지역의 발전이 빨라져 대부분 지역의 발전을 이끌었으며 이것은 발전을 가속화 시켜 모두가 부유한 지름길에 도달하게 할 것이다.

[● 풀이]

고정격식에 대한 문제이다. A의 '弘扬…精神'은 맞지만 '弘扬…知识'가 틀렸다. '普及…知识'가 올바른 고정격식이므로 为了弘扬奥运精神，普及奥运知识，本报将于5月下旬举办 "我爱北京" 征文活动으로 고쳐야 한다.

정답 ▶ A

● 단어

弘扬 hóngyáng 동 확대하고 발전시키다 ｜ 征文 zhēngwén 동 글을 모집하다 ｜ 驿卒 yìzú 명 역졸 ｜ 传递 chuándì 동 전달하다. 전하다 ｜ 急件 jíjiàn 명 급한 문건. 급한 서신 ｜ 展翅 zhǎnchì 동 날개를 펴다. 날개를 펼치다 ｜ 脏器 zàngqì 명 장기 ｜ 基础代谢 jīchǔ dàixiè 기초대사 ｜ 捷径 jiéjìng 명 지름길. 첩경

60

A 丽江古城历史悠久，古朴自然。城市布局错落有致，既具有山城风貌，又充满水乡气息。

리장 고성은 역사가 매우 유구하고 소박하며 예스러워서 천연의 모습을 잘 간직하고 있다. 이색적인 도시 구조, 산간도시의 면모와 또 물의 고향의 정취도 느낄 수 있다.

B 一项调查显示，有91.5%的人表示以后会要孩子，而且33.9%的人认为家庭中有两个孩子比较适合。

한 조사에 따르면 91.5%의 사람들은 이후에 아이를 원한다고 답했고, 33.9%의 사람들은 집에 두 명의 아이가 있는 것이 좋을 것 같다고 답했다.

C 人出汗是为了调节体温、使身体的温度保持在一个稳定的水平，处于较舒适的状态，从而保持充沛的精力和健康的体魄。

사람이 땀을 흘리는 것은 체온을 조절하고 신체온도를 안정적인 수준으로 유지하며 편안한 상태로 만들기 위해서인데, 그리하여 건강한 체력과 정신을 유지한다.

D 为换来头顶的一片蓝天，我们应该尽可能地少开车，多骑自行车，多乘公交车或以步代车，为改善环境做力所能及的事情。

우리 머리 위의 맑고 푸른 하늘을 위해 우리는 최대한 적게 차를 몰고 자전거를 많이 타며 대중교통을 애용하거나 보행으로 차를 대체해야 하는데, 이로써 환경을 개선하는 데 우리가 할 수 있는 일을 해야 한다.

[▶ 풀이]

B에서 适合는 동사이고 合适는 형용사이다. 适合 뒤에는 명사성 혹은 동사성 목적어가 오고, 合适 뒤에는 목적어가 올 수 없다.

(예) 这件衣服的颜色很适合你。 이 옷의 색깔은 너에게 어울린다.
　　这里的气候很适合香蕉、荔枝等的生长。 이곳의 기후는 바나나와 리쯔 등이 자라기에 알맞다.
　　你很适合穿这件衣服。 이런 옷은 너에게 잘 어울린다.

合适는 보통 옷이나 신발, 색상 등이 어울리는지 안 어울리는지에 쓰인다.

(예) 这双鞋子大小正合适。 이 신발은 사이즈가 딱 맞는다.
　　这件上衣配这条裙子不太合适。 이 상의와 치마는 별로 어울리지 않는다.

合适는 한정어로 쓰일 수 있으나 适合는 한정어로 쓰일 수 없다.

(예) 我还没找到合适的人。 적당한 사람을 아직 찾지 못했다.
　　还有没有更合适的办法呢? 더 적당한 방법이 있는거니 없는거니?
그러므로 B는 …, 而且33.9%的人认为家庭中有两个孩子比较合适로 써야 한다.

정답 ▶ B

▶ 단어

古朴 gǔpǔ (형) 소박하고 예스럽다. 수수하고 고풍스럽다 | 布局 bùjú (동) 배치하다 | 错落 cuòluò (형) 뒤얽혀 번잡하다. 뒤엉켜 어수선하다 | 有致 yǒuzhì (동) 정취가 가득하다. 흥취가 가득하다 | 调节 tiáojié (동) 조절하다. 조정하다 | 充沛 chōngpèi (형) 왕성하다. 넘치다 | 体魄 tǐpò (명) 체격과 정력 | 力所能及 lìsuǒnéngjí (성) 자신의 능력으로 해낼 수 있다

第二部分

61~70번 문제, 다음 지문의 빈칸에 맞는 답을 고르시오.

61

随着改革开放的深入，中国人对文化节目的 __1__ 需求越来越高，春晚的节目也在与时俱进。上世纪90年代春晚的节目更 __2__ 情节，内容一改上世纪80年代单调、 __3__ 的布局安排，变得更欢快、更轻松。

개혁 개방이 심도 있게 진행되면서 중국인들의 문화 프로그램 **1** 질에 대한 요구가 점점 높아졌고 설날 특집프로그램도 시대와 같이 발전했다. 1990년대 설날 특집프로그램은 스토리를 더욱 **2** 중시했고, 내용상으로는 1980년대의 단조롭고 **3** 틀에 박힌 내용을 벗어나 더욱 재밌고 가벼워졌다.

A	品质	看重	灵活	B	基本	注意	复杂
C	大量	重视	灵敏	D	质量	注重	死板

[풀이]

1: 大量 뒤에는 동사가 쓰여야 하는데(예 **大量**引进) 본문에서는 需求가 명사로 쓰였기 때문에 첫 번째 빈칸은 大量이 될 수 없다.

2: 특별히 어떠한 것을 중시했다는 내용이므로 看重, 注重은 쓰일 수 있다.

3: 90년대와 80년대의 프로그램 차이를 비교하는 문장이므로 灵活는 적합하지 않다. 그러므로 답은 D이다.

정답 ▶ D

단어

与时俱进 yǔshí jùjìn 시대의 발전에 따라 끊임없이 발전하고 전진하다 | 单调 dāndiào 〔형〕 단조롭다 | 布局 bùjú 〔동〕 배치하다 | 灵敏 língmǐn 〔형〕 빠르다. 민감하다 | 死板 sǐbǎn 〔형〕 활발하지 않다. 생기가 없다

62

天津剪纸 __1__ 于清朝光绪末年，在大量汲取和 __2__ 中国传统剪纸艺术的基础上发展到今天，它在艺术风格和绘图技术上 __3__ 有独到之处。大量 __4__ 了年画、瓷器、木雕的图案设计，具有较高的艺术价值。

톈진의 전지공예는 청(清)나라 광서 말년에 **1** 유행하기 시작했고 대량으로 중국 전통 전지공예를 흡수하고 **2** 알리는 기초 위에서 오늘날까지 발전해왔기에 전지공예의 예술적 풍격과 제도 기술에 독창적인 부분이 **3** 모두 있다. 대량으로 연화, 자기, 나무조각의 도안설계를 **4** 참고로 하여 비교적 높은 예술적 가치가 있다.

A	起源	表扬	都	借助	B	掀起	发扬	并	吸取
C	引起	宣扬	仍	取得	D	兴起	发扬	均	借鉴

[▶ 풀이]

1: 掀起의 목적어는 사물이나 운동 종목이 되어야 하므로 掀起는 답이 될 수 없다.
引起는 어떠한 일이 또 다른 일을 일으킬 때 쓰이므로 引起도 답이 될 수 없다.
2: 表扬은 어떤 일에 대해 칭찬을 하는 것을 의미하므로 답에서 제외.
문제에서는 중국 전통 전지공예의 계승에 대한 내용이므로 发扬을 써야 한다. 그러므로 답은 D이다.

정답 ▶ D

[▶ 단어]

剪纸 jiǎnzhǐ 명 종이를 오려 만든 공예 작품 | 汲取 jíqǔ 동 받아들이다. 흡수하다 | 绘图 huìtú 동 도안을 그리다 | 年画 niánhuà 명 연화 | 瓷器 cíqì 명 자기 | 木雕 mùdiāo 명 목조 | 起源 qǐyuán 명 근원. 기원 | 借助 jièzhù 동 도움을 받다. 힘을 빌리다 | 掀起 xiānqǐ 동 용솟음치다. 출렁거리다 | 发扬 fāyáng 동 발양하다. 떨쳐 일으키다 | 宣扬 xuānyáng 동 선양하다. 널리 떨치다 | 借鉴 jièjiàn 동 거울로 삼다. 본보기로 삼다

63

人们对成功要有 __1__ 的眼光，不能被眼前的繁荣所迷惑，只是一味地享受现有的成功，要看到繁荣背后的危险，否则就容易被 __2__ 的危险击倒，已有的成功也将 __3__ 。

사람들은 성공에 대해 ¹ 장기적인 시야를 가져야 하고 눈앞의 번영에 현혹되어서는 안 되며, 기존의 성공만을 무턱대고 즐기고 번영 뒤에 올 위험을 보지 않는다면, ² 잠재되었던 위험에 쉽게 무너질 것이고 기존의 성공은 곧 ³ 물거품이 될 것이다.

A	长远	潜伏	化为乌有	B	长期	埋伏	大有可为
C	重大	潜能	一无所成	D	深刻	潜在	大有作为

[▶ 풀이]

1: 长远은 형용사로 미래의 긴 시간을 의미하는데 规划, 打算, 眼光, 计划, 利益, 需要, 目标 등과 함께 쓰인다.
长期는 명사로 길었던 어느 시기(예 长期贷款, 长期使用, 长期工作)를 이른다.
重大는 任务, 事件, 问题 등을 형용한다.
深刻는 道理, 内容, 印象, 感受, 含义, 体会, 影响, 认识, 见解 등의 단어와 함께 쓰인다.
3: 化为乌有는 가지고 있던 모든 것을 모두 잃어버린다는 뜻이다. 본문에서 已有的成功이라 했으니 化为乌有를 써야 한다. 그러므로 A가 정답이다.

정답 ▶ A

[▶ 단어]

迷惑 míhuo 동 현혹시키다. 미혹시키다 | 一味 yíwèi 부 단순하게. 덮어놓고 | 潜伏 qiánfú 동 잠복하다. 매복하다 | 化为乌有 huàwéi wūyǒu 성 수포로 돌아가다. 아무 것도 없게 되다 | 埋伏 máifú 동 매복하다. 숨다 | 大有可为 dàyǒu kěwéi 성 장래가 매우 밝다. 매우 할 만한 가치가 있다 | 潜能 qiánnéng 명 잠재된 능력 | 大有作为 dàyǒu zuòwéi 성 힘이나 능력을 충분히 발휘하여 성과를 올릴 수 있다

64

光污染 __1__ 着生态。数百万年来，地球上的一切生物都是在自然光的 __2__ 下生长繁殖的，现在的照明对自然界是一种非常 __3__ 的干预。科学家发现，一只小型广告灯箱一年可以杀死约35万只昆虫。长此下去，很可能会严重 __4__ 昆虫世界的多样性。

빛 공해는 생태계를 ¹ 교란시킨다. 수백 년 동안 지구상의 모든 동물은 자연광의 ² 작용 아래에서 생장하고 번식하여 왔기에, 현재의 조명설비들은 자연계에 매우 ³ 심각한 영향을 미치고 있다. 과학자들은 한 소형 네온광고가 1년 동안 35만 마리의 곤충을 죽인다는 것을 발견했다. 이렇게 계속된다면, 곤충 세계의 다양성에까지 심각한 ⁴ 위험이 미칠 것이다.

A 影响　保护　严厉　危害　　　　B 阻碍　维护　严格　危机
C 干扰　作用　严重　危及　　　　D 干涉　效果　严密　危急

[▶ 풀이]

1: 干涉의 주어는 사람이므로(예 家长干涉学生的自由) D는 답이 될 수 없다.
3: 严厉의 주어도 사람이므로 A도 답이 될 수 없다.
严格는 어떠한 상황이 엄격함을 의미하고, 严重은 어떠한 상황이 위급하다, 심각하다의 뜻이다. 그러므로 답은 C가 된다.

정답 C

▶ 단어

光污染 guāngwūrǎn 명 빛 공해 | 生态 shēngtài 명 생태 | 自然光 zìránguāng 명 자연광 | 繁殖 fánzhí 동 번식하다 | 干预 gānyù 동 관여하다, 참견하다 | 灯箱 dēngxiāng 명 조명 광고판, 조명 광고상자 | 杀死 shāsǐ 동 죽이다 | 昆虫 kūnchóng 명 곤충 | 阻碍 zǔ'ài 동 저애하다, 장애하다 | 干扰 gānrǎo 동 방해하다, 훼방하다 | 危及 wēijí 동 해가 미치다, 위험이 미치다 | 干涉 gānshè 동 간섭하다, 참견하다 | 严密 yánmì 형 빈틈없다, 치밀하다 | 危急 wēijí 형 위태롭고 급하다

65

自古以来，喜鹊便深受中国人的喜爱，人们认为它能带来好运和福气。"喜鹊登梅"是中国画中最常见的 __1__ 。它还经常出现在中国传统的诗歌、对联中。特别值得提及的是，在中国四大民间 __2__ 中的"牛郎织女"：相传每年七夕，即农历七月初七，成千上万的喜鹊会飞上九重天，__3__ 起一座桥，使长期分离的牛郎和织女相会。

예로부터 까치는 중국인들에게 사랑을 받아왔는데, 사람들은 까치가 행운과 복을 가져다 준다고 여겼기 때문이다.

'까치가 매화나무에 앉아 있는 것'은 중국 그림에서 가장 자주 볼 수 있는 ¹ 소재이다. 까치는 또한 중국 전통의 시가나 대련에서 자주 볼 수 있다. 특히 언급할 만한 것은 중국 4대 민간 ² 전설의 하나인 '견우직녀'에서 매년 칠석, 즉 음력 7월7일에 많은 까치들이 구천으로 올라가 다리를 ³ 만들어 오랫동안 떨어져 있던 견우와 직녀를 만나게 해 주었다고 한다.

A 题材　传说　搭　　　　　　　B 材料　风俗　架
C 体材　习惯　拉　　　　　　　D 素材　习俗　撑

[▶풀이]

1: 材料는 구체적인 사물을 말하는데, 예를 들면 그림 그릴 때 사용하는 종이나 붓이 材料가 된다. 그러므로 B는 답이 될 수 없다.
2: 견우와 직녀의 이야기는 전설이므로 D의 习俗과 C의 习惯은 답이 될 수 없으므로 답은 A이다.

정답 ▶ A

[▶단어]

喜鹊 xǐquè 몡 까치 | 福气 fúqì 몡 복. 운 | 诗歌 shīgē 몡 시가 | 对联 duìlián 몡 대련 | 提及 tíjí 통 언급하다 | 牛郎织女 niúláng zhīnǚ 견우와 직녀 | 七夕 qīxī 몡 칠석 | 九重天 jiǔchóngtiān 몡 구천. 구중천 | 材料 cáiliào 몡 재료 | 搭 dā 통 (막, 울타리 등을) 치다. (다리 등을) 놓다 | 架 jià 통 (막아서) 버티다. 막다 | 体材 tǐcái 몡 몸매 | 撑 chēng 통 받치다. 괴다

66

18世纪末到19世纪中期，英、法、德等国　__1__　完成了工业革命，物质财富大量集中，人们对火灾保险的需求也更为　__2__　。这一时期火灾保险发展异常迅速，火灾保险公司的形式以股份公司为主。　__3__　19世纪，在欧洲和美洲，火灾保险公司　__4__　，承保能力有很大提高。

18세기 말에서 19세기 중반까지 영국, 프랑스, 독일 등의 국가에서 ¹연이어 산업혁명을 이루어 물질적 부가 대량으로 집중되었고, 사람들의 화재보험에 대한 수요는 더욱 ²절실해졌다. 이 시기에 화재보험이 매우 빠르게 발전했고, 화재보험회사는 주식회사가 주를 이루었다. 19세기에 ³접어들면서 유럽과 미국에서 화재보험회사는 ⁴끊임없이 나타났고 담보능력도 더욱 높아졌다.

A 接连　压迫　到来　雨后春笋　　　B 相继　迫切　进入　层出不穷
C 继续　切实　进去　稳如泰山　　　D 连续　紧迫　步入　接二连三

[▶풀이]

1: 앞뒤 순서를 나타내는 단어는 相继와 接连이다.
继续, 连续는 중단하지 않고 계속 한다는 의미이므로 C와 D는 답이 될 수 없다.
2: 压迫는 사람이 사람에게 하는 행위이므로 需求는 迫切를 써야 한다. 그러므로 답은 B이다.

정답 ▶ B

[▶단어]

工业革命 gōngyè gémìng 산업혁명 | 保险 bǎoxiǎn 몡 보험 | 异常 yìcháng 톙 이상하다. 예사롭지 않다 | 股份 gǔfèn 몡 주식 | 承保 chéngbǎo 통 처리하다 | 压迫 yāpò 통 억압하다 | 雨后春笋 yǔhòu chūnsǔn 솅 새로운 사물이 한때에 많이 일어나다 | 相继 xiāngjì 톊 연이어. 계속하여 | 迫切 pòqiè 톙 절박하다. 절실하다 | 层出不穷 céngchū bùqióng 솅 끝도 없이

출현하다. 끊임없이 나타나다 | 稳如泰山 wěnrú tàishān ⑱ 태산처럼 튼튼하다. 확고부동의 위치를 점하다 | 步入 bùrù ⑧ 들어가다. 진입하다 | 接二连三 jiē'èr liánsān ⑱ 끊임없이 계속해서 잇따라 오다

67

傍晚锻炼最为有益。　__1__　是：人类的体力发挥或身体的适应能力，均以下午或　__2__　黄昏时分为最佳。此时，人的味觉、视觉、听觉等感觉最　__3__　，全身协调能力最强，尤其是心律与血压都较　__4__　，最适宜锻炼。

저녁 운동이 가장 유익한데, 그 1 원인은 체력 발휘 혹은 신체의 적응능력은 모두 오후 혹은 해질녘이 2 가까워질 때 가장 좋기 때문이다. 이때 사람의 미각, 시각, 청각 등의 감각이 가장 3 예민해지며 전신의 조절능력이 가장 좋은데, 특히 심장박동과 혈압이 비교적 4 안정되어 운동에 가장 적합하다.

A	因故	贴近	捷径	安稳		B	缘故	逼近	灵活	清净
C	理由	迫近	敏捷	平息		D	原因	接近	敏感	平稳

[▶ 풀이]

1: 因故는 인과관계를 나타내며 그 뒤에는 소극적이고 부정적인 의미를 가진 단어들이 오게 된다. 그렇기 때문에 문제의 내용과는 맞지 않아 A는 답이 아니다.
2: 逼近은 어떤 곳에 접근하다라는 뜻을 가졌기 때문에 黄昏이라는 시간을 나타내는 내용과는 부합하지 않아서 B도 답이 아니라는 것을 알 수 있다.
'임박하다'라는 뜻을 가진 迫近은 사물간의 상호접근을 뜻한다. 그래서 C도 답이 아님을 알 수 있다. 정답은 D이다.

정답 D

▶ 단어

味觉 wèijué ⑲ 미각 | 协调 xiétiáo ⑧ 조정하다. 조화시키다 | 心律 xīnlǜ ⑲ 심박의 리듬 | 因故 yīngù ⑧ 사정으로 인하다 | 贴近 tiējìn ⑧ 접근하다. 다가가다 | 捷径 jiéjìng ⑲ 지름길. 첩경 | 安稳 ānwěn ⑲ 침착하다. 차분하다 | 逼近 bījìn ⑧ 다가가다. 접근하다 | 清净 qīngjìng ⑲ 편안하다. 평안하다 | 迫近 pòjìn ⑧ 닥쳐오다. 다가오다 | 敏捷 mǐnjié ⑲ 민첩하다 | 平息 píngxī ⑧ 가라앉다. 수그러들다

68

参加讲座的代表们纷纷　__1__　，通过这次讲座，我们对环保知识有了进一步了解，还能够使公民的环保　__2__　增强，保护环境是我们每个公民应有的责任和应尽的义务，我们都应该从身边的小事入手，从　__3__　的行为做起，共同为　__4__　绿色城市家园而努力。

강좌에 참가한 대표들은 속속 다음과 같이 1 밝혔다. 이번 강좌를 통해 환경보호 지식에 대해 깊은 이해를 하게 되었고 국민의 환경보호 2 의식을 강화할 수 있으며, 환경보호는 우리 모든 국민들마다 반드시 짊어져야 할 책임과 의무이고 우리는 주변의 작은 일부터 착수해, 3 할 수 있는 일부터 시작하여 녹색도시를 4 만드는 데 주력해야 한다.

| A 表现 意义 量力而行 创造 | B 表达 意思 无能为力 建立 |
| C 表示 意识 力所能及 创建 | D 表明 意味 力不从心 树立 |

[● 풀이]

1: 表现: 태도, 품행, 행동 등을 표현하다, 나타내다
表达: 자신의 사상이나 감정 등을 나타내다
表示: 사상, 감정 등을 표정, 태도 등으로 표현하다
表明: 분명하게 밝히다, 표명하다
2: 환경보호는 일종의 사상이기 때문에 '환경보호 의식' 즉 环保意识가 되어야 한다. 그러므로 답은 C이다.

정답 ▶ C

● 단어

纷纷 fēnfēn 형 많다, 잡다하게 많다 ┃ 入手 rùshǒu 동 착수하다, 시작하다 ┃ 量力而行 liànglì érxíng 성 자신의 능력에 맞게 행하다, 자신의 역량을 가늠하여 행하다 ┃ 无能为力 wúnéng wéilì 성 무력하다, 무능하다 ┃ 力所能及 lìsuǒ néngjí 성 자신의 능력으로 해낼 수 있다 ┃ 力不从心 lì bù cóng xīn 성 하고 싶으나 능력이 모자라다

69

科学家 __1__ ，500万年后，由于气候巨变，地球上的人类和其他常见动植物将全部 __2__ ，但是一部分人类已经 __3__ 通过太空船到银河系中去探险，并在其他类似地球的行星上找到了新的 __4__ 。记录片《狂野的未来》的开头场景正是想象人类于500万年后乘坐太空船飞回地球时看到的 __5__ 。

과학자들은 500만 년 후 기후가 급변하여 지구상의 인류와 기타 자주 볼 수 있는 동식물들이 전부 [2] 멸종할 것이나, 일부 인류는 이미 [3] 사전에 우주선을 통해 은하계로 탐험을 떠나고 지구와 비슷한 행성에서 새로운 [4] 집을 찾을 것이라고 [1] 예언했다. 다큐멘터리 《광야의 미래》의 첫 화면은 인류가 500만 년 후 우주선을 타고 지구로 돌아오는 것을 상상한 [5] 장면이다.

| A 警告 灭亡 提前 家庭 画面 | B 预言 灭绝 事先 家园 场景 |
| C 建议 灭种 首先 家乡 场面 | D 指出 灭顶 预先 庭园 情景 |

[● 풀이]

1: 본문은 과학자들의 500만 년 이후의 일을 추측한 내용이다. 그렇기 때문에 A와 C의 警告, 建议는 미래 추측에 대한 내용과 맞지 않기 때문에 답이 아니다.
2: 灭顶은 사람이 당한 재난을 뜻하기 때문에 D도 답이 될 수 없다. 그러므로 답은 B이다.

정답 ▶ B

● 단어

巨变 jùbiàn 명 거대한 변화 ┃ 银河系 yínhéxì 명 은하계 ┃ 探险 tànxiǎn 동 탐험하다 ┃ 行星 xíngxīng 명 행성, 유성 ┃ 记录片 jìlùpiàn 명 다큐멘터리 영화 ┃ 开头 kāitóu 명 시초, 최초 ┃ 灭亡 mièwáng 동 망하다, 없어지다 ┃ 预言 yùyán 동 예언하다

| 灭绝 mièjué 〔동〕 완전히 사라지다. 소멸하다 | 灭种 mièzhǒng 〔동〕 멸종하다 | 灭顶 mièdǐng 〔동〕 익사하다 | 庭园 tíngyuán 〔명〕 정원. 뜰

70

很多人由于早上起得晚，而工作又很 __1__ ，往往把一天中的第一顿饭 __2__ 了，有的人甚至对早餐不屑一顾。事实上，这些做法都对身体健康直接构成威胁。营养 __3__ 合理的早餐对一个人非常重要，它是激活脑力 __4__ 的，对身体的重要性不容忽视。

많은 사람들은 아침에 일찍 일어나서 일 하고 매우 ¹ 바빠서, 종종 하루 중 첫끼를 ² 소홀히 하고 일부는 심지어 아침을 거른다. 사실 이러한 행동들은 신체 건강에 좋지 않다. 영양적으로 ³ 조절한 합리적인 아침은 사람들에게 매우 중요하고 뇌를 활성화시키는 ⁴ 연료가 되므로 신체에 대한 아침의 중요성을 간과해서는 안 된다.

A 繁忙　忽略　搭配　燃料　　　B 忙碌　轻视　搭档　手段
C 急忙　忘记　配合　燃烧　　　D 紧张　忽视　充分　过程

[◈ 풀이]

1: 繁忙, 忙碌, 紧张은 모두 일을 형용할 수 있다. 그러나 急忙은 사람의 행동을 형용하기 때문에 C는 답이 될 수 없다.
2: 轻视의 목적어는 사람이 되어야 하므로 B도 답이 될 수 없다. 그러므로 답은 A이다.

정답 ▶ A

◈ 단어

不屑一顾 búxiè yígù 〔성〕 일고의 가치도 없다. 생각해볼 가치도 없다 | 威胁 wēixié 〔동〕 협박하다. 위협하다 | 激活 jīhuó 〔동〕 활성화하다. 촉진시키다 | 忽略 hūlüè 〔동〕 등한시하다. 경시하다 | 搭配 dāpèi 〔동〕 배합하다. 조합하다 | 燃料 ránliào 〔명〕 연료. 땔감 | 忙碌 mánglù 〔형〕 바쁘다. 분망하다 | 搭档 dādàng 〔동〕 협력하다. 협동하다 | 燃烧 ránshāo 〔동〕 연소하다

第三部分

71~80번, 빈칸에 내용상 적절한 문장을 보기에서 골라 쓰시오.

71-75

秦奋原来在一家银行工作，但他认为待在银行并(71)_______________，便来到了宝马公司——也就是后来名扬四海的汽车公司。

在新的工作环境下，工作了6个月后，秦奋想(72)_______________，他便给部门总经理写了一封信，在信中他问了一个重要的问题："我能否在更重要的职位从事更重要的工作？"部门的总经理作了批示："现在任命你负责新厂机器的安装，但不保证晋升或加薪。"

秦奋欣然接受了。但他手里只有部门总经理给的一张施工图纸，而他(73)___________。面对那么多完全陌生的困难，又要在短时间内完成任务，秦奋心里清楚，一个千载难逢的机会就在眼前，万万不能错过这么好的机会。他调整好自己的心态，认真地钻研图纸，找相关人员分析协商，终于(74)___________。

当秦奋去向部门总经理汇报时，吃惊地发现紧邻部门总经理办公室的门上竟然写着："秦奋总经理"。部门总经理对他说，他现在就是公司的总经理了，而且年薪在原来的年薪后面加了个"0"。部门总经理说："给你那些图纸时，我知道你是看不懂的，但是我要看你如何处理。结果我发现，你是个领导人才。你敢于直接向我要求更高的薪水和职位，这是很不容易的，我尤其欣赏你这一点，因为机会总是(75)___________。"

친펀은 원래 한 은행에서 일을 했지만 은행에서는 (71) E- 자신의 재능을 충분히 발휘할 수 없을 것이라고 생각하여 곧 BMW사로 갔다. 후에 전 세계에 이름을 떨친 그 자동차 회사로 말이다.

새로운 업무환경 속에서 6개월을 보낸 후 친펀은 (72) A- BMW사의 자신의 업무에 대한 평가를 알아보고자 했다. 그는 곧 부문 최고경영자에게 편지를 썼고 편지에서 그는 중요한 문제를 물었다. '제가 더욱 중요한 직위에서 더 중요한 업무를 할 수는 없습니까?' 부문 최고경영자는 회답했다. '지금 당신을 신공장 기기설치책임자로 임명합니다. 하지만 승진과 임금인상을 보증할 수는 없습니다.'

친펀은 기쁘게 받아들였다. 하지만 그의 손에는 부문 최고경영자가 건네준 한 장의 시공 설계도뿐이었고, 그는 (73) B- 이 분야의 어떤 교육도 받아본 적이 없었다. 완전히 생소한 어려움에 직면해 그는 단기간 내에 임무를 완성해야 했는데, 친펀은 마음속으로 일생에 한 번 얻을까 말까 한 기회 앞에서 이렇게 좋은 기회를 절대 놓칠 수 없음이 매우 분명했기에, 그는 진지하게 설계도를 연구하고 관련 전문가들을 찾아 분석하고 상의해, 끝내 (74) D- 일주일 전에 회사가 그에게 맡긴 임무를 완성했다.

친펀이 부문 최고경영자에게 보고하러 갔을 때, 부문 최고경영자 사무실의 옆 사무실 문 앞에 놀랍게도 '친펀 CEO'라는 글귀가 쓰여있는 것을 발견했다. 부문 최고경영자는 그에게 당신은 현재 회사의 최고 경영자이고 연봉은 기존의 연봉에 '0'을 하나 더 붙이면 된다고 말해주었다. 부문 최고경영자는 다음과 같이 말했다. "당신에게 설계도를 주었을 때 나는 당신이 이해하지 못할 것을 알았지만 당신이 어떻게 하나 보려고 했습니다. 그 결과 당신이 지도자 자질이 있는 것을 알았습니다. 당신은 나에게 더 높은 임금과 직위를 직접적으로 원했는데, 이것은 쉽지 않은 일입니다. 나는 특히 이 점을 높이 삽니다. 왜냐하면 (75) C- 기회는 항상 용기를 가지고 적극적으로 도전하는 사람을 좋아하기 때문입니다."

A　了解一下宝马对自己工作的评价
　　BMW사의 자신의 업무에 대한 평가를 알아보고자 했다

B　从来没有接受过这方面的任何教育
　　이 분야의 어떤 교육도 받아본 적이 없었다

C　偏爱那些能拿出勇气主动出击的人
　　기회는 항상 용기를 가지고 적극적으로 도전하는 사람을 좋아하기 때문이다

D　提前一周完成了公司交给他的任务
　　일주일 전에 회사가 그에게 맡긴 임무를 완성했다

E　不能充分发挥自己的才干
　　자신의 재능을 충분히 발휘할 수 없을 것

[◆ 풀이]

71. 첫 번째 문단 제일 마지막 구절에서 (71)＿＿＿＿＿＿, 便来到了宝马公司(친펀은 직장을 BMW로 옮겼다)라고 했다. 그렇다면 71번 빈칸에는 친펀이 직장을 옮긴 이유가 있어야 한다. 그러므로 E 不能充分发挥自己的才干이 와야 한다.

72. 秦奋想(72)＿＿＿＿＿＿, 他便给部门总经理写了一封信 이 부분에서 우리는 친펀이 BMW사의 자신의 업무에 대한 평가를 알아보고자 최고경영자에게 편지로 중요한 문제를 물었다는 것으로 내용이 이어져가야 하기 때문에 A부터 E까지의 보기 중에서 가장 알맞은 것은 A 了解一下宝马对自己工作的评价(BMW사의 자신의 업무에 대한 평가를 알아보고자 했다)이다.

73. 우선 친펀은 원래 은행원이었다. 그리고 面对那么多完全陌生的困难과 같이 친펀은 기계에 관해 어떠한 교육도 받은 적이 없다는 것을 알 수 있다. 그러므로 B 从来没有接受过这方面的任何教育(이 분야의 어떤 교육도 받아본 적이 없었다)가 와야 한다.

74. 친펀은 万万不能错过这么好的机会(이렇게 좋은 기회를 절대 놓칠 수 없다)라고 다짐하며 전문가들을 찾아다니며 분석하고 상의하였다. 이렇게 열심히 노력한 그는 终于(마침내) 임무를 완성했을 것임을 추측할 수 있으므로 답은 D 提前一周完成了公司交给他的任务(일주일 전에 회사가 그에게 맡긴 임무를 완성했다)이다.

75. 마지막 빈칸은 종결로서 본문의 교훈이나 중요한 내용이 온다. 본문은 스스로 기회를 잡는 적극적인 사람에 대한 내용이므로 C 偏爱那些能拿出勇气主动出击的人(기회는 항상 용기를 가지고 적극적으로 도전하는 사람을 좋아하기 때문이다)이 답이 된다.

정답 ▶ 71. E　72. A　73. B　74. D　75. C

◆ 단어

宝马 Bǎomǎ 몡 BMW사(독일의 대표적인 자동차 브랜드) | 批示 pīshì 됭 서면으로 의견을 표시하다 | 任命 rènmìng 됭 임명하다 | 安装 ānzhuāng 됭 설치하다. 고정시키다 | 晋升 jìnshēng 됭 승진하다. 진급하다 | 加薪 jiāxīn 됭 임금을 올리다 | 欣然 xīnrán 혱 즐거운 모양. 기쁜 모양 | 施工 shīgōng 됭 시공하다. 공사하다 | 图纸 túzhǐ 몡 설계도. 청사진 | 千载难逢 qiānzǎi nánféng 솅 천 년의 긴 세월 동안 한 번 만나는 기회 | 钻研 zuānyán 됭 깊이 연구하다. 탐구하다 | 协商 xiéshāng 됭 여럿이 모여 의논하다. 협상하다 | 汇报 huìbào 됭 보고하다 | 紧邻 jǐnlín 몡 가까운 이웃

76-80

12月20日以来，新疆北部、西北地区东部的部分地区、华北大部、黄淮和江淮、湖北北部等地普遍下起了今年入冬以来最大的降雪。虽然大雪天气对交通运输带来不利的影响，但降雪滋润土壤，杀死病虫害，净化空气，[76]＿＿＿＿＿＿＿＿＿。

冬天该下雪的时候就要下雪，降雪后农业生产收益多多。[77]＿＿＿＿＿＿＿＿＿，意思是说冬天下几场大雪，这是来年庄稼获得丰收的预兆。

因为冬季天气冷，下的雪往往不易融化，盖在土壤上的雪是比较松软的，雪花和雪花之间留有空隙，空隙中充满空气，空气又具有不良的热传导特性，[78]＿＿＿＿＿＿＿＿＿，外面天气再冷，下面的温度也不会降得很低。

等到冷空气过去以后，天气渐渐回暖，雪慢慢融化，这样既保住了庄稼不受冻害，而且雪融下去的水留在土壤里，给庄稼积蓄了很多水，[79]＿＿＿＿＿＿＿＿＿。

另外，下雪能冻死害虫，雪在融化时要从土壤中吸收许多热量，这时土壤会突然变得非常寒冷，温度降低许多，害虫就会冻死。所以说，[80]＿＿＿＿＿＿＿＿＿。

今冬，华北大部、黄淮、江淮、湖北等地出现了大雪天气，预兆明年将是一个丰收年。

12월 20일 이래 신장 북부와 서북부지구 동부의 일부 지역, 화북부의 대부분, 황화이와 장화이 지역, 호북성 북부 지역 등지에 보편적으로 올 겨울 가장 큰 눈이 내렸다. 비록 큰 눈이 교통운송에 악영향을 미쳤지만 눈이 내려 토양을 적시고 병충해를 없애주었으며, 눈은 공기를 정화시키고 (76) B- 농업생산과 사람들 건강에 유익하다.
겨울에 눈이 내려야 할 때는 눈이 내려야 하는데, 눈이 내린 후에는 농업 생산 이득이 많다. (77) E- 중국 민간에는 '적당한 눈이 내리는 것은 풍년의 징조이다'라는 말이 널리 퍼져있는데 이 의미는 겨울철 몇 차례 큰 눈이 내리는 것은 다음 해 농작물이 풍작을 이룬다는 징조를 보여준다는 것이다.
겨울철 날씨가 추우면 내린 눈이 쉽게 녹지 않는데, 토양에 덮인 눈이 비교적 부드러워 눈과 눈 사이에 공간이 있어 공간 안에 공기가 넘치고, 공기는 또한 열전도 특성이 떨어지기 때문에 (78) D- 마치 농작물에 이불을 덮어주는 것과도 같아서 바깥에 날씨가 춥더라도 밑에 온도는 아주 낮게 내려가지 않는다.
차가운 공기가 떠나가기를 기다린 후 날씨가 점차 따뜻해지면서 눈은 천천히 녹게 되는데, 이렇게 되면 농작물은 동해를 입지 않게 되고, 눈이 녹은 물은 토양으로 스며들어 농작물에게 수분을 공급해주며 (79) A- 봄 파종 및 농작물의 생장발육에 모두 이롭다.
이밖에 눈이 내리면 해충을 죽일 수 있는데, 눈이 녹을 때 토양 중에 많은 열량을 흡수해 토양이 갑자기 차가워지면서 온도가 많이 내려가 해충이 죽을 수 있다. 따라서 (80) C- 겨울철 몇 차례 내리는 큰 눈은 풍작의 전조라고 말할 수 있다.
올해 겨울 화북부 대부분 지역, 황화이, 장화이, 호북성 등지에 대설의 날씨가 나타난 것은 내년이 곧 풍년일 것이라는 전조다.

A 对春耕播种以及庄稼的生长发育都很有利
봄 파종 및 농작물의 생장발육에 모두 이롭다

B 对农业生产和人们健康有益
농업생산과 사람들 건강에 유익하다

C 冬季下几场大雪是来年丰收的预兆
겨울철 몇 차례 내리는 큰 눈은 풍작의 전조라고 말할 수 있다

D　这样就像给庄稼盖了一条棉被
　　마치 농작물에 이불을 덮어주는 것과도 같다
E　我国民间广为流传"瑞雪兆丰年"
　　중국 민간에는 '적당한 눈이 내리는 것은 풍년의 징조이다'라는 말이 널리 퍼져있다

[◉ 풀이]

76. 滋润土壤, 杀死病虫害, 净化空气 등 눈이 내렸을 때 좋은 점은 이 뿐만이 아니라 더 있을 것이다. 그러므로 B 对农业生产和人们健康有益(농업생산과 사람들 건강에 유익하다)가 답이 된다.

77. 이 문단에서는 눈이 내림으로써 풍년이 될 거라는 징조를 알 수 있다는 내용이다. 그러므로 E 我国民间广为流传"瑞雪兆丰年"(중국 민간에는 '적당한 눈이 내리는 것은 풍년의 징조이다'라는 말이 널리 퍼져있다)가 답이 된다.

78. 이 문단의 후반부 (78)＿＿＿＿, 外面天气再冷, 下面的温度也不会降得很低。에서 바깥 날씨가 아무리 추워도 밑의 온도는 매우 낮아지지는 않는다고 했으므로 눈이 농작물을 이불처럼 덮어주는 것과 같다고 할 수 있다. 그러므로 D 这样就像给庄稼盖了一条棉被(마치 농작물에 이불을 덮어주는 것과도 같다)가 답이 된다.

79. 위에서 말했듯이 찬 공기가 지나고 나면 날씨가 따뜻해지면서 눈은 녹아서 토양에 수분을 제공한다. 그렇기 때문에 우리는 A 对春耕播种以及庄稼的生长发育都很有利(봄 파종 및 농작물의 생장발육에 모두 이롭다)가 답이 됨을 알 수 있다.

80. 본문은 눈이 내렸을 때의 좋은 점에 대한 내용이다. 위에서는 눈이 내렸을 때 좋은 점을 설명하였고 제일 마지막 구절 湖北等地出现了大雪天气, 预兆明年将是一个丰收年(대설의 날씨가 내년에도 풍년일 것이라는 전조이다)이라고 하였기 때문에 마지막 빈칸의 답은 C 冬季下几场大雪是来年丰收的预兆(겨울철 몇 차례 내리는 큰 눈은 풍작의 전조라고 말할 수 있다)가 된다.

정답 ▶ 76. B 77. E 78. D 79. A 80. C

◉ 단어

新疆 Xīnjiāng (지명) 신장 ｜ 华北 Huáběi (명) 화베이 ｜ 江淮 Jiāng Huái 양자강과 회수 ｜ 湖北 Húběi (명) 후베이성 ｜ 运输 yùnshū (동) 나르다. 운송하다 ｜ 滋润 zīrùn (동) 축축하게 하다. 축이다 ｜ 土壤 tǔrǎng (명) 토양 ｜ 病虫害 bìngchónghài (명) 병충해 ｜ 庄稼 zhuāngjia (명) 농작물 ｜ 预兆 yùzhào (명) 조짐. 징조 ｜ 空隙 kòngxì (명) 틈. 겨를 ｜ 积蓄 jīxù (동) 축적하다. 모으다

第四部分

81~100번 문제, 단문을 읽고 그에 해당되는 2~3개의 질문에 알맞은 답을 고르시오.

81-84

　　天上的云，真是姿态万千，变化无常。它们有的像羽毛，轻轻地飘在空中；有的像一床大棉被，严严实实地盖住了天空；还有的像峰峦、像河流、像雄狮……它们有时把天空点缀得很美丽，有时又把天空笼罩得很阴森。刚才还是白云朵朵，阳光灿烂；刹那间却又是乌云密布，大雨倾盆。云就像是天气的"招牌"：[81] 天上挂什么云，就将出现什么样的天气。天空的薄云，往往是天气晴朗的象征；那些低而厚密的云层，常常是阴雨风雪的预兆。

　　[82] 那最轻盈、站得最高的云，叫卷云。这种云很薄，阳光可以透过云层照到地面，房屋和树木的光与影依然很清晰。卷云丝丝缕缕地飘浮着，有时像一片白色的羽毛，有时像一块洁白的绫纱。如果卷云成群成行地排列在空中，好像微风吹过水面引起的鳞波，这就成了卷积云。卷云和卷积云都很高，那里水分少，它们一般不会带来雨雪。[83] 还有一种像棉花团似的白云，叫积云。它们常在两千米左右的天空，一朵朵分散着，映着灿烂的阳光，云块四周散发出金黄的光辉。积云都在上午出现，午后最多，傍晚渐渐消散。[84] 在晴天，我们还会偶见一种高积云。高积云是成群的扁球状的云块，排列很匀称，云块间露出碧蓝的天幕，远远望去，就像草原上雪白的羊群。卷云、卷积云、积云和高积云，都是很美丽的。

하늘에 떠있는 구름은 그 모양이 가지각색이고 변화무쌍하다. 일부는 깃털처럼 하늘에 사뿐이 떠 있고, 일부는 솜이불 같이 하늘을 포근히 덮어주고 있는 것 같다. 산봉우리처럼 생긴 것, 강처럼 보이는 것, 사자처럼 생긴 것 등, 그들은 하늘을 아름답게 수놓기도 하고 하늘을 음침하게 덮어버리곤 한다. 방금 전까지만 해도 흰구름이 떠다니며 햇빛 찬란하다가 어느 샌가 먹장구름이 몰려오면서 장대비가 쏟아진다. 구름은 날씨의 '간판'으로, 하늘에 어떤 구름이 떠있는 가에 따라 어떤 날씨가 펼쳐진다. 얇게 떠있는 구름은 종종 맑은 날씨를 예고하고, 두꺼우면서 낮게 걸려있는 구름은 주로 비바람을 예고한다.

얇은 구름이 하늘 높이 떠있다면 그것은 권운이다. 권운은 매우 얇아서 햇빛이 구름을 뚫고 지면에 닿을 수 있으며, 집과 나무의 빛과 그림자 모두 선명하게 나타난다. 권운은 한 가닥씩 떠다니는데, 어떤 때는 하얀 깃털 같고 또 어떤 때에는 새하얀 비단 같다. 만약 권운이 구름 떼로 줄지어 하늘에 떠 있고 마치 가벼운 바람이 수면 위에 불어 나타난 잔물결처럼 보인다면 그것은 권적운이다. 권운과 권적운은 모두 높이 걸려 있는데, 이들은 수분이 적어 비바람을 몰고 오지는 않는다. 솜 같은 흰 구름은 적운이다. 적운은 보통 2,000m의 고도에 떠 있는데, 하나씩 흩어져 있어 햇빛이 비치면 구름 주변으로 황금색의 빛이 발산된다. 적운은 보통 오전에 나타나서 오후에 제일 많아졌다가 저녁 무렵이 되면 점차 흩어진다. 맑은 날에 우리는 고적운을 볼 수도 있다. 고적운은 구름 떼로 다니는 편구형의 구름덩이로 배열이 균형적이며, 구름 사이로 푸른 하늘이 보이고 멀리서 바라보면 초원 위의 양떼처럼 보인다. 권운, 권적운, 적운, 고적운 모두 아름다운 구름들이다.

81 "招牌"在文中的意思是:

'간판'의 본문에서의 의미는:

A 云的变化无常
구름이 변화 무쌍하다

B 云的各种形状
구름의 모양

C 天气的变化无常
날씨가 변화 무쌍하다

D 预示天气的变化
날씨의 변화를 예고한다

[➡ 풀이]

첫째 문단의 마지막 줄에서 天上挂什么云，就将出现什么样的天气(하늘에 어떤 구름이 떠있는 가에 따라 어떤 날씨가 펼쳐진다)라고 하였으니 우리는 구름을 보면 날씨를 예측할 수 있다는 것을 알 수 있다.

정답 ▶ D

82 有关卷云的描述不正确的是:

권운에 대한 묘사에서 틀린 것은?

A 卷云是最高的云
권운은 가장 높이 떠 있는 구름이다

B 卷云像羽毛
권운은 그 모양이 깃털 같다

C 阳光透不过来
햇빛이 투과하지 못한다

D 卷云很薄
권운은 아주 얇다

[➡ 풀이]

두 번째 단락 앞부분을 보면 권운의 특징에 대해 설명하고 있다. 이 부분에서 권운은 아주 높이 떠있고, 얇게 한 가닥씩 떠다니며 깃털 같다는 것을 알 수 있다. 그러므로 C는 틀린 묘사이다.

정답 ▶ C

83 关于积云，我们可以知道:

적운과 관련해 우리가 알 수 있는 것은?

A 可以带来雨雪
비바람을 몰고 온다

B 会在傍晚出现
저녁 무렵에 나타난다

C 积云里含有水分
적운에는 수분이 함유되어 있다

D 一般在两千米的高空
2,000m 고도에 떠 있다

[➡ 풀이]

두 번째 문단 还有一种像棉花团似的白云，叫积云。它们常在两千米左右的天空(솜 같은 흰 구름은 적운이다. 적운은 보통 2,000m의 고도에 떠 있다)에서 알 수 있듯이 적운은 2,000m 고도에 떠 있는 구름이다.

정답 ▶ D

84 选出符合文章内容的一项:

문장의 내용과 일치하는 것은?

A 薄云的出现说明天要下雨
얇은 구름은 비가 올 것임을 예고한다

[➡ 풀이]

在晴天，我们还会遇见一种高积云(맑은 날에 우리는 고적운을 볼 수 있다)에서 답이 C임을 알 수 있다.

정답 ▶ C

B　高积云是最美丽的云
　　고적운은 가장 아름다운 구름이다

C　晴天可以见到高积云
　　맑은 날씨에 고적운을 볼 수 있다

D　卷积云的云层里没有水分
　　권적운의 구름 층에는 수분이 없다

단어

万千 wànqiān ㉒ 수량이 많음을 형용함 | 变化无常 biànhuà wúcháng ㉒ 변화무쌍하다 | 羽毛 yǔmáo ㉒ 깃털 | 棉被 miánbèi ㉒ 솜이불 | 严实 yánshi ㉒ 빈틈없다. 치밀하다 | 峰峦 fēngluán ㉒ 연봉. 늘어선 산봉우리 | 点缀 diǎnzhuì ㉒ 단장하다. 장식하다 | 笼罩 lǒngzhào ㉒ 덮다. 뒤덮다 | 阴森 yīnsēn ㉒ 으스스하다. 음침하다 | 乌云 wūyún ㉒ 검은 구름. 먹구름 | 密布 mìbù ㉒ 빽빽하게 분포하다. 촘촘하게 분포하다 | 倾盆 qīngpén ㉒ 억수처럼 쏟아지다. 세차게 내리다 | 招牌 zhāopai ㉒ 간판. 명목 | 轻盈 qīngyíng ㉒ 호리호리하다. 날씬하다 | 卷云 juǎnyún ㉒ 권운. 새털구름 | 飘浮 piāofú ㉒ 날리다. 나부끼다 | 微风 wēifēng ㉒ 산들바람. 미풍 | 鳞波 línbō ㉒ 물결. 파문 | 卷积云 juǎnjīyún ㉒ 권적운. 조개구름 | 光辉 guānghuī ㉒ 눈부신 빛 | 高积云 gāojīyún ㉒ 고적운 | 匀称 yúnchèn ㉒ 고르다. 균등하다 | 露出 lùchū ㉒ 드러내다. 노출시키다 | 碧蓝 bìlán ㉒ 짙푸른 남색 | 天幕 tiānmù ㉒ 대지를 덮은 하늘

85-88

옛날 티벳에 아이바라는 사람이 있었는데, 그는 매번 다른 사람이랑 논쟁을 벌이고 화가 나면 얼른 집으로 돌아가 자신의 집과 땅 주변을 세 바퀴씩 돌고 난 후 논가에 앉아 가쁜 숨을 내쉬곤 했다. 아이바는 매우 열심히 일을 해서

그의 집은 점점 더 커졌고 땅도 점점 넓어져 갔지만, 집과 땅이 아무리 커져도 다른 사람과 논쟁을 벌이고 화가 나면 그는 여전히 집과 땅을 세 바퀴씩 돌뿐이었는데, 이건 왜 일까? 아이바를 아는 모든 사람들은 마음속으로 의아하여 아이바에게 왜냐고 물으면 아이바는 대답하기를 꺼려했다.

아이바는 노년기에 접어들었고, 이때 그는 이미 많은 집과 땅을 보유하게 되었다. 하지만 그는 화가 날 때마다 여전히 지팡이를 짚고 힘겹게 땅과 집 주위를 세 바퀴씩 돌았다. 하루는 그가 세 바퀴를 돌고 나니 이미 해가 져 논 가에서 잠시 쉬고 있을 때 그의 손자가 그에게 간절히 부탁했다. "할아버지, 할아버지께서는 이미 연세도 드셨고, 부근에 할아버지처럼 땅이 많은 사람도 없으니까, 옛날처럼 화가 나시면 계속 이렇게 집 주위를 돌지 마세요! 할아버지께서는 왜 화가 나면 땅을 세 바퀴씩 도시는 거예요?"

아이바는 손자의 간청을 마다할 수가 없어 그의 마음 속 오랜 시간 묻어두었던 비밀을 털어냈다. "젊었을 때 나는 다른 사람과 싸우든 논쟁하든 화가 나든 집과 땅 주위를 세 바퀴씩 돌곤 했는데, 돌면서 생각하기를 내 집이 이렇게 작고 땅이 이렇게 좁은데 어디 시간이 있어 다른 사람한테 화낼 자격이나 있냐고 여기까지 생각하면 화가 풀리곤 했어. 그리고는 열심히 일하는 데 모든 시간을 할애했지." 손자는 또 물었다. "할아버지, 그럼 지금은 연세도 드셨고 가장 부유한 사람이 되었는데 왜 아직도 집과 땅 주위를 돌아요?" 아이바는 웃으면서 대답했다. "난 지금도 화를 내곤 하지. 화가 나면 집과 땅 주위를 세 바퀴씩 도는데, 돌면서 생각하지. '내 집은 이렇게 크고 땅도 이렇게 넓은데 다른 사람이랑 시시콜콜 논쟁을 벌일 이유가 있을까?' 이런 생각이 들면 화가 풀리곤 한단다."

85 爱巴生气的时候会做什么?

아이바는 화가 났을 때 무엇을 하는가?

A 勤劳的工作
열심히 일을 한다

B 与人争论
다른 사람과 논쟁을 벌인다

C 绕着房子跑
집 주위를 돈다

D 在田边呼吸新鲜空气
논 가에서 신선한 공기를 들이마신다

[▶ 풀이]

첫 문단 有一个叫爱巴的人，每次生气和人起争执的时候，就以很快的速度跑回家去，绕着自己的房子和土地跑三圈에서 아이바라는 사람이 매번 다른 사람이랑 논쟁을 벌이고 화가 나면 집으로 돌아가 자신의 집과 땅 주변을 세 바퀴씩 돌았다고 하였다. 그러므로 답은 C이다.

정답 C

86 为什么爱巴的孙子会恳求他?

아이바의 손자는 왜 아이바에게 간청을 했는가?

A 孙子很担心他
손자는 아이바가 걱정이 되어서

B 孙子感到吃惊
손자는 놀라워서

C 孙子很不理解他
손자는 아이바를 이해할 수가 없어서

D 孙子想知道真相
손자는 진상을 알고 싶어서

[▶ 풀이]

두 번째 문단에서 손자는 아이바가 화가 나면 왜 집주위를 세 바퀴 도는지 물은 것은 궁금해서 물은 것임을 추측할 수 있다. 그러므로 답은 D이다.

정답 D

87 关于爱巴，我们可以知道：

아이바에 대해서 우리가 알 수 있는 것은

A 爱巴很喜欢运动
아이바는 운동을 좋아한다

B 爱巴很注意健康
아이바는 건강을 챙긴다

C 爱巴很理解别人
아이바는 다른 사람을 잘 이해한다

D 爱巴的性格很好
아이바는 성격이 좋다

[▶ 풀이]

마지막 문단의 我的房子这么小，…这么大 부분에서 아이바의 성격이 좋다는 것을 알 수 있다.

정답 ▶ D

88 上文主要想告诉我们什么：

본문이 우리에게 일깨워주는 것은

A 运动可以长寿
운동하면 장수한다

B 钱可以解决所有问题
돈이면 모든 문제를 해결할 수 있다

C 要懂得忍让
참을 줄 알아야 한다

D 人应该开心地生活
사람은 즐겁게 살아야 한다

[▶ 풀이]

전체 내용을 보면 본문이 우리에게 일깨워주는 내용은 사람이란 참을 줄 알아야 하며 사람들과 논쟁할 필요가 없다는 것을 말해주고 있음을 알 수 있다.

정답 ▶ C

[▶ 단어]

争执 zhēngzhí ⑧ 말다툼하다. 논쟁하다 Ⅰ 疑惑 yíhuò ⑧ 수상하게 여기다 Ⅰ 步入 bùrù ⑧ 걸어 들어가다 Ⅰ 拐杖 guǎizhàng ⑧ 지팡이 Ⅰ 恳求 kěnqiú ⑧ 간곡히 부탁하다. 간청하다 Ⅰ 阿公 ā'gōng ⑧ 노인에 대한 높임말 Ⅰ 隐藏 yǐncáng ⑧ 숨기다. 감추다 Ⅰ 忍让 rěnràng ⑧ 참으며 양보하다

89-92

　　关于虎年的由来有一个有趣的传说：在远古时候，属相中有狮子，没有老虎。由于狮子太凶残，名声不好，于是玉皇大帝想把狮子除名，但是又必须补进一位镇管山林的动物。这时，玉帝想到殿前的虎卫士。

　　天宫的虎卫士从前也只是地上不出名的动物。它从猫师傅那里学得抓、扑、咬、冲、跃、折等十八般武艺后，成为山林中的勇士。凡是和它较量的，不死即伤。从此，老虎雄霸山林。后来，**89** 玉帝听说老虎勇猛无比，便传老虎上天。老虎上天之后，同玉帝的卫士较量，赢得胜利。从此，老虎便成了天宫的殿前卫士。

　　谁知不久之后，地上的飞禽走兽见无人看管，开始胡作非为起来，给人间造成了灾难。这事惊动了土地神，土地神连忙上报天庭，请玉帝派天神镇住百兽。[90] 玉帝便派老虎下凡，老虎要求每胜一次，便给他记一功。玉帝只求人间安宁，当然满口答应老虎的要求。来到凡间，老虎了解到狮子、熊、马是当时最厉害的三种动物，它就专门向这三种动物挑战。老虎凭着勇猛和高超的武艺连续击败了狮子、熊、马。于是，其他恶兽闻风而逃，藏进了无人居住的森林荒野。人们欢声动地，感谢老虎为人世间的和平立了功。

　　回到天上，玉帝因老虎连胜三局，便在它的前额刻下了三条横线。后来，人间又受到东海龟怪的骚扰，大地一片汪洋。老虎又来到人间，咬死了龟怪。玉帝一高兴，又给老虎记了一个大功，在额头的三横之中又添了一竖。

　　于是一个醒目的"王"字出现在老虎前额。从此，老虎变成百兽之王，总管百兽。时至今天，虎额上也还可见到威风的"王"字。

　　狮子的恶名传到天宫后，玉帝便决定除去狮子的属相头衔，补进了兽王虎。从此，虎成为了属相，狮子则被贬到遥远的南方去了。当然，老虎也从玉帝的殿前卫士下到凡间，永保下界安宁。

호랑이해와 관련된 유래 중에 재밌는 전설이 있다. 아주 먼 옛날에 12간지 중에 사자는 있고 호랑이는 없었다. 사자가 너무 흉악해서 명성이 좋지 않아 옥황상제는 사자를 12간지에서 제명했으나, 반드시 삼림을 통치할 동물이 필요했다. 이때 옥황상제에게 궁전을 지키고 있는 호랑이 호위병이 떠올랐다.

천궁의 호랑이 호위병은 예전에는 이름 없는 지상의 동물이었다. 그는 고양이 스승에게서 잡기, 덮치기, 물기, 공격하기, 뛰기, 구르기 등 18반 무예를 배우고 난 뒤 삼림의 용사가 되었다. 호랑이와 힘 겨루기를 한 동물들은 죽지 않으면 크게 다쳤고, 이때부터 호랑이는 삼림을 장악했다. 후에 황제가 호랑이의 용맹함을 전해 듣고 호랑이를 천궁으로 부른 것이다. 호랑이는 하늘에 올라간 뒤 옥황상제의 호위병들과 겨루어 승리를 거두었다. 이때부터 호랑이는 천궁의 대문을 지키는 호위병이 되었다.

하지만 얼마 후, 지상의 새들과 짐승은 관리하는 자가 없다 보니 제멋대로 못된 짓을 했고 이는 인간세상에 많은 재난을 가져왔다. 이 사건은 토지의 신을 놀라게 했고 그는 황급히 천궁에 보고를 하여 옥황상제가 하늘 신을 내려보내 동물들을 평정하도록 요청한 것이다. 옥황상제는 호랑이를 인간세상에 파견했고 호랑이는 대신 매번 승리할 때마다 그의 공로를 기록해줄 것을 요구했다. 옥황상제는 인간세상의 평안을 위해 호랑이의 요구에 흔쾌히 동의했다. 인간세상에 내려온 뒤 호랑이는 사자, 곰, 말이 가장 사나운 세 가지 동물이라는 것을 알게 되어, 특별히 이 세 동물에 도전장을 내밀었다. 호랑이는 그 용맹함과 뛰어난 무예로 사자, 곰, 말을 격파했다. 그리하여 다른 짐승들은 소문을 듣고 도망가 사람이 살지 않는 삼림황야로 숨어버렸다. 사람들은 환호하며 호랑이가 인간세상의 평화를 위해 공을 세운 것에 감사했다.

천궁으로 돌아간 뒤, 옥황상제는 호랑이가 3연승을 한 것에 대한 표창으로 그의 이마에 3개의 노란색 줄을 그어주었다. 그 뒤 인간세상은 다시 동해의 거북이 괴물의 피해를 입어 육지가 바다로 변해버렸다. 그러자 호랑이는 인간세상에 내려와 거북이 괴물을 물어 죽였다. 옥황상제는 기쁜 마음에 호랑이의 공을 치하하여 세 줄의 노란 선 중간에 세로로 한 줄을 더 그어주었다.

그리하여 선명한 '왕' 자가 호랑이 이마에 새겨졌다. 이때부터 호랑이는 백수의 왕이 되어 모든 동물들을 통치하게 되었다. 오늘까지도 호랑이 이마에는 위풍 있는 '왕' 자가 새겨져 있다.

사자의 악명이 천궁에 전해진 뒤 옥황상제는 사자의 12간지 호칭을 취소했고, 그 자리를 백수의 왕 호랑이가 대신했다. 물론 호랑이는 옥황상제의 문전 호위병에서 인간세상으로 내려와 세상의 안정을 지켜나갔다.

89 玉帝为什么选择老虎做殿前卫士?

옥황상제는 왜 문전 호위병으로 호랑이를 선택했나?

A 需要管理山林的动物
산림의 동물을 통치하기 위해서

B 老虎会十八般武艺
호랑이가 십팔반 무예를 알기 때문에

C 老虎十分勇猛
호랑이가 용맹하기 때문에

D 玉帝想除掉狮子
사자를 제명하고 싶어서

[▸ 풀이]

두 번째 문단 玉帝听说老虎勇猛无比，便传老虎上天。老虎上天之后，同玉帝的卫士较量，赢得胜利。从此，老虎便成了天宫的殿前卫士에서 황제가 호랑이의 용맹함을 전해 듣고 호랑이를 천궁으로 불렀고, 호랑이는 하늘에 올라간 뒤 옥황상제의 호위병들과 겨루어 승리를 거두게 되어 천궁의 대문을 지키는 호위병이 되었다고 했으므로 답은 C이다.

정답 ▸ C

90 玉帝答应了老虎的什么要求?

옥황상제는 호랑이의 어떤 요구를 들어줬나?

A 让老虎管理百兽
호랑이가 백수를 통치하는 것

B 给它足够的食物
충분한 식량을 주는 것

C 胜一次就记一次功
매번 승리할 때마다 공로를 기록해주는 것

D 让老虎称王
호랑이를 왕으로 칭하는 것

[▸ 풀이]

세 번째 문단에서 玉帝便派老虎下凡，老虎要求每胜一次，便给他记一功(옥황상제는 호랑이를 인간세상에 파견했고 호랑이는 대신 매번 승리할 때마다 그의 공로를 기록해줄 것을 요구했다)이라고 했으므로 C가 답이다.

정답 ▸ C

91 有关老虎前额的“王”字的由来，说法正确的是：

호랑이 이마의 '왕' 자의 유래 중 정확한 것은?

A 老虎是森林中最凶猛的动物
호랑이는 삼림에서 제일 흉악한 동물이다

B 老虎立下了四次大功
호랑이는 공을 네 번 세웠다

C 老虎连胜了三次
호랑이는 연속 세 번이나 이겼다

D 玉帝封它为百兽之王
옥황상제는 호랑이를 백수의 왕으로 칭했다

[▸ 풀이]

호랑이는 사자, 곰, 말을 이겨서 이마에 가로줄 3줄을 새겼고 동해의 거북이 괴물까지 죽임으로써 네 번째 줄은 세로로 새겼다. 이렇게 하여 이마에 '王' 자가 새겨진 것이다. 그러므로 답은 B 공을 네 번 세웠다가 된다.

정답 ▸ B

92　　本文的主要内容是:

본문의 주요내용은?

A　老虎怎样赢得玉帝的欢心
　　호랑이는 어떻게 황제의 환심을 샀나

B　老虎怎样成为百兽之王
　　호랑이는 어떻게 백수의 왕이 되었나

C　老虎作为属相的由来
　　호랑이가 12간지에 속하게 된 유래

D　玉帝怎样选拔殿前卫士
　　옥황상제는 어떻게 문전 호위병을 선발했나

[풀이]

12간지의 이야기로 시작하고 마무리한 전체 문장을 읽고 나면 92번의 답은 C 임을 알 수 있다.

정답 ▶ C

[단어]

属相 shǔxiang 명 띠 ｜ 凶残 xiōngcán 형 흉악하다. 잔인하다 ｜ 玉皇大帝 Yùhuáng Dàdì 명 옥제. 옥황상제 ｜ 除名 chúmíng 동 제명하다 ｜ 补进 bǔjìn 동 채우다 ｜ 扑 pū 동 달려들다. 돌진하다 ｜ 冲 chòng 형 매우 세차다 ｜ 霸 bà 동 빼앗다. 점령하다 ｜ 天宫 tiāngōng 명 천궁. 하늘 궁전 ｜ 飞禽 fēiqín 명 조류. 날짐승 ｜ 走兽 zǒushòu 명 짐승 ｜ 惊动 jīngdòng 동 놀라게 하다. 시끄럽게 하다 ｜ 土地神 tǔdishén 명 토지신. 땅귀신 ｜ 镇住 zhènzhù 동 진정시키다 ｜ 凡间 fánjiān 명 인간세계. 세상 ｜ 击败 jībài 동 쳐부수다. 물리치다 ｜ 荒野 huāngyě 명 황야 ｜ 骚扰 sāorǎo 동 소란을 피우다. 어지럽히다 ｜ 汪洋 wāngyáng 형 수세가 대단히 큰 모습 ｜ 竖 shù 형 세로의 ｜ 醒目 xǐngmù 동 주의를 끌다. 눈에 띄다 ｜ 威风 wēifēng 형 위풍이 있다. 위엄이 있다 ｜ 头衔 tóuxián 명 관직명. 직함 ｜ 遥远 yáoyuǎn 형 요원하다. 아득히 멀다 ｜ 下界 xiàjiè 동 인간세상으로 내려오다

93-96

　　2000年上映的纪录片《伟大的舞者：猎人故事》真实地记录了南非土著闪族的猎人是如何打猎的，我们从中可以看出人类的祖先究竟凭什么在非洲称王。

　　闪族人的个头很矮，力量有限，要论单打独斗，即使有了长矛也很难胜过非洲的大部分野生动物。闪族人只能依靠自身的一项绝技来对付野生动物们，那就是超常的耐力。羚羊的瞬时速度虽然快，但只能维持几分钟，否则就会被急速升高的体温烧死。一个经过训练的闪族猎人可以在炎热的中午，以每小时20公里的速度连续奔跑4至5个小时！在这部电影中可以看到，[93] 非洲猎人们采用的就是持久战的办法，直到把猎物追得完全没了力气，只能站在原地等死。这时猎人们就可以安全地接近猎物，把长矛插进猎物的心脏。

　　在所有的非洲哺乳动物当中，人的耐力是最好的，这和人类的身体结构密切相关。首先，人是汗腺最发达的哺乳动物。在剧烈运动的情况下，一匹马每平方米皮肤每小时大约可以排汗100克，骆驼为250克，人可以达到惊人的500克！也就是说，一个成年人在剧烈运动时每小时大约可以排出1～1.5升汗水，这些汗水可以带走相当于一个600瓦白炽灯泡所产生的热量。

　　为了进一步提高汗液的散热效率，人类逐渐脱掉了体毛，变成了"裸猿"。为了弥补体毛遮挡阳光的功能，人类又逐渐进化出了黑色的皮肤，用来抵抗紫外线对皮肤造成的伤害。

　　长时间的奔跑需要大量的氧气，这就对动物的呼吸效率提出了很高的要求。大部分四蹄哺乳动物只能依靠四肢在奔跑时的动作，带动胸腔的扩张和收缩，进行被动式呼吸。另外，大部分非洲哺乳动物都只能通过鼻孔呼吸，这就大大限制了它们的呼吸效率。

　　经过多年演变，人类逐渐进化出了主动式呼吸，呼吸的频率和深度完全可以自由控制。另外，人类又进化出一套用嘴呼吸的方式，这就进一步提高了人类的呼吸效率。于是，[95] 体型弱小的人类最终进化成为非洲大陆上最有耐力的哺乳动物。

2000년도에 상영된 다큐멘터리 ≪위대한 춤꾼: 사냥꾼 이야기≫는 남아프리카 원주민 샨족의 사냥꾼들이 어떻게 사냥을 하는지를 사실적으로 촬영하여, 우리는 이를 통해 인류의 조상이 어떻게 아프리카의 왕으로 군림할 수 있었는지를 알 수 있다.

샨족은 키가 매우 작고 힘도 센 편이 아니기 때문에 혼자 사냥을 할 때는 긴 창을 가지고 있다고 하더라도 대부분의 아프리카 야생동물을 이길 수가 없었다. 샨족은 자신들만의 특별한 기술을 통해서만 야생동물을 제압할 수 있는데, 그 기술은 바로 엄청난 인내력이다. 영양의 순간속도는 매우 빠르지만 그 속도를 유지할 수 있는 시간은 단지 몇 분에 불과한데, 이는 그렇지 않으면 급속하게 체온이 상승해서 온 몸이 다 타버릴 수 있기 때문이다. 훈련을 거친 샨족 사냥꾼들은 뜨거운 낮 시간에도 시속 20Km의 속도로 4~5시간을 달릴 수 있다! 이 영화에서는 아프리카 사냥꾼들이 채택하는 것이 바로 지구전 방식이라는 것을 볼 수 있는데, 사냥감이 완전히 힘이 빠져버릴 때까지 계속 쫓아가서 그 곳에서 죽기만을 기다리는 것이다. 이 때 사냥꾼은 안전하게 사냥감에게 가까이 접근해서 창으로 사냥감의 심장을 찌른다.

모든 아프리카의 포유류 동물 중에서 사람의 인내력이 가장 좋은데, 이것은 인류의 신체구조와도 밀접한 관련이 있다. 먼저 인간은 땀샘이 가장 발달한 포유동물이다. 격렬한 운동을 한 상황에서 말의 1평방미터의 피부는 시간당 약 100g의 땀을 흘리고, 낙타는 250g을 흘린다. 그런데 사람은 놀랍게도 500g의 땀을 흘릴 수 있다! 다시 말해, 성인 한 사람이 격렬한 운동을 했을 때 시간당 약 1~1.5리터의 땀을 흘린다는 것으로, 이러한 땀은 600W 백열등이 발생시키는 열량과 상응하는 열량을 가져간다.

땀의 산열효과를 더 높이기 위해 인류의 털이 점차 빠졌고 '벌거벗은 유인원'이 되었다. 햇볕을 가리는 털의 기능을 보완하기 위해 인류는 점차 검은색 피부로 진화했고 적외선이 피부에 미치는 손상을 완화시켰다.

오랫동안 달리기 위해서는 많은 산소가 필요한데, 이것은 동물의 호흡 효율에 높은 요구를 더하였다. 대부분 네 발 달린 포유동물은 네 다리를 이용해 달리고, 흉강의 확장과 수축을 촉진시켜 피동적 호흡을 한다. 이밖에 대부분의 아프리카 포유동물은 모두 코로만 호흡을 하고 이것은 그들의 호흡 효율을 크게 제약한다.

많은 변천을 거쳐 인류는 점차 주동적 호흡을 했고 호흡의 빈도와 깊이를 완전히 자유롭게 통제할 수 있었다. 이밖에 인류는 또한 입으로 호흡하는 방식으로 진화해 인류의 호흡 효율을 더 높였다. 따라서 몸이 약한 인류는 최종적으로 아프리카 대륙에서 가장 인내심 있는 포유동물로 진화한 것이다.

93　非洲猎人采用什么办法捕捉猎物？

아프리카 사냥꾼들은 어떤 방법으로 사냥감을 잡는가?

A　跑步
　　달리기

B　持久战
　　지구전

C　忍耐
　　인내력

D　单打独斗
　　단독 사냥

[➡ 풀이]

두 번째 문단에서 非洲猎人们采用的就是持久战的办法(아프리카 사냥꾼들이 채택하는 것이 바로 지구전의 방식)라 하였으므로 답은 B가 된다.

정답 ▶ B

94 人的耐力是最好的，这和人类哪些身体结构无关?

사람의 인내력이 가장 좋은 것은 인류의 어떤 신체구조와 관련이 없는가?

A 汗腺
땀샘

B 皮肤
피부

C 四肢
사지

D 嘴
입

[▶풀이]

본문은 인류의 강한 인내력에 대한 내용이다. 중간 부분을 잘 읽어보면 인류의 인내력은 인류의 신체구조 汗腺, 皮肤, 嘴와 관련이 있다고 본문에서 언급하였다.

정답 ▶ C

---

95 非洲大陆上最有耐力的哺乳动物是?

아프리카 대륙에서 가장 인내력 있는 포유동물은?

A 羚羊
영양

B 人类
인류

C 马
말

D 骆驼
낙타

[▶풀이]

본문의 마지막 구절에서 体型弱小的人类最终进化成为非洲大陆上最有耐力的哺乳动物(몸이 약한 인류는 최종적으로 아프리카 대륙에서 가장 인내심 있는 포유동물로 진화한 것이다)라 하였으므로 답은 B이다.

정답 ▶ B

---

96 最适合文章的标题是:

본문의 제목으로 가장 적합한 것은?

A 耐力之王
인내력의 왕

B 闪族人的生活
샨족의 생활

C 闪族人怎样猎取食物
샨족이 먹이감을 사냥하는 방법

D 人类的祖先的演变
인류 조상의 변천

[▶풀이]

본문은 인류의 인내력에 대해서 설명한 내용이므로 A가 제목으로 가장 적합하다.

정답 ▶ A

▶단어

纪录片 jìlùpiàn 명 다큐멘터리 영화 | 猎人 lièrén 명 사냥꾼 | 南非 Nánfēi 지명 남아프리카 | 土著 tǔzhù 명 토박이. 본토박이 | 闪族 Shǎn Zú 명 아프리카 샨족 | 打猎 dǎliè 동 사냥하다 | 祖先 zǔxiān 명 선조. 조상 | 非洲 Fēizhōu 명 아프리카 주 | 绝技 juéjì 명 절기 | 对付 duìfu 동 대처하다. 대응하다 | 羚羊 língyáng 명 영양 | 瞬时 shùnshí 명 일순간 | 烧死 shāosǐ 동 타죽다 | 炎热 yánrè 형 찌는 듯이 덥다 | 持久战 chíjiǔzhàn 명 지구전 | 猎物 lièwù 명 포획물 | 插进 chājìn 동 끼우다. 끼워 넣다 | 哺乳动物 bǔrǔ dòngwù 포유동물 | 汗腺 hànxiàn 명 땀샘 | 骆驼 luòtuo 명 낙타 | 白炽灯 báichìdēng 명 백열등 | 汗液 hànyè 명 땀 | 遮挡 zhēdǎng 동 가려서 막다 | 紫外线 zǐwàixiàn 명 자외선 | 鼻孔 bíkǒng 명 콧구멍

97-100

　　美国一项最新研究发现，咖啡因有助提高记忆力，并且使思维敏捷。科研人员认为一天喝几杯咖啡就能有效扭转早老性痴呆症的恶化趋势。

　　众所周知，咖啡有提神功效，而这项最新发现为咖啡的神奇功效增添了新的注脚。这正是咖啡中的咖啡因具有保持记忆力的神奇功效。科学研究已经表明，大脑中贝塔淀粉样蛋白大量积聚是早老性痴呆症发病的直接原因。[98]这种蛋白质会在患者大脑中以斑块形式聚积，损害脑组织，造成记忆丧失等症状。而科学家通过动物实验惊奇地发现咖啡因能够使大脑内这种蛋白质水平显著下降。研究人员让老鼠引用含有咖啡因的水，两个月的试验后，科研人员发现老鼠脑部这种贝塔淀粉样蛋白水平下降了50%。而且测验表明接受实验的老鼠记忆力更好，思考能力更强。

　　科研人员说，这一新发现表明咖啡因不仅可以预防早老性痴呆症，是人们提神的好饮品，还可能有助于治疗这种疾病。咖啡因广泛存在于日常饮品中，包括咖啡、茶和含咖啡因碳酸饮料中。实验中老鼠每天摄入咖啡因的剂量相当于人每天摄入500毫克咖啡因，即5杯普通咖啡。同样剂量的咖啡因还相当于2杯浓咖啡、14杯茶或20瓶可口可乐。

　　阿尔茨海默氏症是最常见的老年痴呆症，能打乱大脑的正常工作，损害大脑中控制思维、记忆和语言的部分，患者意识会越来越混乱，同时，情绪焦虑，记忆力衰退，渐渐无法自理生活。[100]该病症的常见征兆有记忆力衰退，记不起眼前或短期内发生的事；语言表达产生困难；丧失时间观念与方向感，甚至会迷路；判断力与警觉性降低；情绪发生剧变，动辄发怒；个性改变；失去活动力，无法照顾自己。

미국의 최신 연구결과에 따르면 카페인이 기억력을 높이는 데 도움이 되며, 더 민첩하게 사고하도록 돕는다고 한다. 연구원들은 하루에 몇 잔의 커피를 마시는 것이 효과적으로 조로성 치매의 악화를 막아줄 수 있다고 말한다.

커피가 각성효과를 가지고 있다는 것은 모두가 알고 있는 사실이지만, 이번 최신 연구결과는 신비한 커피의 효과에 대해서 새로운 해석을 덧붙였다. 바로 커피에 함유된 카페인이 기억력을 유지시켜주는 신기한 효과를 가지고 있다는 것이다. 이미 과학연구를 통해 조로성 치매가 발병하는 직접적인 원인이 대뇌 중의 아밀로이드 베타단백질이 대량으로 축적되는 현상 때문임을 알아냈다. 이런 단백질은 환자의 대뇌 속에서 얼룩의 형태로 축적되어 뇌 조직을 손상시키고 기억상실 등의 증상을 일으킨다. 그러나 과학자들은 동물실험을 통해 카페인이 이런 대뇌의 아밀로이드 베타단백질의 수치를 현저히 떨어뜨린다는 놀라운 사실을 발견했다. 연구원들은 쥐에게 카페인이 함유된 물을 먹었고, 2개월 후의 실험에서 쥐의 뇌 속의 아밀로이드 베타단백질 수치가 50% 떨어졌음을 알 수 있었다. 또한 측정 결과, 실험을 한 쥐의 기억력과 사고 능력이 더 좋았다.

연구원들은 이 새로운 결과가 카페인이 조로성 치매를 예방하고 각성효과를 가진 기호식품일 뿐만 아니라 이런 질병을 치료하는 것에도 도움이 될 수 있음을 밝혀냈다고 말했다. 카페인은 흔히 마시는 음료 중에 매우 많이 함유되어 있는데 그 중에는 커피, 차, 카페인 함유 탄산음료도 있다. 실험에서 쥐는 매일 사람이 500g의 카페인을 섭취한 것과 같은 양의 카페인을 투여받았고, 이는 다섯 잔의 보통 커피를 마셨을 때의 카페인 함유량과 같았다. 이 카페인 투여량은 또 두 잔의 진한 커피, 14잔의 차나 20병의 코카콜라 카페인 함유량에 해당한다.

알츠하이머병은 가장 흔히 나타나는 노인치매로 대뇌의 정상적인 활동을 방해하고 대뇌의 사고, 기억, 언어적인 부분을 통제하는 영역을 손상시켜 환자의 의식이 점점 더 없어지고 동시에 정서가 불안해지며 기억력이 감퇴해 점점 혼자서는 생활할 수 없게 된다. 이 병의 흔한 징조는 기억력 감퇴로, 방금 전이나 혹은 얼마 전에 일어난 일을 기억해내지 못하고, 언어발달에 어려움이 생기며 시간관념과 방향감각을 잃어버리고 심지어는 길을 잃기도 한다. 또 판단력과 자각심도 떨어지며, 정서변화가 심하고 쉽게 화를 내는 등 성격도 바뀌며, 활동능력도 없어져서 자기 자신을 돌볼 수 없게 된다.

97 　第2段中，“增添了新的注脚”在文中的意思是：

두 번째 단락의 '새로운 해석을 덧붙였다'가 본문 속에서 의미하는 바는?

A　增加了一个文字说明
문자적인 설명을 덧붙였다

B　发现了一个新的功效
새로운 효과를 발견하였다

C　咖啡有了一个新品种
커피의 새로운 품종을 찾아냈다

D　做了一个新的实验
새로운 실험을 했다

[▶ 풀이]

첫 번째 문단에서 카페인이 조로성 치매의 악화를 막아줄 수 있다는 연구결과가 나왔고, 두 번째 문단에서는 이 연구에 대해 새로운 발견을 하였다고 했으므로 增添了新的注脚(새로운 해석을 덧붙였다)는 과학자들이 카페인의 새로운 효능을 알아냈다는 것으로 해석이 가능하다. 그러므로 답은 B이다.

정답 ▶ B

98 　什么物质会让人的记忆丧失？

어떤 물질이 사람의 기억력을 상실하게 하는가?

A　咖啡因
카페인

B　一种蛋白质
단백질의 한 종류

C　尼古丁
니코틴

D　淀粉
아밀로이드

[▶ 풀이]

두 번째 문단 这种蛋白质会在患者大脑中以斑块形式聚积，损害脑组织，造成记忆丧失等症状에서 어떤 단백질이 뇌조직을 손상시켜 기억력을 상실시키는 것이라고 하였다.

정답 ▶ B

99 　关于咖啡因的作用，下列哪一项不正确：

카페인의 작용에 대해 틀린 것은?

A　防止记忆力衰退
기억력 감퇴를 방지한다

B　造成情绪不稳定
정서 불안을 일으킨다

C　预防老年痴呆
노인치매를 예방한다

D　有提神的作用
각성 작용이 있다

[▶ 풀이]

두 번째 문단에서는 造成情绪不稳定(정서불안을 일으킨다)이라는 언급이 전혀 없으므로 답은 B이다.

정답 ▶ B

100 　有关老年痴呆症的表现，下列哪一项不正确：

노인치매와 관련해서 틀린 내용은?

A　失去活动力
활동능력이 없다

B　可能会迷路
길을 잃을 수 있다

C　语言表达困难
언어 발달에 어려움이 있다

[▶ 풀이]

마지막 문단에서 노인치매는 정서가 불안해지고 기억력이 감퇴되며, 얼마 전에 일어난 일을 기억하지 못하고 언어발달에 어려움이 생기며 시간관념과 방향감각을 잃어버린다는 등의 증상이 있다고 하였다. 그러므로 틀린 내용은 D이다.

정답 ▶ D

D　记得眼前发生的事情
조금 전에 일어난 일을 기억한다

단어

咖啡因 kāfēiyīn 몡 카페인 ｜扭转 niǔzhuǎn 동 돌리다. 바꾸다 ｜痴呆症 chīdāizhèng 몡 치매 ｜众所周知 zhòngsuǒ zhōuzhī 성 모든 사람들이 다 알다 ｜提神 tíshén 동 차리다. 가다듬다 ｜注脚 zhùjiǎo 몡 주해. 주석 ｜贝塔 bèitǎ 몡 베타 ｜淀粉 diànfěn 몡 녹말 ｜症状 zhèngzhuàng 몡 증상. 증세 ｜测验 cèyàn 동 조사하다. 검사하다 ｜碳酸饮料 tànsuān yǐnliào 탄산음료 ｜剂量 jìliàng 몡 조제량. 사용량 ｜毫克 háokè 양 밀리그램 ｜阿尔茨海默氏症 Ā'ěrcíhǎimòshì Zhèng 몡 알츠하이머병 ｜征兆 zhēngzhào 몡 조짐. 징조 ｜剧变 jùbiàn 동 격변하다. 급변하다 ｜动辄 dòngzhé 부 걸핏하면. 툭하면

101번 문제, 다음 문장을 읽고 400자 정도로 요약 쓰기 한다.

쓰기

一个年轻人，从小就是人见人爱的孩子。上学时是三好学生、班干部，初二那年参加全国奥数比赛，获得一等奖。

한 젊은이는 어려서부터 사람들에게 매우 예쁨 받는 아이였다. 그는 학교에서 모범학생과 반대표로 뽑혔고, 중학교 2학년 때 전국 올림피아드에 참가해 1등상을 받았다.

17岁不到，他就被保送到某大学深造。命运在他接到大学录取通知书那年的暑假，给他开了一个不大不小的玩笑：一次过马路时，一辆飞驰而来的车辆无情地夺去了他的双腿和左手。

17세가 되기 전 그는 추천으로 대학 진학을 하게 되었다. 그가 대학 입학 통지서를 받은 그 해 여름, 그는 운명의 장난으로 길을 건너다가 빠르게 달려오던 차에 그의 두 다리와 왼손을 잃게 됐다.

面对这飞来横祸，他没有被打倒，最终凭着惊人的毅力自学完全部大学课程，后来又创办了自己的公司，成为一家拥有上千万元固定资产的私企老总，并当选为市里的"十大杰出青年"。那天去采访他，问他如何克服难以想象的惨痛折磨，取得今天的成绩。

뜻밖의 재난 앞에 그는 넘어지지 않고 끝내 놀랄만한 의지로 독학하여 모든 대학과정을 마쳤고, 후에 자신의 회사를 세워 그는 수천 만 위안의 고정자산을 가진 기업 CEO가 되었으며, 시의 '10대 모범청년'에 선정되었다. 그날 그를 인터뷰하러 가서 그가 어떻게 상상하기 힘든 아픔을 겪고 오늘날의 성과를 얻었는지 물었다.

完全出乎我的意料，他最想感谢的既不是给他巨大关爱的父母，也不是一直鼓动和支持他的朋友。面对我的提问，他极快地回答：我要感谢两棵树！

정말 내가 생각치 못한 것은 그가 가장 고마워 하는 대상이 그에게 큰 관심을 보여준 부모도 아니고 계속 격려를 해준 그의 친구들도 아니라는 것이다. 내 질문에 그는 빠르게 답했다. "저는 두 그루의 나무에게 감사해요!"

他成为了拥有千万以上资产的老总，而且还获得了"十大杰出青年"的称号，当他被记者问道："今天你的成功，你最想感谢谁？"时，他的回答竟是："我要感谢两棵树"。为什么他会感谢"两棵树"呢？这里有这样一个故事：

그는 많은 재산을 가진 부자가 되었고, 또한 '10대 모범 청년'이라는 호칭도 얻었다. 기자가 그에게 물었다. "오늘날 당신의 성공에서 가장 고마운 것은 누구입니까?" 그는 놀랍게도 이렇게 대답했다. "두 그루의 나무에게 감사하고 싶습니다." 왜 그는 '두 그루의 나무'에게 감사했을까? 여기에는 사정이 있다.

遇到车祸之后，对从小就出类拔萃、自尊心极强的他来说，好比世界末日的来临。看看自己残缺不全的身体，他痛不欲生，感到一生就这样毁了，人生再没有什么值得追求的目标和意义，曾想要自杀。

차 사고를 겪고 난 후, 어려서부터 특별히 뛰어나고 자존심이 강했던 그에게 있어 세계의 종말이 온 것 같았다. 장애가 생긴 자신의 몸을 보면서 그는 슬픔이 극에 달했고, 그의 일생은 버려진 것이라고 생각하여 그는 인생에 추구해야 할 목표와 의의를 잃어버리고 자살할 생각도 했다.

一个品学兼优的孩子在就要被报送上大学的时候，突然被一场车祸夺去了他的双腿和左手，从此，他便抑郁不振，家人担心他的身心健康，于是把他送到城外的姑妈家静养，在姑妈家的这半年可以说他是整日无所事事，虚度光阴。

품행과 학업이 출중했던 아이가 추천으로 대학에 들어가려고 했을 때 갑자기 교통사고로 두 다리

即使在医院里听到从街上传来的一两声汽车喇叭声，也能引起他的烦躁和不安，情绪极不稳定。为了让他转移注意力，在他出院以后，家人特意把他送到乡下的姑妈家静养。

병원 안에서 길거리에서 들려오는 자동차 경적소리만 들어도 그는 초조하고 불안하여 정서가 극도로 불안정했다. 그의 주의력을 돌리기 위해 병원에서 퇴원한 후 가족들은 특별히 그를 시골에 사는 고모 집에 요양을 보냈다.

在那里，他遇到了决定他生命意义的两棵树。

그곳에서 그는 그의 생명에 결정적 의미를 가진 두 그루의 나무를 만나게 되었다.

姑妈家住在一个远离城市的小村子，宁静、安逸、甚至有些落后。他就在姑妈的小院子里，每天吃饭、睡觉，睡觉、吃饭，一天天地打发着他认为不再宝贵的时光，人也更加灰心丧气和慵懒下来。一晃半年过去。

고모 집은 도시와 멀리 떨어진 한 마을에 있었는데, 조용하고 안락했으며 심지어는 조금 낙후된 지역이었다. 그는 고모 집에서 매일 먹고 자는 것만을 반복하면서 매일 매일을 보냈고, 그는 더 이상 시간을 소중하게 생각하지 않게 되었으며, 더욱 더 상심하고 게을러져만 갔다. 반년이 금방 훌쩍 지나가버렸다.

와 왼손을 잃게 되었고, 이로 인해 그는 우울증에 빠져 식구들은 그의 건강을 우려해 도시 밖에 사는 고모 집으로 요양을 보냈다. 고모 집에서 반년 동안 그는 아무것도 하는 일 없이 시간을 보냈다.

一天下午，姑妈家下田种地，只有他一人在家。百无聊赖的他，自己摇动轮椅走出了那个小小的院落。就这样，似乎是老天的安排，他与那两棵树不期而遇。

어느 날 오후 고모 식구들이 밭으로 일을 하러 가자 그는 홀로 집에 있었다. 아무 할 일도 없는 그는 자신이 직접 휠체어를 움직여 작은 뜰로 갔다. 이렇게 운명적으로 그는 두 그루의 나무를 만나게 되었다.

在离姑妈家五六十米的地方，有两棵显得十分怪异的榆树，像藤条一般扭曲着肢体，但却顽强地向上挺立着。两树之间，连着一根七八米长的粗粗的铁丝，铁丝的两端深深嵌进树干里。

고모 집과 50미터 떨어진 곳에 매우 특이한 느릅나무가 있었는데, 마치 등나무덩굴처럼 몸통이 꼬아져 있지만 하늘을 향해 굳게 우뚝 서있었다. 두 나무 사이에 7~8미터의 두꺼운 철사가 연결되어 있었고 철사의 끝은 나무 몸통에 깊게 박혀 있었다.

不，简直就是直接缠绕在树里！活像一个长布袋被拦腰紧紧系了一根绳子，呈现两头粗、中间细的奇怪形状。

아니, 그야말로 나무 속을 직접 감고 있는 것 같았다! 긴 포대가 밧줄에 묶인 것처럼 위아래가 두껍고 중간에는 얇은 이상한 모습이었다.

有一天，独自在家百无聊赖的他，终于走出了房间，来到了村子的院子里，这时，在他面前的两棵树引起了他的注意，当他看着这两棵怪异的树百思不得其解的时候，旁边的村民告诉了他这两棵树的故事，

어느 날 혼자 집에서 빈둥거리고 있던 그는 드디어 방을 나와 마을의 뜰로 갔다. 이때 그의 눈 앞에 있는 두 그루의 나무가 그의 관심을 불러일으켰다. 그가 두 그루의 기이한 나무를 보며 도무지 이해가 되지 않을 때, 옆에 있던 마을 사람이 그 두 그루의 나무에 관한 이야기를 해주었다.

见他好奇的样子，一旁的邻居主动告诉他，开始是为了晾晒衣服的方便，七八年前，有人在两棵小榆树之间拉了一根铁丝。时间一长，树干越长越粗，被铁丝缠绕 的部分始终冲不出束缚，被勒出了深深一圈伤痕，两棵小树即将死去。

그가 의아하게 여기는 것을 보고 옆에 있던 사람이 그에게 알려주기를, 처음에 어떤 이가 옷을 말리는 데 사용하려고 7~8년 전에 어린 두 그루의 느릅나무 사이에 철사를 감았다는 것이다. 시간이 흘러 나무 몸통이 자라고 두꺼워지면서 계속 철사에 막혀 나무 둘레에 깊은 상처를 남기고 두 그루의 어린 나무는 곧 죽을 것 같았다.

就在大家都以为这两棵榆树再也难以成活的时候，没想到第二年一场冬雨过后，它们又发出了新芽，而且随着树干逐渐变粗，年复一年，竟然将自己身上的铁丝“吃”了进去！

모든 사람들이 이 두 느릅나무가 이미 살 수 없다고 생각했었을 때, 생각지도 못하게 그 이듬해에 한 차례 겨울비가 온 후 새순이 나왔고, 게다가 나무 몸통이 점차 두꺼워지면서 일년 마다 놀랍게도 자신의 몸 속으로 철사를 '집어 삼키는'것이었다!

莫名地，他的心被强烈地震撼了：面对外界施加的暴力和厄运，小树还知抗争，而作为一个人，又有什么理由放弃对生活的努力呢！面对这两棵榆树，他感到羞愧，同时也激起了深藏于内心的那份不甘——只见他用自己仅存的右手，艰难地从坐了半年多的轮椅上撑起整个身体，恭恭敬敬地给那两棵再普通不过，却又再坚强不过的榆树，深深鞠了个躬！

그의 마음은 갑자기 알 수 없는 큰 충격을 받았다. 외부의 폭력과 악운 속에서 어린 나무들도 투쟁하는 법을 알았는데 사람으로서 사는 노력을 포기할 이유가 있겠는가! 이 두 그루의 느릅나무 앞에서 그는 매우 부끄러워졌고 동시에 마음 속 깊은 곳에 숨겨 있던 하지 못했던 행동을 해냈다. 그는 자신의 오른손을 사용해 반년이 넘게 앉아 있었던 휠체어에서 힘들게 몸을 일으키고 공손하게 두 그루의 평범하지만 강하기 그지 없는 나무들에게 절을 올렸다!

很快，他便主动要求回到城里，拾起了久违的课本还有信心，开始了属于自己的新的生活。听他平静地讲完这段故事，我长久无语。

그는 빨리 도시로 돌아가길 원했고 오랫동안 놓았던 책을 잡고서 자신감을 갖고 자신의 새로운 생활을 시작했다. 그가 조용히 이 이야기를 하는 것을 들으며 나는 오랫동안 말을 할 수 없었다.

⊙ 原来这两棵奇异的树是在一根铁丝常年的缠绕下长大的，它们为了获得新生，竟生生地把铁丝吃进了自己的身体里，而今看到的参天大树，

원래 이 두 그루의 기이한 나무는 오랫동안 철사에 감겨 자란 것이고 나무들은 살기 위해 놀랍게도 철사를 자신의 몸으로 감싸고 지금 높이 우뚝 솟은 나무가 된 것이다.

⊙ 殊不知它们已经历了怎样的磨难？听完了这两棵树的故事后，他醒悟了：连树都有这么顽强求生的欲望，为何我要轻言放弃呢？

나무들은 얼마나 많은 어려움을 이미 겪었을까? 이 두 그루 나무의 이야기를 들은 후 그는 깨달았다. 나무조차 이렇게 억세게 살려고 하는데 왜 나는 쉽게 포기했을까?

⊙ 于是，他收拾行囊，回到城里，拾起了久违的课本，开始了新的生活……

따라서 그는 짐을 싸고 도시로 돌아가 오랜만에 책을 펴고 새로운 생활을 시작했다.

단어

干部 gànbù 명 간부. 장교 | 全国奥数比赛 Quánguó Àoshù Bǐsài 전국 올림피아드 | 保送 bàosòng 동 책임지고 추천하여 보내다 | 深造 shēnzào 동 깊이 공부하다 | 飞驰 fēichí 동 질주하다 | 夺 duó 동 빼앗다. 약탈하다 | 横祸 hénghuò 명 뜻밖의 재난. 불의의 화 | 打倒 dǎdǎo 동 때려눕히다. 타도하다 | 毅力 yìlì 명 굳센 의지. 끈기 | 固定资产 gùdìng zīchǎn 고정자산 | 惨痛 cǎntòng 형 비참하고 고통스럽다 | 折磨 zhémó 동 고통스럽게 하다 | 出乎意料 chūhū yìliào 성 예상을 뛰어넘다. 예상 밖이다 | 出类拔萃 chūlèi bácuì 성 같은 무리를 뛰어넘다. 동급에서 벗어나다 | 来临 láilín 동 오다. 이르다. 도래하다 | 残缺不全 cánquē bùquán 성 모자라고 손상되어 완전하지 않다 | 痛不欲生 tòng bú yù shēng 성 살고 싶지 않을 정도로 비통하다 | 喇叭 lǎba 명 나팔 | 静养 jìngyǎng 동 차분하게 휴양하다. 조용히 요양하다 | 宁静 níngjìng 형 편안하다. 평온하다 | 安逸 ānyì 형 편안하고 한가롭다 | 打发 dǎfa 동 보내다 | 灰心丧气 huīxīn sāngqì 성 실망하다. 의기소침하다 | 慵懒 yōnglǎn 형 게으르다 | 一晃 yíhuàng 동 순식간에 지나가다. 눈 깜짝할 사이에 지나가다 | 百无聊赖 bǎiwú liáolài 성 정신을 기댈 곳이 없다. 마음을 의지할 곳이 없다 | 轮椅 lúnyǐ 명 휠체어 | 院落 yuànluò 명 뜰. 정 | 不期而遇 bùqī éryù 성 약속도 하지 않았는데 우연히 만나다 | 榆树 yúshù 명 느릅나무 | 藤条 téngtiáo 명 등나무 덩굴. 등나무 줄기 | 扭曲 niǔqū 동 꼬다. 비틀다 | 肢体 zhītǐ 명 사지 | 顽强 wánqiáng 형 완강하다. 꿋꿋하다 | 挺立 tǐnglì 동 똑바로 서다. 직립하다 | 铁丝 tiěsī 명 철사 | 嵌 qiàn 동 끼워 넣다. 박아 넣다 | 缠绕 chánrào 동 휘감다. 둘둘 감다 | 活像 huóxiàng 동 빼닮다 | 布袋 bùdài 명 포대 | 拦腰 lányāo 부 중간에서. 중도에 | 晾晒 liàngshài 동 햇빛에 말리다 | 束缚 shùfù 동 속박하다. 구속하다 | 勒 lēi 동 졸라매다. 동여매다 | 伤痕 shānghén 명 흉터. 상흔 | 施加 shījiā 동 주다. 가하다 | 厄运 èyùn 명 액운. 징크스 | 抗争 kàngzhēng 동 맞서 싸우다. 대항하다 | 羞愧 xiūkuì 동 부끄러워하다. 수치를 느끼다 | 鞠躬 jūgōng 동 절하다 | 久违 jiǔwéi 동 오랜만입니다

모범답안

						两	棵	树	的	启	示								
		他	成	为	了	拥	有	千	万	以	上	资	产	的	老	总	，	而	且
还	获	得	了	"	十	大	杰	出	青	年	"	的	称	号	，	当	他	被	记
者	问	道	：	"	今	天	你	的	成	功	，	你	最	想	感	谢	谁	？	"	时	，
他	的	回	答	竟	是	：	"	我	要	感	谢	两	棵	树	"	。	为	什	么	他	会
感	谢	"	两	棵	树	"	呢	？	这	里	有	这	样	一	个	故	事	：	一
个	品	学	兼	优	的	孩	子	在	就	要	被	报	送	上	大	学	的	时	候	，
突	然	被	一	场	车	祸	夺	去	了	他	的	双	腿	和	左	手	，	从	此

他便抑郁不振，家人担心他的身心健康，于是把他送到城外的姑妈家静养，在姑妈家的这半年可以说他是整日无所事事，虚度光阴。

有一天，独自在家百无聊赖的他，终于走出了房间，来到了村子的院子里，这时，在他面前的两棵树引起了他的注意，当他看着这两棵怪异的树百思不得其解的时候，旁边的村民告诉了他这两棵树的故事，原来这两棵奇异的树是在一根铁丝常年的缠绕下长大的，它们为了获得新生，竟生生地把铁丝吃进了自己的身体里，而今看到的参天大树，殊不知它们已经历了怎样的磨难？听完了这两棵树的故事后，他醒悟了：连树都有这么顽强求生的欲望，为何我要轻言放弃呢？

于是，他收拾行囊，回到城里，拾起了久违的课本，开始了新的生活……

나무 두 그루의 교훈

그는 많은 재산을 가진 부자가 되었고, 또한 '10대 모범 청년'이라는 호칭도 얻었다. 기자가 그에게 물었다. "오늘날 당신의 성공에서 가장 고마운 것은 누구입니까?" 그는 놀랍게도 이렇게 대답했다. "두 그루의 나무에게 감사하고 싶습니다." 왜 그는 '두 그루의 나무'에게 감사했을까? 여기에는 사정이 있다. 품행과 학업이 출중했던 아이가 추천으로 대학에 들어가려고 했을 때 갑자기 교통사고로 두 다리와 왼손을 잃게 되었고, 이로 인해 그는 우울증에 빠져 식구들은 그의 건강을 우려해 도시 밖에 사는 고모 집으로 요양을 보냈다. 고모 집에서 반년동안 그는 아무것도 하는 일 없이 시간을 보냈다.

어느 날 혼자 집에서 빈둥거리고 있던 그는 드디어 방을 나와 마을의 뜰로 갔다. 이때 그의 눈 앞에 있는 두 그루의 나무가 그의 관심을 불러일으켰다. 그가 두 그루의 기이한 나무를 보며 도무지 이해가 되지 않을 때, 옆에 있던 마을 사람이 그 두 그루의 나무에 관한 이야기를 말해 주었다. 원래 이 두 그루의 기이한 나무는 오랫동안 철사에 감겨 자란 것이고 나무들은 살기 위해 놀랍게도 철사를 자신의 몸으로 감싸고 지금 높이 우뚝 솟은 나무가 된 것이다. 나무들은 얼마나 많은 어려움을 이미 겪었을까? 이 두 그루 나무의 이야기를 들은 후 그는 깨달았다. 나무조차 이렇게 억세게 살려고 하는데 왜 나는 쉽게 포기했을까?

따라서 그는 짐을 싸고 도시로 돌아가 오랜만에 책을 펴고 새로운 생활을 시작했다.

5회
모의고사

해설 | 듣기 | 독해 | 쓰기

第一部分　1~15번 문제, 단문을 듣고 들은 내용과 일치하는 답을 고르시오.

01

有一位女老师，在黑板上画了一个苹果。老师问学生："小朋友们，谁知道黑板上画的是什么？"小朋友们都抢着回答："是一个屁股！"老师气得满脸是泪，找校长来评理。校长训斥学生："你们真是不懂事，老师这么好，你们还把她气哭。"校长看了看黑板，又说："是谁？还在黑板上画了个屁股？"

한 여 선생님이 칠판에 사과를 하나 그렸다. 선생님은 학생들에게 물었다. "학생 여러분, 칠판에 무엇을 그렸는지 아는 사람 누구죠?" 아이들은 서로 대답하려고 했다. "엉덩이요!" 선생님은 화가 나서 눈물을 흘렸고 교장선생님을 찾아가 해결해주길 바랐다. 교장선생님은 학생들을 나무라며 말했다. "너희들은 정말 철이 없구나. 선생님께서 이렇게 좋으신데 선생님을 화나게 해서 울게 하다니." 교장은 칠판을 보고 말했다. "누구니? 칠판에 엉덩이를 그린 사람이?"

A　老师喜欢吃苹果
　　선생님은 사과 먹는 것을 좋아한다

B　校长批评了老师
　　교장은 선생님을 혼냈다

C　校长也很生气
　　교장도 매우 화를 냈다

D　学生们很听话
　　학생들은 말을 매우 잘 듣는다

[▶ 풀이]

新HSK 듣기에 잘 출제되는 유머 문제이다. 여 선생님이 그린 사과 그림을 학생들이 엉덩이로 오해해서 화가 났고, 교장선생님도 엉덩이를 그린 것이라고 오해를 했으므로 교장선생님도 화가 났다가 정답이다. 그리고 문장에서 校长训斥学生이라는 부분을 통해서 정답을 찾아낼 수 있다.

정답 ▶ C

▶ 단어

批评 pīpíng 〔동〕 비평하다. 나무라다 ｜ 抢 qiǎng 〔동〕 빼앗다. 약탈하다 ｜ 屁股 pìgu 〔명〕 엉덩이 ｜ 评理 pínglǐ 〔동〕 분간하다. 판단하다 ｜ 训斥 xùnchì 〔동〕 꾸짖다. 나무라다

02

"男人的钱包、女人的年龄"，被人们视为现代职场中的两大秘密，不过在网络上，很多人正热衷于把自己的详细收入甚至日常开支都展示出来，网民们给它起了个生动的名字——叫"晒工资"。

'남자의 지갑, 여자의 나이'는 현대 직장에서 가장 큰 비밀로 여겨지지만, 인터넷 상에서 많은 사람들이 자신의 상세한 소득, 심지어 일상지출을 보여주는 데 열중하고 네티즌들은 이런 행위에 대해 생동감 있는 이름을 지어주었는데, 바로 '임금을 햇볕에 말리다'이다.

A　男人的钱包是不能公开的秘密
　　남자들의 지갑은 공개할 수 없는 비밀이다

B　有的女人公开自己的年龄
　　일부 여자들은 자신의 나이를 공개한다

C　很多人在网上公布自己的收入
　　많은 사람들은 인터넷 상에서 자신의 소득을 밝힌다

D　很多人在网上公布自己的年龄
　　많은 사람들은 인터넷 상에서 자신의 나이를 밝힌다

[풀이]

문장의 표시된 부분을 통해 많은 사람들이 자신의 수입을 인터넷 상에 공개한다는 것을 알 수 있다.

정답 ▶ C

단어

职场 zhíchǎng 몡 직장. 일터 ｜ 热衷 rèzhōng 동 절실히 기대하다. 간절히 바라다 ｜ 详细 xiángxì 혱 상세하다. 자세하다 ｜ 开支 kāizhī 동 지출하다. 지불하다 ｜ 公开 gōngkāi 혱 공개적이다

03

人，不能只是吃着玩儿着活在这个世界上。有一种向往，它让人活着有价值，当我们来到这个世界，灵魂上就刻下了人人生来平等的理念，每个人都有权利选择梦想，没有谁可以阻止。

사람은 오직 먹고 놀면서 살아서는 안 된다. 일종의 열망이 사람들이 살아가는 가치를 갖게 하고 우리가 이 세상에 왔을 때 모든 사람은 평등하다. 모든 사람들은 꿈을 꿀 권리가 있고 어느 누구도 그것을 막아선 안 된다.

A　每个人都需要吃喝玩乐
　　모든 사람들은 먹고 마시며 놀 필요가 있다

B　人应该活得有价值
　　사람은 가치 있는 삶을 살아야 한다

C　每个人都是不同的
　　모든 사람들은 다르다

D　梦想是不能实现的
　　꿈은 실현할 수 없는 것이다

[풀이]

문장의 앞부분에서 사람은 먹고 놀면서 살 수 없다고 했고, 일종의 열망이 사람의 삶에 가치를 부여한다고 했으므로 정답은 사람은 가치 있는 사람을 살아야 한다는 게 정답이라고 할 수 있다.

정답 ▶ B

단어

向往 xiàngwǎng 동 동경하다. 지향하다 ｜ 阻止 zǔzhǐ 동 저지하다. 가로막다

04

🎵 **理想和梦想是不同的。**它们的关系像一朵绽放在清晨的玫瑰花，理想便是它肥沃润泽的花瓣，而梦想是酝酿了很久的芬芳。一个有着伸手即触却短暂的美，一个有着缥缈虚幻却永恒的香。**少了任何一个，玫瑰便没有了它的价值。**

이상과 꿈은 다르다. 이상과 꿈의 관계는 마치 아침에 핀 장미와 같아서, 이상은 장미를 윤기 있게 만드는 꽃잎이고 꿈은 성숙된 꽃 향기다. 하나는 손을 뻗자마자 만질 수 있는 순간의 아름다움을 가지고 있고, 다른 하나는 어렴풋하고 비현실적이지만 영원한 향기를 갖는다. 하나가 부족하면 장미는 가치를 잃게 된다.

A 理想和梦想是相同的
  이상과 꿈은 같다

B 理想就是玫瑰的花香
  이상은 장미의 향기다

C 理想和梦想是分不开的
  이상과 꿈은 떼어놓을 수 없다

D 玫瑰是代表爱情的花朵
  장미는 사랑을 상징하는 꽃이다

[▶ 풀이]

본문은 이상과 꿈의 관계를 꽃에 비유해서 설명하고 있다. 문장의 표현과 단어가 많이 어렵지만, 어려운 부분을 덜어놓고 첫 부분과 마지막 부분을 잘 들어, 꿈과 이상은 다르고 그것 중 어떤 하나가 부족해도 그것의 가치를 잃는다고 한 내용을 알아내야 한다. 정답은 꿈과 이상은 떼려야 뗄 수 없는 것임을 알 수 있다.

정답 C

▶ 단어

花香 huāxiāng 명 꽃의 향기 | 绽放 zhànfàng 동 피다. 터지다 | 肥沃 féiwò 형 기름지다. 비옥하다 | 润泽 rùnzé 형 촉촉하다. 윤기 있다 | 花瓣 huābàn 명 꽃잎 | 酝酿 yùnniàng 동 술을 담그다. 양조하다 | 芬芳 fēnfāng 형 향기롭다 | 伸手 shēnshǒu 동 손을 뻗다. 손을 내밀다 | 缥缈 piāomiǎo 형 어렴풋하다. 희미하다 | 虚幻 xūhuàn 형 비현실적이다 | 永恒 yǒnghéng 형 영원히 변하지 않다

05

🎵 一个爱说废话而不爱用功的青年，整天缠着大科学家爱因斯坦，要他公开成功的秘诀。爱因斯坦便写了一个公式给他：$A = x + y + z$ 爱因斯坦解释道："A代表成功，x代表艰苦的劳动，y代表正确的方法……" **"Z代表什么？"青年迫不及待地问，"代表少说空话。"**

허튼 소리를 잘하고 배우길 싫어하는 한 청년이 종일 대과학자 아인슈타인을 쫓아다니며 그에게 성공의 비결을 알려달라고 했다. 아인슈타인은 하나의 공식을 그에게 적어줬다. $A = x + y + z$ 아인슈타인이 말했다. "A는 성공을 뜻하고 x는 힘든 노동을 뜻하며 y는 정확한 방법을 뜻하네.""z는 무엇입니까?" 청년은 기다리지 않고 물었다. "실속 없는 말을 적게 하는 것을 뜻하지."

A 青年人对学习很感兴趣
  청년은 공부에 큰 흥미를 갖고 있다

B 爱因斯坦对青年有耐心
  아인슈타인은 청년에게 매우 인내심을 가지고 있다

C 说空话是不会成功的
  실속 없는 말을 하면 성공하지 못할 것이다

D 这个公式是青年人说的
  이 공식은 청년이 말한 것이다

아인슈타인이 말한 성공의 법칙에 관한 문제이다. 비교적 쉽게 듣고 이해할 수 있는 문장인데, 마지막에 z가 나타내는 것은 빈말을 하지 않는 것이라고 했으므로 정답은 빈말을 하는 사람은 성공할 수 없다는 것이다.

정답 ▶ C

더하기 (+)	加 jiā	등호 (=)	等于 děng yú
빼기 (−)	减 jiǎn	~보다 크다 (〈)	大于… dà yú…
곱하기 (×)	乘 chéng	~보다 작다 (〉)	小于… xiǎo yú…
나누기 (÷)	除 chú		

단어

耐心 nàixīn 휑 참을성 있다. 인내심 있다 | 说空话 shuō kōnghuà 빈말하다. 실속 없는 말을 하다 | 公式 gōngshì 명 공식 | 说废话 shuō fèihuà 헛소리하다 | 用功 yònggōng 동 열심히 공부하다. 힘써 배우다 | 迫不及待 pòbù jídài 성 절박하여 잠시도 지체할 수 없다

06

🎵 在饮酒时，鼻子能闻到酒的香味儿，眼睛能看到酒的颜色，舌头能品尝到酒的滋味，只有耳朵被排除在外。有人想出了碰杯的办法，杯子发出清脆的响声，耳朵就和其他器官一样也能享受到喝酒的乐趣了。

술을 마실 때 코는 술의 향기를 맡을 수 있고 눈은 술의 색깔을 볼 수 있으며 혀는 술의 맛을 느낄 수 있는데, 오직 귀만 할 일이 없다. 어떤 이가 건배를 하는 방법을 생각해냈는데, 컵이 맑게 부딪치는 소리를 내면 귀는 곧 다른 신체 기관들처럼 술을 마시는 기쁨을 누릴 수 있을 것이다.

A 适当的饮酒有利于身体
  적당한 음주는 몸에 좋다

B 碰杯是为了照顾到耳朵
  건배는 귀를 위한 것이다

C 碰杯的响声很好听
  건배하는 소리는 매우 듣기 좋다

D 碰杯增加朋友间的感情
  건배는 친구들 간에 우정을 돈독히 해준다

본문은 음주에 관한 단상을 쓴 것이다. 귀를 위해 사람들이 생각해낸 방법이 바로 잔을 부딪히는 건배라고 알려주고 있다. 잔을 부딪쳐서 소리가 나면 귀도 다른 기관과 마찬가지로 술을 마시는 기쁨을 누릴 수 있다고 했으므로 정답은 B번이 된다.

정답 ▶ B

 **tip**

음식의 3대 조건을 나타내는 표현으로 **色香味俱全** sè xiāng wèi jùquán, 즉 '색과 향기 그리고 맛이 모두 갖추어져 있다'는 뜻이므로 꼭 기억해두자!

단어

饮酒 yǐnjiǔ 통 음주하다 | 碰杯 pèngbēi 통 잔을 서로 부딪치다 | 响声 xiǎngsheng 명 소리 | 舌头 shétou 명 혀

07

両只老虎，商量着到哪儿去寻找食物。年幼的说："我们去附近的村子里吃人吧，那里人少。"年长的摇头反对："不行，村子里虽然人少，但那里的人十分团结，太冒险了。要吃人，我们最好上城里去。"年幼的老虎不解地问："城里人多，恐怕更危险吧？"年长的说："城里虽然人多，可是邻居间互相不认识，各人自扫门前雪。我们吃一个，别人也不会管的。"

두 마리의 호랑이가 어디로 가서 먹이를 찾을지 의논했다. 나이가 어린 호랑이가 말했다. "우리 부근의 마을로 가 사람을 잡아 먹읍시다. 거기엔 사람이 적어요." 나이 많은 호랑이가 고개를 저으며 반대했다. "안돼, 마을 안에 사람은 비록 적지만 그곳 사람들은 매우 단결력이 높아서, 아주 위험해. 사람을 잡아 먹으려면 도시로 가는 게 좋지." 어린 호랑이는 의아해 하며 물었다. "도시에는 사람이 많은데 더 위험하지 않을까요?" 나이 많은 호랑이는 말했다. "도시에는 사람은 비록 많지만 이웃간에 서로 알지 못하고 각자 자기 집 앞의 눈만 치우지. 우리가 한 사람을 잡아먹는다고 해서 다른 사람이 신경 쓰지 않을 거야."

A 城里的人们非常团结
　　도시 안의 사람들은 매우 단결력이 높다

B 老虎喜欢吃城里的人
　　호랑이는 도시 사람들을 잡아 먹는 것을 좋아한다

C 城里的人们比较自私
　　도시의 사람들은 비교적 이기적이다

D 村里人不喜欢城里人
　　시골 사람들은 도시 사람들을 싫어한다

【풀이】

이 글은 호랑이의 대화를 통해 주변사람에게 무관심한 현대인의 생활을 풍자하는 문장이다. 특히 나이 많은 호랑이의 마지막 말에서 이웃간에 서로 잘 모르고, 各人自扫门前雪(각자 자기 집 앞의 눈만 치운다)란 표현을 통해 도시 사람들이 이기적이라는 것을 알 수 있다.

정답 C

 **tip**

各人自扫门前雪，莫管他人瓦上霜。
Gèrén zì sǎo ménqián xuě, mò guǎn tārén wǎ shàng shuāng.
자기 집 문 앞의 눈만 쓸고, 남의 집 기와에 내린 서리는 상관하지 마라, 즉 다른 사람의 일에 상관하지 말고 자기 일이나 열심히 하라는 뜻

 **단어**

团结 tuánjié 통 단결하다. 결속하다 | 自私 zìsī 형 이기적이다 | 冒险 màoxiǎn 통 모험하다. 위험을 무릅쓰다

08

如果买了房子以后想去别的城市发展会受到很大限制。相对来讲，租房子的好处就是想搬家就搬家，来去自由，房租也不会高得难以承受，但是房租都交给了房东，感觉像是在为房东打工。

만약 주택을 구매한 후 다른 도시로 가려 한다면 큰 제약이 있을 수 있다. 상대적으로 집을 임대하는 것의 장점은 옮기고 싶을 때 마음대로 옮길 수 있고 이동도 자유로우며 집세도 받아들이지 못할 만큼 비싼 것은 아니지만 집세는 주인에게 내야 하는 것으로 집주인을 위해 일하는 것처럼 느껴질 때가 있다.

A 租房有租房的好处
집을 임대하는 것은 나름의 장점이 있다

B 房租费用难以承受
집세는 받아들이기 힘들 정도다

C 不得不为房东打工
부득이 집주인을 위해 일한다

D 买房子有很大困难
집을 구매하는 것은 매우 어렵다

[▶ 풀이]

본문의 相对来讲，租房子的好处就是想搬家就搬家，来去自由，房租也不会高得难以承受 에서 임대주택은 이동이 자유롭고 집세도 적당하다고 언급하고 있어서 임대주택도 장점이 있다는 A 를 골라야 한다.

정답 A

단어

租房 zūfáng 명 빌려서 사는 집. 셋집 | 房东 fángdōng 명 집주인 | 房租 fángzū 명 집세. 방세

09

目前，在中国内地流通的一元钱的硬币有两种样子，一种硬币 "1" 的下面有花儿的图案，另一种硬币没有，"1" 字比较大。你再看背面也不一样，一种背面是中国国徽的图案，另一种是花儿的图案。

현재 중국 내에서 유통하고 있는 1위안 동전은 두 가지 종류가 있는데, 하나는 '1' 아래에 꽃 도안이 있는 것이고, 다른 하나는 이 도안이 없고 '1'자가 비교적 큰 것이다. 다시 뒷면을 보면 하나는 중국 국장 도안이 있고 다른 하나는 꽃 도안이 있다.

A 一元硬币有两种版本
1위안 동전은 두 종류가 있다

B 一元硬币的图案是统一的
1위안 동전의 도안은 통일되었다

C 一元硬币是面值最小的货币
1위안 동전은 액면가가 가장 낮은 화폐다

D 硬币是人们经常使用的货币
동전은 사람들이 자주 사용하는 화폐다

[❯ 풀이]

본문에서 1위안 짜리가 두 종류라고 언급하기도 하였고, 혹시 못 들었다면, 내용 중 한 종류는 1자의 밑에 꽃의 도안이 있고 또 한 종류는 없다고 말했으므로 1위안 짜리 동전은 두 개의 형태가 존재한다는 것을 쉽게 알 수 있다.

정답 ▶ A

❯ 단어

硬币 yìngbì 명 경화. 금속화폐 | 版本 bǎnběn 명 판본. 버전 | 面值 miànzhí 명 액면가 | 货币 huòbì 명 화폐. 돈 | 国徽 guóhuī 명 국장

10

有一个年轻人总想学一身了不起的本领，他听说住地有一位会杀龙的人，于是就用自己所有的财产作学费，去跟那个人学习杀龙。三年后，他学完了一整套杀龙的技术。学成回来，才发现怎么也找不到龙，辛辛苦苦学来的本领，却一辈子也没派上用场。

한 젊은이는 대단한 능력을 항상 배우고 싶어하여, 용을 죽일 수 있는 사람이 있다는 것을 듣고 자신의 모든 재산을 학비로 가져가 그 사람에게 용을 죽이는 법을 배우러 갔다. 3년 후, 그는 용을 죽이는 기술을 완전히 배웠다. 배우고 돌아온 후, 용을 어떻게 해도 찾을 수 없다는 것을 알았고, 힘들게 배워 온 능력은 평생 쓰일 데가 없었다.

A 年轻人没有找到工作
젊은이는 직업을 찾지 못했다

B 年轻人学了没用的本领
젊은이는 쓸데없는 능력을 배웠다

C 年轻人丢了所有的钱
젊은이는 모든 돈을 잃었다

D 年轻人找龙找了3年
젊은이는 용을 찾는 데 3년이 걸렸다

[❯ 풀이]

본문을 요약해보면 한 사람이 용을 죽이는 기술을 평생 어렵게 배웠지만, 현실에서는 용이 존재하지 않으므로 쓸모 없는 기술을 배웠다는 내용이다. 이 글의 교훈은 学以致用(실제로 쓰기 위해 배우다)이라고 할 수 있다. 이 문장의 마지막 부분에 정답이 있다.

정답 ▶ B

❯ tip

派上用场 pàishàng yòngchǎng '제대로 써먹다'의 뜻으로 필요한 장소나 상황에 잘 활용하다. 유용하게 쓴다는 의미를 나타낸다.

本领 běnlǐng (명) 기능. 능력 | 整套 zhěngtào (형) 완전히 갖추어진. 완전히 체계를 이룬 | 派用场 pài yòngchǎng 도움이 되다. 유용하게 쓰다

11

凭借近几年来主持综艺节目的经验，她已颇具随机应变的"主持"功力，再加之她快人快语的性格和时常出人意料的即兴发挥，使得当晚的新春联谊晚会圆满成功，她顺利完成主持任务后，也大大松了一口气。

최근 몇 년간 종합예술 프로그램을 진행한 경험으로 그녀는 임기응변할 수 있는 '진행' 능력을 가지고 있었고, 게다가 그녀의 시원시원한 성격과 시시때때로 예상치 못하게 즉흥적으로 끼를 발휘하며, 그날 저녁 설날 특집프로그램을 훌륭하게 마칠 수 있었고 그녀는 순조롭게 진행을 마친 후 한숨을 돌렸다.

A　她是没有经验的主持人
그녀는 경험이 없는 진행자이다

B　每年她都是春晚主持人
매년 그녀가 설날 특집프로그램 진행자이다

C　她以前是新闻播音员
그녀는 이전에 뉴스 아나운서였다

D　她是一个出色的主持人
그녀는 훌륭한 진행자이다

유능한 진행자에 관한 소개 문장이다.
문장 전반에 걸쳐 她已颇具随机应变的"主持"功力, 她顺利完成主持任务后 등 그녀의 진행능력에 대해 긍정적인 언급이 계속 이어지므로 정답을 쉽게 선택할 수 있는 문장이다.
교재에서 제공하는 단어를 잘 숙지하고 다시 들어본다면 문제를 손쉽게 풀 수 있다.

정답 D

主持人 zhǔchírén (명) 사회자 | 播音员 bōyīnyuán (명) 아나운서 | 出色 chūsè (형) 출중하다. 뛰어나다 | 凭借 píngjiè (동) ~에 기대다. ~를 통하다 | 综艺 zōngyì (명) 종합 문예 | 随机应变 suíjī yìngbiàn (성) 신속히 대처하다. 임기응변하다 | 功力 gōnglì (명) 효능. 효율 | 出人意料 chūrén yìliào 예상을 뛰어넘다. 예상 밖이다 | 圆满 yuánmǎn (형) 원만하다. 순조롭다

12

在职业女性中，染指甲已经司空见惯了，但指甲油的颜色不应该选得太亮丽，这样会使别人的注意力只集中在你的指甲上，选一些和你口红相配的颜色，有些人喜欢透明色的指甲油，它是大众都能接受的颜色。

커리어우먼 사이에서 매니큐어를 바르는 것은 이미 흔히 볼 수 있는 일이지만, 매니큐어 색깔은 너무 밝은 것을 선택해서는 안 되는데, 그러면 다른 사람의 주의력이 당신의 손톱만으로 집중하게 되므로, 당신의 립스틱 색깔과 맞는 것을 선택해야 한다. 일부 사람들은 투명한 색깔의 매니큐어를 좋아하는데 이것은 누구나 다 받아들일 수 있는 색깔이기 때문이다.

A　艳丽的指甲油使人分散注意力
　　화려한 매니큐어는 사람들의 집중력을 분산시킨다

B　人们都能接受涂抹口红的女性
　　사람들은 립스틱을 바르는 여자들을 받아들일 수 있다

C　透明的指甲会使人分散注意力
　　투명한 매니큐어는 사람들의 주의력을 분산시킨다

D　要选择与服饰相配的指甲油
　　옷차림과 맞는 매니큐어를 선택해야 한다

[풀이]

듣기를 할 때는 항상 역접 혹은 전환의 의미를 나타내는 접속사를 잘 들어야 한다. 但의 뒷부분에서 매니큐어 색깔은 너무 밝은 것을 선택해서는 안 되는데, 그러면 다른 사람의 주의력이 당신의 손톱만으로 집중하게 된다고 하였으므로 정답은 A이다.

정답 ▶ A

단어

艳丽 yànlì 형 곱고 아름답다 | 指甲 zhǐjia 명 손톱 | 指甲油 zhǐjiayóu 명 매니큐어 | 分散 fēnsàn 형 흩어져 있다. 분산되어 있다 | 涂抹 túmǒ 동 바르다. 칠하다 | 口红 kǒuhóng 명 립스틱 | 服饰 fúshì 명 옷과 장신구. 복식 | 相配 xiāngpèi 형 서로 걸맞다. 알맞다 | 司空见惯 sīkōng jiànguàn 성 자주 보아서 익숙하다

13

长城是中华文明的瑰宝，也是世界文化遗产，可与埃及金字塔齐名，是人间的奇迹。在遥远的二千多年以前，劳动人民以血肉之躯修筑了万里长城，谈何容易。长城是中华民族聪明才智的结晶，是中华民族的象征。

만리장성은 중화문명의 꽃이자 세계문화유산으로, 이집트의 피라미드와 명성을 견줄 만하고 인류의 기적이라 할만하다. 아득히 먼 2,000여 년 전 노동자들이 그들의 몸만을 가지고 만리장성을 건설하는 것이 얼마나 힘들었겠는가. 만리장성은 중화민족의 지혜의 결정체이자 중화민족의 상징이다.

A　长城和金字塔都很重要
　　만리장성과 피라미드는 매우 중요하다

B　长城是世界上最长的建筑
　　만리장성은 세계에서 가장 긴 건축물이다

[풀이]

듣기에서 가장 중요한 것은 바로 집중력이다. 특히 첫 시작부분을 주의 깊게 잘 들어야 한다.
만리장성은 중화문명의 꽃일 뿐만

C　金字塔比长城的历史悠久
　　피라미드는 만리장성보다 역사가 깊다

D　长城是世界的文化遗产
　　만리장성은 세계문화유산이다

아니라 세계문화유산이기도 하다(长城是中华文明的瑰宝，也是世界文化遗产)고 했으므로 정답 D를 손쉽게 선택할 수 있다.

정답 ▶ D

> **단어**

金字塔 Jīnzìtǎ 명 피라미드 ┃ 建筑 jiànzhù 동 짓다. 세우다 ┃ 悠久 yōujiǔ 형 유구하다. 장구하다 ┃ 文化遗产 wénhuà yíchǎn 문화재. 문화유산 ┃ 遥远 yáoyuǎn 형 요원하다. 아득히 멀다 ┃ 修筑 xiūzhù 동 짓다. 세우다 ┃ 才智 cáizhì 명 재능과 지혜

14

对于我们普通百姓来说，互联网有很多好处，能给我们的生活带来许多便捷。我们可以在网上定机票、宾馆、车票等等。我去旅游时，无论是订宾馆还是订机票，全部都是在网络上解决的，即省钱又节省时间，何乐而不为呢？

우리 같은 보통 서민들에게 있어 인터넷은 많은 이점이 있는데 우리의 생활에 많은 편리함을 가져다 준다. 우리는 인터넷에서 비행기, 호텔, 기차표 등등을 예약할 수 있다. 내가 여행을 갈 때, 호텔을 예약하든 비행기표를 예매하든 전부 인터넷에서 해결하여 돈과 시간 역시 절약할 수 있는데, 왜 사용하지 않겠는가?

A　网络让我们的生活更便捷
　　인터넷은 우리의 생활을 더욱 편리하게 해준다

B　什么问题都能在网上解决
　　무슨 문제든 인터넷에서 해결할 수 있다

C　网络解决人们的任何问题
　　인터넷은 사람들의 어떤 문제도 해결한다

D　随时随地就可以免费上网
　　언제 어디든 무료로 인터넷을 할 수 있다

> **[● 풀이]**

본문의 첫 부분 互联网有很多好处，能给我们的生活带来许多便捷에서 인터넷은 장점이 많고 우리의 생활에 많은 편리함을 가져다 주었다고 언급하고 있다.

정답 ▶ A

> **단어**

网络 wǎngluò 명 컴퓨터 네트워크 ┃ 便捷 biànjié 형 편리하다. 간편하다 ┃ 随时随地 suíshí suídì 언제 어디서나 ┃ 免费 miǎnfèi 동 무상으로 하다. 무료로 하다

15

孔子是我国古代著名的大教育家，学识渊博，但从不自满。有一天，他在去晋国的路上，遇见一个七岁的孩子拦路，要他回答两个问题才让路。其一是：鹅的叫声为什么大？孔子答道："鹅的脖子长，所以叫声大。"孩子说："青蛙的脖子很短，为什么叫声也很大呢？"孔子无言以对。他惭愧地对学生说："我不如他，他可以做我的老师啊！"。

공자는 중국 고대의 저명한 대교육가로, 박학다식하지만 자만한 적이 없었다. 어느 날 그가 진나라로 가던 중 한 일곱 살 난 아이가 길을 막고 있는 것을 보았는데, 그 아이는 두 가지 문제에 대답을 해줘야만 길을 비켜주겠다고 말했다. 첫 번째는 "거위의 울음소리가 왜 큽니까?"라는 질문이었고 공자가 대답했다. "거위의 목이 길어서 울음소리가 큰 것이지." 아이가 말했다. "개구리의 목은 매우 짧은데도 왜 울음소리가 매우 큰 겁니까?" 공자는 할말이 없었다. 그는 학생에게 부끄러워하며 말했다. "내가 저 아이보다 못하구나. 저 아이는 내 선생님이 될 만하구나!"

A 孔子嫉妒这个孩子
　공자는 이 아이를 질투했다

B 孩子喜欢和孔子交谈
　아이는 공자와 이야기하길 좋아한다

C 孩子没有给孔子让路
　아이는 공자에게 길을 양보하지 않았다

D 孩子是孔子的学生
　아이는 공자의 학생이다

[풀이]

이 문제의 해법은 풍부한 어휘력을 갖추어야 한다는 것이다. 선택지에 让路(길을 양보하다)라는 단어가 나와있다. 즉, 아이는 공자에게 길을 양보하지 않았다라는 뜻인데, 본문에서는 拦路(길을 막다)라는 유사표현이 나온다. 이점을 잘 숙지한다면 쉽게 정답을 찾을 수 있다.

정답 ▶ C

단어

嫉妒 jídù 동 질투하다. 샘내다 | 交谈 jiāotán 동 서로 말을 주고받다. 이야기하다 | 渊博 yuānbó 형 깊고 넓다. 해박하다 | 自满 zìmǎn 형 스스로 만족하다. 자만하다 | 拦路 lánlù 동 가는 길을 막다. 진로를 차단하다 | 让路 rànglù 동 길을 양보하다 | 脖子 bózi 명 목 | 无言以对 wúyán yǐduì 성 대답할 말이 없다. 반박하지 못하다 | 惭愧 cánkuì 형 부끄럽다. 수치스럽다

第二部分　16~30번 문제, 인터뷰 내용을 듣고 들은 내용과 일치하는 답을 고르시오.

16-20

女: 今天来到我们现场的嘉宾是著名漫画家蔡志忠先生，蔡志忠先生是一个很特别的人物。全球每天至少有15部机器在同时印刷他的作品，听说蔡先生很小就迷上了漫画，能说一说入迷的经过吗？

오늘 이 자리에 참석해주신 귀빈은 바로 유명 만화가이신 차이즈쭝 선생님이십니다. 차이즈쭝 선생님은 매우 특별하신 분으로, 전세계에 매일 적어도 15대의 기계가 동시에 그의 작품을 인쇄해내고 있는데요, 제가 듣기로는 차이즈쭝 선생님께서는 아주 어릴 때부터 만화를 좋아하셨다고 하는데 만화를 좋아하게 된 과정을 좀 이야기해주시겠습니까?

男: 我小时候因为家里房子多，大约从2、3岁起就一个人睡一个房间，[16] 渐渐养成了独立自主的个性，我也记不清是从哪一年开始对漫画产生兴趣的，反正小学课本和作业本的白边儿上到处都活跃着我信手画的小人国，[17] 考上中学后，态度才认真起来，将书报杂志上的漫画拿来细细品味、揣摩。然后将心中的构思画在纸上，向出版社投稿。画稿也很幸运地不断地被采用，后来我就被一家杂志社录用了。

어릴 적에 집에 방이 많았고요, 대략 2~3살 때부터 혼자 제 방에서 잠을 자면서 점점 독립적이고 자립적인 성격이 되었는데, 언제부터 만화에 흥미가 생겼는지는 저도 잘 기억이 나지 않습니다. 그렇지만 어쨌든 초등학교 때 교과서나 공책의 빈 공간 여기저기에 제가 직접 그려놓은 작은 세상이 남아 있습니다. 중학교에 입학하고부터는 정말 진지하게 만화를 그리기 시작해서 신문이나 잡지에 게재된 만화를 자세히 살펴보며 연구했습니다. 그러다가 마음 속의 구상을 종이 위에 그려 출판사에 투고했습니다. 운 좋게도 제 만화가 계속 게재되었고, 나중에는 한 잡지사에 채용되어 일하게 되었습니다.

女: 当时您初中毕业了吗？

그 때가 선생님께서 중학교를 졸업하셨을 때였나요?

男: [17] 还没有，只差半年，可我太热衷漫画了，别说半年，就是一个月也等不得。我决定接受这份工作。

중학교 졸업 6개월 전이었지만 저는 만화에 너무 열중한 나머지 6개월이 아닌 단 한 달도 기다릴 수가 없었죠. 결국 그 일을 맡기로 결정했습니다.

女: 您的父亲没有阻拦吗？

선생님의 아버님께서는 반대하지 않으셨나요？

男： 我能有今天，[18] 要特别感谢父亲的宽容，俗话说："知子莫若父"，父亲对我非常了解，也非常信任，他知道我提前退学一定是打算从事自己热爱的事业了。

오늘날의 제가 있음에 특별히 아버지의 관용에 감사하고 있습니다. 옛말에 '아버지만큼 아들의 됨됨이를 아는 사람은 없다'라고 했듯이 아버지는 저를 매우 잘 이해하고 계셨고 또 저를 아주 신뢰하셨습니다. 아버지는 제가 일찍 학교를 떠나는 것이 자기가 좋아하는 일을 하려는 계획 때문이란 것을 알고 계셨었죠.

女： 听了您谈的这些，是不是可以说您是自学成才的？

이야기를 들어보니까 선생님께서는 독학으로 성공을 하신 경우 같은데요?

男： 可以这么说吧。[19] 我学画漫画完全是兴趣爱好。我自己没有多高的文化，[20] 也从来没有拜过老师，我相信只要自己喜欢干，就一定能学好，干好！人要有出息，必须靠自己。当然 [20] 无师自通不是无条件的，要达到较高的境界，必须如醉如痴地去追求。

그렇다고 할 수 있겠네요. 제가 만화 그리는 것을 배운 것은 오로지 흥미 때문이었습니다. 제가 원래 문화적 소양이 높은 것도 아니었고 선생님에게 배운 적도 없었지만, 저는 자신이 좋아하는 일을 하기만 한다면 제대로 배우고 해낼 수 있다고 생각합니다! 사람은 누구나 발전성을 가지고서 스스로에게 의지해야 합니다. 물론 선생님 없이 스스로 터득하는 것이 그냥 이루어지는 일은 아니지만, 높은 경지에 오르기 위해서는 반드시 완전히 몰두하여 추구하는 것이 필요합니다.

女： 您画漫画的目的是什么？

선생님께서 만화를 그리시는 목적은 무엇인가요?

男： 完全没有目的，就像我们谈话口渴了，就喝一口茶。中午饿了，就下楼找餐厅吃饭一样，在我眼里，漫画是一种有意思的表达方式，内心有所感悟时，就用画面传达给读者，为了达到漫画最高标准，我是全力以赴的。我每天早晨七点钟起床，开车送女儿去上学，然后就到自己的工作室去画画儿，一直画到下午6点半，晚饭以后继续画，总是到凌晨2、3点钟才上床睡觉。我很珍惜时间，在我脑子里，没有昨天，也没有明天，只有今天。

아무런 목적도 없습니다. 우리가 말하다가 목이 마르면 차를 한 모금 마시는 것과 같고, 점심에 배가 고프면 내려가서 식당을 찾아 밥을 먹는 것과 같죠. 제 눈에 만화는 일종의 재미있는 표현방식입니다. 마음 속에 깨달음이 있을 때 지면을 이용해서 독자에게 전달하는 거죠. 만화의 가장 높은 기준에 도달하기 위해서 저는 최선을 다하는 것입니다. 저는 매일 아침 7시에 일어나 딸아이를 태워 학교에 보내고, 그 후에 작업실로 가서 저녁 6시 반까지 만화를 그리고 저녁을 먹고 난 후에도 계속 그리는데, 항상 새벽 2~3시가 되어서야 잠이 듭니다. 저는 시간을 매우 소중하게 여기는데, 제 머릿속에는 어제도, 내일도 없고, 오직 오늘만 있을 뿐입니다.

16 男的从小养成了怎样的个性?

남자는 어릴 때부터 어떤 성격이 형성되었습니까?

A 独立自主
독립적이고 자립적인 성격

B 自私自利
지나치게 이기적인 성격

C 自强自立
강하고 자립적인 성격

D 自我为主
자신을 중심으로 하는 성격

남자의 첫 번째 대화에서 渐渐养成了独立自主的个性이라고 대답을 했으므로 이 부분을 놓치지 않았다면 손쉽게 '독립적이고 자립적인 성격'이라는 정답을 선택할 수 있다.

정답 ▶ A

---

17 男的什么时候开始以漫画为职业?

남자는 언제부터 만화 그리는 것을 직업으로 삼았습니까?

A 上大学以后
대학에 들어간 후

B 初中毕业以后
중학교를 졸업한 이후

C 初中毕业以前
중학교 졸업 전

D 小学毕业前
초등학교 졸업 전

사회자가 언제부터 시작했냐는 질문에 考上中学后, 态度才认真起来라고 대답했고, 남자의 두 번째 대화의 잡지사에서 일을 시작한 것은 还没有, 只差半年이라는 부분에서 졸업하기 전임을 알 수 있다.

정답 ▶ C

---

18 男的特别感激父亲的什么?

남자가 특별히 아버지의 무엇에 감사하고 있습니까?

A 尊重
존중

B 信任
신임

C 理解
이해

D 宽容
관용

남자의 세 번째 대화 중 要特别感谢父亲的宽容 부분에 아버지의 관용에 특히 감사하고 있다는 점을 언급하고 있다.

정답 ▶ D

---

19 男的学画漫画是出于:

남자가 만화를 배우게 된 이유는?

A 一种职业
일종의 직업

B 兴趣爱好
흥미와 취미

C 休闲娱乐
휴식과 오락

D 一种任务
일종의 임무

남자의 네 번째 대화 중 我学画漫画完全是兴趣爱好 부분에서 만화를 좋아하게 된 계기는 완전히 흥미와 취미에 기인한 것임을 알 수 있다.

정답 ▶ B

20 关于男的下列说法哪项正确?

남자에 대해서 맞는 내용은?

A 他学历很高
그의 학력은 매우 높다

B 有名师指导
훌륭한 선생님의 지도가 있었다

C 自学成才
독학으로 인재가 되었다

D 喜欢喝茶
차를 마시는 것을 좋아한다

[▶풀이]

남자의 네 번째 대화 중 也从来没有拜过老师라고 말하면서 스승을 모신 적이 없다고 했으므로 독학으로 인재가 되었음을 알 수 있다.
본문에 이어 나오는 无师自通(스스로 깨달아 알다, 스승 없이 혼자 터득하다)이라는 표현도 꼭 익혀두자!

정답 ▶ C

▶단어

印刷 yìnshuā 동 인쇄하다 | 入迷 rùmí 동 빠지다. 홀리다 | 品味 pǐnwèi 동 깊이 새기다. 음미하다 | 揣摩 chuǎimó 동 반복해서 생각하여 구하다 | 构思 gòusī 동 구상하다 | 投稿 tóugǎo 동 투고하다 | 自学成才 zìxué chéngcái 독학하여 인재가 되다 | 出息 chūxi 명 발전성. 전도 | 无师自通 wúshī zìtōng 성 스스로 깨달아 알다. 스승 없이 혼자 터득하다 | 如醉如痴 rúzuì rúchī 성 취한 듯 깊이 빠져들다 | 全力以赴 quánlì yǐfù 성 모든 힘을 쏟다. 온 힘을 다 기울이다 | 感激 gǎnjī 동 감격하다. 고마움을 느끼다 | 自私自利 zìsī zìlì 성 자신의 이익만을 생각하다 | 自强 zìqiáng 동 스스로 노력하여 발전하다 | 自立 zìlì 동 자립하다

21-25

女: ²¹现在理财成了时髦的词儿，那么怎么理财呢? 今天我们特意给大家请来了一位嘉宾，他就是国家理财规划室专家刘彦斌，欢迎您。听说您带来了关于理财的五个一工程，那么理财的五个一工程该从哪个一说起呢?

요즘 재테크라는 말이 유행하고 있는데, 그렇다면 어떻게 재테크를 해야 할까요? 오늘 저희가 여러분을 위해서 특별한 손님을 모셨습니다. 바로 국가 재테크 기획실의 리우옌빈 선생님이십니다, 안녕하십니까? 오늘 재테크에 관한 다섯 가지 과정에 대해 준비해 오셨다고 들었습니다. 그럼 재테크의 다섯 가지 과정 중에서 어떤 것부터 말씀해주시겠습니까?

男: 第一就是说一生你要恪守量入为出，这是个最古朴的原则。我们讲你的收入像河流，你的财富是水库，花掉的钱就是流出去的水，只有中间剩下的才是你的财，所以年轻人一定不能做"月光族"，"月光族"就是没财可理，所以 ²²三十岁之前的年轻人，理财唯一的一个方式就是攒钱。第二，不要让债务缠住你的一生。很多人去贷款，买汽车，买房子，刷信用卡，负债严重的人会成为我们现在社会中的房奴、车奴、卡奴。

첫째는 평생 수입에 맞게 지출한다는 원칙을 지켜야 하는데, 이게 바로 가장 평범하고도 오래된 진리입니다. 우리는 당신의 수입이 강물과 같고, 당신의 자산이 바로 저수지라고 말하는데, 써버린 돈은 흘러가버린 물이어서 중간에 남아있는 물이 바로 당신의 자산이므로 젊은이들은 절대로 '월광족(매달 받는 월급을 바로 다 써버리는

사람들)'이 되어서는 안 됩니다. '월광족'은 재테크를 전혀 할 수 없습니다. 그래서 30세 미만의 젊은이들이 재테크를 하는 유일한 방법은 돈을 모으는 것입니다. 두 번째는 당신의 일생을 채무에 얽매이게 하지 말라는 것입니다. 많은 사람들이 대출을 받아 차와 집을 사고 신용카드를 사용하는데, 채무가 많은 사람은 결국 지금 이 사회에서 부동산노예, 자동차노예, 카드노예가 될 수 밖에 없습니다.

女: 借债是要还的哦。

대출을 받은 것은 갚아야죠.

男: 是的，贷款就像是套在你脖子上的绳索，你不还，你看银行会怎么待你。第三个一，[23] 永远不要想一夜暴富，天上没有馅儿饼，天上有什么? 雨、雪、沙尘暴，偶尔会掉下来一个花盆什么的，一定不会有馅儿饼掉下来的。

그렇습니다. 대출은 당신의 목에 묶여있는 줄과 같아서 당신이 갚지 않을 경우 은행이 당신을 어떤 태도로 대하는지 볼 수 있게 될 겁니다. 세 번째는 영원히 벼락부자가 될 꿈을 꾸어서는 안 된다는 겁니다. 하늘에서 빵이 갑자기 뚝 떨어지는 일은 일어나지 않습니다. 하늘에는 무엇이 있나요? 비, 눈, 황사가 있죠. 가끔은 꽃가루 같은 것들이 떨어지기도 하지만 빵이 떨어지는 일은 절대로 없습니다.

女: 用我的话来说不要指望天上掉馅儿饼，掉的话也是铁饼。

제 방식대로 말하자면, '하늘에서 빵이 떨어질 것을 기다리지 말아라. 떨어지더라도 돌덩이로 지은 빵이다'라는 말 같은데요.

男: 如果有人说有一个机会让你发大财，你所做的唯一的选择就是抬屁股就走，第四个，一夫一妻一个小孩儿。这从财务的观点是非常正确的，婚姻是你这一辈子最大的财也是最大的债，女人要嫁错了老公，一辈子都不会幸福，男人要娶错了老婆，一辈子也不会幸福，[24] 试想一个月光族和一个省吃俭用，为未来考虑的人生活在一起，他们的价值观是不一样的，这样的婚姻的不幸福也是可想而知的，离婚是最大的破财。

만약 어떤 사람이 당신에게 많은 돈을 벌 기회를 주겠다고 할 때 당신이 해야 하는 유일한 선택은 콧방귀를 뀌고 돌아서는 것입니다. 네 번째는 1부 1처 1자녀입니다. 이것은 경제적 관점에서 매우 정확한 것으로, 결혼은 당신의 일생에 있어서 가장 큰 자산이자 가장 큰 빚이기도 합니다. 여자는 남편을 잘못 만나면 평생이 불행하고, 남자도 부인을 잘못 만나면 마찬가지로 평생 행복할 수 없습니다. 월광족인 한 사람과 절약하는 한 사람에 대해 생각해봅시다. 미래를 위해 인생을 함께 살아갈 사람을 선택하는데 그들의 가치관이 각각 다르다면, 이러한 결혼의 행복여부도 미루어 짐작할 수 있으며, 이혼은 가장 큰 자산의 피해입니다.

女: 表面上听是理财，背后是教人生如何幸福，两堂课只收一堂课的钱，不错。

그냥 듣기로는 재테크지만 그 이면에는 인생이 어떻게 행복할 수 있는지를 가르쳐주고 있네요. 두 번의 강의를 한 번 강의하시는 수강료만 받으시다니 정말 대단하십니다.

男：第五个一，做好一项投资，股票基金是最好的长期投资工具，如果你不愿意炒股票，不愿意去买基金，你愿意做书画投资、古董投资都没问题，[25]中国有一句老话叫"一招鲜，吃遍天"，一生做好一个投资你就会过上美满和幸福的生活，不是去赌，是把你们家的钱进行一个很好的分配之后再去做投资。

다섯 번째가 한 가지 항목에 투자를 제대로 하는 것인데. 주식펀드는 가장 좋은 장기투자 대상입니다. 만약에 주식을 하거나 펀드를 구매하는 것을 원하지 않는다면 그림이나 서예작품에 투자하거나 골동품에 투자하는 것도 좋습니다. 중국의 옛 말에 '한 가지 재주가 있으면 어디서든 살 수 있다'라고 했습니다. 일생에서 당신이 행복한 삶을 살 수 있도록 해주는 것에 투자하는 것은 도박이 아닙니다. 바로 당신의 가정자산을 잘 분배한 후에 투자를 시작하십시오.

21

这篇语段谈论的话题是：

이 글이 말하고자 하는 주제는?

A　人怎么找钱
사람은 어떻게 돈을 써야 할까

B　挣钱的方法
돈을 버는 방법

C　花钱的好处
소비의 이점

D　怎么样理财
어떻게 재테크를 해야 할까

[풀이]

전체 인터뷰가 시작되기 전 사회자가 하는 말 속에 전체 주제가 나왔다. 现在理财成了时髦的词儿，那么怎么理财呢? 라는 말을 듣고 전체 인터뷰가 어떻게 재테크를 해야 하는지를 주제로 진행되고 있음을 알 수 있다.

정답 ▶ D

22

30岁之前的年轻人应该怎样理财?

30세 미만의 젊은이들은 어떻게 재테크를 해야 할까?

A　成为月光族
월광족이 된다

B　去银行贷款
은행에 가 대출한다

C　攒钱
돈을 모은다

D　买股票
주식을 산다

[풀이]

남자의 첫 번째 대화에서 三十岁之前的年轻人，理财唯一的一个方式就是攒钱(30세 미만의 젊은이들이 재테크를 하는 유일한 방법은 돈을 모으는 것입니다)이라고 말하고 있으므로 돈을 우선 모아야 한다는 것을 알 수 있다.

정답 ▶ C

23

"天上掉馅儿饼"中的"馅儿饼"在文中指的是什么?

'하늘에서 빵이 떨어진다'는 말 중 '빵'이 이 글에서 가리키는 것은?

A　绳索
밧줄

B　金钱
돈

C　花盆
화분

D　铁饼
원반

[풀이]

남자의 두 번째 대화에 永远不要想一夜暴富，天上没有馅儿饼(영원히 벼락부자가 될 꿈을 꾸어서는 안 된다는 겁니다)이라고 말하고 있다. 앞에 하룻밤에 부자가 될 생각을 하지 말라고 했으므로 돈이 정답이라는 것을 알 수 있다.

정답 ▶ B

24　一个"月光族"和一个省吃俭用的人在一起会:

한 '월광족인 사람'과 절약하는 사람이 같이 있으면 어떻게 될까?

A　很幸福
매우 행복하다

B　很生气
매우 화나다

C　不幸福
행복하지 않다

D　有更多的债
더 많은 채무가 있다

남자의 세 번째 대화에서 질문의 상황에 대한 대답이 나온다. 试想一个月光族和一个省吃俭用, 为未来考虑的人生活在一起, 他们的价值观是不一样的, 这样的婚姻的不幸福也是可想而知的, 离婚是最大的破财 이 부분의 대화를 통해 결과는 행복하지 않다는 것을 알 수 있다.

정답 ▶ C

25　"一招鲜，吃遍天"在语段中的意思是:

'한 가지 재주가 있으면 어디서든 살 수 있다'가 이 글에서 의미하는 바는?

A　去赌博
도박을 하러 간다

B　做好一项投资
한 가지의 투자를 한다

C　股票是好的选择
주식은 좋은 선택이다

D　有钱什么都能吃
돈이 있으면 무엇이든 먹을 수 있다

듣기 시험에서 항상 어렵게 느껴지는 속담이나 성어가 등장하면 바로 그 뒤에 이어서 자세한 설명이 나오는 것이 일반적이다. 그러므로 당황하지 말고 항상 정신을 집중해서 전체 문제를 잘 들어야 한다.
남자의 마지막 대화에서 "一招鲜，吃遍天" 뒷부분을 보면 一生做好一个投资你就会过上美满和幸福的生活，不是去赌，是把你们家的钱进行一个很好的分配之后再去做投资 부분에서 도박이 아닌 올바른 투자를 잘 해야 한다고 지적하고 있다.

정답 ▶ B

단어

理财 lǐcái 동 재무를 관리하다. 재테크하다 | 时髦 shímáo 형 유행이다. 현대적이다 | 恪守 kèshǒu 동 엄격하게 지키다. 엄수하다 | 量入为出 liàngrù wéichū 성 수입이 얼마인가에 따라 지출의 한도를 정하다 | 古朴 gǔpǔ 형 소박하고 예스럽다. 수수하고 고풍스럽다 | 水库 shuǐkù 명 저수지. 댐 | 债务 zhàiwù 명 채무. 빚 | 缠住 chánzhu 동 달라붙다. 감기다 | 借债 jièzhài 동 빚을 내다 | 暴富 bàofù 동 벼락부자가 되다 | 沙尘暴 shāchénbào 명 황사. 모래 폭풍 | 馅儿饼 xiànrbǐng 명 소를 넣은 떡 | 省吃俭用 shěngchī jiǎnyòng 성 아껴 먹고 아껴 쓰다. 매우 절약하다 | 破财 pòcái 동 금전적인 손해를 보다 | 基金 jījīn 명 기금. 펀드 | 炒股 chǎogǔ 동 주식 투자를 하다 | 古董 gǔdǒng 명 골동품 | 贷款 dàikuǎn 동 대출하다 | 股票 gǔpiào 명 주식 | 绳索 shéngsuǒ 명 로프. 굵은 밧줄 | 赌博 dǔbó 동 도박하다. 노름하다

26-30

女: 我觉得这是一个灾难性的报道，可能走之前心理上也会有一些想法，不知道两位在出发前有没有感觉到？当时了解到海地的情况是什么样的？你们心里有没有数？

이건 재난 관련 보도라고 생각되는데요, 출발하기 전 심리적 준비도 했을 거고요. 두 분은 출발 전 이런 생각을 했었나요? 당시 아이티의 상황은 어떠했나요? 두 분 마음 속에 어느 정도 감이 있었나요?

男: 应对紧急任务，我们还是有一些经验的，因为国内有一些重大的突发事件有时候我们也去现场，如果没有一点思想准备，没有一点物质上的积累，要想在2个小时之内就出发，几乎不可能。²⁶好在我们新闻中心的应急机制已基本建立，像我们随身带的一些东西，有一些突发事件应急生活的必需品，包括采访的一些辅助的器材，包括像没有电的情况下头顶戴的照明灯、指南针，还有睡觉的东西，睡袋等等，新闻中心早就准备好了，所以当时准备好机器的时候，就是从新闻中心应急库里面拿了一个包，连看都不用看，装着就直接到机场去了。

긴급상황에 대처하는 임무에 있어 우리는 경험이 있는데, 국내에서 중대한 돌발상황이 발생했을 때도 우리는 현장에 갔었거든요. 심리적인 준비나 물질적인 준비가 없는 상황에서 두 시간 내에 출발한다는 것은 거의 불가능한 일입니다. 우리 뉴스센터에는 응급메커니즘이 이미 기본적으로 구축되어 있어서, 개인소지품처럼 응급상황 시 필요한 생필품 이외에도 취재에 필요한 보조 기자재 및 전기가 공급되지 않을 때 사용하는 조명등, 나침반, 침낭 등을 미리 준비해두고 있습니다. 그래서 그때도 뉴스센터 비상창고에서 가방 하나를 챙겨 가지고 이것저것 볼 필요도 없이 바로 공항으로 출발했죠.

女: 到了机场以后才发现同行的人员？

공항에서 동행하는 사람들을 만났나요?

男: 对。²⁷我们搞电视报道，靠一个人两个人几乎很难完成任务，所以心里直打鼓。去机场的路上，我还一直以为就一个人去，那一个人只能适当地拍一些资料，找机会传一些新闻，要想做大规模的报道，几乎不可能。不过到机场看到他们以后，心里就有底了，对完成报道任务就有把握了。

그렇습니다. 우리의 뉴스중계는 한두 사람으론 할 수 없는 어려운 일이라서 계속 심리적으로 불안했었죠. 공항에 도착하기 전까진 저 혼자 취재하러 가는 줄로 알고 있었는데, 혼자서 현지 상황을 찍고 뉴스는 기회가 되면 할 수밖에 없어서 대규모의 취재는 거의 불가능한 일이었습니다. 하지만 공항에 도착한 뒤, 그들을 보고 마음이 놓였고 이번 임무수행에도 자신감이 생겼죠.

女: ²⁹听说这一次飞行时间是最长的一次，一共20多个小时，能给我们说说这个过程当中你们两位都做了一些什么吗？

비행시간이 가장 길어서 20시간이나 되었다고 했는데요, 이 시간 동안 두 분은 어떤 일들을 했는지 말씀해줄 수 있나요?

男: 飞机上，我们了解了相关的一些情况，包括我们救援队下去以后开展哪些工作，还有国际救援队、外交部、公安部相关的领导也召集我们开了会，就是飞机落地以后要做什么，[28]救援队对他们的情况也有一个初步的了解，这样在飞机落地的时候，分工就会非常的明细，操作起来也会非常快速。

비행기에서 관련 상황에 대해 자세히 파악하는데, 우리 구조대가 도착한 후 어떤 일들을 해야 하는지 등을 말입니다. 그리고 국제구조팀, 외교부, 공안부 등 관련 지도자들도 회의를 소집하여 비행기가 도착한 뒤 어떤 일들을 해야 하는지에 대해 얘기했습니다. 구조팀도 그들의 상황을 기본적으로 파악하고 있었죠. 이러면 비행기가 도착한 뒤 각자 할 일이 명확해지고 일을 빨리 추진할 수가 있죠.

女: 到达海地以后，下了飞机，你们看到海地的第一个感觉是什么样的?

아이티에 도착해 비행기에서 내린 뒤, 아이티를 본 첫 느낌은 어땠나요?

男: 说没有恐惧，那是不可能的，担心还是有的，害怕也还是有的。在飞机落地之前，飞机盘旋的时候，[30]我们就往下看，黑乎乎的一片，一座城市，一点儿灯光都没有，那这座城市遭到的劫难应该是非常严重的了。

공포스럽지 않았다면 거짓말이겠지요. 걱정은 했어요, 두렵기도 했고요. 비행기가 착륙하기 전 공중을 배회할 때 아래를 내려다 보았는데 시꺼먼 도시에 불빛이 하나도 없더군요. 이 도시가 아주 심각한 피해를 입있구나 라고 생각했죠.

---

26 对新闻中心的应急中心的描述正确的是?

뉴스센터의 비상센터에 대한 묘사에서 정확한 것은?

A　负责新闻的保密工作
뉴스의 비밀작업을 책임진다

B　只提供一些生活必备品
오직 일부 생활 필수품을 제공한다

C　提供突发事件所需的用品
돌발사건 중 필요한 용품을 제공한다

D　负责灾难性事件的现场报道
재난 관련 사건현장 보도를 책임진다

[풀이]

남자의 첫 번째 대화에서 好在我们新闻中心的应急机制已基本建立，像我们随身带的一些东西，有一些突发事件应急生活的必需品이라는 문장이 나온다. 이를 통해 돌발사건 중 필요한 용품을 제공한다는 것이 가장 정확한 묘사이다.

정답 C

27 男的为什么心里直打鼓?

남자는 왜 불안해 했었나?

A 他一个人不能完成工作
그는 혼자서 일을 완성할 수 없다

B 他担心不能活着回来
그는 살아 돌아오지 못할 것을 걱정했다

C 他一个人很难完成任务
그 혼자서는 임무를 완성하기 어렵다

D 他没有报道过这样的新闻
그는 이러한 뉴스를 보도한 적이 없다

[❯ 풀이]

본 문제는 가끔 질문 자체를 잘 이해하지 못하는 경우도 있는데, 질문에 있는 心里直打鼓 혹은 心里一直在打鼓라는 표현은 '몹시 불안해 하다'라는 뜻이므로 알아 두어야 한다. 남자의 두 번째 대화에서 我们搞电视报道, 靠一个人两个人几乎很难完成任务, 所以心里直打鼓라는 부분을 보면 한 두 사람이 뉴스중계라는 임무를 완수하기 힘들기 때문에 불안하다는 것을 알 수 있다.

정답 ▶ C

28 飞机上救援队开会的目的是什么?

비행기에서 구조팀이 회의를 소집한 목적은?

A 为了确保救援队员的人身安全
구조원의 안전을 확보하기 위해

B 为了让大家了解海底的地形
사람들이 해저의 지형을 알게 하기 위해

C 为了确保救援工作的顺利进行
구조작업의 순조로운 진행을 위해

D 为了争取到更多的救援物资
더 많은 구조 물자를 얻기 위해

[❯ 풀이]

남자의 세 번째 대화에서 救援队对他们的情况也有一个初步的了解, 这样在飞机落地的时候, 分工就会非常的明细, 操作起来也会非常快速라고 언급하고 있다. 회의를 한 목적은 상황을 미리 파악하여서 구조작업을 순조롭게 하기 위함임을 알 수 있다.

정답 ▶ C

29 他们是多久到达海地的?

아이티까지 몇 시간 걸리는가?

A 12个小时
12시간

B 20个小时
20시간

C 22个小时
22시간

D 31个小时
31시간

[❯ 풀이]

여자의 세 번째 대화 听说这一次飞行时间是最长的一次, 一共20多个小时(비행시간이 가장 길어서 20시간이나 되었다고 했다) 부분을 보면 이번 비행시간은 20시간이 걸렸다는 것을 알 수 있고, 또 남자의 첫 번째 대화에서 보면 要想在2个小时之内就出发라고 2시간 만에 출발했다고 했으므로 총 22시간이 걸렸음을 알 수 있다.

정답 ▶ C

30 通过什么我们可以知道海地地震非常严重?

아이티 지진이 아주 심각하다는 것을 무엇을 통해 알 수 있나?

A 机场没有人员指挥
  비행장에는 아무도 지휘를 하지 않았다

B 城市完全没有灯光
  도시에 완전히 불빛이 사라졌다

C 求救的声音不断
  구조를 원하는 목소리가 끊임없었다

D 整个城市通讯中断
  전체 도시의 통신수단이 중단되었다

[❂ 풀이]

듣기는 항상 처음과 끝을 잘 들어야 한다. 남자의 가장 마지막 대화에서 黑乎乎的一片, 一座城市, 一点儿灯光都没有, 那这座城市遭到的劫难应该是非常严重的了(시꺼먼 도시에 불빛이 하나도 없더군요. 이 도시가 아주 심각한 피해를 입었구나 라고 생각했죠)라고 언급했으므로 정답 B를 쉽게 찾을 수 있다.

정답 B

❂ 단어

灾难 zāinàn 몡 재난 ┃ 海地 Hǎidì 지명 아이티(Haiti) ┃ 地形 dìxíng 몡 지형 ┃ 指挥 zhǐhuī 동 지휘하다 ┃ 灯光 dēngguāng 몡 불빛 ┃ 中断 zhōngduàn 동 중단하다. 중도에서 끊다 ┃ 有数 yǒushù 동 알고 있다 ┃ 器材 qìcái 몡 기자재 ┃ 指南针 zhǐnánzhēn 몡 나침반 ┃ 睡袋 shuìdài 몡 침낭 ┃ 打鼓 dǎgǔ 심신이 불안하다 ┃ 有底 yǒudǐ 동 자신·확신이 있다 ┃ 落地 luòdì 동 착지하다. 땅에 내리다 ┃ 明细 míngxì 혱 명확하고 상세하다 ┃ 操作 cāozuò 동 조작하다. 다루다 ┃ 盘旋 pánxuán 동 선회하다. 원을 그리며 돌다 ┃ 黑乎乎 hēihūhū 혱 어둡다. 어둑어둑하다 ┃ 劫难 jiénàn 몡 재난. 화 ┃ 确保 quèbǎo 동 확보하다 ┃ 救援 jiùyuán 동 구원하다

  31~50번 문제, 단문을 듣고 그에 해당되는 2~3개의 질문에 알맞은 답을 고르시오.

31-33

[31] 一个心理学教授到疯人院参观，了解疯子的生活状态。想不到准备返回时，发现自己的车胎被人卸掉了。"一定是哪个疯子干的！"教授这样愤愤地想道，动手拿备胎准备装上。事情严重了，卸车胎的人居然将螺丝也卸了。没有螺丝有备胎也装不上去啊！教授一筹莫展。在他着急万分的时候，一个疯子蹦蹦跳跳地过来了，嘴里唱着不知名的歌曲。他发现了困境中的教授，停下来问发生了什么事。教授懒得理他，但出于礼貌还是告诉了他。[32] 疯子哈哈大笑说："我有办法！"他从每个轮胎上面卸下了一个螺丝，这样就用三个螺丝将备胎装了上去。教授惊奇感激之余，大为好奇："请问你是怎么想到这个办法的？"疯子嘻嘻哈哈地笑道："我是疯子，可我不是呆子啊！"

其实，世上有许多的人，由于他们发现了工作中的乐趣，总会表现出与常人不一样的狂热，让人难以理解。许多人在笑话他们是疯子的时候，说不定别人还在笑他是呆子呢。做人呆呆，处事聪明，在中国尤其不失为一种上佳的做人姿态。

한 심리학 교수가 정신병원에 가서 정신질환 환자들의 생활모습에 대해 알아보았다. 돌아가려고 준비할 때 생각치 못한 일이 발생했는데, 누군가가 교수의 타이어를 떼버린 것이다. "분명히 어느 정신병환자가 한 짓일 거야!" 교수는 몹시 분개하며 이렇게 생각하고는, 스페어타이어를 장착하려고 준비를 했다. 사건이 더 심각해져 타이어를 떼낸 사람이 나사까지 떼어낸 것이다. 나사가 없으면 스페어타이어가 있어도 장착할 수 없는 것 아닌가! 교수는 속수무책이었다. 교수가 조급해 하고 있을 때, 한 정신질환자가 이름 모를 노래를 부르며 뛰어왔다. 그는 어려움에 처한 교수를 발견하고 무슨 일인지 물었다. 교수는 응대하기 귀찮았지만 예의상 상황을 설명해줬다. 정신질환자는 큰소리로 웃으며 말했다. "내게 좋은 방법이 있어요!" 그는 다른 타이어 나사를 하나씩 풀어 스페어타이어를 나사 세 개로 장착했다. 교수는 신기하고 감사한 마음에 물었다. "당신은 어떻게 이런 방법을 생각해 낼 수가 있었죠?" 그는 웃으며 대답했다. "내가 비록 정신질환자이지만 바보는 아니잖아요!"
사실 세상에 많은 사람들은 업무상의 즐거움을 발견하고 그에 대해 다른 사람이 이해할 수 없을 정도로 열광적이다. 많은 사람들이 그들을 미치광이라고 비웃을 때, 어쩌면 그들은 다른 사람을 바보라고 할지도 모른다. 바보 같은 사람이 되는 것, 일 처리에 능한 사람이 되는 것, 특히 중국에서는 좋은 처신의 자세이다.

31 教授为什么去了疯人院？

교수는 왜 정신병원에 갔나?

A 为了看望病人
환자를 병문안하기 위해

B 为了课题研究
과제연구를 위해

C 为了了解疯子的生活状态
미친 사람의 생활모습을 이해하기 위해

[➡ 풀이]

듣기는 항상 처음과 마지막을 잘 들어야 한다. 본문의 첫 번째 부분에서 一个心理学教授到疯人院参观，了解疯子的生活状态라고 언급하고 있다. 정신병자들의 생활상을 알아보기 위해 갔다는 것을 알 수 있다.

정답 C

D 为了找到疯子发疯的原因
미친 사람이 미친 원인을 찾기 위해

32 教授的车胎是谁帮忙装上的?

누가 교수를 도와 타이어를 장착했나?

A 疯子
미친 사람

B 孩子
아이

C 教授自己
교수 자신

D 不知道
모른다

[▶ 풀이]

본문의 세 번째 단락 疯子哈哈大笑说의 뒷부분에서 미친 사람이 방법을 알려줬음을 말해준다.

정답 ▶ A

33 这段话主要告诉我们什么?

이 글은 우리에게 무엇을 일깨워주는가?

A 疯子是在装疯
미친 사람은 미친 척 하는 것이다

B 教授是一个书呆子
교수는 책벌레다

C 不能用常理去看待疯子
상식적으로 미친 사람을 대해선 안 된다

D 人呆处事精是一种做人姿态
사람이 멍청해도 일처리는 완전한 것이 사람된 도리이다

[▶ 풀이]

본문의 전체 내용을 보면 사람이 좀 모자라도 일 처리를 잘 하는 것이 사람된 도리, 좋은 처세술이라는 것을 판단할 수 있다.

정답 ▶ D

● 단어

疯子 fēngzi 몡 미치광이. 미친 사람 Ι 教授 jiàoshòu 몡 교수 Ι 车胎 chētāi 몡 타이어 Ι 卸 xiè 동 떼어내다. 벗겨내다 Ι 愤愤 fènfèn 혱 매우 화가 난 모양 Ι 螺丝 luósī 몡 나사못. 나사 Ι 一筹莫展 yìchóu mòzhǎn 솅 속수무책이다 Ι 蹦蹦跳跳 bèngbengtiàotiào 발랄하게 뛰는 모양 Ι 嘻嘻哈哈 xīxihāhā 동 히히거리다 Ι 狂热 kuángrè 혱 열광적이다. 광신적이다 Ι 上佳 shàngjiā 혱 최상이다. 매우 좋다 Ι 发疯 fāfēng 동 미치다. 발광하다 Ι 书呆子 shūdāizi 몡 책벌레 Ι 常理 chánglǐ 몡 통상적인 도리. 일반적인 도리 Ι 处事 chǔshì 동 사무를 처리하다

34-36

有个老木匠准备退休，他告诉老板，[34] 说要离开建筑行业，回家与妻子儿女享受天伦之乐。

老板舍不得他最好的工人走，问他是否能帮忙再建一座房子，老木匠说可以。但是大家后来都看得出来，他的心已不在工作上，他用的是软料，出的是粗活。房子建好的时候，老板把大门的钥匙递给他。

"这是你的房子，"他说，"我送给你的礼物。"

老木匠震惊得目瞪口呆，羞愧得无地自容。如果他早知道是在给自己建房子，他怎么会这样呢？现在他得住在一幢粗制滥造的房子里！我们又何尝不是这样。我们漫不经心地"建造"自己的生活，不是积极行动，而是消极应付，[35] 凡事不肯精益求精，在关键时刻不能尽最大努力。等我们惊觉自己的处境，早已深困在自己建造的"房子"里了。 把你当成那个木匠吧，想想你的房子，每天你敲进去一颗钉，加上去一块板，或者竖起一面墙，用你的智慧好好儿建造吧！你的生活是你一生唯一的创造，不能抹平重建，即使只有一天可活，那一天也要活得优美、高贵，墙上的铭牌上写着：[36] "生活是自己创造的。"

한 늙은 목수가 퇴직을 앞두고 그의 상사에게 이젠 건축업계를 떠나 집에 돌아가 아내와 자식들과 함께 가족의 단란함을 즐길 거라고 얘기했다.
상사는 가장 훌륭한 노동자가 떠나가는 것에 못내 아쉬워하며 그에게 집 한 채를 더 지어줄 수 없냐고 물었고 늙은 목수는 동의했다. 하지만 목수는 더 이상 자신의 일에 애착을 가지지 않고 아무런 재료로 일을 대충대충 하고 있음을 모두들 눈치챘다. 집이 다 지어진 후 상사는 그에게 열쇠를 건냈다.
"자네 집일세. 자네한테 주는 나의 선물이지." 사장이 말하였다.
늙은 목수는 놀라서 눈이 휘둥그래졌고 부끄러운 나머지 쥐구멍에라도 들어가고 싶었다. 자신의 집을 짓고 있음을 진작에 알았더라면, 그가 어찌 이렇게 할 수 있었단 말인가? 그는 대충 지은 집에서 살아야만 한다! 우리들도 그렇지 않은가? 우리는 아무 생각 없이 우리의 삶을 '지으'면서 적극적으로 행동하지 않고 소극적으로 대처하고, 모든 일에 최선을 다하지 않으면 중요한 시점에도 최선을 다 할 수 없다. 자신의 처지에 소스라쳐 놀랄 때, 우리는 이미 우리가 지은 '집'에 갇혀있는 것이다. 자신을 목수라고 생각하라. 자신의 집을 상상하며 매일 못 하나를 박고 판 하나를 세우고 또 벽 한 쪽을 지으라. 당신의 지혜로 최선을 다해 지으라! 당신의 생활은 당신 일생의 유일무이한 창조로 다시 되돌릴 수 없는 것이므로, 하루를 살더라도 우아하고 고귀하게 살고 벽 한쪽 액자에 '삶은 자신이 창조하는 것이다'라고 적어 넣으라.

34 老木匠为什么要退休？

늙은 목수는 왜 퇴직하려고 했는가?

A 不喜欢建筑行业
건축 일을 싫어해서

B 不喜欢他的老板
그의 사장을 싫어해서

C 想和家人团聚
가족들과 함께 있고 싶어서

D 找到了其他工作
다른 일을 찾아서

[▶ 풀이]

본문의 첫 번째 도입부의 说要离开建筑行业，回家与妻子儿女享受天伦之乐(이젠 건축업계를 떠나 집에 돌아가 아내와 자식들과 함께 가족의 단란함을 즐길 거라고 얘기했다)를 통해 가족들과 함께 있고 싶어서라는 것을 판단할 수 있다. '享受…天伦之乐'는 '가족들간의 단란함을 누리다'는 뜻이다.

정답 C

35 为什么说自己被困在自己建造的"房子"里?

왜 자신이 지은 '집'에 갇혀 버린다고 하는가?

A 因为房子不够坚固
집이 견고하지 않았기 때문에

B 因为生活很复杂
삶은 매우 복잡하기 때문에

C 因为做事情不认真
일을 할 때 진지하지 않기 때문에

D 因为做事情太认真
일을 할 때 너무 진지하기 때문에

[풀이]

본문 세 번째 단락의 凡事不肯精益求精, 在关键时刻不能尽最大努力。等我们惊觉自己的处境, 早已深困在自己建造的"房子"里了 부분을 통해 무슨 일이든 최선을 다하지 않으면 자신이 만든 집, 즉 자신이 만들어낸 결과물에 사로잡히게 된다는 것을 의미한다.

정답 C

36 这段话主要想告诉我们什么?

이 글은 우리에게 무엇을 깨우쳐주는가?

A 生活是丰富多彩的
삶은 풍부하고 다채롭다

B 生活是一栋"房子"
삶은 한 채의 '집'이다

C 生活是自己创造的
삶은 자신이 창조한 것이다

D 生活是不能改变的
삶은 바꿀 수 없다

[풀이]

본 문장이 우리에게 알려주는 주제는 가장 마지막 부분에 生活是自己创造的(삶은 자신이 창조하는 것이다)라고 잘 나와있다.

정답 C

단어

木匠 mùjiang ⑲ 목수. 목공 ㅣ 天伦之乐 tiānlún zhīlè ㉂ 가정의 단란함 ㅣ 震惊 zhènjīng ⑧ 놀래다. 놀라게 하다 ㅣ 目瞪口呆 mùdèng kǒudāi ㉂ 놀라서 멍하다. 아연실색하다 ㅣ 无地自容 wúdì zìróng ㉂ 몸을 둘 곳이 없다. 매우 부끄럽다 ㅣ 粗制滥造 cūzhì lànzào ㉂ 품질을 생각하지 않고 조잡하게 만들다 ㅣ 何尝 hécháng ⑨ 언제 ~한 적이 있는가 ㅣ 漫不经心 màn bù jīngxīn ㉂ 전혀 아랑곳하지 않다. 조금도 마음에 두지 않다 ㅣ 消极 xiāojí ⑲ 부정적인. 발전을 저해하는 ㅣ 精益求精 jīngyì qiújīng ㉂ 현재의 상태도 매우 뛰어나지만, 더 뛰어나게 하려고 공을 들이다 ㅣ 抹平 mǒpíng ⑧ 평평하게 고르다 ㅣ 铭牌 míngpái ⑲ 마크 ㅣ 建筑 jiànzhù ⑧ 짓다. 세우다 ㅣ 团聚 tuánjù ⑧ 한자리에 모이다 ㅣ 坚固 jiāngù ⑲ 견고하다. 튼튼하다 ㅣ 丰富多彩 fēnfù duōcǎi ㉂ 풍부하고 다채롭다. 풍부하고 종류가 많다

37-39

　　一般人总是凭自己的感觉或者一些生理反应，来判断自己是否爱上了对方，[37] 比如说，一见到对方，就会有掏心掏肺的感觉，而且手心出汗，感到头晕，甚至兴奋得好像呼吸也要停止。以此来做出坠入爱河的判断，一般不会有错。

　　但是，[38] 伦敦大学的科学家指出，他们可以通过对大脑进行扫描，从科学的角度获取一个人是否坠入爱河的证明。他们给16位正在谈恋爱的年轻人，看了他们爱的人的照片，以及他们在同时期认识的一位好友的相片，然后对他们进行了大脑核磁共振成像的测试。结果发现，看朋友的相片时，他们的大脑活动并不活跃，而当看到所爱的人的相片时，[39] 他们大脑中的四个区域，就会发生强烈的化学变化，而这四个大脑区域正是对例如可卡因这样的外加物质，所产生的兴奋情绪，能够做出活跃反应的区域。于是科学家得出结论，由于爱情同样会带给人们不同程度的兴奋感，因此大脑这些区域的活跃性，也就同样能够证明一个人是否恋爱了。

사람들은 일반적으로 자신의 감각이나 생리적인 반응을 통해 상대방을 사랑하게 되었는지를 판단하는데, 예를 들어 상대방을 봤을 때 자신의 마음을 다 드러내 보이고 싶고 손바닥에 땀이 나며 머리가 어지럽고 심지어는 흥분이 되어 숨쉬기가 어려울 정도가 되는 것 등이다. 이러한 방법으로 사랑에 빠졌는지를 판단하는 것은 일반적으로 틀리지 않다. 하지만 런던대학교 과학자의 말에 따르면 대뇌스캐닝을 통해 과학적 시각으로 한 사람이 사랑에 빠졌는지를 증명할 수 있다고 한다. 그들은 16명의 열애 중에 있는 젊은이들에게 그들이 사랑하는 사람의 사진과 같은 시기 알게 된 친구의 사진을 보여줌과 동시에 대뇌스캐닝(MRI) 검사를 실시했다. 그 결과 친구의 사진을 볼 때, 대뇌 활동은 활발하지 않았지만 사랑하는 사람의 사진을 볼 때, 대뇌의 네 개 구역에서 강력한 화학적 변화가 일어났고, 이 네 개의 대뇌구역은 코카인과 같은 외부물질에 의해 생겨나는 흥분으로 활발한 반응을 보이는 구역이었다. 따라서 과학자들이 도출해낸 결론에 따르면 사랑이 사람들에게 정도가 다른 흥분을 느끼게 해줌으로써 대뇌의 이러한 구역이 활발하게 활동하는 정도를 통해 이 사람이 연애 중인지를 증명할 수 있다고 한다.

37　一般人怎样判断自己爱上对方?

사람들은 일반적으로 상대를 사랑하게 됐는지 어떻게 판단하는가?

A　看见对方就脸红
　　상대방을 볼 때 얼굴이 빨개진다

B　看见对方就逃走
　　상대방을 볼 때 도망가버린다

C　好像呼吸要停止
　　마치 호흡이 멈출 것 같다

D　看不见就会生病
　　보지 못하면 병이 난다

[● 풀이]

본문의 첫 번째 단락에서 누군가를 사랑하게 되었을 때의 반응을 예로 들고 있다. 比如说，一见到对方，就会有掏心掏肺的感觉，而且手心出汗，感到头晕，甚至兴奋得好像呼吸也要停止 이를 통해 숨이 멎을 것 같은 느낌이 정답임을 알 수 있다.

정답 ▶ C

38 从科学角度来看，通过什么可以证明两人是否相爱？
두 사람이 사랑하는지 과학적인 방법으로 어떻게 증명하는가?

A 通过心电图监测
심전도 테스트를 통해

B 通过对大脑扫描
대뇌스캐닝(MRI) 검사를 통해

C 通过对言语分析
언어분석을 통해

D 通过照片对比
사진대비를 통해

[◎ 풀이]

두 번째 단락 伦敦大学的科学家指出，他们可以通过对大脑进行扫描，从科学的角度获取一个人是否坠入爱河的证明에서 대뇌스캐닝을 통해 두 사람의 사랑을 확인할 수 있다고 말하고 있다.
문제에서 通过를 사용하여 질문하였으므로, 본문에서 방법에 관한 부분을 찾는 것이 해법이다.

정답 ▶ **B**

39 关于证明两人相爱的说法正确的是：
두 사람이 사랑하게 된 걸 증명하는 방법 중 정확한 것은?

A 大脑活动并不活跃
대뇌활동이 활발하지 않다

B 大脑中的四个区域都不活跃
대뇌 중의 네 개 구역이 활발하지 않다

C 大脑中的四个区域停止活动
대뇌 중의 네 개 구역에서 활동이 정지한다

D 大脑的四个区域有化学变化
대뇌의 네 개 구역에서 화학변화가 있다

[◎ 풀이]

세 번째 단락 他们大脑中的四个区域，就会发生强烈的化学变化 (대뇌의 네 개 구역에서 강력한 화학적 변화가 일어났다)에서 두 사람이 사랑에 빠진 것을 증명하는 방법에 대해 언급하고 있다.

정답 ▶ **D**

◎ 단어

脸红 liǎnhóng 图 얼굴이 빨개지다. 부끄러워하다 | 心电图 xīndiàntú 图 심전도 | 监测 jiāncè 图 감시하고 검측하다. 모니터링을 하다 | 扫描 sǎomiáo 图 스캐닝하다 | 化学变化 huàxué biànhuà 화학적 변화 | 掏心 tāoxīn 图 마음속에서 우러나오다 | 坠 zhuì 图 떨어지다 | 爱河 àihé 图 애정의 정도를 형용하는 말 | 可卡因 kěkǎyīn 图 코카인

40-42

　　每个人的话语并非句句金科玉律，并非句句掷地有声，有些话语说过了，不多久，说话的人就会忘了，或者不再去留意它了。这种随意的话语很有文章可做。假如你适时地提起他以前说过的话，如："你曾经说过……至今我还记忆犹新。" 40 对方一定会因为受到你的重视而兴奋万分，认为你是一个细心的人，一个能有大作为的人，一个非常关心他人的人。假如你不但记住他人随意的话语，而且还按照他随意的话语办理，那效果会更加显著了。

　　有一次，我和朋友一起在咖啡店闲聊，这时看见了在墙上张贴的电影海报，我随意说了一句好久没有看电影了，想看看这部电影，41 其实我这样说只是为了转移话题，可没想到过了几天，他竟然给了我两张电影票，还邀请我一起去看这部电影，我当时真的是很感动，因为那句话只是我随口而出的。

42 "废金矿" 也能提炼出光彩夺目的黄金来！留意并记住他人随意所说的话语吧！它实际上是 "一堆金矿石"，假如开采得当，"人缘黄金" 会使你无比富有。

모든 사람의 말이 다 금과옥조일 수는 없고 하는 말마다 다 설득력이 있을 수는 없어서, 어떤 말은 하고 난 뒤 얼마 지나지 않아 잊어버리게 되거나 다시 개의치 않게 된다. 이렇게 자연스럽게 내뱉은 말은 음미해볼 가치가 있다. 만약 당신이 적시에 상대방이 과거에 했던 말을 꺼냈다고 해보자. 예를 들어 "당신은 과거에 ~라고 말했는데 아직도 기억이 새록새록 하네요."라고 한다면 상대방은 당신의 관심을 받고 있다는 사실에 기뻐할 것이고, 당신을 세심하고 다른 사람을 잘 배려하며 나중에 큰 인물이 될 사람이라고 여길 것이다. 만약 당신이 상대방의 말을 기억할 뿐만 아니라 그의 말에 따라 행동한다면 효과는 더욱 눈에 띈다.
하루는 친구와 함께 커피숍에서 수다를 떨면서 그때 벽에 붙은 영화포스터를 보게 되었는데, 나는 아무 생각 없이 오랫동안 영화를 못 봐서 이 영화를 보고 싶다고 말했다. 사실 화제전환을 위해 한 말이었는데 뜻밖에도 며칠 뒤 그 친구는 영화표 두 장을 건네며 함께 영화를 보러 가자고 했다. 그때 나는 아주 감동을 받았다. 왜냐하면 그때 나는 아무 생각 없이 한 말이었기 때문이다.
'폐금광'에서도 눈부신 황금을 캐낼 수 있다! 다른 사람의 말에 귀 기울이고 기억하라! 그것은 사실 한 무더기의 금으로, 만약 제대로 채굴한다면 '인간관계의 황금'을 캐내게 될 것이고 당신은 이로 인해 부유해질 것이다.

40 如果你注意了别人随意所说的话语，他会怎么样？

다른 사람이 한 말에 귀 기울인다면 상대방은 어떻게 생각할까?

A 很感谢你
매우 당신에게 감사한다

B 很佩服你
당신에게 매우 감명받는다

C 兴奋万分
매우 즐거워한다

D 无比自豪
매우 자부심을 느낀다

[➜ 풀이]

본문의 첫 번째 부분 对方一定会因为受到你的重视而兴奋万分(상대방은 당신의 관심을 받고 있다는 사실에 기뻐할 것이다)을 통해 정답은 매우 즐거워할 것임을 알 수 있다.

정답 ▶ C

41 为什么说话人说他好久没有看电影了？

왜 필자는 오랫동안 영화를 보지 못했다고 얘기했나?

A 他想看电影了
그는 영화를 보러 가고 싶었기 때문에

B 他是个电影迷
그는 영화 팬이기 때문에

C 他想换个话题
그는 화제를 전환하고 싶었기 때문에

D 他想快点离开
그는 빨리 떠나고 싶었기 때문에

[➜ 풀이]

듣기에서는 항상 전환관계를 보여주는 접속사(其实, 但是, 可是 등등)들에 신경을 써야 한다.
이 문장에서는 其实 바로 뒤를 주의해야 한다. 其实我这样说只是为了转移话题(사실 화제 전환을 위해 한 말이었다)라고 나와있는데 바로 대화의 내용을 바꾸기 위함임을 알 수 있다.
'转移…话题'는 '말을 바꾸다, 화제를 바꾸다'의 뜻이다.

정답 ▶ C

42　这段话主要讲了什么?

본문이 주로 말하고자 하는 것은?

A　记住他人随意所说的话语
다른 사람이 무심코 던진 말을 기억하라

B　怎样你会变得很富有
어떻게 당신이 부유해질 수 있는가

C　怎样能让别人喜欢你
어떻게 다른 사람이 당신을 좋아하게 할 수 있는가

D　如何让别人记住你
어떻게 다른 사람이 당신을 기억하게 만드는가

[▶풀이]

이 문장의 전체적인 내용은 상대방의 말에 귀를 기울이라는 주제, 즉 굿리스너에 관한 문장이다. 본문의 마지막 부분의 "废金矿" 也能提炼出光彩夺目的黄金来! 留意并记住他人随意所说的话语吧! 에서 이 문장의 주제를 호소(…吧!)하는 문장을 손쉽게 찾을 수 있다.

정답 ▶ A

▶단어

话语 huàyǔ 몡 말 ｜ 金科玉律 jīnkē yùlǜ 솅 금과 옥같은 규율 ｜ 掷地有声 zhìdì yǒushēng 솅 호탕하고 힘차다 ｜ 留意 liúyì 됭 유의하다. 주의하다 ｜ 适时 shìshí 혱 시기적절하다. 때맞다 ｜ 记忆犹新 jìyì yóuxīn 솅 과거의 일이 지금까지도 여전히 매우 생생하다 ｜ 海报 hǎibào 몡 포스터 ｜ 提炼 tíliàn 됭 추출하다. 정련하다 ｜ 夺目 duómù 혱 눈부시다 ｜ 开采 kāicǎi 됭 채굴하다. 개발하다. ｜ 得当 dédàng 혱 알맞다. 타당하다

43-46

　　由于自我意识的发展，⁴³中学生开始把注意力集中在自己的内心世界上，同时也由于其社会生活经验的逐渐丰富，他们开始意识到人与人之间存在着心心相印和心理不相容的差别。⁴⁴他们愿意对"知心朋友"倾吐自己内心的秘密，瞧不起那些用导师式口吻对他们说话的人，不愿意同这种人进行感情交流，透露自己的内心世界。他们也不愿对长辈透露内心，实行自我封闭。调查中发现，有相当一部分的中学生把心里话"对自己说"或"对日记本说"，向同学和师长隐匿秘密。由于他们把内心的感受隐藏起来，以致常常产生孤独感。⁴⁵这类学生往往通过记日记、画画儿、写字等方式来表现内心的苦闷和孤独感。他们很需要求得别人的理解，而调查发现有相当部分的中学生认为老师"不理解自己"和"不太理解自己"。⁴⁶解决这一矛盾要求教师和学生交朋友，对他们的行为表示理解，并帮助他们排忧解难，把他们从苦闷和孤独中解脱出来。

자아의식의 발전으로 중학생들은 자신의 내면세계에 관심을 가지기 시작하는 동시에, 사회경험이 풍부해지면서 그들은 사람들 사이에 서로 마음이 꼭 맞거나 차이가 존재함을 의식하게 된다. 그들은 '마음을 알아주는 친구'와 자신의 비밀을 공유하려는 경향이 있고, 가르치려는 식의 말투로 말하는 사람들을 싫어하며, 또 이러한 사람들과 교류하기를 꺼려하고 자신의 마음을 드러내 보이지 않는다. 이외에도 어른들에게 마음을 드러내 보이지 않고 자신의 마음을 닫아버린다. 조사에 따르면 일부 중학생들은 마음속의 말을 '자기 자신에게 말'하거나 '일기장에 말'하며, 학교 친구나 선생님에겐 비밀로 한다. 그들은 마음속 감정을 숨기다 보니 자주 고독감을 느끼게 된다. 이런 학생들은 자주 일기를 쓰거나 그림을 그리거나 글을 쓰는 등의 방식으로 마음속의 고민과 고독감을 표현한다. 그들은 다른 사람의 이해를 필요로 하지만 조사 결과 대부분의 중학생들은 선생님이 '자신을 이해하지 못하'거나 '잘 이해하지 못한다'고 답

했다. 이러한 갈등을 해결하려면 선생님들은 학생들과 친구로 지내면서 그들의 행위에 이해를 표해야 하고 그들을 도와 근심을 해결해주어 고민과 고독감에서 벗어나게 해야 한다.

43 中学生有怎样的心理特点?

중학생들의 심리적 특징은 무엇인가?

A 有自己的社会经验
자신의 사회경험이 있다

B 有自己的内心世界
자신의 내면세계가 있다

C 特别听从老师
특히 선생님 말을 잘 듣는다

D 喜欢向父母倾吐
부모에게 털어놓는 것을 좋아한다

[▶ 풀이]

본문의 첫 번째 단락의 中学生开始把注意力集中在自己的内心世界上(중학생들은 자신의 내면세계에 관심을 가지기 시작한다) 부분을 통해 정답을 확인할 수 있다.

정답 ▶ B

44 中学生愿意对谁透露自己的内心世界?

중학생들은 자신의 내면세계를 누구에게 드러내 보이는가?

A 父母
부모

B 老师
선생님

C 朋友
친구

D 同学
학교 친구

[▶ 풀이]

두 번째 단락의 他们愿意对"知心朋友"倾吐自己内心的秘密(그들은 '마음을 알아주는 친구'와 자신의 비밀을 공유하려는 경향이 있다) 부분을 통해 정답을 확인할 수 있다.
知心朋友는 바로 내 마음을 알아주는 친구를 말한다.

정답 ▶ C

tip

＊ 친구와 관련된 성어를 알아두자!

亲朋好友 qīnpéng hǎoyǒu 아주 친한 친구
狐朋狗友 húpéng gǒuyǒu 나쁜 친구. 무리
青梅竹马 qīngméi zhúmǎ 죽마고우. 어려서부터 알고 지낸 친구
两小无猜 liǎngxiǎo wúcāi 남녀가 어릴 때 함께 어울려 놀다
高山流水 gāoshān liúshuǐ 지음(知音). 친한 친구
知音 zhīyīn 자신을 진정으로 이해하는 사람을 말함
伯牙绝弦 bóyá juéxián 백아절현, 절친한 친구의 죽음[춘추시대(春秋时代) 때 거문고의 명인이었던 백아(伯牙)는 그의 거문고를 잘 들어주고 이해하던 친구 종자기(钟子期)가 죽자 자신의 거문고 소리를 이해하는 사람을 잃었다고 슬퍼한 나머지 줄을 끊고 일생 동안 거문고를 타지 않았다는 고사(故事)에서 유래하였으며, 훗날 참다운 벗의 죽음을 비유하게 되었음]

45 中学生通过写日记、画画儿、写字来表达什么?

중학생들은 일기나 그림, 글로 무엇을 토로하는가?

A 内心的孤独和苦闷
마음속의 고독과 고민

B 内心的恐惧和不安
마음속의 공포와 불안

C 内心的痛苦和苦闷
마음속의 고통과 고민

D 内心的无助和害怕
마음속의 무력함과 무서움

[▶ 풀이]

세 번째 단락의 这类学生往往通过记日记、画画儿、写字等方式来表现内心的苦闷和孤独感(자주 일기를 쓰거나 그림을 그리거나 글을 쓰는 등 방식으로 마음속의 고민과 고독감을 표현한다)을 통해 자신 내면의 고민과 고독감을 표현한다는 것을 알 수 있다.

정답 ▶ A

46 怎样能够解决这个问题?

이러한 문제를 어떻게 해결해야 하는가?

A 需要教师的严格教导
선생님의 엄격한 지도가 필요하다

B 家长检查他们的日记
가장들이 그들의 일기를 검사한다

C 教师和学生交朋友
선생님은 학생들과 친구가 된다

D 让他们自觉地学习
그들에게 자발적으로 공부하도록 한다

[▶ 풀이]

본문의 가장 마지막 단락 解决这一矛盾要求教师和学生交朋友(갈등을 해결하려면 선생님들은 학생들과 친구로 지내야 한다)를 통해 선생님과 학생이 서로 친구 같은 사이가 되어야 한다는 것을 알 수 있다.

정답 ▶ C

[▶ 단어]

心心相印 xīnxīn xiāngyìn 〔성〕 마음이 통하다. 의기투합하다 | 相容 xiāngróng 〔동〕 병존하다. 함께 존재하다 | 倾吐 qīngtǔ 〔동〕 다 말하다. 털어놓다 | 口吻 kǒuwěn 〔명〕 어투. 말투 | 长辈 zhǎngbèi 〔명〕 손윗사람. 연장자 | 封闭 fēngbì 〔동〕 봉쇄하다. 폐쇄하다 | 隐匿 yǐnnì 〔동〕 숨기다. 감추다 | 隐藏 yǐncáng 〔동〕 숨기다. 감추다 | 排忧解难 páiyōu jiěnàn 근심을 덜어 주고 어려움을 해결해주다 | 苦闷 kǔmèn 〔형〕 번거롭고 답답하다. 고민하다 | 解脱 jiětuō 〔동〕 해탈하다

47-50

　　在我们做的事情当中，有许多都受到感情的影响。由于我们的感情可为我们带来伟大的成就，也可能使我们失败，所以，⁴⁷我们必须了解，要控制自己的感情，首先应该做的是了解对我们有刺激作用的感情有哪些? 我们可将这些感情分为七种消极的和七种积极的情绪。

　　七种消极的情绪为: 1. 恐惧　2. 仇恨　3. 愤怒　4. 贪婪　5. 嫉妒　6. 报复　7. 迷信

　　七种积极的情绪为: 1. 爱　2. 性　3. 希望　4. 信心　5. 同情　6. 乐观　7. 忠诚

　　以上14种情绪，正是你人生计划成功或失败的关键，他们的组合，既能意义非凡，又能够混乱无章，完全由你决定。[48] 上面的每一种情绪都和心态有关，这也就是为什么我一直强调心态的原因。这些情绪实际上就是个人心态的反映，而心态是你可以组织、引导和完全掌控的对象。你必须控制你的思想，你必须对思想中产生的各种情绪保持警觉性，并且视其对心态的影响是好是坏而接受或拒绝。乐观会增强你的信心和弹性，而仇恨会使你失去宽容和正义感。如果你无法控制自己的情绪，你的一生将会因为不时的情绪冲动而受害。如果你正在努力控制情绪的话，可准备一张图表，写下你每天体验并且控制情绪的次数，这种方法可使你了解情绪发作的频繁性和它的力量。一旦你发现刺激情绪的因素时，便可 [49] 采取行动除掉这些因素，或把它们找出来充分利用。

将你追求成功的欲望，转变成一股强烈的执着意念，并且着手实现你的明确目标，这是使你学得情绪控制能力的两个基本条件，[50] 这两个基本条件之间，具有相辅相成的关系，而其中一个条件获得进展时，另一个条件也会有所进展。

우리는 일상생활을 하면서 여러 가지 감정의 영향을 받는다. 감정은 우리에게 커다란 성과를 가져다 주기도 하고 실패로 이끌기도 하여서 우리는 반드시 감정을 잘 통제해야 하는데, 먼저 우리를 자극하는 감정은 어떤 것들이 있는지 알아봐야 한다. 이러한 감정을 일곱 가지 부정적 감정과 일곱 가지 긍정적 감정으로 분류할 수 있다.
일곱 가지 부정적 감정에는 1. 공포 2. 미움 3. 분노 4. 탐욕 5. 질투 6. 복수 7. 미신 등이 있다.
일곱 가지 긍정적 감정에는 1. 사랑 2. 성 3. 희망 4. 자신감 5. 동정 6. 낙관 7. 충성 등이 있다.
이상의 14가지 감정은 우리의 인생계획이 성공하느냐 실패하느냐를 가늠하는 핵심이 되는데, 그들의 조합은 커다란 의미를 가질 수도 있고 혼란을 야기시킬 수도 있어서 이는 전적으로 당신의 선택에 달려 있다. 위에 나열한 모든 감정은 모두 마음가짐과 관련이 있고, 마음가짐은 당신이 인도하고 통제할 수 있는 대상이다. 당신은 당신의 생각을 통제해야 하고, 여러 가지 기분에 대해 높은 경각심을 가지고 있어야 하며 아울러 그들이 마음가짐에 끼치는 영향이 좋은지 나쁜지, 받아들여야 할지 거부해야 할지를 잘 판단해야 한다. 낙관은 당신의 자신감과 유연함을 높일 것이고, 반면에 미움은 관용과 정의감을 잃게 할 것이다. 자신의 감정을 통제할 수 없다면 당신의 일생은 한 순간의 심적 충동으로 피해를 입을 것이다. 당신이 감정통제를 위해 노력하고 있다면 종이 한 장을 준비해 하루하루의 체험과 감정 통제 횟수를 적어넣으라. 이런 방법은 감정작용의 빈도와 힘을 알려줄 것이다. 감정을 자극하는 요소를 발견했다면 모든 방법을 동원해 이런 요소를 제거하거나 그것을 찾아내 충분히 이용하라.
성공을 좇는 욕망을 강렬한 집념으로 승화시켜 당신의 정확한 목표를 실현하기 위해 착수하라. 이것은 당신이 감정을 통제하는 것을 배우는 데 있어 가장 기본적인 두 가지 조건인데, 이 두 가지 조건은 서로 보완적인 관계이며 한 가지 조건의 진전은 다른 한 가지 조건의 진전을 가져올 것이다.

47 控制自己的感情，首先应该做的是什么?

감정을 통제하려면 먼저 무엇을 해야 되는가?

A 了解自己的感情世界
자신의 감정세계를 이해한다

B 了解自己的内心世界
자신의 내면세계를 안다

C 了解我们自己的性格
자신의 성격을 안다

D 了解有刺激作用的感情
자극적 작용을 하는 감정을 안다

첫 번째 단락의 我们必须了解, 要控制自己的感情, 首先应该做的是了解对我们有刺激作用的感情有哪些(먼저 우리를 자극하는 감정은 어떤 것들이 있는지 알아봐야 한다) 부분에 가장 먼저 해야 하는 것은 자신을 자극하는 감정을 알아야 한다는 것이 된다.

정답 ▶ D

48 关于情绪和心态关系的说法正确的一项是?

감정과 심리상태의 관계에서 정확한 것은?

A 情绪不能反映心态

감정은 마음가짐을 반영할 수 없다

B 每一种情绪都和心态有关

각 감정은 모두 마음가짐과 관련 있다

C 每一种情绪都和心态无关

모든 감정은 마음가짐과 상관이 없다

D 情绪可以控制心态

기분은 마음가짐을 절제할 수 있다

[● 풀이]

세 번째 단락의 첫 줄에 上面的 每一种情绪都和心态有关(위에 나열한 모든 감정은 모두 마음가 짐과 관련이 있다)이라고 해서 모든 감정은 모두 마음가짐과 관련 이 있음을 알 수 있다.

정답 ▶ B

49 画图表的方法对控制情绪有怎样的作用?

도표를 그리는 방법은 감정 통제에 어떠한 역할을 하는가?

A 记录情绪的次数

감정을 기록하는 횟수

B 控制情绪的发作

감정을 통제한다

C 除去刺激情绪的因素

감정을 자극하는 요소를 없앤다

D 除去情绪发作的力量

감정 작용의 힘을 없앤다

[● 풀이]

네 번째 단락의 마지막 부분에 采 取行动除掉这些因素, 或把它们 找出来充分利用(감정을 자극하 는 요소를 없애거나 그것을 찾아 내 충분히 이용하라)이라는 대목 이 나오는데 이를 통해 정답을 찾 을 수 있다.

정답 ▶ C

50 学会情绪控制的两个基本条件之间是什么关系?

감정을 통제하는 법을 배우는 두 가지 기본조건 사이에는 어떤 관계 가 있는가?

A 水涨船高

같이 상승한다

B 缺一不可

하나라도 빠져선 안 된다

C 互相辅助

서로 보완한다

D 密不可分

떨어질 수 없다

[● 풀이]

본문의 가장 마지막 단락 这两个 基本条件之间, 具有相辅相成 的关系, 而其中一个条件获得 进展时, 另一个条件也会有所 进展에서 두 기본조건 사이에 상 호보완의 관계가 있음을 찾아낼 수 있다.

정답 ▶ C

[● 단어]

消极 xiāojí ⑱ 부정적인. 발전을 저해하는 ┃ 积极 jījí ⑱ 긍정적인. 발전에 유리한 ┃ 恐惧 kǒngjù ⑱ 무섭다. 두렵다 ┃ 仇恨 chóuhèn ⑧ 극도로 증오하다 ┃ 愤怒 fènnù ⑧ 분노하다. 성내다 ┃ 贪婪 tānlán ⑱ 탐욕스럽다 ┃ 报复 bàofù ⑧ 보복하다 ┃ 忠 诚 zhōngchéng ⑱ 충성스럽다. 충실하다 ┃ 非凡 fēifán ⑱ 비범하다. 뛰어나다 ┃ 掌控 zhǎngkòng ⑧ '장악하여 통제하다'의 줄 임말 ┃ 警觉 jǐngjué ⑲ 경각심 ┃ 弹性 tánxìng ⑲ 탄력성. 유연성 ┃ 除掉 chúdiào ⑧ 제거하다. 제외하다 ┃ 执着 zhízhuó ⑧ 집착하다. 집요하다 ┃ 着手 zhuóshǒu ⑧ 착수하다. 손을 대다 ┃ 相辅相成 xiāngfǔ xiāngchéng ⑳ 서로 보충하고 협력하다

 **第一部分** 51~60번 문제, 다음 문장 중 틀린 문장을 고르시오.

51

A 我对我儿子所取得的优秀的成绩感到骄傲。
나는 아들이 받은 우수한 성적에 자부심을 느꼈다.

B 自然界中已被人们所知的天然毒素有1000多万种。
자연계에서 사람들이 알고 있는 천연독소는 1,000만여 종이 된다.

C 医生不仅给他送来了光明，同时也重新点燃了生命之光。
의사는 사람들에게 빛을 가져다줄뿐 아니라 아울러 생명의 빛을 다시 켜준다.

D 冯杰伦听业内人士说：“如今投稿，非得有熟人不可。”
펑제룬은 업계인사가 "현재 원고를 투고하려면 아는 사람이 꼭 있어야 합니다."라고 말하는 것을 들었다.

[▶ 풀이]

본 문제는 전치사숙어에 관한 문제이다. 对는 주로 동사행위의 대상을 나타내는데, 문장에서는 감정을 나타내고 있으므로 A에는 전치사 为를 써야 한다.

예 为…而感到骄傲 ~로 자랑스럽게 생각하다
　　 为…而感到自豪 ~로 자긍심을 느끼다
　　 为…而高兴 ~때문에 기쁘다
　　 为…而担心 ~때문에 걱정이다
　　 为…而发愁 ~때문에 고민하다

따라서 A는 我为我儿子所取得的优秀的成绩感到骄傲로 수정해야 한다.

정답 A

▶ 단어

毒素 dúsù 뗑 독소 | **点燃** diǎnrán 똥 불을 붙이다. 점화하다 | **业内** yènèi 뗑 업계 내. 업무 범위 내 | **投稿** tóugǎo 똥 투고하다. 원고를 보내다

52

A 这种心理疾病不是已经一个陌生而遥远的问题了。
이러한 심리질병은 이미 생소하여 오래된 문제가 아니다.

B 既然你这么死心塌地地爱他，我们就不再说什么了。
당신이 이렇게 변함없이 그를 사랑하기로 한 이상 우리는 아무 말도 하지 않겠다.

C 开展对外层空间的科学探索必须加大投资，否则很难达到预期目标。
대외층 공간의 과학적 탐색을 진행하려면 반드시 투자를 더해야 하는데, 그렇지 않으면 예상했던 목표에 다다르기 힘들다.

D 为了培养和鼓励更多的文学艺人，中央电视台要举办“全国文艺作品大赛”。
더 많은 문예 예술인들을 양성하고 격려하기 위해 중앙방송국은 '전국문예작품대회'를 개최할 것이다.

[▶ 풀이]

부사의 위치가 틀린 문제이다. A에서 '이미 ~이다, 이미 ~가 아니다'라는 표현을 쓰려면 '已经是…了' 혹은 '已经不是…了'라고 써야 한다. 하지만 본 문장에서는 不是와 已经의 위치가 틀렸다.
즉 A는 这种心理疾病已经不是一个陌生而遥远的问题了로 수정해야 한다.

정답 ▶ A

▶ 단어

遥远 yáoyuǎn 형 요원하다. 아득히 멀다 ㅣ 死心塌地 sǐxīn tādì 성 마음을 굳혀 절대 바꾸지 않다 ㅣ 外层空间 wàicéng kōngjiān 우주 공간

53

A　欧佩克对油价疯涨猛跌持有一种非常矛盾的心理。
　　OPEC은 유가의 급등과 급락에 대해 매우 모순된 심리를 가지고 있다.

B　现实是被人们的理智和意志的无穷力量所创造的。
　　현실은 사람들의 지혜와 의지의 무한한 힘으로 만들어진 것이다.

C　那个明星有很多的钱和不错的名声，但终于还是患忧郁症自杀了。
　　이 스타는 매우 많은 돈과 명성을 가지고 있지만 우울증으로 자살했다.

D　野生驼鹿才是狼群的主要食物，狼群的偶尔偷袭不足以对饲养业造成威胁。
　　야생 엘크는 이리떼의 주요 먹잇감인데, 이리떼가 간혹 기습하는 것은 목축업에 위협이 되지는 않는다.

[▶ 풀이]

부사의 활용에 관한 문제이다. 문장의 해석이 약한 수험자에게는 매우 어려운 문제일 수 있다.
终于는 말하는 이가 원하던 일이 드디어 이루어졌을 때 쓰는 부사이고, 最终이나 结果는 어떤 일이나 상황의 전개에 따른 자연스러운 결과를 말하고자 할 때 쓰는 것이다. C에서 유명스타의 자살을 '바랐다'고 볼 수 없으므로 문장에서 부사를 바꾸어야 한다.
예　那个明星有很多的钱和不错的名声，但终于还是患忧郁症自杀了。(X)
　　　　　　　　　　　　　　　　　　　드디어 우울증으로 자살했다.
　　那个明星有很多的钱和不错的名声，但最终还是患忧郁症自杀了。(O)
　　　　　　　　　　　　　　　　　　　결국 우울증으로 자살했다.

정답 ▶ C

▶ 단어

欧佩克 Ōupèikè 명 석유수출국기구(OPEC) ㅣ 疯涨 fēngzhǎng 명 폭등하다 ㅣ 猛跌 měngdiē 동 폭락하다. 급락하다 ㅣ 忧郁症 yōuyùzhèng 명 우울증 ㅣ 驼鹿 tuólù 명 엘크 ㅣ 偷袭 tōuxí 동 기습하다. 습격하다 ㅣ 饲养 sìyǎng 동 사육하다

54

A 父亲总是把自己的烦恼紧紧地隐藏在自己的心底。
아버지는 항상 자신의 고민을 마음 깊은 곳에 숨겨두었다.

B 老人牵着马走在山间的小路上，不时回头跟骑在马背上的旅客说话。
노인은 말을 끌고 산간의 좁은 길을 걸으면서, 이따금 고개를 돌려 말에 타고 있는 여행객과 말을 했다.

C 好方法能使我们更好地运用我们的才能，而拙劣的方法则可能阻碍才能的发挥。
좋은 방법은 우리가 더 훌륭하게 자신의 재능을 활용하게 해주지만, 졸렬한 방법은 재능이 발휘되지 못하도록 할 수 있다.

D 土豆含有能够产生"腹满感"的"膳食纤维"，所以用它来代替主食，具有减肥效果。
감자는 '포만감'을 주는 '음식 섬유질'을 함유하고 있어서 주식으로 대체할 수도 있고 다이어트 효과가 있다.

[◈ 풀이]

부사의 활용이 잘못된 문제이다. A의 紧紧地는 한국어로 '바싹', '찰싹' 등의 어감을 나타내므로 '마음속 깊은 곳에 담아두었다'를 수식할 수 없는 표현이다. 紧紧地를 深深地로 바꾸어야 한다. 즉 A는 父亲总是把自己的烦恼深深地隐藏在自己的心底로 수정해야 한다.

어떤 학습자는 紧紧地의 위치가 把 앞에 가야 한다고 생각해서 정답을 선택한 경우도 있다. '…地' 형태의 부사는 그 의미를 파악하여서 주어의 의미와 밀접한 부사는 把 앞에, 술어를 수식하는 내용에 가까우면 동사 술어의 앞에 위치하게 하는 것이 일반적인 경우이다. 예를 들어, 她高高兴兴地把这封信很快地抢过来了。 이 문장에서 '기쁘다'는 그녀의 기분과 더 밀접하므로 把의 앞에, 재빨리는 빼앗았다는 동사의 동작과 더 가까우므로 抢의 앞에 쓰인 것이다.

정답 ▶ A

[◈ 단어]

拙劣 zhuōliè **형** 졸렬하다 | 阻碍 zǔ'ài **동** 저애하다. 장애하다 | 腹满 fùmǎn **명동** 복부팽만/배가 부르다 | 膳食 shànshí **명** 일상적으로 먹는 식사

55

A 我相信挫折、磨难一定是锻炼意志、增强能力的好机会。
난 좌절과 고난이 반드시 의지를 단련하고 능력을 강하게 하는 좋은 기회라고 믿는다.

B 他的爷爷用毛笔写了一些潦草得无法几乎辨认的语句。
그의 할아버지는 붓으로 흘려 써 거의 알아보기 힘든 문구를 썼다.

C 中国文化有着数千年的悠久历史，所以其底蕴十分丰富。
중국문화는 수천 년의 유구한 역사를 가지고 있어 그 바탕이 매우 풍부하다.

D 茶马古道是古代中国西南民族经济文化交流的走廊，它蕴藏着开发不尽的文化遗产。
차마고도는 고대 중국 서남민족 경제문화 교류의 통로로 끝없는 문화유산을 담고 있다.

[풀이]

부사의 위치가 잘못된 문제이다. B에서 几乎와 无法가 함께 쓰였는데, 이 경우 '거의, 대개'라는 의미의 几乎(범위부사)는 '~할 방법이 없다'의 无法(부정부사)보다 앞에 위치해야 한다. 따라서 B는 他的爷爷用毛笔写了一些潦草得几乎无法辨认的语句가 되어야 한다.

정답 ▶ B

단어

磨难 mónàn (명) 역경. 고생 | 潦草 liáocǎo (형) 가지런하지 못하다. 난잡하다 | 辨认 biànrèn (동) 판별하다. 판단하다 | 底蕴 dǐyùn (명) 상세한 내용. 내막. 속사정 | 走廊 zǒuláng (명) 복도. 회랑 | 蕴藏 yùncáng (동) 잠재하다. 간직해 두다

56

A 她用自己的全部爱心护理着一位患有严重心脏病的病人。
그녀는 자신의 사랑으로 심각한 심장병을 앓고 있는 환자를 간호했다.

B 你在办公室里种上几盆花或养上几条鱼，这样可以缓解压力。
당신이 사무실에서 꽃을 키우거나 물고기를 기르는 것은 스트레스를 완화시킬 수 있다.

C 导致人类活动的全球变暖已经成为现实，未来气候环境很不乐观。
인류활동이 지구온난화를 야기하는 것은 이미 현실이 되었고 미래 기후환경은 매우 낙관적이지 않다.

D "人非圣贤，孰能无过"，我也老犯错，但是犯错我改，把自己从一个坏人变成一个好人。
'성인이 아닌 이상 그 누군들 잘못이 없겠는가', 나도 잘못을 한 적이 있지만 잘못을 하면 나는 고쳐서, 자신을 나쁜 사람에서 좋은 사람으로 바꾼 것이다.

[풀이]

주어와 술어의 위치가 뒤바뀐 문제이다. 문장 C를 해석해보면 '인류의 활동이 초래한 지구온난화(人类活动导致的全球变暖)'라고 말해야지 '인류활동을 초래한 지구온난화(导致人类活动的全球变暖)'는 말이 되지 않는 문장이다. 즉 C는 人类活动导致的全球变暖已经成为现实, …가 되어야 한다.
최근 자주 출제되는 유형의 문제인데, 문장의 주요성분들이 생략되거나 순서가 바뀌어 문장의 해석이 오류가 생기는 문제가 자주 출제된다. 그러므로, 항상 '주어+술어+목적어' 같은 주요 문장성분을 잘 찾아내는 훈련을 해야 한다.

정답 ▶ C

단어

护理 hùlǐ (동) 간호하다. 돌보다 | 心脏病 xīnzàngbìng (명) 심장병 | 缓解 huǎnjiě (동) 풀어지다. 느슨해지다 | 全球变暖 quánqiú biànnuǎn 지구온난화 | 圣贤 shèngxián (명) 성현

57

A　生活方式是指人们的生活水平、生活习惯、生活态度和目的。
생활방식이란 사람들의 생활수준, 생활습관, 생활태도와 목적을 말한다.

B　我们就此事向有关部门反映过，他们虽然答应解决，却始终不见动静。
우리는 이 일에 대해 관련부문에 보고한 적이 있는데, 그들은 해결한다고 대답했지만 계속 낌새가 보이지 않는다.

C　持续高速发展的经济和大容量的就业环境，然而造成这些地区人口的高速增长。
경제의 고속발전과 대용량의 취업환경이 지속되어 이 지역 인구의 빠른 증가를 야기했다.

D　花的气味和人鼻腔内的嗅觉细胞相接触后，传输到大脑皮层，令人产生沁人心脾的感觉。
꽃의 향기와 사람의 비강 속에 있는 후각세포가 서로 맞닿은 후 대뇌피질에 전달해 편안한 기분을 들게 한다.

[▶ 풀이]

최근 新HSK에 자주 출제되는 접속사 문제이다. 문장 C에서 '…, 접속사 + …'의 형태로, 즉 앞문장과 뒷문장 사이에 접속사가 있다면 반드시 앞뒤 문장을 꼼꼼히 해석하고 확인해야 한다.
문제의 문장은 앞문장에서는 경제의 고속성장과 대용량의 취업환경이 지속되었고 이것이 바로 이 지역 인구증가를 만들었으므로 순접(인과)관계인데, 접속사는 역접(전환)관계를 나타내는 然而이 쓰여 있으므로 틀렸다. 즉 C를 持续高速发展的经济和大容量的就业环境，必然造成这些地区人口的高速增长으로 수정해야 한다.

정답 ▶ C

▶ 단어

动静 dòngjing 명 동정, 인기척 | 鼻腔 bíqiāng 명 비강 | 嗅觉 xiùjué 명 후각 | 传输 chuánshū 동 수송하다, 운송하다 | 大脑皮层 dànǎo pícéng 대뇌피질 | 沁人心脾 qìnrén xīnpí 성 훌륭한 문학 작품이나 음악이 사람의 마음을 시원하게 하다

58

A　美貌与技艺并重的她，使花样滑冰运动在韩国从不受重视到举国轰动。
아름다운 외모와 기예를 겸비한 그녀는 한국에서 관심을 받지 못한 피겨스케이트 운동으로 전국을 뒤흔들었다.

B　相声起源于北京，流行于全国各地。它是以说笑话还是滑稽问答引起观众发笑的曲艺形式。
상성(만담의 일종)은 베이징에서 기원하여 전국 각지에 유행했다. 우스갯 소리를 하거나 익살맞은 문답으로 관중의 웃음을 자아내는 설창문예 형식이다.

C　使用网上汇款业务，不但可以免去频繁跑银行的麻烦，还可以节省汇款费用，可谓一举两得。
인터넷 송금업무를 사용하면 자주 은행에 가는 수고를 덜어줄 뿐 아니라, 송금비용을 절약할 수 있어 일거양득이다.

> **D** 金钱和时间是人生两种最沉重的负担，最不快乐的就是那些拥有很多这两种东西，却不知怎样使用的人。
>
> 돈과 시간은 인생에서 가장 무거운 두 개의 부담으로, 가장 행복하지 않은 것은 저 두 개를 많이 가졌지만 어떻게 사용할지 모르는 사람이다.

[◎ 풀이]

부사의 사용이 잘못된 문제로 还是와 或者는 학습자들이 자주 혼동하는 빈출부사이다. B에서의 还是는 주로 선택의문문을 만들기 때문에 B에서는 잘못 사용된 것이다. 우스갯 소리나 혹은 익살맞은 문답으로 관중들의 웃음을 자아낸다고 해야 하므로 或者를 써야 한다. 따라서 B는 它是以说笑话或者滑稽问答引起观众发笑的曲艺形式로 수정해야 한다.

정답 ▶ B

[◎ 단어]

花样滑冰 huāyàng huábīng 명 피겨스케이팅 | 举国 jǔguó 명 나라 전체. 전국 | 轰动 hōngdòng 동 뒤흔들다. 동요하다 | 滑稽 huájī 형 익살맞다. 익살스럽다 | 发笑 fāxiào 동 웃다 | 曲艺 qǔyì 명 지방색 짙은 각종 민간설창문예 | 汇款 huìkuǎn 동 송금하다. 돈을 부치다

59

> **A** 为了改善城市环境，缓解交通压力，节俭能源，同时也为了您的健康，请您"走着去上班"。
>
> 도시환경을 개선하기 위해서, 교통혼잡을 완화시키고 에너지를 절약하는 동시에 당신의 건강을 위해 '출근할 때 보행을 하십시오'.
>
> **B** 人们往往有一个误解，就是以为自己使用的物品越高级、越奢华，生活的质量就越高。
>
> 사람들은 종종 오해를 하나 하는데, 즉 자신이 사용하는 물건이 더 고급스럽고 더 호화로우면 생활의 질이 더욱 높아질 것이라고 말이다.
>
> **C** 因为夏季地面温度高，再加上城市的热岛效应，造成地面的热力不均，冷暖空气的交汇容易形成局部性阵雨。
>
> 여름철 지상온도가 높고 도시의 열섬효과가 더해지기 때문에 지상의 열이 고르지 않게 분포돼 차가운 공기와 뜨거운 공기가 모여 쉽게 지역적으로 소나기가 내린다.
>
> **D** 在美国，每年大约有187亿人向心理医生诉说他们所遭受的各种压力，平均每一百个人就拥有一位心理医生。
>
> 미국에서는 매년 약 187억의 사람들이 정신과 의사들에게 자신의 각종 스트레스를 토로하고 평균 100명당 한 명의 전문 정신과 의사를 두고 있다고 한다.

[◎ 풀이]

술어의 용법이 틀린 문제로서 新HSK에 자주 출제되는 난이도가 높은 문제이다. A에서의 节俭은 절약하고 아낀다

는 뜻의 동사로 뒤에 목적어를 쓰지 못한다. 뒤에 나오는 목적어를 '아끼다'라고 쓰려면 节约를 써야 한다.

예 节约…能源 자원을 절약하다
节约…费用 비용을 절약하다
节俭的力量 절약의 힘
节俭意识 절약의식

따라서 A는 为了改善城市环境，缓解交通压力，节约能源…으로 수정하여야 한다.

정답 ▶ A

改善…环境 gǎishàn…huánjìng 환경을 개선하다
缓解…压力 huǎnjiě…yālì 부담이나 스트레스를 풀어주다

🔖 단어

缓解 huǎnjiě 동 풀어지다. 느슨해지다 | 节俭 jiéjiǎn 동 아끼다. 절약하다 | 能源 néngyuán 명 에너지원 | 热岛效应 rèdǎo xiàoyìng 열섬현상 | 交汇 jiāohuì 동 합류하다. 한데 모이다 | 局部 júbù 명 일부분. 국부 | 阵雨 zhènyǔ 명 소나기 | 诉说 sùshuō 동 하소연하다. 간곡히 말하다

60

A 由于连日大雪，西藏著名的纳木错湖景区已被当地公安部封闭，禁止游客进入。
연일 큰 눈이 내렸기 때문에 시짱의 유명한 나무추어호수 관광지구는 이미 현지 공안부에 의해 폐쇄됐고 여행객들의 진입이 금지되었다.

B 越来越多的人开始学习汉语，特别是匹兹堡大学孔子学院建立之后，汉语在当地的发展更是日新月异。
더 많은 사람들이 중국어를 배우기 시작하였는데, 특히 피츠버그 대학의 공자학원이 개설된 후 중국어는 현지에서 빠르게 발전하고 있다.

C 一项研究最新表明，使用吸尘器是引起肥胖的原因之一，因为人们使用吸尘器会减少热量消耗，助长肥胖。
한 연구결과에 따르면 진공청소기를 사용하는 것은 비만의 원인 중 하나라고 하는데, 이유는 사람들이 진공청소기를 사용하면 열량소모가 적어지기 때문에 비만을 야기한다는 것이다.

D 由于各种乐曲的旋律、节奏、音色、音调的不同，每个人产生的情绪反应也有所不同，同时影响到人体的新陈代谢。
각종 음악의 선율, 리듬, 음색, 음조가 다르기 때문에 모든 사람이 느끼는 감정반응도 조금씩 다르고 아울러 인체의 신체대사에도 영향을 준다.

[● 풀이]

문장 C는 형용사인 最新이 동사 表明을 수식하고 있어서 틀린 문장이다. 형용사는 서술어로 쓰이거나 명사나 대명사를 수식할 때 쓰인다. 형용사의 뒤에 목적어가 있다거나 동사를 수식하는 문장은 틀린 문장이다. 즉 C는 一项最新研究表明…이 되어야 한다.

정답 ▶ C

* 설명문의 주요구조

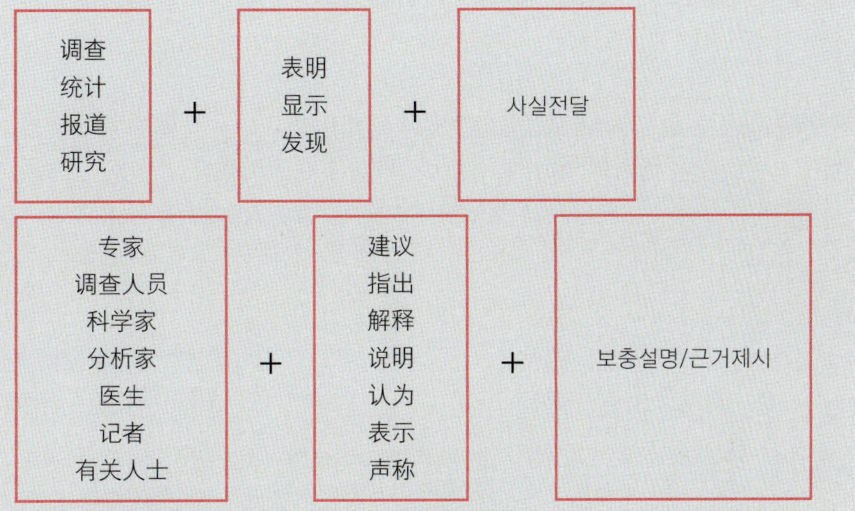

例 一项最新的研究表明，狗儿们因为从长期依赖人类的照顾和驯养，已经失去了很多独立生存的能力。研究人员认为，多年的驯化导致狗失去了一旦身处野外时解决生存问题的能力。

한 최신 연구결과에서는 애완견들이 오랜기간동안 사람들의 보살핌과 훈련에 익숙해져 독립생존능력을 이미 잃어버렸다고 밝히고 있다. 연구원들은 오랜기간의 애완견 훈련은 개는 홀로 밖에 있을 때 생존문제를 해결하는 능력을 잃었버리게 하는 결과를 초래했다고 밝히고 있다.

단어

连日 liánrì 통 며칠 동안 이어지다. 며칠 간 잇따르다 | 景区 jǐngqū 명 명승지. 경승지 | 封闭 fēngbì 통 봉쇄하다. 폐쇄하다 | 匹兹堡 Pǐzībǎo 지명 피츠버그 | 日新月异 rìxīn yuèyì 성 진보가 빠르다. 빠르게 발전하다 | 吸尘器 xīchénqì 명 진공청소기 | 肥胖 féipàng 형명 뚱뚱하다/비만 | 消耗 xiāohào 통 써서 없애다. 소모하다 | 助长 zhùzhǎng 통 조장하다 | 旋律 xuánlǜ 명 가락. 선율

第二部分

61~70번 문제, 다음 지문의 빈칸에 맞는 답을 고르시오.

61

上班族的压力越来越大。工作之余要懂得用娱乐 __1__ 身体的紧张状态。只是一味地扑在工作上，不 __2__ 任何娱乐活动，这是一种舍本逐末的做法，__3__ 会损害身体健康。

샐러리맨의 스트레스는 점점 커진다. 업무 외에도 오락을 통해 신체의 긴장상태를 1 푸는 법을 알아야 한다. 오직 일에만 몰두하고 어떠한 오락에도 2 참가하지 않는다면, 이것은 본말이 뒤바뀐 방법으로 3 결국 신체건강을 해치게 될 것이다.

A 调节　参加　最终　　　　　　B 调整　组成　终于

C 调动　出席　最后　　　　　　D 调配　组织　结果

[풀이]

1: 신체의 긴장을 풀어주는 방법에 어울리는 어휘를 선택해야 하는데, 调节와 调整을 우선순위로 선택할 수 있다. 调节는 주로 자연스럽게 조절이 되는 상황에 잘 쓰이고, 调整은 내 노력이나 심리적인 노력으로 조정이 가능한 것에 잘 쓰인다.

调动은 다른 곳으로 이동하고 옮겨가는 것을 의미한다. 调配는 발음이 두 가지 있는데, 첫 번째 调配 diàopèi는 이동시켜 배치하다, 옮겨서 분배하다는 뜻이고 调配 tiáopèi는 약물 등을 혼합하여 섞다, 섞어서 배합하다는 뜻을 나타낸다. 그러므로 가장 무난한 것은 调节 혹은 调整 중에서 선택해야 한다.

2: 목적어와의 搭配를 통해 쉽게 찾을 수 있다. 빈칸의 뒤에 목적어는 活动, 즉 행사, 캠페인, 활동이라는 뜻이므로 参加 혹은 出席가 무난하다. 组织 혹은 组成은 앞에 전치사 由와 함께 잘 나오므로 꼭 기억해야 한다.[예 由…组织, 由…组成]

3: 어떠한 여가활동도 하지 않고 일만 하는 것은 정작 중요한 것은 버리고 불필요한 것만 추구하는 방법이고 결국에 가서는 건강을 해친다고 했으므로 最终 혹은 结果가 무난하다.

终于는 본인이 원하던 결과가 마침내 실현되었을 때 쓸 수 있다.

제시단어를 세 가지를 정리해보면 A번이 가장 알맞은 어휘들이다.

정답 ▶ A

[단어]

上班族 shàngbānzú 명 샐러리맨. 월급쟁이 | 扑 pū 동 달려들다. 돌진하다 | 舍本逐末 shěběn zhúmò 성 중요한 부분을 버리고 사소한 부분을 쫓다

62

游戏机在他的一生中 __1__ 了一个很重要的角色，因为他唯一的爱好是电子游戏。关于他对电子游戏的 __2__ ，一个与他结识多年的朋友告诉我，他可以彻夜玩游戏，__3__ 为了玩游戏会和父母"打游击"，坐在电脑面前的他更像个孩子。

게임기는 그의 일생에서 매우 중요한 역할을 ¹ 맡고 있는데, 이유는 그의 유일한 취미가 전자오락이기 때문이다. 그의 전자게임에 대한 ² 중독에 관해 그와 오랫동안 알고 지내던 한 친구가 그는 밤을 새서 오락을 할 수 있고 ³ 심지어 게임을 위해 부모와 '유격전'을 벌이며, 컴퓨터 앞에 그는 마치 어린아이 같다고 나에게 말해주었다.

A	演出	迷恋	何况	B	担任	痴狂	反而
C	扮演	痴迷	甚至	D	担负	迷惑	乃至

[풀이]

<u>1:</u> 뒤에 목적어와의 搭配를 통해 정답을 선택할 수 있는 문제이다. '~배역, 역할을 맡다'라는 표현은 '扮演…角色'이므로 정답은 扮演이 가장 적당하다.

担任의 뒤에는 늘 직책이나 호칭을 나타내는 단어가 주로 온다. 예를 들어, '担任…班主任(학급담임을 맡다)', '担任…代表(대표직을 맡다)' 등으로 쓸 수 있다. 演出는 공연이나 연기를 하다는 뜻이므로 정답이 될 수 없다.

<u>2:</u> 迷恋은 어떤 대상에 미련을 갖고 푹 빠지는 것을 나타낸다.

痴狂은 痴迷와 疯狂의 합성어로서 어떤 일에 몰두하고 열중하는 것을 나타내고 빈칸에 잘 어울리는 단어이다. 痴迷 역시도 푹 빠지고 열중하다는 뜻이므로 사용할 수 있는 단어이다. 迷惑는 미혹되어 정신을 못 차리고 옳고 그름을 판단하지 못한다는 뜻이어서 빈칸에는 부적절한 단어이다.

<u>3:</u> 밤 새서 게임도 하고 심지어는 게임을 하기 위해 부모님과 유격전을 펼칠 정도라고 했으므로, 앞에 나오는 내용보다 더욱 심해졌음을 알 수 있다. 그러므로 甚至를 써야 한다.

反而은 생각했던 것과 반대의 결과일 때, 즉 '오히려, 도리어'의 뜻이고 항상 주어의 뒤에만 쓰인다.

정답 ▶ C

⊙ 단어

结识 jiéshí (동) 친분을 맺다. 교제하다 | 彻夜 chèyè (부) 밤새. 밤 내내 | 游击 yóujī (동) 유격하다. 게릴라전을 하다 | 迷恋 míliàn (동) 미련을 가지다. 연연하다 | 痴狂 chīkuáng (형) 열중하다. 몰두하다 | 痴迷 chīmí (동) 깊이 빠지다

63

我国市场经济发展20多年来，市场秩序 ___1___ ，发展到今天已取得巨大的进步。但是，与其他国家相比，我国市场秩序仍然 ___2___ 一种混乱状态， ___3___ 出市场的发育水平还比较低。

중국이 시장경제로 발전한 20여 년 간 시장질서는 ¹ 무에서 유로 오늘날 이미 큰 진전을 이루었다. 하지만 다른 국가와 비교할 때 중국시장의 질서는 여전히 혼란한 상태에 ² 있어, 시장의 성장수준이 아직 낮다는 것을 ³ 보여준다.

A	从头到尾	位置	表现	B	从无到有	处于	反映
C	从高到低	位于	显示	D	从里到外	进入	反应

[풀이]

<u>1:</u> 네 가지 상용표현이 등장했다. 从头到尾는 말 그대로 처음부터 끝까지라는 뜻이다. 从无到有는 무에서 유를 창조하다는 뜻이므로 앞뒤 내용으로 보아 빈칸에 가장 알맞은 단어이다.

<u>2:</u> 술어와 목적어의 搭配을 통해 쉽게 답을 선택할 수 있다. 状态와 잘 결합하는 단어는 处于와 进入 두 가지를

모두 다 술어로 쓸 수 있다. 예를 들어 '카운트다운에 들어가다'라고 하면 进入倒计时状态라고 쓴다.
位于는 물리적인 어떤 장소나 주소에 위치한다는 뜻이므로 정답이 될 수 없다. 位置는 명사로 '위치'라는 뜻이므로 술어가 될 수 없다.
<u>3</u>: 발음은 똑같지만 의미가 다른 두 단어 反映과 反应이 등장했다.
먼저 反应은 주로 물리적, 화학적인 반응을 나타내므로 본 문제에서 시장발전의 상태가 비교적 낮다라는 사실을 목적어로 받을 수 없다. 反映은 어떤 현상이나 상황, 사실, 의견 등을 내비추거나 반영하는 것을 나타내므로 정답이 될 수 있다. 表现은 주로 공연이나 시합 또는 회사나 학교 같은 단체에서 본인의 능력이나 기량을 발휘하고 뽐내는 경우에 잘 쓰이는데, 이 문장에서는 술어역할을 할 수 없다. 显示는 어떤 사실이나 정보를 전달할 때 잘 쓰이며 调查, 统计, 报道, 研究 등의 단어 뒤에 잘 따라온다. 답은 B로 고를 수 있다.

정답 B

단어

发育 fāyù 동 발육하다. 자라나다 | 从无到有 cóngwú dàoyǒu 성 무에서 유. 무에서 유를 낳다 | 反映 fǎnyìng 동 반영하다. 반영시키다

64

欧洲信鸽品种 __1__ ，赛鸽活动很多。每年各国的信鸽俱乐部先 __2__ 350公里以下的短距离比赛， __3__ 是省办和国办的中距离比赛，最后是各国联合大赛，距离长达1200公里，每年 __4__ 举办五六次。

유럽 통신용 비둘기의 품종은 ¹ 우수하여 비둘기 시합 행사가 매우 많다. 매년 각국의 통신용 비둘기 클럽이 먼저 350km 이하의 단거리 시합을 ² 벌이고, ³ 후에 성(省)과 국가가 주최하는 중거리 시합이 있고, 마지막으로 각국의 연합대회가 있다. 길이는 1,200km에 달하고 매년 5~6차례 ⁴ 고정적으로 열린다.

A 优秀　举办　后来　稳定　　　　B 优良　举行　然后　固定
C 优美　进行　接着　确定　　　　D 优越　开始　之后　坚定

[풀이]

<u>1</u>: 품종이 어떠하다는 것을 나타낼 수 있는 술어를 선택해야 한다.
优秀는 성적이나 품행, 작품 등이 우수하고 뛰어나다는 뜻이어서 품종과 함께 쓸 수 없다. 优良은 품종이나 문화, 전통 등을 수식할 때 잘 쓰이며, 시험에도 자주 출제되었으므로 꼭 기억해야 한다. [예 发扬光大…优良传统 좋은 전통을 널리 알리다]
优越는 다른 대상과의 비교에서 우월하다는 것을 나타내므로 품종과는 관련이 없는 단어이다. 优美는 자세나 풍경, 환경 등이 우아하고 아름답다는 의미로, 본 문제의 정답은 될 수 없다.
<u>2</u>: 술어와 목적어의 搭配를 통해 정답을 찾을 수 있다.
举办과 举行의 차이점을 먼저 정리해보자! 举行은 행사나 활동이 펼쳐지는 장소나 시간, 주제 등을 강조할 때 잘 쓰이고, 举办은 주로 행사나 활동의 주체를 강조할 때 잘 쓰인다.
예 在…举行 (언제, 어디서) 개최하다, 열리다
　　由…举办 (누가) 개최하다, 열다
이 문제에서는 단거리 시합이 펼쳐진 것이고 특별히 주최측이 강조되고 있지 않으므로 举行을 써야 한다. 进行이나 开始의 뒤에는 주로 동사가 목적어로 잘 따라나온다.

3: 결정적인 정답을 알려주는 부분이다. 일이나 사건의 순서를 나타낼 때 '先…, 然后…, 最后…'의 순서로 잘 쓴다. 앞문장에 先이 있고 뒷부분에 最后가 있으므로 문장을 넓게 보면 정답을 쉽게 찾을 수 있다.

后来는 주로 과거의 일을 나타낼 때만 쓸 수 있다. 해석은 '그 후에 ∼'라고 하는 것이 좋다.

4: 固定은 실제로 사물을 움직이지 않게 고정하는 뜻도 있고, 정기적으로 또는 고정적으로 어떤 일이 발생한다고 할 때도 쓸 수 있다. 이 문장에서는 정기적으로 행사가 펼쳐졌음을 나타내므로 固定을 정답으로 선택해야 한다.

稳定은 수입이나 직장, 생활이 안정적이라는 뜻으로 시험에 자주 출제되는 단어이므로 잘 외워두자. 坚定은 의지나 입장, 주장 등이 확고하고 꿋꿋하다는 의미이다. 确定은 계획이나 일정 등을 변동이 없이 확정하다는 뜻이다.

정답 B

▶ 단어

信鸽 xìngē ⑲ 통신용 비둘기 | 俱乐部 jùlèbù ⑲ 클럽 | 优越 yōuyuè ⑲ 우수하다, 뛰어나다

65

所谓"草莓族"是指80后出生的年轻人像草莓一样，尽管表面上看起来 __1__ ，但却 __2__ 不了挫折，一碰即烂，不 __3__ 与团队合作，主动性及积极性均较上一代差。开始投入职场的"草莓族"的最大的特色之一，就是工作时往往没什么定性，只要有更好玩的工作，或是较高的薪水，就会 __4__ 。

소위 '딸기족'은 80년대에 태어난 젊은이들이 딸기와 같이 겉으로 보기에는 ¹ 밝고 아름답지만 좌절을 ² 감당하지 못하여 좌절에 부딪히면 망가지고, 집단과 협력을 ³ 잘하지 못하며 주동성과 적극성이 모두 지난 세대보다 떨어진다는 것을 가리킨다. 직업전선에 뛰어들기 시작한 '딸기족'의 가장 큰 특색 중 하나는 일을 할 때 종종 어떠한 확고한 인식이 없고 더 재미있는 일이거나 비교적 높은 임금을 준다면 ⁴ 마음이 변해버린다는 것이다.

A	千姿百态	蒙受	适应	一如既往	B	光鲜亮丽	承受	善于	见异思迁
C	五颜六色	经受	擅长	专心致志	D	绚丽多彩	克服	拿手	少见多怪

[▶ 풀이]

1: 新HSK 독해2부분에서 3∼4문제 정도 출제되는 사자성어가 나왔다.

네 가지 성어는 다음과 같은 뜻이 있으니 잘 기억해두자.

千姿百态 qiānzī bǎitài 자태가 다양하다, 모습이 가지각색이다 → 복장이나 동작, 자세, 모습 등에 잘 쓰임

绚丽多彩 xuànlì duōcǎi 색채가 화려하다, 현란하고 눈부시다 → 풍경이나 경치에 잘 쓰임

五颜六色 wǔyán liùsè 색채가 복잡하다, 무늬가 많다 → 복잡하고 종류가 다양하다는 뜻으로 상품, 제품에 잘 쓰임

光鲜亮丽 guāngxiān liànglì 밝고 산뜻하다 → 과일 뿐만 아니라 외관상 비춰는 모습을 묘사할 때 잘 쓰임

먼저 첫 번째 빈칸에서는 고생을 잘 이겨내지 못하는 젊은 세대를 딸기에 비유하고 있으므로 가장 무난한 성어는 光鲜亮丽이다. 시험문제에서 생소한 성어가 나와 혼란스럽다면 다른 제시어 중에서 분명히 결정적인 정답이 있으므로 포기하지 말고 잘 찾아봐야 한다.

2: 술어와 목적어의 搭配를 통해 정답을 쉽게 찾을 수 있다. 목적어로 나온 단어는 挫折(좌절)인데, 이 단어와 가장 잘 호응하는 동사 술어는 承受이다.

그래서 承受不了挫折는 '(좌절, 시련을) 이겨내지 못하다, 견디지 못하다'라는 뜻이다.

蒙受는 받다, 입다라는 뜻으로 주로 명사로 된 목적어를 받고, 좋은 내용이든 나쁜 내용이든 모두 다 쓸 수 있다.

[예] 蒙受…恩惠 은혜를 입다, 蒙受…不白之冤 억울한 죄를 뒤집어 쓰다]

经受는 어려운 시련이나 고난을 참고 이겨내고 감당하다는 뜻이다.[예 经受…考验 시험이나 시련을 겪다, 감당하다, 经受…折腾 고생이나 고통을 겪다, 거치다]

克服는 단점, 실수, 불리한 조건 등을 극복 하다. 넘어서다는 뜻이다.[예 克服…困难 어려움을 극복하다, 克服…障碍 장애를 이겨내다. 넘어서다]

3: 결정적인 정답이 나온다.

善于와 擅长을 쉽게 구분하는 방법을 알아보자. '善于+동사'의 형태로 잘 나오며 뒤에 나오는 행위를 잘한다는 뜻이다. 예를 들어, 善于思考(사고, 생각을 잘하다), 善于总结(요약을 잘하다), 善于表达(의사전달을 잘하다) 등의 형태로 잘 쓰인다.

'擅长+명사'의 형태로 잘 쓰이며 뒤에 나오는 명사를 잘한다. 능통하다는 뜻을 나타낸다. 예를 들어, 擅长数学(수학을 잘한다), 擅长外语(외국어를 잘한다), 擅长体育(체육을 잘한다)로 쓰인다. 그러므로, 타인과의 협력을 잘한다는 것이므로 善于를 써야 한다.

拿手는 자신이 가장 잘하는 것, 어떤 일에 대해 재간이 있고 뛰어나다는 뜻이다.

4: 역시 사자성어 문제이다. 먼저 네 성어의 뜻을 확실하게 알아야 한다. 문맥의 흐름으로 보아 见异思迁이 가장 적당하다.

一如既往 yìrú jìwǎng 예전과 같다, 지난날과 다름없다

见异思迁 jiànyì sīqiān 색다른 것을 보면 생각이 바뀐다

专心致志 zhuānxīn zhìzhì 전심전력으로 몰두하다, 온 마음을 다 기울이다

少见多怪 shǎojiàn duōguài 견문이 적어 신기한 것이 많다

정답 ▶ B

단어

定性 dìngxìng (동) 측정하다. 확정하다 | 薪水 xīnshui (명) 임금. 급여 | 千姿百态 qiānzī bǎitài (성) 자태가 다양하다 | 蒙受 méngshòu (동) 입다. 받다 | 五颜六色 wǔyán liùsè (성) 색채가 복잡하다. 무늬가 많다 | 经受 jīngshòu (동) 참다. 견디다 | 擅长 shàncháng (명) 장기. 재간 | 绚丽多彩 xuànlì duōcǎi (성) 색채가 화려하다. 현란하고 눈부시다 | 拿手 náshǒu (형) 재간이 있다. 뛰어나다

66

一位著名的诺贝尔奖获得者，在回忆他的导师时，说过一段耐人寻味的故事：他的导师每天都有十个 <u>　1　</u>，其中有九个半是错的，但他不在乎。然而，他就凭着每天半个对的新思想的 <u>　2　</u>，<u>　3　</u>了巨大的成功。他说："<u>　4　</u>有两点：一是不要囿于前人的成就，二是不要怕犯错误，这两点都需要胆量。"

한 유명한 노벨상 수상자가 그의 선생님을 회고하면서 음미해볼 가치가 있는 이야기 하나를 해주었다. 그의 선생님은 매일 열 개의 ¹ 아이디어를 가지고 계셨고 그 중에 9개 반은 틀렸지만 그는 개의치 않았다. 하지만 그는 매일 반쪽은 맞는 새로운 사상의 ² 축적으로 큰 성공을 ³ 이루었다. 그가 말하길 '⁴ 창조에는 두 가지 점이 있는데 첫 번째는 이전 사람들의 성과에 얽매이지 말아야 한다는 것이고, 두 번째는 실수할 것을 두려워하지 말아야 한다는 것으로, 이 두 가지는 모두 용기가 필요합니다.'라고 하셨다.

A	主意	力量	得到	创造		B	建议	进步	取得	创意
C	看法	累计	赢得	创建		D	想法	积累	获得	创新

[● 풀이]

1: 문장해석을 통해 문맥을 파악할 수 있는데 10개의 아이디어 혹은 생각이 있다고 했으므로 主意 혹은 **想法**가 정답에 가깝다. 그리고 然而 뒷부분의 문장에서 思想이라는 단어가 따라 나왔으므로 유의어를 선택할 수 있다. 看法는 어떤 특정 주제나 내용에 대한 의견, 견해를 잘 나타내므로 정답이 되기 어렵다.

2: 3과 함께 한 문장 속에서 정답을 선택할 수 있다. 매일 반만 맞은 생각의 축적으로 성공을 거두었다고 했으므로, 첫 번째는 사상의 축적이라는 의미를 나타내는 **积累**가 가장 적당하고 바로 결정적인 정답이 된다.

3: 술어와 목적어의 搭配로 정답을 선택하는데 成功을 목적어로 받을 수 있는 단어는 제시어 네 개 모두 가능하다.

<table>
<tr><td>주어</td><td>+ 전치사</td><td>+ 명사</td><td>+ 서술어</td><td>+ 목적어</td></tr>
<tr><td>我</td><td>凭着</td><td>积累</td><td>获得</td><td>成功</td></tr>
</table>

4: 创新은 명사로 창의성이란 뜻이고, 创意도 명사로 창조적인 생각, 창조적인 구상이란 뜻인데 이 중 创新은 '创+新' 즉, 술어와 목적어가 함께 결합한 경우이므로 생각을 통해 뭔가 결과물을 얻어낸다는 점에서 정답에 더욱 가깝다.

정답 ▶ D

[● 단어]

耐人寻味 nàirén xúnwèi (성) 맛을 보면 볼수록 맛이 나다 | 囿 yòu (명) 우리 | 胆量 dǎnliàng (명) 담력. 용기 | 累计 lěijì (동) 누계하다. 총계하다 | 赢得 yíngdé (동) 얻다. 갖다

67

二手烟比一手烟的　__1__　性还要大，而孩子往往成为二手烟的最大受害者。在猝死的孩子当中，有　__2__　超过四分之一的孩子是由父母吸烟导致的。如果儿童在患病期间吸入烟气，会　__3__　气喘次数，　__4__　病情进一步恶化。

2차 흡연은 1차 흡연보다 **1 위해**성이 더 큰데, 아이들은 종종 2차 흡연의 최대 피해자이다. 급사한 아이들 중 **2 약** 1/4은 부모의 흡연으로 죽게 된 것이다. 만약 아이가 병에 걸린 동안 담배연기를 마시게 되면 숨 쉬는 횟수가 **3 증가**하게 되어 병세를 더욱 악화시키게 **4 된다**.

A　弊害　可能　增进　以免
B　弊端　也许　增长　便于
C　损害　大概　增多　促进
D　危害　大约　增加　致使

[● 풀이]

1: 의미상으로 정답을 찾을 수도 있지만, '…性'과 함께 잘 쓰이는 단어는 **危害**性으로, 간접흡연이나 흡연의 피해는 **危害**가 가장 적당한 단어이다.
弊端은 주로 정책이나 조치, 계획 등의 폐단을 나타낼 때 쓰는 단어이므로 정답이 아니다. 损害는 뒤에 따라나오는 목적어에 피해를 준다는 뜻이다. 예를 들면, 损害…健康(건강을 해치다), 损害…形象(이미지를 망가뜨리다) 등이 있다.

2: 네 개 모두 대략적인 수 혹은 가능성을 나타내는 부사들이다. '대개, 아마'라는 의미를 나타내는데, 중요한 것은 수량사 즉 숫자와 함께 잘 결합하는 부사는 **大约**이다.

3: 술어와 목적어의 搭配를 통해 정답을 찾을 수 있다.

빈칸의 뒤에 次数라고 나와 있으므로 횟수가 늘었다고 할 때는 增加가 가장 적당하다.[예 增加…销售量 판매량이 늘었다, 增加…人数 사람수가 늘었다]

增长은 목적어가 성장하고 늘어간다는 뜻으로 잘 쓰인다.[예 增长…知识 지식이 늘다, 增长…工资 월급이 늘었다]

增进은 증진시키다, 증진하다라는 뜻으로 다음 표현을 꼭 기억해두자! [예 增进…友谊 우정을 키우다, 增进…食欲 식욕이 좋아지다. 식욕증진]

增多는 수량이나 개체수가 원래보다 더 늘었음을 의미한다.[예 增多…分公司 분점이 늘어나다, 增多…细胞 세포가 늘어나다]

4: 뒤에 병세가 더욱 악화된다고 했으므로, 나쁜 방향, 부정적인 방향으로 발전함을 나타낸다. 주로 나쁜 결과를 잘 받는 단어는 致使이다. '致使+주어(명사/대명사)+술어(동사)'의 형태로 잘 나오므로 '致使+病情+恶化'가 정답이다.

以免은 문장과 문장의 사이 '…, 以免…'으로 쓰여 '~을 하지 않도록'이란 뜻이므로 본문의 의미와 어울리지 않는다. 促进은 촉진시키다라는 뜻으로 긍정적이고 발전적인 목적어를 받으므로, 병세의 악화와는 결합할 수 없다. 마지막으로 便于는 문장과 문장 사이 '…, 便于…'에 쓰여 '~하기 편하도록, ~하기 쉽도록'이란 뜻으로 본문의 의미와 부합되지 않는다.

정답 ▶ D

● 단어

二手烟 èrshǒuyān 명 간접흡연 | 猝死 cùsǐ 동 급사하다. 갑자기 죽다 | 气喘 qìchuǎn 동 가쁘다. 몹시 차다 | 弊害 bìhài 명 폐해. 폐단 | 弊端 bìduān 명 폐단. 폐해 | 损害 sǔnhài 동 손상시키다 | 致使 zhìshǐ 동 ~하여 ~하게 되다

68

世界卫生组织公布了一项 __1__ 的报告：儿童的生长速度，在一年四季各不相同，最快是在3~5月。营养均衡、睡眠充足、加强锻炼、情绪 __2__ 都有助于孩子长高。体内生长激素的 __3__ 分泌，一般发生在孩子睡眠的时候，因此小学生每天要 __4__ 10个小时的睡眠，中学生要睡7~8个小时。

WHO가 1 이목을 끄는 보고서를 하나 발표했다. 아이들의 성장속도는 1년 4계절 모두 다르며 가장 빠른 것은 3~5월이라고 한다. 고른 영양, 충분한 수면, 적당한 운동, 2 안정된 마음 모두 아이가 자라는 데 도움이 된다. 체내 성장 호르몬의 3 왕성한 분비는 일반적으로 아이들이 잘 때 이루어진다. 따라서 초등학생은 매일 10시간의 수면을 4 유지해야 하고 중학생은 7~8시간을 자야 한다.

A　引人注目　良好　旺盛　保证　　　B　举足轻重　稳定　兴旺　维持

C　令人吃惊　急躁　充沛　确定　　　D　难以置信　温和　正常　坚持

[● 풀이]

1: 사자성어 문제인데, 新HSK를 정복하기 위해서는 최소한 500개의 상용 사자성어를 반드시 외워야 한다. 먼저 네 개의 사자성어의 뜻을 잘 이해한다면 정답을 좀 더 손쉽게 고를 수 있다.

引人注目 yǐnrén zhùmù 사람들의 주의를 끌다. 사람들의 이목을 끌다 (= 引人瞩目)

举足轻重 jǔzú qīngzhòng 중요한 위치에 있어서 일거수일투족이 전체에 영향을 끼치다

令人吃惊 lìngrén chījīng 사람을 놀라게 하다

难以置信 nányǐ zhìxìn 믿기 힘들다, 도저히 믿기지가 않는다

본문의 내용으로 보아 사람들의 '관심을 끄는 보고서'라고 보는 것이 가장 무난하다.

2: 결정적인 정답이 된다. 주어가 情绪인데 이와 잘 호응하는 형용사 술어를 선택해야 하는 문제이다. 情绪는 기분이나 감정, 정서를 나타내므로 良好 혹은 急躁와 잘 결합하는데 문맥의 흐름(앞에 있는 균형잡힌 영향, 충분한 수면, 운동)으로 보아 '좋은 정서상태'가 잘 맞아 떨어진다.

稳定은 일이나 수입, 생활 등이 안정적이다는 뜻이다. 稳定的生活(안정적인 생활), 稳定的收入(안정적인 수입)라는 표현이 新HSK시험에 잘 나온다.

温和는 대개 기후나 날씨가 따뜻하고 온화하다는 의미로 잘 쓰인다. 또한 사람의 성격이나 본성이 온순하고 온화하다는 의미로도 쓰인다. 이때 잘 호응하는 단어는 性情, 态度이다.

3: 단어 간의 호응을 잘 알아야 풀 수 있는 문제이다. 빈칸 뒤에 分泌(분비하다)와 잘 어울리는 형용사를 선택해야 하는데, 가장 잘 어울리는 단어는 旺盛이다.

充沛(충분하고 왕성하여 넘치다)는 精力와 잘 어울리는 단어이므로 꼭 숙지해야 한다. 兴旺은 어떤 세력이나 기운이 흥성하고 번창하다는 뜻이다. 生意兴旺(장사가 번창하다), 事业兴业(사업이 번창하다), 经济兴旺(경제가 번성하다)과 같은 표현을 잘 공부해서 어감을 익혀야 한다.

4: 문장의 의미로 보아 초등학생들에게 매일 10시간의 수면시간을 보장해줘야 한다 혹은 지켜줘야 한다는 뜻으로 保证이 가장 적당하다.

维持는 유지하고 지켜가다는 뜻으로 주로 다음과 같이 잘 쓰인다.[예 维持…生活 생활을 유지하다, 维持…生命 목숨, 생명을 유지하다, 维持…清洁 청결, 위생상태를 유지하다]

坚持는 자신의 신념이나 습관, 생각, 계획, 결심 등을 꾸준히 유지하고 밀어부치다라는 뜻이다.[예 坚持下去 계속해서 밀어부치다. 해나가다, 坚持到底 끝까지 밀어부치다. 해내다]

정답 ▶ A

단어

各不相同 gè bù xiāngtóng 제각기 다르다. 서로 다르다 | 均衡 jūnhéng ⑱ 균형이 맞다. 평형하다 | 激素 jīsù ⑲ 호르몬. 내분비물 | 引人注目 yǐnrén zhùmù ⑳ 사람들의 주의를 끌다. 사람들의 이목을 끌다 | 举足轻重 jǔzú qīngzhòng ⑳ 중요한 위치에 있어서 일거수일투족이 전체에 영향을 끼치다 | 兴旺 xīngwàng ⑱ 왕성하다. 흥성하다 | 充沛 chōngpèi ⑱ 왕성하다. 넘치다

69

猫头鹰称得上是凶猛残酷的猎手。　**1**　的时候，它通常会在树梢或是突出的岩石上向地面扫视寻找目标，一旦　**2**　合适的猎物，就会扑下来，翅膀扇动强劲有力却毫无声息，直向目标　**3**　。等到　**4**　攻击范围，猫头鹰向前猛伸出双爪，弯起来　**5**　弓形，一下子就将猎物紧紧抓住。

부엉이는 사납고 잔혹한 사냥꾼이라 불린다. ¹먹잇감을 사냥할 때 주로 나뭇가지 혹은 바위 위에서 지상을 휙 둘러보고 목표를 찾는데, 일단 적당한 사냥감을 ²발견하면 곧바로 덮치기 시작하며, 날개가 빠르고 강력해서 아무런 소리도 나지 않고 목표물에 바로 ³접근한다. 공격 범위에 ⁴들어가면 부엉이는 발톱을 내밀어 활 모양을 ⁵만들고 사냥감을 꽉 붙잡는다.

	A					B				
A	逮捕	觉察	靠近	走进	组成	B	捕食	发现	逼近	进入	形成
C	抓捕	看到	接近	加入	构成	D	猎捕	知道	贴近	位置	完成

[◎ 풀이]

<u>1</u>: 학습자들에게는 다소 생소한 단어일 수도 있다. 부엉이가 먹이를 사냥하는 것에 대한 문장이므로 捕食는 말 그대로 잡아서(捕) 먹다(食)라는 뜻으로 정답이다.

逮捕는 체포하다라는 뜻의 법률용어로 흔히 사법기관에서 피의자나 범죄자를 체포한다는 뜻으로 잘 쓰인다.[예 逮捕…嫌疑人 피의자를 체포하다, 逮捕…通缉犯 지명수배자를 체포하다] 猎捕는 동물을 포획한다라고 해석을 하는 것이 좋다.

<u>2</u>: 적당한 사냥감을 발견하면 바로 위에서 덮친다는 말이 나오므로 찾아낸다는 뜻이 있는 发现이나 看到가 가장 적당한 표현이다.

觉察는 어떤 사실이나 분위기 등을 눈치채다, 알아채다라는 뜻으로 본문의 내용과는 부합되지 않는다.

<u>3</u>: 문장의 의미를 잘 이해해야 쉽게 답을 찾을 수 있다. 부엉이가 먹이를 덮칠 때 먹잇감이 부엉이의 날개짓이나 다가옴을 전혀 느끼지 못하고 부엉이는 그렇게 목표물까지 다가간다는 의미이다. 그러므로 동사로 逼近을 쓰는 것이 적합하다. 逼近은 한국말로 번역하면 '~에 육박하다'라는 뜻으로 잘 쓰이며 뒤에 수량사나 수치를 나타내는 단어가 잘 오기도 한다. 또 다른 의미로는 다가가다, 접근하다는 의미가 있어 이 문장에서 정답이기도 하다.

물론 靠近 혹은 接近도 의미상으로 실제로 가깝게 다가가는 것이므로 가능하다.

贴近은 위의 세 단어와는 좀 다르게 물리적으로 다가가는 것보다는 추상적인 의미로 밀착하다, 다가가다는 의미로 잘 쓰인다.[예 贴近…实际 사실에 접근하다, 贴近…生活 삶, 생활에 가깝게 다가가다, 贴近…群众 군중에 다가가다]

<u>4</u>: 술어와 목적어의 搭配문제이다. 목적어가 范围이므로 그 범위로 들어갔다는 의미의 进入이 가장 무난한 정답이다.

加入는 가입하다는 뜻이므로 무리나 대오, 조직에 가입하다라고 보는 것이 더 적당하다.[예 加入…行列 행렬, 대열에 들어가다, 加入…组织 조직, 기관에 가입하다]

<u>5</u>: 부엉이가 사냥할 때 두 발톱을 구부리면 활 모양으로 구부러진다는 것을 말하고 있으므로 그렇게 형성된다는 의미의 形成을 쓰는 것이 맞다.

组成과 构成은 조성, 조직, 구성하다는 의미로 짜여지는 것을 나타내고, 앞에 전치사 由와 잘 결합한다.

完成은 일이나 임무를 다 마치다라는 뜻이므로 활 모양이라는 목적어와 맞지 않는다.[예 完成…工作 일, 작업을 마치다, 完成…任务 임무를 완수하다]

정답 ▶ B

◎ 단어

猫头鹰 māotóuyīng 몡 부엉이 | 猎手 lièshǒu 몡 사냥꾼 | 树梢 shùshāo 몡 나무 꼭대기 | 岩石 yánshí 몡 암석, 바위 | 扫视 sǎoshì 됭 휙 둘러보다, 휙 훑어보다 | 猎物 lièwù 몡 포획물 | 扇动 shāndòng 됭 흔들다 | 弓形 gōngxíng 몡 궁형, 아치형 | 逮捕 dàibǔ 됭 체포하다 | 捕食 bǔshí 됭 잡아먹다 | 抓捕 zhuābǔ 됭 체포하다, 붙잡다 | 猎捕 lièbǔ 됭 포획하다 | 贴近 tiējìn 됭 접근하다, 다가가다

70

医生提醒，患上便秘之后，应该 __1__ 食疗和改变不良生活习惯的方式治疗， __2__ 良好的生活习惯，如保持有 __3__ 的休息，身心愉快，控制情欲及酗酒， __4__ 精神刺激等。从生活习惯、个人修身养性方面治疗预防便秘。

의사는 환자가 변비에 걸린 후 반드시 식이요법을 ¹ 이용하고 나쁜 생활습관을 개선시키는 방식으로 치료를 해야 하고 좋은 생활 습관을 ² 길러야 한다고 충고한다. 예를 들어 ³ 규칙적인 휴식, 심신의 안정, 성욕과 음주를 자제하고 정신적 자극을 ⁴ 피하는 것 등이 있다. 생활습관, 개인의 심신을 닦는 차원에서 변비를 치료하고 예방할 수 있다.

A	利用	培养	规矩	避开	B	应用	做成	规范	躲开
C	运用	养成	规律	避免	D	采用	组成	规定	以免

[▸ 풀이]

1: 술어와 목적어의 搭配를 통해 정답을 찾을 수 있다. 빈칸(동사술어)의 뒤에 식이요법과 나쁜 생활습관을 바꾸는 치료를 목적어로 받을 수 있는 동사가 나와야 한다. 많은 사람들이 단순히 利用만 생각할 수 있지만, 利用은 너무 포괄적이기 때문에 지식, 기술, 자산, 공식 등을 잘 활용하다는 의미의 运用이 더 정답에 적합하다.[예 运用…知识 지식을 활용하다, 运用…技术 기술을 응용하다, 활용하다, 运用…资金 자금을 운용하다, 활용하다]

采用의 뒤에는 기술, 수단, 방식, 정책, 조치 등이 목적어로 잘 온다.[예 采用…技术 기술을 채택하다, 采用…方法 방법의 취하다, 선택하다]

2: 역시 술어와 목적어 搭配문제이다. '좋은 습관(良好的生活习惯)을 길러내다'에서 '길러내다'라는 의미의 단어는 培养 혹은 养成을 술어로 쓰는 것이 좋다. 养成은 교육이나 훈련을 통해 끊임없이 길러내고(培养) 향상되다(提高)라는 의미가 더 강하므로 정답으로 선택해야 한다.[예 养成…习惯 습관을 길러내다, 养成…系统 시스템을 만들어내다, 培养…素质 기질, 소질, 자질을 길러내다, 培养…人才 인재를 양성하다, 길러내다]

做成은 목적어를 다른 것으로 만들어내다라는 뜻으로 전치사 把와 함께 잘 쓰인다.[把A做成 B: A를 B로 만들다]
组成은 조성하다, 만들다라는 뜻으로 전치사 由와 함께 잘 쓰인다.[由A组成: A로 구성되다, 형성되다, 만들어지다]

3: 한국어와 중국어의 한자 사용에서 다소 차이점이 있는 문제이다. 먼저 规律는 한국어로는 규율이라고 하지만, 보통 중국어 문장에서 자주 보이는 것은 '규칙적이다'라는 말로 잘 쓰인다. 예를 들어 '생활이 불규칙하다'는 生活不规律라고 쓰고, '규칙적으로'라는 표현은 规律性地라고 쓰는 것이다. 본 문제에서는 규칙적인 휴식이라는 의미가 가장 무난하므로 规律的休息라고 하는 것이 가장 좋다.

规矩는 한국어로 규격으로 독음이 나오지만, 중국어에서는 규격보다는 예의범절을 잘 지키거나 행동이 착실하고 단정하다는 의미로 잘 쓰인다.[예 不懂规矩 버르장 머리가 없다, 버릇없다, 예의없다]

规范은 명사, 동사, 형용사의 세 가지 용법이 다 있는데

먼저 명사로는 규범이라는 뜻이 있다.[예 要有…最基本的规范 가장 기본적인 규범이 하나 있어야 한다] 두 번째 동사로서 규범에 맞도록 하다의 뜻이 있다.[예 规范…自己的行为 자신의 행위를 규범에 맞히다] 세 번째 형용사로서 규범에 맞다는 뜻도 있다.

예 他的文章写得很规范，没有任何语法错误。 그가 쓴 문장은 매우 규범적이어서 어떠한 어법상의 잘못도 없다.]

4: 앞뒤 문장의 의미를 잘 해석해야 한다. 규칙적인 휴식부터 정욕과 과음을 절제하고 정신적인 자극을 어떻게 하라고 나왔으므로 피하다라는 뜻의 避免이 가장 적당하다.

避开는 어렵거나 곤란한 상황을 피하다라는 뜻이 강하다.[예 避开…竞争 경쟁을 피하다, 避开…高峰时段 피크타임을 피하다]

躲开는 실제로 옆으로 피하거나 비켜나는 것을 나타낸다.[예 靠边儿躲开 옆으로 피하다, 비키다/借故躲开 핑계를 대고 자리를 피하다]

以免은 앞문장과 뒷문장의 사이에 쓰여 '~하는 상황을 피하기 위해'라고 잘 쓰인다.

예 他们事先做好了准备工作，以免发生意外。 뜻밖의 사고가 발생하지 않도록 그들은 사전준비작업을 잘했다.

정답 C

[▸ 단어]

提醒 tíxǐng 통 일깨우다, 깨우치다 | 便秘 biànmì 명 변비 | 酗酒 xùjiǔ 통 무절제하게 술을 마시다, 폭음하다 | 避开 bìkāi 통 비키다, 피하다 | 躲开 duǒkāi 통 피하다, 물러서다

第三部分

71~80번, 빈칸에 내용상 적절한 문장을 보기에서 골라 쓰시오.

71-75

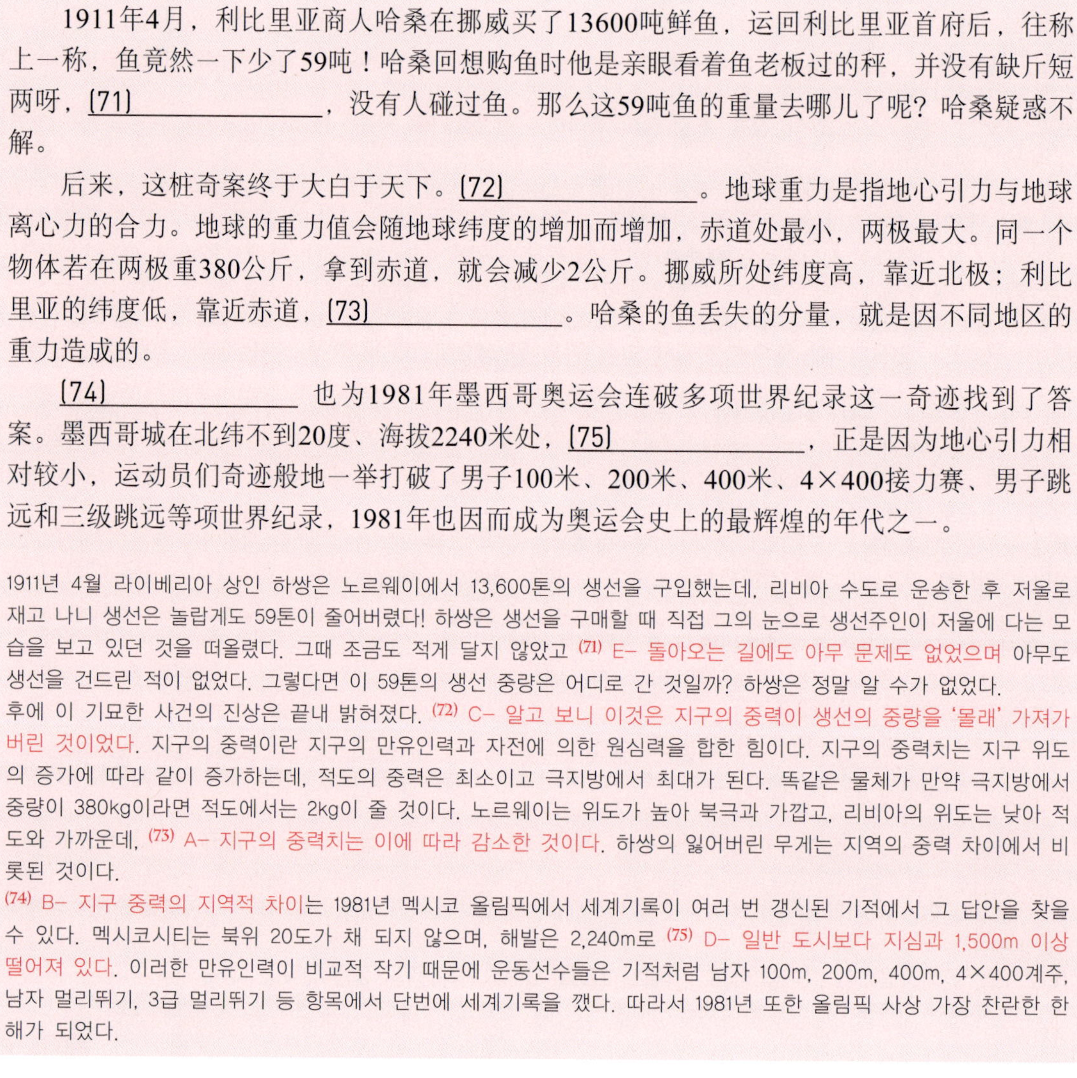

1911年4月，利比里亚商人哈桑在挪威买了13600吨鲜鱼，运回利比里亚首府后，往称上一称，鱼竟然一下少了59吨！哈桑回想购鱼时他是亲眼看着鱼老板过的秤，并没有缺斤短两呀，[71]＿＿＿＿＿＿＿＿，没有人碰过鱼。那么这59吨鱼的重量去哪儿了呢？哈桑疑惑不解。

后来，这桩奇案终于大白于天下。[72]＿＿＿＿＿＿＿＿。地球重力是指地心引力与地球离心力的合力。地球的重力值会随地球纬度的增加而增加，赤道处最小，两极最大。同一个物体若在两极重380公斤，拿到赤道，就会减少2公斤。挪威所处纬度高，靠近北极；利比里亚的纬度低，靠近赤道，[73]＿＿＿＿＿＿＿＿。哈桑的鱼丢失的分量，就是因不同地区的重力造成的。

[74]＿＿＿＿＿＿＿＿ 也为1981年墨西哥奥运会连破多项世界纪录这一奇迹找到了答案。墨西哥城在北纬不到20度、海拔2240米处，[75]＿＿＿＿＿＿＿＿，正是因为地心引力相对较小，运动员们奇迹般地一举打破了男子100米、200米、400米、4×400接力赛、男子跳远和三级跳远等项世界纪录，1981年也因而成为奥运会史上的最辉煌的年代之一。

1911년 4월 라이베리아 상인 하쌍은 노르웨이에서 13,600톤의 생선을 구입했는데, 리비아 수도로 운송한 후 저울로 재고 나니 생선은 놀랍게도 59톤이 줄어버렸다! 하쌍은 생선을 구매할 때 직접 그의 눈으로 생선주인이 저울에 다는 모습을 보고 있던 것을 떠올렸다. 그때 조금도 적게 달지 않았고 (71) E- 돌아오는 길에도 아무 문제도 없었으며 아무도 생선을 건드린 적이 없었다. 그렇다면 이 59톤의 생선 중량은 어디로 간 것일까? 하쌍은 정말 알 수가 없었다.
후에 이 기묘한 사건의 진상은 끝내 밝혀졌다. (72) C- 알고 보니 이것은 지구의 중력이 생선의 중량을 '몰래' 가져가 버린 것이었다. 지구의 중력이란 지구의 만유인력과 자전에 의한 원심력을 합한 힘이다. 지구의 중력치는 지구 위도의 증가에 따라 같이 증가하는데, 적도의 중력은 최소이고 극지방에서 최대가 된다. 똑같은 물체가 만약 극지방에서 중량이 380kg이라면 적도에서는 2kg이 줄 것이다. 노르웨이는 위도가 높아 북극과 가깝고, 리비아의 위도는 낮아 적도와 가까운데, (73) A- 지구의 중력치는 이에 따라 감소한 것이다. 하쌍의 잃어버린 무게는 지역의 중력 차이에서 비롯된 것이다.
(74) B- 지구 중력의 지역적 차이는 1981년 멕시코 올림픽에서 세계기록이 여러 번 갱신된 기적에서 그 답안을 찾을 수 있다. 멕시코시티는 북위 20도가 채 되지 않으며, 해발은 2,240m로 (75) D- 일반 도시보다 지심과 1,500m 이상 떨어져 있다. 이러한 만유인력이 비교적 작기 때문에 운동선수들은 기적처럼 남자 100m, 200m, 400m, 4×400계주, 남자 멀리뛰기, 3급 멀리뛰기 등 항목에서 단번에 세계기록을 깼다. 따라서 1981년 또한 올림픽 사상 가장 찬란한 한 해가 되었다.

A　地球的重力值也随之减少
　　지구의 중력치는 이에 따라 감소한 것이다

B　地球重力的地区差异
　　지구 중력의 지역적 차이

C　原来这是地球重力"偷"走了鱼的重量
　　알고 보니 이것은 지구의 중력이 생선의 중량을 '몰래' 가져가 버린 것이었다

    D   比一般城市远离地心1500米以上
　　　　일반 도시보다 지심과 1,500m 이상 떨어져 있다

    E   归途上也平平安安
　　　　돌아오는 길에도 아무 문제도 없었다

[➤ 풀이]

71. 문장의 앞부분에 생선의 무게가 줄었다는 것이 나와있으므로, 그 문제를 분석하는 내용이 나와야 하는데 오는 길 내내 아무 문제가 없었다라는 문장 E가 문맥상 가장 적합하다.

72. 밑줄의 뒷부분에서 무게가 줄어든 이유에 대해 설명이 나온다. 그러므로 그 이유를 알려주는 문장이 오는 것이 적합하다. 原来는 '알고보니, 원래'라는 뜻으로 자초지종을 알게 되었다고 할 때 쓰는 것이다.

73. 밑줄의 앞부분에서 지역별로 무게차이가 나는 것을 설명하고 있었으므로 결과를 나타내는 문장이 와야한다. 随之减少는 위도에 따라 감소한다는 뜻이다.

74. 이미 앞문장에서 계속 설명된 지역적 중력의 차이가 만들어낸 또 다른 기이한 현상을 설명하는 것이다. 이때 주어의 역할을 할 수 있는 것을 찾으면 된다.

75. 멕시코의 지리적 위치를 설명하는 문장이므로 일반 도심보다 더 높은 곳에 위치한다는 내용이 적합하다.

정답 71. E 72. C 73. A 74. B 75. D

➤ 단어

利比里亚 Lìbǐlǐyà [지명] 라이베리아(Liberia) | 挪威 Nuówēi [지명] 노르웨이(Norway) | 称 chèng [명동] 저울/측정하다. 재다 | 缺斤短两 quējīn duǎnliǎng [성] 파는 상품의 무게가 부족하다 | 重量 zhòngliàng [명] 중량. 무게 | 疑惑不解 yíhuò bùjiě [성] 의혹이 풀리지 않다 | 奇案 qí'àn [명] 특이한 사건. 이상한 사건 | 重力 zhònglì [명] 중력 | 地心引力 dìxīn yǐnlì [명] 중력 | 离心力 líxīnlì [명] 원심력 | 纬度 wěidù [명] 위도 | 赤道 chìdào [명] 적도 | 墨西哥 Mòxīgē [지명] 멕시코(Mexico) | 海拔 hǎibá [명] 해발 | 接力赛 jiēlìsài [명] 릴레이 경주 | 跳远 tiàoyuǎn [명] 멀리뛰기 | 辉煌 huīhuáng [형] 휘황찬란하다. 눈부시다

76-80

    (76)________________。造纸术，为文明传承带来了新的载体；印刷术，造就了文明传播的新媒介。它们对人类政治、经济、文化等诸多方面产生了重要影响，为世界文明的传播与发展做出了巨大贡献。

    我国发明印刷术有着得天独厚的物质基础与技术条件。纸和墨的应用是印刷术发明的基本前提。(77)________________。秦晚期已有调制成型的墨丸；汉代已使用松烟中的炭黑制墨。南北朝时期，我国已掌握了成熟的制墨技术。作为纸的发明国，早在印刷术发明以前，我国的造纸术就经历了辉煌的发展历程。西汉时期，我国已发明了纸。东汉元兴元年蔡伦总结了前人经验，(78)________________，使用废旧麻料、树皮等作为造纸原料，开辟了后代皮纸制造技术的先河，实现了造纸技术史上的重要突破。随着造纸技术的发展，纸逐渐普及到人类生活中。魏晋南北朝时期，我国纸张的使用进入转折时期。公元404年，东晋豪族桓玄颁布"以纸带简"令，终止了简牍书写的历史，(79)________________，掀开了人类书写材料的新纪元。人们选用麻、藤、树皮、竹等作为造纸原料，并运用施胶、涂布、染色等造纸加工技术，使纸张制造变得物美价廉。

杭侃说，造纸术的发明，[80]＿＿＿＿＿＿＿＿，各种社会生活信息以纸为媒介而得到迅速传播；传统的书法绘画艺术也以纸为载体而得以流传和发展，散发出独特的艺术魅力。造纸术对中国文化的发展举足轻重，为世界文明的发展也做出了重要贡献。

(76) B- 제지술과 인쇄술은 중국 고대의 두 가지 중요한 발명이다. 제지술은 문명계승에 새로운 매개체를 가져다 주었고, 인쇄술은 문명전파의 새로운 매개체를 만들었다. 이 둘은 인류 정치, 경제, 문화 등 많은 영역에 중요한 영향을 미쳤고, 세계문명의 전파와 발전에 지대한 공헌을 했다.

중국의 인쇄술 발명은 천혜의 물질기반과 기술조건이 있었다. 종이와 먹의 응용은 인쇄술 발명의 기본 전제가 되었다. (77) C- 중국은 일찍이 이미 먹을 발견하고 사용했다. 진나라 말기 이미 제작되어 모양을 갖춘 먹이 있었고, 한나라 때에 이미 소나무 그을음으로 만든 송연묵을 사용했다. 남북조 시대에 중국은 이미 성숙한 제묵법 기술을 가지고 있었다. 종이의 발명국으로서 일찍이 인쇄술 발명 이전에 중국의 제지술은 찬란한 발전과정을 겪었다. 서한 시대에 중국은 이미 종이를 발명했다. 동한 원흥원년에 채륜은 선인의 경험을 종합해 (78) D- 제지공예를 개선시켰고 폐기된 마 재료, 나무껍질 등을 제지원료로 사용하여 후대 피지제조기술의 효시가 되었고, 제지술 역사에 중요한 돌파구를 마련했다. 제지술의 발전에 따라 종이는 점차 인류생활에 보급되었다. 위진남북조 시대에 중국의 종이사용은 전환기에 접어들었다. 서기 404년 동진 호족 환현이 '종이로 죽간을 대신한다'는 영을 내려 죽간에 글을 쓰는 역사가 끝나게 되면서 (79) E- 종이는 결국 중요한 쓰기 재료가 되었고 인류 쓰기 재료의 신기원을 열게 되었다. 사람들은 마, 덩굴, 나무껍질, 대나무 등을 제지원료로 선택했고, 풀로 붙이고 천에 바르며 염색하는 등 제지가공기술을 활용하여 종이제조가 질 좋고 값이 싸지게 되었다.

항간은 제지술의 발명은 (80) A- 쓰기 재료에 근본적 혁명을 가져왔다라고 말한 바 있는데, 각종 사회 생활정보가 종이를 매개체로 하여 빠르게 전파되었다. 전통적인 서예와 회화는 종이를 매개체로 하여 널리 퍼지고 발전했으며 독특한 예술 매력을 발산하게 되었다. 제지술은 중국문화의 발전에 매우 중요한 역할을 했고 세계문명의 발전에도 지대한 공헌을 하였다.

A　带来了书写材料的根本性变革
　　쓰기 재료의 근본적 혁명을 가져왔다

B　造纸术和印刷术是中国古代的两项重要发明
　　제지술과 인쇄술은 중국 고대의 두 가지 중요한 발명이다

C　我国很早就已经发现并使用墨
　　중국은 일찍이 이미 먹을 발견하고 사용했다

D　改进造纸工艺
　　제지공예를 개선시켰다

E　纸终于成为主要的书写材料
　　종이는 결국 중요한 쓰기 재료가 되었다

[▶풀이]

76. 문장의 바로 뒤에 제지술은 무엇을 해주었고, 인쇄술은 무엇을 만들었다라는 문장이 따라오고 있으므로, 그 앞 문장은 중국 고대의 두 가지 중요한 발명술에 대해 언급하는 것이 가장 적합하다.

77. 문장의 앞뒤에서 인쇄술 발명의 기본 전제조건인 먹과 종이에 대한 설명을 하고 있으므로 정답을 쉽게 판단할 수 있다.

78. 문장은 앞부분에 서한 시대에 중국은 이미 종이를 발명했고, 동한 원흥원년에 선인의 경험을 종합해 무엇을 하였다고 했으므로 제지기술과 관련된 문장이 나와야 한다.

<u>79.</u> 문장의 앞 단락이 종이 이전의 주된 쓰기 재료였던 죽간에 관한 것이다. 그런데 서기 404년 동진시대에 와서 종이로 죽간을 대신한다는 법령이 공표되었고, 죽간에 글을 쓰는 역사가 끝나게 되었다고 서술하고 있다. 그 내용에 바로 이어질 수 있는 문장은 바로 '종이가 결국 중요한 쓰기 재료가 되었다'이어야 한다.

<u>80.</u> 빈칸 뒤의 내용은 제지기술에 대한 항간이라는 사람의 평가이므로 어떤 역할을 했는지를 생각해보면 옳은 문장을 판단할 수 있다.

정답 ▶ 76. B 77. C 78. D 79. E 80. A

단어

造纸 zàozhǐ 몡동 제지/종이를 만들다 ㅣ 载体 zàitǐ 몡 캐리어. 운반체 ㅣ 印刷 yìnshuā 몡동 인쇄/인쇄하다 ㅣ 造就 zàojiù 동 기르다. 키우다 ㅣ 媒介 méijiè 몡 매개자. 중개자 ㅣ 得天独厚 détiān dúhòu 성 특별히 뛰어난 조건을 갖추다 ㅣ 调制 tiáozhì 동 혼합하여 만들다. 섞어서 만들다 ㅣ 松烟 sōngyān 몡 송연묵. 숯먹 ㅣ 炭黑 tànhēi 몡 카본 블랙 ㅣ 废旧 fèijiù 혱 오래된. 폐기된 ㅣ 开辟 kāipì 동 열다 ㅣ 先河 xiānhé 몡 효시. 선구 ㅣ 简牍 jiǎndú 몡 죽간 ㅣ 掀开 xiānkāi 동 열어젖히다. 열다 ㅣ 新纪元 xīnjìyuán 몡 신기원 ㅣ 散发 sànfā 동 배포하다. 뿌리다 ㅣ 举足轻重 jǔzú qīngzhòng 성 중요한 위치에 있어서 사소한 행동과 동작이 전체에 영향을 끼치다

第四部分

81~100번 문제, 단문을 읽고 그에 해당되는 2~3개의 질문에 알맞은 답을 고르시오.

81-84

水是宝贵的自然资源，是地球上一切生物赖以生存的物质之一。地球总水量约为14.1亿立方公里，但如此多的水中淡水只占3％，而且其中的87％被封闭在冰川、大气、地层中。20世纪以来，全球人口增长了3倍，经济增长了20倍，用水量增长了10倍。同时，[81]由于生产和生活废水急增，而且不经处理直接排入水体，更加重了水资源匮乏这一全球性危机。

联合国教科文组织在97年把水资源定义为"可资利用或可能被利用的水源，即应当能够为满足生产生活用途而得以利用"，而《中国自然资源》将水资源定义为"[82]能为人类生产生活直接利用的，在水循环过程中产生的地表、地下径流和由它们存留在陆地上可再生的水体"。

我国水资源总量约2.8万亿立方米，但[83]人均占有量只排在世界第121位，是世界人均占有量的1/4。此外，我国[83]水资源空间分布很不均匀，南多而北少。重经济发展而轻环境保护又导致许多地区[83]出现严重的水体污染，因此，水资源问题也成了我国社会和经济发展中的重大问题。

물은 귀중한 자연자원으로 지구상의 모든 생물이 생존할 때 필요한 물질 중 하나다. 지구 총 물의 양은 약 14억1천만km^3이지만 이렇게 많은 물 중 담수는 3%밖에 되지 않고, 또한 그 중의 87%는 빙하, 대기, 지층에 있다. 20세기 이래 전세계 인구는 3배가 증가했고 경제는 20배가 성장했으며 물 사용량은 10배가 증가했다. 동시에 생산 또는 생활 폐수가 급격히 증가하고 아울러 처리되지 않은 폐수가 직접적으로 물에 흘러 들어가면서 전세계적인 위기인 수자원 부족문제를 가중시켰다.

유네스코는 1997년 수자원을 '자원으로 이용되거나 이용될 수 있는 수원, 즉 생산활동용도를 만족시키기 위해 이용될 수 있는 것이어야 한다'라고 정의했고 《중국자연자원》에서는 수자원을 '인류 생산활동을 위해 직접적으로 이용할 수 있고 물 순환과정에서 발생한 지표, 지하의 물줄기와 육지에 남아있는 재생 가능한 물'로 정의하고 있다.

중국 수자원 총량은 약 2조8천 억m^2이지만 일인당 평균 점유량은 세계 121위이며 세계 일인당 평균 점유량의 1/4에 지나지 않는다. 이밖에 중국 수자원공간 분포는 매우 균등하지 않아 남쪽이 많고 북쪽이 적다. 경제발전을 중시하고 환경보호를 간과하여 많은 지역에 심각한 수질오염이 발생했는데, 따라서 수자원 문제는 중국 사회와 경제발전에서 중대한 문제가 되었다.

81 生产和生活废水急增，会给地球带来怎样的影响?

생산 또는 생활폐수의 급증은 지구에 어떤 영향을 가져다 주었나?

A 严重的水污染
심각한 수질오염

B 加重水资源匮乏
수자원 부족을 가중시켰다

C 地球能源危机
지구 에너지 위기

D 影响空气质量
공기의 질에 영향을 주었다

[➡풀이]

본문의 첫 번째 단락 由于生产和生活废水急增，而且不经处理直接排入水体，更加重了水资源匮乏这一全球性危机 부분을 보면 수자원 부족현상을 가중시켰다라고 설명하고 있다.

정답 ▶ B

82 哪一项不符合有关《中国自然资源》为水资源下的定义：

≪중국자연자원≫의 수자원에 대한 정의와 일치하지 않는 것은?

A 人类生产生活可直接利用的水体
인류생산활동 중 직접적으로 이용할 수 있는 물

B 水循环过程中产生的可再生水体
물 순환과정에서 발생한 재생 가능한 물

C 能够满足生产生活的用途
생산생활의 용도를 만족할 수 있다

D 存留在陆地上的可再生水体
육지상에 남아있는 재생 가능한 물

[◆풀이]

본문의 두 번째 단락 能为人类生产生活直接利用的，在水循环过程中产生的地表、地下径流和由它们存留在陆地上可再生的水体(인류 생산활동을 위해 직접적으로 이용할 수 있고 물 순환과정에서 발생한 지표, 지하의 물줄기와 육지에 남아있는 재생 가능한 물) 부분을 보면 생산생활의 용도를 만족할 수 있다는 언급되어 있지 않음을 알 수 있다.

정답 C

83 目前我国水资源的特点下列描述不正确的是？

현재 중국 수자원 특징에 관한 틀린 묘사는?

A 总量大而人均占有量低
총량은 많지만 일인당 점유량은 낮다

B 水资源空间分布不均
수자원공간 분포가 균등하지 않다

C 水资源可无限利用
수자원은 무한하게 이용할 수 있다

D 水体污染严重
수질오염이 심각하다

[◆풀이]

본문의 세 번째 단락을 전반적으로 살펴보면 수자원은 무한하게 이용할 수 있다는 내용은 틀린 묘사임을 알 수 있다.

정답 C

84 这段文字的主要内容是：

본문의 주요 내용은?

A 中国是缺乏水资源的国家
중국은 수자원이 부족한 국가이다

B 怎样保护我们的水资源
어떻게 우리의 수자원을 보호하는가

C 水资源危机产生的原因
수자원 위기가 발생한 원인

D 水是宝贵的自然资源
물은 소중한 자연자원이다

[◆풀이]

본문 전체적인 내용을 보면 물부족 현상의 심각성을 언급하고 있음을 알아야 한다. 그리고 문장의 가장 처음과 마지막 두 부분의 내용을 보고 물은 소중한 자연자원이므로 아껴야 한다는 것을 판단해야 한다.

정답 D

단어

资源 zīyuán 명 자원 | 水量 shuǐliàng 명 수량 | 立方 lìfāng 양 세제곱미터(m³) | 淡水 dànshuǐ 명 민물. 담수 | 废水 fèishuǐ 명 폐수 | 急增 jízēng 동 급증하다. 격증하다 | 水体 shuǐtǐ 명 물 | 匮乏 kuìfá 형 부족하다. 모자라다. 결핍되다 | 联合国教科文组织 Liánhéguó Jiàokēwén Zǔzhī 유네스코 | 循环 xúnhuán 동 순환하다 | 径流 jìngliú 명 땅 위를 흐르는 빗물 | 再生 zàishēng 동 재생하다

85-88

有一个男孩围着我的新车，十分赞叹地问："先生，这是你的车？"我点点头："这是我哥哥送给我的生日礼物。"男孩满脸惊讶，吱吱唔唔地说："你是说这是你哥哥送的礼物，我也好希望能……"当然我以为他是希望能有个送他车子的哥哥，但那男孩所说的却让他十分震撼。**85 "我希望自己能成为送车给弟弟的哥哥。"**男孩说道。我惊愕地看着那男孩，脱口而出地邀请他："你要不要坐我的车去兜风？"男孩兴高采烈地坐上车，绕了一小段路之后，他兴奋地说："**86 先生，你能不能把车子开到我家门前？**"我微笑，心想那男孩必定是要向邻居炫耀，让大家知道他坐了一部大车子回家。

86 没想到这次我又猜错了。 "你能不能把车子停在那两个阶梯前？"男孩要求。男孩跑了上去，过了一会儿我听到他回来的声音，但动作似乎有些缓慢。**86/87 原来他带着跛脚的弟弟出来，将他安置在台阶上，紧紧地抱着他，指着那辆新车。**只听那男孩告诉弟弟："你看，这就是我刚才在楼上告诉你的那辆新车。这是这位先生的哥哥送给他的！将来我也会送给你一辆像这样的车，到那时候你便能去看外边的风景了。"

从那个男孩身上，我真正体会到了"施比受更有福"的道理。

한 남자아이가 내 새 차 옆에 서서 감탄스러워하며 나에게 물었다. "아저씨, 이 차가 아저씨 차인가요?" 나는 고개를 끄덕였다. "이 차는 내 형이 생일선물로 준 거야." 남자아이는 매우 놀란 얼굴로 중얼거렸다. "이 차가 아저씨 형이 준 선물이라는 거군요. 저도 ……" 당연히 나는 그 애가 자신에게 차를 선물해줄 형이 있었으면 좋겠다고 말할 거라 생각했지만 그 남자아이가 한 말은 나를 매우 놀라게 했다. "동생에게 차를 선물해줄 수 있는 형이 되고 싶어요." 난 놀라서 그 아이를 바라보다가 그 아이에게 말했다. "내 차에 타서 바람 한번 쐬지 않을래?" 아이는 매우 기뻐하며 차에 탔고, 한바퀴 돌고 난 후 아이가 흥분하며 말했다. "아저씨, 차를 저희 집 앞까지 몰고 가주실 수 있어요?" 나는 미소를 띠며 남자아이가 이웃에게 자랑을 하려고 하는 것이라고, 모두에게 그가 큰 차를 타고 온 것을 알게 하려는 것이라고 생각했다.

나는 또 잘못 생각한 것이었다. "차를 저기 계단 앞에 세워주실 수 있으세요?" 아이가 말했다. 아이는 뛰어 올라갔고, 얼마 안 있어 나는 아이가 돌아오는 소리를 들었지만 동작이 조금 느린 것 같았다. 알고 보니 아이는 절름발이 동생을 데리고 나온 것이었고, 동생을 계단에 앉힌 후 꽉 껴안으며 새 차를 가리키고 있었다. 아이가 동생에게 하는 말이 들렸다. "봐봐, 이게 바로 내가 막 너에게 말해주었던 그 새 차야. 이 차는 아저씨의 형이 아저씨에게 준 거래! 나중에 내가 너에게도 이런 차를 사줄게. 그때가 되면 너는 밖의 풍경을 마음대로 볼 수 있어."

이 아이에게서 나는 진정으로 '베푸는 것이 받는 것보다 행복하다'라는 이치를 깨달았다.

85 男孩有什么愿望?

남자아이의 소원은 무엇인가?

A 希望有一个哥哥
형이 한 명 있는 것

B 有一个送车给他的哥哥
그에게 차를 선물해줄 형이 있는 것

C 收到同样的生日礼物
같은 생일선물을 받는 것

D 送一辆同样的车给弟弟
똑같은 차를 동생에게 선물하는 것

[◉ 풀이]

듣기이든 독해이든 항상 전환, 역접을 나타내는 접속사를 잘 파악해야 한다. '원래는 ~인줄 알았는데(以为), 하지만(但是)'이 나오면 진짜 중요한 내용이 나오는 것이다.

본문의 첫 번째 단락 当然我以为他是希望能有个送他车子的哥哥, 但那男孩所说的却让他十分震撼。"我希望自己能成为送车给弟弟的哥哥。"에서 소년의 소원은 차를 사주는 형이 있는 것이 아니라, 자신이 그런 형이 되는 것이라는 것을 알 수 있다.

정답 ▶ D

86 男孩为什么提出要作者开车到他家门前?

남자아이는 왜 나에게 차를 그의 집 앞까지 몰아가 달라고 했는가?

A 想体验一下新车的性能
새 차의 성능을 체험해보려고

B 想向别人展示他的地位
다른 사람에게 그의 지위를 보여주려고

C 想让弟弟看到这辆新车
동생에게 이 새 차를 보여주려고

D 想送一辆同样的车给弟弟
똑같은 차를 동생에게 선물하려고

[◉ 풀이]

본문의 두 번째부터 세 번째로 이어지는 스토리를 통해 소년은 동생에게 차를 보여주기 위해서 임을 알 수 있다.

先生，你能不能把车子开到我家门前? (차를 저희 집 앞까지 몰고 가주실 수 있어요?) → 没想到这次我又猜错了。(나는 또 잘못 생각한 것이었다.) → 原来他带着跛脚的弟弟出来, 将他安置在台阶上, 紧紧地抱着他, 指着那辆新车。(알고 보니 아이는 절름발이 동생을 데리고 나온 것이었고, 동생을 계단에 앉힌 후 꽉 껴안으며 새 차를 가리키고 있었다.)

정답 ▶ C

87 关于男孩的弟弟，我们可以知道:

남자아이의 동생에 관해 우리가 알 수 있는 것은?

A 不能走路
걸을 수 없다

B 走路很快
빠르게 걷는다

C 弟弟会开车
동생은 운전을 할 수 있다

D 可以自己生活
혼자서 생활할 수 있다

[◉ 풀이]

질문에 대한 가장 적당한 대답은 걷는 것이 불편하다(走路不方便)라든지 몸에 장애가 있다(弟弟是个残疾人)라고 하는 것이나, 주어진 제시어에서 가장 가까운 답은 걸을 수 없다가 적합하다.

정답 ▶ A

88 关于"施比受更有福"的理解正确的是：

'베푸는 것이 받는 것보다 행복하다'에 관한 올바른 이해는?

A 拥有的越多越幸福
   가지고 있는 것이 많을수록 더욱 행복하다

B 作者对收到的礼物很满足
   작가는 자기가 받은 선물에 대해 매우 만족한다

C 男孩比作者幸福得多
   남자아이는 작가보다 더 행복하다

D 施舍比接受别人施舍得到的更多
   남에게 베풀었던 사람이 다른 사람이 베푸는 걸 받은 사람보다 더 많은 것을 얻는다

[풀이]

본문의 가장 마지막 문장 我真正体会到了"施比受更有福"的道理(나는 진정으로 '베푸는 것이 받는 것보다 행복하다'라는 이치를 깨달았다)에서 알 수 있다. 施는 '베풀다'라는 뜻이고 受는 '받다'는 뜻이다. 즉, 간단하게 말하면 받는 것보다 베푸는 것이 더 행복하다는 진리를 말하고 있는 것이다.

정답 D

단어

赞叹 zàntàn 동 찬탄하다. 칭찬하다 | 震撼 zhènhàn 동 뒤흔들다. 진동하다 | 惊愕 jīng'è 형 경악하다. 놀라다 | 脱口而出 tuōkǒu érchū 성 생각하지 않고 함부로 내뱉다 | 兜风 dōufēng 동 바람을 쐬다. 드라이브하다 | 兴高采烈 xìnggāo cǎiliè 성 대단히 기쁘다. 무척 흥겹다 | 炫耀 xuànyào 동 뽐내다. 자랑하다 | 跛脚 bǒjiǎo 명 절름발이. 절뚝발이 | 施舍 shīshě 동 베풀다. 시사하다

89-92

　　茶话会是近代世界上一种时髦的集会。它既不像古代茶宴、茶会那样隆重、讲究，也不像日本"茶道"要有一套严格的礼仪和规则，而是以清茶或茶点招待客人的集会，有时也用于外交场合。

　　追根溯源，茶话会是在古代的茶宴、茶会的基础上逐渐演变而来的。随着时代的发展，过去那种费时忘业、花费很大的茶宴和茶会已成为历史，**89 但集会品茶，互相交换意见，发表各种见解，畅谈友情的内容却被保留下来了**。如今的茶话会，是在一杯香茶吸引下的一种饶有兴趣的集会。

　　由于茶的成分中咖啡碱、茶多酚和芳香油的作用，对人的神经起着温和的刺激作用，使人精神振奋，感觉愉快，机智敏捷，思路顿开。**90 参加茶话会不但在身心上得到某种满足和慰藉，而且还能增进友谊，增长知识**。因此，人们一般都喜欢参加茶话会。进入20世纪以来，茶话会有了很大发展，已成为一种世界性的习俗。

　　目前，茶话会在我国 **91 十分盛行，各种形式的茶话会让人 耳目一新**。小的如结婚典礼、迎宾送友、同学朋友聚会、学术讨论、文艺座谈，大的如商议国家大事、庆典活动、招待外国使节，一般都采用茶话会的形式，特别是欢庆新春佳节，**91 采用茶话会形式的越来越多**。各种类型的茶话会，既简单方便节俭，又轻松愉快高雅，是一种效果良好的聚会形式。

　　茶话会的形式，因内容、人员的不同又有所区别。如与会人员仅几人，用一张圆桌：几十人乃至几百人，每桌10人左右，或用方桌拼成长方形或其他形式；几百人、上千人的大型茶话会，多用圆桌，团团围坐。关于茶话会的饮品，香茶是必备之物，有条件的还可以增加鲜果、糕点及各色糖果。

　　茶话会的布置，可以根据会的内容和季节的不同，在席间或室内布置一些鲜花，如在夏季以叶子嫩绿、花朵洁白的茉莉为宜，使人有清幽雅洁之感，如在冬季，则以破绽吐香的腊梅和生意盎然的水仙为宜，使人感受到春天的气息。如果是婚礼茶话会，则以红艳的鲜花为好，以示新婚夫妇的幸福和美满。当然，由于条件所限，对花种的选择会有局限性，但不论选用什么花种，⁹² 对颜色的选择应与会的内容相协调。在较大的茶话会上，如配以轻音乐或小型的文艺节目如小品、相声等曲艺节目，可以增添欢乐气氛。

다과회는 근대 세계에서 유행한 모임의 일종이었다. 다과회는 고대의 차 연회, 차 파티와 같이 그렇게 성대하고 화려하진 않았고 일본의 '차도'처럼 엄격한 예절과 규칙이 있지도 않았으며, 차 혹은 다과만으로 손님을 접대하는 모임으로 이따금 외교장소에 사용되기도 했다.

그 근원을 찾아보면 다과회는 고대의 차 연회, 차 파티의 기초 위에서 점차 변화해온 것이다. 시대의 발전에 따라 과거 시간을 낭비하고 본업을 잊으며 돈을 낭비하는 그런 차 연회와 차 파티는 이미 역사가 되었지만, 모임에서 차를 마시고 서로 의견을 교환하며 각종 견해를 발표하고 우정을 나누는 관습은 남아 있게 되었다. 현재의 다과회는 차의 향기 속에서 진행되는 일종의 흥미 넘치는 모임이다.

차의 성분 중에 카페인, 티폴리페놀, 정유의 작용 때문에 사람들의 신경은 온화한 자극을 받게 되고, 이는 사람들의 정신을 맑게 하고 기분을 즐겁게 하며 기지가 민첩해지고 사고를 깨워준다. 다과회에 참가하면 몸과 마음이 어떤 만족감과 위로를 받을 수 있을 뿐 아니라 우정을 다질 수 있고 지식도 늘릴 수 있다. 따라서 사람들은 일반적으로 다과회에 참가하는 것을 좋아한다. 20세기로 접어들면서 다과회는 큰 발전을 했고 이미 세계적인 풍속이 되었다.

현재 다과회는 중국에서 매우 유행하고 있고 각종 형식의 다과회는 사람들에게 매우 새롭다. 작은 것으로는 결혼식과 같이 손님과 친구를 대접하는 것, 동학과 친구들과의 모임, 학술토론회, 문예좌담회 등이 있고, 큰 것으로는 국가대사를 논의하는 것과 축하행사, 외국사절을 맞이하는 자리가 있어 특히 새해를 축하할 때 다과회 형식을 점점 많이 사용하고 있다. 각종 유형의 다과회는 간소하고 편리하며 유쾌하고 우아하여 일종의 효과가 매우 좋은 모임형식이다.

다과회의 형식은 내용, 참가인원에 따라 어느 정도 차이가 있다. 참가인원이 몇 사람이라면 한 탁자를 사용하고, 몇십 명에서 몇 백 명이라면 한 탁자를 10명 정도로 계산하거나 네모난 탁자를 붙여 직사각형 혹은 기타 형식으로 만든다. 몇 백 명, 몇 천 명이 되는 대형 다과회에서는 원탁을 자주 사용해 둘러 앉게 한다. 다과회의 음료에서 차는 필수품이고 조건이 된다면 주스, 케이크 및 과자를 더 준비할 수 있다.

다과회의 배치는 모임의 내용과 계절에 따라 다른데, 석상 혹은 실내에는 생화를 배치하고 만약 여름철이라면 잎이 푸르고 꽃이 하얀 쟈스민이 적당해 사람들에게 아름답고 깨끗한 느낌을 줄 수 있다. 만약 겨울철이라면 향기가 만발한 매화와 생기 넘치는 수선화가 적당해 사람들에게 봄날의 기운을 느끼게 해준다. 만약 결혼식 다과회라면 빨간 생화가 적당한데, 이것은 신혼부부의 행복하고 원만한 결혼생활을 보여준다. 물론 조건이 제한적이기 때문에 꽃 종류의 선택도 제한적일 수 있는데, 어떤 꽃을 선택하든지 색깔의 선택은 반드시 모임의 내용과 어울려야 한다. 비교적 큰 다과회에서 만약 경음악 혹은 작은 문예 프로그램, 예를 들어 단막극, 만담 등이 같이 진행된다면 유쾌한 분위기를 더해줄 수 있다.

89　人们在茶话会上可以做什么?

사람들은 다과회에서 무엇을 할 수 있는가?

A　发表各自的见解
각자의 견해를 발표한다

B　做茶的生意
차 사업을 한다

[▶ 풀이]

본문의 두 번째 단락 但集会品茶，互相交换意见，发表各种见解，畅谈友情的内容却被保留下来了(모임에서 차를 마시고 서로

C 介绍"茶道"的礼仪　　D 解除心理压力
'차도'의 예절을 소개한다　　심리적 스트레스를 해소한다

의견을 교환하며 각종 견해를 발표하고 우정을 나누는 관습은 남아 있게 되었다) 부분을 보면 모임에서 의견을 교환한다는 것을 찾을 수 있다.

정답 ▶ A

90　为什么人们喜欢参加茶话会?

왜 사람들은 다과회에 참가하는 것을 좋아하는가?

A 人们都喜欢喝茶
사람들은 모두 차 마시는 것을 좋아한다

B 人们的兴趣爱好相同
사람들의 흥미와 취미는 똑같다

C 身心能够得到满足
몸과 마음이 만족감을 얻을 수 있다

D 能够找到终身伴侣
평생 파트너를 찾을 수 있다

[● 풀이]

세 번째 단락 参加茶话会不但在身心上得到某种满足和慰藉，而且还能增进友谊，增长知识(다과회에 참가하면 몸과 마음이 어떤 만족감과 위로를 받을 수 있을 뿐 아니라 우정을 다질 수 있고 지식도 늘릴 수 있다) 부분을 통해 사람들이 다과회에 참여하면 심신의 만족과 위로를 얻을 수 있음을 알 수 있다.

정답 ▶ C

91　第四段中"耳目一新"在文中的意思是:

네 번째 문단에서 '사람들의 눈과 귀를 새롭게 하다'의 본문에서의 의미는?

A 茶话会十分盛行
다과회는 매우 유행한다

B 茶话会的形式单一
다과회의 형식은 단일하다

C 涌现出的茶话会形式繁多
새롭게 나타나고 있는 다과회 형식은 매우 많다

D 茶话会是一种良好的聚会形式
다과회는 일종의 훌륭한 모임 형식이다

[● 풀이]

네 번째 단락 耳目一新의 전후 내용을 종합해보면 여러 가지 형식의 다과회가 많이 생겨남을 알 수 있는데, 특히 采用茶话会形式的越来越多(다과회 형식을 점점 많이 사용하고 있다)를 참고할 수 있다.

정답 ▶ C

92　在茶话会的布置上，对花种的选择有什么要求?

다과회의 배치에서 꽃 종류의 선택에 있어 어떤 요구가 있는가?

A 春天的时候选用水仙
봄에는 수선화를 사용한다

B 新婚夫妇选用洁白的茉莉
신혼부부는 깨끗하고 하얀 쟈스민을 사용한다

[● 풀이]

본문의 가장 마지막 단락의 对颜色的选择应与会的内容相协调(어떤 꽃을 선택하든지 색깔의 선택은 반드시 모임의 내용과 어울려야 한다) 부분을 통해 환경과 잘 어울리는 꽃을 선택해야 한다는 것을 알 수 있다.

정답 ▶ D

C 以新鲜、艳丽的花为主
　　신선하고 밝은 꽃을 주로 사용한다

D 应选择和环境相适宜的花
　　환경과 적합한 꽃을 사용해야 한다

단어

茶话会 cháhuàhuì 명 다과회 | 茶会 cháhuì 명 다과회 | 隆重 lóngzhòng 형 성대하고 엄숙하다. 장중하다 | 茶道 chádào 명 다도 | 清茶 qīngchá 명 차 | 茶点 chádiǎn 명 차와 간식 | 追根溯源 zhuīgēn sùyuán 성 사물의 근본을 탐구하다. 사건 발생의 원인을 찾다 | 演变 yǎnbiàn 통 변화하고 발전하다. 변천하다 | 品茶 pǐnchá 통 차의 맛을 보다. 차의 맛을 즐기다 | 酚 fēn 명 석탄산. 페놀 | 芳香 fāngxiāng 명 향기. 방향. 좋은 냄새 | 振奋 zhènfèn 형 고무적이다. 활기차다 | 慰藉 wèijiè 통 위안하다. 위로하다 | 耳目一新 ěrmù yìxīn 성 보고 듣는 것이 모두 다 신선하다 | 迎宾 yíngbīn 통 손님을 맞다 | 圆桌 yuánzhuō 명 원탁 | 方桌 fāngzhuō 명 사각 탁자 | 长方形 chángfāngxíng 명 직사각형 | 糖果 tángguǒ 명 사탕. 과자 | 嫩绿 nènlǜ 형 연녹색의 | 洁白 jiébái 형 새하얗다 | 腊梅 làméi 명 새앙나무 | 盎然 àngrán 형 완연하다 | 水仙 shuǐxiān 명 수선화 | 轻音乐 qīngyīnyuè 명 경음악 | 小品 xiǎopǐn 명 꽁트 | 相声 xiàngsheng 명 재담. 만담 | 涌现 yǒngxiàn 통 대량으로 나타나다. 생겨나다

93-96

　　20世纪80年代初，英国皇家建筑学会主席在中国考察之后对城市规划界说："现在全世界的城市建设都面临着一个共同的危机，我们的城镇正趋向同一种模式，这是很遗憾的。 93希望中国的城市建设能够尊重中国文化，尊重城市原有的特色。中国历史文化的传统太珍贵了，你们要用全部智慧、决策和洞察力去抵抗那些虚假、肤浅的标准概念。"

　　20年后的今天，这个意味深长的警告不幸被言中。

　　目前，我国各地正在进行大规模的城市建设。在热火朝天的城市建设中，曾经的古城在 94"旧城改造"的名义下被夷为平地，作为北京民居灵魂的四合院也在减少……朱门绿廊、雕梁画栋、青砖碧瓦早已成为遥远的过去，盲目的建设和更新正在使我们的城市失去记忆。 95当人类砍倒第一棵树的时候，文明开始了；而当人类砍倒最后一棵树的时候，文明结束了。城市是复杂的，可是往往也如此简单。蔚蓝的多瑙河，旷野平芜的圆明园废墟，烽火连绵的长城……城市的生命与性格、历史与记忆就蜿蜒在城市的每一方土地、每一片草坪……无数的城市史告诉我们，城市的记忆不是历史教科书中枯燥的数字和资料，而是活生生存留于城市空间和时间中的生命的热度、岁月的痕迹、文化的积淀。

　　城市不仅仅是单体建筑的简单集合，不仅仅是高楼大厦、立交桥、高架桥，更是一股从远古吹向未来的心灵之风，是一个民族生存发展的记忆载体。每个时代都在城市建设中留下了自己的痕迹，而保存城市的记忆，保护历史的延续性，保留人类文明发展的脉络，是人类现代文明发展的需要。

　　 96亡羊补牢，犹未为晚。中国城市史行进到21世纪，已经进入需要我们反思的阶段。

20세기 1980년대 초, 영국 왕립건축학회 의장은 중국을 시찰한 후 도시계획에 대해 다음과 같이 말했다. "현재 전세계의 도시건설은 공통된 위기에 직면하여 우리의 도시가 단일화 되어가고 있는데, 이것은 매우 안타까운 것입니다. 중국의 도시건설은 중국문화를 존중하고 도시의 고유특색을 존중하길 바랍니다. 중국 역사문화의 전통가치는 매우 높으므로, 여러분들은 모든 지혜와 정책, 통찰력을 사용해 허구적이고 얄팍한 표준개념을 막아야 합니다."
20년 후 오늘날 이 의미 깊은 경고는 불행하게도 현실이 되어버렸다.
현재 중국 각지에 현재 대규모 도시건설이 진행되고 있다. 열기가 뜨거운 도시건설 중 과거의 고성은 '고성개조'라는 명목 하에 부숴져 평지가 되고 있다. 베이징 주민의 영혼인 사합원도 줄어들고 있다. 붉은 문과 녹색 복도, 건물의 화려한 채색화(彩色画) 장식, 푸른 벽돌과 푸른 기와는 일찍이 이미 아득한 과거가 되어버렸고 맹목적인 건설과 업그레이드로 현재 우리의 도시는 기억을 잃어가고 있다.
인류가 처음 나무를 베었을 때 문명이 시작되었고, 인류가 마지막 나무를 베었을 때 문명은 끝날 것이다. 도시는 매우 복잡하지만 또 이렇게 간단하다. 짙푸른 다뉴브 강, 광야처럼 평평해진 위안밍위안 폐허, 전쟁이 끊이질 않았던 만리장성. 도시의 생명과 성격, 역사와 기억은 도시의 땅과 잔디밭 곳곳에서 꿈틀대고 있고 무수한 도시사(史)는 우리에게 도시의 기억은 역사교과서 속의 무미건조한 수치와 자료가 아니라 도시공간과 시간 속에 생명의 열정과 세월의 흔적, 문화의 축적으로 살아 숨쉰다고 말해주고 있다.
도시는 단순한 건축물의 집합이 아니며, 고층건물, 입체교차로, 고가도로도 아니다. 아득한 과거에서 미래로 불어 온 영혼의 바람이자 한 민족의 생존발전의 기억 매개체이다. 각 시대에는 모두 도시건설 중 자신의 흔적을 남겼고, 또한 도시의 기억을 남기고 역사의 연속성을 보호하며, 인류문명 발전의 맥락을 유지하는 것은 인류현대문명 발전에서 꼭 필요한 것이다.
아직 늦지 않았다. 중국 도시사는 21세기에 접어들어 이미 우리가 생각해봐야 할 단계로 접어들었다.

93 英国皇家建筑学会主席的讲话的主要内容是什么?

영국 왕립건축학회 의장의 말에서 주요한 내용은?

A 全世界的城市建设都有危险
전세계의 도시건설은 모두 위험이 도사리고 있다

B 全世界的城镇建设都一样
전세계의 도시건설은 모두 같다

C 希望中国的城市建设有自己的特色
중국의 도시건설이 자신의 특색이 있기를 희망한다

D 希望中国的建筑走出传统思想的束缚
중국의 건축물은 전통적인 사상의 속박에서 벗어나길 희망한다

[➡ 풀이]

본문 첫 번째 단락의 영국 왕립건축학회 의장의 말에 希望中国的城市建设能够尊重中国文化, 尊重城市原有的特色(중국의 도시건설은 중국문화를 존중하고 도시의 고유특색을 존중하길 바랍니다)라는 말이 나온다.
독해는 문제를 잘 보고, 문제 속에 담긴 키워드를 본문에서 찾아내는 스캐닝 연습을 하는 것이 아주 중요하다.

정답 C

94 为什么说我们的城市正在失去记忆?

왜 우리의 도시가 현재 기억을 잃어가고 있다고 말하는가?

A 北京的四合院没有了
베이징의 사합원이 없어졌다

B 许多古城都已经被改造了
많은 고성들은 이미 개조되었다

[➡ 풀이]

본문의 중간 부분에 담겨있는 핵심내용을 정리해보면 도시의 많은 옛 모습이 현대화로 탈바꿈되면서 점점 옛 기억을 잃어간다고 정리할 수 있다.

정답 B

C 城市建设正在进行
　　도시건설이 현재 진행되고 있다

D 人们失去了对城市的记忆
　　사람들은 도시의 기억을 잃어버렸다

95 对"当人类砍倒第一棵树的时候，文明开始了"这句话的正确理解是:
'인류가 처음으로 나무를 베었을 때 문명이 시작되었다'는 말의 정확한 의미는?

A 文明是从砍倒树开始的
　　문명은 나무를 베는 것에서부터 시작된다

B 人类通过劳动改造自然，创造文明
　　인류는 노동을 통해 자연을 개조하고 문명을 창조했다

C 人类砍倒树是为了建设家园
　　인류가 나무를 베는 것은 집을 만들기 위해서다

D 砍倒树是文明发展的必要条件
　　나무를 베는 것은 문명발전의 필수조건이다

96 最适合上文的标题是什么?
본문의 제목으로 가장 잘 어울리는 것은?

A 不要让城市失去记忆
　　도시가 기억을 잃지 말도록 하라

B 人类的文明需要建筑
　　인류의 문명에서 건축은 필요하다

C 希望中国保留传统建筑
　　중국이 전통 건축물을 유지하길 바란다

D 城市建设需要反思
　　도시건설에 대해 다시 생각해봐야 한다

[▶ 단어]

主席 zhǔxí 圆 의장. 주석 ㅣ 城镇 chéngzhèn 圆 도시와 마을. 도시와 촌 ㅣ 原有 yuányǒu 통 이전부터 있다. 고유하다 ㅣ 洞察 dòngchá 통 확실하게 관찰하다. 꿰뚫어 보다 ㅣ 肤浅 fūqiǎn 혱 얕다. 천박하다 ㅣ 热火朝天 rèhuǒ cháotiān 성 열기가 뜨겁다. 열기가 고조되다 ㅣ 蔚蓝 wèilán 혱 쪽빛의. 진한 푸른빛의 ㅣ 多瑙河 Duōnǎo Hé 圆 다뉴브 강 ㅣ 旷野 kuàngyě 圆 광야. 광원 ㅣ 平芜 píngwú 圆 잡초 무성한 벌판 ㅣ 废墟 fèixū 圆 폐허 ㅣ 烽火 fēnghuǒ 圆 봉화. 전쟁 ㅣ 连绵 liánmián 통 끊임없이 이어지다 ㅣ 蜿蜒 wānyán 혱 구불구불 이어진 모양 ㅣ 草坪 cǎopíng 圆 평탄한 잔디밭 ㅣ 热度 rèdù 圆 열정. 열성 ㅣ 高架桥 gāojiàqiáo 圆 육교. 고가교 ㅣ 亡羊补牢 wángyáng bǔláo 성 소 잃고 외양간 고치다 ㅣ 束缚 shùfù 통 속박하다. 구속하다

97-100

¹⁰⁰ 批评下属是一件不太轻松也不容易的事情，有时会令那些缺乏管理知识和经验的领导者感到无所适从。但是，谁都会犯错误，¹⁰⁰ 批评也是一种艺术。⁹⁷ 如果管理者不懂得如何批评下属，就有可能降低部门的工作效率，甚至影响整个团队的工作情绪。

⁹⁸ 批评前应该先弄清事实，这也是正确批评的基础。有些管理者一时激动就不分青红皂白对下属进行批评，而忽略了对客观事件本身进行全方位的调查。另外，还要考虑妥当的批评方式。⁹⁹ 批评的方式有很多种，这就需要管理者根据具体的当事人和事件进行选择。比如，性格内向的人对别人的评价非常敏感，可以采用以鼓励为主、委婉的批评方式；对于生性固执或自我感觉良好的员工，可以直白地告诉他犯了什么错误，以期对他有所警醒。另外，对于严重的错误，要采取正式的、公开的批评方式；⁹⁹ 对于轻微的错误，则可以私下点到为止。

批评时还应问清下属犯错的原因。虽然管理者可能自认为已经清楚地了解了事件的客观真相，但在批评时还是要认真地倾听下属对事件的解释。这样做有助于管理者了解下属是否已经清楚了自己的错误，也有利于管理者进行进一步的批评。有意思的是，下属往往会告诉管理者一些管理者可能并不清楚的真相。如果管理者没有办法证实这些问题，则应立即结束批评，再做进一步的调查了解。

还要注意批评时尽量对事不对人。虽说事情都是人做的，但在批评下属时，还是要尽量对事不对人。这样做也是为了防止让下属认为你对他有成见。"对事不对人"不仅容易使下属客观地评价自己的问题，让下属心服口服；它的重要意义还在于这样可以在部门内部形成一个公平竞争的环境，使下属不会产生为了自己的利益去溜须拍马的想法。

부하직원을 질책하는 것은 마음이 불편하고 쉽지 않은 일로, 이런 상황에서 일부 관리지식과 경험이 부족한 지도자들은 어찌 해야 할지를 모른다. 하지만 누구도 실수를 저지를 수 있고 질책도 또한 하나의 예술이다. 만약 관리자가 어떻게 부하직원을 질책해야 할지 모른다면, 팀의 작업효율을 떨어뜨리게 될 수도 있고, 심지어 팀의 전체 업무 분위기에 영향을 줄 수도 있다.

질책을 하기 전 반드시 먼저 사태를 파악해야 하는데, 이것이 정확한 질책을 할 수 있는 기초이다. 일부 관리자들이 일시적인 충동으로 인해 사리를 판단하지 못하고 부하직원을 질책하거나 또한 객관적 사실 자체에 전면적인 조사를 간과한다. 이밖에 적당한 질책 방식을 고려해야 한다. 질책의 방식에는 여러 가지 종류가 있는데, 이것은 관리자가 당사자와 사건의 구체적인 상황에 따라 선택하는 것이 필요하다. 예를 들어 성격이 내향적인 사람은 다른 사람의 평가에 매우 민감하기 때문에 격려하는 방식을 위주로 사용하거나 완곡한 질책 방식을 사용하고, 고집적이거나 자신감이 넘치는 직원에게는 직접적으로 그가 어떤 잘못을 했는지 말하고 그가 깨닫도록 한다. 이밖에 심각한 잘못에 대해 정식적이고 공개적으로 질책해야 하고, 가벼운 잘못에 대해서는 개인적으로 간략하게 언급할 수 있다.

질책할 때 부하직원이 잘못한 원인을 확실히 물어야 한다. 비록 관리자가 이미 사건의 객관적인 진상을 잘 알고 있다고 느낀다 하더라도 질책할 때 반드시 부하직원이 사건에 대해 해명하는 것을 경청해야 한다. 이렇게 해야만 관리자는 부하직원이 이미 자신의 잘못을 잘 알고 있는지 알 수 있게 해주어 질책을 할 때 유리하다. 재미있는 것은 부하직원은 관리자에게 일부 관리자가 잘 모르고 있던 진상에 대해서도 종종 알려준다는 것이다. 만약 관리자가 이러한 문제를 확인할 길이 없다면 즉각 질책을 멈추어야 하고, 다시 조사를 해 알아봐야 한다.

또한 질책할 때 사건에 대해 해야지 사람에 대해 질책해서는 안 된다. 사건은 모두 사람이 한 것이지만, 부하직원을 질책할 때 사건을 겨냥해야지 사람을 겨냥해서는 안 된다. 이렇게 해야만 부하직원이 당신에 대해 편견이 생기는 것을 방지할 수 있다. '사람에 관계없이 일만 따지는'것은 부하직원이 객관적으로 자신의 문제를 평가할 수 있게 하고 진심으로 자신의 잘못을 인정하게 만든다. 이것의 중요한 의의는 이렇게 해야만 팀 내부에 공평하고 경쟁적인 환경을 조성할 수 있고 부하직원들에게 자신의 이익만을 위해 아부할 마음이 들지 않게 한다.

97 根据本文，部门工作效率的降低有可能是什么引起的?

본문에 따르면 부서 업무효율의 하락은 왜 발생하는가?

A 领导不知如何批评下属
리더가 어떻게 부하직원을 혼내야 할지 모른다

B 管理者缺乏经验
관리자가 경험이 부족하다

C 团队情绪不稳定
팀워크가 불안정하다

D 团队内部意见不统一
팀 내부의 의견이 일치하지 않는다

[풀이]

첫 번째 단락 如果管理者不懂得如何批评下属，就有可能降低部门的工作效率，甚至影响整个团队的工作情绪(만약 관리자가 어떻게 부하직원을 질책할지 모른다면, 팀의 작업효율을 떨어뜨리게 될 수도 있고, 심지어 팀 전체의 업무 분위기에 영향을 줄 수도 있다) 부분을 통해 리더가 부하직원을 혼내는 방법을 모르면 업무효율이 떨어진다는 것을 알 수 있다.

정답 A

98 正确批评的基础是什么?

질책의 정확한 기초는 무엇인가?

A 了解下属的心理
부하직원의 마음을 이해하다

B 理解下属的处境
부하직원의 처지를 이해하다

C 先了解事实真相
먼저 사실의 진상을 파악하다

D 客观地调查下属
객관적으로 부하직원을 조사하다

[풀이]

두 번째 단락 批评前应该先弄清事实，这也是正确批评的基础에서 먼저 사실의 진상을 파악하는 것이 정확한 질책의 기초라는 것을 알 수 있다.

정답 C

99 第二段中的"点到为止"的意思是:

두 번째 문단의 '간략하게 언급하다'의 의미는?

A 含蓄的示意
완곡하게 의미를 전달하다

B 深入谈论
심도 있게 토론하다

C 用动作提示
동작을 통해 일러준다

D 单独交谈
단독적으로 이야기한다

[풀이]

두 번째 단락에서 부하직원을 혼내는 방식에 대해 예를 들면서, 질책의 방식에는 여러 가지가 있는데 사건의 구체적인 상황에 따라 선택해야 하고, 또 가벼운 잘못에 대해서는 개인적으로 간략하게 언급할 수도 있다고 했으므로, 보기에서 가장 가까운 의미는 A가 적합하다.

정답 A

100　本文主要介绍了：

본문이 주요 소개한 것은?

A　批评下属不容易
　　부하직원을 질책하는 것은 어렵다

B　批评下属伤脑筋
　　부하직원을 질책하는 것은 매우 골치가 아픈 일이다

C　批评下属的艺术
　　부하직원을 질책하는 것의 예술

D　批评下属的策略
　　부하직원을 질책하는 것의 전략

[▶풀이]

전체 문장의 주제나 제목은 도입부 혹은 가장 마지막 결론에 나오는 경우가 많다. 본 문제는 가장 처음 부분에 '批评下属是…批评也是一种艺术'의 내용을 다시 돌이켜보면 '부하직원을 혼내는 것도 다 일종의 예술이다'가 가장 적합한 주제이다.

정답　C

▶단어

下属 xiàshǔ 몡 부하직원. 아랫사람. 하급자 ㅣ 无所适从 wúsuǒ shìcóng 솅 어찌해야 좋을 줄 모르다. 어쩔 줄 모르다 ㅣ 弄清 nòngqīng 됨 명백하게 하다. 확실히 해두다 ㅣ 青红皂白 qīnghóng zàobái 솅 청홍흑백. 시비곡직. 내막 ㅣ 全方位 quánfāngwèi 몡 모든 방면. 전방위 ㅣ 妥当 tuǒdang 혱 알맞다. 온당하다 ㅣ 固执 gùzhí 혱 고집스럽다. 완고하다 ㅣ 警醒 jǐngxǐng 됨 경계하고 각성하다. 경계하고 깨닫다 ㅣ 证实 zhèngshí 됨 증명하다 ㅣ 心服口服 xīnfú kǒufú 솅 진심으로 믿고 따르다 ㅣ 溜须拍马 liūxū pāimǎ 솅 비위를 맞추다. 알랑거리다 ㅣ 处境 chǔjìng 몡 처지. 상태 ㅣ 伤脑筋 shāng nǎojīn 골머리를 앓다. 애를 먹다

쓰기 해설

101번 문제, 다음 문장을 읽고 400자 정도로 요약 쓰기 한다.

在我们的身边常常发生着令人为之动容的故事，也许就在你的身边。

우리 주변에서는 매우 감동적인 일들이 자주 일어나곤 하므로, 바로 당신 곁에서도 얼마든지 일어날 수 있다.

一次很偶然的机会，我听到了这样一个故事，很感动，匆忙之余将它记了下来，无论好与不好，我希望有更多的人知道，因为那的确是一个很特别、很真实的故事……

아주 우연한 기회에 나는 이런 이야기를 들은 적이 있다. 매우 감동적이어서 바쁜 중에도 시간을 내서 그 일을 적어두었는데, 이야기의 좋고 나쁨을 떠나 나는 이 이야기가 정말 매우 특별하고 진실되기 때문에 더 많은 사람들에게 알리고 싶었다.

他和她的相识是在一个宴会上，那时的她年轻美丽，身边有很多的追求者，而他却是一个很普通的人。因此，当宴会结束，他邀请她一块去喝咖啡的时候，她很吃惊，然而，出于礼貌，她还是答应了。

그와 그녀는 한 파티에서 알게 되었다. 당시의 그녀는 젊고 아름다워서 주변에 많은 남자들이 그녀를 쫓아다녔으나 그는 아주 평범한 사람이었다. 그리하여 파티가 끝난 뒤 그는 그녀에게 커피를 한잔 마시러 가자고 말했고, 그녀는 매우 놀랐으나 예의상 그녀는 같이 가기로 했다.

坐在咖啡馆里，两个人之间的气氛很是尴尬，没有什么话题，她只想尽快结束，好回去。但是当小姐把咖啡端上来的时候，他却突然说：“麻烦你拿点盐过来，我喝咖啡习惯放点盐”。当时，她都愣了，小姐也愣了，大家的目光都集中到了他身上，以至于他的脸都红了。

커피숍에 앉아있던 두 사람 사이의 분위기는 매우 어색했고, 대화도 별로 없었기에 그녀는 빨리 끝내고 집에 돌아가고만 싶었다. 그러나 점원이 커피를 가져왔을 때 그는 갑자기 “죄송하지만 소금 좀 가져다 주시겠습니까? 제가 커피에 소금을 넣어 먹는 습관이 있어서요.”라고 말했다. 그때 그녀는 당황했고, 점원도 마찬가지였다. 모두의 시선이 그에게로 집중됐고, 그는 얼굴이 빨개졌다.

小姐把盐拿过来了，他放了点进去，慢慢地喝着。她是好奇心很重的女子，于是很好奇地问他：“你为什么要加盐呢？”，他沉默了一会，很慢地几乎是一字一顿地说：“小时候，我家住在海边，我老是在海里泡着，海浪打过来，海水涌进嘴里，又苦又咸。现在，

有这样一个故事，故事的女主人公是一个年轻美丽的女子，在一次宴会上，她和一个十分普通的男人相识，为了得到这位女子的芳心，宴会后，他主动邀请女人与他喝咖啡，女人出于礼貌，便答应了男人的邀请。

한 이야기가 있다. 이 이야기의 여자주인공은 젊고 매우 아름다운 여인인데, 한 파티에서 그녀와 한 평범한 남성이 서로 알게 되었고 이 여인의 환심을 얻기 위해 파티가 끝난 후 그는 주동적으로 그녀에게 커피를 마시자고 요청하였고 그녀는 예의상 남자의 요청을 받아들였다.

起初，两人并不了解彼此，各自喝着自己的咖啡，凝重的气氛让男人很是尴尬，于是他向服务员要求给他一点盐，这句话让本来想尽快离开的女人十分惊讶，

처음에는 두 사람이 서로 잘 알지 못해 각자 자신의 커피만을 마셨고, 썰렁한 분위기는 남자를 더욱 난처하게 했다. 그래서 그는 직원에게 소금을 좀 가져달라고 요구했고, 원래 빨리 떠나려고 했던 여인은 이 말을 듣고 매우 놀랐다.

因为她从来没有听过有人喜欢喝咖啡的时候加盐，于是，她开始询问男人加盐的缘由，男人说这是因为他想找回“家乡的味道”，就是因为这句话，女人觉得他是一个

很久没回家了，咖啡里加盐，就算是想家的一种表现吧，可以把距离拉近一点。"

점원이 소금을 가져오자 그는 소금을 커피에 넣고 천천히 마셨다. 그녀는 호기심이 매우 많은 여자여서 호기심에 그에게 "왜 커피에 소금을 넣으세요?"라고 물었다. 그는 아무 말이 없다가 천천히 말해주었다. "어릴 때 바닷가에 살아서 항상 바다에 나가 살다시피 했죠. 파도가 몰려오면 바닷물이 입 속으로 들어오곤 했는데, 그 맛이 쓰기도 하고 짜기도 하더군요. 요즘은 아주 오랫동안 집에 돌아가지 못해 커피에 소금을 넣어서 그리운 마음을 조금이라도 달래보려고 하는 겁니다. 이러면 조금 더 가깝게 느낄 수 있거든요."

她突然被打动了，因为，这是她第一次听到男人在她面前说想家，她认为，想家的男人必定是顾家的男人，而顾家的男人必定是爱家的男人。她忽然有一种倾诉的欲望，跟他说起了她远在千里之外的故乡，冷冰冰的气氛渐渐地变得融洽起来，两个人聊了很久，并且，她没有拒绝他送她回家。

그녀는 갑자기 마음이 움직였는데, 그 이유는 그녀는 처음으로 그녀 앞에서 한 남자가 집을 그리워한다는 이야기를 들었기 때문이었고, 또 집을 그리워하는 남자라면 가정도 잘 돌보는 남자일 것이고 이런 남자라면 또 가정을 사랑할 줄 알 거라는 생각이 들었다. 그녀는 갑자기 경청하고 싶은 마음이 들었고, 그에게 그녀의 머나먼 고향에 대해 말하기 시작했다. 냉랭했던 분위기는 점점 좋아지기 시작했다. 두 사람은 오래도록 대화를 나눴고 그녀는 그가 집에 바래다주는 것을 거절하지 않았다.

适合做丈夫的男人，

왜냐하면 그녀는 어느 누구도 커피를 마실 때 소금을 넣는다는 것을 들어본 적이 없기 때문이었다. 그래서 그녀는 남자가 왜 소금을 넣는지 물어보기 시작했다. 남자는 '고향의 맛'을 찾기 위해 이런 커피를 마신다고 답했고, 이 말 때문에 그녀는 그가 남편이 되기에 매우 적합한 남자라고 생각했다.

再以后，两个人频繁地约会，她发现他实际上是一个很好的男人，大度、细心、体贴，符合她所欣赏的所有的优秀男人应该具有的特性。她暗自庆幸，幸亏当时的礼貌，才没有和他擦肩而过。她带他去遍了城里的每家咖啡馆，每次都是她说："请拿些盐来好吗？我的朋友喜欢咖啡里加盐。"再后来，就象童话书里所写的一样，"王子和公主结婚了，从此过着幸福的生活。" 他们确实过得很幸福，而且一过就是四十多年，直到他前不久得病去世。

그 후 두 사람은 자주 데이트를 했고 그녀는 그가 정말 좋은 남자이고, 너그럽고 세심하며 자상한 남자임을 알게 되었다. 그녀가 생각하는 이상형의 남자가 갖추어야 할 점들을 다 가지고 있었다. 그녀는 속으로 그때 예의상 거절하지 않고 함께 간 것을 다행스럽게 생각했다. 그녀는 그를 데리고 그 도시에 있는 모든 커피숍을 다 돌아다녔고 그때 마다 그녀는 "소금 좀 가져다 주시겠어요? 제 친구가 커피에 소금을 넣는 걸 좋아해서요."라고 말했다. 그 후 그들은 마치 동화책 속에 쓰여있는 것처럼 '왕자와 공주처럼 결혼해서 행복하게 살았다'. 그들은 정말 행복했고 그렇게 그가 얼마 전 병에 걸려 죽기 전까지 40여 년의 시간이 순식간에 흘러갔다.

从此，俩人频频见面，女人带着男人走遍了城市里的咖啡厅，而且每次都是女人主动向服务员要求拿一点盐，就这样，经过屡次的接触女人发现了男人身上的许多优点，最终，她选择了他作为终身伴侣，俩人从此过上了幸福的生活。

그리하여 두 사람은 자주 만나게 되었고 여인은 남자를 데리고 도시의 커피점을 다니며 매번 그녀가 주동적으로 직원에게 소금을 달라고 요구했다. 이렇게 몇 차례 만남을 거쳐 여인은 남자의 많은 장점을 발견했고 후에 그를 자신의 평생 파트너로 선택했다. 두 사람은 그로부터 행복한 생활을 보냈다.

他们肩并肩走过了四十年，男人却在这第四十年离开了女人，

그들은 어깨를 맞대고 40년이라는 세월을 같이 보냈고, 남자는 40년이 되는 해에 세상을 떠났다.

故事似乎要结束了，如果没有那封信的话。

이야기는 거의 끝나갔다. 만약 그 편지가 없었더라면 그랬을 것이다.

那封信是他临终前写的，写给她的：＂原谅我一直都欺骗了你，还记得第一次请你喝咖啡吗？当时气氛差极了，我很难受，也很紧张，不知怎么想的，竟然对小姐说拿些盐来，其实我是不想加盐的，当时既然说出来了，只好将错就错了。没想到竟然引起了你的好奇心，这一下，让我喝了半辈子的加盐咖啡。有好多次，我都想告诉你，可我怕你会生气，更怕你会因此离开我。

그 편지는 그가 죽기 바로 직전에 그녀에게 쓴 것이었다. '내가 당신을 계속 속여온 걸 용서해줘요. 처음 당신에게 커피를 마시러 가자고 했을 때를 기억하죠? 그때 난 분위기가 너무 안 좋아서 참기 힘들기도 하고 매우 긴장도 되었어요. 어떻게 생각할지 모르겠지만, 점원에게 소금을 가져다 달라고 했을 때에도 사실 난 소금을 넣고 싶지 않았어요. 그때 일단은 말을 해버렸으니 더 이상 어쩔 도리가 없었죠. 그런데 생각지도 않게 당신이 호기심을 보였고, 나는 단번에 소금커피를 들이킬 수 밖에 없었죠. 몇 번이나 당신에게 사실을 말하고 싶었지만 당신이 화낼까 봐, 또 그래서 나를 떠나버리지는 않을까 걱정이 되어서 말할 수 없었어요.'

现在我终于不怕了，因为我就要死了，死人总是很容易被原谅的，对不对？今生得到你是我最大的幸福，如果有来生，我还希望能娶到你，只是，我可不想再喝加盐的咖啡了，咖啡里加盐，你不知道，那味道，有多难喝。咖啡里加盐，我当时是怎么想出来的！＂
信的内容让她吃惊，同时有一种被骗的感觉。然而，他不知道，她多想告诉他：＂她是多么高兴，有人为了她，能够做出这样的一生一世的欺骗……

이제 나는 더 이상 걱정하지 않아요. 내가 곧 죽게 될 테니까요. 죽은 이는 항상 아주 쉽게 용서 받잖아요? 이 생에서 당신을 얻었다는 것은 나의 가장 큰 행복이었어요. 다음 생이 있다면 나는 또 다시 당신과 결혼하고 싶답니다. 소금커피만은 다시는 마시고 싶지 않지만요. 커피에 소금을 넣는 것, 당신은 모를 거예요, 그 맛이 어떤지. 정말 먹을 게 못되죠. 왜 그때 내가 하필 커피에 소금을 넣을 생각을 했을까!' 편지의 내용으로 그녀는 매우 놀랐고 동시에 속았다는 느낌도 들었다. 하지만 그는 그녀가 얼마나 이 말을 해주고 싶은지 모를 것이다. "그녀는 정말 기쁠 거예요. 누군가가 그녀를 위해 평생 거짓말을 해준 것에 대해서 말이에요."

❷ 临走时，男人留给了女人一封信，信的内容让女人十分感动。其实，男人并不喜欢加盐的咖啡，这个＂咖啡加盐＂的谎言是为了留住女人，然而这一留就是四十年……

죽기 전 남자는 여자에게 편지를 한 통 남겨 놓았는데, 편지의 내용은 그녀를 매우 놀라게 했다. 사실 남자는 소금을 넣은 커피를 전혀 좋아하지 않았다. 이 '커피에 소금을 넣는다'는 거짓말은 그녀를 잡아두기 위해 한 것이지만 이 거짓말은 40년 동안이나 계속되었다.

---

❷ **단어**

动容 dòngróng 동 감동받은 표정을 짓다. 감동의 빛이 돌다 | 偶然 ǒurán 형 갑작스럽다. 뜻밖이다 | 宴会 yànhuì 명 연회. 파티 | 吃惊 chījīng 동 놀라다 | 尴尬 gāngà 형 난처하다. 곤란하다 | 愣 lèng 동 멍해지다. 어리둥절하다 | 海浪 hǎilàng 명 파도. 물결 | 涌进 yǒngjìn 동 갑자기 한꺼번에 쏠리다 | 拉近 lājìn 동 가까이 끌어당기다 | 顾家 gùjiā 동 가정을 보살피다. 가사를 돌보다 | 倾诉 qīngsù 동 다 말하다. 털어놓다 | 冷冰冰 lěngbīngbīng 형 쌀쌀맞다. 냉랭하다 | 大度 dàdù 형 도량이 크다.

아량 있다 | 暗自 ànzì 📖 몰래. 은밀히 | 庆幸 qìngxìng 📖 좋은 결과에 기뻐하다. 뜻밖의 결과에 좋아하다 | 擦肩而过 cājiān érguò 어깨를 스치고 지나가다. 만날 듯 말 듯하다 | 临终 línzhōng 📖 죽을 때가 되다. 죽음에 이르다 | 将错就错 jiāngcuò jiùcuò 📖 잘못을 했으면 잘못한 대로 밀고 나가다

모범답안

四十年的谎言

　　有这样一个故事，故事的女主人公是一个，年轻美丽的女子，在一次宴会上，她和一个十分普通的男人相识，为了得到这位女子的芳心，宴会后，他主动邀请女人与他喝咖啡，女人出于礼貌，便答应了男人的邀请。

　　起初，两人并不了解彼此，各自喝着自己的咖啡，凝重的气氛让男人很是尴尬，于是他向服务员要求给他一点盐，这句话让本来想尽快离开的女人十分惊讶，因为她从来没有听过有人喜欢喝咖啡的时候加盐，于是，她开始询问男人加盐的缘由，男人说这是因为他想找回"家乡的味道"，就是因为这句话，女人觉得他是一个适合做丈夫的男人，从此，俩人频频见面，女人带着男人走遍了城市里的咖啡厅，而且每次都是女人主动向服务员要求拿一点盐，

就这样，经过屡次的接触女人发现了男人身上的许多优点，最终，她选择了他作为终身伴侣，（300）俩人从此过上了幸福的生活。

　　他们肩并肩走过了四十年，男人却在这第四十年离开了女人，临走时，男人留给了女人一封信，信的内容让女人十分感动。其实，男人并不喜欢加盐的咖啡，这个"咖啡加盐"的（400）谎言是为了留住女人，然而这一留就是四十年……

◉ 해석

40년의 거짓말

한 이야기가 있다. 이 이야기의 여자주인공은 젊고 매우 아름다운 여인이다. 한 파티에서 그녀와 한 평범한 남성이 서로 알게 되었다. 이 여인의 환심을 얻기 위해 파티가 끝난 후 그는 주동적으로 그녀에게 커피를 마시자고 요청했고 그녀는 예의상 남자의 요청을 받아들였다.

처음에는 두 사람이 서로 잘 알지 못해 각자 자신의 커피만을 마셨고, 썰렁한 분위기는 남자를 더욱 난처하게 했다. 그래서 그는 직원에게 소금을 좀 가져달라고 요구했다. 원래 빨리 떠나려고 했던 여인은 이 말을 듣고 매우 놀랐다. 왜냐하면 그녀는 어느 누구도 커피를 마실 때 소금을 넣는다는 것을 들어본 적이 없기 때문이었다. 따라서 그녀는 남자가 왜 소금을 넣는지 물어보기 시작했다. 남자는 '고향의 맛'을 찾기 위해 이런 커피를 마신다고 답했다. 이 말 때문에 그녀는 그가 남편이 되기에 매우 적합한 남자라고 생각했다. 그리하여 두 사람은 자주 만나게 되었고 여인은 남자를 데리고 도시의 커피점을 다니며 매번 그녀가 주동적으로 직원에게 소금을 달라고 요구했다. 이렇게 몇 차례 만남을 거쳐 여인은 남자의 많은 장점을 발견했고 후에 그를 자신의 평생 파트너로 선택했다. 두 사람은 그로부터 행복한 생활을 보냈다.

그들은 어깨를 맞대고 40년이라는 세월을 같이 보냈다. 남자는 40년이 되는 해에 세상을 떠났다. 죽기 전 남자는 여자에게 편지를 한 통 남겨 놓았다. 편지의 내용은 그녀를 매우 놀라게 했다. 사실 남자는 소금을 넣은 커피를 전혀 좋아하지 않았다. 이 '커피에 소금을 넣는다'는 거짓말은 그녀를 잡아두기 위해 한 것이지만 이 거짓말은 40년 동안이나 계속되었다.

Memo

HSK（六级）答题卡

汉语水平考试　HSK　答题卡

────请填写考生信息────

按照考试证件上的姓名填写：

| 姓名 | |

如果有中文姓名，请填写：

| 姓名 | |

考生序号

[0] [1] [2] [3] [4] [5] [6] [7] [8] [9]
[0] [1] [2] [3] [4] [5] [6] [7] [8] [9]
[0] [1] [2] [3] [4] [5] [6] [7] [8] [9]
[0] [1] [2] [3] [4] [5] [6] [7] [8] [9]
[0] [1] [2] [3] [4] [5] [6] [7] [8] [9]

────请填写考点信息────

考点代码

[0] [1] [2] [3] [4] [5] [6] [7] [8] [9]
[0] [1] [2] [3] [4] [5] [6] [7] [8] [9]
[0] [1] [2] [3] [4] [5] [6] [7] [8] [9]
[0] [1] [2] [3] [4] [5] [6] [7] [8] [9]
[0] [1] [2] [3] [4] [5] [6] [7] [8] [9]
[0] [1] [2] [3] [4] [5] [6] [7] [8] [9]
[0] [1] [2] [3] [4] [5] [6] [7] [8] [9]

国籍

[0] [1] [2] [3] [4] [5] [6] [7] [8] [9]
[0] [1] [2] [3] [4] [5] [6] [7] [8] [9]
[0] [1] [2] [3] [4] [5] [6] [7] [8] [9]

年龄

[0] [1] [2] [3] [4] [5] [6] [7] [8] [9]
[0] [1] [2] [3] [4] [5] [6] [7] [8] [9]

性别　　男[1]　　　女[2]

注意　请用2B铅笔这样写：▬

一、听力

1. [A] [B] [C] [D]　　6. [A] [B] [C] [D]　　11. [A] [B] [C] [D]　　16. [A] [B] [C] [D]　　21. [A] [B] [C] [D]
2. [A] [B] [C] [D]　　7. [A] [B] [C] [D]　　12. [A] [B] [C] [D]　　17. [A] [B] [C] [D]　　22. [A] [B] [C] [D]
3. [A] [B] [C] [D]　　8. [A] [B] [C] [D]　　13. [A] [B] [C] [D]　　18. [A] [B] [C] [D]　　23. [A] [B] [C] [D]
4. [A] [B] [C] [D]　　9. [A] [B] [C] [D]　　14. [A] [B] [C] [D]　　19. [A] [B] [C] [D]　　24. [A] [B] [C] [D]
5. [A] [B] [C] [D]　　10. [A] [B] [C] [D]　　15. [A] [B] [C] [D]　　20. [A] [B] [C] [D]　　25. [A] [B] [C] [D]

26. [A] [B] [C] [D]　　31. [A] [B] [C] [D]　　36. [A] [B] [C] [D]　　41. [A] [B] [C] [D]　　46. [A] [B] [C] [D]
27. [A] [B] [C] [D]　　32. [A] [B] [C] [D]　　37. [A] [B] [C] [D]　　42. [A] [B] [C] [D]　　47. [A] [B] [C] [D]
28. [A] [B] [C] [D]　　33. [A] [B] [C] [D]　　38. [A] [B] [C] [D]　　43. [A] [B] [C] [D]　　48. [A] [B] [C] [D]
29. [A] [B] [C] [D]　　34. [A] [B] [C] [D]　　39. [A] [B] [C] [D]　　44. [A] [B] [C] [D]　　49. [A] [B] [C] [D]
30. [A] [B] [C] [D]　　35. [A] [B] [C] [D]　　40. [A] [B] [C] [D]　　45. [A] [B] [C] [D]　　50. [A] [B] [C] [D]

二、阅读

51. [A] [B] [C] [D]　　56. [A] [B] [C] [D]　　61. [A] [B] [C] [D]　　66. [A] [B] [C] [D]　　71. [A] [B] [C] [D] [E]
52. [A] [B] [C] [D]　　57. [A] [B] [C] [D]　　62. [A] [B] [C] [D]　　67. [A] [B] [C] [D]　　72. [A] [B] [C] [D] [E]
53. [A] [B] [C] [D]　　58. [A] [B] [C] [D]　　63. [A] [B] [C] [D]　　68. [A] [B] [C] [D]　　73. [A] [B] [C] [D] [E]
54. [A] [B] [C] [D]　　59. [A] [B] [C] [D]　　64. [A] [B] [C] [D]　　69. [A] [B] [C] [D]　　74. [A] [B] [C] [D] [E]
55. [A] [B] [C] [D]　　60. [A] [B] [C] [D]　　65. [A] [B] [C] [D]　　70. [A] [B] [C] [D]　　75. [A] [B] [C] [D] [E]

76. [A] [B] [C] [D] [E]　　81. [A] [B] [C] [D]　　86. [A] [B] [C] [D]　　91. [A] [B] [C] [D]　　96. [A] [B] [C] [D]
77. [A] [B] [C] [D] [E]　　82. [A] [B] [C] [D]　　87. [A] [B] [C] [D]　　92. [A] [B] [C] [D]　　97. [A] [B] [C] [D]
78. [A] [B] [C] [D] [E]　　83. [A] [B] [C] [D]　　88. [A] [B] [C] [D]　　93. [A] [B] [C] [D]　　98. [A] [B] [C] [D]
79. [A] [B] [C] [D] [E]　　84. [A] [B] [C] [D]　　89. [A] [B] [C] [D]　　94. [A] [B] [C] [D]　　99. [A] [B] [C] [D]
80. [A] [B] [C] [D] [E]　　85. [A] [B] [C] [D]　　90. [A] [B] [C] [D]　　95. [A] [B] [C] [D]　　100. [A] [B] [C] [D]

三、书写

101.

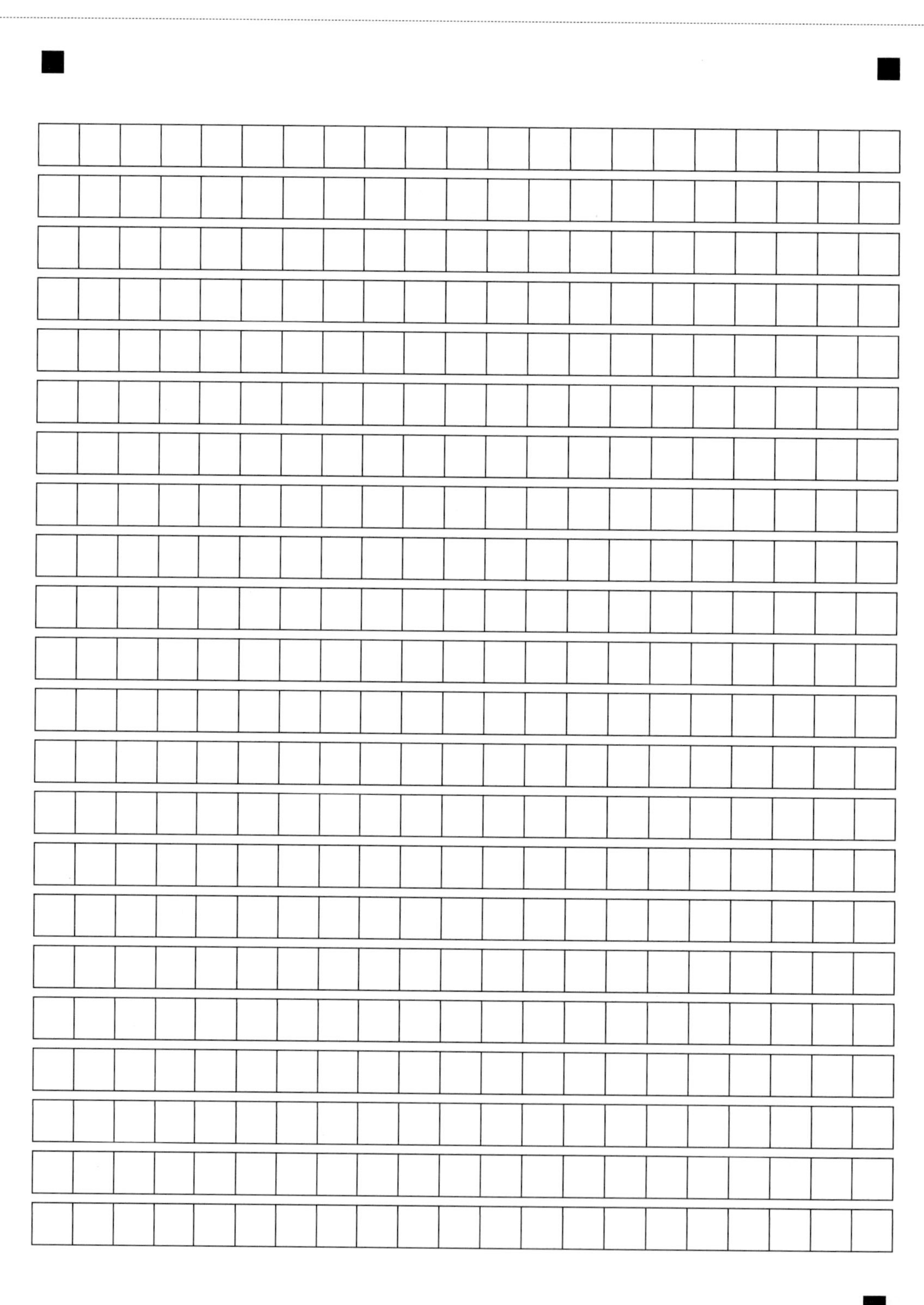

HSK（六级）答题卡

汉语水平考试　　HSK　　答题卡

一、听力

1. [A] [B] [C] [D]　　6. [A] [B] [C] [D]　　11. [A] [B] [C] [D]　　16. [A] [B] [C] [D]　　21. [A] [B] [C] [D]
2. [A] [B] [C] [D]　　7. [A] [B] [C] [D]　　12. [A] [B] [C] [D]　　17. [A] [B] [C] [D]　　22. [A] [B] [C] [D]
3. [A] [B] [C] [D]　　8. [A] [B] [C] [D]　　13. [A] [B] [C] [D]　　18. [A] [B] [C] [D]　　23. [A] [B] [C] [D]
4. [A] [B] [C] [D]　　9. [A] [B] [C] [D]　　14. [A] [B] [C] [D]　　19. [A] [B] [C] [D]　　24. [A] [B] [C] [D]
5. [A] [B] [C] [D]　　10. [A] [B] [C] [D]　　15. [A] [B] [C] [D]　　20. [A] [B] [C] [D]　　25. [A] [B] [C] [D]

26. [A] [B] [C] [D]　　31. [A] [B] [C] [D]　　36. [A] [B] [C] [D]　　41. [A] [B] [C] [D]　　46. [A] [B] [C] [D]
27. [A] [B] [C] [D]　　32. [A] [B] [C] [D]　　37. [A] [B] [C] [D]　　42. [A] [B] [C] [D]　　47. [A] [B] [C] [D]
28. [A] [B] [C] [D]　　33. [A] [B] [C] [D]　　38. [A] [B] [C] [D]　　43. [A] [B] [C] [D]　　48. [A] [B] [C] [D]
29. [A] [B] [C] [D]　　34. [A] [B] [C] [D]　　39. [A] [B] [C] [D]　　44. [A] [B] [C] [D]　　49. [A] [B] [C] [D]
30. [A] [B] [C] [D]　　35. [A] [B] [C] [D]　　40. [A] [B] [C] [D]　　45. [A] [B] [C] [D]　　50. [A] [B] [C] [D]

二、阅读

51. [A] [B] [C] [D]　　56. [A] [B] [C] [D]　　61. [A] [B] [C] [D]　　66. [A] [B] [C] [D]　　71. [A] [B] [C] [D] [E]
52. [A] [B] [C] [D]　　57. [A] [B] [C] [D]　　62. [A] [B] [C] [D]　　67. [A] [B] [C] [D]　　72. [A] [B] [C] [D] [E]
53. [A] [B] [C] [D]　　58. [A] [B] [C] [D]　　63. [A] [B] [C] [D]　　68. [A] [B] [C] [D]　　73. [A] [B] [C] [D] [E]
54. [A] [B] [C] [D]　　59. [A] [B] [C] [D]　　64. [A] [B] [C] [D]　　69. [A] [B] [C] [D]　　74. [A] [B] [C] [D] [E]
55. [A] [B] [C] [D]　　60. [A] [B] [C] [D]　　65. [A] [B] [C] [D]　　70. [A] [B] [C] [D]　　75. [A] [B] [C] [D] [E]

76. [A] [B] [C] [D] [E]　　81. [A] [B] [C] [D]　　86. [A] [B] [C] [D]　　91. [A] [B] [C] [D]　　96. [A] [B] [C] [D]
77. [A] [B] [C] [D] [E]　　82. [A] [B] [C] [D]　　87. [A] [B] [C] [D]　　92. [A] [B] [C] [D]　　97. [A] [B] [C] [D]
78. [A] [B] [C] [D] [E]　　83. [A] [B] [C] [D]　　88. [A] [B] [C] [D]　　93. [A] [B] [C] [D]　　98. [A] [B] [C] [D]
79. [A] [B] [C] [D] [E]　　84. [A] [B] [C] [D]　　89. [A] [B] [C] [D]　　94. [A] [B] [C] [D]　　99. [A] [B] [C] [D]
80. [A] [B] [C] [D] [E]　　85. [A] [B] [C] [D]　　90. [A] [B] [C] [D]　　95. [A] [B] [C] [D]　　100. [A] [B] [C] [D]

三、书写

101.

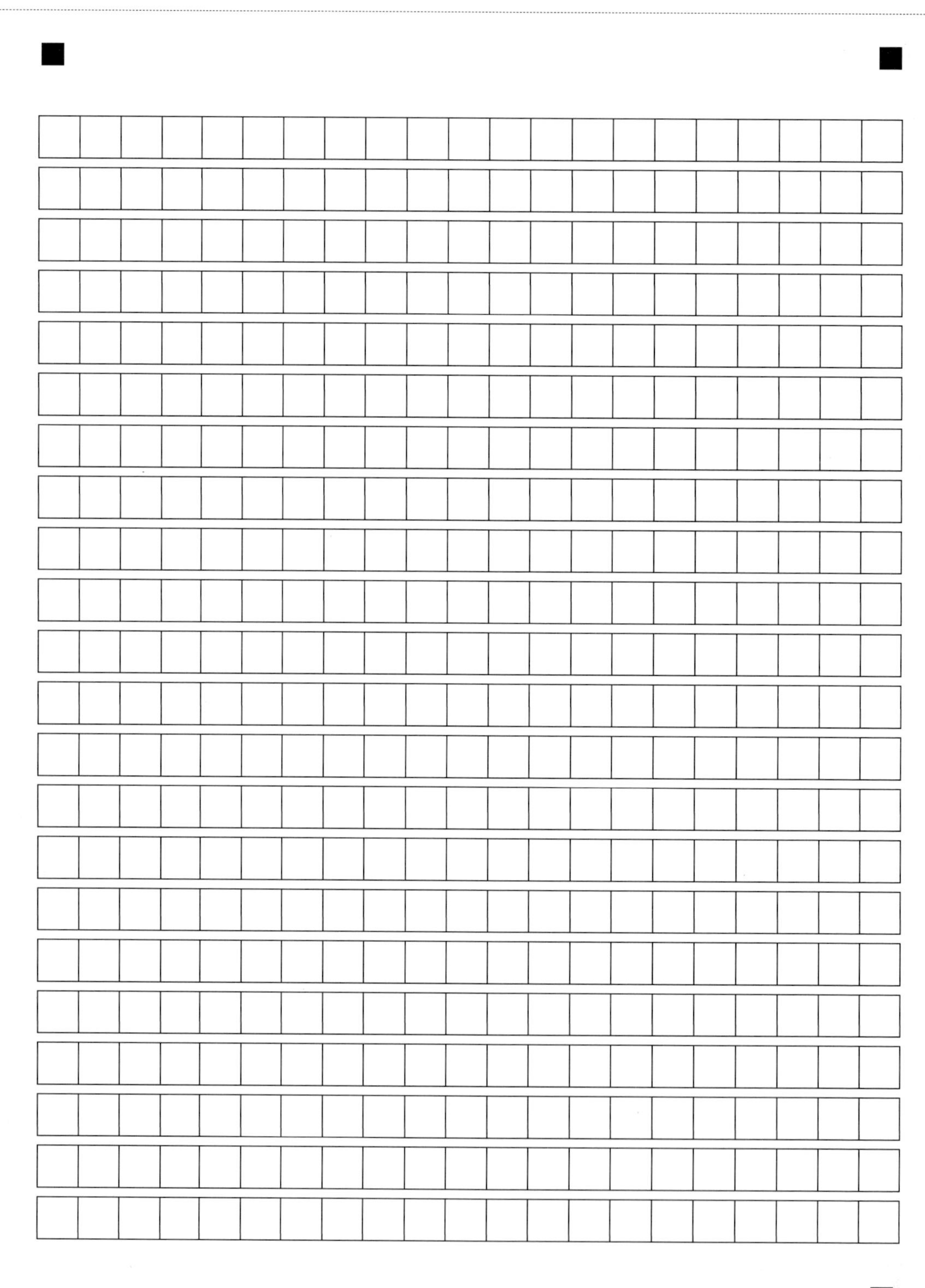

HSK（六级）答题卡

汉语水平考试　HSK　答题卡

一、听力

1. [A] [B] [C] [D]
2. [A] [B] [C] [D]
3. [A] [B] [C] [D]
4. [A] [B] [C] [D]
5. [A] [B] [C] [D]
6. [A] [B] [C] [D]
7. [A] [B] [C] [D]
8. [A] [B] [C] [D]
9. [A] [B] [C] [D]
10. [A] [B] [C] [D]
11. [A] [B] [C] [D]
12. [A] [B] [C] [D]
13. [A] [B] [C] [D]
14. [A] [B] [C] [D]
15. [A] [B] [C] [D]
16. [A] [B] [C] [D]
17. [A] [B] [C] [D]
18. [A] [B] [C] [D]
19. [A] [B] [C] [D]
20. [A] [B] [C] [D]
21. [A] [B] [C] [D]
22. [A] [B] [C] [D]
23. [A] [B] [C] [D]
24. [A] [B] [C] [D]
25. [A] [B] [C] [D]
26. [A] [B] [C] [D]
27. [A] [B] [C] [D]
28. [A] [B] [C] [D]
29. [A] [B] [C] [D]
30. [A] [B] [C] [D]
31. [A] [B] [C] [D]
32. [A] [B] [C] [D]
33. [A] [B] [C] [D]
34. [A] [B] [C] [D]
35. [A] [B] [C] [D]
36. [A] [B] [C] [D]
37. [A] [B] [C] [D]
38. [A] [B] [C] [D]
39. [A] [B] [C] [D]
40. [A] [B] [C] [D]
41. [A] [B] [C] [D]
42. [A] [B] [C] [D]
43. [A] [B] [C] [D]
44. [A] [B] [C] [D]
45. [A] [B] [C] [D]
46. [A] [B] [C] [D]
47. [A] [B] [C] [D]
48. [A] [B] [C] [D]
49. [A] [B] [C] [D]
50. [A] [B] [C] [D]

二、阅读

51. [A] [B] [C] [D]
52. [A] [B] [C] [D]
53. [A] [B] [C] [D]
54. [A] [B] [C] [D]
55. [A] [B] [C] [D]
56. [A] [B] [C] [D]
57. [A] [B] [C] [D]
58. [A] [B] [C] [D]
59. [A] [B] [C] [D]
60. [A] [B] [C] [D]
61. [A] [B] [C] [D]
62. [A] [B] [C] [D]
63. [A] [B] [C] [D]
64. [A] [B] [C] [D]
65. [A] [B] [C] [D]
66. [A] [B] [C] [D]
67. [A] [B] [C] [D]
68. [A] [B] [C] [D]
69. [A] [B] [C] [D]
70. [A] [B] [C] [D]
71. [A] [B] [C] [D] [E]
72. [A] [B] [C] [D] [E]
73. [A] [B] [C] [D] [E]
74. [A] [B] [C] [D] [E]
75. [A] [B] [C] [D] [E]
76. [A] [B] [C] [D] [E]
77. [A] [B] [C] [D] [E]
78. [A] [B] [C] [D] [E]
79. [A] [B] [C] [D] [E]
80. [A] [B] [C] [D] [E]
81. [A] [B] [C] [D]
82. [A] [B] [C] [D]
83. [A] [B] [C] [D]
84. [A] [B] [C] [D]
85. [A] [B] [C] [D]
86. [A] [B] [C] [D]
87. [A] [B] [C] [D]
88. [A] [B] [C] [D]
89. [A] [B] [C] [D]
90. [A] [B] [C] [D]
91. [A] [B] [C] [D]
92. [A] [B] [C] [D]
93. [A] [B] [C] [D]
94. [A] [B] [C] [D]
95. [A] [B] [C] [D]
96. [A] [B] [C] [D]
97. [A] [B] [C] [D]
98. [A] [B] [C] [D]
99. [A] [B] [C] [D]
100. [A] [B] [C] [D]

三、书写

101.

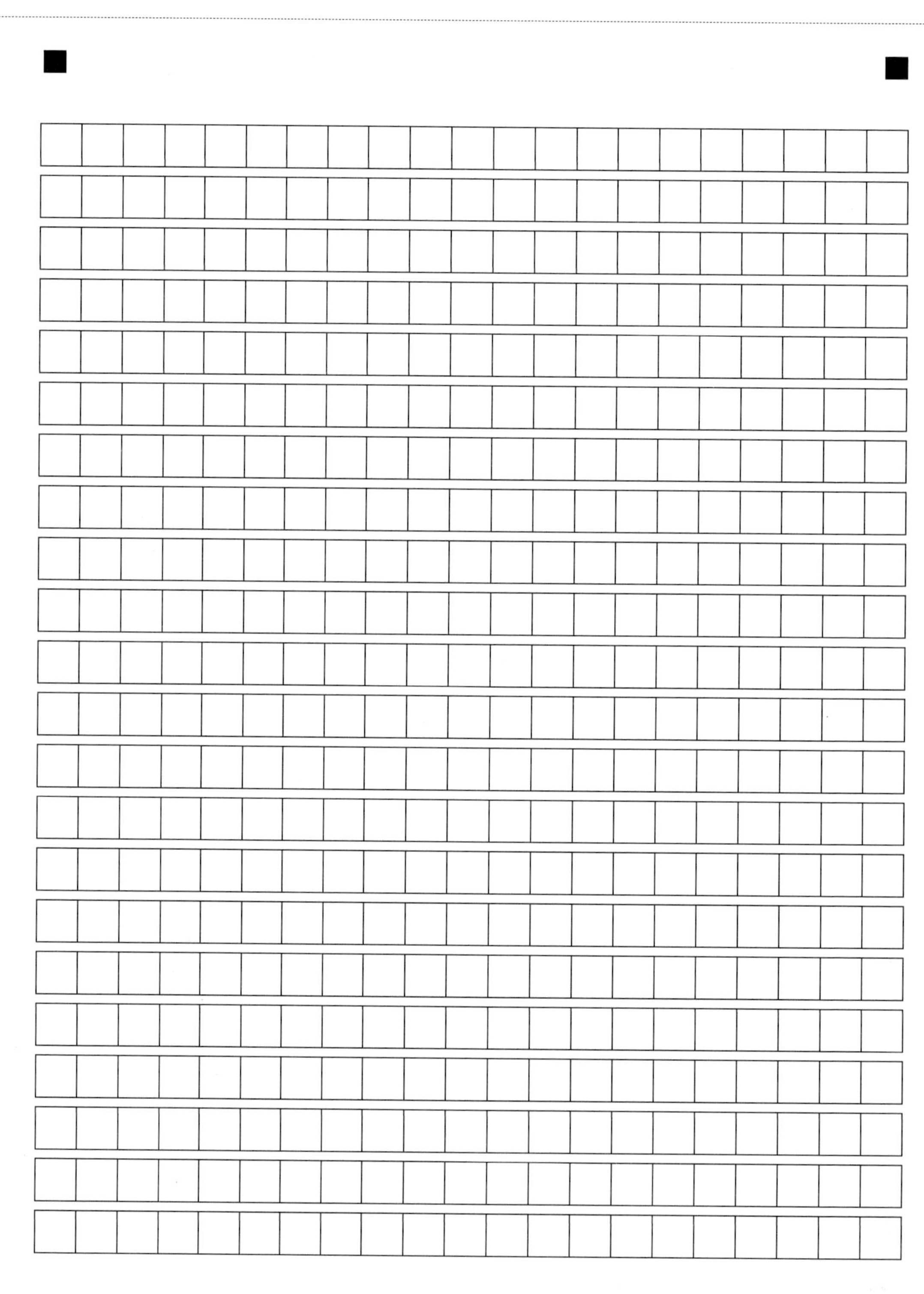

HSK（六级）答题卡

汉语水平考试　　HSK　　答题卡

一、听力

1. [A] [B] [C] [D]　　6. [A] [B] [C] [D]　　11. [A] [B] [C] [D]　　16. [A] [B] [C] [D]　　21. [A] [B] [C] [D]
2. [A] [B] [C] [D]　　7. [A] [B] [C] [D]　　12. [A] [B] [C] [D]　　17. [A] [B] [C] [D]　　22. [A] [B] [C] [D]
3. [A] [B] [C] [D]　　8. [A] [B] [C] [D]　　13. [A] [B] [C] [D]　　18. [A] [B] [C] [D]　　23. [A] [B] [C] [D]
4. [A] [B] [C] [D]　　9. [A] [B] [C] [D]　　14. [A] [B] [C] [D]　　19. [A] [B] [C] [D]　　24. [A] [B] [C] [D]
5. [A] [B] [C] [D]　　10. [A] [B] [C] [D]　　15. [A] [B] [C] [D]　　20. [A] [B] [C] [D]　　25. [A] [B] [C] [D]

26. [A] [B] [C] [D]　　31. [A] [B] [C] [D]　　36. [A] [B] [C] [D]　　41. [A] [B] [C] [D]　　46. [A] [B] [C] [D]
27. [A] [B] [C] [D]　　32. [A] [B] [C] [D]　　37. [A] [B] [C] [D]　　42. [A] [B] [C] [D]　　47. [A] [B] [C] [D]
28. [A] [B] [C] [D]　　33. [A] [B] [C] [D]　　38. [A] [B] [C] [D]　　43. [A] [B] [C] [D]　　48. [A] [B] [C] [D]
29. [A] [B] [C] [D]　　34. [A] [B] [C] [D]　　39. [A] [B] [C] [D]　　44. [A] [B] [C] [D]　　49. [A] [B] [C] [D]
30. [A] [B] [C] [D]　　35. [A] [B] [C] [D]　　40. [A] [B] [C] [D]　　45. [A] [B] [C] [D]　　50. [A] [B] [C] [D]

二、阅读

51. [A] [B] [C] [D]　　56. [A] [B] [C] [D]　　61. [A] [B] [C] [D]　　66. [A] [B] [C] [D]　　71. [A] [B] [C] [D] [E]
52. [A] [B] [C] [D]　　57. [A] [B] [C] [D]　　62. [A] [B] [C] [D]　　67. [A] [B] [C] [D]　　72. [A] [B] [C] [D] [E]
53. [A] [B] [C] [D]　　58. [A] [B] [C] [D]　　63. [A] [B] [C] [D]　　68. [A] [B] [C] [D]　　73. [A] [B] [C] [D] [E]
54. [A] [B] [C] [D]　　59. [A] [B] [C] [D]　　64. [A] [B] [C] [D]　　69. [A] [B] [C] [D]　　74. [A] [B] [C] [D] [E]
55. [A] [B] [C] [D]　　60. [A] [B] [C] [D]　　65. [A] [B] [C] [D]　　70. [A] [B] [C] [D]　　75. [A] [B] [C] [D] [E]

76. [A] [B] [C] [D] [E]　　81. [A] [B] [C] [D]　　86. [A] [B] [C] [D]　　91. [A] [B] [C] [D]　　96. [A] [B] [C] [D]
77. [A] [B] [C] [D] [E]　　82. [A] [B] [C] [D]　　87. [A] [B] [C] [D]　　92. [A] [B] [C] [D]　　97. [A] [B] [C] [D]
78. [A] [B] [C] [D] [E]　　83. [A] [B] [C] [D]　　88. [A] [B] [C] [D]　　93. [A] [B] [C] [D]　　98. [A] [B] [C] [D]
79. [A] [B] [C] [D] [E]　　84. [A] [B] [C] [D]　　89. [A] [B] [C] [D]　　94. [A] [B] [C] [D]　　99. [A] [B] [C] [D]
80. [A] [B] [C] [D] [E]　　85. [A] [B] [C] [D]　　90. [A] [B] [C] [D]　　95. [A] [B] [C] [D]　　100. [A] [B] [C] [D]

三、书写

101.

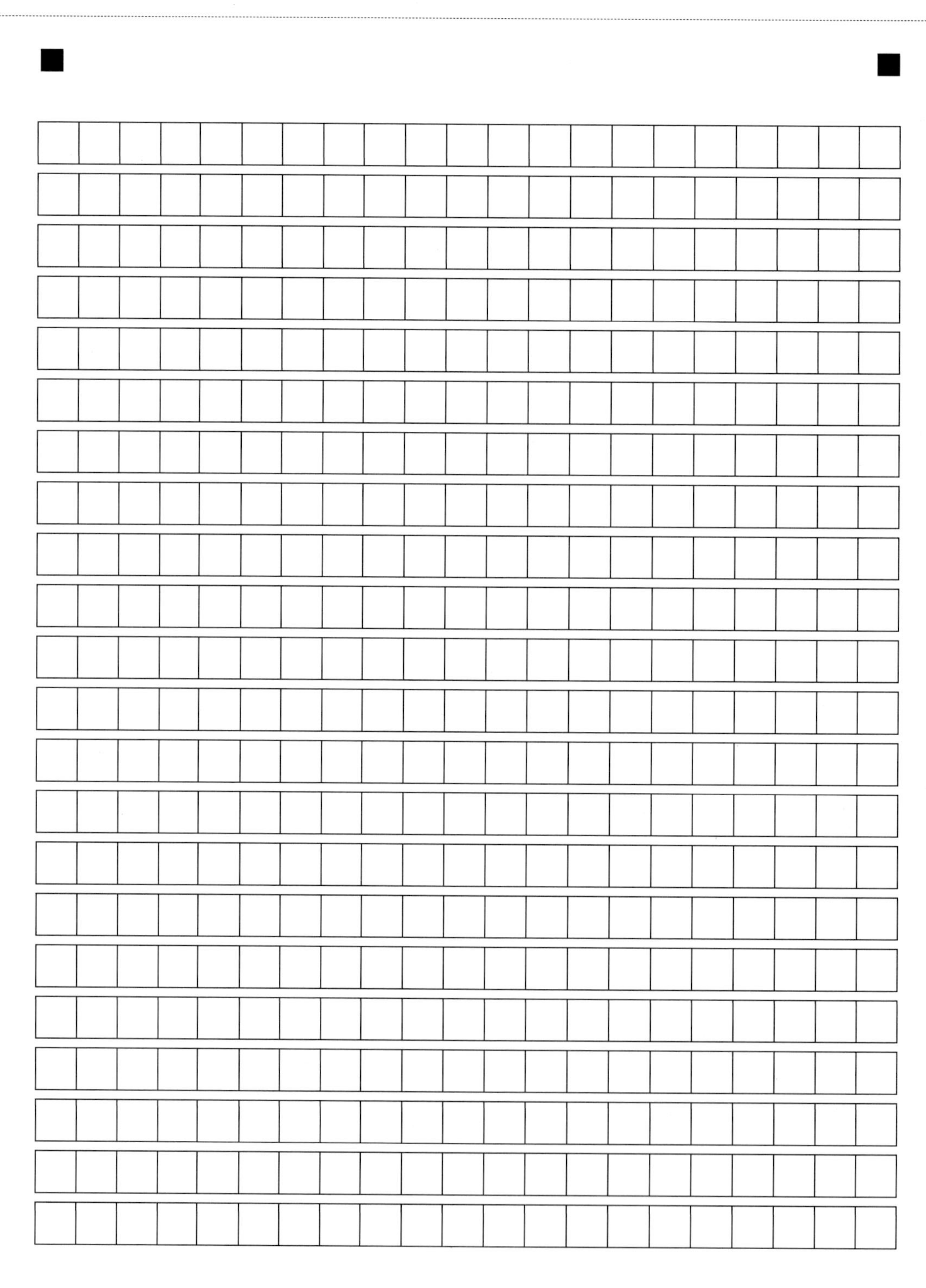

HSK（六级）答题卡

汉语水平考试　　HSK　　答题卡

一、听力

1. [A] [B] [C] [D]　　6. [A] [B] [C] [D]　　11. [A] [B] [C] [D]　　16. [A] [B] [C] [D]　　21. [A] [B] [C] [D]
2. [A] [B] [C] [D]　　7. [A] [B] [C] [D]　　12. [A] [B] [C] [D]　　17. [A] [B] [C] [D]　　22. [A] [B] [C] [D]
3. [A] [B] [C] [D]　　8. [A] [B] [C] [D]　　13. [A] [B] [C] [D]　　18. [A] [B] [C] [D]　　23. [A] [B] [C] [D]
4. [A] [B] [C] [D]　　9. [A] [B] [C] [D]　　14. [A] [B] [C] [D]　　19. [A] [B] [C] [D]　　24. [A] [B] [C] [D]
5. [A] [B] [C] [D]　　10. [A] [B] [C] [D]　　15. [A] [B] [C] [D]　　20. [A] [B] [C] [D]　　25. [A] [B] [C] [D]

26. [A] [B] [C] [D]　　31. [A] [B] [C] [D]　　36. [A] [B] [C] [D]　　41. [A] [B] [C] [D]　　46. [A] [B] [C] [D]
27. [A] [B] [C] [D]　　32. [A] [B] [C] [D]　　37. [A] [B] [C] [D]　　42. [A] [B] [C] [D]　　47. [A] [B] [C] [D]
28. [A] [B] [C] [D]　　33. [A] [B] [C] [D]　　38. [A] [B] [C] [D]　　43. [A] [B] [C] [D]　　48. [A] [B] [C] [D]
29. [A] [B] [C] [D]　　34. [A] [B] [C] [D]　　39. [A] [B] [C] [D]　　44. [A] [B] [C] [D]　　49. [A] [B] [C] [D]
30. [A] [B] [C] [D]　　35. [A] [B] [C] [D]　　40. [A] [B] [C] [D]　　45. [A] [B] [C] [D]　　50. [A] [B] [C] [D]

二、阅读

51. [A] [B] [C] [D]　　56. [A] [B] [C] [D]　　61. [A] [B] [C] [D]　　66. [A] [B] [C] [D]　　71. [A] [B] [C] [D] [E]
52. [A] [B] [C] [D]　　57. [A] [B] [C] [D]　　62. [A] [B] [C] [D]　　67. [A] [B] [C] [D]　　72. [A] [B] [C] [D] [E]
53. [A] [B] [C] [D]　　58. [A] [B] [C] [D]　　63. [A] [B] [C] [D]　　68. [A] [B] [C] [D]　　73. [A] [B] [C] [D] [E]
54. [A] [B] [C] [D]　　59. [A] [B] [C] [D]　　64. [A] [B] [C] [D]　　69. [A] [B] [C] [D]　　74. [A] [B] [C] [D] [E]
55. [A] [B] [C] [D]　　60. [A] [B] [C] [D]　　65. [A] [B] [C] [D]　　70. [A] [B] [C] [D]　　75. [A] [B] [C] [D] [E]

76. [A] [B] [C] [D] [E]　　81. [A] [B] [C] [D]　　86. [A] [B] [C] [D]　　91. [A] [B] [C] [D]　　96. [A] [B] [C] [D]
77. [A] [B] [C] [D] [E]　　82. [A] [B] [C] [D]　　87. [A] [B] [C] [D]　　92. [A] [B] [C] [D]　　97. [A] [B] [C] [D]
78. [A] [B] [C] [D] [E]　　83. [A] [B] [C] [D]　　88. [A] [B] [C] [D]　　93. [A] [B] [C] [D]　　98. [A] [B] [C] [D]
79. [A] [B] [C] [D] [E]　　84. [A] [B] [C] [D]　　89. [A] [B] [C] [D]　　94. [A] [B] [C] [D]　　99. [A] [B] [C] [D]
80. [A] [B] [C] [D] [E]　　85. [A] [B] [C] [D]　　90. [A] [B] [C] [D]　　95. [A] [B] [C] [D]　　100. [A] [B] [C] [D]

三、书写

101.

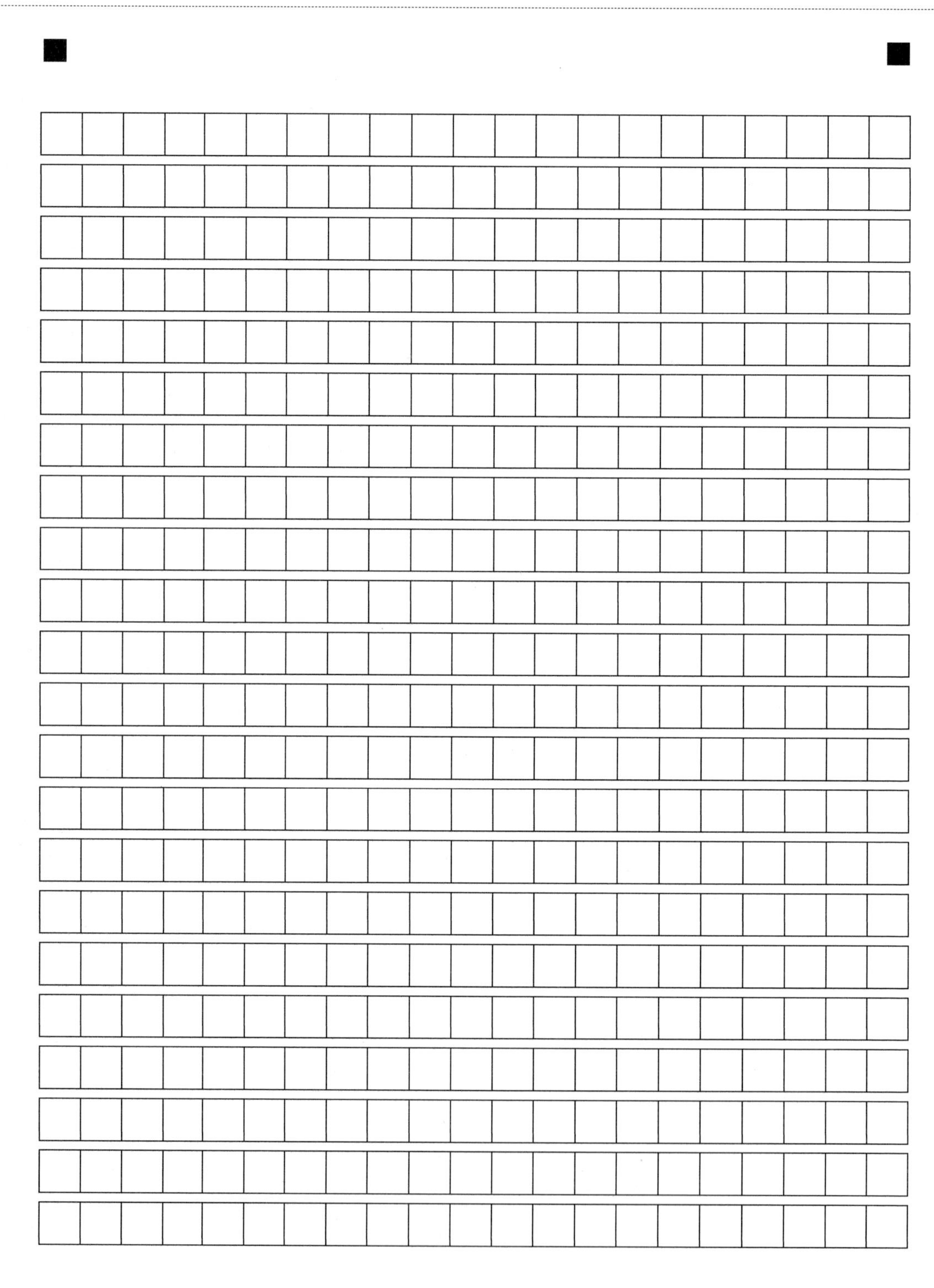

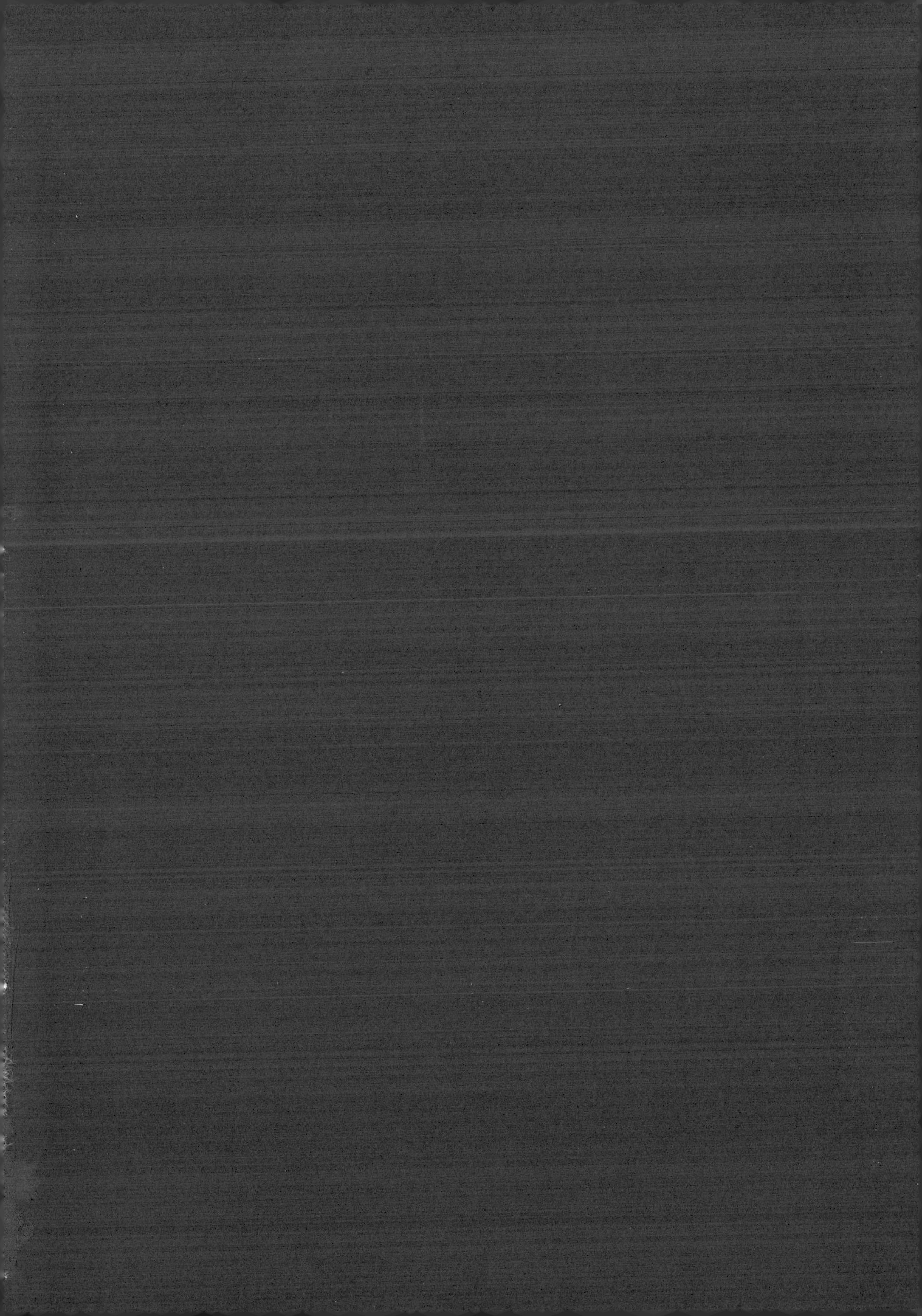